dumont taschenbücher

Christian W. Thomsen, 1940 in Dresden geboren, studierte Germanistik, Theaterwissenschaften, Anglistik, Amerikanistik; promovierte 1967; habilitierte 1973. 1973 Gründungssenator und Professur für Anglistik in Siegen, hier Mitaufbau eines audiovisuellen Medienzentrums, 1981–87 Mitglied und Direktor des Forschungsinstituts für Geistes- und Sozialwissenschaften, seit 1986 Sprecher des DFG-Sonderforschungsbereichs ›Bildschirmmedien‹ und einer der Direktoren des ersten deutschen geisteswissenschaftlichen Graduiertenkollegs. Seit 1982 Lehre und Forschung in der Architektur. Gastprofessor an den Universitäten Jerusalem, Kopenhagen, Vancouver. Regie in Theaterstücken und Hörspielen. Internationale Veröffentlichungen zu Kunst-, Literatur- und Theaterwissenschaft sowie Architekturkritik. Mit Hans Holländer Herausgeber von *Besichtigung der Moderne* (DuMont Dokumente, 1987); Autor von *LiterArchitektur* (DuMont Dokumente, 1989) und *Experimentelle Architekten der Gegenwart* (DuMont, 1991).

HAUS MIT FLIEGENDEM DACH
COOP HIMMELBLAU 73

Christian W. Thomsen (Hrsg.)

Aufbruch in die Neunziger

Ideen, Entwicklungen, Perspektiven der achtziger Jahre

DuMont Buchverlag Köln

Umschlagvorderseite:	Massimo Scolari, *Die Steine der Erwartung sind verloren (Dreieckiges Begräbnis) (Le pietre d'attesa sono perdute [Funerale Triangolare])*, 1978. Aquarellfarbe auf Papier, 18×13 cm
Frontispiz:	Coop Himmelblau, *Haus mit fliegendem Dach*, 1973. Federzeichnung, ohne Maße

CIP-Titelaufnahme der Deutschen Bibliothek

Aufbruch in die Neunziger: Ideen, Entwicklungen, Perspektiven der achtziger Jahre / Christian W. Thomsen (Hrsg.). – Köln: DuMont, 1991
(DuMont-Taschenbücher; 254)
ISBN 3-7701-2512-6
NE: Thomsen, Christian W. [Hrsg.]; GT

Satz, Druck und buchbinderische Verarbeitung: Boss-Druck, Kleve

Printed in Germany ISBN 3-7701-2512-6

Inhalt

Aufbruch in die 90er

Ideen, Entwicklungen, Perspektiven der 80er Jahre

Christian W. Thomsen

In pluralistischer Zeit ist es mangels klar definierter Epochengrenzen und übergreifender Stile eine beliebte Übung geworden, Phänomene unterschiedlichster Art nach Jahrzehnten zu ordnen, obwohl jedermann weiß, daß dies Hilfskonstruktionen sind, daß Ideen, Trends, Entwicklungen nicht von solch unsichtbaren Zeitschranken gesteuert werden. Aber der Mensch muß, um sich in der Welt und im Leben zurechtzufinden, klassifizieren. Er braucht Leitlinien, Schubladen, um zumindest im Kopf einigermaßen den Überblick über die Fülle von Daten, Informationen, Bildern zu behalten, die ihn sonst in einer immer globaler werdenden, immer schneller reagierenden, sich international immer stärker vernetzenden Politik, Wirtschaft, Wissenschaft, Kultur in der Banalitätenflut der Informations- und Kommunikationsgesellschaft zu ersticken drohen. Da ist ein Jahrzehnt ein griffiger, überschaubarer und deshalb auch reizvoller Zeitraum und sogar schon wieder recht lang, bedenkt man, daß die Verfallszeiten wissenschaftlicher Erkenntnisse in vielen Bereichen auf etwa fünf Jahre geschrumpft sind und sich die Umwälzung des Wissens in ähnlich schnellen Prozessen vollzieht.

Die 80er Jahre zählen mit den 20ern und 60ern sicherlich zu den kreativsten Dekaden des 20. Jahrhunderts, und es gibt zahlreiche Indizien dafür, daß sie sich aus fernerer Zeit rückblickend einmal als Schlüsselepoche bedeutender Entwicklungen moderner Zivilisation erweisen könnten: Stagnation wird überwunden, eine gewaltige politische, wirtschaftliche, wissenschaftliche, kulturelle Dynamik kommt auf, die Machtblöcke geraten ins Wanken, ins Gleiten, eine neue europäische Ordnung deutet sich an, gewinnt Umrisse. Allgemein herrscht Aufbruchsstimmung in ein neues Jahrzehnt vor, auf das man mit großen Erwartungen blickt. Grenzüberschreitungen mannigfaltiger und unterschiedlichster Art gehören zu den Hauptkennzeichen einer turbulenten Dekade, Informations- und Kommunikationsmedien und -technologien, Fernsehen, Satelliten, Hörfunk, neue elektronische Text-, Bild- und Tonübermittlungsweisen haben daran erheblichen Anteil. Die Speicherkapazitäten der Rechner haben sich dank Miniaturisierungen der Chips so rasant entwickelt, daß auf diesem Gebiet bereits die 70er Jahre wie eine prähistorische Ära anmuten. Und daß das Jahrzehnt auch neue Gefahren durch Hochtechnologie, Weiterentwicklung der Waffensysteme, Umweltzerstörung und wissenschaftliche Erfindungen heraufbeschwört, versteht sich schon fast von selbst. Wissenschaft, Wirtschaft, Kunst waren freilich schon lange international, doch noch nie in solchem Maß wie heute. Nun beginnen sie transnational zu werden. Wo die politischen und ideologischen Grenzen erst porös, dann aufgehoben werden, da erscheinen, je nach politischem Standort, den einen plötzlich die alten Nationalstaaten obsolet, den anderen, wie in den nach Unabhängigkeit strebenden Sowjetrepubliken, füllt sich die Idee der Nation mit neuem Sinn. Da wird Außenpolitik zur Weltinnenpolitik, da werden aber auch die Weltbilder in Politik und Wissenschaft, wie zum Beispiel in der Physik, komplexer. Nicht von ungefähr ist die Physik als eine der Leitwissenschaften der Welterklärung in eine Phase des Umbruchs und Überdenkens ihrer Prämissen eingetreten. Bei erhöhtem Komplexitätsgrad der Untersuchungsfelder gewinnt das Wort »Vernetzung« als einer der Lieblingsbegriffe der späten 80er Jahre ambige Konturen. Denn in den Netzen kann man sich auch fangen, man denke nur an Datennetze und Gefahren des elektronischen Überwachungsstaates. Komplexe Netze sind krisen- und störanfällig, siehe Hacker, Computerviren oder auch Wirtschafts- und Währungsverflechtungen mit allfälligen Börsenkrachs. Für viele wird das Turnen in den Netzen zu schwierig, zu unübersichtlich, intellektuell zu anspruchsvoll, schon deshalb, weil eigentlich stets Mehrebenenanalysen notwendig sind, um Phänomene adäquat zu erfassen und zu beurteilen.

Von daher ist die Gegenbewegung zu Internationalisierung und Multinationalisierung, das Bewahrenwollen von Grenzen, Traditionen, Denkklischees, das »re-inventing of the nation«, wie es in Margaret Thatchers Diktion vornehm verhüllt heißt, eine logische, nur allzu verständliche Reaktion. In Frankreich, in Österreich, in der Bundesrepublik Deutschland, selbst in der Noch-DDR des Jahres 1989 tritt sie als neuer Rechtsradikalismus und Nationalismus auf. Wer nicht mitkommt mit dem Tempo der Innovationen und Umbrüche, greift nur zu gern nach den simplen Rezepten, die illusionistisch schnelle Lösungen vorgaukeln: »Ausländer raus«, »beim Adolf wäre das nicht passiert«, »Deutschland, Deutschland«, »erst Deutschland und dann Europa«, und was dergleichen Patentrezepte auf den unterschiedlichsten Ebenen und Gebieten mehr sind. Sie dekuvrieren sich primär als Ausdruck des Nichtbegreifenwollens oder -könnens von Komplexitäten, als Instrumente des Dummenfangs.

Die Grenzüberschreitungen, sie ereignen sich allerorten in der Wirtschaft als Folge der Deregulationspolitik, in Geld- und Warenströmen, in den Medien, in den Künsten, in den Wissenschaften, bei denen sich die Grenzen zwischen den Disziplinen verwischen und neue Fächer in alten Randbereichen entstehen. Unversehens und immer häufiger vermag beispielsweise auch der Künstler Wissenschaftler, der Wissenschaftler Künstler zu werden.

Die Grenzüberschreitungen vollziehen sich in den 80er Jahren ganz hand- und fußgreiflich, etwa als Reiseströme mit Zuwachsraten, die zum Beispiel beim Luftverkehr jährlich zwischen fünf und zehn Prozent liegen, aber auch als Flüchtlingsströme in verschiedenen Regionen Afrikas, der Boat People in Asien, in Zentraleuropa, wo eine fahrbare Kunststoffkiste mit Namen »Trabant« zum Auto des Jahrzehnts avanciert, zum Symbol und Werkzeug des Bewegungs- und Freiheitsdrangs eines Teilvolks. Vor Grenzen machen allerdings auch all die Umweltprobleme nicht halt, die wie nie zuvor die öffentliche Diskussion bestimmen: Giftmüll, Luftverschmutzung, Verseuchung der Flüsse, Seen und Meere, nukleare Wolken. Der April 1986, Tschernobyl, gerät zum Menetekel, zu einem Eckdatum, dessen Bedeutung weit über das Jahrzehnt hinausreicht. Politiker und Planer der unterschiedlichsten Fachgebiete müssen spätestens von diesem Zeitpunkt an den transnationalen Charakter ihrer Entscheidungen mitbedenken.

Die Entgrenzungstendenzen schließen jedoch auch den Menschen selbst ein. Nicht nur, daß er erneut und verstärkt in den Weltraum hinausstrebt, die Grenzen seiner eigenen Geschlechtlichkeit werden durchlässig. Indem er seiner genetischen Anlagen zur Androgynie gewahr wird, wird diese zum Thema der Emanzipation, der Rollenverteilung zwischen den Geschlechtern, der Sexualität, der Mode. Darüber hinaus mutieren die großen Leidenschaften zu bloßen »Beziehungskisten«, Romeo und Julia erscheinen plötzlich als Emotionsfossile. Psychologische Dimensionen verflüchtigen sich, Geschlechterbeziehungen destabilisieren sich, auf Dauer gegründete Institutionen wie die Ehe verlieren an Bedeutung. Wäre da nicht Aids als die pestähnliche Gesundheitsgeißel des Jahrzehnts mit all ihren Ausgrenzungstendenzen, für die Betroffenen zugleich Angstgrenzen der Promiskuität setzend, Androgynie hätte sich wahrscheinlich in verstärkter Bisexualität, dem Vagieren zwischen den Geschlechtern, noch offener manifestiert. Die Frage, ob es Grenzen der Emanzipation zwischen Mann und Frau gibt, oszilliert zwischen den Gesellschafts- und Biowissenschaften. Gentechnologie und ihre Manipulationsmöglichkeiten eröffnen ungeahnte neue Horizonte, auch für Vaterschaft und Mutterschaft. Ist die vollständige Emanzipation der Frau nicht etwa erst dann erreicht, wenn die natürliche Schwangerschaft als schmutzig, unanständig, obszön diskreditiert wird, die menschliche Frucht keine Leibesfrucht mehr, sondern eine des Reagenzglases ist, wie es schon Aldous Huxley 1932 in *Brave New World* prognostiziert hatte? Hier wird evident, welche Gefahren Entgrenzung bergen kann, welche Ambiguitäten sich im Feyerabendschen »Anything goes«, einem weiteren Schlagwort des Jahrzehnts, verbergen. Offenbar bedarf es auch der Grenzen, sollen Entwicklungen nicht unkontrollierbar werden.

Die 80er Jahre haben aber den steten Fluß von Neu- und Umdefinitionen von Grenzen erheblich beschleunigt, Akzelerationsschübe auf vielen Gebieten gehören wie Technologiesprünge zu den wesentlichen Kennzeichen der Dekade. Wer in solcher Zeit allein aus nationaler Optik und Perspektive schreiben wollte, würde reichlich antiquiert wirken. Da es andererseits eine wirklich globale oder extraterrestrische Perspektive noch kaum gibt, die Bundesrepublik Deutschland Erscheinungsort dieses Buches ist, sie und Zentraleuropa Lebensmittelpunkt der Beiträger sind, ist ein deutscher Betrachtungswinkel unter Einbeziehung internationaler Tendenzen legitim.

Bereits zu Beginn der Dekade setzen die Erosionserscheinungen der bundesdeutschen sozialliberalen Koalition ein, Kanzler Helmut Schmidt wird einem Demontageprozeß ausgesetzt, die Koalition sieht sich 1982 am Ende. Versprochen wurde von der neuen Koalition die politisch-ökonomische sowie die geistig-moralische Wende. Erstere ist zweifellos verwirklicht worden, und zwar in erstaunlichem Maße.

Dies wird einem erst dann so richtig bewußt, liest man am Ende der 80er Jahre erneut kommunikations-, sozial- und wirtschaftswissenschaftliche Prognosen aus den Anfangsjahren der Dekade.[1] Fast alle zeichnen – quer über ideologische Grenzen hinweg – ein düsteres Zukunftsbild, bei dem selbst im Falle günstig verlaufender Konjunktur für das Ende der 80er Jahre erhebliche soziale Spannungen sowie viereinhalb bis fünf Millionen Arbeitslose vorhergesagt werden, die auf Beschäftigungseinbrüche infolge computer- und roboterbedingter sowie durch elektronische Kommunikationsmedien ausgelöster Rationalisierung zurückgeführt werden. Zwar sind die Arbeitslosenzahlen über das Jahrzehnt hinweg bei leicht rückläufiger Tendenz einigermaßen konstant geblieben, es darf aber nicht übersehen werden, daß mehrere Millionen neuer Arbeitsplätze, vorwiegend für Frauen, Aus- und Übersiedler sowie Asylanten geschaffen wurden. Dies ist eine gewaltige Leistung, die hinwegzudiskutieren unredlich wäre. Das Jahr 1989 allein verzeichnet hier ohne Anstieg der Gesamtarbeitslosenzahl mit der Aufnahme von über 700000 Immigranten aus der DDR und anderen osteuropäischen Ländern einen Rekord, der ohne Hochkonjunktur nicht zu verkraften gewesen wäre. Für 1990 liegen die Zahlen einschließlich der nicht mehr genau erfaßten DDR-Übersiedler annähernd auf gleicher Höhe. Auf der anderen Seite ist freilich eine Entwicklung zur kapitalistischen Ellenbogengesellschaft zu verbuchen, in der kollektive Werte weitgehend an Bedeutung verlieren. Aber auch hier muß freilich betont werden, daß die so oft beschworene Negativentwicklung zur »Zweidrittelgesellschaft« in der Bundesrepublik längst nicht in dem Ausmaß stattgefunden hat wie in den USA, wo die Kluft zwischen öffentlicher Armut und privatem Reichtum weitaus größer ist, die Ausgrenzung der Unterprivilegierten durch Ronald Reagans Wirtschafts- und Sozialpolitik wesentlich krasser betrieben wurde. Dennoch sind diese Tendenzen auch in Deutschland unübersehbar vorhanden. In den USA haben die »Reaganomics« mittlerweile jedoch zu den von fast allen Experten vorhergesagten fatalen Konsequenzen für die Wirtschaft geführt, die sich in zahlreichen Bankenzusammenbrüchen und, vor allem an der Ostküste, in einer schweren Rezession manifestiert haben.

Die »geistig-moralische Wende« hat hingegen nicht stattgefunden, vollzieht sich in Ansätzen erst im Übergang zu den 90er Jahren. Vielmehr geben die 80er Jahre in der Bundesrepublik nach Ablösung der sozialliberalen Regierung bis kurz vor Ende der Dekade das Bild eines Skandaljahrzehnts ab. Was mit der Affäre Wörner in der Auseinandersetzung mit Wörners ranghöchstem, für den Posten des Generalinspekteurs vorgeschlagenem General, dem stellvertretenden NATO-Oberbefehlshaber Günter Kießling beginnt, letztlich in dessen Ausscheiden und Wörners Beförderung zum NATO-Generalsekretär endet, pflanzt sich in der Kette von Bestechungs- und Geldwaschgeschäften aller Parteien fort, findet einen besonderen Höhepunkt in den taktlosen Äußerungen von Bundeskanzler Kohl, der unter anderem Michail Gorbatschow mit Goebbels vergleicht, schließt die Korrumpiertheit vieler Wirtschaftsbosse von Gewerkschaftsunternehmen ein und kulminiert schließlich 1987 im größten politischen Skandal der bundesrepublikanischen Geschichte, einer Tragikgroteske von macbethhafter Düsternis, der Affäre Barschel.

Die bundesdeutsche Demokratie zeigt in all diesen Anfechtungen erstaunliche Stabilität und Selbstreinigungskraft. Ohne das Vorhandensein kritischer Medien eines investigatorischen Journalismus freilich, dessen eigene negative Kehrseite jener Sensations- und Scheckbuchjournalismus ist, dem kein Unglück zu grauenvoll, keine Tragödie zu intim ist, um nicht vermarktet und ans Tageslicht gezerrt zu werden, sähe es aller Wahrscheinlichkeit nach wesentlich weniger positiv bestellt um die demokratischen Institutionen aus. Die Affären wären allesamt unter den Teppich gekehrt worden, Korruptionssümpfe hätten das Bukett übelriechender Fäulnisdüfte über der Republik entfaltet, die Staatsverdrossenheit eines Großteils der jungen wie der älteren Generation hätte leicht in vermehrten Terrorismus umschlagen können. So aber wird dem politischen Terrorismus in Deutschland im Verlauf der 80er Jahre weitgehend der Boden entzogen. Daß es dennoch zu Mordanschlägen und Attentaten kommt, die Ende 1989 in der Ermordung des Chefs der Deutschen Bank, Alfred Herrhausen, gipfeln, womit tragischerweise einer der weitsichtigsten, auf sozialen Ausgleich bedachten jüngeren Wirtschaftsführer beseitigt wird, nimmt dem Politterrorismus hierzulande den letzten Rest philosophischer Legitimation.

Um so mehr ist die mit dem Ausbruch des Golfkriegs im Januar 1991 verbundene Terrorismusfurcht einer lange Jahre konsequent und erfolgreich zur Friedfertigkeit erzogenen deutschen Bevölkerung verständlich.

Die nostalgische bis larmoyante »no future«-Haltung eines Großteils der studentischen Generation am Übergang von den 70er zu den 80er Jahren schlägt im Verlauf des Jahrzehnts weitgehend in Sachlichkeit, Erfolgsstreben, Kreativitätsschübe um. Dazu trägt sicher bei, daß das Vabanquespiel riskanter Hochrüstungspolitik allmählich verlangsamt und dann in eine gegenläufige Tendenz verwandelt wird. Die Dynamik der wirtschaftlichen und politischen Entwicklung in Westeuropa entfaltet einen Sog, der die Jugend marktwirtschaftlich konditioniert und weit nach Osteuropa ausstrahlt.

Überblickt man das Wechselgeld, die großen und kleinen Münzen all der vielen Ideen, die in den 80er Jahren gehandelt werden, so glänzen vom Ende des Jahrzehnts her gesehen genau 200 Jahre nach dem Beginn der französischen Revolution deren Ideale am hellsten: Freiheit, Gleichheit, Brüderlichkeit, Demokratie. Die Dynamik kommt, je weiter das Jahrzehnt fortschreitet, immer mehr aus dem Osten, die Ideen stammen aus dem Westen. Und es sind in vielen Staaten der Erde, vornehmlich aber in Osteuropa, in Polen, Ungarn, der DDR, der Tschechoslowakei, in Bulgarien und zuletzt in Rumänien, die Studenten, die in Kooperation mit Kirchenführern, Intellektuellen, Künstlern und Arbeitern diese Ideale zu verwirklichen suchen. Ein Mann wie der polnische Arbeiterführer Lech Walesa wird weit über Polen hinaus eine der Symbolfiguren des Jahrzehnts. In China werden die Studenten von den Panzerketten eines innerlich wie äußerlich vergreisten Regimes zermalmt, und das Reich der Mitte schließt sich mit dieser blutigen Unterdrückung von Reformen zumindest vorübergehend aus einer auf Frieden und Verständigung abzielenden Weltentwicklung aus. In der DDR gelingt zum ersten Male auf deutschem Boden eine friedliche, demokratische Revolution, zudem eine, die mit Sprachwitz, Humor und politischem Einfallsreichtum ins Werk gesetzt wird. Die intellektuell aufrechte Tradition des protestantischen Pfarrhauses gewinnt dabei einen politischen Stellenwert wie seit der Mitte des 19. Jahrhunderts nicht mehr. Zu den erfreulichsten Begleiterscheinungen gehört dabei, daß die Menschen, die die stete Gängelung und Bevormundung durch den Staat abstreifen, die selbstbestimmt leben statt »gelebt« werden wollen, breite, lange verschüttete Bezirke der deutschen Sprache für sich neu entdecken. Es zählt zu den bedauernswerten Bedenklichkeiten des schnellen Einigungsprozesses, daß bundesdeutsche Politroutine mit ihrer professionellen Glätte schon bald die neugewonnene Sprachfähigkeit wieder weitgehend zuschüttet.

In Polen sind es katholische Kirche und Arbeiterführer, die Schritt für Schritt einen revolutionären Prozeß durchsetzen, während in der Tschechoslowakei die Bastionen kommunistischer Macht binnen weniger Tage fallen. Bedenklich stimmt dabei, daß noch schneller als bei den notorischen Wendehälsen in der DDR in Prag an einem Tag das Parlament einstimmig dem alten Regime huldigt, um am nächsten Tag ebenso geschlossen eine Kehrtwendung um 180 Grad zu vollziehen. Als Symbolfigur der Opposition und friedlichen Revolution wird der auch durch zahllose Verhaftungen und Einkerkerungen nie zu beugende Dramatiker Vačlav Havel, das Gewissen seiner Nation, am 28. Dezember 1989 zum Präsidenten gewählt, und Alexander Dubček, die Galionsfigur des Prager Frühlings von 1968, wird Parlamentspräsident. An Havel, dem Anwalt freier Meinungsäußerung schlechthin, dem Dissidenten und Pazifisten, zieht im Stechschritt, mit aufgepflanztem Bajonett und klingendem Spiel das Wachbataillon des Prager Hradschin vorbei, ein nur schwer faßbares Bild, das man noch am Ende des Jahres 1988 kaum zu prognostizieren gewagt hätte.

Als man bereits geneigt war zu glauben, die Länder Osteuropas könnten das Joch eines maroden Sozialismus insgesamt friedlich abschütteln, belehrte der Altstalinist Nicolae Ceauşescu, dessen unabhängig-eigenwillige Politik gegenüber der Sowjetunion im Westen über viele Jahre hinweg auf positive Resonanz gestoßen war, die Weltöffentlichkeit eines Schlechteren. Der Rumäne, der sich in bizarrem Personenkult als »Führer«, als »Sonne Rumäniens«, als »Titan der Titanen« gottköniglich-größenwahnsinnig verherrlichen ließ, ließ durch seine Geheimpolizei Securitate in einer Serie von Blutbädern Tausende ermorden, so, als sei der furchtbarste aller Fürsten dieser Region, »Vlad der Schreckliche«, Urbild des Grafen Dracula, auferstanden. Die rumänische Revolution stellt exemplarisch unter Beweis, daß Werner Faulstichs im vorliegenden Band aufgestellte Thesen, wir befänden uns – mit dem Fernsehen als Leitmedium der 80er Jahre – auf dem Weg in die totale Mediengesellschaft, weitgehend zutreffen. Die Fernsehstation von Bukarest geriet zum Zentrum der Revolution, wer sie in Besitz nahm, verfügte über das Informationsmonopol. Man erlebte den Bürgerkrieg live als mediatisierte Wirklichkeit, einschließlich ihrer Manipulationen übrigens, wie sich 1990 am besonders makabren Beispiel geöffneter Gräber in Temešvar mit angeblich von der Securitate zu Tode gefolterten Bürgern herausstellte, die in Wahrheit vorrevolutionäre Patienten eines Krankenhauses waren, die in der Pathologie teilseziert worden waren.

Daß die Amerikaner zur selben Zeit, um des Verbrechers Noriega habhaft zu werden, der einst ihr eigener CIA-Agent war, zahlreiche Zivilisten in Panama töteten, während zeitgleich das sowjetische Parlament den eigenen Einmarsch in Afghanistan verurteilte, bescheinigt den USA ein denkbar undemokratisches Verhalten, ganz abgesehen davon, daß das Völkerrecht einmal mehr mißachtet wurde.

Insgesamt gesehen hinterlassen die 80er Jahre in der politischen Gesamtwertung einen so positiven Eindruck wie noch kaum ein Jahrzehnt dieses Jahrhunderts zuvor; daß sich, zumal in Osteuropa, 1989 dammbruchartig friedlich-revolutionäre Entwicklungen ausbreiten konnten, ist sicherlich der Entspannung in der politischen Großwetterlage zwischen den Supermächten zuzuschreiben. Das amerikanische Nachrichtenmagazin *TIME* besaß die Objektivität, den Politiker zum »Mann des Jahrzehnts« zu wählen, ohne dessen Mut, politische Weitsicht, diplomatisches Engagement, Führungsstärke kaum eine der vielen zukunftsweisenden Bewegungen, vornehmlich der zweiten Jahrzehnthälfte, zustandegekommen wäre: Michail Gorbatschow. Der Friedensnobelpreis des Jahres 1990 hätte sicher kaum einem Würdigeren verliehen werden können. Das Zeitraffertempo, mit dem sich 1989 in allen osteuropäischen Staaten grundlegende Reformen durchsetzten, wäre ohne seine Politik von »Glasnost« und »Perestroika« undenkbar gewesen. Sehenden Auges riskiert er dabei den Niedergang, ja die Auflösung dessen, was man sich gewöhnt hat, den »real existierenden Sozialismus« zu nennen. Und ob es gelingen kann, jenen dritten Weg zu verwirklichen, den 1968 Alexander Dubček, Ota Šik und die anderen Reformer des Prager Frühlings eingeschlagen hatten, einen wirklich humanen und demokratischen, obendrein marktwirtschaftlich orientierten Sozialismus, werden die 90er Jahre zu beantworten haben. Derzeit scheint es, als sei die Chance des Sozialismus für lange Zeit verspielt, Utopie.

Die Entwicklungen des Jahres 1990 lassen Gorbatschow und seinen Mitstreitern den Wind ins Gesicht blasen. Die katastrophale Wirtschaftslage eines im Grunde bankrotten Systems, das dennoch größte Schwierigkeiten hat, sich auf Marktwirtschaft umzustellen, weil es zum einen viele Profiteure des Systems gibt und zum anderen Bürger und Verwaltung nicht gelernt haben, mit Marktwirtschaft umzugehen, engt den Spielraum der Reformpolitiker von Monat zu Monat mehr ein. Hinzu kommen die Nationalitäten- und Nationalismusprobleme in zahlreichen nach Unabhängigkeit von Moskau strebenden Sowjetrepubliken, in den baltischen Republiken wie in den südlichen und den islamischen Republiken, die sich auf Grund ihrer kulturellen und religiösen Traditionen grundlegend voneinander unterscheiden. Deutlich wird, daß die alten stalinistischen Vorgehensweisen die Bürger längst nicht mehr so schrecken wie ehedem, auch von der Regierung nicht mehr gewollt werden, jedoch ein Machtkampf zwischen Konservativen und Progressiven entbrannt ist, dessen Ausgang derzeit – Januar 1991 – nicht vorhergesagt werden kann. Wachsender formaler Machtfülle Gorbatschows steht allmählicher realer Machtverlust gegenüber. Wie groß die Rücksichtnahmen des Regierungschefs sind, wie sehr er, der den Zerfall der Sowjetunion verhindern möchte, aber die Geister, die er rief, nicht mehr los wird, schon zum Spielball konservativer Generäle und Politiker geworden ist, oder ob es ihm doch gelingen wird, sein schlingerndes Staatsschiff in einen sicheren und friedlichen Hafen zu steuern, ist nicht abzusehen. Der Rücktritt Eduard Schewardnadses vom Posten des sowjetischen Außenministers am 20. Dezember 1990 mit seinen ominösen, bewußt nicht präzisierten Warnungen vor einer Diktatur setzt hier ein eher düsteres Fanal, das Unsicherheit und Unwägbarkeiten evident macht und weiter verstärkt.

Dennoch wird auch in der Golfkrise des Jahres 1990 sichtbar, daß die Konflikte sich gegenüber früher qualitativ verändert haben, daß es ein noch wenige Jahre zuvor ungekanntes Maß an Kooperation, diplomatischer Konsultation gibt, daß sich aber vorläufig noch klassische und neue Konfliktbewältigungsstrategien überlagern und auch durchkreuzen.

Für die Deutschen in Ost und West bringen die Wochen nach dem 40jährigen Jubiläum der DDR im Oktober 1989 mehr Bewegung in ihre Nachkriegsgeschichte als die übrigen 45 Jahre nach dem Zweiten Weltkrieg. Das sich 1990 lawinenartig beschleunigende Tempo des deutschen Vereinigungsprozesses konnte so niemand voraussehen. Der 3. Oktober 1990 und die fünf neuen Bundesländer sind Fakten, deren Tragweite im deutschen Bewußtsein erst langsam zu dämmern

Mauerdurchbruch in der Nähe des Schlesischen Tores, Berlin 1989

beginnt und die langer Aufarbeitung bedürfen. Man denke nur daran, daß im Herbst 1990 die NVA der ehemaligen DDR schlagartig Bestandteil der Bundeswehr wurde. Die Probleme des vereinigten Deutschland werden aller Voraussicht nach das Zentraleuropa der 90er Jahre prägen. Darüber hinaus sind mit dem 9. November 1989, dem Tag der Grenzöffnungen, und dem 22. Dezember 1989, der Öffnung des Brandenburger Tores, nicht nur eminent wirksame symbolische Zeichen gesetzt worden; auch die eigene unheilvolle Geschichte mit all ihren negativen Belastungen holt die Deutschen erneut ein. Das neue Jahrzehnt wird zeigen, ob es ihnen gelingt, im europäischen Kontext aus der Geschichte zu lernen und nicht abermals in die Hybris deutschen Suprematiestrebens zu verfallen, was automatisch eine Wiederholung antideutscher Bündnis- und Gleichgewichtspolitik der europäischen Nachbarn zur Folge haben müßte.

»Den Versuch, die Wahrheit zu leben« hat Vačlav Havel eines seiner Bücher dieser späten 80er Jahre betitelt, und was die Bürger der sozialistischen Staaten so über alle Maßen verärgerte, war die endgültige Gewißheit dessen, was sie lange geahnt hatten, daß nämlich die herrschende Kaste ihrer Länder dem Volk puritanische Enthaltsamkeit predigte, während sie selbst mit feudalistischen Privilegien in Saus und Braus lebten und Dollars auf Schweizer Nummernkonten horteten. Sie alle bewiesen die Richtigkeit des alten britischen Sprichworts »Power corrupts and absolute power corrupts absolutely«.

Vor dem Weltmaßstab der Ost-West-Annäherung und Kooperation verblaßt selbst die Beendigung langer Konflikte in Afrika wie dem in Mozambique, in Afghanistan (der jedoch als Bürgerkrieg weitergeführt wird) oder die des schrecklichsten Krieges der Dekade, dem zwischen Irak und Iran. Ausgefochten wurde er mit ungeheuren Verlusten, mit allen Großmächten als Verdienern an Waffengeschäften, mit deutscher Verwicklung in die Giftgasproduktion, von zwei gleichermaßen unbarmherzigen Staatsoberhäuptern mit Durchhalteparolen immer wieder angefacht.

1990 hat dann der Iraker Saddam Hussein Kuwait annektiert und damit die größte Militäraktion seit Vietnam in Gang gesetzt und dem internationalen Krisenmanagement Gelegenheit zur Bewährung gegeben. Schließlich aber hat das Spiel der Diplomatie versagt, weil die Mitspieler nicht gewillt waren, auf gleichen Ebenen und mit offenen Karten zu spielen. Und noch einmal wird der Krieg als Strategie der Konfliktlösung eingesetzt. »Das Patriarchat hat wieder zugeschlagen«, sagen, wohl nicht ganz zu Unrecht, viele Feministinnen.

Der Westen hatte den Iraker Saddam Hussein hochgerüstet, um ihn als Knüppel gegen Khomeinis Iran zu benutzen, und dann kehrte sich, wie so oft in der Geschichte, der Lehrling gegen den Meister und ward in dessen Augen selbst zum Despoten und Erzbösewicht, derweil die eigenen Anhänger ihn in gigantomanem Personenkult – die Parallelen zu Ceauceşcu sind unübersehbar – zum Helden stilisierten. Deutsche haben bei der irakischen Aufrüstung ein schreckliches Maß an Schuld auf sich geladen; man fragt sich, wann endlich die Chefetage des MBB-Konzerns den Abschied nehmen muß.

Wer wie der Verfasser eine Weile im Nahen Osten gelebt und dessen Probleme aus der historischen Literatur und eigener Anschauung kennengelernt hat, der weiß, daß sie wohl in keiner Region der Welt so vielschichtig, so konträr, so zugleich rational und irrational sind. Der wußte auch, daß nach der Besetzung Kuwaits durch den Irak vom August 1990 die Dinge aus geopolitischen, geostrategischen, energiepolitischen Gründen unweigerlich auf einen Krieg zusteuerten, bedingt durch die anderen neuralgischen Probleme der Region, das Verhältnis von Israelis und Palästinensern, islamischer Fundamentalismus, Sunniten und Schiiten, die feudalistischen Scheichregime, Korruption, Ausbeutung, verletzter Stolz und Minderwertigkeitskomplexe der arabischen Underdog-Gefühle.

Die neue Dimension des elektronischen Lenkwaffenkrieges gehört zu den schrecklichsten Seiten des Golfkrieges von 1991.

Fortgesetzt wird die Medialisierung der Realität im »Fernsehkrieg«, wie er sich in Rumänien 1989/90 schon anzeigte. »Prime time war«, 24 Stunden rund um die Uhr sendet CNN, der US-amerikanische Nachrichtenkanal, mit der makabren Brechung, daß vom wahren Grauen des Krieges, von schrecklichen Verletzungen und Todesfällen, die sicher unter der Zivilbevölkerung angerichtet werden, wegen der Zensur so gut wie nichts zu sehen ist. Das könnte auch nur stören, sich auf die Moral negativ auswirken. Hohe Einschaltquoten verheißen hohe Werbeeinnahmen. Die Journalisten aber nennen es die Pflicht zur Information.

Die Aufweichung, ja, der Zusammenbruch jener Festungsmentalität zwischen den Machtblöcken von Ost und West, die Auflösung des sowjetischen Imperiums, weitgehende Abrüstungsvereinbarungen, das Zusammenwachsen Europas eröffnen Ende des Jahrzehnts Perspektiven bislang unbekannten Ausmaßes für eine positive und friedliche Entwicklung. Man hätte meinen können, Rationalität, humane Emotionen und Einsicht hätten sich endlich einmal gegen all jene Irrationalismen durchgesetzt, die das Zusammenleben der Menschen und Völker gefährden, wäre da nicht stets die Befürchtung präsent gewesen, alles könne bei negativer wirtschaftlicher Entwicklung wieder ins Gegenteil umschlagen. Der weiteren Entwicklung in der Sowjetunion wird deshalb in den 90er Jahren eine Schlüsselrolle zukommen.

Auf dem Markt der Ideen herrscht in den 80er Jahren ein reger internationaler Handel, wobei allerdings beileibe nicht alles miteinander konvertierbar ist, sondern sich der Pluralismus der Epoche in teilweise höchst widersprüchlichen Moden, Trends, Stilen äußert. Das zeigt sich schon daran, daß die Philosophie Konjunktur genießt wie seit dem Existentialismus der 50er Jahre nicht mehr. Um wachsender Unübersichtlichkeit Herr zu werden, entsteht analog dem Bedürfnis nach Historiographie und Museen, die sammeln, ordnen, ausstellen, was Kultur bislang hervorgebracht hat, ein echtes und wachsendes Bedürfnis, nicht nur Techniker und Naturwissenschaftler, sondern Philosophen als Grundlagenwissenschaftler, nach Möglichkeit im interdisziplinären Verbund, zur Theorienbildung und zur Lösung schwieriger gesellschaftlicher Probleme heranzuziehen, ähnlich wie dies in den 60ern im Vertrauen auf die Soziologie mit deren Theorien versucht wurde. Im Zeitalter der Computer, der Natur- und Ingenieurwissenschaften wächst das Verlangen nach Metaphysik und der Beantwortung von Sinnfragen. Dabei gewinnen vor allem französische Denker – Barthes, Baudrillard, Kristeva, Lacan, Derrida, Lyotard – weltweiten Einfluß, deren Diskurse und Auseinandersetzungen mit deutscher Philosophie, etwa der Renaissance Heideggerscher Schriften, weithin das Denken der Intellektuellen in den westlichen Ländern prägen. Der Beitrag Dieter Fuders zeichnet dies Wechselspiel nach.

Immer mehr setzt sich auch die Einsicht durch, daß es allgemeinverbindliche Geschichtsschreibung nicht mehr geben kann, daß statt Geschichte mit wachsender Subjektivität, Unverbindlichkeit, ja Skurrilität, Poesie und Hermetik Geschichten geschrieben werden. Posthistoire-Thesen vom Ende der Geschichte, entstanden aus Krisenbewußtsein, Einblick in die Endlichkeit natürlicher Ressourcen, aus Theorien über die Produktionsprozesse der Industrie, der Kunst, der Medien, die Ära der Simulakren, in die eine mediatisierte Welt und Wirklichkeit eingetreten sei, werden im weiteren Verlauf der 80er Jahre von der politischen Aktualität weithin ins Reich philosophischer Kopfgeburten verwiesen, auch wenn ihre Tendenzen unleugbar vorhanden sind. Geschichte wird von Individuen, Kollektiven und historischen Prozessen gemacht und bestimmt. Der Ruf Leipziger und Berliner Demonstranten »Wir sind das Volk« verändert 1989 eklatant deutsche Geschichte und erzwingt historische Entscheidungen, genauso, wie es individuelle Entscheidungen verantwortlicher Militärs und Politiker sind, eine friedliche Revolution zuzulassen, statt wie die chinesische Regierung eine Politik der blutigen Unterdrückung zu vertreten und einen Bürgerkrieg zu riskieren.

Auf die große Nostalgiewelle zu Beginn des Jahrzehnts folgt konsequent postmoderne Bildlichkeit und Narrativik, das Entdecken neuen Körperbewußtseins und neuer Sinnlichkeit, das gegen steril gewordene, ausgedünnte Intellektualität der späten Moderne gesetzt wird, wie der Beitrag von Inge Baxmann aufzeigt. Man erinnere sich in diesem Zusammenhang nur jener um die Mitte des Jahrzehnts aufkommenden Redensart, daß alles mögliche »zum Anfassen« sei: Politiker, Architektur, Kunst, abstrakte Gedanken.

Das neue Körpergefühl entwickelt sich unter anderem in die Richtung intensiven Modebewußtseins, Lifestyle-Kults, jener Yuppie-Konsumkultur, die allen Markenartiklern hohe Renditen beschert. Zeitgeist-, New-Age-, New-Wave-Bewegungen sind Ergebnisse postmoderner Befindlichkeiten und Oberflächenkultur, gegen die dann kontradiktorisch neue Religiosität, Innerlichkeit, Mystizismen, Esoterik als Fluchtbewegungen in die vorgeblich heile Welt innerer Substanz gesetzt werden. So erfolgt im Wirbel der sich schnell ablösenden Trends innere und äußere Identitätssuche, immer in der Hoffnung, daß es so etwas wie Identität noch gebe, wo doch theorie- und philosophiebewußte Intellektuelle seit der Romantik der sich stetig beschleunigenden totalen Fragmentarisierung von Bewußtsein das Wort reden, sie wortreich beklagen.

Die Moderne-Postmoderne-Diskussion prägt die Dekade bis weit in ihre zweite Hälfte. Auch wenn der Begriff Postmoderne wie alle ästhetischen Kategorien und Stilbezeichnungen noch so unscharf sein mag und auf heftigsten Widerstand trifft, setzt sich allmählich doch die Erkenntnis durch, daß die von ihrer Programmatik her zeitlose Moderne inzwischen historische Patina angesetzt habe, daß ein Paradigmenwechsel stattgefunden habe, daß man berechtigterweise von postmodernem Lebensgefühl ebenso sprechen dürfe wie von postmoderner Architektur, Mode, Design, Literatur, Philosophie, daß also hier tatsächlich so etwas wie ein übergreifendes Stilphänomen entstanden sei, wenn auch, und darüber waren und sind sich alle einig, nicht mehr mit dem ästhetischen und philosophischen Alleinvertretungsanspruch eines verbindlichen Epochenstils.

Bald schon hatte sich die Moderne in der Auseinandersetzung mit der Postmoderne zur Neomoderne revitalisiert; der Dekonstruktivismus knüpfte an die so produktiven Ansätze der Konstruktivisten aus den 20er Jahren an, wie es vorzüglich in der Architektur, etwa im Œuvre von Zaha Hadid, Bernard Tschumi, Peter Eisenman, Coop Himmelblau und Daniel Libeskind zu verfolgen ist.

Den Gesamtkunstwerkintentionen der Postmoderne wird eine Ästhetik des Disjunktiven, der Schichtungen, der auseinanderstiebenden Einzelmomente entgegengesetzt, so wie zum Beispiel den Entwurfsgedanken der Wiener Architektengruppe Coop Himmelblau durchaus die Verwandtschaft zu den russischen Konstruktivisten und Suprematisten, etwa zu Tatlin, Melnikow, Cernikow und Malewitsch, ebenso anzusehen ist wie Bezüge zu Punk, Hard Rock und Installationskunst der 80er Jahre. Auf die Widersprüche der Zeit antworten sie mit einem Architekturdesign stürzender, fallender Linien und Diagonalen, aufbrechender Risse, Versetzungen, schrundiger, harter Kanten, plötzlicher Abbrüche, mit schiefen Wänden, schrägen Ebenen und Fenstern, einer Ästhetik des Ineinanderschachtelns, Verschiebens und Verdichtens von Räumen, wo alles zu kippen droht, sich verkantet und verdreht, aber auch bereit ist zum Abheben und Fliegen.

Im architektonischen Werk von Bernard Tschumi, über den Jacques Derrida einen vielbeachteten Essay geschrieben hat[2], begegnen sich darüber hinaus Literatur, Philosophie und Filmtheorie[3] in exemplarischer Weise. Der Architekt muß – laut Tschumi – heute die Elemente der Vergangenheit und Tradition dekonstruieren, auseinandernehmen, ihre Fragmente neu zusammenfügen, neue Korrelationen bilden, veränderte Bezüge ins Blickfeld rücken und realisieren, bereit sein zu ständiger Veränderung. Nichts sei in den 80er Jahren mehr sicher, definitiv, alles sei in Bewegung. Die allgemeine Internationalisierung zu einer Weltkultur, bei der jedoch viele Kulturen neben-, in- und übereinander existierten, sei in vollem Gange. Es gebe keine sinnvollen Werturteile mehr, keine Totalität, keine Kontrolle von Geschichte, keine Gewißheiten. Alles sei Fragment, auch die Stadt. Der Mensch muß – Tschumis Ansicht nach – die Kraft finden, mit diesen Tatsachen zu leben, ihnen positive Seiten abgewinnen, ihr positives Potential nützen lernen. Folgerichtig bricht Tschumi vollkommen mit einer zitierseligen, historisierenden Postmoderne, die sich mit Erkern, Schnörkeln und Rundbögen in der Vergangenheit heimelig einrichten möchte. Der Postmoderne setzt er eine Architektur entgegen, die sich aus der Moderne heraus entwickelt, aber ebenfalls mit deren Paradigmen gebrochen hat und sich ganzheitszerstörerisch auf die Gegebenheiten der 80er und 90er Jahre einstellt. Unter dem Disjunktiven versteht Tschumi »das Nebeneinander, Hintereinander, Übereinander der verschiedenen Lebensbereiche, Erlebnisschichten, Berufe, Interessen, in denen der Mensch sich heutzutage bewegt«.[4] Dem entspreche eine neue Ästhetik, die dem Gebrauch moderner Medien vergleichbar ist, deren Ästhetik des Switching und Zapping, dem Sampling und Scratching der Musik. Eine offene Ästhetik aus den Reizimpulsen des Disparaten, des Mit- und Gegeneinander der nicht mehr schönen und der schönen Künste, der ästhetisierten Alltagserfahrung sei die Folge. In Verbindung mit Elementen der am Ende des Jahrzehnts allgegenwärtigen High-Tech-Welle und Versatzstücken aus der Postmoderne etabliert sich hier ein offener, demokratiefreundlicher Stil, der weit in die 90er Jahre wirken und von Architektur und Philosophie in eine Fülle von Bereichen aus Kunst, Ästhetik und Alltagswelt einstrahlen wird.

High-Tech aber ist der architektonische und künstlerische Reflex dessen, was aus Technik, Wirtschaft und Industrie immer wirkungsmächtiger in unser aller Leben hineinreicht. Für gewöhnlich bezeichnen wir damit nur die schicke Designummantelung von technischen Steuerungsprozessen, Optimierungsverfahren, Verregelungen industrieller Arbeitsgänge sowie deren Produkte. Dahinter verbergen sich meist mikrochipgesteuerte, digitalisierte Prozesse, wie sie seit den 80er Jahren die gesamte Industrie-, Wirtschafts- und Lebenswelt in einer neuen, der dritten industriellen Revolution verändern. Es ist abzusehen, daß sich diese Vorgänge in den 90er Jahren unter zusätzlichen Beschleunigungsschüben mit all ihren weithin noch unübersehbaren positiven und negativen Konsequenzen fortsetzen werden.

Erwähnt seien nur einige Stichworte: die zum Massenphänomen gewordene Computerisierung (wie es Rüdiger Ganslandt in seinem Beitrag beschreibt), mit ihren Datenbanken, wuchernden Datennetzen, deren schwer faßbarer Nutzung und Auswertung. Digitalisierung und Miniaturisierung sind Garanten für weitere Technologiesprünge, etwa in den Medien- und Kommunikationstechnologien, der Metallurgie, dem Maschinenbau, der Sensortechnologie, der Entwicklung sensor- und mediengesteuerter »intelligent buildings« usw.

Ein weiteres, wichtiges Thema ist sicherlich die Gentechnologie, die in den 80er Jahren als Manipulationsstrategie für Mensch und Natur mit noch unübersehbaren segensreichen wie unheilvollen Auswirkungen entwickelt wurde. Nicht von ungefähr verschieben sich Innovationsschwerpunkte derzeit in die Biowissenschaften, denen plötzlich jene Leitfunktion zukommt, die zuvor die Chemie und noch früher die Physik innehatte. Atmet die Menschheit am Ende der 80er Jahre auf, weil erstmals erhebliche Abrüstungserfolge in greifbare Nähe gerückt zu sein scheinen, könnte sich schon bald herausstellen, daß die teuren und aufwendigen nuklearen Massenvernichtungswaffen gar nicht die schlimmste Geißel waren, sondern daß man nun mit Mikroorganismen das gleiche Ergebnis vergleichsweise billig erreichen kann.

Die Janusköpfigkeit der Ergebnisse moderner Forschung und ihrer Hochtechnologien besteht in jenem Risikopotential, das derlei Forschung stets begleitet (vgl. den Beitrag Ulrich Becks). Und falls die Menschen nicht lernen, mit ihr umzugehen, sie zu kontrollieren, könnte ungeachtet aller Mut machenden Tendenzen am Ende des alten und zu Beginn des neuen Jahrzehnts unversehens die zu Anfang der 80er Jahre so beliebte Evokation von Apokalypsen Realität werden.

Menschengemachte Katastrophen gibt es ohnehin genug. Auf Tschernobyl und industrielle Umweltverschmutzung wurde schon hingewiesen. Neben Aids und Drogenhandel sind Abholzung der Regenwälder, Waldsterben, Ozonloch, Treibhauseffekt, Robbensterben weitere Schlüsselworte der Dekade, jedes beladen mit schwierigsten Problemen auf dem Weg zu ihrer Lösung. Schon ist absehbar, daß wir in den 90er Jahren neue Flüchtlingsströme erleben werden, diesmal neben Kriegsflüchtlingen Ökoflüchtlinge und Klimaasylanten. Die kontroverse Energiediskussion wird anhalten. Rassismus, religiöser Fanatismus, Macht- und Gewinnstreben werden weiterhin zu den Geißeln der Menschheit gehören.

Es ist das eindeutige historische Verdienst der Ökobewegung, von Organisationen wie Greenpeace und Robin Wood sowie der grünen Parteien, im Verlauf der 80er Jahre ein völlig neues und allgemeines Umweltbewußtsein in der Bevölkerung verankert zu haben. Wenn inzwischen, mehr nolens als volens, auch die alten Parteien Forderungen zum Erhalt und zur Restitution gesunder Umwelt auf ihre Fahnen und Wahlplakate, selbst in ihre Grundsatzprogramme und in die Verfassungen geschrieben haben, mag dies inzwischen auch Resultat innerer Einsicht sein, primär jedoch wahrscheinlich die Hoffnung auf Rückgewinnung verlorengegangener Wählerstimmen. Schon einmal, im 18. Jahrhundert, stand die Natur im Zentrum westeuropäischen Denkens. Doch noch nie seit dieser Zeit hat sich der tradierte Naturbegriff so grundlegend verändert wie im abgelaufenen Jahrzehnt. Da inzwischen auch Wirtschaft und Industrie begriffen haben, daß sich mit Ökologie auf vielen Gebieten gute Profite erzielen lassen, dürften bei entsprechend flankierender Gesetzgebung die Aussichten auf Verbesserung der gegenwärtigen Zustände für die 90er Jahre recht günstig sein. Überhaupt gehört neben den Grenzüberschreitungen die umfassende Vermarktung jedes Lebensbereiches, die fortschreitende totale Kommerzialisierung zu den Hauptcharakteristika der 80er Jahre. Diese Bewegung macht auch vor keinem Bereich der Kunst halt, wie in den Beiträgen von Angela Krewani, Sabine Fabo, Christoph Schreier deutlich wird. Längst ist die enge Verflechtung von Kunst und Wirtschaft unübersehbares Faktum, ist Sponsoring zu einem Schlagwort geworden, dem in den 90er Jahren noch weit höhere Aufmerksamkeit zuteil werden wird. Die Dynamik des europäischen Marktes, der ab 1993 die größte und kaufkräftigste gemeinsame Marktregion der Welt bilden wird, entfaltet ungeheure Sogwirkung in alle Himmelsrichtungen, besonders aber nach Osten, wo die sozialistische Planwirtschaft einen unrühmlichen Bankrott gemacht hat. Der Internationalisierung, den Transnationalisierungsprozessen im Westen trägt die wachsende Bedeutung der Werbung, auch für Design und Kunst, Rechnung (vgl. den Beitrag von Siegfried J. Schmidt et alii). Konsumgesellschaft ist nichts per se Verwerfliches, sie hat zahllose angenehme Seiten für die, die sich ihrer erfreuen können. Ihr jedoch materielle und ideelle Schranken und Grenzen zu weisen, ist Aufgabe von Erziehung, Wissenschaft und Kunst, die in den 90er Jahren an Bedeutung zunehmen wird.

Mehr als 50 Prozent der Weltbevölkerung sind Frauen. In vielen Regionen dieser Erde sind sie von einer Gleichberechtigung weit entfernt. So tragen sie in den fundamentalistisch regierten islamischen Ländern wie dem Iran in den 80er Jahren wieder den Tschador und leben unter mittelalterlichen Gesetzen. In der Bundesrepublik Deutschland hat die Emanzipation der Frauen in den 80er Jahren Fortschritte gemacht, ohne daß schon erreicht wäre, was in den Ländern Skandinaviens, in den USA und Kanada längst Standard ist. Der spezifische Feminismus der 70er und frühen 80er Jahre wirkt mittlerweile obsolet. Feminismus ist differenzierter und selbstkritisch geworden. Wem es mit der Demokratie ernst ist, der muß an der schwierigen gesellschaftlichen Aufgabe echter Gleichberechtigung der Frauen mitwirken und helfen, Lösungswege zu finden. Gerade die skandinavischen Länder haben hier bedenkenswerte Ansätze und Wege vorzuweisen.

Der Problemhorizont für die 90er am Ende der 80er Jahre ist riesig. Und kaum, daß die neue Dekade angefangen hat, verdüstert er sich wieder, als wären die positiven Entwicklungen von 1989/90 nur eine Atempause im größeren Prozeß menschlicher Selbstzerstörung gewesen. Dennoch waren die 80er Jahre eine faszinierende Epoche, ein in vielerlei Hinsicht reiches Jahrzehnt. Und ungeachtet gegenwärtiger Krisenlandschaft vom Golf bis zum Baltikum gibt es auch viele ermutigende Anzeichen von Kooperationsbereitschaft beim Bau einer Friedensordnung. Am 19. Januar 1991, da dieses aktualisierte Manuskript endgültig abgeschlossen wird, haben zumindest die protestierenden Bürger vieler Staaten, für die die Grenzen zwischen Ost und West obsolet geworden sind, begriffen, worum es geht. Auch bei Militärs und Politikern muß sich die Erkenntnis von der Richtigkeit des folgenden amerikanischen Sprichworts durchsetzen, sonst katapultiert die eigene Hochtechnologie die Menschheit aus der Evolution heraus:

»Man must put an end to war
Or war will put an end to mankind.«

Anmerkungen

1 Als Beispiele seien genannt Fritz Kuhn und Wolfgang Schmitt: *Einsam, überwacht und arbeitslos. Technokraten verdaten unser Leben.* Stuttgart 1984; Dieter Prokop: *Heimliche Machtergreifung: Neue Medien verändern die Arbeitswelt.* Frankfurt am Main 1984; ders.: *Die verkabelte Gesellschaft. Der Bürger im Netz neuer Technologien.* München 1984. Die Zahl der einschlägigen Aufsätze ist Legion. Sehr empfehlenswerte Überblicke mit Literaturhinweisen zum Beispiel bei Werner B. Korte: *Neue Medien und Kommunikationsformen – Auswirkungen auf Kunst und Kultur.* München 1985; Claus Eurich: *Computer, neue Medien und Kultur.* Hamburg 1988; Angela Zimmermann und Bernhard Zimmermann: *Bildschirmwelt. Die neuen Informationstechniken und ihre Folgen.* München 1988.

2 Vgl. Jacques Derrida: *Psyché. Inventions de L'Autre.* Paris 1987, S. 477–493, zuerst als englisch-französische Ausgabe in: Bernard Tschumi: *La casa vide.* Architectural Association, Folio VIII. London 1986. Deutsche Erstveröffentlichung in Wolfgang Welsch (Hrsg.): *Wege aus der Moderne. Schlüsseltexte der Postmoderne-Diskussion.* Weinheim 1988, S. 215–232.

3 Vgl. hierzu vor allem Bernard Tschumis Aufsatzsammlung *Cinégramme Folie. Le Parc de La Villette.* Princeton, N. J., 1987.

4 Gesprächszitat Tschumis aus langen Diskussionen mit dem Verf. im April 1988 in Paris.

Auf dem Weg in die industrielle Risikogesellschaft?

Ulrich Beck

Was meint »Risikogesellschaft«? Etwa 30 Prozent der Nachrichten in großen Tageszeitungen der Bundesrepublik Deutschland sind inzwischen »Risikonachrichten«: Das »Gift der Woche«, Kalbfleischskandal, Robbensterben, Artensterben, Smog, Ölpest in der Antarktis, Ozonloch, Konferenzen, Grenzwerte, Gerichtsverhandlungen, Harmlosigkeitsbeteuerungen finden sich auf der ersten Seite, im Feuilleton, im Lokalteil, in der Sparte »Vermischtes«.

Und was bedeutet es eigentlich, wenn eine Gesellschaft von einer Schreckensmeldung und Vergiftungsgefahr zur nächsten taumelt? Erhard Eppler hat zu diesem Thema vor einiger Zeit gesagt, daß die regierende Koalition in der Bundesrepublik wesentlich auch dadurch ins Wanken geraten sei, weil sie nicht begriffen habe, was sich für Ängste und Realitäten hinter diesen täglichen Risikonachrichten verbergen.

Die Gefahren werden als Hieroglyphen übermittelt, als Zeichen einer Welt, die im Grunde niemand mehr versteht. Als Beispiel sei Atrazin genannt, das heute im Grundwasser, im Trinkwasser reichlich auftaucht: Kaum ein Bürger weiß, was Atrazin ist. Viele Techniker sagen, der Umgang mit diesem Stoff sei ganz ungefährlich. So wurden – leichtsinnigerweise – Grenzwerte von 0,05 vereinbart, weil man glaubte, Atrazin und andere Chemikalien würden nie ins Grundwasser durchsickern, die Wirkung sei harmlos und weil Krankheiten nicht nachgewiesen waren. Der normale Bürger, der nun einmal nicht auch noch einen Schnellkurs in Chemie absolvieren kann, ist, wie auch sonst schon häufig, bei der Entscheidung über die Reinheit des Trinkwassers überrollt worden. Wir sehen die Wirklichkeit in Symbolen: Wasser ist das Symbol des Lebens – wer das Wasser vergiftet, ist ein »Brunnenvergifter«. Die Hochsetzung von Grenzwerten ist keine Lösung. Dem Bürger stellt sich hier ganz konkret die Frage, wie er das

Leben seiner Liebsten, sein Leben und das Leben der künftigen Generationen retten kann.

Dieses Beispiel beschreibt exakt, was wir unter dem Begriff »Risikogesellschaft« zu verstehen haben: industriell bedingte Zerstörungen, die zusammenfallen mit eklatanten Verletzungen kultureller Schlüsselsymbole wie Bäume, Tiere, Trinkwasser. Gleichzeitig werden die Nischen des Rückzugs zerstört, und auch die Privatsphäre wird von Managemententscheidungen, Weltmarktstrategien, Forschungslabors und Massenmedien bestimmt. Die Politik setzt erst mit Polizeieinsätzen den Bau von Wackersdorf durch, um dann, nachdem andere, die die Lage besser kennen, nein gesagt haben, ihre Zustimmung zurückzunehmen. Allzuständigkeit und Ohnmacht der Politik schaukeln sich gegenseitig hoch und lassen jede vertuschte Beinahe-Katastrophe für Politiker zur Selbstdarstellung ihrer eigenen Lächerlichkeit werden.

»Industriegesellschaft« bedeutet unter anderem das Zusammengehen von Reichtums- und Risikoerzeugung. »Risikogesellschaft« bezeichnet demgegenüber – wie zu zeigen sein wird – die Phase des Industrialismus, in der das Ausmaß der Folgen und Gefahren immanent in Widerspruch tritt zu den institutionalisierten Kriterien und Verfahren der Risikokalkulation, -bewertung und -vorsorge. Nicht nur die technische entscheidungsabhängige Selbstvernichtungsmöglichkeit, sondern die schleichende Katastrophe, d. h. die Überschneidung von Normal- und Ausnahmezustand in Form ökologischer Zerstörungen, Belastungen von Luft und Trinkwasser usw., stellt gesellschaftlich die zentrale Herausforderung dar. Damit geraten die Institutionen in den brisanten Widerspruch, einerseits Sicherheit zu garantieren (und angesichts von Katastrophen, Beinahe-Katastrophen usw. dies immer wieder aufs neue versprechen zu müssen), andererseits Praktiken zu legalisieren, die schleichend oder offen katastrophale, vorsorgelose Zukunft verstetigen. Das aber heißt: Der Sozialvertrag des Sicherheitsstaates wird brüchig; die Sozialstruktur verschiebt sich. Es gibt Länder, Branchen und Unternehmen, die von der Gefahrenlegalisierung profitieren, und andere, die dadurch in ihrer ökonomischen Existenz gefährdet werden. Dies ermöglicht beziehungsweise erzwingt eine neue europäische Weltinnenpolitik, eine Perspektive, die hier nur zureichend skizziert werden kann.[1] War unsere Gesellschaft vor zwei Jahrzehnten noch ganz auf Fragen des Wohlstands und seiner Verteilung konzentriert, so treten jetzt mit wachsender Geschwindigkeit diese Gefährdungen und die sozialen Konflikte, die sie implizieren, in unser Bewußtsein. Für die meisten gilt, daß sie sich weder örtlich noch zeitlich noch sozial eingrenzen lassen. Auf eine – zugegeben grobe – Formel gebracht: Hunger ist hierarchisch, auch im letzten Krieg haben nicht alle gehungert, aber atomare Verseuchung ist egalitär und insofern »demokratisch«. Nitrate im Trinkwasser machen auch nicht halt vor dem Wasserhahn des Generaldirektors.

Alles Leid, alle Not, alle Gewalt, die Menschen Menschen zugefügt haben, kannte bisher die Kategorie der »anderen« – Arbeiter, Juden, Schwarze, Asylanten, Dissidenten, Frauen usw. –, hinter der die scheinbar Nichtbetroffenen sich zurückziehen konnten. Es ist das »Ende der anderen«, das Ende all unserer Distanzierungsmöglichkeiten, das mit der atomaren und chemischen Verseuchung erfahrbar geworden ist. Not läßt sich ausgrenzen, den Gefahren des Atom- und Chemiezeitalters kann man nicht mehr ausweichen. Dieser Umstand macht ihre neuartige kulturelle und politische Kraft aus. Ihre Gewalt ist die Gewalt der Gefahr, die alle Schutzzonen und Differenzierungen der modernen Gesellschaft aufhebt.

Es mag sein, daß in der Sturmflut der Gefahr – wie es immer so schön heißt – »alle in einem Boot sitzen«. Aber, wie so oft, gibt es auch hier Kapitäne, Passagiere, Steuermänner, Maschinisten und Ertrinkende. Es gibt mit anderen Worten Länder, Branchen, Unternehmen, die von der Risikoerzeugung profitieren, und andere, die mit ihrer gesundheitlichen zugleich auch ihre ökonomische Existenz bedroht sehen. Wenn zum Beispiel die Nordsee stirbt oder sozial als »gesundheitsgefährdend« wahrgenommen wird – für die wirtschaftlichen Effekte hebt sich die Differenz auf –, dann stirbt nicht nur die Nordsee mit dem Leben, das sie beinhaltet und ermöglicht, sondern es erlischt auch das wirtschaftliche Leben in allen Orten, Branchen, Küsten, Ländern, die direkt und indirekt von der Vermarktung der Nordsee leben. Bereits heute verwandelt sich die Industriezivilisation in eine Art »Länderkampf« der Weltrisikogesellschaft. Hier fallen Naturzerstörungen und Marktzerstörungen zusammen. Nicht, was einer hat oder kann, entscheidet über seine gesellschaftliche Stellung und Zukunft, sondern wo er lebt und wovon er lebt und inwieweit andere sein Haben und Können als »Umwelt« vergiften dürfen.

Auch die engagierte Leugnung, die sich aller amtlichen Unterstützung gewiß weiß, hat also ihre Grenzen. Die Rache des abstrakten

Expertenstreits um Gefährdungen ist deren geographische Konkretion. Man kann alles abstreiten, die amtliche Maschinerie der Schönfärberei auf Hochtouren laufen lassen. Das verhindert die Zerstörung jedoch nicht, sondern beschleunigt sie nur. So entstehen – quer zu Nationalgrenzen und politisch-industriellen Konfliktlinien – geographische Lagen (»Giftschlucker-Regionen«), deren »Schicksal« mit der industriellen Zerstörung der Natur zusammenfällt. Die Tourismusbranche in der Schweiz, die gefährdeten Bergdörfer und Bauern müssen die Zeche der Hochindustrialisierung in Europa bezahlen. Ein Beispiel: Der »Treibhauseffekt« wird die Lufttemperaturen und die Meeresspiegel durch Abschmelzen des Eises weltweit steigen lassen. Die Warmzeit wird ganze Küstenregionen ertränken, Ackerland verwüsten, die Klimazonen unkalkulierbar verschieben und das Artensterben dramatisch beschleunigen. Die Ärmsten der Welt wird es am schlimmsten treffen, da sie sich am wenigsten der Veränderung der Umwelt anpassen können. Wer sich aber um seine Existenzgrundlage gebracht sieht, der wird dem Ort des Elends entfliehen. Wahre Völkerwanderungen von Ökoflüchtlingen und Klimaasylanten werden den reichen Norden überfluten; Krisen der Dritten und Vierten Welt könnten zu Kriegen eskalieren. Auch das weltpolitische Klima wird sich schneller verändern, als es uns heute vorstellbar ist. Das alles sind bisher nur Projektionen, aber wir müssen sie ernst nehmen, denn wenn sie erst einmal Wirklichkeit geworden sind, wird es für Gegenmaßnahmen zu spät sein.

Dabei wäre vieles einfacher, wenn den Ländern der Dritten und Vierten Welt auf dem Wege der Industrialisierung die Fehler der hochindustrialisierten Länder erspart werden könnten. Doch der ungehemmte Ausbau der Industriegesellschaft gilt immer noch als Königsweg, der die Bewältigung vieler Probleme – nicht nur der Armut – verspricht, so daß Greifbarkeit der Not die Fragen der Zerstörung verdrängt.

Auch ist die ökologische Moral oft so unschuldig nicht, wie sie sich gibt, geht es doch bei der Rettung der Natur bekanntlich immer auch um Märkte und Konkurrenz. So wird beispielsweise der Kampf gegen das Waldsterben bei unseren französischen Nachbarn als geschickter Schachzug der deutschen Automobilindustrie gegen ihre innereuropäische Konkurrenz gewertet. Die ehemaligen Kolonien geraten in den bevorstehenden »ökologischen Kreuzzügen« auf den Weltmärkten in die Gefahr einer »ökologischen Rekolonisierung«. Nicht nur kommen sie als billige und, wie der Zyniker feststellt, auf Grund ihrer Armut auch noch »freiwillige« Zwischen- und Endlager für den Gift-Atom-Müll-Reichtum der hochentwickelten Industrieländer in Frage. Die ökologisch hochgeschraubten Marktbarrieren in den hochindustrialisierten Ländern erweisen sich überdies als Mauer auf der Mauer, die die Armut der Dritten Welt besiegelt. Ökologische Gefährdungen und nationale Politik verschärfen die Gegensätze von reich und arm im Weltmaßstab. Ganze Ländergruppen geraten im Ghetto der Weltarmenhäuser unter die deprimierende Regie der internationalen Sozialfürsorge.

Konflikte zwischen denjenigen, die von Risiken geschädigt sind, und denjenigen, die von ihnen profitieren, spalten Erdteile, Nationen, Klassen und Parteien. Dennoch wachsen mit den Risiken auch die Gemeinsamkeiten der Gefährdungslagen über bisherige Gräben und Grenzen hinweg. Wie weit diese latent immer schon reichen, wird im Katastrophenfall deutlich: In der Gefahr sind wir plötzlich alle Nachbarn von Tschernobyl, Bürger der Sowjetunion. Ihre Sicherheitsvorschriften sind unsere Sicherheitsvorschriften, ihre Fehler unsere Fehler – und schon morgen vielleicht kehrt sich die Situation um.

Die Entscheidungen über den Einsatz von Technologie fallen im Rahmen von Betrieben und Nationalstaaten. Aber in den bedrohlichen Folgen dieser Entscheidungen sind wir bereits heute alle Mitglieder einer Weltgefahrengemeinde. Die Frage, ob in deutschen Atomkraftwerken derartige Unfälle ausgeschlossen werden können, ist gewiß dringlich, verliert aber an Bedeutung. Die Sicherheit und Gesundheit der Bürger zu gewährleisten, ist keine nationalstaatlich zu lösende Aufgabe mehr. Dies ist eine der wesentlichen Lehren aus den Katastrophen der vergangenen Jahre. Mit ihnen haben wir das Ende der Außenpolitik im klassischen Sinne, das Ende der »inneren Angelegenheiten eines anderen Landes«, das Ende des Nationalstaates erlebt. Das aber heißt: Die Irrtümer der anderen bedrohen uns genauso wie unsere eigenen Irrtümer. Und wenn wir nicht die Irrtumsmöglichkeit – das Humane schlechthin – mit Stumpf und Stiel ausrotten wollen, bleibt langfristig nur eine Möglichkeit: der weltweite Ausstieg aus der Kernenergie, eine Lösung, die die Utopie einer Weltgesellschaft ein Stück realer oder zumindest dringlicher werden läßt. So wie die Menschen im 19. Jahrhundert lernen mußten, sich bei Strafe des ökonomischen Untergangs den Bedingungen der Industriegesellschaft und Lohnarbeit zu unterwerfen, so müssen wir heute und in Zukunft angesichts der zivilisatorischen Apokalypse lernen, Weltinnenpolitik zu betreiben, also über alle Grenzen und Feindschablonen hinweg Lösungen für die selbstverschuldeten Gefährdungen zu finden und durchzusetzen.

Auch wenn derartige Forderungen noch über keinerlei politische Institutionen zu ihrer Durchsetzung verfügen: im Übergang von der frühen Industriegesellschaft zur Risikogesellschaft beginnt sich die Qualität von Gemeinsamkeiten zu ändern. Schematisch gesprochen kommen in diesen zwei Typen moderner Gesellschaft völlig andersartige Wertsysteme zum Durchbruch. Industrielle Klassengesellschaften blicken in ihrer Entwicklungsdynamik auf das Ideal der Gleichheit in seinen verschiedenen Ausformulierungen von der »Chancengleichheit« bis zu Varianten sozialistischer Gesellschaftsmodelle. Nicht so die Risikogesellschaft. Ihr normativer Gegenentwurf, der ihr zugrundeliegt und sie antreibt, ist die Sicherheit. Die treibende Kraft in der industriellen Klassengesellschaft läßt sich in dem Satz fassen: Ich habe Hunger! Die Bewegung, die mit der industriellen Risikogesellschaft in Gang gesetzt wird, kommt demgegenüber in der Aussage zum Ausdruck: Ich habe Angst! Der Typus der Risikogesellschaft ist in diesem Sinne eine gesellschaftliche Epoche, in der die Solidarität aus Angst entsteht und zu einer politischen Kraft wird. Noch ist aber völlig unklar, wie die Bindekraft der Angst wirkt. Ist Angst vielleicht – anders als materielle Not – ein sehr schwankender Grund für politische Bewegungen? Kann die Gemeinsamkeit der Angst vielleicht schon durch Gegeninformationen aufgelöst werden?

Für das Überleben in der Industriegesellschaft ist die Fähigkeit der Menschen zentral, materielle Not zu bekämpfen, sozialen Abstieg zu vermeiden. In der Risikogesellschaft werden zusätzlich andere Fähigkeiten lebensnotwendig. Abstiegsängste, Klassenbewußtsein oder Aufstiegsorientierungen werden überschattet durch die Fragen: Wie können wir die Angst bewältigen, wenn wir die Ursachen der Angst direkt nicht beseitigen können? Wie können wir auf dem zivilisatorischen Vulkan leben, ohne ihn bewußt zu vergessen, aber auch ohne an den Ängsten – und nicht nur an den Dämpfen, die er ausströmt – zu ersticken? Traditionale und institutionelle Formen der Angst und Unsicherheitsbewältigung in Familie, Klassenbewußtsein und darauf bezogenen politischen Parteien und Institutionen verlieren an Bedeutung. Im gleichen Maße wachsen die Zwänge, Unsicherheiten individuell zu verarbeiten. Daraus dürften über kurz oder lang auch neue Anforderungen an die gesellschaftlichen Institutionen entstehen – von der Ausbildung über die Kirchen bis zur Politik. In der Risikogesellschaft wird damit der Umgang mit Angst und Unsicherheit biographisch und politisch zu einer zivilisatorischen Schlüsselqualifikation. Unter diesen Vorbedingungen ist der Ruf nach der »starken Hand«, die »Heile-Welt-Bewegung«, die sich auch in Deutschland neu politisch formiert, besser zu verstehen. So betrachtet ist der Aufschwung rechtsradikaler Parteien bei uns vielleicht weniger ein Wiedererwachen des Faschismus in Deutschland als eine Art Blitzableiter für die tiefen Verunsicherungen, die diese Gesellschaft hinter den Fassaden des Wohlstands erfährt und die ihr bevorstehen.

Gegenüber vielen Gefahren sind wir mit all unseren Sinnen blind. Während unsere Wahrnehmung Normalität meldet, verwandeln sich – in Abhängigkeit von Expertenstreitigkeiten, Grenzwertpluralismus usw. – die Quellen des Lebens in Quellen der Gefahr beziehungsweise umgekehrt. Unter diesen Bedingungen müssen die Menschen verlernen, was bisher selbstverständlich richtig war – ihren Augen zu trauen –, und lernen, was bisher als absurd galt – ihren Sinnen zu mißtrauen –, um überleben zu können. Die Bedrohungen der Zivilisation lassen eine Art neues Schattenreich entstehen, vergleichbar mit dem der Götter und Dämonen der Frühzeit, das sich hinter der sichtbaren Welt verbirgt und das menschliche Leben auf dieser Erde gefährdet. Man korrespondiert heute nicht mehr mit den Geistern, die in den Dingen stecken, sondern sieht sich Strahlungen ausgesetzt, schluckt toxische Gehalte und wird bis in die Träume hinein von den Ängsten eines atomaren Holocaust verfolgt. Überall kichern Schad- und Giftstoffe und treiben wie die Teufel im Mittelalter ihr Unwesen. Ähnlich dem Blick des Exorzisten ist der Blick des schadstoffgepeinigten Zeitgenossen daher auf die Welt jenseits von Auge und Ohr gerichtet. Die Dinge, die wir nicht wahrnehmen können, die Radioaktivität, die Schadstoffe, die Zukunftsbedrohungen, werden in ihrem Wirklichkeitsgehalt kontrovers. Entsprechend drohen die Auseinandersetzungen in eine Art moderner Geisterbeschwörung mit den Mitteln wissenschaftlicher Analyse umzuschlagen.

Wir haben uns längst der Risikogesellschaft angenähert, aber unser politisches System, unser Rechtssystem, die Wirtschaft, die Wissenschaft, auch die Mehrzahl unserer politischen Akteure sind geprägt von der Wohlstandsgesellschaft und der Verteilungsgesellschaft, genauer gesagt von der Wohlstandsverteilungsgesellschaft. Gewerkschaften, Unternehmerverbände, Bauernverband, sie alle sind Experten der Verteilung von Wohlstand. Aber wo ist die Interessenvertretung, an die sich eine junge Frau wenden kann, deren Kind von Pseudokruppanfällen gewürgt wird? Wo ist das Gericht, vor dem sie klagen kann? Wo ist ihre Interessenvertretung, wenn ihre Kinder an Allergien erkranken, zumal dann, wenn die Medizin sie gar nicht als solche erkennen will? Kein Zweifel: Die Institutionen der statistischen Kalkulation, der Vorsorge, der kausalen und rechtlichen Zurechnung, der Versicherung usw. beziehen sich mit all ihren Unzulänglichkeiten auf die frühindustriellen Risiken, die im wesentlichen auf den Arbeitsplatz begrenzt waren und die Gesundheit der Arbeiter gefährdeten. Betroffene außerhalb des Arbeitsbereiches – Nachbarn, Konsumenten und nichtbeteiligte Dritte – sind heute der Willkür der legalisierten Normalisierung von Zerstörungen ausgesetzt.

Wenn ein Brand ausbricht, kommt die Feuerwehr. Bei einem Verkehrsunfall zahlt die Versicherung. Dieses Zusammenspiel von vorher und nachher, von Sicherheit im Jetzt, weil auch Vorkehrung für den schlimmsten denkbaren Fall getroffen wurde, ist im Atom-, Chemie-, Genzeitalter aufgehoben. Atomkraftwerke haben im Glanz ihrer Perfektion das Versicherungsprinzip nicht nur im ökonomischen, sondern auch im medizinischen, psychologischen, kulturellen und religiösen Sinn außer Kraft gesetzt. Die Restrisikogesellschaft ist eine versicherungslose Gesellschaft, deren Versicherungsschutz paradoxerweise mit der Größe der Gefahr abnimmt. Es gibt keine Institution, keine reale und auch wohl keine denkbare, die auf den drohenden GAU vorbereitet wäre, und keine gesellschaftliche Ordnung, die die kulturelle und politische Verfassung auch für diesen Fall der Fälle gewährleisten könnte. Viele Einrichtungen spezialisieren sich dagegen auf die nun scheinbar einzig mögliche Lösung: die Leugnung der Gefahren. An die Stelle der Nachsorge, die Sicherheit auch in der Gefahr verbürgt, tritt das Dogma technischer Irrtumslosigkeit, das der nächste Unfall widerlegt.

Hüterin des Tabus wird die Königin des Irrtums, die Wissenschaft. Nur »kommunistische Reaktoren«, nicht aber deutsche, sind empirische Gebilde von Menschenhand, die all ihre Theorien über den Haufen werfen können. Schon die simple Frage: Was aber, wenn doch? trifft ins Leere einer Nichtvorsorge der Nachsorgemöglichkeit. Entsprechend fußt die politische Stabilität in Risikogesellschaften auf dem Umstand des Nicht-darüber-Nachdenkens.

Genauer gesagt heben atomare, ökologische, genetische und chemische Großgefahren die vier tragenden Säulen des Risikosicherheitskalküls auf.[2] Es handelt sich erstens um nicht eingrenzbare, globale, oft irreparable Schädigungen: Der Gedanke der geldlichen Kompensation versagt. Zweitens ist die vorsorgende Nachsorge für den schlimmsten denkbaren Unfall im Fall von Vernichtungsgefahren ausgeschlossen: Die Sicherheitsidee der antizipatorischen Folgenkontrolle versagt. Drittens verliert der »Unfall« seine (raumzeitliche) Begrenzungen und damit seinen Sinn; er wird zu einem »Ereignis« mit Anfang ohne Ende, zu einem »Open-end-Festival« der schleichenden, galoppierenden und sich überlagernden Zerstörungen. Das aber heißt, Normalitätsstandard, Meßverfahren und damit die Kalkulationsgrundlagen für Gefahren werden aufgehoben; Unvergleichbares wird verglichen; Kalkulation schlägt in Verschleierung um. Viertens sind die neuartigen Großgefahren nicht zurechenbar. Die Anerkennung und Zurechnung von Gefahren erfolgt bei uns wissenschaftlich und rechtlich nach dem Kausalprinzip, dem Verursacherprinzip. Was allerdings Technikern und Juristen ganz selbstverständlich, geradezu ethisch gefordert erscheint, hat im Kontext von Großgefahren äußerst fragwürdige, paradoxe Konsequenzen.

Als Beispiel sei das Verfahren gegen eine Bleikristallfabrik in der oberpfälzischen Gemeinde Altenstadt genannt. Über dem Ort waren pfenniggroße Staubflocken aus Blei und Arsen niedergegangen, Fluorschwaden färbten Äste braun, verätzten Fenster und ließen Ziegel zerbröseln. Bewohner litten unter Hautausschlägen, Übelkeit und Kopfschmerzen. Woher das alles kam, war keine Frage. Aus dem Schornstein der Fabrik quoll sichtbar der weiße Staub. Am zehnten Verhandlungstag bot der Vorsitzende Richter an, das Verfahren gegen eine Geldbuße von 10 000 DM einzustellen: ein Ausgang, wie er für Umweltdelikte in der Bundesrepublik Deutschland die Regel ist (1985: 13 000 Ermittlungen, 27 Verurteilungen mit Freiheitsstrafe, 24 davon zur Bewährung ausgesetzt, der Rest eingestellt).

Nicht nur die fehlenden Gesetze, nicht nur das legendäre Vollzugsdefizit schützen die Täter. Die Gründe liegen tiefer und sind durch den

Ruf nach Polizei und Gesetzgeber, der gerade auch aus den Reihen der Umweltschützer immer lauter erklingt, nicht aus der Welt zu schaffen. Was die Verurteilung herbeiführen soll, verhindert sie: die strikte Anwendung des (individuell ausgelegten) Verursacherprinzips. Die Täterschaft war auch im Fall der Bleikristallfabrik nicht zu leugnen und wurde auch von niemandem geleugnet. In der Nähe gab es jedoch drei weitere Glasfabriken, die dieselben Schadstoffe produzierten. Je liberaler also die Grenzwerte fixiert werden, je größer die Anzahl der Schornsteine, Abflußrohre, durch die Schadstoffe und Gifte ausgestoßen werden, desto geringer ist die Wahrscheinlichkeit, daß ein Täter verantwortlich gemacht werden kann. Dabei steigt gleichzeitig das allgemeine Verseuchungs- und Vergiftungsniveau.[3]

Diese organisierte Unverantwortlichkeit beruht wesentlich auf einer »Verwechslung der Jahrhunderte« (Günther Anders). Die Gefahren, denen wir ausgesetzt sind, entstammen einem anderen Jahrhundert als die Sicherheitsversprechen, die sie zu konterkarieren versuchen. Dieser Umstand begründet einerseits die Widersprüche hochorganisierter Sicherheitsbürokratien und ermöglicht es andererseits, diesen »Gefahrenschocks« immer wieder zu begegnen. Die Herausforderung des Atom-, Chemie- und Genzeitalters an der Wende ins 21. Jahrhundert werden in Begriffen und Rezepten verhandelt, die der frühen Industriegesellschaft des 19. und beginnenden 20. Jahrhunderts entnommen sind.[4]

Die Konsequenz ist eine doppelte: Erstens wird das Risikokalkül nicht mehr auf die konkreten gesellschaftlichen Bedingungen bezogen. Sicherheit degeneriert zur rein technischen Sicherheit, technische und gesellschaftliche Komponenten – Eingrenzung, Zurechnung, Kompensation, vorsorgende Nachsorge – wirken nicht mehr zusammen. Gesellschaftliche, politische Sicherheit wird nun ausschließlich über ein widerspruchsvolles Maximieren technischer Superlative hergestellt. Zentral für die politische Dynamik von Großgefahren ist zweitens der gesellschaftliche Widerspruch zwischen hochentwickelten Sicherheitsbürokratien einerseits und der offenen, nachsorgelosen Legalisierung von nie dagewesenen Großgefahren andererseits: Eine auf Sicherheit und Gesundheit hin orientierte Gesellschaft wird mit dem Gegenteil ihres Wertesystems konfrontiert. Die Institutionen der entwickelten Industriegesellschaft – Politik, Recht, Technikwissenschaften, Industrieunternehmen – verfügen über ein breites Arsenal der Normalisierung nichtkalkulierbarer Gefahren; diese können kleingerechnet, wegverglichen, kausal und rechtlich hochgesetzt, informationszentralisiert werden usw. Diese Instrumente einer symbolischen Entgiftungspolitik erfreuen sich aktuell großer Bedeutung und Beliebtheit. Doch allmählich, Unfall für Unfall, kann sich die Logik der institutionalisierten Nichtbewältigung in ihr Gegenteil verkehren: Was besagen die Wahrscheinlichkeitssicherheiten – und damit die gesamte naturwissenschaftliche Analyse – noch für die Beurteilung eines GAU, dessen Eintritt zwar die Theorien intakt läßt, aber das Leben vernichtet?

Irgendwann stellt sich auch die Frage, was ein Rechtssystem taugt, das die technisch handhabbaren Kleinrisiken bis in alle Einzelheiten hinein verfolgt, aber die Großgefahren, soweit sie sich einer technischen Minimierung entziehen, kraft seiner Autorität legalisiert und allen, auch den vielen, die sich dagegen zur Wehr setzen, zumutet. Wie läßt sich politische Autorität aufrechterhalten, die dem ausufernden Gefahrenbewußtsein mit energischen Sicherheitsbehauptungen entgegentreten muß, aber sich dadurch in den Zustand der Daueranklage versetzt und mit jedem Unfall oder Anzeichen eines Unfalls ihre gesamte Glaubwürdigkeit aufs Spiel setzt?

Doch es gibt auch Anzeichen einer Stärke, die bislang fast unbemerkt geblieben sind. Das gesellschaftlich erstaunlichste, überraschende und wohl am wenigsten begriffene Phänomen der 80er Jahre ist die unverhoffte Renaissance einer »enormen Subjektivität«. Die Bürgergruppen haben thematisch in dieser Gesellschaft die Initiative ergriffen. Sie waren es, die gegen den Widerstand der etablierten Parteien, die Themen einer gefährdeten Welt auf die gesellschaftliche Tagesordnung gesetzt haben. Nichts zeigt dies wohl so deutlich wie das Gespenst der neuen Einigkeit, das durch Europa geistert: Der Zwang zum ökologischen Lippenbekenntnis ist universal – er vereint die CSU mit den Kommunisten, die chemische Industrie mit ihren grünen Kritikern. Zugegeben ist da vieles Verpackung, programmatischer Opportunismus, hier und da gibt es aber vielleicht auch wirklich beabsichtigtes Umdenken. Der eigentliche Ursprung der ökologischen Probleme ist davon jedoch noch weitgehend unberührt. Und dennoch sind die Zukunftsthemen, die jetzt in aller Munde sind, nicht von den Regierenden oder in der Auseinandersetzung im Parlament aufgebracht worden – schon gar nicht in den Kathedralen der Macht in Wirtschaft,

Wissenschaft und Staat. Sie sind gegen den geballten Widerstand dieser Institutionen von den moralisierenden, sich um den richtigen Weg streitenden, vom Zweifel geplagten und zerstrittenen Gruppen und Grüppchen auf die gesellschaftliche Tagesordnung gesetzt worden. Die demokratische Subversion hat damit einen beeindruckenden thematischen Sieg errungen, und dies in Deutschland, im Bruch mit einer autoritätsgläubigen Alltagskultur, die noch jeden amtlichen Unsinn und Wahnsinn durch vorauseilenden Gehorsam ermöglicht hat.

Wie die Entwicklungen in den Niederlanden, in den skandinavischen Ländern, in Großbritannien, in einigen osteuropäischen Staaten, in der Sowjetunion, aber auch in einigen Ländern Lateinamerikas zeigen, bleibt dieser Themenwechsel auch nicht auf den deutschen Irrationalismus der reichen Bundesrepublik beschränkt, eine Aussage, mit der sich die Verfechter der alten Ordnung wechselseitig Mut zusprechen. Die wirtschaftliche Bedeutung des Umweltschutzes, seine Bedeutung für die Sicherung von Arbeitsplätzen ist längst erkannt. Vielleicht folgt ihr die Entdeckung der außenpolitischen Bedeutung und der Bedeutung für das demokratische Selbstbewußtsein einer Gesellschaft nach. Europa ist zu einem neuen Gesellschaftsprojekt aufgerufen, ja bereits aufgebrochen. Der Ost-West-Gegensatz als ideologische Festungsmentalität löst sich hier wie drüben auf. In das entstehende Vakuum könnten die übernationalen Themen der Risikozivilisation treten. Dafür spricht der Zwang zu weltweiten Absprachen, den Technik, Wissenschaft und Ökonomie erzeugen. Dafür spricht das Vorhandensein der kleinen und großen, schleichenden und offen eskalierenden Vernichtungsgefahren überall auf der Erde. Und dafür sprechen auch die hochgesteckten Ziele der versprochenen Rationalität und Sicherheit im entfalteten Wohlstandskapitalismus. Es sind dies die Chancen des Schreckens, die eine europäische Weltinnenpolitik nutzen kann, und zwar nicht nur bei der Fundierung und Einrichtung des »europäischen Hauses«, in dem wir, die hochindustrialisierten Länder, einen Großteil der Verantwortung und der Kosten für das notwendige Gegensteuern übernehmen müssen. Dort, wo die industrielle Entwicklungslogik ihren Aufschwung genommen hat, in Europa, könnte auch die Aufklärung über und gegen die Industriegesellschaft beginnen. Dieses Projekt einer ökologischen Aufklärung wäre im großen und im kleinen zu entwerfen, zu erstreiten. Sie muß auch im Alltag stattfinden, weil die Gefahren die eingeschliffenen Routinen umwerfen und einen eklatanten Aufruf zur Zivilcourage darstellen – am Arbeitsplatz in der Industrie, in der Praxis der Ärzte, in die Menschen mit ihren Ängsten und Fragen kommen, in der Forschung, die abblocken oder aufdecken kann, in den Gerichten, in der kontrollierenden Verwaltung und nicht zuletzt in den Redaktionen der Massenmedien, in denen das Unsichtbare erfahren werden kann. Es geht aber auch darum, daß wir nicht länger in der Selbstgewißheit der gebenden Reichen auftreten können, sondern uns zu unserer historischen industriellen Täterschaft, zu unserer industriellen Zerstörerrolle bekennen und daraus die Konsequenzen ziehen. Das wäre ein konkreter Schritt in Richtung ökologische Aufklärung, den gerade wir leisten können.

Der technologische Dogmatismus der industriellen Aufklärung darf nicht einfach auf die ökologische Krise übertragen werden, sonst droht eine immer perfektere Technokratie. Die Industriegesellschaft hat uns eine halbierte Demokratie beschert. Die Fragen der technischen Gesellschaftsveränderung bleiben der politisch-parlamentarischen Entscheidung entzogen. Nehmen wir als Beispiel die Humangenetik und Fortpflanzungsmedizin, die die Strukturen unseres Zusammenlebens, die Zukunft von Mutterschaft und Vaterschaft und was dafür übrigbleibt, wohl nachhaltiger verändern werden als alle Familiengesetze der letzten zwei Jahrzehnte zusammengenommen. Wir können darüber diskutieren, zustimmen oder ablehnen, das ist, wie die Dinge stehen, ganz gleichgültig. Man kann zum Fortschritt zwar nein sagen, das aber ändert nichts an seinem Vollzug, so lautet die bisher gängige Meinung. Dieses »industrielle Mittelalter« gilt es zu überwinden. Das aber bedeutet andere Organisationsformen von Wissenschaft und Produktion, Wissenschaft und Öffentlichkeit, Wissenschaft und Politik, Technik und Recht.

Zum Schluß eine Frage: Was wäre, wenn Radioaktivität jucken würde? Realisten, auch Zyniker genannt, werden antworten: Man würde irgend etwas erfinden, beispielsweise eine Gegensalbe, um das Jucken »abzuschalten«, und würde damit viel Geld verdienen. Gewiß kämen schnell Erklärungen auf und würden sich großer Öffentlichkeitswirksamkeit erfreuen, daß der Juckreiz gar nichts zu bedeuten habe. Möglicherweise mit anderen Phänomenen als Radioaktivität korreliere. Jedenfalls nicht schädlich sei. Unangenehm, aber eindeutig bewiesenermaßen unschädlich. Anzunehmen wäre, wenn alle kratzend mit geröteter Haut herumlaufen und alle Veranstaltungen von

Fototerminen mit Mannequins bis zu Managementsitzungen der vereinigten Leugnerinstitute unter dauerndem Kratzen aller Beteiligten stattfänden, daß derartige Erklärungen keine große Überlebenschance hätten. Damit stände die Atompolitik wie überhaupt der Umgang mit modernen Großgefahren vor einer völlig veränderten Situation: Es wäre kulturell erfahrbar, worüber gestritten und verhandelt wird. Die Folgen des Fortschritts würden die Menschen nicht nur verletzen, diese Verletzung wäre auch als (lästige) Erfahrung allen präsent.

Genau daran entscheidet sich die Zukunft der Demokratie: Sind wir in allen Einzelheiten der Überlebensfragen von Experten, auch von Gegenexperten abhängig, oder gewinnen wir mit einer kulturell herzustellenden Wahrnehmbarkeit der Gefahren die Kompetenz des eigenen Urteils zurück? Lautet die Alternative nur noch: autoritäre oder kritische Technokratie? Oder gibt es einen Weg, der Entmündigung und Enteignung des Alltages in der Gefahrenzivilisation entgegenzuwirken?

Anmerkungen

Dem vorliegenden Text liegt ein Vortrag zugrunde, den der Verfasser im Juni 1989 an der Hochschule St. Gallen gehalten hat.

[1] Siehe dazu ausführlich Ulrich Beck: *Risikogesellschaft – Auf dem Weg in eine andere Moderne.* Frankfurt am Main 1986; ders.: *Gegengifte – Die organisierte Unverantwortlichkeit.* Frankfurt am Main 1988; ders.: *Politik in der Risikogesellschaft.* Frankfurt am Main 1991.

[2] Wichtige Überlegungen dazu finden sich bei François Ewald: *L'Etat providence.* Paris 1986, auch bei Adalbert Evers und Helga Nowotny: *Über den Umgang mit Unsicherheit.* Frankfurt am Main 1987; Carl Böhret (Hrsg.): *Herausforderungen an die Innovationskraft der Verwaltung.* Opladen 1987.

[3] Entsprechend hat die Diskussion um Aufgaben und Funktion des Rechts in den Risikogesellschaften in den letzten Jahren beträchtlich zugenommen: Rainer Wolf: »Die Antiquiertheit des Rechts in der Risikogesellschaft«, in: *Leviathan* 15, 1987, S. 357–391; ders.: »›Herrschaft kraft Wissen‹ in der Risikogesellschaft«, in: *Soziale Welt* 2, 1988, S. 164–187; Klaus Mayer-Abich und Bertold Schefold: *Die Grenzen der Atomwirtschaft.* München 1986; Ernst-Heuni Ritter: »Umweltpolitik und Rechtsentwicklung«, in: *Neue Zeitschrift für Verwaltungsrecht* 11, 1987, S. 929–938; Thomas Blanke: »Autonomie und Demokratie«, in: *Kritische Justiz* 4, 1986, S. 406–422; G. Heinz und U. Meinberg: »Empfehlen sich Änderungen im strafrechtlichen Umweltschutz, insbes. in Verbindung mit dem Verwaltungsrecht? Gutachten D für den 57. Dt. Juristentag«, in: Ständige Deputation des Dt. Juristentages (Hrsg.): *Verhandlungen des 57. Dt. Juristentages in Mainz, 1988,* Bd. I, Teil D. München 1988; Rolf P. Callies: »Strafzweck und Strafrecht. 40 Jahre Grundgesetz- – Entwicklungstendenzen vom freiheitlichen zum sozial-autoritären Rechtsstaat?«, in: *Neue Juristische Wochenschrift (NJW)* 21, 1989, S. 1338–1343; G. Bruggemeier: »Umwelthaftrecht. Ein Beitrag zum Recht in der ›Risikogesellschaft‹?«, in: *Kritische Justiz* 2, 1988, S. 209–230.

[4] In der Folge handelt es sich nicht nur, nicht primär um Fragen einer neuen Ethik zivilisatorischen Handelns, sondern darum, daß die etablierten Handlungskategorien und -kriterien der Institutionen einer anderen Welt entstammen. Beispielsweise wird auch in der experimentellen Logik der Wissenschaft unterstellt, daß Umsetzung nach Überprüfung kommt. Für Reaktortechnologie, aber auch Gentechnik usw. gilt der umgekehrte Satz: Erst herstellen, dann überprüfen. Sicherheit muß behauptet werden, um die ihr zugrundeliegenden Annahmen überhaupt testen zu können: Gesellschaft wird zum Labor. Dazu Ulrich Beck, *Gegengifte,* a. a. O., Kap. V, sowie Wolfgang Kohn und Johannes Weyer: »Gesellschaft als Labor«, in: *Soziale Welt* 3, 1989.

Liebe, Ehe, Scheidung

Elisabeth Beck-Gernsheim

Im Sommer 1988 veranstaltete die Evangelische Akademie Tutzing eine Tagung zum Wandel der Geschlechterbeziehungen. Das Programm, das zu dieser Tagung verschickt wurde, beginnt mit den Worten: »Frauen und Männer, die heute ihr Leben planen, haben eine nie dagewesene Freiheit und stehen zugleich unter einem nie dagewesenen Zwang. Vieles, was früher aufgrund fester Geschlechtsstereotypen nicht zur Disposition stand, ist offen für individuelle Entscheidungen. Der damit verbundene Zwang: all dies muß auch tatsächlich entschieden werden – und zwar nicht ein für allemal, sondern immer wieder neu im Lebenslauf.«

In diesen knappen Sätzen ist eine lange historische Entwicklung zusammengefaßt, die sich zu Beginn der Moderne erst langsam anbahnt, dann zur Gegenwart hin mehr und mehr Dynamik gewinnt und in deren Verlauf die Verbindung von Mann und Frau einen tiefgreifenden Gestaltwandel durchmacht. Im folgenden geht es darum, diese Entwicklung genauer zu betrachten. Es geht um die Spirale von Entscheidungsmöglichkeiten und Zwängen, um die Ereignisse, Wahlchancen, Planungszwänge, die zunächst das Leben des einzelnen erfassen, dabei aber notwendig auch die Paarbeziehung nicht unberührt lassen. Damit sind folgende Fragen angesprochen:

Wann und wie ist es zu dieser »nie dagewesenen Freiheit« gekommen? Was ist gemeint mit dem »nie dagewesenen Zwang« zur individuellen Entscheidung? Und wie wirkt diese eigentümliche Kombination von Freiheit und Zwang hinein in das Verhältnis der beiden Geschlechter? Wie verändern sich vor diesem Hintergrund die Erwartungen und Hoffnungen, mit denen Männer und Frauen einander begegnen, ihre Vorstellungen vom Leben zu zweit, ihr Maßstab für Glück und Unglück? Wie verändern sich damit ihre Umgangsformen im Alltag, von der Arbeit bis zur Freizeit, von der Sexualität bis zur

Kinderversorgung? Wie entstehen auf Grund dieser Änderungen neue Mißverständnisse, Konflikte und Krisen, Turbulenzen und Irritationen, kurz: Wieso schafft die Freiheitsdynamik so komplizierte Verhältnisse?

1. Der Lebenslauf in der vorindustriellen Gesellschaft: Durch viele Vorgaben geregelt

Wenn wir Berichte lesen, die die Lebensformen früherer Epochen beschreiben, dann ist für unsere heutigen Augen immer wieder erstaunlich, wie stark das Leben der Menschen früher von Vorgaben und Traditionen bestimmt war, ja, wie auf vielen Ebenen der Radius des Handelns schon qua Geburt vorgezeichnet war, gewissermaßen »in die Wiege gelegt«. Vor allem Stand und Geschlechtszugehörigkeit, aber auch Religion und Region regelten den Alltag minuziös bis in viele Details hinein.

So lautet ein Bericht, der die traditionelle bäuerliche Tracht in Hessen beschreibt: »Schon an den Farben der Kleidungsstücke wie ihrer Zierate unterscheidet man das junge Mädchen (rot) von der jungen (grün), älteren (blau, violett) und alten Frau (schwarz), [...] selbst das ›gefallene‹ Mädchen vom jungfräulichen [...] Diese Farbenskala wirkt sich in allen Einzelheiten der Kleidung bis auf die Knöpfe [...] und Schuhlaschen [...] aus. Volltrauer (Schwarz und Weiß), Halbtrauer und Abtrauer mit genauer Abstufung nach den Verwandtschaftsgraden regeln Werktags-, Festtags- und Brauttracht. Die trauernde Schwälmerin trägt Strümpfe, deren Muster im Gegensatz zur rechtsmaschigen Ornamentik der Freudenstrümpfe linksmaschig gestrickt sind [...] Auch vertauschen die Schwälmer Neuverheirateten am ersten Ehetag die viereckigen ›Freudenschnallen‹ der Schuhe mit den ovalen ›Trauerschnallen‹, da der Ernst des Lebens begonnen, und die junge Hüttenberger Frau schnürt ihr Mieder im Zickzack statt parallel, wie sie es als Mädchen tat.«[1]

Nicht nur die Lebensformen allgemein, sondern insbesondere auch die Beziehungen in der Ehe wurden durch Tradition, Religion und Gesetz geregelt. Schon die Frage der Eheschließung war kaum eine der individuellen Entscheidung. Da existierten auf der einen Seite Gruppen, die gar nicht erst heiraten konnten: Bis weit ins 19. Jahrhundert hinein gab es in vielen Gegenden Deutschlands Heiratsverbote, die Besitzlosen (beispielsweise Knechten und Mägden) keine Eheschließung erlaubten. Und umgekehrt war für Bauern und Handwerksmeister eine Heirat praktisch unerläßlich, weil sie die Arbeitskraft der Ehefrau brauchten, um den Hof oder Handwerksbetrieb führen zu können. Auch das »Wann« der Heirat war oft durch Tradition und Normen bestimmt, zum Beispiel von Erbschaftsregelungen abhängig: Je nachdem, welcher Zeitpunkt für die Hofübergabe festgesetzt war – und dies variierte von Gegend zu Gegend –, mußte der Jungbauer bis zum Tod des Vaters warten oder konnte schon früher in den Ehestand treten. Erst recht war auch das »Wen« der Partnerwahl nicht in die freie Verfügung gestellt, sondern den Standesrücksichten und Familieninteressen unterstellt. Nicht persönliche Neigungen und Gefühle, sondern Besitz- und Machtstrategien gaben den Ausschlag. Dies galt für den Adel (siehe das berühmte Beispiel des österreichischen Kaiserhauses: »Bella gerunt alii, tu felix Austria nube« – »Andere mögen Kriege führen, du glückliches Österreich heirate«), und es galt in anderer Form, aber nicht weniger nachhaltig, auch für die Bauernfamilie (»Drum prüfe, wer sich ewig bindet, daß sich die Wies' zum Acker findet«; »Liebe vergeht, Hektar besteht«). Ja, selbst für die Umgangsformen im Ehebett gab es vielfältige Bestimmungen, sowohl für das »Wie« als auch für das »Wann«:

»Nach der christlichen Moraltheologie des Mittelalters mußte die eheliche Vereinigung in der sogenannt ›natürlichen‹ Stellung erfolgen, die Frau auf dem Rücken liegend, der Mann über ihr. Andere Stellungen galten als schändlich und ›widernatürlich‹. Auch zu viel Leidenschaft war verboten. Zur Illustration ein einschlägiger Originaltext, im Mittelalter geschrieben: ›Ehebrecherisch ist auch die allzu brennende Liebe für die eigene Frau [...] Ein vernünftiger Mann soll seine Frau mit Besonnenheit lieben und nicht mit Leidenschaft; er soll seine Leidenschaft zügeln und sich nicht zum Beischlaf hinreißen lassen [...] Der Mann soll sich seiner Frau nicht als Geliebter, sondern als Gatte nähern.‹«[2]

Darüber hinaus gab es auch viele Zeiten, wo die eheliche Sexualität überhaupt untersagt war. Als unpassend für den Beischlaf galten die Fast- und Festtage, und dies waren im 8. Jahrhundert 273 [!] Tage, im 16. Jahrhundert immerhin noch 120–140 Tage; weiter die Tage der Unreinheit bei der Frau, also allmonatlich die Tage der Regelblutung und die ersten vierzig Tage nach der Entbindung; schließlich die Schwangerschaft und die Stillzeit.[3]

Derartige Beispiele könnte man noch viele anführen, insbesondere was die Arbeitsteilung und die Fortpflanzung angeht. Doch auch so ist hinreichend sichtbar geworden, was den Charakter der Ehe früher ausmachte. Die Beziehung zwischen Mann und Frau ordnete sich lange Zeit »der Priorität der Institution und einem Horizont unter, in dem – abgesehen von individuellen Schicksalsschlägen – alles vorgegeben war, Verbote oder Vorschriften, Verhaltensweisen und sogar Gefühle [...]«[4]. Noch gegen Ende des 19. Jahrhunderts, als die Traditionen schon brüchig zu werden begannen, beschrieben die Väter des Bürgerlichen Gesetzbuches die Ehe als eine Institution, an der die Ehegatten nichts zu ändern vermochten: »Der christlichen Gesamtanschauung des deutschen Volkes entsprechend geht der Entwurf davon aus, daß im Eherecht [...] nicht das Prinzip der individuellen Freiheit herrschen darf, sondern die Ehe als eine vom Willen der Gatten unabhängige sittliche und rechtliche Ordnung anzusehen ist.«[5]

2. Die moderne Gesellschaft: Der Lebenslauf als selbstentworfenes Projekt

Viele der Normen, Traditionen, Gebote, die das Leben der Menschen früher in feste Bahnen einlenkten, verlieren zur Gegenwart hin an handlungsleitender Kraft. Dieser Wandel ist freilich kein einmalig durchgesetztes Ereignis, sondern ein langer historischer Prozeß, der hier früher, dort später beginnt, einmal auf Widerstand trifft, ein anderes Mal schnell an Tempo gewinnt. In diesem Sinne gibt es nicht »die« Gegenwart, jedenfalls nicht als monolithischen Block, Moderne genannt. Kennzeichnend ist vielmehr die »Gleichzeitigkeit des Ungleichzeitigen«: Während sich in einigen Lebensbereichen, Milieus und Gruppen noch viele traditionelle Momente finden, sind in anderen Bereichen die Veränderungen viel massiver schon da.[6]

Individualisierung bringt »riskante Chancen«

Je mehr wir zur Gegenwart kommen, desto stärker brechen alte Beschränkungen im Lebenslauf auf, desto mehr werden neue Wahlmöglichkeiten greifbar. Eine Tendenz zur Individualisierung zeichnet sich in vielen Lebensbereichen ab. Damit ist gemeint, »daß die Biographie der Menschen aus vorgegebenen Fixierungen herausgelöst, offen, entscheidungsabhängig und als Aufgabe in das Handeln jedes einzelnen gelegt wird. Die Anteile der prinzipiell entscheidungsverschlossenen Lebensmöglichkeiten nehmen ab, und die Anteile der entscheidungsoffenen, selbst herzustellenden Biographie nehmen zu.«[7]

Als Beispiel sei die Religion genannt: Früher war es der Landesfürst, der über die Religionszugehörigkeit seiner Untertanen bestimmte. Heute dagegen kann man die Konfession wechseln oder ganz aus der Kirche austreten, sich einer indischen Sekte anschließen, zum Islam übertreten. Wer mag, kann statt an göttliche Fügung auch an die Macht der Sterne glauben oder auf Seelenwanderung und Wiedergeburt bauen oder bei der therapeutischen Zunft, von Freud bis zum Urschrei, sein Lebens- und Seelenheil suchen. Kurz, die alten Weltbilder haben an Definitionskraft verloren, und das Prinzip »Anything goes« ist zur eigentlichen Weltanschauung der Moderne geworden.

Untrennbar verknüpft mit den neuen Wahlmöglichkeiten sind freilich auch neue Zwänge. »In der individualisierten Gesellschaft muß der einzelne [...] bei Strafe seiner permanenten Benachteiligung lernen, sich selbst als Handlungszentrum, als Planungsbüro in bezug auf seinen eigenen Lebenslauf, seine Fähigkeiten, Orientierungen, Partnerschaft usw. zu begreifen.«[8] In der vormodernen Gesellschaft waren Lebenschancen zugewiesen qua Geburt und qua Stand. Dagegen lautet das Credo der modernen Gesellschaft: Jeder ist seines Glückes Schmied. Das heißt nun nicht unbedingt, daß jeder Tellerwäscher, so er nur strebsam ist, zum Millionär avanciert. Es heißt aber sicher, daß man für sein Glück etwas tun muß, also: Zielstrebig planen! Möglichkeiten abwägen und durchkalkulieren! Nur wer sich auskennt, kommt zum Erfolg! Man muß Bescheid wissen – über BAföG und Bausparmodelle, über Ausbildungswege und Rentenberechnung – und dies Wissen zu nutzen verstehen. Wer das nicht tut, steht draußen, ohne Job und ohne Aussicht auf Arbeit, ohne Häuschen mit Garten, ohne Rente im Alter. Was die Moderne eröffnet, hat stets ein Doppelgesicht, auf eine Formel gebracht: »Riskante Chancen.«[9]

Diese Entwicklung gewinnt weitere Brisanz, weil die neuen Wahlmöglichkeiten und Zwänge eine eigentümliche Tiefenwirkung entfalten. Sie berühren nämlich nicht nur äußere Fragen, sondern oft auch den Lebensentwurf, die innere Identität, sie gehen gewissermaßen »unter die Haut«. Neue Fragen kommen auf: Wer bin ich? Wozu bin ich da? Was soll ich tun? Je mehr sich die Bindungen, Sinnzusammenhänge, Deutungsmuster der alten Gesellschaft auflösen, desto deutlicher tritt das Individuum hervor. Es ist nicht mehr in ein Korsett eherner Erwartungen gepreßt, es muß nicht im »Gehäuse der Hörigkeit« bleiben. Doch diese Freiheit hat auch ihren Preis: Der Mensch der Moderne ist unbehaust. Er muß seine Verankerung, seinen Platz in der Welt selbst suchen, wie Georg Simmel schreibt:

»Durch die ganze Neuzeit geht das Suchen des Individuums nach sich selbst, nach einem Punkt der Festigkeit und Unzweideutigkeit, dessen es bei der unerhörten Erweiterung des theoretischen und praktischen Gesichtskreises und der Komplizierung des Lebens immer dringlicher bedarf und der eben deshalb in keiner der Seele äußeren Instanz mehr gefunden werden kann.«[10]

Im Zuge solcher Individualisierungsprozesse verändert sich nicht nur der Lebenslauf des einzelnen, sondern auch die Formen des Lebens zu zweit werden andere. Zum einen gewinnt die Partnerschaft nun neue Bedeutung, neue Anziehungskraft.[11] Aber unübersehbar kommen auch neue Belastungsproben auf die Partnerschaft zu.

Komplexität oder: Die Qual der Wahl

Mit der Komplexität der Wahlmöglichkeiten steht mehr denn je der Zwang zur Entscheidung an. Und im Zug der Gleichberechtigung erhöht, genauer, verdoppelt sich gleichzeitig auch noch die Zahl der Personen, die berechtigt sind zur Entscheidung. Nicht mehr nur der Mann, auch die Frau hat heute ein Stimmrecht. Was sich damit an Entscheidungsspielräumen auftut, zeigt schon der Blick ins Bürgerliche Gesetzbuch.

Dabei ist Papier freilich geduldig, der Ehepartner nicht immer. Was, auf Paragraphen gebracht, sich so einfach liest, löst im Alltag des Zusammenlebens manche Turbulenzen aus. Denn jetzt müssen in immer mehr Situationen zwei Menschen mit ihren je eigenen Erwartungen, Wünschen, Neigungen einen gemeinsamen Weg finden. Dabei gibt es kein Gesetz der »prästabilisierten ehelichen Harmonie«, das garantiert, daß beide stets zu gleichen oder wenigstens ähnlichen Entscheidungen gelangen. Pointiert zusammengefaßt: Die Erweiterung der Handlungsspielräume bedeutet Befreiung aus alten Beschränkungen und Zwängen. Aber im Rahmen der Zweierbeziehung bedeutet sie auch, zumindest der Möglichkeit nach, mehr Anlaß zu Uneinigkeit, Meinungsdifferenzen und Streit. In der Folge wird jenes »Einvernehmen«, das der Gesetzgeber für Mann und Frau vorsieht, leider nicht immer erreicht. So wird bei nicht wenigen Paaren, noch bevor man

Urfassung des BGB von 1896, in Kraft seit 1. 1. 1900		Eherechtsreformgesetz von 1976, in Kraft seit 1. 7. 1977
§ 1354	Dem Manne steht die Entscheidung in allen das gemeinschaftliche eheliche Leben betreffenden Angelegenheiten zu; er bestimmt insbesondere Wohnort und Wohnung.	aufgehoben
§ 1355	Die Frau erhält den Familiennamen des Mannes.	Zum Ehenamen können die Ehegatten [...] den Geburtsnamen des Mannes oder den Geburtsnamen der Frau bestimmen.
§ 1356	Die Frau ist [...] berechtigt und verpflichtet, das gemeinschaftliche Hauswesen zu leiten.	Die Ehegatten regeln die Haushaltsführung in gegenseitigem Einvernehmen.

zum Standesamt geht, die Wahl des Familiennamens zum »heißen« Thema. (Zwar sind es am Ende, wie die Statistiken zeigen, doch meist die Männer, die ihren Namen behalten. Aber dies sagt bekanntlich noch nichts darüber aus, bei wie vielen Paaren vorher Debatten stattfinden.) Unter dem Druck beruflicher und geographischer Mobilität ist auch die Bestimmung des Familienwohnorts keine einfach zu lösende Frage. Erst recht bietet die Regelung des gemeinsamen Alltags – so es einen solchen gibt – ein Serienprogramm für Konfliktstoff und Zündstoff. (Als Beispiel sei die Urlaubsreise angeführt: Bis weit ins 20. Jahrhundert hinein war sie für die meisten Menschen ein unerreichbarer Traum, weil das Geld kaum zum täglichen Leben reichte. Heute ist sie, dank wachsendem Wohlstand, im wörtlichen Sinn ein Massenereignis geworden. Aber nicht immer weisen die Träume in eine ähnliche Richtung. Da will er in die Berge und sie an den Strand – da stehen sie nun.) Und häufig geht es nicht nur um »äußere« Fragen. Oft wird auch eine tiefere Ebene erreicht, wo die eigene Rolle und die des Partners, die Form der Gemeinschaft und der wechselseitigen Identität zur Verhandlung anstehen.

»Die bürgerliche Ehe- und Familienordnung [hatte] einen elementar selbstverständlichen Sinn- und Verweisungszusammenhang kulturell etabliert, der Liebe, Ehe, Zusammenleben/gemeinsames Haushalten, Sexualität und Familienbildung plausibel ›unter einem Dach‹ vereinigt [...] Die heutige Deinstitutionalisierung der Ehe/Familie [...] besteht wesentlich darin, daß dieser so eindeutig zugeschnittene Sinn- und Verweisungszusammenhang für das Handeln unverbindlicher wird und sich lockert: aus A folgt nicht mehr unbedingt B, aus Liebe folgt heute durchaus nicht mehr (bindend und motivational zwingend) Heirat/Ehe, aus Verheiratetsein nicht mehr selbstverständlich Zusammenwohnen (getrennt wohnende kinderlose Ehepaare, ›Wochenendehen‹), aus Verheiratetsein aber auch nicht mehr notwendig ein Sexualprivileg oder der Wunsch nach Kindern. Liebe kommt gut ohne Ehe aus und Ehe auch ohne Kinder; überhaupt treten Ehe und Elternschaft deutlicher auseinander; die ›pure‹ Ehe (ohne Kinder) wird ebenso zur Option wie die ›pure‹ Mutterschaft ohne Ehemann. Unverheiratetes Zusammenleben ist (wie überwiegend der Fall) ohne Kinder, aber auch mit Kindern zu haben. Entsprechend kann man aus dem Zusammenleben nicht mehr problemlos auf Ehe schließen, von der Mutter nicht mehr typisch auf einen ›koexistierenden‹ Vater, schon gar nicht mehr von Sexualität auf Verheiratetsein usw. Man sieht: ›das Paket‹ der alten Institution ist aufgeschnürt, die einzelnen Elemente sind gegebenenfalls ›isolierbar‹ und für sich zugänglich, aber auch in verschiedenen Varianten kombinierbar. Auch sind sie sukzessive nacheinander wählbar – je nach Umständen und im Prinzip auch ohne irgendwie naheliegende oder zwingende Abfolge.«[12]

Männer und Frauen heute sind »einem ganzen Kaleidoskop von Interpretationsangeboten ausgesetzt, was ›Mann‹ oder ›Frau‹, ›Liebe‹ oder ›Partnerschaft‹, ›Mutterschaft‹ oder ›Vaterschaft‹ (noch oder neu) bedeuten können bzw. sollen«[13]. Das Verhältnis der Geschlechter ist zum Verwirrspiel zwischen alten Leitbildern und neuen Lebensformen geworden, die »neue Unübersichtlichkeit« (Jürgen Habermas) reicht bis ins Intimste hinein. »Wir wollen uns lieben, aber wir wissen nicht wie«: Dieser Satz, der als Graffiti auf einer Häuserwand stand, kennzeichnet die Lage prägnant.

Beziehungsarbeit im Dauerdiskurs

Was also tun? Wo die äußeren Vorgaben entfallen, müssen sie intern festgelegt werden. »Die neue Gesellschaft ist [...] dazu verurteilt [...], die neuen Spielregeln, auf deren Grundlage Zusammenleben und

Überleben möglich scheinen, aus sich selbst hervorzubringen und verbindlich zu machen.«[14] Diese Aussage erinnert an eine neue Version des alten Münchhausen, der sich am eigenen Schopf aus dem Sumpf ziehen wollte, nur daß man sich jetzt auch noch zu zweit abstrampeln muß. In jedem Fall werden Abstimmungsprozesse nötig, ein »Beziehungsmanagement durch Aushandeln«[15] beginnt. Die Akteure bewegen sich (manchmal vorwärts, manchmal im Kreis) in einem »Milieu wortreichen Hinterfragens«[16]: Beziehungen werden aufgenommen, unterhalten, gestört und wieder abgebrochen – vor allem aber werden sie diskutiert. Das Ergebnis füllt zahllose Bände, vor allem die der Gegenwartsliteratur: Literatur »ist nicht länger ein Gespräch über die Liebe, sondern bestenfalls das Gespräch über das Gespräch über die Liebe«[17].

Zur Illustration der Monolog eines »einschlägig betroffenen« Mannes: »Vermutlich hat jeder die Sorte Liebe, die er verdient. Ich habe Anna, und beide zusammen stecken wir in einer Beziehungskiste, seit fünf Jahren. Andere hätten sich in der Zeit längst eine gemeinsame Wohnung oder wenigstens ein Kind zugelegt. Wir nicht. Jeder von uns lebt seinen eigenen Stiefel – jedem das Seine: sein Bett, seine Telefonrechnung, sein Auto, seine Waschmaschine – die Modalitäten unserer Beziehung sind eben noch immer nicht geklärt.

Wer kümmert sich um was, wer spielt welche Rolle? Verträgt sich Zusammenleben überhaupt mit Selbständigkeit? Wir müssen noch eine Menge aufarbeiten. Obwohl uns viele dafür halten, sind wir eigentlich noch kein richtiges Paar. Aber wir zerbrechen uns ununterbrochen den Kopf darüber, ob wir nicht doch eines werden sollten.

Das einzige, wozu wir es in den vergangenen Jahren wirklich gebracht haben, sind viele gute Argumente – wir leben mit ihnen. Wenn ich Annas Lust kritisiere, jede Nacht in Kneipen herumzusitzen, wirft sie mir Besitzdenken vor. Wenn sie solo in die Ferien will und meinen Wunsch nach einem gemeinsamen Sommer in der Toskana für eine pseudoromantische Anwandlung hält, habe ich wieder das Problem mit meiner Verlustangst [...] Es kommt mir oft vor, als bestünde unsere Liebe nur aus Abmachungen: Gefühlsklauseln in einem Bumsvertrag mit besonders viel Kleingedrucktem [...] Ich sag' mir immer, reg dich ja nicht auf, wenn sie schon wieder nicht bei dir übernachten will. Sie sagt dann immer: ›Ich brauch' ganz einfach Zeit für mich. Du hättest sowieso nichts von mir, wenn ich so nachdenklich bin.‹ Aber dabei geht es mir doch nur um ihre Nähe. Das versteht sie nicht. ›Mich beengt das‹, sagt sie [...]

›Warum heiratet ihr nicht einfach‹, hat mich kürzlich ein Freund gefragt. ›Es ist doch Quatsch, sich jahrelang mit zwei Haushalten zu belasten.‹ Das mag schon stimmen. Aber ich habe irgendwo gelesen, daß das durchschnittliche Paar nach zwanzig Jahren täglich gerade noch acht Minuten miteinander spricht.

So etwas könnte uns nie passieren.«[18]

»Ein modernes Paar: es wird nicht geliebt, es wird geredet.«[19] Der zitierte Monolog läßt freilich auch ahnen, was die Fallen der Komplexität sind. Neben der Identitätsarbeit muß man sich jetzt auch noch mit der Beziehungsarbeit auseinandersetzen. Es droht die Gefahr, daß man sich ständig mit der Beziehung und ihrer Gestaltung beschäftigt, daß ein Dauerdiskurs stattfindet und jedes Thema erhitzt. Mit anderen Worten, es droht permanente Überlastung, die kein normales Leben mehr zuläßt, denn Alltag verlangt Routine, Berechenbarkeit, erwartbare Abläufe, damit Entlastung und »Reduktion von Komplexität«. Wie Brigitte und Peter Berger schreiben: »Wenn einem Mann und einer Frau, die sich zueinander hingezogen fühlen, keine institutionellen Muster zur Verfügung stehen, [...] ständen beiden einer Unzahl von denkbaren Wahlmöglichkeiten gegenüber. Sicherlich würde ihnen das sehr viel Freiheit geben, und für eine Weile wäre das wohl auch aufregend. Als ständiger Sachverhalt wäre das unmöglich: Es würde ihre ganze Zeit und Energie in Anspruch nehmen, so daß sie zu nichts anderem kämen.«[20]

Terror der Authentizität

Je mehr Mann und Frau ihre Beziehung selbst definieren können und müssen, desto wichtiger wird es, daß die Verständigung zwischen ihnen gelingt, daß sie ihre Wünsche, Bedürfnisse, Hoffnungen einander mitteilen können. Hier eben setzen Psychoanalyse, Psychologie, Therapie an, die seit den 60er Jahren enormen Zulauf verzeichnen, sich dabei immer mehr auch der Dynamik von Paarbeziehungen zuwenden. Die Gebote, die sie verkünden, heißen »Offenheit« und »Aufrichtigkeit«. Die Partner sollen Gefühle zugeben, die eigene Person zeigen, sich nicht hinter Ängsten, Tabus, Konventionen verstecken.

In einem Beratungsbuch, zuerst 1970 erschienen, heißt es: »Wir sind der festen Überzeugung, daß [...] die entscheidenden Probleme einer innigen Liebe nur in Beziehungen gelöst werden können, die offen, frei, kritisch und echt sind, d. h. beiden Partnern die Möglichkeit geben, von sich selbst auszugehen, sich dem Partner anzubieten, ohne sich verstellen und dem Partner anpassen zu müssen.«[21]

Diese Betonung von Offenheit, die aus den Lebensbedingungen der enttraditionalisierten Moderne entsteht, wird innerhalb weniger Jahre zum Signal, zum Kennzeichen einer neuen Kultur beziehungsweise Subkultur. Im Zuge ihrer populärwissenschaftlichen Vermittlung wird sie freilich oft trivialisiert, für die Massenmedien aufbereitet, entsprechend verdünnt. In den Cafés der Alternativszene (und anderswo auch) breitet sich der Bazillus der »Beziehungsgespräche« aus: Männer und Frauen, die zu ständigen Offenbarungen schreiten, um sich nahe zu kommen und nahe zu bleiben – oder um solche Ansprüche zurückzuweisen. Da wird jedes Gefühl, jede Regung ans Licht gezerrt, hin- und hergewendet, definiert und katalogisiert: meine Verlustangst, dein Klammern, sein Vaterproblem. Die Identitätsarbeit wird jetzt zu zweit absolviert. »Die Partner gehen davon aus, daß sie sich selbst ›einzubringen‹ haben, nicht heucheln dürfen, in hemmungsloser Offenheit gegeneinander miteinander auskommen müssen.«[22]

Mit der Beziehungsarbeit im Dauerdialog droht der »Terror der Intimität« (Richard Sennett) beziehungsweise der »Terror der Authentizität«. Man vergißt leicht, daß die menschliche Seele viele Nischen, Windungen, Wirrungen kennt, die man vielleicht nicht alle funktional bearbeiten kann. Man vergißt häufig die Frage nach der Balance: Wieviel Wahrheit, wieviel Offenheit, wieviel Seelenentblößung kann man an sich und am anderen ertragen? Die Folgen ständiger Offenbarung, rückhaltloser Offenheit tragen nicht unbedingt zum Gedeihen der Partnerschaft bei. Nicht nur die Lüge, auch die ständig präsente Authentizität kann sich als Sprengsatz erweisen. Und die Selbstthematisierung ist nicht bloß Erlösung von den Sünden der Väter (und Mütter), sondern auch Waffe. »›Zwischen uns sei Wahrheit‹, sagt Thoas zu Iphigenie in Goethes Drama: Allerdings erst, nachdem sie sich auf immer trennen. Der relative Erfolg der klassischen Selbstthematisierungsinstitution wie der Beichte oder der Psychoanalyse beruht demgegenüber weithin darauf, daß die Adressaten von Enthüllungen normalerweise nicht gleichzeitig deren Objekte waren.«[23]

Wo Aufrichtigkeit in der Kommunikation unter Liebenden immer stärker betont wird, »geht es um ein schlichtes und rezeptfähiges Prinzip, das dreihundert Jahre Einsicht in den unauflöslichen Zusammenhang von Aufrichtigkeit und Unaufrichtigkeit im Aufbau menschlicher Existenz und in der Entwicklung von Liebe beiseite schiebt. Ganz abgesehen von der Frage, ob der, den man liebt, es einem überhaupt erlaubt, alles zu sagen, was man zu sagen hat: Soll man aufrichtig sein auch in Stimmungslagen, die ständig wechseln? Soll der andere wie ein Thermometer an die eigene Temperatur angeschlossen werden? Vor allem aber: Wie soll man jemandem gegenüber aufrichtig sein, der sich selbst gegenüber unaufrichtig ist? Und ist schließlich nicht jede Existenz eine unfundierte Projektion, ein Entwurf, der Stützen und Schutzzonen der Unaufrichtigkeit braucht? Kann man überhaupt eigene Aufrichtigkeit kommunizieren, ohne allein schon dadurch unaufrichtig zu werden?«[24]

3. Revidierbarkeit als Lebensprogramm

Bisher wurde beschrieben, wie sich im Übergang zur Moderne die Gesetze von Herkunft und Tradition abschwächen und für den einzelnen neue Entscheidungsspielräume entstehen. Betrachtet man nun aber die historische Entwicklung genauer, so zeigt sich, daß diese Tendenz zur »selbstentworfenen Biographie« verschiedene Stadien durchmacht. Denn zu Beginn der Moderne, ja, bis weit ins 20. Jahrhundert hinein waren den Freiräumen im Lebenslauf noch deutliche zeitliche Schranken gesetzt. Nach dem Leitbild der bürgerlichen Gesellschaft war Jugend das Moratorium, die Zeit des Probierens, des Suchens. Danach kam das Finden, die Entscheidungen waren gefällt, man war »erwachsen« (und wer sich dann nicht einordnen konnte, der wurde mit dem Etikett des Versagers belegt). Der Freiraum für Wahlmöglichkeiten galt also nicht unbegrenzt, sondern nur für eine bestimmte Spanne von Jahren.

Wie tief verankert diese kulturelle Erwartung war, wird anschaulich deutlich, wenn man zum Beispiel die frühen Schriften von Erik H. Erikson liest. Die Unwiderruflichkeit der einmal getroffenen Lebensentscheidungen erscheint dort noch als selbstverständliches Gesetz: Mit dem Abschluß der Adoleszenz, so schreibt Erikson, ist der junge Mensch »unerbittlich gezwungen, Entscheidungen zu treffen, die mit wachsender Beschleunigung zu immer endgültigeren Selbstdefinitionen, zu irreversiblen sozialen Festlegungen ›für das Leben‹ führen.[25]

Betrachtet man demgegenüber die Entwicklung der letzten 20 Jahre, so deutet sich an, daß die Tendenz zur »selbstentworfenen Biographie« nun ein entscheidend neues Stadium erreicht hat: Ein zweiter Modernisierungsschub findet statt, der den Entscheidungsspielraum wesentlich erweitert, und zwar auf der Zeitachse.[26] Das heißt, im Lebenslauf zeichnet sich eine zunehmende Revidierbarkeit einmal getroffener Entscheidungen ab. Diese Revidierbarkeit wird zur Norm, ja zum Postulat in vielen Bereichen. »Mobilität« und »Flexibilität« sind wichtige Gebote des Arbeitsmarktes; »lebenslanges Lernen« wird zum Stichwort der Bildungspolitik, und die Werbung belehrt uns, wie unser Image aktuell durchgestylt wird, von der Rocklänge bis zur Couchgarnitur. Ja, die Norm der Revidierbarkeit reicht auch an die Bestimmung der inneren Identität heran: Sich entwickeln, als Person wachsen sind die heute in immer breiteren Gruppen bekannten Postulate. Ihr Spiegelbild ist die Midlife-crisis, die in den Jahren beginnt, wenn man sich festgelegt fühlt, eingeengt, keine neuen Perspektiven und Herausforderungen mehr sieht. Aus diesem Blickwinkel ist das Leben nicht mehr selbstverständlich das Produkt von Entscheidungen, die in der Jugend getroffen und in den weiteren Jahrzehnten dann beständig ausgebaut werden. Nein, nach dem neuen Leitbild wird der gesamte Lebenslauf entworfen als fortlaufende Reihe von Entscheidungen, die immer wieder neu gefällt, bestätigt oder korrigiert werden müssen.

Daß diesem Leitbild nicht in allen Milieus gleichermaßen gefolgt wird, ist offensichtlich. Noch immer gibt es – zum Beispiel in der Unterschicht oder auf dem Land – zahlreiche Männer und Frauen, die über Jahre, Jahrzehnte die Fixpunkte ihres Lebens wenig verändern (Arbeitgeber und Ehepartner, Wohnort und Campingplatz bleiben immer dieselben). Doch solche Lebensläufe werden jetzt seltener, und vor allem werden sie anders bewertet: Was früher positiv als »Stabilität« galt, scheint heute eher negativ als »Verharren im Alltagstrott«. Wohin die Entwicklungstendenz insgesamt geht, läßt sich beim Blick auf die jüngere Generation ahnen: Zahlreiche Untersuchungen der letzten Jahre weisen darauf hin, daß immer weniger von einer gleichsam linearen Identitätsentwicklung ausgegangen werden kann, die ihren Abschluß im Erreichen einer klassischen Erwachsenenidentität im Sinne Eriksons findet. So spricht H.-J. Wirth von einer Tendenz zur »adoleszenten Gesellschaft«, in der die psychische Konstellation des Jugendlichen, die typischen Verhaltensweisen der Jugendphase sich verallgemeinern und zunehmend das Lebensgefühl auch der erwachsenen Menschen bestimmen.[27] In ganz ähnliche Richtung weisen die Ergebnisse einer aktuellen Studie über junge Erwachsene:

»Nur die wenigsten der von uns befragten jungen Männer und Frauen sehen sich selbst als Erwachsene mit klaren und fest umrissenen Lebenszielen und einer abgeschlossenen Identität [...] Deutlich wird dies vor allem bei der Frage nach der persönlichen Zukunft, beim Thema Heirat und Kinder und bei der Frage nach weiteren beruflichen Plänen. Nur die wenigsten können sich vorstellen, ein Leben lang ihren jetzigen Beruf auszuüben; bei vielen finden sich Wünsche, noch einmal etwas ganz anderes zu machen, den Beruf zu wechseln, ein Studium anzufangen oder sich im künstlerisch-kreativen Bereich zu verwirklichen [...] Sich nicht mehr zu verändern, in eingefahrenen Gleisen stecken zu bleiben, träge und unbeweglich zu werden, diese Vorstellung ist [...] für viele [...] geradezu beängstigend [...] Leitbild für den eigenen Lebensentwurf ist das Ideal eines ständigen Persönlichkeitswachstums und einer Identität, die sich durch Offenheit und Nichtabgeschlossenheit auszeichnet. Jugendlichkeit mit der ihr eigenen ›Flüssigkeit‹ der psychischen Struktur wird damit zu einem Ideal auch für das Erwachsenenalter.«[28]

Revisionen im Leben zu zweit

In unserem Zusammenhang stellt sich vor allem die Frage, wie sich die Devise der Revidierbarkeit auf das Leben zu zweit auswirkt. Betrachten wir dazu zuerst die Ebene der äußeren Wahlmöglichkeiten – also Fragen wie: Kinder ja oder nein; wer ist berufstätig, wer bleibt zu Hause; wie halten wir's mit der Treue, Monogamie oder keine. All dies sind Entscheidungen, die jetzt revidierbar sein sollen, und das heißt: Es gibt immer nur Antworten auf Zeit. Jede Festlegung auf Dauer ist suspekt, der Verweis auf das Bisherige kein legitimes Argument. Nach dem neuen Ideal gehört Veränderung zu einer »guten Ehe« dazu.

Ein Familientherapeut schreibt: »Die gute Ehe, so wie ich sie mir vorstelle und sie für mich sinnvoll erscheint, ist eine Beziehung, die gerade darin besteht, daß sie – im Dialog – Veränderung bewirkt und auf diese Weise sowohl Wachstum wie Identität und ein Gefühl des Verwurzeltseins entstehen können. Nach dieser Vorstellung stellt Veränderung nicht eine Gefahr für die gute Ehe dar, sondern sie ist vielmehr die Frucht davon. Ehe bedeutet Wachstum, Leben. Sie ist ein Ort, den man als sein Heim bezeichnen kann. Aber wie jedes Heim muß man auch dieses in seiner derzeitigen Ausstattung einmal verlassen, um es in etwas veränderter Form wiederzufinden, muß es erneut verlassen und wieder dazu zurückfinden, so wie Odysseus Ithaka verließ und schließlich wieder nach Hause fand.«[29]

Zweifellos entsteht so die Chance, daß das Zusammenleben lebendiger wird. Aber auf der anderen Seite enthält das Modell der Revidierbarkeit auch Folgekosten und -lasten, denn Revisionen fallen nicht vom Himmel, sondern müssen erst hergestellt werden, »im Dialog«, wie es bezeichnend im obigen Zitat heißt. Und am Ende ist keineswegs garantiert, daß Einigkeit herrscht, denn es gibt auch hier wieder kein Gesetz der »prästabilisierten ehelichen Harmonie«, wonach beide Partner sich stets in ähnliche Richtung und in ähnlichem Tempo verändern. Im Gegenteil, wenn wir an die ständig wachsende Zahl von aufbrechenden Wahlmöglichkeiten denken und dazu noch die immer weiter ansteigende Lebenserwartung in Betracht ziehen, die ja auch mehr Jahre des Lebens zu zweit bringen kann – dann ist die Wahrscheinlichkeit gering, daß zwei Partner lebenslang zu den gleichen Entscheidungen kommen. Anders formuliert: Die Chance, sich zu entwickeln, erhöht auch die Wahrscheinlichkeit, daß zwei sich auseinanderentwickeln.

Zur Illustration ein moderner Paardialog, um das Thema Kinderwunsch kreisend, wie ihn Günter Grass in seinem Buch *Kopfgeburten* beschreibt: »Ein Paar zum Vorzeigen. Ein Paar zum Verwechseln schön. Ein Paar aus dem gegenwärtigen Bilderbuch. Sie halten sich eine Katze und haben noch immer kein Kind. Nicht, weil es nicht geht oder klappt, sondern weil er, wenn sie ›nun endlich doch‹ ein Kind will, ›noch nicht‹ sagt, sie hingegen, wenn er sich ein Kind wünscht – ›Ich kann mir das vorstellen, theoretisch‹ – wie aufs Stichwort dagegenhält: ›Ich nicht. Oder nicht mehr [...] Da ist doch keine Perspektive drin.‹ «[30]

Das Gebot der Revidierbarkeit betrifft freilich nicht nur die Skala äußerer Wahlmöglichkeiten, sondern berührt auch eine tieferliegende Ebene, nämlich die der inneren Identität. Damit verschieben sich die Erwartungen, die sich mit Liebe verknüpfen. Die Aufgabe der Partner besteht jetzt nicht mehr nur darin, das Leben gemeinsam zu tragen, sondern vielmehr auch darin, zur »inneren Entwicklung« des anderen beizutragen. Dazu schreibt die amerikanische Sozialwissenschaftlerin

Ann Swidler: »[...] das alte Modell [der romantischen Liebe] basiert auf einer relativ statischen Vorstellung von Liebe und Identität. Danach findet ein Prozeß der [...] persönlichen Entwicklung seine Erfüllung in der Wahl des ›richtigen‹ Partners, wobei dann die Wahl diese Entwicklung stabilisiert und weitere Veränderung ausschließt. Man wählt nur einmal, und danach schließt die innere Bindung andere Wahlen und andere Identitäten aus [...]

Die modernen moralischen Konzepte von der Person, insbesondere die Betonung von Selbstverwirklichung und die Forderung nach dauerndem Wachsen und Wandel im Erwachsenenalter, kollidieren mit der alten Vorstellung von Liebe als innerer Bindung [... Charakteristisch für die Gegenwart] ist ein neues Ideal des andauernden wechselseitigen Sich-Offenbarens. ›Kampf‹ wird zum Zeichen der Tugend in einer Beziehung, und Liebe bekommt die Bedeutung, daß man eine Krise nach der anderen durchlebt, in der zwei autonome und sich entwickelnde Personen arbeiten, um ihre Kommunikation zu vertiefen, um einander zu verstehen und sich immer wieder neu zu entdecken [...] Eine Liebesbeziehung, die nicht schmerzlichen Wandel erfordert, erfüllt ihre Aufgabe nicht mehr. Der Wert und die Herausforderung der Liebe liegen darin, daß sie ständigen Wandel fordert und fördert.«[31]

Die Zukunft im Konditional

Nicht nur in der traditionellen Gesellschaft, auch in der modernen Gesellschaft galt die Ehe lange Zeit als eine unauflösliche Verbindung, eben als Bund fürs Leben. Doch heute, unter dem Gebot der Revidierbarkeit, muß eine solche Vorstellung zunehmend brüchig werden. Nicht nur die einzelnen Arrangements in der Ehe, auch der Bestand der Ehe selbst, all das sind jetzt Fragen, und es gibt immer nur Antworten auf Zeit. Exemplarisch dafür ist ein modernes Eheratgeberbuch, 1984 erschienen. Dieses empfiehlt, vor der Heirat einen Ehevertrag abzuschließen. Zu den wichtigen Bestandteilen dieses Vertrags gehört die »Regelung für den Fall der Trennung«, und als Musterformulierung wird vorgegeben: »Beide Partner erkennen ausdrücklich die Tatsache an, daß Ehen nicht auf ewig halten müssen.«[32]

Früher hatte die Ehe den Charakter einer vorgegebenen und anerkannten Institution, die unabhängig von individuellen Wünschen, Neigungen, Absichten von Mann und Frau Bestand hatte und damit eine Garantie auf Zukunft enthielt. Dies eben ist anders geworden in den letzten Jahrzehnten. So bemerkt der französische Demograph Louis Roussel:

»Unsere Zeitgenossen betrachten [...] die Suche nach ihrer einzigartigen Identität und die Respektierung eines allgemeinen Codes als unvereinbar. Sie meinen, daß das Beachten des institutionalisierten Weges dem Verstoß gegen die Verpflichtung, die ›Wahrheit‹ ihres ›Seins‹ zu finden, gleichkommt [...] Also nicht mehr fertige Lösungen, sondern sukzessive Entscheidungen, langwierige Verhandlungen zwischen den Partnern, Erfolge und Mißerfolge, die jetzt Elemente der problematischen Geschichte jedes einzelnen Paares werden.

Bei der Suche nach Klärung, bei der Wahl dieser oder jener Lösung bleiben dem einzelnen nur die mehr oder minder stabilen und manchmal auch widersprüchlichen Evidenzen des Augenblicks [...] in Fragen der Partnerschaft durchleben unsere Zeitgenossen mangels stabiler [...] Bezugspunkte eine prekäre und parzellierte Zeit [...], die Zukunft steht für sie immer im Konditional, was heißt, daß sich für das Gegenwärtige keine Orientierung anbietet.«[33]

Diese »Zukunft im Konditional« ist nun aber nicht nur psychologisch zu begreifen, aus dem Blick auf einzelne Individuen und ihre Lebensgeschichten. Sie beinhaltet vielmehr auch ein umfassendes Programm gesellschaftlich-historischen Wandels, einen neuen kulturellen Bezugsrahmen, der nicht mehr Kontinuität zum Gebot macht, sondern umgekehrt auf Revidierbarkeit setzt. Dazu noch einmal Roussel:

»Dieser Einstellungswandel bleibt nicht auf das Feld des ehelichen oder familialen Lebens beschränkt, sondern ein ganzes Ensemble von an Dauerhaftigkeit orientierten Normen hat hier seine frühere Prägnanz eingebüßt. In allen Lebensbereichen finden sich unsere Zeitgenossen schwer damit ab, festgelegt zu werden [...] Die Zukunft soll nicht durch Hypotheken von Versprechen oder Regeln vorbelastet werden.«[34]

Mit dem Gebot der Revidierbarkeit aller biographischen Festlegungen nimmt also, das liegt auf der Hand, die Wahrscheinlichkeit von Scheidungen zu. Aber mehr noch, wichtiger noch: Die Scheidung gewinnt jetzt auch eine neue Bedeutung. Früher war Scheidung negativ besetzt, war gleichbedeutend mit Versagen, weil eben ein Scheitern der Paarbeziehung anzeigend. Heute dagegen kann Scheidung auch assoziiert werden mit Erfolg, weil als Zeichen eines neuen Anfangs verstanden, die Weiterentwicklung der eigenen Biographie demonstrierend. Unter der Hand und ganz selbstverständlich hat sich damit der Blickwinkel der Bewertung verschoben: weg von der Paarbeziehung, hin zu den Einzelpersonen in dieser Beziehung. Dazu schreibt Ann Swidler:

»Nach der traditionellen Sichtweise galt es als Versagen, wenn eine Liebesbeziehung beendet wurde [...] Dagegen kann die neue Konzeption der Liebe beanspruchen, daß auch gescheiterte Beziehungen großen Gewinn beinhalten können. Denn jeder Mensch kann wachsen und lernen, auch durch Verlust und Enttäuschung. Wo nach dem früheren Modell der Identitätsentwicklung Dauer das wahre Kennzeichen für gelungene Entwicklung war, wird heute fast ein Zeichen des Versagens daraus. Ist denn wirklich anzunehmen, daß man mit demselben Partner sich entwickeln und verändern kann? Erfordert eine dauerhafte Beziehung nicht notwendig Verzicht auf persönliche Entwicklungsmöglichkeiten?

Selbst bei denjenigen, die einer dauerhaften Bindung weiterhin großen Wert beimessen, hat sich die Perspektive gewandelt. Für sie bedeuten dauerhafte Beziehungen mehr Herausforderungen und mehr Chancen des Wachsens als kurzfristige Beziehungen. Das heißt, daß beide Gruppen – die Protagonisten langfristiger wie kurzfristiger Bindungen – eine Beziehung immer mehr danach beurteilen und legitimieren, wieviel Potential für Herausforderung und Veränderung sie bietet. Die größte Sünde, die ein Liebender begehen kann, ist nicht mehr der Verrat, das Nicht-Einhalten eines Versprechens. Viel schwerwiegender ist heute die Verhinderung, der Versuch, die freie Entwicklung des Partners zu bremsen, zu beschränken oder ganz aufzuhalten.«[35]

Man kann es auch so sagen: Die Formel »sich treu bleiben« bekommt jetzt eine neue Bedeutung. Früher war damit gemeint, die Partner sollten einander treu bleiben und damit auch ihrer Verbindung. Heute wird zunächst einmal gefordert, daß jeder sich selbst treu bleiben soll, also sein Potential an Möglichkeiten erhalten soll, nicht vorgängig verschütten.

Und was wird dann aus der Liebe? Auch ihr kann man treu bleiben – nach dem neuen Modell gerade auch dann, wenn man den Partner verläßt. Die Soziologin Gertrud Nunner-Winkler schreibt:

»[...] im modernen Konzept der ›reflexiven Liebe‹ (Luhmann) [...] ist Liebe nunmehr reflexiv auf die Erhaltung der Liebesbeziehung als solche bezogen. Gegenüber diesem Primat der ›Liebe des Liebens‹ sind konkrete Personen austauschbar, das Subjekt entzieht sich also der Kontrolle, d. h. einem potentiellen Anspruch auf Dauer, auch des Partners: Der ›Liebe‹ treu bleiben kann schließlich nur, wer den nicht mehr geliebten Partner verläßt.«[36]

Optimierungsgebot, Verbesserungsmentalität

Wo die qua Tradition, Institution, Gesetz auferlegten Beschränkungen fallen, da wird die Selbstherstellung der Biographie zur stets unvollendeten Aufgabe. Man kann erst eine größere Wohnung suchen, dann ein größeres Haus; man kann hoffen, Abteilungsleiter zu werden und dann Chef des Betriebs. Eng verbunden mit dem Gebot der Revidierbarkeit aller Festlegungen ist also auch ein Optimierungsgebot: Aus der Veränderungsmoral folgt die »Verbesserungsmentalität«.

Diese Verbesserungsmentalität wird nun wirksam nicht nur da, wo es um Automarke oder Arbeitsplatz geht. Vielmehr bleibt auch der Bereich der Paarbeziehung nicht ausgenommen. Wie viele Untersuchungen zeigen, sind die Ansprüche an die Ehebeziehung heute weit höher als früher. Daß man einigermaßen miteinander auskommt, ist jetzt nicht mehr gut genug. Man will mehr, Glück und Erfüllung, also den amerikanischen Traum, »the pursuit of happiness«, im eigenen Heim. Das muß auf der Kehrseite freilich ein Potential für Enttäuschungen schaffen. Denn je höhere Erwartungen man an die Ehe heranträgt, desto eher wird man – an diesem großen Maßstab gemessen – die eigene Ehe als ungenügend empfinden. Was aber tun, wenn die Wirklichkeit nicht dem Ideal entspricht? Nach dem alten Ehemodell war man unlösbar miteinander verbunden, wie unverträglich die Temperamente und Anlagen der Partner auch waren. Die neue Verbesserungsmentalität weist nun genau in die andere Richtung: lieber die Ehe beenden als sich mit Mängeln abfinden und von der Glückserwartung Abstriche machen. Oder anders gesagt, je eher man die Biographie als eine veränderbare begreift, desto größer der Druck, sich mit einer Ehe »minderer Qualität« nicht zufriedenzugeben. Die Zunahme der Scheidungen hat demnach auch hier ihre Wurzel: »Die Leute lassen sich in solcher Zahl scheiden, [...] weil ihre Erwartungen an die Ehe so hoch sind, daß sie sich nicht mit unbefriedigenden Annäherungen zufrieden geben wollen.«[37]

Dabei zeigt auch diese Entwicklung einen Drang zur Expansion, verstärkt und beschleunigt sich quasi von innen: Die Erweiterung der

Freiheitsspielräume ist ein sich selbst vorantreibender Prozeß.[38] Das heißt konkret, die neuen Optionen von Trennung und Scheidung wirken untergründig auch da, wo sie rein statistisch erst in geringem Umfang genutzt werden. Allein schon ihr Sichtbarwerden (für das die Massenmedien aufs kräftigste sorgen) läßt die traditionellen Lebens- und Eheformen nicht unberührt. Wer jetzt die Ehe aufrechterhält, der tut dies stets in dem Wissen, daß es Auswege gibt: Man könnte auch anders. Die Aufrechterhaltung der Ehe wird nunmehr – da es Alternativen gibt – als Ausdruck bewußter Wahlentscheidung wahrgenommen und gerät damit unter Begründungszwang. Eine Karikatur von Chlodwig Poth bringt diesen Zusammenhang plastisch zum Ausdruck:

»Es treffen sich zwei alte Freunde in der Kneipe.

A: Mann, ist das dufte, mal wieder im Lande zu sein. Wie geht's euch Ganoven denn allen? Was machen denn zum Beispiel die Krögers?

B: Die haben sich lange getrennt. Er lebt mit einer anderen Frau in Sachsenhausen und wo sie hin ist, weiß ich gar nicht.

A: Ah ja, und die Zierfelds?

B: Da hat's neulich geknallt. Er ist ausgezogen und lebt jetzt in 'ner Wohngemeinschaft. Sie wohnt noch in Bornheim mit Volker – 's is' 'n Lehrer. Weiß nicht, ob du den noch kennst. Was macht ihr denn?

A: Na ja, es ging halt nicht mehr. Susi wohnt jetzt woanders mit 'nem sehr sympathischen Typ, und ich lebe in der alten Wohnung mit Karin. 's is' 'ne Diplompsychologin. Und bei euch? Was is' da?

B: Wir, tja, wir sind noch zusammen, aber verstehst du, wir haben uns das auch schon oft überlegt, wirklich. Aber dann der Junge, und überhaupt, verstehst du, und komischerweise immer wieder, ich weiß nicht, ob du das verstehst, läuft's prima zwischen uns. Komisch, aber 's ist so, verstehst du?

A: Brauchst dich doch nicht zu entschuldigen, Junge, ich versteh' dich doch, mach dir nichts draus.«[39]

Die bloße Erhöhung des Rechtfertigungsbedarfs auch für traditionelle Lebensformen treibt also die Veränderungsspirale weiter voran[40]: Für die Aufrechterhaltung eingelebter Traditionen reicht die Abwesenheit extremer Mißstände; die Rechtfertigung von Wahlverhalten hingegen bedarf positiver Begründungen. Anders formuliert: Eine vorgegebene Ehesituation wird hingenommen, solange sie nicht unerträglich ist. Eine frei gewählte hingegen muß sich im Horizont alternativer

Möglichkeiten als »bestmögliche« ausweisen. Damit also treibt der bloße Rechtfertigungszwang schon per se die Maßstäbe, an denen Glück bemessen wird, nach oben.

Die Konsequenzen für Ehe und Partnerschaft sind offensichtlich. Die moderne Gesellschaft entfernt sich von einem Heiratssystem, das den Individuen auferlegte, auch dann verheiratet zu bleiben, wenn sie sich nicht länger liebten. Und sie bewegt sich zu auf ein neues Heiratssystem, das die Individuen im Grunde zur Auflösung ihrer Beziehung auffordert, sobald sie sich in dieser Beziehung nicht mehr glücklich fühlen. Dieser neue Maßstab erlaubt und ermutigt nun praktisch die Scheidung: »Neue Normen entstehen, die Scheidung akzeptabel, unter bestimmten Bedingungen sogar unerläßlich zu machen.«[41]

Anmerkungen

1 Adolf Spamer, zit. nach Ingeborg Weber-Kellermann: *Landleben im 19. Jahrhundert.* München 1987, S. 229f.

2 Zit. nach Jean Louis Flandrin: »Das Geschlechtsleben der Eheleute in der alten Gesellschaft: Von der kirchlichen Lehre zum realen Verhalten«, in: Philippe Ariès, André Béjin, Michel Foucault u. a.: *Die Masken des Begehrens und die Metamorphosen der Sinnlichkeit.* Frankfurt am Main 1984, S. 147–165, hier S. 155.

3 Flandrin, a. a. O., S. 153.

4 Louis Roussel: »Die soziologische Bedeutung der demographischen Erschütterung in den Industrieländern der letzten zwanzig Jahre«, in: Kurt Lüscher u. a. (Hrsg.): *Die ›postmoderne‹ Familie.* Konstanz 1988, S. 39–54, hier S. 51.

5 Motive zum *BGB,* V, S. 562 (um 1880).

6 Zur milieuspezifischen Differenzierung siehe insbesondere Günter Burkart, Beate Fietze und Martin Kohli: »Liebe, Ehe, Elternschaft«, in: Bundesinstitut für Bevölkerungswissenschaft (Hrsg.): *Materialien zur Bevölkerungswissenschaft,* Heft 60. Wiesbaden 1989.

7 Ulrich Beck, *Risikogesellschaft – Auf dem Weg in eine andere Moderne.* Frankfurt am Main 1986, S. 216.

8 Ebd., S. 217.

9 Heiner Keupp: *Riskante Chancen. Das Subjekt zwischen Psychokultur und Selbstorganisation.* Heidelberg 1988.

10 Georg Simmel: *Das Individuum und die Freiheit.* Berlin 1984, S. 216.

11 Elisabeth Beck-Gernsheim: »Von der Liebe zur Beziehung? Veränderungen im Verhältnis von Mann und Frau in der individualisierten Gesellschaft«, in: Johannes Berger (Hrsg.): *Die Moderne – Kontinuitäten und Zäsuren.* Göttingen 1966, S. 209–234.

12 Hartmann Tyrell: »Ehe und Familie – Institutionalisierung und Deinstitutionalisierung«, in: Lüscher (Hrsg.), a. a. O., S. 145–157, hier S. 154f.

[13] Michael Wehrspaun: »Alternative Lebensformen und postmoderne Identitätskonstitution«, in: Lüscher (Hrsg.), a. a. O., S. 157–168, hier S. 165.

[14] Ansgar Weymann: »Handlungsspielräume im Lebenslauf«, in: ders. (Hrsg.): *Handlungsspielräume. Untersuchungen zur Individualisierung und Institutionalisierung von Lebensläufen in der Moderne.* Stuttgart 1989, S. 1–39, hier S. 6.

[15] Abram DeSwaan: »The politics of agoraphobia«, in: *Theory and Society* 10, 1981, S. 359–385.

[16] Holger Schlodder: »Sprachver(w)irrungen. Der Jargon und die Gefühle«, in: *Süddeutsche Zeitung* 8./9. 9. 1984.

[17] Volker Hage: »Ferne Frauen, fremde Männer«, in: *Die Zeit,* 11. 12. 1987.

[18] Peter Praschl: »Bloß keine Blöße geben«, in: *Stern* Nr. 13, 1988, S. 38.

[19] Hage, a. a. O.

[20] Brigitte Berger und Peter Berger, zit. nach Eva Jaeggi und Walter Hollstein: *Wenn Ehen älter werden.* München 1985, S. 23.

[21] George R. Bach und Ronald M. Deutsch: *Pairing. Intimität und Offenheit in der Partnerschaft.* Reinbek bei Hamburg 1979, S. 26.

[22] Alois Hahn: »Familie und Selbstthematisierung«, in: Lüscher (Hrsg.), a. a. O., S. 169–179, hier S. 179.

[23] Ebd.

[24] Niklas Luhmann: *Liebe als Passion. Zur Codierung von Intimität.* Frankfurt am Main 1984, S. 210 f.

[25] Erik H. Erikson: »Das Problem der Ich-Identität«, in: ders.: *Identität und Lebenszyklus.* Frankfurt am Main 1973, S. 137.

[26] Gertrud Nunner-Winkler: »Identität im Lebenslauf«, in: *Psychologie heute* (Hrsg.): *Das Ich im Lebenslauf.* Weinheim 1989.

[27] H.-J. Wirth: *Die Schärfung der Sinne. Jugendprotest als persönliche und kulturelle Chance.* Frankfurt am Main 1984, S. 71.

[28] Rainer Zoll u. a.: *»Nicht so wie unsere Eltern!« Ein neues kulturelles Modell?* Opladen 1989, S. 221 f.

[29] Sidney M. Jourand: »Ehe fürs Leben – Ehe zum Leben«, in: *Familiendynamik* Heft 2, April 1982, S. 171–182, hier S. 172.

[30] Günter Grass: *Kopfgeburten.* Darmstadt 1980, S. 12.

[31] Ann Swidler: »Love and Adulthood in American Culture«, in: J. und A. Skolnick (Hrsg.): *Family in Transition.* New York 1986, S. 286–305, hier S. 289 f.

[32] Peter Partner: *Das endgültige Ehebuch für Anfänger und Fortgeschrittene.* München 1984, S. 128.

[33] Roussel, a. a. O., S. 52.

[34] Ebd., S. 52 f.

[35] Swidler, a. a. O., S. 291.

[36] Nunner-Winkler, a. a. O.

[37] Berger und Berger, zit. nach Jaeggi und Hollstein, a. a. O., S. 36.

[38] Nunner-Winkler, a. a. O.

[39] Zit. nach ebd.

[40] Ebd.

[41] Frank Furstenberg jr.: »Fortsetzungsehen. Ein neues Lebensmuster und seine Folgen«, in: *Soziale Welt,* Heft 1, 1987, S. 29–39, hier S. 31.

Neue Unverbindlichkeiten
Multikulturelle Gesellschaften und transkulturelle Prozesse

Peter Ludes

»Das, was man im Moment wieder gern ›Kultur‹ nennt, läuft [...] voraus und hinterher, antizipiert und registriert Veränderungen, und dies in einem Getümmel von Kontroversen, die ihrerseits den Blick ablenken von dem, was geschieht.«[1] Vorstellungen darüber, wie die Welt ist und wie sie sein soll, Reflexionen vergangener Entwicklungen und Diagnosen dieser Entwicklungen bilden Orientierungsmuster im Rahmen vielschichtiger sozialer Prozesse, für die Jürgen Habermas zu Beginn der 80er Jahre eine »neue Unübersichtlichkeit« diagnostizierte. Im »Getümmel von Kontroversen« wird Orientierungslosigkeit schmerzhaft erlebt – zugefügte und empfangene Wunden bleiben unverbunden. Im Vergleich zu früheren Abschnitten der Entwicklung moderner Gesellschaften stieg für die Mehrheit der Bevölkerungen zeitgenössischer multikultureller Gesellschaften das Ineinander, Gegeneinander, Nebeneinander und Miteinander sehr unterschiedlich empfundener Lebensstile und Überzeugungen in erheblichem Maße.

Mit Kultur verbinden sich viele unterschiedliche Vorstellungen: Eß-, Friedhofs-, Stadt-, Streitkultur, Kultur als Standortfaktor, Industrie und Tourismusbranche.[2] Aber weiterhin gibt es Versuche einflußreicher Schichten, eine Fortsetzung der Differenzierung »höherer« gegen »niedrigere« Kultur zu behaupten und allgemein verbindliche Werte und Normen zur herrschenden Kultur zu verdichten. Derart traditionelle Vorstellungen akademischer Bildungsschichten konzentrieren sich vor allem auf Literatur, Theater, E-Musik und bildende Kunst. Etablierte Außenseiter dieser Geisteswissenschaften dürfen sich auch mit Architektur und Stadtplanung, besonderen Filmproduktionen, Grafik, Design und Werbung auseinandersetzen. Selbst Fernsehproduktionen und Hörfunksendungen, Zeitschriften und Unterhaltungsmusik, Graffiti und Jugendkultur lassen sich – in Maßen – in Randbezirken des hohen Kulturreichs ansiedeln.

Unterhalb dieser Ebene verlaufen sich die normativ gesetzten »Eindeutigkeiten auf Zeit, Schicht und Situation« im Geflecht des Neben- und Nacheinanders alltäglicher Fortbewegung: Im Sommer in den Städten und am Strand sind nackte Oberkörper in der Nähe von Frauen zu sehen, die ihr Haupt mit einem Kopftuch verhüllen, zu jeder Zeit und fast allerorts kann man halbkahl geschorene Jugendliche neben Älteren mit Toupets oder den schulterlangen Haaren der 60er Jahre beobachten. Kneipen, Restaurants, Frittenbuden und Hamburgerstände gibt es in allen Städten, ebenso Pizzerias und Eissalons, nachgemachte griechische Tavernen, chinesische Restaurants, in denen ein Deutscher kocht, sowie Gasthäuser mit osteuropäischer Küche mit westeuropäischen Zutaten. Gerüche, die bewußt gewählt als Freizeitunterhaltung erfreuen, werden in »schlechterer Qualität« im Treppenhaus nebenan ekelerregend gefunden.

Mühsam errungene Normen von Scham- und Peinlichkeitsempfindungen, nationaler Ehre und religiösen Überzeugungen, abendländischer Aufklärung und zivilisierter Hygiene werden gebrochen. Arbeitsplatzverlust und Verlustängste nehmen zu, die eigene Sprache ist nicht mehr die einzige, die eigene Wohnung gemäß überlieferten Standards zu teuer. Man/frau kommt sich selbst fremd vor in immer neuen Situationen und wirft Fremden ihr Fremdsein vor.

Trotz vieler Unverbindlichkeiten zwischen verschiedenartigen »relativ natürlichen Weltanschauungen« (Max Scheler) und »Denkstilen« (Karl Mannheim) – sobald Personen ihre jeweiligen (oft zeit- und situationsspezifischen) Bezugsgruppen verlassen, ergeben sich, zumindest für die Bundesrepublik Deutschland der 80er Jahre, politische, wirtschaftliche, soziale und kulturelle Entwicklungen, die alle berühren:

Im Vergleich zu früheren Epochen der deutschen Geschichte wurde die parlamentarische Demokratie immer mehr als selbstverständlich aufgefaßt. Soziale Marktwirtschaft und eine wachsende soziale Mobilität ergänzten diese Entwicklung. Seit »dem Ende der 60er Jahre [verstärkte sich] ein irreversibler Auflösungsprozeß der parteispezifischen sozialmoralischen Milieus im Zusammenhang mit dem sozialstrukturellen Wandel zu einer Geschichte der Gesellschaft mit Mittelschichten-Dominanz«[3]. Mit den 1979 gegründeten »Grünen«, die 1983 zum ersten Mal in den Bundestag kamen, organisierte sich eine Partei, die sich vor allem auf bis dahin politisch, wirtschaftlich und kulturell vernachlässigte Risiken der Umweltzerstörung, der nuklearen Abschreckung und des männlichen Chauvinismus konzentrierte. Ebenfalls 1979 konstituierte sich durch die erste Direktwahl zum Europäischen Parlament eine neue politische Repräsentationsebene neben den bereits etablierten Institutionen der Gemeinden, der Länder und des Bundes. Die offizielle staatliche Kulturpolitik verfolgte in den 80er Jahren in nahezu allen kulturellen Bereichen eine Politik der drastischen Sparmaßnahmen, aber bewilligte zugleich hohe einmalige Ausgaben für »erlesene Ausnahmeprojekte« wie zum Beispiel den Erwerb des Evangeliars Heinrichs des Löwen 1983 für 32,4 Millionen Mark.[4]

Unter wirtschaftlichen Gesichtspunkten entwickelte sich die Bundesrepublik Deutschland in den 80er Jahren weiter zu einer nachindustriellen Gesellschaft, in der Verkehrs- und Dienstleistungsunternehmen sowohl nach der Anzahl der in diesen Bereichen Beschäftigten als auch nach der in diesen Bereichen erarbeiteten Wertschöpfung dominierten. Die durchschnittlichen Bruttowochenverdienste der Industriearbeiter verbesserten sich allerdings kaum.[5] 1984 erreichten die IG Metall und die IG Druck und Papier den »Einstieg« in die 35-Stunden-Woche: die Einführung der 38,5-Stunden-Woche bis 1986. Aber auch in den 80er Jahren – wie bereits in den früheren Jahrzehnten der Entwicklung in der Bundesrepublik Deutschland – ging der Anteil der Arbeiter an der Gesamtzahl der Erwerbstätigen zurück, er sank von 42,3 Prozent (1979) auf 39,5 Prozent (1986). Nach ihrem Beschäftigungsstatus bildeten die Angestellten und Beamten mit 47,8 Prozent mit Abstand die größte Gruppe. Diese Veränderung der Berufsstruktur hängt eng zusammen mit der bereits genannten Entwicklung der Wirtschaftssektoren hin zu einer Dominanz des tertiären Sektors (Dienstleistungen und öffentlicher Dienst) von 1979 49,1 Prozent Anteil der Beschäftigten auf 1986 53,9 Prozent.[6] Damit erhöhte sich der Anteil der Beschäftigten, die in ihrer Arbeitswelt mit anderen Menschen umgehen, im Vergleich zu früheren Arbeitsverhältnissen etwas flexibler und selbständiger auf nicht klar standardisierte Situationen reagieren, eine höhere Schul- und Berufsausbildung haben, teilweise theoretisches Wissen zur Grundlage ihrer beruflichen und privaten Entscheidungen machen und darüber hinaus in längeren Zeithorizonten denken als Angehörige vorindustrieller und industrieller Gesellschaften.[7]

Auch in den 80er Jahren setzte sich der Anstieg ausländischer Wohnbevölkerung in der Bundesrepublik Deutschland mit 4,45 Millionen (1980) auf 4,63 Millionen (1987) fort. Hiermit einher ging allerdings eine Verringerung der Anzahl der sozialversicherungspflichtig Beschäftigten von 2,07 Millionen (1980) auf 1,59 Millionen (1987)[8], da Familiennachzug und erhöhte Fruchtbarkeit die Anzahl der AusländerInnen trotz des Rückgangs der Gastarbeiter steigen ließ. Für die Entwicklung hin zu einer multikulturellen Gesellschaft ist wichtig, daß der Ausländeranteil inzwischen bei insgesamt 7,6 Prozent der Gesamtbevölkerung der Bundesrepublik liegt.[9] Nach ihrer nationalen Herkunft sind hier die Türken 1987 mit 1,49 Millionen vor den Jugoslawen mit knapp 600 000, den Italienern mit 544 000, den Griechen mit knapp 280 000 und den Spaniern mit 147 000 am stärksten vertreten. »Anders als im Arbeits- und Sozialbereich sind die Ausländer in der Bundesrepublik jedoch von der politischen Beteiligung« und, so ist hinzuzufügen, von einem gemeinsamen kulturellen Leben »so gut wie ausgeschlossen«.[10] Da sich auf Grund der Ausländern angebotenen Wohnungen eine hohe Konzentration auf relativ wenige Stadtgebiete und Städte in der Bundesrepublik Deutschland ergeben hat, verstärkten sich auch in den 80er Jahren die Tendenzen zu einer Bildung von Ghettos mit eigenen Geschäften und Kneipen und einem hohen Anteil ausländischer Kinder an den Schulen in den jeweiligen Stadtvierteln. Obwohl die Gastarbeiter weiterhin fast ausschließlich in schlechter bezahlten Arbeitsverhältnissen vertreten sind, wurden sie mit dem ansteigenden Nationalismus der 80er Jahre mehr oder weniger direkt hauptsächlich verantwortlich gemacht für die Entwicklung der Arbeitslosigkeit von seit 1983 jeweils über zwei Millionen.

Parallel zu den alten Arbeitskonflikten entwickelten sich neue Konfliktkonfigurationen und Gegenbereiche zur Arbeitswelt, die nun verstärkt individuelle Singgebung, Problemhorizonte und eigene Aktivitäten prägten. Unter den traditionellen Vereinen dominieren eindeutig Sportvereine: »22 Millionen Menschen, also mehr als ein Drittel der Bevölkerung, treiben Sport, von denen eine Million Leistungs-, zehn Millionen aktiv und elf Millionen Gelegenheitssportler« sind.[11] In den 80er Jahren behielten die Protestbewegungen neben den parlamentarisch etablierten Grünen ihre Organisations- und Durchsetzungskraft, vor allem im Bereich der Friedensbewegung, Frauenbewegung und der Anti-Atomkraftbewegung. Mit der Gründung der Partei »Die

Grauen« zehn Jahre nach Gründung der »Grünen« formierten sich die älteren Bürgerinnen und Bürger vor allem aus dem Umfeld der sozialen Bewegung der »Grauen Panther« zu einer politischen Vereinigung, die zwar jüngeren Mitgliedern ab 18 Jahren offensteht, aber vor allem die Problematik des Generationenkonflikts auf die politische Tagesordnung der 90er Jahre bringen wird. Zugleich ist daran zu erinnern, daß die zunehmende Ausweitung und Differenzierung von sozialen Bewegungen und Protestgruppen, Konfliktfeldern und Problembereichen dazu führte, daß Protestbewegungen immer mehr Akzeptanz fanden und so an »Besonderheit« und damit an Durchschlagskraft verloren. Darüber hinaus wurde bald deutlich, daß die einzelne Protestströmung oft »zu heterogen und teils auch zu gegensätzlich war, um wirklich als eine geschlossene politische Kraft auftreten zu können«.[12] Zusätzlich entwickeln sich »neue Konfliktthemen, etwa die Politisierung von Gen- und Reproduktionstechnologien«[13], die auf Grund ihrer Komplexität und langfristigen Folgen zunehmend schwieriger in überlieferten Organisationsformen zu verstehen und zu beeinflussen sind.

Für die Gesamtbevölkerung sind außerdem weiterhin in zunehmendem Maße die Konsumchancen in der Freizeit wichtig. 1986 wurden rund 10 Prozent des Bruttosozialprodukts für Freizeit und Urlaub ausgegeben. »Beinahe zwei Drittel der Bundesbürger machten eine Ferienreise, mehr als zwei Drittel davon ins Ausland [...] Elementar äußerten sich intensivierte Lebensansprüche in gesteigertem Körper- und Gesundheitsbewußtsein.«[14] Freizeit wurde zunehmend seltener im Kreise der Familie verbracht und damit eher zu einem eigenen »Ort der Entstehung und Austragung bedeutsamer Konflikte«.[15]

Vor allem in der Unterhaltungsmusik fand eine Vermischung traditionell verschiedener nationaler oder sozialer Stilmerkmale statt, allerdings mit einer durchgehend gestiegenen Bedeutung des für den internationalen Markt produzierten US-amerikanischen Popsongs. »Erfolgreichstes Glanzlicht und vorläufiger Höhe- und Endpunkt warenästhetischer Selbstinszenierung ist der Popstar Michael Jackson. [...] Bis heute hat er nicht nur weltweit die meisten Platten verkauft, sondern ist wie kaum ein anderer ein perfekt konstruierter und montierter Mega-Star – ohne Rasse, Alter und Geschlecht.«[16]

Wie Ulrich Beck in seinen Arbeiten zur »Risikogesellschaft« verdeutlichte[17], ist dieser neue Gesellschaftstyp nicht allein durch eine »neue Unübersichtlichkeit« gekennzeichnet. Von größerer Bedeutung ist vielmehr die Entwicklung von Gefahren durch atomare, biologische, chemische, gentechnologische Großprojekte und Unternehmen, die nationen- und generationenübergreifend menschliche Verhaltensweisen in einer Weise festlegen, die nicht mehr direkt sinnlich erfahren werden kann. Nur vermittelt über technische Kontrollgeräte, deren Anzeigen durch Experten interpretiert, durch Politiker bewertet und deren »Ergebnisse« über Massenkommunikationsmittel verbreitet werden, erfährt die überwiegende Mehrheit der Bevölkerung überhaupt von Entwicklungen, die sie in ihrer Intimsphäre und unmittelbaren Lebenswelt direkt betreffen: in ihren Eßgewohnheiten und ihrer Sexualität, in der Luft, die sie atmet, und dem Wasser, das sie täglich benutzt, bei ihrer Gesundheitsvorsorge und -erhaltung oder -wiederherstellung, bei den Vorstellungen, die sie über sich selbst und die Welt hat. Als Teilprozeß dieser langfristigen Verringerung der direkt sinnlich wahrnehmbaren Rekonstruktion der sozialen Welt durch die sie bildenden Personen gewann allerdings die Wahrnehmung durch die Augen immer mehr an Bedeutung, »eine Entwicklung, die erst mit der Aufspaltung der Sinne und der Partialisierung des Körpers im Zuge der Auflösung der traditionellen agrarischen Gesellschaft überhaupt möglich wird«.[18] Affektkontrolle bedeutet verstärkte Selbstbeobachtung; wissenschaftliche Distanzierung konzentriert sich auf nichtteilnehmende Beobachtung. »Für den Bürger der Moderne sind deshalb Fremd- und Selbstbild zur Identitätsbildung konstitutiv. [...] Nicht nur wird das alltägliche Leben immer mehr von Bildern beherrscht, sondern auch aufgrund der stärkeren Anforderungen an Mobilität, Geschwindigkeit und Beweglichkeit für den einzelnen auch immer flüchtiger, kaum noch faßbar.«[19]

Dieser Veränderung der sinnlichen Wahrnehmung und diesem Anstieg der Bedeutung von visuellen Stereotypen werden zum Beispiel Niklas Luhmanns *Studien zur Wissenssoziologie der modernen Gesellschaft* (1980, 1981 und 1989) nicht angemessen gerecht. So heißt es in Band III: »Das empirische Material für diese Untersuchungen ist, wie sollte es anders sein, dem Buchdruck entnommen.«[20] Obwohl sich Luhmann auch in diesem Band in verschiedenen Fallstudien vor allem auf den Übergang von seiner Auffassung nach primär stratifikatorischer zu mehr funktionaler Differenzierung und damit meistens auf die historische Entwicklung vom 16. bis 18. Jahrhundert konzentriert, wären auch für diese Phase – wenn auch mit etwas mehr Schwierigkeiten in der Materialbeschaffung und -interpretation – visuelle Materialien heranzuziehen gewesen. Vor allem aber, wenn Luhmann auf den letzten Seiten seiner Untersuchung Aussagen zur gegenwärtigen Entwicklungsphase macht und hierbei in einer Anmerkung sogar vom »Fernsehzeitalter« spricht[21], sind die Implikationen der »Selbstbeobachtung« sozialer Systeme und der sozialwissenschaftlichen Beobachtung dieser Beobachtungen neu zu reflektieren.[22]

Vermutlich sind auch die Entstehungsbedingungen von Gesellschaftstheorien für deren Entwicklung so prägend, daß erst nach der Grundlegung einer Theorie dominant werdende soziale Erscheinungen durch deren vorgängige Begriffe nur perspektivisch besonders begrenzt erfaßt werden können.[23] Funktionale Differenzierung ist nur ein Teilprozeß vielschichtiger gesellschaftlicher Modernisierung. So wurden zum Beispiel auf dem Soziologentag zu *Kultur und Gesellschaft* 1988 die folgenden Teilprozesse der Modernisierung unterschieden: »Auflösung traditionaler Weltbilder, Individualisierung, funktionale Differenzierung, Rationalisierung und Organisierung, Zunahme interner und externer Abhängigkeitsbeziehungen, Ausdehnung des Gleichheitsimperativs, Autonomisierung sowie weitgehende Durchsetzung aller gesellschaftlichen Teilbereiche mit Technik.«[24] Und Claus Offe führte »das Beispiel USA an, wo den Massenmedien, vor allem dem Fernsehen, in großem Ausmaß die Aufgabe zugedacht werde, ein ›overwhelming‹ Wert- und Normgefüge in der Bevölkerung zu verankern«.[25] Diese besonderen Integrationsfunktionen elektronischer Massenmedien in den USA ergaben sich unter anderem auf Grund des dort historisch kürzeren Staatenbildungsprozesses, der auch in der zweiten Hälfte des 20. Jahrhunderts weniger allgemeinverbindliche staatliche Zentralinstanzen etabliert hatte als zum Beispiel in europäischen Staaten. Entsprechend wurde auch für die USA die Frage gestellt, ob es überhaupt »eine einheitliche nordamerikanische Kultur und nicht etwa beliebig viele Subkulturen« gebe. Als besondere Merkmale wurden zum Beispiel schwache Bindungen an Personen und Sachen genannt, die »Sehnsucht nach dem beyond, das Verlangen, Menschen, Dinge und bekannte Umgebungen hinter sich zu lassen«.[26] »Der Amerikanismus speist sich aus einer gemeinsamen, oftmals beschworenen Mentalitätsgeschichte. Ein wichtiges Element der kulturellen Identität entstammt dem Bewußtsein, daß man selbst oder die eigenen Vorfahren die Heimat aus freien Stücken gewählt und nicht aus Zufall sein Leben in einem bestimmten Land fristete wie die Europäer.«[27]

Mit den Integrationserfordernissen einer sich ausweitenden Europäischen Gemeinschaft in den 80er und 90er Jahren ergeben sich allerdings einige Parallelen zwischen der US-amerikanischen Entwicklung und der europäischen, die auch die Bedeutung elektronischer Massenmedien für die europäische Integration verstärken:

Das Verständnis von »Kultur« ist selbst kulturspezifisch. Es variiert nach historischen Entwicklungsabschnitten[28], nationalen Gesellschaften, Generationseinheiten und sozialen Schichten beziehungsweise »Bildungsschichten«. Im angelsächsischen und deutschen Sprachraum versteht man heute unter »Kultur« im weitesten Sinne meist »alle jene typischen Verhaltens- und Orientierungsmuster, die das Dasein einer gegebenen Population anleiten und bestimmen, einschließlich der auf der Grundlage dieser Standards erzeugten materiellen Substrate zur Befriedigung der individuellen und kollektiven Bedürfnisse wie Bekleidung, Wohnformen, Gerätschaften, Maschinen und dgl. [...] Kultur als Denk-, Wahrnehmungs- und Handlungsstruktur, als kognitive Standards, anders gewendet als die Gesamtheit der Wahrnehmungen und Vorstellungen einzelner von der realen Welt aufgrund ihrer eigenen und der stellvertretenden Erfahrungen anderer mit dieser«.[29] Die Denk- und Fühlstile von immer mehr Menschen multikultureller Gesellschaften werden mit immer mehr kontrastierenden und konfligierenden Konventionen anderer konfrontiert. Nur über »stellvertretende Erfahrungen anderer« werden – stark vereinfacht und stereotypisiert – einige Fremdheiten verständlich, aber kaum selbstverständlich. Die in Elias' Zivilisationstheorie diagnostizierte langfristige »Verringerung der Kontraste und Vergrößerung der Spielarten« zum Beispiel kann in multikulturellen Gesellschaften nicht in Einklang mit der Existenz von wenig reflektierten und als nicht hinterfragbar erachteten religiösen Traditionen verschieden umfangreicher Gruppierungen gebracht werden. Der langfristige Trend »zur Langsicht, zu einer differenzierteren Selbstdisziplinierung, zu einer festeren Über-Ich-Bildung«[30] wird nicht nur durch von Elias betonte geschlechts- und schichtspezifische Differenzierungen gebrochen, sondern auch durch innerhalb weniger Jahrzehnte neu zusammengekommene Verhaltensstandards, -weisen und Persönlichkeitsstrukturen. Diese »Kommunikationsfigurationen«[31] sind in verschiedene Arbeitsverhältnisse eingebunden; Massenkommunikationsmittel erfüllen hier eine wichtige Verbindungsfunktion. Im Unterschied zu den USA gibt es allerdings sowohl von seiten der meisten GastarbeiterInnen und ihrer Familien als auch von ihren GastgeberInnen her selten von Anfang an die Bereitschaft, das Zusammenleben auf generationenübergreifende Dauer anzulegen und die verschiedenartigen Lebensstile zu tolerieren, achten oder gar zu verschmelzen.[32]

Als belastend werden diese Brüche vor allem deshalb empfunden, weil sich die gesellschaftlichen Entwicklungen in den letzten Jahrzehnten zunehmend beschleunigten und jetzt lebende Generationen innerhalb ihrer jeweiligen Lebensspanne Veränderungen verarbeiten müssen, die in früheren Jahrhunderten wesentlich länger dauerten. Allerdings sollten wir uns auch daran erinnern, daß zum Beispiel die meisten EuropäerInnen in der ersten Hälfte des 20. Jahrhunderts mit sehr unterschiedlichen politischen, wirtschaftlichen und sozialen Verhältnissen zurechtkommen mußten. Die Diskontinuitäten zwischen Deutschem Kaiserreich, Erstem Weltkrieg, Weimarer Republik, Drittem Reich, Zweitem Weltkrieg und der unmittelbaren Zeit nach dem Zweiten Weltkrieg dürften identitätsgefährdender und lebensgefährlicher gewesen sein als die damit verglichen kontinuierliche parlamentarisch-demokratische, friedliche und wirtschaftlich existenzsichere Entwicklung der Bundesrepublik Deutschland. Von daher ist Elias' These der »Verringerung der Kontraste, Vergrößerung der Spielarten« mit Sicherheit weiterhin fruchtbar. Aber die mit der zunehmenden Ausweitung der übernationalen wirtschaftlichen und politischen Integrationseinheiten einherlaufende Pflege gruppen- und nationenspezifischer Kulturmuster führt zu besonderen Orientierungsschwierigkeiten. Die Integration verschiedener nationaler Gesellschaften zu übernationalen Einheiten kann nicht im Alleingang und nicht in erster Linie als Wirtschaftsgemeinschaft, Militärbündnis oder politische Wertegemeinschaft erreicht werden. Längerfristig gründet sie auch in tiefer liegenden Vorstellungen darüber, wie die Welt ist, sein kann und sein soll.

Deshalb gewinnen besonders elektronische Massenkommunikationsmittel, vor allem Radio und Fernsehen, aber auch andere Bildschirmmedien, eine Schlüsselfunktion als Orientierungsmittel in unübersichtlicher und unverbindlicher gewordenen übernationalen Integrationseinheiten bereits in sich selbst vielfach differenzierter multikultureller Gesellschaften, weil nur sie in Risikogesellschaften hinreichend schnell Informationen verbreiten können und Unterhaltung zunehmend (audio-)visuell geprägt ist. Statt das Augenmerk auf eine Differenzierung des europäischen Fernsehens in verschiedene Sprachraumprogramme, insbesondere einen englisch-, einen französisch- und einen deutschsprachigen Raum zu richten oder Mehrsprachenprogramme bei gleichem Bildmaterial in einfachem Englisch, vor allem in Musikprogrammen für Jugendliche zu analysieren[33], ist meines Erachtens stärker auf die ungeplante Entwicklung einer neuen »Sprachform« zu achten. Diese besteht aus gesprochenen Wörtern, Bildern, Musik und Texten in verschiedenartigen Aufeinanderfolgen und Ergänzungen, ohne klar etablierte audiovisuelle Grammatik: eine Sprache beziehungsweise ein gemischtes Zeichensystem in einer frühen Entwicklungsphase, die aber schon einige Jahrzehnte existiert. Deshalb kann diese »Sprache« nicht immer wieder in zwei Hauptkomponenten (ergänzt durch Musik oder Texte im Bild) aufgelöst werden. Weder bieten die Wörter immer die Schlüssel zu den Bildern noch letztere zu den Wörtern. Damit verlieren nationale Wörtersprachen an Bedeutung. Kulturtheorien der 90er Jahre werden sich mit dieser Entwicklung auseinandersetzen müssen.

Wissenschaftliche Beobachtungen europäischer Prozesse erfordern seit Mitte der 80er Jahre zunehmend eine Ausweitung des Blickfeldes. Damit werden zugleich einige Rahmenbedingungen im Westen entwickelter Theorien deutlicher. Gorbatschow propagiert »Glasnost« und »Perestroika« für eine Gesellschaft, die viele Schritte westlicher Industriegesellschaften und parlamentarischer Demokratien noch nachzuholen hat. Für sowjetische, polnische oder ungarische Verhältnisse etwa sind diese Veränderungen revolutionär. Zugleich stehen die osteuropäischen Gesellschaften aber vor den Problemen, die eine neuartige Risikogesellschaft, weltweite militärpolitische und ökonomische Verflechtung und – dies gilt vor allem für die UdSSR – multiethnische und -kulturelle Staaten mit sich bringen. Umgekehrt beeinflußt der sowjetische Aufbruch im Westen verschiedene Richtungen. Konservative Gruppierungen genießen den Fehlschlag totalitärer Planwirtschaft und befürworten die Eröffnung neuer Märkte für westliche Unternehmen. Sozialdemokratische und liberale Gruppierungen sind erleichtert über die osteuropäischen Revolutionen, befürworten mehr Mitbestimmungsrechte für die Mehrheit der Bevölkerung und eine bessere Versorgung; sie befürchten jedoch, daß die historische Chance der Gorbatschowschen Umgestaltung, vor allem in der auseinanderbrechenden »Union der Sozialistischen Sowjetrepubliken«, vertan werden könnte.

Gerade unter den Bedingungen neuer Integrationsphasen multikultureller Gesellschaften wird es notwendig, mit inkongruenten Perspektiven zu beobachten. Das heißt auch, sich auf Alltagstheorien und politische Theorien einzulassen, die in verschiedenen Gesellschafts- und Kulturtheorien bereits unter den Tisch gefallen sind. Ein Ende von Ideologien und Utopien ist noch nicht in Sicht[34], ob die funktionale Differenzierung tatsächlich seit Jahrhunderten »primär« ist, bleibt auch Ende der 80er Jahre des 20. Jahrhunderts zweifelhaft.[35] Multikulturelle Gesellschaften sind (wieder) verstärkt durch Ideologien und Utopien, stratifikatorische Differenzierung, neue Unübersichtlichkeiten und neue »Sprachformen« in bisher weniger verstandenen und standardisierten Konventionen geprägt. Überlieferte Kulturtheorien bleiben diesen Synchronisationserfordernissen gegenüber oft unverbindlich.

Anmerkungen

[1] Niklas Luhmann: *Gesellschaftsstruktur und Semantik. Studien zur Wissenssoziologie der modernen Gesellschaft III.* Frankfurt am Main 1989, S. 8.

[2] Andreas Schwarz: »Design, Grafik Design, Werbung«, in: Wolfgang Benz (Hrsg.): *Die Geschichte der Bundesrepublik Deutschland.* Band 4: *Kultur.* Frankfurt am Main 1989, S. 290–369, hier S. 335f.

[3] Helga Grebing: »Die Parteien«, in: Wolfgang Benz (Hrsg.): *Die Geschichte der Bundesrepublik Deutschland.* Band 1: *Politik,* a. a. O., S. 71–150, hier S. 71.

[4] Vgl. Dieter Lattmann: »Kulturpolitik«, in: Wolfgang Benz (Hrsg.): *Die Geschichte der Bundesrepublik Deutschland.* Band 1: *Politik,* a. a. O., S. 390–428, hier S. 418.

[5] Vgl. Siegfried Mielke und Fritz Filmar: »Die Gewerkschaften«, in: Wolfgang Benz (Hrsg.): *Die Geschichte der Bundesrepublik Deutschland.* Band 3: *Gesellschaft,* a. a. O., S. 82–139, hier S. 122, Tabelle 8.

[6] Anton Kehl: »Die Arbeitswelt«, in: Wolfgang Benz (Hrsg.): *Die Geschichte der Bundesrepublik Deutschland.* Band 3: *Gesellschaft,* a. a. O., S. 294–325, hier S. 295.

[7] Vgl. Daniel Bell: *The Coming of Post-Industrial Society. A Venture in Social Forecasting.* New York 1973.

[8] Hartmut Esser: »Gastarbeiter«, in: Wolfgang Benz (Hrsg.): *Die Geschichte der Bundesrepublik Deutschland.* Band 3: *Gesellschaft,* a. a. O., S. 326–361, hier S. 333.

[9] Ebd., S. 334.

[10] Ebd., S. 342.

[11] Josef-Otto Freudenreich und Michael Maurer: »Sport«, in: Wolfgang Benz (Hrsg.): *Die Geschichte der Bundesrepublik Deutschland.* Band 3: *Gesellschaft,* a. a. O., S. 274–310, hier S. 302, nach Erhebungen des Freizeitforschers Horst W. Opaschowski.

[12] Dieter Rucht: »Protestbewegungen«, in: Wolfgang Benz (Hrsg.): *Die Geschichte der Bundesrepublik Deutschland.* Band 3: *Gesellschaft,* a. a. O., S. 311–344, hier S. 330.

[13] Ebd., S. 332.

[14] Kaspar Maase: »Freizeit«, in: Wolfgang Benz (Hrsg.): *Die Geschichte der Bundesrepublik Deutschland.* Band 3: *Gesellschaft,* a. a. O., S. 345–383, hier S. 372.

[15] Ebd., S. 378f.

[16] Hanna Brunhöber: »Unterhaltungsmusik«, in: Wolfgang Benz (Hrsg.): *Die Geschichte der Bundesrepublik Deutschland.* Band 4: *Kultur,* a. a. O., S. 169–199, hier S. 191.

[17] Ulrich Beck: *Risikogesellschaft – Auf dem Weg in eine andere Moderne.* Frankfurt am Main 1986; ders.: *Gegengifte. Die organisierte Unverantwortlichkeit.* Frankfurt am Main 1988.

[18] Thomas Kleinspehn: *Der flüchtige Blick. Sehen und Identität in der Kultur der Neuzeit.* Reinbek bei Hamburg 1989, S. 147.

[19] Ebd., S. 319, 320.

20 Luhmann: *Gesellschaftsstruktur und Semantik. Studien zur Wissenssoziologie der modernen Gesellschaft III,* a. a. O., S. 9.

21 Ebd., S. 444, Anmerkung 124.

22 Vgl. Joshua Meyrowitz: *No Sense of Place. The Impact of Electronic Media on Social Behavior.* New York/Oxford 1985.

23 Vgl. Peter Ludes: *Drei moderne soziologische Theorien. Zur Entwicklung des Orientierungsmittels Alternativen.* Göttingen 1989, Kapitel 5; ders.: »Von der Wissenssoziologie zur Medienwissenschaft« = *MuK, Veröffentlichungen des Forschungsschwerpunkts Massenmedien und Kommunikation an der Universität/Gesamthochschule Siegen* 57, 58, 1989, Kapitel 2.

24 Dieter Grühm: »Modernisierung im Spannungsfeld von Kultur und Gesellschaft. Eine selektive Nachlese zum 24. Deutschen Soziologentag«, in: *Soziologie* 1, 1989, S. 17–34, hier S. 33.

25 Ebd., S. 24.

26 Gert Raeithel: *Geschichte der nordamerikanischen Kultur.* Band 2: *Vom Bürgerkrieg bis zum New Deal 1860–1930.* Weinheim/Berlin 1988, S. 1–3.

27 Ebd., S. 1.

28 Vgl. Hermann Glaser: *Kulturgeschichte der Bundesrepublik Deutschland. Zwischen Protest und Anpassung 1968–1989.* München/Wien 1989.

29 Horst Reimann: »Die Vitalität ›autochthoner‹ Kulturmuster. Zum Verhältnis von Traditionalität und Moderne«, in: Friedhelm Neidhardt, Rainer M. Lepsius und Johannes Weiß (Hrsg.): *Kultur und Gesellschaft = Sonderheft 27 der Kölner Zeitschrift für Soziologie und Sozialpsychologie.* Opladen 1986, S. 358–378, hier S. 364–365.

30 Norbert Elias: *Über den Prozeß der Zivilisation. Soziogenetische und psychogenetische Untersuchungen.* 2 Bände, Frankfurt am Main 1976, 1939[1], Bd. 2, S. 351.

31 Vgl. Norbert Elias: »The Symbol Theory: An Introduction, Part One«, in: *Theory, Culture & Society* 2, 1989, S. 169–217, hier S. 199.

32 Vgl. Hans-Peter Müller: »Lebensstile. Ein neues Paradigma der Differenzierungs- und Ungleichheitsforschung?«, in: *Kölner Zeitschrift für Soziologie und Sozialpsychologie* 1, 1989, S. 53–71.

33 Vgl. Winand Gellner: »Konzepte für europäisches Fernsehen«, in: *medium* 1, 1989, S. 18–21.

34 Vgl. Michail Gorbatschow: *Glasnost. Das neue Denken.* Berlin 1989, S. 134, 141.

35 Vgl. Hellmut Becker: »Bildungspolitik«, in: Wolfgang Benz (Hrsg.): *Die Geschichte der Bundesrepublik Deutschland.* Band 1: *Politik.* a.a.O., S. 324–353, hier S. 338, 342; Helga Grebing: »Die Parteien«, in: Wolfgang Benz (Hrsg.): *Die Geschichte der Bundesrepublik Deutschland.* Band 1: *Politik,* a. a. O., S. 71–150, hier S. 71; Hans-Peter Müller: »Lebensstile. Ein neues Paradigma der Differenzierungs- und Ungleichheitsforschung?«, a. a. O., S. 67; Angela Vogel: »Familie«, in: Wolfgang Benz (Hrsg.): *Die Geschichte der Bundesrepublik Deutschland.* Band 3: *Gesellschaft,* a. a. O., S. 35–86, hier S. 58.

Die Geister, die wir riefen …

Der Einzug des Computers in die deutsche Wirklichkeit

Rüdiger Ganslandt

Prozessoren allüberall. 20 Jahre nach der Entwicklung der ersten Mikroprozessoren finden sie sich in fast allen Bereichen unseres Lebens. Zum Teil ist die Invasion der Chips offen und unübersehbar, wie bei den Computern; zum Teil findet sie im Verborgenen statt – hinter den Zifferblättern von Analoguhren oder den Einschaltknöpfen der Haushaltsgeräte. Kaum etwas kann noch getan werden, ohne auf die Ansprüche und Eigenarten mehr oder weniger spezialisierter Rechner Rücksicht zu nehmen; von der Maschinenlesbarkeit unserer Volkszählungsbögen und Personalausweise über die mangelnde Menschenlesbarkeit von Gasrechnungen bis hin zu den vielfältigen Spielregeln, die für die Programmierung von Videorecordern und Eieruhren gelten.

Charakteristisch für die 80er Jahre ist aber weniger die stetig wachsende Verbreitung des Computers in der Verwaltung, in der Industrie oder ihren Produkten – ein Vorgang, der deutlich früher einsetzt und auch den Rest dieses Jahrtausends prägen wird. Kennzeichnend für das vergangene Jahrzehnt ist vielmehr eine Entwicklung, die den Computer auch außerhalb großtechnischer Anwendungen heimisch werden läßt, die den Rechner aus der Peripherie des öffentlichen Bewußtseins in dessen Zentrum und aus dem klimatisierten Rechenzentrum auf den Schreibtisch rückt. Neben den ohnehin breit diskutierten Problemen des gläsernen Menschen und der Gefährdung von Arbeitsplätzen durch die Mikroelektronik verdient nicht zuletzt dieser Vorgang Aufmerksamkeit, und zwar sowohl in bezug auf die verschlungenen Wege, auf denen der Computer zwischen den Barrieren des deutschen Geistes hindurch den Alltag erreicht, als auch im Hinblick auf die Veränderungen, die durch den alltäglichen Gebrauch des Computers in unserem Denken und unseren Arbeitsbedingungen bewirkt werden.

Hierbei sollte der Blickwinkel auf den Computer jedoch nicht einer Euphorie der Nutzung verfallen, der es inzwischen gelungen ist, die skeptische Diskussion der frühen 80er weitgehend zu verdrängen. Eine Technologie, die in der Lage ist, ehemals Großrechnern vorbehaltene Kapazitäten in einem Laptop unterzubringen, birgt notwendig Gefahren, die dieser Leistungsfähigkeit entsprechen: ein Risikopotential, das mit den Gefahren anderer Hochtechnologien verglichen werden kann.

In den 70er Jahren, einer nach den Maßstäben der technologischen Evolution fast prähistorischen Epoche, war der Computer für das öffentliche Bewußtsein vor allem ein Klischee. Auch heute taucht dies Klischee gelegentlich noch in den Witzseiten von Fernsehillustrierten auf – der Computer als raumfüllendes Gebilde mit Magnetbandspulen und einer Unmenge blinkender Lämpchen, bewacht von weißbekittelten Technikern. Weitere Merkmale sind der Stromanschluß, der häufig gerade von einer Putzfrau herausgezogen wird, und ein Ausgabeschlitz, der Kassenzettel mit lapidaren Bemerkungen auswirft.[1]

Dies Bild mit seiner Mischung aus Ehrfurcht und ironischem Zweifel zeigt den Stellenwert des »Elektronengehirns« in der damaligen Zeit. Computer sind durchaus vorhanden, sie befinden sich aber völlig außerhalb der Reichweite des Normalbürgers, in den Sphären der Wissenschaft und des großen Geldes:

»Und wer, von diesen wenigen ›Eingeweihten‹ einmal abgesehen, hatte denn überhaupt schon einmal einen Computer gesehen? Kaum jemand. Sei es in Forschungsstätten, sei es in den größeren Industrieunternehmen: die Rechenanlagen standen für gewöhnlich in sogenannten Rechenzentren – vollklimatisierten und mit anderen Vorkehrungen präparierten Räumen –, zu denen ›Unbefugte‹ keinen Zutritt hatten.«[2]

Die Arbeitsweise von Computern, ihre Möglichkeiten und Grenzen sind dem Normalverbraucher unklar; auch über ihre Aufgaben ist nur soviel bekannt, daß sie für den wissenschaftlichen Fortschritt (personifiziert durch die NASA) unentbehrlich sind und daß sie von Großindustrie und staatlichen Verwaltungen zu allerlei suspekten Zwecken benutzt werden. Kontakt mit Computern erhält der Bürger nur über schwer auszufüllende Eingabeformulare (z.B. die ZVS-Bögen des Jahres 1975, für die angehende Studenten erst computergerecht geformte Ziffern erlernen mußten) und die noch schwerer verständlichen Antworten des Rechners. Im Privatbereich beschränkt sich der

Kontakt mit der Hochtechnologie auf die Einführung des Taschenrechners, der mit einer explosiven Leistungssteigerung bei gleichzeitiger Preissenkung die spätere Entwicklung des Computers vorwegnimmt.

In den 70er Jahren besiedelt der Computer den Horizont des Weltbildes, ein fernes Gebilde, das mit gesundem Mißtrauen, aber ohne besondere Aufregung betrachtet wird. Dies soll sich jedoch schon bald gründlich ändern. Bereits gegen Ende der 70er mehren sich Nachrichten, daß in den USA »personal computer« zu haben sind, Rechner also, die auf jedermanns Schreibtisch passen und kaum teurer als ein Sommerurlaub sind. Selten wird dabei jedoch verschwiegen, daß diese Rechner ihre Besitzer in computersüchtige Hacker verwandeln, die Tag und (vor allem) Nacht vor dem Bildschirm hocken, zur Nahrungsaufnahme gezwungen werden müssen und im Regelfall binnen kurzem von Weib und Kind verlassen werden. Wenig später tauchen auch in Deutschland die ersten Personal Computer auf, zumeist Exemplare der ersten tatsächlich funktionstüchtigen Modelle – Apple II, PET 2001 und TRS 80 I, alle drei 1977 entwickelt –, seltener sogenannte Superboards mit freiliegender Platine sowie spartanischen Ein- und Ausgabemöglichkeiten. Erworben werden sie von vereinzelten enthusiastischen und finanzkräftigen Individuen, die – von ihrer Umwelt bestaunt und beargwöhnt – Pionierarbeit leisten, indem sie Anwendungsgebiete für ihre Neuerwerbungen suchen und Problemlösungen für die so umrissenen Aufgaben erarbeiten.

Mit dieser Entwicklung verläßt der Computer die Peripherie des allgemeinen Bewußtseins; er wird zum potentiellen Eindringling in den Privatbereich, der auf seine Eigenschaften, auf Nützlichkeit und Risiken hin abgeklopft werden muß. Für die Alternativbewegung, die zu diesem Zeitpunkt verbindliche Denkmodelle für einen erheblichen Teil der Jugend und des geistigen Lebens festlegt, ergibt sich dabei eine spontane und vollständige Abwehrreaktion. Kleine Computer sind nicht anders als große, der Personal Computer ist also ebenfalls ein Herrschaftsinstrument, eine Überwachungsmaschine und ein potentieller Jobkiller. Man hat es folglich mit einem Teufelswerkzeug zu tun, dessen unbußfertige Nutzung die Verbannung ins Establishment nach sich zieht. Reste dieses Verdikts sind heute noch in der Debatte der Grünen über die Zulässigkeit alternativer Datennetze zu spüren. Hier wird eine grundlegend technikfeindliche Haltung sichtbar – ein

Denken, das nicht über das Leben auf dem Lande und den alternativen Fahrradladen hinauskommt, für das die Vorstellung einer technischen Gegenkultur schlechthin undenkbar ist.[3]

Unter einem weniger technikfeindlichen Blickwinkel betrachtet, entpuppt sich der Computer als ein völlig neuartiges Gebilde. Anders als jedes herkömmliche Werkzeug besitzt er keinen definierten Zweck; er meldet sich nach dem Einschalten bereit, bereit jedoch, wie der Geist aus Aladins Wunderlampe, für eine unüberschaubare Anzahl von Aufgaben. Hinzu kommt die neue Dialogfähigkeit, die gerade Personal Computer auszeichnet. Seit der Einführung benutzerfreundlicher Programmiersprachen ist der Umgang mit dem Computer nicht mehr an Lochkarten und abstrakte Codierungen gebunden; der Rechner erhält seine Anweisungen in Befehlen, die an die natürliche Sprache angelehnt sind. Auch seine Antworten, zum Beispiel Fehlermeldungen, werden verständlicher; Programmiersprachen wie LOGO sorgen für Meldungen, die geradezu menschlich wirken (»I don't know how to CIRCLE / PAINT needs more inputs«).

In der Konfrontation mit diesem Phänomen ergibt sich die Notwendigkeit, das Verhältnis von Mensch und Maschine neu zu überdenken. Eine erste Variante ist es dabei, dem Computer menschliche Eigenschaften zuzuschreiben, ihm eigenständige Gedanken und Absichten zu unterstellen. Dies erscheint zunächst naiv; tatsächlich aber schleicht sich dieser Ansatz stets ein, wenn nicht bewußt auf rationale Distanz zum Rechner geachtet wird. Sherry Turkle hat ausführlich dargestellt, wie sich die kindliche Vorstellung von toten und lebenden Objekten durch die Existenz interaktiver Maschinen verändert, wie auf diese Weise neue Definitionen von Mensch und Maschine entstehen.[4] Anthropomorphisierung des Computers betrifft aber nicht nur Kinder. Sie findet sich bei Menschen, die noch nie mit Computern gearbeitet haben, sowohl in den Ängsten vor einer übermächtigen technischen Intelligenz wie im unerschütterlichen Vertrauen, der Rechner werde die Antwort auf jedes Problem finden. Sie findet sich aber auch bei Computernutzern, die von ihren Maschinen gewohnheitsmäßig wie von Personen reden und erklären, er steige jedesmal bei Zeile 30 aus, weil er irgendwie sauer auf negative Eingaben reagiere.

Die entgegengesetzte Variante definiert den Menschen als besonders komplexe Abart der Maschine, als biologischen Supercomputer. Dieser Ansatz führt zunächst zum Konzept der künstlichen Intelligenz –

da menschliches Denken und Handeln in diesem Modell grundsätzlich rationalen Regeln folgt, muß es durch Rekonstruktion dieser Regeln in Computerprogrammen künstlich erzeugbar sein. Auch hier ergibt sich ein umfassendes, wenn auch auf anderen Annahmen fußendes Vertrauen in die Leistungsfähigkeit des Computers. Darüber hinaus entstehen psychologische Veränderungen des Menschenbildes, die ebenfalls von Turkle beschrieben werden:

»Der Mensch beginnt, über sich selbst und andere in Begriffen zu denken, die ursprünglich nur Eigenschaften und Funktionen der Maschine bezeichnen. Ein Computerwissenschaftler sagt: ›Meine nächste Vorlesung ist festverdrahtet‹ und meint damit, daß er sie halten kann, ohne dabei nachzudenken; und er läßt sich während einer hitzigen Diskussion beim Abendessen in seinem Redefluß nicht unterbrechen – mit der Begründung, er müsse ›seinen Pufferspeicher‹ löschen.«[5]

Die ersten Personal Computer sind robuste Gebilde, vom Aufbau und der technischen Ausstattung auf die konkrete Nutzung ausgerichtet. Auch der Preis ist relativ hoch, so daß die Anschaffung nur durch Computerbegeisterung oder einen sinnvollen Anwendungszweck zu rechtfertigen ist. Anfang der 80er Jahre beginnt sich der Computermarkt jedoch zu verändern. Auf der einen Seite stehen weiterhin die Personal Computer, die immer deutlicher auf eine kommerzielle Nutzung abzielen, so z. B. die Rechner von Commodore, die ihren PET 2001 in den Generationen der 3000er bis 8000er Serie mit robusteren Tastaturen, größeren Monitoren und ständig erweitertem Speicherplatz versehen, vor allem aber die Personal Computer des Marktgiganten IBM, der aus seinem Dornröschenschlaf erwacht ist und hastig versucht, im Bereich der Kleinrechner Fuß zu fassen. Auf der anderen Seite kommt jedoch die neue Kategorie der »home computer« auf den Markt. Eingeleitet wird dieser Trend durch den VIC 20 von Commodore und den ZX 80 von Sinclair. Diese Rechner sind für damalige Verhältnisse unschlagbar billig, für eine konkrete Nutzung aber kaum geeignet. Beide besitzen eine völlig unzureichende Speichergröße, darüber hinaus zeichnet sich der VIC 20 durch eine Zeilenlänge von nur 22 Zeichen, der ZX 80 durch fehlende Fließkommaarithmetik und eine obskure Membrantastatur aus. Sowohl vom Preis als auch von der Leistung zielen diese Computer auf ein völlig neues Publikum; es wird möglich, sich spielerisch und kostengünstig mit dem neuen Medium auseinanderzusetzen. VIC 20 wie ZX 80 werden in bisher ungekannten Stückzahlen verkauft. Binnen kurzem erweitert sich das Angebot um eine Vielzahl von Konkurrenz- und Nachfolgemodellen mit zum Teil erheblich erweiterter Ausstattung.

Durch die Einführung der Home Computer wird der Rechner zum Massenphänomen. Zusätzlich verlagert sich jedoch auch die Gruppe der Benutzer. Wie in der Computerabteilung jedes Kaufhauses deutlich zu sehen, setzen sich die Interessenten nicht zuletzt aus Kindern und Jugendlichen zusammen. Hier wird ein Publikum angesprochen, das der neuen Technologie keine Hemmungen entgegensetzt, das der Faszination des Computers ohne Vorurteile (wenn man will: kritiklos) gegenübersteht. Stand der Rechner als Personal Computer quasi vor der Tür, so macht er nun als Home Computer den Schritt in den Haushalt – und sei es über den Umweg des Kinderzimmers.

An dieser Stelle setzt in Deutschland unvermeidlich ein pädagogisches Lamento ein, das seit der Popularisierung des Romans jedes neue Medium begleitet hat und nacheinander das Buch, den Film, das Fernsehen, das Videospiel und schließlich den Computer als Verderber der Jugend anklagt.[6] Computer werden hierbei zunächst als direkte Nachfolger der Videospiele betrachtet, die bekanntlich zu bewaffneten Tankstellenüberfällen und verfrühter sexueller Betätigung führen. Auf der anderen Seite dienen Computer zum Programmieren, einer extrem unkreativen Tätigkeit, die soziale Isolation, autistisches Verhalten und rapiden Sprachverfall hervorruft. Ergebnis dieser Kampagne ist vor allem eine dramatische Verzögerung des Informatikunterrichts an deutschen Schulen; die selbständige Auseinandersetzung der Jugend mit dem Medium Computer wird jedoch kaum tangiert, zumal die verwendeten Argumente in vielen Punkten an der Sache vorbeigehen. Schon für den Bereich der Video- und Computerspiele ist eine differenziertere Betrachtung erforderlich, die auch die spielstrategischen Aspekte einer solchen Beschäftigung erfaßt:

»Die gängige Diskussion über Videospiele, die von Analogien zum Fernsehen und zu Drogen ausgeht, ist reich an Bildern von Spielern, die in einer ›hirnlosen Abhängigkeit‹ befangen sind. Diese Beschreibung ist zu mindestens fünfzig Prozent falsch. Es ist nichts ›Hirnloses‹ daran, ein Videospiel zu meistern; die Spielstrategien sind schwierig. Und wer ein Spiel beherrscht, beginnt darüber nachzusinnen, wie sich die Strategien auf andere Spiele übertragen lassen. Videospiele regen ein ›Lernen, wie man lernt‹ an.«[7]

Um so mehr gilt die Forderung nach einer differenzierten Sichtweise für den Bereich des Programmierens. Es ist erstaunlich, daß eine Übung im Aufbau formallogischer Systeme (wie sie Programme darstellen) von eben denen beargwöhnt wird, die den Lateinunterricht zur Schulung logischen Denkens fordern. Zudem ist die Umsetzung unstrukturierter Alltagsprobleme in formalisierte Programmlösungen – ganz im Gegensatz zum Vorwurf der Unkreativität – ein Prozeß mit erheblichem kreativem Potential und zahlreichen individuellen Lösungen. Vorrangiges Ziel des Umgangs mit dem Home Computer ist die Beherrschung der Maschine selbst; Problemlösungen haben Vorrang vor der Anwendung. Der Rechner kommt diesem Anliegen durch seine inzwischen erheblich verbesserte Ausstattung entgegen, mit einem breit gestreuten Angebot an Fähigkeiten, vor allem guten Grafik- und Soundmöglichkeiten, nicht zuletzt aber durch die fest installierte Programmiersprache (fast immer BASIC), in der sich der Rechner beim Einschalten meldet. Der Home Computer fordert also zum Selbst-Programmieren auf, zur eigenhändigen Lösung eines Problems durch die Beherrschung der Maschine. So entstehen Programme zu den unterschiedlichsten Zwecken: vom einfachen Experiment über selbstprogrammierte Spiele bis hin zu komplexen Programmen, die Aufgaben kommerzieller Software erfüllen. Sind die Grenzen der Programmiersprache erreicht, so werden tiefer liegende Bereiche des Rechners genutzt. Vor allem hier, auf der Ebene von PEEK und POKE, der gezielten Veränderung von Speicherstellen, erreichen die Computerkids oft Dinge, die selbst den Herstellern der Rechner unerreichbar erschienen wären.

Gerade durch die Beherrschung des Home Computers bis an seine Grenzen werden diese Grenzen aber um so deutlicher, entpuppt sich die demonstrierte Leistungsfähigkeit als kaum einlösbares Versprechen. So fehlt es an der für die konkrete Nutzung erforderlichen externen Speicherkapazität, ein zweites Diskettenlaufwerk oder eine Festplatte sind serienmäßig meist nicht vorhanden und können nur aufwendig nachgerüstet werden. Mindestens ebenso störend ist das Fehlen deutscher Umlaute und Sonderzeichen auf vielen Tastaturen. Vor allem aber ist der intern verfügbare Speicherplatz durch die verwendeten 8-Bit-Prozessoren auf maximal 64 kByte beschränkt; Programm und Daten drängen sich also in einem Speicher, der gerade 30 Maschinenseiten Text fassen würde.

Etwa Mitte der 80er Jahre ist der klassische Home Computer ausgereizt, es werden Rechner verlangt, die eine praktische Nutzung ermöglichen. Für kurze Zeit erscheinen nun erweiterte Home Computer, die – trotz beibehaltenen 8-Bit-Prozessors – durch Umschalten zwischen zwei Speicherblöcken den verfügbaren Speicherplatz verdoppeln und so den Betrieb von vereinfachter Standardsoftware ermöglichen. Vor allem aber erlebt der Apple II, einer der ersten Personal Computer, seine zweite Blüte – zumeist in Form fernöstlicher Billignachbauten. Dieser Rechner ist zwar von der Ausstattung her längst überholt; durch seine interne Erweiterbarkeit mit Hilfe von Steckkarten kann er jedoch leichter als die fest konfigurierten Home Computer an die Erfordernisse einer konkreten Nutzung angepaßt werden. Nach dieser Übergangsperiode erfolgt jedoch auf breiter Front der Wechsel zu Computern mit 16-Bit- (oder sogar 32-Bit-)Prozessoren. Durch diese dramatische Leistungssteigerung – sichtbar zum Beispiel an der Verzehnfachung der Speicherkapazität – wird die Unterscheidung zwischen den Computergattungen undeutlich, der Begriff Home Computer verschwindet. Gleichzeitig ergibt sich eine deutliche Vereinheitlichung des Marktangebotes durch die Anpassung an den inzwischen etablierten »Industriestandard« des IBM-PC; statt zahlreicher konkurrierender Computersysteme sind nur noch eine Handvoll eigenständiger Modelle und die große Familie der IBM-kompatiblen Computer erhältlich.

Mitte der 80er Jahre hat der Personal Computer also seinen komplizierten Umweg auf die privaten Arbeitstische hinter sich gebracht; in den Büros ist er als Arbeitsmittel ohnehin schon längst heimisch. Die Berührungsängste gegenüber dem Computer sind durch die dauernde Berührung mit dem allgegenwärtigen Gerät abgestumpft; die Diskussion über mögliche Gefahren ist zwar kaum weitergekommen, aber aus eben diesem Grund matt geworden; zudem ist der potentielle Nutzen des Rechners – notfalls anhand des Home Computers im Kinderzimmer – hinreichend demonstriert. Der Personal Computer kann also gekauft werden, und er wird gekauft, um konkret genutzt zu werden.

In der folgenden Zeit – das schließt die Gegenwart mit ein – werden Vorzüge und Gefahren des Umgangs mit Computern weniger diskutiert, als vielmehr erlebt: Die Realität der zweiten Hälfte der 80er wird vom Computer wesentlich mitgeprägt.

Eine Schlüsselrolle bei der Verbreitung und Nutzung von Personal Computern fällt der Textverarbeitung zu; entsprechend können an dieser Stelle auch die ersten konkreten Auswirkungen – seien sie positiv oder negativ – erwartet werden. Schon im ersten Zugriff, buchstäblich an der Oberfläche der Texte, zeigen sich hier deutliche, der elektronischen Verarbeitung zuzuschreibende Veränderungen. Das Endprodukt der Textverarbeitung, der ausgedruckte Text, ist mit den herkömmlichen Kategorien von Original und Vervielfältigung, von Manuskript oder gedrucktem Text kaum mehr zu erfassen; es steht zwischen beiden Kategorien. Das bisher übliche Manu- beziehungsweise Typoskript mit seinen Streichungen und Überklebungen, mit seinen Strömen von Tipp-Ex und all den anderen Unsauberheiten der manuellen Verfertigung verlagert sich in den Rechner; der Text im Zustand seiner Erstellung wird zum virtuellen Objekt. Was letztendlich auf dem Drucker ausgegeben wird, ist das Produkt eines komplexen und zum größten Teil automatischen Layoutprozesses, der die Möglichkeiten des Typoskripts bei weitem überschreitet, steht also dem gedruckten Text näher als dem Manuskript. Dies gilt schon für Seminararbeiten, die mit Hilfe bezahlbarer Hard- und Software produziert werden können; bei Verwendung aufwendigerer Systeme wie DTP-Programmen und Laserdruckern verschwindet die Distanz zum Druckwerk vollständig – das ausgedruckte Manuskript dient, einschließlich eingescannter Abbildungen, als Vorlage für die Reprografie. Das Auftauchen optisch perfekter Typoskripte sorgt für eine rasche Verschiebung der Maßstäbe. Erschien ein computerverarbeiteter Text noch vor wenigen Jahren als überragende Ausnahme (und wurde mit dem entsprechenden Bonus aufgenommen), so gilt er heute als Standard. An den Universitäten akzeptieren einige Institute inzwischen nur noch Computertexte, das Typoskript gilt dort – wie bisher schon der handschriftliche Text – als unzureichend. Überall dort, wo Texte als Typoskripte eingereicht werden oder wo Typoskripte als Druckvorlagen dienen – von den Universitäten bis zu den Verlagen, von der Schülerzeitung bis zum technischen Handbuch –, entsteht also ein massiver Anpassungsdruck, der die elektronische Textverarbeitung allein schon wegen ihrer Layoutmöglichkeiten zum Standard für jeden Textverfasser macht.

Wesentlicher jedoch als das verbesserte Textlayout sind die veränderten Bedingungen für den Vorgang der Textproduktion selbst; Veränderungen also, die sich nicht nur auf der Textoberfläche, sondern in der Struktur der Texte niederschlagen. Werden Texte mit Hilfe eines Computers erstellt, so stellt sich schnell heraus, daß es wenig Sinn ergibt, den Rechner nur als komfortablere Schreibmaschine zu benutzen – den Text also weiterhin mit Kugelschreiber und Papier zu entwickeln und erst als fertiges Manuskript in den Rechner einzugeben. Zwar können auf diese Weise die Möglichkeiten des Computerlayouts genutzt werden, ein Zeitgewinn gegenüber der herkömmlichen Arbeitsweise mit Manuskript und Schreibmaschine entsteht jedoch nicht. Vor allem aber werden die eigentlichen Fähigkeiten der Textsysteme zur Bearbeitung und Umgestaltung des Textes nicht genutzt – Fähigkeiten, die das Schreiben am Rechner erst sinnvoll machen. Textverarbeitung wird also in aller Regel Texterstellung im Rechner bedeuten: Der Text wird, vielleicht auf der Grundlage einiger handschriftlicher Skizzen, direkt in den Computer eingegeben; er entsteht auf dem Bildschirm und wird dort bearbeitet. Damit aber werden die Entstehungsbedingungen des Textes erheblich von den Möglichkeiten und Grenzen des Textsystems beeinflußt. Die grundlegendste Veränderung ist hierbei die Befreiung von der Fron des mechanischen Abschreibens. Jeder Satz wird nur noch einmal eingegeben und durchläuft nicht mehr die Stufen des Rohmanuskripts, des Übertragens aus diesem inzwischen mehrfach durchgestrichenen und überklebten Produkt in eine les- und überschaubare Zwischenfassung und schließlich des Abschreibens mit der Maschine. Da beim direkten Formulieren in die Tastatur die Schreibgeschwindigkeit selbst ungeübter Schreiber meist über der Denkgeschwindigkeit liegt, wird die Tipparbeit zur vernachlässigbaren Größe. Einmal eingegeben, steht ein Text der mühelosen Bearbeitung zur Verfügung. Von der Fehlerkorrektur über das Ausbügeln stilistischer Mängel bis hin zum Verschieben oder Einfügen ganzer Absätze ist jede Veränderung des schwerelos gewordenen Textes möglich; mit der mechanischen Arbeit entfällt auch die – nicht zu unterschätzende – Hemmschwelle, einen passabel wirkenden Text kleiner Änderungen wegen noch einmal aufzubrechen. Unterstützt wird die Tendenz zur andauernden Textoptimierung noch durch das stets druckreife Erscheinungsbild des Textes auf dem Bildschirm. Denkfehler, stilistische oder strukturelle Mängel, die in den Palimpsesten der handschriftlichen Korrektur oft übersehen werden, fallen bei der Textverarbeitung rascher ins Auge; die optische Perfektion des Textes zieht die inhaltliche Qualität nach.

Was für das verbesserte Layout computerverarbeiteter Texte gilt, zeigt sich also auch auf der inhaltlichen Ebene; durch die elektronische Verarbeitung wird die Perfektionierung von Texten erheblich erleichtert, werden Texte zumindest tendentiell sorgfältiger formuliert und klarer strukturiert. Bei oberflächlicher Betrachtung scheint die elektronische Textverarbeitung also nur Vorteile zu bieten; hierfür spricht auch die Tatsache, daß sich von der Sekretärin bis zum Schriftsteller nur wenige Nutzer negativ über diesen Zweig der Datenverarbeitung äußern.

Dennoch bringt die Arbeit mit Textsystemen auch negative Veränderungen der Arbeitsbedingungen mit sich. Zunächst ist hier der Umstand zu nennen, daß Textsysteme zwar meist für eine Vielzahl von Anwendungen geeignet sind, gerade durch diese allgemeine Ausrichtung aber wiederum einzelne, nur gelegentlich benötigte Funktionen nicht besitzen. Was aber nicht vorgesehen ist oder vom verwendeten Drucker nicht unterstützt wird – sei es die Verwaltung von Fußnoten, das Anbringen von Indizes oder der Aufbau mathematischer Formeln –, das ist in aller Regel auf keine Weise zu bewerkstelligen. Hier bleibt also nur die reumütige Rückkehr zur Schreibmaschine, das teure und zeitintensive Wechseln des Textsystems oder der – weitaus wahrscheinlichere – Verzicht auf die gewünschte Funktion. Wesentlicher als die Beschränkungen des jeweils verwendeten Textsystems sind jedoch die unvermeidlichen Auswirkungen der bildschirmgebundenen Textdarstellung. Von einem längeren Text sind in der Regel auf dem Bildschirm nur 25 Zeilen zu sehen; um vorhergehende oder folgende Passagen zu lesen, muß im Text »gescrollt« werden. Schon der Terminus zeigt hierbei die Veränderung der Textgestalt an – im Computer liegt der Text nicht mehr blattweise, sondern quasi in der anachronistischen Form einer Textrolle vor, von der durch Vor- oder Zurückrollen jeweils nur ein kleiner Abschnitt sichtbar wird. Hierdurch wird aber die oben beschriebene Übersichtlichkeit des Textes deutlich relativiert. Zwar wird eine störende Wortwiederholung innerhalb eines Textfensters spontan erkannt, jenseits des Bildschirmrandes taucht sie jedoch unbemerkt unter und wird erst durch eine Verschiebung des Ausschnittes sichtbar. Verstärkt gilt dies für die unbeabsichtigte Wiederholung von Gedankengängen, die schon im Abstand einer Druckseite mit drei oder mehr Bildschirmfenstern unerreichbar weit voneinander entfernt liegen. Gerade bei langen oder über einen längeren Zeitraum bearbeiteten Texten gerät zudem die gesamte Textstruktur in Gefahr; Änderungen von Meinung und Konzept können sich unbemerkt einschleichen und die Stringenz des Textes stören.

Durch die Textentwicklung im Rechner nähert sich das Schreiben dem Programmiervorgang an; Verfahrensweisen und Strukturen, die sich bei der Programmerstellung als sinnvoll erwiesen haben, prägen auch das Schreiben am Bildschirm. Dies gilt zunächst für das lineare Erstellen des Produkts. Programm wie Text entstehen »top down«, geradeaus fortschreitend von der ersten zur letzten Zeile – die naheliegendste Methode zur Erstellung einer Textrolle. Eine parallele Verarbeitung einzelner Teilbereiche ist zwar denkbar, das System setzt diesem schlechten Programmierstil aber subtile Widerstände entgegen. Begünstigt wird dagegen die Gliederung in kompakte Funktionsblöcke – Unterprogramme oder Kapitel –, die überschaubar und daher im vorgegebenen Sehwinkel des Systems optimierbar sind. Gesamtstrukturen ergeben sich dann durch die Kombination solcher monolithischer Blöcke, die – selbst nicht mehr in Frage gestellt – mit Hilfe der zahlreichen Blockfunktionen verschoben und rekombiniert, gegebenenfalls auch vervielfacht werden können.

Die veränderten Arbeitsbedingungen bei der rechnergestützten Produktion von Texten und ihre Auswirkungen in den Texten selbst können also nicht unter dem simplifizierenden Etikett einer generellen Verbesserung oder Verschlechterung dargestellt werden. Was sich vielmehr zeigt, ist ein subtiler Anpassungsdruck an die Eigenarten des neuen Arbeitsmittels; deutliche Erleichterungen bestimmter Arbeitsvorgänge, denen wiederum unerwartet mühselige Prozeduren an anderer Stelle gegenüberstehen. Auf dem Weg des geringsten Widerstandes ergibt sich so eine Verschiebung des Blickwinkels auf den entstehenden Text, bei dem der Annäherung an den einzelnen Textblock eine Entfernung vom Textganzen gegenübersteht, bei der im negativen Extrem eine verwirrende und wiederholungsreiche Fülle brillant formulierter Einzelblöcke begünstigt wird.

Weit weniger verbreitet als der Gebrauch von Textsystemen ist die Nutzung von Datenbanken, wie sie über Telefon- oder Datexleitungen von jedem Personal Computer aus möglich ist. Angesichts der Informationsflut der heutigen Wissenschaft wird eine zunehmende Nutzung solcher Hilfsmittel aber schon aus quantitativen Gründen unvermeidlich. Allein die bibliographischen Angaben der *Chemical Abstracts* sind von ursprünglich zwei Bändchen auf ein Volumen von mehreren

Metern pro Jahr angewachsen; COMPENDEX, eine der zahllosen technischen Datenbanken, bietet auf die unvorsichtig gestellte Frage nach dem Begriff Licht gut 60 000 Artikel an. Vor dem Hintergrund solcher Informationsmengen tritt häufig die Erarbeitung neuer Problemlösungen hinter das Problem zurück, bereits vorhandene Lösungen aufzufinden. Datenbanken können hier eine spürbare Erleichterung schaffen, Literaturrecherchen von den Grenzen des Machbaren in die Ebene der Alltagsroutine zurückholen. Die vertraute eindimensionale Suche unter einem einzigen Suchkriterium, sei es der Autor oder ein Stichwort, wird durch den Computer allerdings nur quantitativ verbessert; was mit dem Karteikasten möglich, aber zeitaufwendig ist, wird vom Rechner schneller und müheloser, aber nicht anders erledigt. Eine qualitative Veränderung der Arbeitsbedingungen ergibt sich erst durch komplexere Zugriffsarten, durch die Möglichkeit, auch nach Nebenaspekten eines Textes oder nach beliebigen Kriterienverknüpfungen zu suchen. Hier sind die Grenzen des Karteikastens überschritten, der Computer übernimmt mit der Vorauswahl – sprich Bewertung – der Texte einen deutlichen Teil ursprünglich menschlicher Leistung.

Die Benutzung von Datenbanken muß sich aber nicht allein auf das inzwischen übliche Durchforsten der Fülle technischer Zeitschriftenartikel beschränken. Auch in den Geisteswissenschaften und nicht zuletzt jenseits der Katalogisierung von Texten können Datenbanken sinnvoll genutzt werden; vielleicht zeigen sich gerade hier die Veränderungen der wissenschaftlichen Arbeitsbedingungen besonders deutlich. Als Beispiel für die Möglichkeiten und Probleme solcher Datenbanken sollen kunsthistorische Datensammlungen dienen, mit denen seit einiger Zeit versucht wird, die Beschaffung von Informationen über die nahezu unüberschaubare Fülle von Kunstwerken zu erleichtern.

Auch hier kann die Nutzung von Datenbanken zunächst eine quantitative Verbesserung bringen; das Auffinden von Kunstwerken zum Beispiel eines Künstlers, wie es auch auf herkömmliche Weise durch die Benutzung von Künstlermonographien möglich ist, wird durch den Computer erheblich vereinfacht und beschleunigt. Erste qualitative Veränderungen ergeben sich durch die Erfassung einer Vielzahl von allgemeinen Informationen zu jedem Kunstwerk, die auch differenziertere Fragestellungen ermöglichen:

»The information entered will be organised under a number of headings or fields. These will be quite straightforward categories such as Artist's name, National School and Dates, title of Work, Date, Size, Location, Provenance and so on. [...] All this material will be searchable under different headings and fields. This will be available on line and the sorting available should enable such questions to be asked as: ›What Italian paintings, 1550–1600 were in British Private Collections in the period 1800–1850?‹«[8]

Ein bedeutsamerer qualitativer Sprung ergibt sich allerdings durch die Erweiterung der Datensammlung um die Erfassung inhaltlicher Kategorien.

War bisher jede ikonographische Arbeit ein außerordentlich mühsames Projekt, bei dem das zugrundegelegte Bildmaterial immer wieder von Grund auf neu in den Museen oder deren Bestandskatalogen zusammengetragen werden mußte, so stellt diese Suche bei Zuhilfenahme entsprechender Datenbanken kein Problem mehr dar. Zeit, die bisher auf die fehlerträchtige Fleißarbeit der Materialbeschaffung verschwendet wurde, kann der inhaltlichen Analyse gewidmet werden; an die Stelle isolierter Analysen kann die systematische Untersuchung umfassender ikonographischer Gebiete treten.

Je mehr Vorarbeiten vom Computer erledigt werden, um so stärker wird aber auch die Abhängigkeit des Nutzers von den vorgegebenen Strukturen der Datenbank. Probleme können hier schon bei der Kategorisierung von Fakten wie Künstlername oder Entstehungszeit auftreten; grundlegend werden die Schwierigkeiten aber bei jeder Klassifikation, die, wie die Benennung von Bildmotiven, eine Deutung des Bildinhalts voraussetzt. Jede Materialauswahl des Rechners – und damit die Arbeitsgrundlage jedes Nutzers – fußt auf den Strukturen der Datenbank, auf den theoretischen Prämissen, die diesen Strukturen zugrundeliegen. Ebenso, wie eine von der Datenbank vorgesehene Fragestellung erleichtert wird, wird eine nicht vorgesehene Frage erschwert; Informationen, die nicht in das Kategoriensystem des Datenbankbetreibers passen, bleiben dauerhaft verschollen, Fragen außerhalb des vorgesehenen Horizonts sind nicht stellbar. Da sich inzwischen weitgehend verbindliche Standards der Bildklassifikation herausbilden[9], entsteht so ein Datenmonopol, dessen Strukturen die weitere Entwicklung der Forschung entscheidend prägen. Verschärft wird diese Problematik dadurch, daß Datenbanken nicht nur potentiell unvollständig, sondern auch statisch sind und so die historische Entwicklung der Wissenschaft nicht erfassen:

»Moreover, it would be fatal to believe the only job of Art History would be to classify objects ›correctly‹. The belief that everything can be denoted unequivocally is the result of an a-historic method. We do not stand outside of history, and neither does language. A separation of language from its historic dimensions and ambiguities is not possible. Parallel to art, Art History itself develops: there are texts from various periods which deal with objects. These texts present different views and theses: the description of paintings. This field seems fundamentally out of reach of any mode of classification.«[10]

Mit den Kategoriensystemen der Datenbanken wird also günstigstenfalls der Erkenntnishorizont der Gegenwart festgeschrieben. So wie wir aber inzwischen gelernt haben, neben den heroischen Taten im Vordergrund der Bilder auch das Alltagsgeschehen im Hintergrund zu beachten, sollten wir die Strukturen unserer Datenspeicher auch für zukünftige Veränderungen des wissenschaftlichen Horizonts offenhalten.[11]

Sowohl bei der Textverarbeitung wie bei der Nutzung von Datenbanken zeigt es sich, daß durch die Verwendung von Computern qualitative Veränderungen der Arbeitsbedingungen erreicht werden, die sich nicht zuletzt in erheblichen Leistungssteigerungen ausdrücken. Dies setzt jedoch das Einlassen auf die Eigenarten der Maschine voraus. Bei der Textverarbeitung beschränkt sich dies noch auf die Anpassung an die veränderte Textgestalt im Rechner, bei der kunsthistorischen Datenverarbeitung wird schon das Einfrieren einer schematisierten Version des gegenwärtigen Forschungshorizonts durch die Strukturen der Datenbank in Kauf genommen.

Entgegen dem Mythos vom bloßen Rechenknecht – einer Maschine, deren einziges Talent darin besteht, unerhört schnell bis zwei zählen zu können – beschränken sich die Fähigkeiten des Computers nicht auf die mechanische Bewältigung von Datenbergen; seine Möglichkeiten liegen nicht zuletzt in der Verarbeitung logischer Strukturen. Computer werden dementsprechend immer weitgehender in Problemlösungsprozesse einbezogen, übernehmen zunehmend Analysen und Entscheidungen, die bisher ausschließlich Menschen vorbehalten waren. Endpunkt dieser Entwicklung sind Programme, die einen Entscheidungsprozeß selbständig und vollständig bis zum Ende durchführen, zum Beispiel Expertensysteme, die eine medizinische Diagnose liefern oder den Ort für eine Ölbohrung vorschlagen – von den Rechnern militärischer Raketen, die weit hinter dem Radarhorizont ihrer Abschußorte Freund und Feind zu unterscheiden versuchen, ganz zu schweigen. Computer, die in der Lage sein sollen, weitgehend auf sich selbst gestellt Probleme zu lösen, erfordern aber einen neuen Typus von Programmen. Reichte es bisher aus, fest programmierte Lösungsstrategien zu formulieren, mit denen ein eng begrenztes und exakt definiertes Problem auf Grund vorhersehbarer und formalisiert dargestellter Eingaben gelöst werden kann, so muß der Programmierer den Computer nun auf die Konfrontation mit der realen Welt vorbereiten. Benötigt werden hierzu Programme, die fähig sind, intelligente Leistungen zu vollbringen.

Einerseits sind dies Programme, die in der Lage sind, Problemlösungsstrategien selbst zu entwickeln oder zumindest bekannte Strategien zu modifizieren, andererseits wird die Fähigkeit verlangt, frei oder unscharf formulierte Informationen selbständig zu formalisieren – letztlich die Fähigkeit, relevante Informationen aus der unstrukturierten Datenfülle der Realität herauszufiltern.

Mit der wachsenden Verbreitung immer leistungsfähigerer Computer stellt sich also die Frage nach der künstlichen Intelligenz neu. Ging es bisher vor allem um die Entwicklung von Grundlagen und die Erarbeitung begrenzter Lösungen – Versuchsprogramme zur Mustererkennung, zur automatischen Übersetzung von Fremdsprachen oder zur Entwicklung mathematischer Theoreme –, so besteht nun eine deutliche Nachfrage nach konkret nutzbaren Programmen. Für überschaubare Systeme, z. B. das Erkennen und gezielte Bearbeiten einer definierten Anzahl von Werkstücken, ist eine solche Forderung inzwischen ohne grundlegende Probleme zu erfüllen. Je weiter sich die Anforderungen aber dem eigentlichen Aufgabengebiet der künstlichen Intelligenz nähern, der Auseinandersetzung mit Alltagswissen und natürlicher Sprache, mit der unbegrenzten Informations- und Problemflut der Realität, um so geringer werden die erreichten Fortschritte. Längst ist zwar die Stufe erreicht, auf der Programme intelligent erscheinen, schon Uraltprogramme wie ELIZA[12] wirkten geradezu menschlich; gerade an diesem Beispiel läßt sich jedoch deutlich zeigen, wie weit ein intelligent wirkendes Programm von wirklicher künstlicher Intelligenz entfernt sein kann.

Bei der Bewertung dieses Dilemmas stehen sich Befürworter und Kritiker seit über 20 Jahren in unveränderten Positionen gegenüber. Zwar werden die Mängel gegenwärtiger Systeme von den Programmentwicklern zugegeben, der endgültige Durchbruch zur künstlichen Intelligenz wird aber für die nächste Zukunft – abhängig von der Entwicklung der jeweils nächsten Rechnergeneration – prognostiziert. Demgegenüber leugnen die Gegner kategorisch jeden grundlegenden Fortschritt auf dem Weg zur künstlichen Intelligenz:

»Als Ergebnis einer Reihe von Fortschritten in der künstlichen Intelligenz, der Informatik und Mikroelektronik stehen wir heute am Beginn einer neuen Generation von Computertechnologie mit unvorhersehbaren Möglichkeiten. [...] Anstatt beispielsweise einfache Fernlenkgeschosse oder ferngesteuerte bemannte Flugmaschinen ins Feld zu führen, können wir vollkommen autonome Land-, Wasser- und Luftfahrzeuge starten, die zu einer umfassenden und weitreichenden Aufklärung fähig wären und Angriffsaufgaben übernehmen könnten.«[13]

»Ungeachtet dessen, was man in Magazinen und Zeitungen liest oder was amerikanische Kongreßabgeordnete, die für SDI gestimmt haben, den US-Bürgern erzählen, haben 25 Jahre der Erforschung von Künstlicher Intelligenz kaum irgendwelche der gemachten Versprechungen erfüllt; und es gibt auch keine Anzeichen dafür, daß es jemals dazu kommt.«[14]

Neben der Unvereinbarkeit der Positionen wird hier deutlich, wer vorrangig an der künstlichen Intelligenz interessiert ist und die entsprechende Forschung subventioniert. Intelligente, selbständig agierende Systeme sind in gefährlichen Umgebungen von Nutzen; unverzichtbar werden sie in Situationen, die eine fast augenblickliche Analyse großer Datenmengen erfordern. Beides aber trifft nicht zuletzt auf militärische Anwendungen zu.

Ungeachtet ihrer umstrittenen Leistungsfähigkeit werden »intelligente« Programme inzwischen bei außerordentlich sensitiven Aufgaben eingesetzt. Im öffentlichen Bewußtsein wird dies meist erst dann wahrgenommen, wenn durch Fehlleistungen dieser Systeme Schaden droht oder bereits eingetreten ist. Neben der allgegenwärtigen Atomkriegsdrohung durch Computerfehler sind hier in der jüngeren Vergangenheit vor allem der Abschuß eines iranischen Verkehrsflugzeuges durch den Kampfcomputer der Vincennes sowie die Anheizung des Börsencrash vom Oktober 1987 durch den computerisierten Programmhandel in Erinnerung.

Während die zwar wenig fundierte, aber engagierte Diskussion der frühen 80er in der Euphorie der Computernutzung versandet, während gerade die Frage nach der Möglichkeit künstlicher Intelligenz durch ein grundlagentheoretisches Patt blockiert ist, werden in der Realität vollendete Tatsachen geschaffen. Die Machbarkeit künstlicher Intelligenz hat sich von einer Akademiefrage zum politischen Dogma entwickelt, dessen Unbestreitbarkeit vom Forschungsminister verkündet wird; der Bedarf nach intelligenten Programmen sorgt über alle Zweifel hinweg für deren Entwicklung und Einsatz.[15]

Wie jede andere Hochtechnologie, sei sie atomar, chemisch oder biologisch, besitzt auch die Computertechnik ein katastrophenträchtiges Risikopotential. Auch hier stellt sich die Frage, ob alles technisch Machbare weiterhin zugelassen werden darf, entsteht Bedarf nach einer Kontrolle der technischen Evolution. Der mikroelektronische Fortschritt des vergangenen Jahrzehnts bringt nicht nur die inzwischen vertraut gewordenen Auswirkungen des allgegenwärtigen Computers – von den Freuden der erleichterten Verarbeitung zum Beispiel dieses Textes bis hin zur Sorge um wegrationalisierte Arbeitsplätze und die wuchernden Datennetze der Verwaltungen –, er konfrontiert uns auch mit der Frage, wieviel Verantwortung wir zukünftig an die Maschine abtreten wollen.

Anmerkungen

1 Eine Ausnahme ist der Bereich der Science-fiction, in dem Computer, Roboter und Fragen der künstlichen Intelligenz schon längst detailliert behandelt werden – von Isaac Asimovs *Drei Gesetzen der Robotik* bis hin zur Problematik rebellierender Computer in den Filmen *2001 Odyssee im Weltraum* oder *Dark Star*. Thema der Auseinandersetzung sind allerdings nicht die Computer der Gegenwart, sondern die perfekten Maschinen der Zukunft.

2 Helmut Schiro und Reinhard Herzog: *Wie sag ich's dem Computer? Eine Einführung in die wichtigsten Programmiersprachen mit praktischen Anwendungsbeispielen.* München 1970, S. 15.

3 Auf den ersten Blick scheint diese Reaktion naheliegend, andererseits zeigt sich im Ursprungsland des Personal Computers ein entgegengesetztes Bild. Daß sich die »Hacker«, jugendliche Computervirtuosen und -pioniere, als

alternative Gruppe verstehen, ist (wie der Hamburger Chaos Computer Club zeigt) inzwischen auch in Deutschland möglich. In den USA werden diese Gruppen aber auch von der alternativen Bewegung als willkommene Mitglieder akzeptiert. Die neuen Technologien werden nicht nur als Feindbild, sondern auch als Chance begriffen; der Technikgebrauch soll von ökonomischen Interessen gelöst und in den Dienst einer humaneren Gesellschaft gestellt werden:

»No other group that I know has set out to liberate a technology and succeeded. They not only did so against the active distinterest of corporate America, their success forced corporate America to adopt their style in the end. In reorganizing the Information Age around the Individual, via personal computers, the hackers may well have saved the American Economy. [...] The quietest of all the '60s subcultures has emerged as the most innovative and most powerful – and most suspicious of power. (Stewart Brand: »Keep Designing. How the Information Economy is being Created and Shaped by the Hacker Ethic«, in: Chaos Computer Club (Hrsg.): *Die Hackerbibel.* Teil 1. Löhrbach 1985, S. 23.)

4 Sherry Turkle: *Die Wunschmaschine. Der Computer als zweites Ich.* Reinbek bei Hamburg 1986.

5 Ebd., S. 14.

6 Die USA fallen mit dem Trend zur Computer-Frühsterziehung allerdings in das entgegengesetzte Extrem – Eltern glauben, pädagogisch unverantwortlich zu handeln, wenn sie ihre Kinder nicht möglichst früh mit dem Rechner konfrontieren:

»Manche eifrigen Eltern zeigen schon ihren Sechsmonatigen Karten mit Computerwörtern wie RAM, ROM oder CPU, und einige versuchen, ihren Sprößlingen das Programmieren in BASIC oder LOGO beizubringen – bevor sie laufen können. (Vor kurzem zeigte ein Cartoon ein Kleinkind und seine Mutter beim Streiten: ›Ein für allemal, Opus‹, sagte die Mutter, ›du kriegst keinen Computer, bevor du nicht aufs Töpfchen gehst.‹)« (Fred D'Ignazio: »Babies im Mikroland«, in: Steven Ditlea (Hrsg.): *Die Traummaschine.* Köln 1985, S. 311.)

7 Ebd., S. 78.

8 John Sunderland: »The Witt Library Getty Project«, in: *Art Libraries Journal,* Sommer 1983, S. 28f.

9 Für die Klassifizierung von Bildmotiven kann inzwischen das Iconclass-System als Standard betrachtet werden, das in Leyden von Henry van de Waal und L.D. Couprie entwickelt worden ist. Iconclass versucht, jedes denkbare Motiv in einem umfassenden hierarchischen System durch eine vielstellige Codenummer zu erfassen.

10 Heinz-Herbert Mann: »The Midas Touch? The Assetts of Full-Text Retrieval Systems in Art-History«, in: *Literary and Linguistic Computing* 4, Nr. 2, 1989, S. 142.

11 Mann schlägt zur Dynamisierung der Datenbanken die Aufnahme vollständiger Texte vor. In einer Volltextdatenbank würde eine Klassifizierung also in ihrem historischen Kontext erscheinen, jede historische Entwicklung

könnte durch Aufnahme neuer Texte berücksichtigt werden. (Vgl. Mann: »The Midas Touch?«, a. a. O.) Weiter gefördert werden könnte eine permanente Anpassung an den Forschungsstand durch den Aufbau interaktiver Strukturen, durch die Möglichkeit der Ablage von Kommentaren in einer korrespondierenden Mailbox, die gegebenenfalls zu einer Erweiterung oder Korrektur des Haupteintrags durch den Datenbankbetreiber führt.

12 ELIZA, in den Anfängen der künstlichen Intelligenz von Joseph Weizenbaum entwickelt, simuliert sehr erfolgreich einen nondirektiven Psychotherapeuten. Das Programm antwortet auf jeden eingegebenen Satz mit einer weiterführenden Frage oder einer Bitte um nähere Erläuterungen (»I want to talk about computers« – »Are you worried about Computers?«/»They make me mad« – »Why do they make you mad?«). Das scheinbar intelligente Verhalten des Rechners beruht auf einem simplen Mechanismus: Jede Eingabe wird nach Schlüsselbegriffen durchforstet, die entsprechende Antwortsätze nach sich ziehen. Findet sich kein Schlüsselbegriff, so wird die Eingabe in eine Frage umgeformt.

13 *Strategic Computing, New Generation Computing Technology: A Strategic Plan for its Development and Application to Critical Problems in Defense. Defense Advanced Research Projects Agency,* 28. 10. 1983, S. 1. Zit. nach: Hubert L. Dreyfus und Stuart E. Dreyfus: *Künstliche Intelligenz. Von den Grenzen der Denkmaschine und dem Wert der Intuition.* Reinbek bei Hamburg 1987, S. 9.

14 Dreyfus und Dreyfus: *Künstliche Intelligenz,* a. a. O. S. 11.

15 C. A. R. Hoare, einer der prominentesten Entwickler von Programmiersprachen, äußert sich folgendermaßen zu ADA, einer vom amerikanischen Verteidigungsministerium in Auftrag gegebenen Sprache:

»Im Sinne eines letzten Auswegs appelliere ich an Sie als Vertreter des Berufsstandes der Programmierer in den USA und als Bürger, denen es um das Wohlergehen und die Sicherheit des eigenen Landes und der Menschheit geht: Lassen Sie es nicht zu, daß diese Sprache in ihrem jetzigen Zustand in Anwendungsfällen benutzt wird, wo ihre Zuverlässigkeit entscheidend ist, d. h. in Atomkraftwerken, Cruise Missiles, Frühwarnsystemen und ballistischen Raketenabwehrsystemen.« (C. A. R. Hoare: »Der neue Turmbau zu Babel«, in: *Kursbuch 75. Computerkultur,* März 1984, S. 73.)

Auf dem Weg zur totalen Mediengesellschaft
Kleiner Überblick über Daten, Zahlen, Trends der 80er Jahre
Mit Exkursen zu *Delta der Venus, Blue Velvet* und *Alf*

Werner Faulstich

Ein Überblick über die Entwicklung der Medien im vergangenen Jahrzehnt[1] wird gleich durch mehrere Faktoren erschwert – durch die quantitative Vielfalt der Medien, die sich just im fraglichen Zeitraum noch markant gesteigert hat, dann durch die qualitative Differenziertheit der jeweiligen Themen und Probleme und schließlich auch durch den Mangel an einer etablierten Medienwissenschaft. Völlig unterschiedliche Fachwissenschaften wie Publizistik, Soziologie, Psychologie oder »Medienwissenschaft«[2] widmen sich mit teils ganz verschiedenen und sogar konträren Frageperspektiven und Methoden je eigenen Problemfeldern und Bereichen, die häufig wiederum relativ rigide voneinander abgeschottet werden. Zwei naheliegende Fallen sollen im folgenden gleichwohl möglichst vermieden werden: sich auf einer allgemeinen Ebene pauschalen Vorurteilen und subjektiven Eindrücken über »die« Medien in den 80er Jahren vorschnell anzuschließen beziehungsweise sich auf eine singuläre Einzelmedienebene zu beschränken, die in ihrer Konkretheit und fachwissenschaftlichen Vertrautheit zwar leichter überschaubar erscheint, aber das Gesamtbild doch nicht vermitteln kann. Statt dessen wird eine »mittlere« Ebene angestrebt, wie sie in den diversen Forschungsarbeiten bislang kaum angemessen berücksichtigt wird, was wiederum mit dem derzeitigen Entwicklungsstand der höchst divergierenden Medienforschung zusammenhängt.[3]

Die folgenden quantitativen Angaben bieten – im Sinne eines Streifzugs – nur eine subjektive Auswahl. Gleichwohl sind Zahlen zum Medienbereich auch generell höchst heterogen, nicht immer gesichert und erstaunlich lückenhaft. Sie basieren hier auf einer intensiven Literaturrecherche und wurden nicht etwa selbst neu erhoben.[4] Daß dabei bestimmte Zahlenangaben fehlen, liegt nicht nur an der subjektiven

Auswahl und an dem Tatbestand, daß zum jetzigen Zeitpunkt die Berechnungen für die ausgehenden 80er Jahre einfach noch nicht vorliegen (können), sondern signalisiert oft eine besondere Sensibilität des entsprechenden Bereichs; daß selbst globale kommerzielle oder politisch mißliebige Marktforschungsdaten zurückgehalten werden, ist auch und gerade heute keine Seltenheit. Wenn Zahlen nicht publiziert sind, heißt das längst nicht, daß sie auch nicht existieren; oft allerdings indiziert ihr Fehlen auch einfach fehlendes Interesse, etwa an kulturell wichtigen, aber wirtschaftlich irrelevanten Fragen.[5]

Daher muß man sich stets bewußt sein, daß die Abstraktheit der strukturellen Daten und Zahlen die ungeheure Vielfalt der verschiedenen Medienwerke und Produkte und ihrer Formen und Inhalte, wie sie uns eigentlich erst sichtbar und erfahrbar werden, zwangsläufig unterschlägt. Um gleichwohl die den Medien unabdingbar zugehörige Sinnlichkeit und Faszination – zumindest punktuell und als Desiderat – präsent zu halten, werden die Ausführungen durch kleine Exkurse aufgelockert und ergänzt: exemplarisch zunächst zum *Delta der Venus* von Anaïs Nin als einem charakteristischen Phänomen des Buchmarkts zum Beginn der 80er Jahre, sodann zum Film *Blue Velvet* (1986) von David Lynch als einem repräsentativen Kinospielfilm des Jahrzehnts und schließlich zum multimedialen Produktverbund am Beispiel von *Alf* im Hinblick auf das Medium Fernsehen und seine internationalen und intermedialen Verflechtungen zum Ende der 80er Jahre. Weitere Exkurse etwa zu herausragenden Theaterinszenierungen oder Premieren, zu Rockwerken oder Popschallplatten, zu Hörspielen, Comics, Videos und so fort waren im Rahmen des gegebenen Umfangs nicht möglich.

1. Brennpunkte der 80er Jahre

Begonnen sei mit der Frage: Welches waren die wichtigsten Themen im vergangenen Jahrzehnt? Unterscheidet man nach den einzelnen Medien oder Teilmedienbereichen, kommt man zu teils völlig unterschiedlichen Aufstellungen. Sinnvoller erscheint es, sich an übergreifenden Fachzeitschriften zu orientieren, etwa an *Rundfunk und Fernsehen, Media Perspektiven, Medium, medien + erziehung* und ähnlichen Publikationen. Demnach lassen sich mit Vorbehalt die folgenden sechs Brennpunkte der Diskussionen – ohne den Versuch einer Hierarchisierung – unterscheiden:

Erstens stand die Medienpolitik im Zentrum der Aufmerksamkeit. Angesichts neuer Entwicklungen wie vor allem Kabelfernsehen und Lokalrundfunk beziehungsweise privatem Rundfunk war eine neue, länderspezifische Mediengesetzgebung notwendig.

Zweitens wurde natürlich die Verbreitung »neuer« Medien selbst ausgiebig und durchaus gegensätzlich diskutiert und kommentiert. Diese Diskussion bezog sich speziell auf die Bereiche Bildschirmtext, Video, Kabelrundfunk, Satellitenrundfunk, Computer, aber auch auf die Bildplatte, das Bildtelefon und den Walkman.

Drittens wurde von den Holocaust-Diskussionen der ausgehenden 70er Jahre generell zu Fragen der Medienwirkung übergeleitet, nicht zuletzt als Konsequenz der Bemühungen der Deutschen Forschungsgemeinschaft um die Ermöglichung einer Bestandsaufnahme der bundesdeutschen Medienwirkungsforschung. Zunehmend umstritten waren dabei besonders die Wirkungen des Fernsehens – ausgehend beispielsweise von den Gewaltthesen von George Gerbner, den Wahlbeeinflussungsthesen von Hans Mathias Keplinger, der Vielseherproblematik gemäß Michael Buß, aber auch unter Bezugnahme auf die Auswirkungen der Medien in der Familie und auf die Familie, wie sie unter anderem etwa von Jan Uwe Rogge oder Hermann Bausinger erörtert wurden.

Viertens galt die Aufmerksamkeit hauptsächlich dem privaten Rundfunk, das heißt der Konkurrenz der öffentlich-rechtlichen Anstalten durch lokale, regionale und bundesweite Sender und Netze. Die Vor- und Nachteile dieser gravierenden Veränderung der Medienlandschaft wurden vor allem am Beispiel der Übertragung von Sportveranstaltungen durch Private reflektiert.

Fünftens muß, zumindest für die beginnenden 80er Jahre, die ebenso pauschale wie über die engeren Medienbereiche hinaus öffentlich gewordene Kritik an den Medien und speziell am Fernsehen erwähnt werden. Sie wurde ausgelöst von Büchern wie *Schafft das Fernsehen ab* von Jerry Mander, *Die Droge im Wohnzimmer* von Marie Winn und *Wir amüsieren uns zu Tode* von Neil Postman.

Sechstens schließlich wurde, vor allem in den ausgehenden 80er Jahren, verstärkt die Internationalisierung beziehungsweise Europäisierung der Medien und ihrer Programme diskutiert, ein Umstand, der sowohl auf Veränderungen der Medienmärkte als natürlich auch auf den für 1993 angekündigten EG-Binnenmarkt zurückzuführen ist.

Diese Themen als einzige Schwerpunkte oder Brennpunkte der 80er Jahre zu bezeichnen, ist jedoch nicht inhaltsanalytisch fundiert, und die Liste ließe sich durch weitere wichtige Diskussionspunkte sicherlich noch erweitern. Insgesamt fällt jedoch auf, daß im gesamten Jahrzehnt die Bildschirmmedien fraglos im Zentrum der Aufmerksamkeit standen und innerhalb des komplexen Mediengeflechts eine Schlüsselfunktion innehatten.

2. Der fortgesetzte Niedergang des Theaters

Das älteste Medium der Welt, das Theater, spielt in unserer Gesellschaft – als Medium – eine objektiv immer geringere Rolle, auch wenn ihm in seiner etablierten Gestalt ideologisch nach wie vor die Aufgabe zukommt, Ästhetiken für ein saturiertes Bildungsbürgertum hervorzubringen. Die Veränderungen des Theaters in den 80er Jahren unterstreichen das aufs eindrucksvollste.[6] Der generelle Rückgang der Besucherzahlen seit dem großen Einbruch Mitte der 60er bis Anfang der 70er Jahre setzte sich kontinuierlich fort. Im Durchschnitt finden von Jahr zu Jahr seit 1980 etwa 100 000 Menschen weniger den Weg ins Theater. Allerdings muß man hier differenzieren: Vor allem betroffen sind die Oper, die Operette und das Musical beziehungsweise die kleinen Betriebe. Bei Schauspiel, Ballett und Konzerten dagegen stiegen die Zahlen leicht an.

So beliefen sich in der Spielzeit 1979/80 die Besucherzahlen auf insgesamt 17,4 Millionen, 1982/83 auf 17 Millionen und 1985/86 nur noch auf 16,5 Millionen. Die Zahl der Theaterbetriebe dagegen blieb mit 83 (1979/80) über 84 (1982/83) bis 85 (1985/86) relativ konstant. Die Zahl der Mitarbeiter schwankte ebenfalls tendenziell gleichbleibend um 26700, aber die Sach- und Personalausgaben gingen steil nach oben: von 1,48 Milliarden (1978/79) über 1,9 Milliarden (1982/83) bis zu 2,1 Milliarden (1985/86). Als Gesamteinnahme wird lediglich für die Saison 1978/79 der Betrag von 238,2 Millionen DM genannt, der die Einnahmen durch Fernsehübertragungen einschließt; das bedeutet weniger als 18 Prozent Deckung der Ausgaben durch eigene Einnahmen. Es ist jedoch anzunehmen, daß diese Summe bei sinkenden Theaterbesuchen ebenfalls deutlich abnahm.

Am markantesten sind die rapide steigenden Subventionen. 1978/79 kostete jeder Theaterbesuch den Steuerzahler, gleichsam als Betriebszuschuß, 61,88 DM. 1979/80 erhöhte sich dieser Betrag auf 72,24 DM,

1982/83 auf 80,62 DM, 1985/86 auf 95,07 DM und 1987/88 auf 106,04 DM. Der Anteil der staatlichen Zuschüsse stieg dabei nicht nur relativ jeweils zum Vorjahr, sondern auch absolut im Verhältnis zu den Gesamtausgaben der Länder auf fast 0,5 Prozent. Dem steht eine verschwindend kleine Gruppe der Bevölkerung gegenüber, die das Medium Theater effektiv nutzt. Neuere Zahlen hierzu scheinen in den 80er Jahren nicht mehr erhoben worden zu sein. Bereits in den 70er Jahren wurde aber geschätzt, daß weniger als 2 Prozent der Bevölkerung das Theater überhaupt nutzen, manche vermuten sogar, daß es nur 1 Prozent oder noch weniger sind. (Diese Aufstellung sei keinesfalls als Plädoyer gegen das Medium Theater mißverstanden!)

Interessant ist zugleich die völlig veraltete Angebotsstruktur. So waren beispielsweise 1984/85 die folgenden Genres beziehungsweise Stücke die jeweiligen Spitzenreiter: Orientiert man sich nach den Aufführungen, so dominierte eindeutig das Schauspiel (65,2 Prozent) mit großem Abstand vor dem Kinder- und Jugendtheater (16,4 Prozent), der Oper (10,1 Prozent), der Operette (5 Prozent) und dem Musical (3,2 Prozent). Rechnet man bei den Schauspielen nach den Inszenierungen, so war *Der Kontrabaß* von Patrick Süskind mit 24 Inszenierungen, 507 Aufführungen und 85 000 Besuchern der Spitzenreiter. Auf den Folgeplätzen lagen *Die Physiker* von Friedrich Dürrenmatt (13 Inszenierungen, 257 Aufführungen, 114 700 Besucher) und *Furcht und Hoffnung der BRD* von Franz Xaver Kroetz (13, 217, 38 500). Beurteilt man die Schauspiele dieser Saison nach den Besuchern, so führte *Was wird hier gespielt* von Michael Frayn mit 133 900 Besuchern vor *Die Physiker* (114 700) und *Der zerbrochene Krug* von Heinrich Kleist (105 400). Bei den meistgespielten Autoren im Schauspiel dominierten die Klassiker: Shakespeare (21 Werke, 1172 Aufführungen, 59 Inszenierungen), Molière (12, 1040, 39), Brecht (18, 852, 43), Schiller (11, 733, 34) und Goethe (11, 707, 34). Es folgten Fo, Kleist, Ibsen, Tschechow, Simon, Süskind und Lessing. Die Bilanz lautet: schwindende Besucherzahlen, steigende Subventionen, Klassikerangebot für eine sehr kleine Gruppe von Bildungsbürgern.

3. Die Presse (Zeitung, Zeitschrift): Stagnation und supramediale Konzentration

Bei den Zeitungen blieben im Vergleich von 1979 und 1989 Angebot und Verkauf nahezu unverändert. Das gilt für die publizistischen Einheiten, die von 122 auf 119 fielen, ebenso wie für die Redaktionsausgaben mit einer Steigerung von 1240 auf 1344 und für die verkauften Auflagen in Millionen Stück mit einem Rückgang von 20,5 auf 20,3. Relativ zum Bevölkerungswachstum bedeutet das ingesamt eine rückläufige Tendenz.

Auch die Marktanteile haben sich nur leicht verschoben. Im Vergleich der Jahre 1979 und 1989 verringerten sich die Anteile des Marktführers Springer leicht von 29,4 Prozent auf 26,7 Prozent, die der WAZ-Gruppe veränderten sich von 5,9 Prozent auf 6,0 Prozent kaum, DuMont Schaubergs Anteile gingen von 4,05 Prozent auf 3,3 Prozent zurück, der Süddeutsche Verlag gewann mit einer Steigerung von ursprünglich 2,3 Prozent auf 3,6 Prozent, und die Marktanteile des Rheinisch-Bergischen Verlags blieben ebenfalls fast unverändert, sie stiegen von 1,95 Prozent auf 2,05 Prozent.

Außer der Berliner *TAZ* gab es in den 80er Jahren keine echte Neugründung, das heißt, der Zeitungsmarkt war weitgehend von Stagnation geprägt; darüber hinaus ist eine Konzentrationstendenz zu verzeichnen, die sich schon bei den Verlagen als Herausgebern zeigt: Hier sank die Zahl von 400 im Jahr 1979 auf 358 im Jahr 1989.

Ein anderes Bild ergibt sich dagegen bei den Zeitschriften. Vor allem die Zahl der Publikumszeitschriften ist gleichsam explodiert. Im Vergleich der Jahre 1979 und 1988 stieg ihre Zahl von 286 auf 484, die Zahl der verkauften Exemplare in Millionen von 82,3 auf 105,1. Die Zahl der Fachzeitschriften nahm dagegen zwar von 720 auf 850 zu, wobei jedoch die Zahl der verkauften Exemplare mit jeweils 14,7 beziehungsweise 15,1 Millionen nahezu konstant blieb.

Auch hier verschoben sich die Marktanteile zum Teil – zwar nicht beim Marktführer Bauer, der eine Zunahme von 31,7 Prozent auf 32,4 Prozent zu verzeichnen hatte, wohl aber bei Springer (mit einem Anstieg von 13,4 Prozent auf 16,8 Prozent, Burda mit einem Rückgang von 12,4 Prozent auf 10,1 Prozent und Gruner + Jahr mit einem Wachstum von 5,8 Prozent auf 6,3 Prozent.

Gravierend ist dagegen der Preisanstieg. Einige Beispiele mögen das belegen (die folgenden Zahlen beziehen sich stets auf die Jahre 1979 und 1987): Ein Monatsabonnement bei der *FAZ* kostete statt 18,80 DM 30,00 DM, bei der *Frankfurter Rundschau* statt 18,90 DM 29,00 DM, bei der *Süddeutschen Zeitung* statt 16,20 DM 26,40 DM, bei *Die Welt* statt 16,80 DM 27,90 DM, ein Einzelexemplar bei *Bild am Sonntag* statt

1,20 DM 1,50 DM, beim *Stern* statt 2,50 DM 3,50 DM, beim *Spiegel* statt 3,00 DM 4,00 DM, bei *Hör-Zu* statt 1,30 DM 1,70 DM, bei der *Brigitte* statt 2,50 DM 3,00 DM. Die Erhöhung der Ausgaben für Zeitungen und Zeitschriften im Medienbudget ist allein auf diese Verteuerung zurückzuführen. Nimmt man Tages- und Wochenzeitungen zusammen, so wurden im Jahr 1980 25,9 Millionen Exemplare verkauft, 1988 mit 25,8 Millionen sogar geringfügig weniger. Anders verhielt es sich bei den Zeitschriften, bei deren Verkauf eine deutliche Zunahme zu verzeichnen ist: von 99,6 Millionen Exemplaren (1980) stieg der Absatz 1988 auf 120,2 Millionen, allerdings ausschließlich bei den Publikumszeitschriften.

Entscheidend im Pressebereich war in den 80er Jahren freilich die Ausweitung durch neue Aktivitäten im Bereich der elektronischen Medien. Die Zeitungsverlage engagierten sich im Rundfunk und in den neuen Medien, das heißt, das duale Mediengefüge – hier das öffentlich-rechtliche Fernsehen und die öffentlich-rechtlichen Rundfunkanstalten, dort die privatwirtschaftliche Presse, die sich gegenseitig kontrollierten – wurde endgültig und unwiderruflich aufgelöst. Das Schlüsselwort dabei ist Konzentration. Statt einer zunehmenden Vielfalt entwickelten sich sogenannte Polymonopole, die supramediale Konzentration verlief also sowohl horizontal als auch vertikal innerhalb ein und desselben Medienkonzerns. In der zweiten Hälfte der 80er Jahre entwickelte sich nach dem »Doppelmonopol«, dem Monopol auf dem Zeitungsmarkt (Mantel und/oder Lokalteil) und dem Monopol im TV-Bereich und den neuen Medien (zum Beispiel Videotext und Btx), das Dreifachmonopol, das zusätzlich das Monopol im lokalen, privaten Rundfunk mit einschloß. Praktisch alle privaten Radiosender in der Bundesrepublik Deutschland werden inzwischen von Zeitungsverlagen beherrscht.[7] Pressekonzentration wurde in den 80er Jahren also in großem Ausmaß zur supramedialen Konzentration. Bereits im Jahre 1986 gab es 176 Zeitungsverlage, die an den neuen Medien interessiert beziehungsweise in diesem Bereich engagiert waren. Durch Bildung von Konsortien kam es häufig zur Zusammenarbeit ehemaliger Konkurrenten, oft in Form von Arbeitsteilung; beispielsweise liefert der Zeitschriftensektor den Hauptteil des Fernsehprogramms, der Zeitungssektor die Informationssendungen.

Die Medienmultis haben ihre Macht seit 1980 im großen und ganzen erheblich verstärkt. Das gilt vor allem für Bertelsmann, Springer,

Burda, Kirch und Holtzbrinck – während Bauer, der sich aus dem Privatfernsehen wieder zurückgezogen hat, lediglich im Hörfunkbereich Beteiligungen hält. Das vergangene Jahrzehnt war insofern ein Jahrzehnt der Übernahmen: Alle haben Interessen und Beteiligungen in (fast) allen Medien. Die supramediale Diversifikation ist bereits weitgehend Wirklichkeit.

Springer ist dafür nur ein – allerdings sehr anschauliches – Beispiel. Abgesehen von Zeitungen und Zeitschriften usw. ist der Konzern im Medium Fernsehen unter anderem durch Beteiligung bei SAT 1, beim Deutschen Börsenfernsehen, bei Aktuell Presse-Fernsehen, bei Funk und Fernsehen Nordwestdeutschland, bei der Hamburger TV- und Filmproduktion, bei Studio Hamburg Atelier GmbH engagiert. Im Medium Hörfunk ist Springer beispielsweise bei Radio Hamburg, bei Radio Pro/Rosa Welle Mainz, bei Antenne Bayern, beim Regionalsender Stuttgart, bei Radio 85, bei Radio Schleswig-Holstein, bei Radio Regenbogen in Mannheim beteiligt; im Medium Film hält der Konzern Anteile bei der Commerz-Film GmbH Düsseldorf, bei Sunny Point-Filmproductions Berlin, bei der Deutschen Wochenschau GmbH Berlin, bei Cine-Centrum deutsche Gesellschaft für Film und Fernsehen usw. Berlin und der Norden der Bundesrepublik Deutschland werden medienmäßig vollkommen vom Springer-Monopol als Polymonopol beherrscht.

Solche Angaben zu Beteiligungen und ähnlichem, die als stille Teilhaberschaften in vielen Fällen gar nicht bekannt sind und die sich natürlich fortlaufend verschieben, stellen übrigens nur die Spitze des Eisbergs dar. Die Analyse von supramedialen Verflechtungen, Verbundformen und Kooperationen ist in den 80er Jahren längst zu einem Spezialgebiet der Publizistik geworden, auf dem sich nur noch wenige wirklich auskennen.[8]

4. Heftchen: Monopole, Geheimnisse, neue Medienformen

Die Romanheftchen stellen nach wie vor einen Medienbereich dar, über den nur wenige fundierte Zahlen an die Öffentlichkeit dringen.[9] Das mag nicht zuletzt auch darauf zurückzuführen sein, daß die Übergänge zu den Medien Zeitschrift und Buch, insbesondere bei kinder- und jugendorientierten Produkten, fließend sind.[10] Der *Spiegel*-Bericht 1988 nennt »mehr als 300 Millionen« verkaufte Exemplare beziehungsweise »mehr als 2000 Titel« pro Jahr.[11] Sie entfallen laut Stamm nach wie vor auf nur wenige Großproduzenten, insbesondere auf den Pabel-Verlag mit seinen 13 Männerromanen (1 387 000 Exemplare) und 16 Frauenromanen (731 000 Exemplare) pro Woche, den Bastei-Verlag mit wöchentlich sechs Männerromanen (750 000 Exemplare) und 17 Frauenromanen (560 000 Exemplare), ferner Kelter mit wöchentlich 12 Frauenromanen (600 000 Exemplare) und vierzehntägig sechs Männerromanen (450 000 Exemplare) und schließlich den Springer-Verlag Cora mit vierzehntägig sechs Liebesromanen (900 000 Exemplare). Am erfolgreichsten sind nach wie vor die Serien *Perry Rhodan* mit einer wöchentlichen Auflage von 700 000 – die Serie wurde 1986 immerhin 25 Jahre alt –, *Silvia* mit monatlich 500 000 Stück, *Jerry Cotton* und einige Western-Serien. Nach einer vertraulichen Untersuchung für den Bastei-Verlag 1986 gibt es zahlreiche Indizien, daß die Leserschaft der Heftchenromane keineswegs nur in den unteren Schichten zu suchen ist, sondern ebenso differenziert ist wie die gesamte Gesellschaft.[12] Ähnliche Ergebnisse aus britischen Untersuchungen der 70er Jahre wären damit bestätigt.

Vergleicht man die Zahlen mit früheren Daten, so lassen sich, abgesehen von den Topsellern, zahlreiche Veränderungen bei den Titeln und Serien feststellen, vor allem eine quantitative Reduktion, aber insgesamt, besonders bei den Absatzzahlen und der geschlechtsspezifischen Verteilung der Leser, scheint die Bilanz zu lauten: »Wenig Bewegung im Romanmarkt.«[13] Vergleicht man die für 1988 genannten Zahlen mit den Zahlen des Jahres 1979, so sind laut Stamm in mehr als der Hälfte der Fälle freilich Auflagensteigerungen zu verzeichnen: bei den Bastei-Männerromanen um 0,8 Prozent, bei den Pabel-Männerromanen um 43 Prozent und bei den Pabel-Frauenromanen sogar um 128 Prozent. (Allerdings erklären sich diese Verschiebungen zum Teil auch durch veränderte Besitzverhältnisse.) Trotz einer zunehmenden Medienkonkurrenz schrumpft der Markt für das Medium Heftchen offenbar überhaupt nicht, selbst wenn traditionelle Leser auch zu Tonkassettenhörern beziehungsweise zu Fernseh- und Videosehern geworden sind.

Die interessanteste Neuerung der 80er Jahre im Heftchenbereich scheint die Veränderung der äußeren Form zu sein: Das sogenannte Taschenheft, kleiner und teurer als das traditionelle Heftchen, ein wenig dem Taschenbuch nachgebildet, ist wie in Kanada und den USA nun auch in Deutschland erfolgreich; bereits 40 Millionen Exemplare sollen in der Bundesrepublik im Taschenheftformat jährlich verkauft werden.

Für den Bereich der Comic-Heftchen[14] gab es seit 1981 eine neue Wachstumsphase. Die Zahl der Verlage nahm von 10 (1981) auf 45 (1985) zu, was für die fünf Großen – Bastei, Condor, Ehapa, Carlsen und Volksverlag – sinkende Marktanteile bedeutete. Auch die Titelproduktion war nach dem Einbruch um 1981 von einer stürmischen Aufwärtsentwicklung geprägt, so gab es 1982 173 verschiedene Comic-Titel, Juli 1986 bereits 232 Titel. Die Zahlen von Ehapa, der auf dem Comic-Markt einen Anteil von rund 65 Prozent für sich in Anspruch nimmt, sind differenzierter: Nach eigenen Angaben wurden hier insgesamt zwar keine Steigerungen erzielt (1978 wurden 31 Serien mit insgesamt 41,7 Millionen Exemplaren verkauft, 1988 32 Serien mit 42 Millionen Exemplaren); aber in der Kernzielgruppe der Sechs- bis Fünfzehnjährigen stieg die Zahl der jährlich gekauften Hefte pro Kind von durchschnittlich fünf auf acht Exemplare.

Im übrigen lassen sich bei den Comic-Heften vier Tendenzen als charakteristische Merkmale der 80er Jahre ausmachen: Erstens mauserten sich die Comics verstärkt zur Kunst für Erwachsene. Vor allem der Serie *Schwermetall*, wichtigstes Medium für avantgardistische Comic-Künstler und bis heute in 80 Ausgaben erschienen, kam dabei eine führende Rolle zu. Zweitens wurde die Broschüre mit einem Anteil von 50 Prozent an den neu erschienenen Comics noch vor den Heftchen im engeren Sinn (26 Prozent) und den Taschenbüchern (15 Prozent) zur dominanten Publikationsform der Literaturart Comics. Auch dies bedeutet eine Verbesserung der Qualität in Papier, Druck, Größe und Farbgestaltung. Das dritte Merkmal unterstreicht diesen Trend zum Anspruchsvollen: Zahl und Bedeutung der Serien gingen gegenüber Einzeltiteln deutlich zurück. Viertens schließlich verstärkte sich die Internationalisierung, und zwar in zwei Richtungen: Einerseits brachte man Lizenzausgaben ausländischer Comic-Kunst-Magazine auf den Markt (beispielsweise *Pilot* aus Frankreich, *Epic* aus den USA, auch belgische und italienische Comics); andererseits wurden deutsche Comics exportiert (zum Beispiel *Die Spuren der Götter*), vor allem nach Frankreich und Dänemark.

Bei der Bilanz muß wohl stark differenziert werden. Dem Heftchen als Monopolmedium ist insgesamt eine mindestens stabile, teils verstärkte Bedeutung zu attestieren. Dies ist um so erstaunlicher angesichts der Tatsache, daß offenbar immer mehr Heftchenromane auch in Taschenbüchern und »Taschenheften«, immer mehr Comics auch in Broschürenform erscheinen. Dieser Umstand bestätigt die These, daß gewisse Fernsehserien dem Heftchenmarkt seine traditionellen Kunden immer noch nicht abwerben konnten.

5. Buch: Neue Nischen und alte Probleme

Beim Medium Buch sind nach wie vor die Widersprüche zu verzeichnen, die eine Fehleinschätzung der realen Lage so verführerisch nahelegen. Unbestreitbar ist, daß die Zahlen nach oben gingen: Die Titelproduktion stieg von 62 000 Titeln im Jahr 1979 auf 65 700 Titeln im Jahr 1987 (allerdings sind hier die Titel von Broschüren, Heftchenromanen und ähnlichem enthalten). Differenziert man jedoch, so ging die Zahl der Erstauflagen im Verhältnis zu den Neuauflagen deutlich zurück: von 81 Prozent zu 19 Prozent auf 74 Prozent zu 26 Prozent. Zugleich nahm der Anteil der Taschenbücher von 12 Prozent auf 17,4 Prozent zu. Der Anteil der Belletristik betrug 1980 18,5 Prozent, 1985 15,5 Prozent, 1987 19,9 Prozent.

Auch bei den monatlichen Ausgaben für Bücher stiegen die Zahlen: in Vierpersonenhaushalten mit mittlerem Einkommen bis 4000 DM von 15,97 DM (1980) auf 21,24 DM (1987), in Vierpersonenhaushalten mit höherem Einkommen bis 6800 DM von 37,75 DM auf 44,88 DM. Aber auch diese Ausgaben müssen in Relation zu den steigenden Einkünften und vor allem zu den Aufwendungen für andere Medien gesehen werden.

Die offizielle Statistik des Börsenvereins des deutschen Buchhandels, *Buch und Buchhandel in Zahlen*, gibt keinerlei Auskunft über Konzentrationstendenzen bei den Verlagen, über den quantitativen Rückgang bei den Buchhandlungen, über die zunehmende Orientierung am Bestsellergeschäft, über die Entwicklung bei den Buchgemeinschaften, über Titelverkaufszahlen und so weiter, obwohl solche Zahlen natürlich existieren. Nur vereinzelt, vor allem im *Börsenblatt*, werden punktuelle Angaben gemacht, die aber allenfalls mit erheblichem Vorbehalt für ein Jahrzehnt hochgerechnet werden sollten und deren Bedeutung für strukturelle Umwälzungen des Marktes kaum eingeschätzt werden kann. Für das Jahr 1984 etwa ließen sich entsprechende Daten ermitteln: Erneut konnten die Umsatzsteigerungen bis auf 8,6 Milliarden DM fortgesetzt werden. Immerhin 62 Prozent aller Buchverkäufe erfolgten durch das Sortiment. Die Mitgliederzahlen bei Buchgemeinschaften stagnierten jedoch. Studenten kauften immer weniger Bücher, nicht zuletzt wegen preisgünstiger Kopiermöglichkeiten – womit die Fachbücher erneut teurer wurden, was wieder das Kopierproblem verschärfte. Konstatiert wurde eine Überproduktion von Taschenbüchern, die den Markt belastete. Eine gewisse Preisschwelle bei Büchern schien relativ schwer zu überschreiten. Und ein Grundproblem kristallisierte sich deutlicher heraus: die zunehmende Konkurrenz, die das Medium Buch durch andere Medien hinnehmen muß.

Im Jahr 1986 wurde erstmals eine besorgniserregende Abnahme der Kongruenz von Bildungs- und Einkommensstatus festgestellt: Wenn Bildungsbürger, die für das Medium Buch die wichtigste Zielgruppe darstellen, relativ gesehen immer weniger verdienen, während zunehmend besser Verdienende formal weniger gebildet sind und dem Buch entsprechend distanzierter gegenüberstehen, müssen für das Buch große Nachteile erwartet werden.[15]

Eine Bilanz zum Buch als Medium insgesamt für die 80er Jahre ist erstaunlicherweise stärker von Vermutungen bestimmt, als es der Fall sein müßte – Indiz vielleicht für eine faktisch zunehmende Gefährdung.[16] Eine »Wertanalyse des Buches in der Mediengesellschaft« ist jedenfalls allein mit einer bloßen Typologie der Käufer und Leser, wie jüngst von Elisabeth Noelle-Neumann und Rüdiger Schulz vorgelegt[17], längst nicht mehr geleistet. Da hat die Infratest-Studie *Kommunikationsverhalten und Buch,* die 1978 für Bertelsmann angefertigt wurde, bereits einen ganz anderen Anspruch eingelöst. Mit der Festschrift zum vierzigjährigen Geburtstag des Deutschen Bucharchivs München[18] gelang jüngst immerhin ein umfassend buchwissenschaftlicher Zugriff auf das Medium in einer systematischen Breite und gemäß seiner historisch-kulturellen Bedeutung, wie er leider immer noch die große Ausnahme darstellt – ein für eine jahrhundertelang vom Buch als Leitmedium bestimmte Kultur fataler Befund.

Im bezug auf die 80er Jahre scheint gegenüber der branchentypischen Mischung aus verhaltenem Optimismus, professionellem Wehklagen und einer weit verbreiteten Unsicherheit die Aussage charakteristisch: »Stand mühsam gehalten/keine strukturellen Veränderungen.« Das heißt konkret: Ein Drittel der Bevölkerung sind Buchleser, ein Drittel Wenigleser, ein Drittel Nichtleser. Die Zahl der eher pessimistischen Befunde wie von Felix Weigner, der 1989 international ein kontinuierlich sinkendes Interesse am Medium Buch konstatierte, nimmt freilich zu.[19] Es bleibt für die 90er Jahre die große Frage, ob das Medium Buch zumindest teilweise nicht einem grundsätzlichen Wandel ausgesetzt sein wird und/oder – wie früher bereits das Theater – in einen Bereich abrutscht, der öffentliche Subventionen kulturpolitisch unabdingbar erscheinen läßt.

6. Exkurs 1: *Das Delta der Venus*

Wie ein solcher Wandel aussehen könnte, ließe sich anhand einiger Veränderungen seit dem Anfang der 80er Jahre vermuten. Die ebenso interessante wie zumeist verschämt verschwiegene Ausweitung des traditionellen Sortiments auf früher verpönte und häufig vehement abgelehnte pornographische Bücher gehört zweifellos dazu: eine Nische, die der traditionelle Buchhandel inzwischen engagiert zu besetzen trachtet.

»Elena liebkoste den wollüstigen Körper Bijous. Leila war aggressiver. Bijou, ein Bein über Leilas Schulter geworfen, lag auf der Seite. Leila küßte sie zwischen den Schenkeln. Von Zeit zu Zeit zuckte Bijou zusammen, denn Leilas Küsse und Bisse waren scharf, ihre Zunge so hart wie der Schwanz eines Mannes. [...]

Als sie ihren Höhepunkt nahen fühlte und sich nicht mehr bezähmen konnte, hielt Leila mitten im Küssen inne und ließ Bijou, die kurz vor dem Gipfel war, halb wahnsinnig vor Lust hängen. Im gleichen Augenblick hatte auch Elena aufgehört.

Bijou war nicht mehr zu bändigen. Wie eine herrliche Wahnsinnige warf sie sich auf Elena, drückte ihr die Beine auseinander, schob sich dazwischen, preßte ihren Schamhügel gegen Elenas tropfende Möse und rieb, rieb, rieb. Wie ein Mann stieß sie gegen Elena, um den Aufprall der beiden Schöße zu fühlen, um zu spüren, wie sie zusammenflossen. Dann aber, als sie merkte, daß der Orgasmus unausweichlich war, hielt sie inne, ließ sich zurückfallen und öffnete den Mund für Leilas Brüste, deren Warzen brannten und nach Liebkosung lechzten.«

Die 15 erotischen Erzählungen (aus denen hier zitiert wird), die Anaïs Nin vor Jahren unter bestimmten Auflagen als Auftragsliteratur für einen Sammler schrieb, um ihren Lebensunterhalt zu verdienen, kamen 1977 in den USA auf den Markt. Das Buch wurde zum Weltbestseller und war auch in der Bundesrepublik Deutschland, besonders als Taschenbuch, sehr erfolgreich. Entscheidend dabei ist, daß es nicht

ANAÏS
NIN
DAS
DELTA
DER
VENUS
Poetisch und pornographisch
sinnlich und sensibel
ein schamlos schönes Buch
Henry Miller
WELTBESTSELLER
KNAUR
ein Ullstein Buch
Alex Comfort
Joy of Sex
Freude am Sex
Die besten
EROTISCHEN
ERZÄHLUNGEN
der Welt
Herausgegeben von
XAVIERA
HOLLANDER
Illustriert von
WILHELM M. BUSCH
Das
erotische
Rowohlt
Lesebuch
rororo

in obskuren Spezialbuchhandlungen vertrieben wurde, nicht unter dem Ladentisch oder in verborgenen Ecken, auch nicht in Pornoshops oder bestimmten Versandangeboten einschlägiger Firmen, sondern prinzipiell in jeder Buchhandlung, in jedem Schaufenster, auf jedem Ladentisch – als ganz normales Taschenbuch und Teil von »mainstream literature«. »Ordentliche«, gutbürgerliche Verlage wie Scherz und Droemer-Knaur begannen zu publizieren, was bislang in der Regel – mit ganz wenigen Ausnahmen wie Henry Miller – als anrüchig, anstößig, verboten galt.

Andere Bücher, andere »normale« Verlage folgten diesem Trend; an erster Stelle ist in diesem Zusammenhang wohl das erfolgreiche Sachbuch *Joy of Sex* von Alex Comfort zu nennen, das in den USA seit 1972 auf dem Markt ist und sich in der Bundesrepublik als Ullstein-Taschenbuch von 1981 bis 1986 mit etwa 370 000 Exemplaren verkaufte. Damit war die Reihe *Erotica* geboren, die keine Ausnahme blieb. 1982 veröffentlichte beispielsweise der Heyne-Verlag *Die besten erotischen Erzählungen der Welt,* herausgegeben von Xaviera Hollander; auch die Reihe *Exquisit modern* (mit bis zu 25 000 verkauften Exemplaren pro Titel) machte mit ihrem Erfolg seit 1981 von sich reden. 1984 erschien beim Rowohlt-Taschenbuch-Verlag *Das erotische Rowohlt Lesebuch,* herausgegeben von Dieter Mathiak. Dann begann der Ullstein-Taschenbuch-Verlag mit der systematischen Vermarktung erotischer Erzählungen, die zuerst im einschlägigen Olympia-Verlag erschienen waren: mit den Serienbänden *Lesebuch der Lust Nr. 1* (1986, immerhin in sechs Wochen 20 000 verkaufte Exemplare), *Neues Lesebuch der Lust* (1986), *Super-Lesebuch der Lust: Non Stop* (1987) und *Liebeslabyrinth: Lesebuch der Lust* (1988). *Freude am Sex,* der Titel des Comfort-Buchs, wurde zum Leitspruch, den zu vertreten keine Schande mehr war. Erotische Literatur, früher als »Pornographie« diffamiert und mit dem Signum des »Gefährlichen« gebrandmarkt, fand in den 80er Jahren in neuen Formen und auf neuen Vertriebswegen zu ihren Zielgruppen.

Diese Entwicklung wäre wohl kaum jemandem aufgefallen, wäre diese Erweiterung des Buchangebots durch traditionelle Verlage über klassische Sortimentsbuchhandlungen, also nunmehr auf dem etablierten Buchmarkt, nicht auf massive Zensurmaßnahmen gestoßen. Nach

◁ Buchcover zur »erotischen Literatur«

der sogenannten liberalen Praxis der 70er Jahre wurden in den vergangenen zehn Jahren überraschend viele Bücher erotischen Inhalts beschlagnahmt oder auf die Liste jugendgefährdender Schriften gesetzt, also indiziert. Das betrifft Verlage wie Goldmann, Heyne, Moewig, Rowohlt, Ullstein und Bertelsmann beziehungsweise Bücher wie *Das Delta der Venus* von Anaïs Nin, *Joy of Sex* und den Nachfolgetitel von Alex Comfort, *Goodbye Janette* von Harold Robbins, das Aufklärungsbuch *Sexualinformation für Jugendliche* von Bent H. Classon, *Josefine Mutzenbacher*, die beiden Sachbücher *Die sexuellen Phantasien der Männer* und *Die sexuellen Phantasien der Frauen* von Nancy Friday, dann *Das Sexbuch* von Günter Amendt oder das *Jahrbuch der Erotik* des Moewig-Verlags und die Romane *Perlen der Lust* von Charles W. Fenton sowie das *Opus Pistorum* von Henry Miller, um nur einige Beispiele zu nennen, von denen viele bereits seit Jahren vorher unbeanstandet verkauft worden waren. Von den 400 *Heyne-exquisit*-Titeln wurden bis 1986 117 indiziert. Der Goldmann-Verlag stellte seine *Erotica*-Reihe gezwungenermaßen ein. Kaufhäuser wie der Kaufhof nahmen wieder Abstand vom Verkauf von Büchern, bei denen Beschlagnahmungen und Polizeirazzien drohten. Beim Moewig-Verlag wurden 41 Titel indiziert, bei Goldmann 40, bei Rowohlt 39 Titel – alles in allem sollen in der ersten Hälfte der 80er Jahre über 400 Bücher neu auf den Index gesetzt worden sein.[20] Daß dabei auch Werke wie *Bikini-Atoll* (über die Atomversuche auf der gleichnamigen Insel) oder *Evas Töchter werden mündig* (über die Rolle der Frau in unserer Gesellschaft) unter Pornographieverdacht gerieten, stimmt kaum noch belustigend.

Verleger und Buchhandel wehrten sich in seltener Einmütigkeit – etwa beim »Porno-Prozeß« gegen den Rowohlt-Verleger Matthias Wegner 1983, der im selben Jahr freigesprochen wurde, mit der Selbstanzeige des Tübinger Buchhändlers Hermann-Arndt Riethmüller 1983, der ebenfalls freigesprochen wurde, sowie entsprechenden Aktivitäten des Börsenvereins anläßlich der Frankfurter Buchmesse (unter anderem dem Leitfaden *Wenn der Staatsanwalt kommt*) – bis zum Report *Literaturkonferenz beklagt Eingriffe in die Literaturfreiheit* vom Justiziar des Börsenvereins, Franz-Wilhelm Peter, 1986, und dem Prozeß um die erneute *Mutzenbacher*-Indizierung 1987. Beklagt wurde vor allem die »Offensive der Saubermänner«[21] in der Bundesprüfstelle für jugendgefährdende Schriften, der jede Kompetenz abgesprochen und statt dessen vorgeworfen wurde, unter dem Banner der Jugendgefährdung nur wieder verklemmte Moralvorstellungen und eine überholte Bevormundung des Bürgers durchsetzen zu wollen. Der *Stern* konstatierte 1986: »Seit 1981 wurden rund 100 deutsche Buchläden durchsucht. Mehr als 1000 Polizeikräfte fahndeten dabei fast immer nach dem gleichen: Schweinekram – oder das, was sie dafür hielten.«[22] Die Folge davon waren Verunsicherungen der gesamten Branche und die zunehmende Tendenz zur Vorabzensur. Denn nicht die Verlage oder gar die Autoren der fraglichen Bücher wurden verklagt, sondern individuelle Buchhändler, sogar einzelne Verkäuferinnen. Dabei setzte sich ein fataler »Ablaßhandel« durch: Um eine Anklage zu vermeiden, erklärten sich mehr und mehr Buchhändler zur Zahlung eines Bußgelds bereit, worauf das Verfahren wegen »Geringfügigkeit« eingestellt wurde. Die Schlagzeilen markieren die Verbreiterung des traditionellen Sortiments durch Erotica und ihre juristischen Folgen als ein kontinuierliches Phänomen der 80er Jahre: von »Zum Lachen, wenn es nicht zum Heulen wäre« (Franz-Wilhelm Peter, 1982), »Bücher in Vorbeugehaft« (Herbert Vogdt, 1983) und »Ein Vorspiel nur? Wehret den Anfängen!« (Rüdiger Hildebrandt im *Börsenblatt,* 1983) bis zu »Muß der Staatsanwalt den Leser vor Büchern schützen?« (*Süddeutsche Zeitung,* 1986), »Wie und zu welchem Ende an Büchern Exempel statuiert werden« (*Die Zeit,* 1986), »Eros vernichtet die Maschinenwelt« (*Rheinischer Merkur,* 1987) und »Eine Zensur findet (nicht) statt« (*Die Zeit,* 1988). Die seit dem *Delta der Venus* zumindest ökonomisch befriedigende Freude am Sex wurde den Verlagen und Buchhändlern also teilweise zugleich wieder genommen. Dennoch dürften in solchen Veränderungen der Buchbranche – die Ausweitung des Sortiments auf Produkte anderer Medien, Videos, Platten, Zeitschriften usw., läge auf derselben Linie – Ansätze zu einem neuen Selbstverständnis gesehen werden.

7. Schallplatte: Marktkonzentration, Compact Disc und Videoclip

Für die Schallplatte war 1979 ein Jahr der Stagnation, ein Krisenjahr gewesen.[23] Der Umsatz lag bei 2,12 Milliarden DM (1985: 2,22 Milliarden DM). Der Export hatte leicht zugenommen, aber die Entwicklungen vor allem in den USA und in Großbritannien schmälerten die Absätze und Gewinne. Andererseits hörte 1980 jeder zweite Bundesbürger wöchentlich mehr als acht Stunden Musik, junge Leute sogar mehr als 21 Stunden.

Die Konzentration bei den Anbietern war enorm. Es dominierten die Multimediakonzerne; so waren die drei internationalen Marktführer PolyGram, Ariola-Eurodisc und EMI-Electrola für zwei Drittel des Gesamtumsatzes in der Bundesrepublik verantwortlich, und die zehn größten Firmen hatten einen Marktanteil von mehr als 90 Prozent. Die Umsätze 1979 lauteten im einzelnen: Polygram 27,7 Prozent (430 Millionen DM), Ariola 14,3 Prozent (215 Millionen DM), EMI-Electrola 14 Prozent (210 Millionen DM), CBS 7,3 Prozent (110 Millionen DM), Teldec 7 Prozent (105 Millionen DM), RCA 7 Prozent (105 Millionen DM), WEA/Warner 4 Prozent (60 Millionen DM), TV-Merchandiser Arcade 6,7 Prozent (100 Millionen DM) und K-tel 6,3 Prozent (95 Millionen DM).

1979 wurden neben Schallplatten auch etwa 50 Millionen bespielte und weitere 100 Millionen Leerkassetten verkauft – Indiz für weiterhin zunehmende private Mitschnitte und Überspielungen. Das Problem der Raubpressungen und Raubkopien blieb in den 80er Jahren ebenfalls präsent.

Die Absatzlage muß für den Verlauf der 80er Jahre differenziert gesehen werden: Die Zahl der verkauften Singles ging weltweit ab 1980 bereits zurück, blieb aber in der Bundesrepublik (noch) relativ stabil; 1979 wurden 47,8 Millionen Stück verkauft, 1986 50 Millionen Stück. Der Einbruch beim Absatz der LPs dagegen ist inzwischen auch hierzulande erfolgt, von 111,2 Millionen Exemplare (1979) sanken die Verkaufszahlen über 82,7 Millionen Exemplare (1986) bis auf 52 Millionen Exemplare (1988). Allein in der Zeit von 1980 bis 1984 mußte die Branche einen Umsatzrückgang von rund 11 Prozent verkraften.

Andererseits stieg der Absatz bespielter Kassetten in der Bundesrepublik von 46,5 Millionen Stück (1979) auf 61,9 Millionen Stück (1986). Vor allem aber – eines der beiden herausragenden Phänomene der 80er Jahre bei diesem Medium überhaupt – wurde 1983 die Compact-Disc (CD) eingeführt. Nach anfänglichem Zögern ist sie inzwischen etabliert und weist kontinuierlich steigende Verkaufszahlen auf; 1983 lag die Stückzahl noch bei 90 000, 1986 dagegen bereits bei 13,4 Millionen, 1988 bei 37 Millionen und 1989 bei 48 Millionen.

Die Strategien der Branche, mit der Krise um 1979/80 fertigzuwerden, bestanden vor allem in einem Abbau der Beschäftigten, der Reduzierung von Neuerscheinungen, dem Absenken der Preise, der Konzentration der Anbieter (beispielsweise kaufte Bertelsmann RCA), der

Straffung und Optimierung der Binnenorganisation und schließlich der verstärkten Diskothekenbetreuung.[24]

Interessanterweise ist das Verhältnis zwischen U- und E-Musik weitgehend gleichgeblieben.[25] 1978 dominierte die Unterhaltung mit 89,3 Prozent, 1986 mit 90,6 Prozent. Ähnlich sind die Zahlen auch beim Hörfunk (ARD): 1980 entfielen 38 Prozent der Sendezeit auf das Wort, 19 Prozent auf E- und 36 Prozent auf U-Musik; 1984 39 Prozent auf das Wort, 19 Prozent auf E- und 35 Prozent auf U-Musik. Es ist jedoch anzunehmen, daß mit dem Aufkommen regionaler, lokaler, privater, kommerzieller Radiostationen in der zweiten Hälfte der 80er Jahre Änderungen eingetreten sind. Zwei wichtige Tendenzen setzten sich in den 80er Jahren durch und werden wohl auch für die nahe Zukunft weiter bestimmend sein: Zum einen nahm die Zahl der jährlichen Gold- und Platinplatten (250 000 beziehungsweise 500 000 verkaufte Exemplare eines Titels) zu, das heißt die Konzentration auf einige wenige Toptitel zu Lasten von Vielfalt und Experimentierfreudigkeit. Zum anderen wurde die Zielgruppe weiter eingegrenzt: Über 80 Prozent aller Single-/LP-/Kassetten-/CD-Käufe entfielen auf die Zwölf- bis Vierundzwanzigjährigen.

Was die Software angeht, etwa im dominanten Bereich der Popmusik, so waren neben Discoklängen nach Art von Michael Jackson häufig Altstars wie Bill Haley und andere frühe Rock'n Roller zu hören; James Brown, die Beach Boys aus den 50er und frühen 60er Jahren, dann Paul McCartney von den Beatles, die Rolling Stones, Status Quo, Paul Simon, Tina Turner oder Joe Cocker aus den späten 60ern, schließlich David Bowie, die Bee Gees, Pink Floyd und viele andere aus den 70er Jahren feierten in unzähligen Comeback-Versuchen und Cover-Versionen teils gewaltige Triumphe. Von wenigen Lichtblicken wie Sting oder Gianna Nanini oder auch Rap beziehungsweise Hip Hop abgesehen, waren die 80er Jahre in ästhetischer Hinsicht eine Zeit des Stillstands und der Restauration der Rockmusik. Die große Ausnahme war dabei freilich der Videoclip.

Daß 1984 das Standardwerk *The Rolling Stone Book of Rock Video* erschien, ist kein Zufall.[26] Die Schallplatte als bislang auditives Medium hatte sich unter dem Einfluß zunächst des Fernsehens in den 70er und dann des neuen Mediums Video in den 80er Jahren auf breiter Front zur Audiovision entwickelt. Bücher wie *Rocking Around the Clock* über Music Television (MTV)[27] und *Clip, Klapp, Bum: Von der visuellen Musik zum Musikvideo*[28] markieren die steigende Bewußtheit über die zunehmende Verschränkung verschiedener Medien und Medienmärkte beziehungsweise über die unaufhaltsame Entwicklung zum synästhetischen Medienprodukt. Was ursprünglich Ersatz und Statthalter des Live-Auftritts gewesen war, hatte sich über seine Funktion als kommerzielles Werbeinstrument zum gesamtkulturellen Phänomen entwickelt. Peter Weibel definierte: »In die Geschichte der Musikvideos inkorporiert ist die Geschichte des synästhetischen Traumes mit seinen Farb- und Lichtorgeln, mit seinen Instrumenten, Gemälden, Musikstudien, die Geschichte des Avantgardefilms, des Tanzfilms, des Musicals, des Cartoons, des Zeichentrickfilms, der Comics, der Spezialeffekte, der Light Show, des Werbefilms, der Choreographie, der Mode, des Bühnenbilds, des Rockfilms, des Stylings, der digitalen Kunst, des Make-up, des Sex, des Musikfilms, der elektronischen Geräte, der visuellen Musik, des Rockkonzerts, der Zauberei, der Show, des Varieté, der Kunstbewegungen Futurismus, Dadaismus, Surrealismus, Bauhaus, abstrakter Expressionismus, Pop-art, Fluxus, Happening, Performance, der Modefotografie, des Balletts.«[29] Und natürlich spielt auch die Geschichte der Massenlyrik und Sprachpoesie eine Rolle in der Entstehung des Musikvideos. Der Videoclip indiziert eine Transformation der gesamten Kultur. Hier hat sich eine neue Ästhetik entwickelt, deren Bedeutung für die Zukunft kaum hoch genug eingeschätzt werden kann, weil sie eine Veränderung der Wahrnehmung erzwingt.[30] Der Videoclip ist nicht bloß die Visualisierung der Schallplatte, sondern beschreibt eine neue Formel erfolgreicher Massenkommunikation schlechthin: Kommunikation im internationalen und supramedialen Produktverband.[31]

8. Strukturwandel beim Kinofilm

Das Kino machte von sich reden, als es im Jahr 1985 mit großem Werbeaufwand den Starttag für neue Filme auf Donnerstag vorverlegte; man zog die Konsequenzen daraus, daß 70 Prozent der Zuschauer am Wochenende in die Kinos strömen. Dieser Umstand signalisiert aber auch eine Krisensituation, die sich in den 80er Jahren insgesamt bei diesem Medium in fast jeder Hinsicht zeigen läßt.

Die Zahlen sind stagnierend bis rückläufig: Die Zahl der Kinos stieg in den Jahren 1979 bis 1986 von 3196 plus 23 Autokinos auf 3262 plus 18 Autokinos leicht an, doch im Grunde verschleiern diese Zahlenangaben das Kinosterben nur. Die Zahl der Kinos, die schließen mußten, hielt sich mit der Zahl der »Neugründungen«, das heißt der Umwandlung großer Kinosäle in viele kleine Schachtelkinos, in etwa die Waage. Dies läßt sich an der Anzahl der Sitzplätze ablesen: Sie nahm von 932 000 (1979) auf 643 000 (1986) ab. Dieser Schwund markiert zugleich einen bemerkenswerten Konzentrationsprozeß: 1 Prozent der Kinos macht immerhin ein Drittel des gesamten Branchenumsatzes. 2 Prozent der Kinos können einen Umsatz von über 1 Million DM jährlich aufweisen, während nicht weniger als 74 Prozent aller Kinos mit ihrem jährlichen Umsatz unter der Grenze von 250 000 DM liegen.

Der Filmbesuch erlitt seit 1981, vor allem auf Grund der zunehmenden Verbreitung von Video, einen weiteren Einbruch; die Zahl der Besucher sank von 142 Millionen (1979) auf 105,2 Millionen (1986). Auch die Zahl der Uraufführungen ging von 304 (1979) auf 281 (1986) zurück. Die Durchlaufzeit eines Films verkürzte sich von 18 auf 6 Monate, das heißt, es gelangten immer weniger Hits in immer mehr Kinos. Der Umschlag der Ware Kinofilm verläuft immer schneller; inzwischen sind 93 Prozent des Kinoangebots Filme, die in den vorausgegangenen zwei Jahren produziert wurden. Neben diesem Aktualitätstrend ist die Tendenz zum Topfilm oder Bestseller auch hier spürbar. Führend sind fast ausschließlich internationale Kinohits wie *E. T.*, *James Bond*, *Asterix* usw. Der »deutsche Film« oder gar der »neue deutsche Film« hat in den 80er Jahren – trotz drastischer Erhöhung der Fördermittel und der zunehmenden Elitebildung und Spitzenförderung – einen deutlichen Niedergang erlebt.[32]

Eines der zentralen Themen in der Diskussion der 80er Jahre und die zugrundeliegende Strukturveränderung beim Medium Film[33] war das Verhältnis des Films zum Medium Fernsehen. Die Frage, ob das Fernsehen der große Feind des Kinos ist, wurde immer häufiger gestellt. Die empirisch fundierte Antwort lautet, daß dies derzeit so nicht zutrifft.[34] In den 80er Jahren vollzog sich vielmehr eine Art Marktteilung, sowohl bei der Produktion als auch bei der Art der Vermittlung bis hin zu den Rezipienten. Gemäß dem immer wieder fortgeschriebenen Film/Fernsehabkommen[35] nahm die Zahl der Koproduktionen, aber auch anderer Verbundformen – zum Beispiel von *Otto* im Fernsehen zu *Otto* im Kino – zu. Im Jahr 1985 etwa waren ARD oder ZDF an nicht weniger als 34 von insgesamt 64 deutschen Filmproduktionen beteiligt, das heißt zu 53 Prozent. Diese Entwicklung, die an Einzelbeispielen wie *Das Boot* und ähnlichen Erfolgstiteln auch einer breiteren Öffentlichkeit bekannt geworden ist, wird im beiderseitigen Interesse weiter zunehmen. Das Kino kann ohne das Fernsehen nicht überleben, während das Fernsehen in der zunehmenden Konkurrenz zwischen öffentlich-rechtlichen und privaten Sendern auf attraktive Eigen- und Koproduktionen, die sehr viel weniger kosten als Ankäufe, nicht mehr verzichten kann.

Zugleich stieg die Zahl der Kinofilme im Fernsehen sprunghaft an. Im Jahr 1970 strahlte das Fernsehen einschließlich Wiederholungen 637 Kinospielfilme aus, 1980 waren es bereits 1294. Und die Tendenz ist steigend, nicht zuletzt infolge etwa des Großeinkaufs der ARD 1984, als ein Paket von 1350 Spielfilmen erworben wurde. Neuere Vergleiche zeigen einen Anstieg bis auf 1716 (1985).

Ausgedehnte Untersuchungen zu den beiden Partnern Kino und Fernsehen ergaben eine nur teilweise Konkurrenzsituation zwischen den beiden Medien, was überwiegend an den Mediennutzungsgewohnheiten der Rezipienten liegt. Vier Fünftel der häufigen Kinogänger sind unter 30 Jahre alt. In dieser Altersgruppe aber findet das Fernsehen die mit Abstand wenigsten Interessenten; mehr als die Hälfte der bis zu Dreißigjährigen sehen nicht oder wenig fern. Wer im Fernsehen Kinofilme einschaltet, geht erstens ohnehin selten ins Kino, etwa aus familiären Gründen, ist zweitens in der Regel über 30 Jahre alt und bevorzugt drittens Filme, die sehr viel älter sind als zwei Jahre. Wichtigster Konkurrent des Kinos ist vielmehr das Heimvideo, das Angebot der Videotheken. Es wird erwartet, daß die zunehmende Verbreitung des Satelliten- und vor allem Kabelfernsehens die Krise des Kinofilms noch verstärken wird, da im Privatfernsehen häufiger aktuelle und attraktive Bestsellerfilme gezeigt werden können, die sich auf Video aufzeichnen und zeitversetzt, etwa an einem freien Abend, sehen lassen.

Auch der Film hat natürlich Anteil an den am Beispiel des Videoclip angedeuteten ästhetischen Veränderungen. Nach einer ersten großen Phase in der Entwicklung des Films, dem Stummfilm und Schwarzweißfilm, und dem zweiten Abschnitt, dem Tonfilm und Farbfilm im Kino, scheint sich nunmehr der Beginn einer dritten Phase abzuzeichnen: die Entwicklung zum multimedialen oder bildschirmuniversalen Film – ein Produkt, das im Kino ebenso wie im Fernsehen transportiert wird, als Video ebenso wie als Bildplatte oder per Computer.

9. Exkurs 2: *Blue Velvet* als Exempel und Paradigma

Eines der herausragenden Filmwerke der 80er Jahre, gerade im genannten synästhetischen Sinn, und bis heute in seiner historischen Bedeutung unterschätzt, ist der amerikanische Spielfilm *Blue Velvet* (1986) von David Lynch. Die Schwierigkeiten, die sich schon bei dem Versuch einer simplen Nacherzählung des »Inhalts« oder der »Handlung« auftun, und die Interpretationsprobleme, die sich für Filmkritiker eröffneten[36], indizieren eine Verwirrung bei den Zuschauern, die sich in der Analyse als Funktion einer kalkulierten Erzählstrategie erweist. Der Verzicht auf eine logisch-hierarchische Struktur mit stringenter Entfaltung auf der Oberfläche verunsichert und setzt den Protagonisten Jeffrey als Statthalter des Zuschauers erst wirksam in Szene. Darin äußert sich bereits ein herausragendes erstes Merkmal dieses Films: Er ist weniger die Geschichte einer sexuellen Initiation – auf den ersten Blick wird Jeffrey dadurch erwachsen, daß er neben der Liebe auch den Sex kennenlernt –, als vielmehr die Verführung (des Zuschauers) zum Voyeur; über Jeffrey werden wir selbst in besonderem Maße einbezogen, betroffen, involviert.

Damit greift Lynch eine alte Filmtradition auf, die bei Hitchcock – etwa *Das Fenster zum Hof* (1954) mit James Stewart und Grace Kelly in den Hauptrollen – bereits als Mittel der Spannungserzeugung eingesetzt wurde. Das Thema ist das Verborgene, Neugier und Sehen, die Wahrheit. Aber Lynch geht in *Blue Velvet* über Hitchcock weit hinaus, er macht nicht nur den Helden zum Opfer (und Täter), sondern auf höchst beunruhigende Weise auch den Zuschauer.

Das geschieht zunächst in der Thematisierung von Sex und Gewalt – freilich nicht auf einer psychologischen, sondern auf einer philosophischen Ebene. Es geht um die Einheit der Gegensätze, ja um deren letztliche Identität. Lynch hat schon in seinem ersten Film *Eraserhead* (1975) das Ekelhafte mit dem Schönen verknüpft, das Grauenvolle mit dem Komischen, den surrealistischen Traum mit der Wirklichkeit, und auch in *Der Elefantenmensch* (1980), seinem zweiten Werk, erscheint das Häßliche als Maske für das Schöne, die abstoßende Tierform und Verunstaltung als Gestalt des sensiblen Menschen. Im künstlerischen und kommerziellen Mißerfolg *Dune – Der Wüstenplanet* (1983), seinem dritten Film, ist diese Tendenz noch ausgeprägter, und zugleich wird ihre rezeptionsrelevante Bedeutung explizit. So lautet hier das Leitmotiv: »Das Schlafende muß erwachen.« In *Blue Velvet* wird es auf den Zuschauer selbst gewendet. Mit Jeffrey erkennen wir, daß Sex und Gewalt in der Erwachsenenwelt nichts weiter sind als Ausdruck unserer eigenen Impulse. Der Schlüssel dazu liegt bei Dorothy: Sex und Gewalt sind identisch im Lusterlebnis. Jeffrey wird – beim zweiten Hinsehen – dadurch erwachsen, daß er das Böse, Häßliche, Gewalttätige in der Welt als Teil seiner selbst gewahr wird – Jeffrey erkennt den Frank in sich.

Den Bezug zum Zuschauer schafft Lynch dadurch, daß er diese Einsicht sogleich historisch interpretiert, das heißt dieses Erwachsenwerden in einem konkreten kulturellen Kontext verankert, nämlich der westlichen Kleinbürgergesellschaft der 50er und frühen 60er Jahre. Das historische Setting ist die »heile Welt« des amerikanischen Mittelwestens und der weltweiten Kleinbürgergesellschaft, überdeutlich in ihrer parodistisch zugespitzten Darstellungsweise. Lynch zeigt den Frank in Jeffrey analytisch als Frucht bestimmter gesellschaftlicher Verhältnisse, von denen auch wir als seine Zuschauer geprägt sind; sie kommen insbesondere in einer grotesken Verlogenheit und Tabuisierung bestimmter Bereiche zum Ausdruck. Exemplarisch vermittelt wird das in dem mehrmals gespielten Schlager *In Dreams* (1963, Roy Orbison), dem Lieblingssong des Filmbösewichts Frank, der das falsche Weltbild auf den Punkt bringt: »A candy colored clown they call the sandman / Tiptoes to my room every night / Just to sprinkle stardust and to whisper / ›Go to sleep, everything is alright‹.«

Die Lüge »everything is alright« wird erkauft um den Preis, daß Glück und Erfüllung nur im Traum und als Träume möglich sind, nicht in der Realität. »It's too bad that all these things / Can only happen in my dreams / Only in dreams«, heißt es am Schluß.

Der schwule, brutale, drogenabhängige, aggressive, infantile, lustbesessene, verzweifelt gemeine, ekelhafte, abgrundtief widerliche Frank leidet an dieser Diskrepanz, an diesem selbstverschuldeten Schmerz und wird dadurch zu einer ganz und gar positiven Figur. Jeffrey dagegen, der Held, Verkörperung des Guten, »kippt um« zu einer ganz und gar negativen Figur. Der eigentliche Böse, der eigentliche Perverse, das eigentliche Monster ist gar nicht Frank, der an sich leidet, sondern Jeffrey, der sich für normal hält und sich am Schluß des Films der verlogenen Harmonieideologie des Kleinbürgertums rückhaltlos unterworfen hat. Er ist nun selbst derjenige, der im Liegestuhl liegt und sich von Sandy als Ehefrau zum Essen rufen läßt, während Eltern und

Blue Velvet,
Filmkarte, USA 1986

Schwiegereltern ihre Gesellschaftsrituale betreiben. Indem er sich der Ideologie des *Blue Velvet,* des Schlagers von Bobby Vinton (1963), unterwirft, wird er seinerseits zum Vertreter dieser Träume, einer Pseudoutopie von Liebe, Verheißung, Verlockung und Leidenschaft, und damit zur Quelle von Gewalt, Verbrechen und Perversion. Jeder einzelne Zuschauer wird mit der Kritik an dieser Lebenshaltung auf sich selbst verwiesen. Die Traumideologie wurde auditiv, mit Schlagern in unsere Gehirne geblasen – deshalb die symbolische Bedeutung des Ohrs als Zugang zu dieser Dimension –, und erst der Film macht sie in ihrer wahren Natur sichtbar.

Lynchs Meisterwerk *Blue Velvet* ist für die 80er Jahre gleich in mehrfacher Hinsicht repräsentativ:

Zunächst bezieht er sich in typischer Weise auf die 50er/60er Jahre zurück. Wichtige andere Beispiele dieser retrospektiven Tendenz wären etwa für das Jahr 1981 *Suzanne* (Robin Spry), *Lola* (Rainer Werner Fassbinder), *Der subjektive Faktor* (Helke Sanders), *Porky's* (Bob Clark; mit seinen Nachfolgern 1983 und 1985, Bestseller allesamt); 1982: *The Atomic Cafe;* 1983: *Die wilden 50er* (Peter Zadek), *Der große Frust* (Lawrence Kasdan); 1985: *Zurück in die Zukunft* (Robert Zemeckis); 1986: *Absolute Beginners* (Julien Temple); *Peggy Sue hat geheiratet* (Francis Ford Coppola); 1987: *Rendezvous unterm Nierentisch* (Manfred Breuersbrock, Wolfgang Dresler, Dieter Tietzke) usw.

Zweitens war der Rückgriff auf Songs, häufig im Filmtitel wiedergegeben, durchaus verbreitet. Beispiele wären unter anderem 1981: *Lili Marleen* (Rainer Werner Fassbinder); 1984: *Twist and Shout* (Billie August); 1986: *Mona Lisa* (Neil Jordan), *Stand By Me* (Rob Reiner).

Und drittens ist auch die Thematisierung von Sex und Gewalt – nicht mehr wie üblich im Videoporno, sondern nun im »normalen« Film für das bürgerliche Kinopublikum – im Verlauf der 80er Jahre in ein neues Stadium getreten. Wichtige Beispiele dafür waren vor allem 1980 *Dressed to Kill* (Brian de Palma); 1981 *Die Frau nebenan* (François Truffaut); 1983: *Begierde* (Tony Scott) oder *Die flambierte Frau* (Robert von Ackeren), 1985 dann *Extremities* (Robert M. Young) und andere Filme über das Thema Frau und Vergewaltigung.

Lynchs *Blue Velvet* unterscheidet sich allerdings von den meisten dieser anderen Filme durch seine ästhetischen Paradigmata: Zunächst einmal ist er im Sujet analytisch, kritisch und historiographisch. Während bei anderen Filmen das Retrospektive auf die Zeit des Rock'n Roll zur nostalgischen Erinnerung verflacht, dominiert hier die kritische Aufarbeitung von Geschichte. Sodann ist *Blue Velvet* in der Form multimedial, genreübergreifend und konstruktivistisch. Es geht um Kultur insgesamt; Filmzitate (zum Beispiel das Treppenmotiv oder der Zuschauer-Voyeur aus Hitchcock) und funktionalisierte Popsongs erzwingen eine breitere Perspektive. *Blue Velvet* ist zugleich ein Detektiv- und ein Kriminalfilm (Wer ist der Verbrecher? Was ist die Wahrheit?), ferner ein Liebesfilm (eine Geschichte der Beziehung zwischen Jeffrey und Sandy), dann ein psychologischer Film (als Traumanalyse), schließlich auch ein gesellschaftskritischer Film über die 50er und frühen 60er Jahre – und wird dem Kinobesucher zum verteufelt vertrauten Konstrukt von Welt. Vor allem aber ist *Blue Velvet* in der Aussage holistisch, pessimistisch und utopielos. Gegensätzliches wird in seinem quasi naturhaften, untrennbaren Zusammenhang gezeigt: romantische Liebe und Sex, Liebe und Gewalt, Schönes und Häßliches,

Gutes und Böses, Individuum und Gesellschaft. Es wird die Einsicht gestaltet, daß Verbrechen, Schmutz, Perverses, Wahnsinn in uns selbst schlummern – worauf die eigene Verlogenheit, die eigene Kleinbürgerlichkeit, die eigenen selbstbetrügerischen Utopien beruhen.

Das zuletzt genannte Moment verdeutlicht vielleicht am besten den hohen Anspruch dieses Films, der sich in seiner synästhetischen Werkgestaltung souverän der neuesten Tendenzen und Stilmerkmale aus den Bereichen Spielfilm, Werbefilm, Lokalradio, Videoclip bedient: In seiner Zirkelstruktur gewinnt der Film seiner Message (»Das Monster ist in jedem von uns«) eine neue, zeitcharakterisierende Bedeutungsvariante ab. Er beginnt mit der Kritik an der Verlogenheit und den Träumen von der »heilen Welt«, leistet sodann eine Anlayse der darunterliegenden Schicht, der gesellschaftlichen Wirklichkeit und die Vermittlung der Erkenntnis des Frank in uns und endet mit einem Plädoyer für die Aufrechterhaltung und Einsicht in die Notwendigkeit dieser Verlogenheit: Der Traum von der »heilen Welt« ist gar keine Utopie und auch keine Lüge, sondern ein verzweifelter und notwendiger Abwehrmechanismus. »Wenn der Schleier weg ist, stirbt der Mensch vor Entsetzen.« (Peter Handke) In diesem Sinne präsentiert *Blue Velvet* einen in seiner Ausweglosigkeit fürchterlichen Zirkel und demonstriert damit den totalen Utopieverlust. Am Ende ist der Film also eine Funktionsanalyse von Kultur und damit selbst ein Stück Kulturtheorie: Auch die Unterschiede zwischen Kunst und Wissenschaft lösen sich allmählich auf.

10. Hörfunk: Der Boom

Obwohl eine hundertprozentige Sättigung eigentlich schon seit langem erreicht ist, stieg die Zahl der Radiogeräte erneut von 22,3 Millionen (1979) auf 25,9 Millionen Exemplare (1987); die Tendenz zum Zweit- und Drittgerät ist deutlich. Die 80er Jahre sahen den Einstieg in ein neues Radiozeitalter[37]: Auf der Grundlage terrestrischer Frequenzen wurde in der Bundesrepublik der private Hörfunk eingeführt. Das wichtigste Merkmal dieses neuen Booms wurde bereits benannt: die Verflechtung des Hörfunks mit den Zeitungsverlegern, die Tendenz zur intermedialen Konzentration.[38] Aber auch andere Interessenten erhofften sich neue mediale Möglichkeiten: die Kommunen, die freien Radios, die gemeinnützigen Veranstalter, auch die Kirchen. Nicht zuletzt ist auch die Kooperation mit dem öffentlich-rechtlichen

Rundfunk möglich, etwa in Form von sogenannten Fensterprogrammen.

Die Renaissance des Radios betrifft alle Bevölkerungsgruppen. Für das Jahr 1985 wurde ermittelt, daß immerhin 50 Prozent der Bundesbürger Vielhörer sind, das heißt Menschen, die das Radio fast fünf Stunden täglich eingeschaltet haben (1974: 40 Prozent, 1980: 44 Prozent). Ein Viertel des gesamten Radiokonsums erfolgt übrigens außer Haus, hauptsächlich während der Berufsarbeit und beim Autofahren.[39]

Daß die Zeitungsverlage auf ihrem Weg zu Multimediaunternehmen in ihren Verbreitungsgebieten häufig nicht nur bereits einen Marktanteil von 80 Prozent und mehr haben, sondern nun auch in diesen Bereichen in den Lokal- und Regionalfunk drängen, hat Folgen für das Angebot im Medium Hörfunk: Die Programme werden extrem schematisiert; wegen der Werbung dominieren Musik[40] und seichte Unterhaltung. Mitte der 80er Jahre wurde festgestellt, daß etwa 51 Prozent der gesamten Hörfunkprogramme »leichte Musik« umfaßt.[41]

Auch die Hörfunkprogramme der öffentlich-rechtlichen Anstalten tragen dem verstärkt Rechnung. Zum einen nahmen die Angebote insgesamt zu. Vergleicht man die ARD-Angebote für einen durchschnittlichen Tag im Wandel von 1978 zu 1986, so stieg der Anteil in den ersten Programmen von 23 Stunden 37 Minuten auf 24 Stunden, in den zweiten Programmen von 19 Stunden 14 Minuten auf 21 Stunden 40 Minuten und in den dritten Programmen von 14 Stunden 27 Minuten auf 18 Stunden 15 Minuten. Die Programmausweitung betrifft vor allem die zweiten und dritten Programme; die Tendenz geht auch hier zum 24-Stunden-Programm. Zum andern betrifft diese Erhöhung vor allem die Musikbeiträge, das heißt, auch qualitativ beziehungsweise strukturell verändern sich die traditionell eher wortorientierten zweiten beziehungsweise dritten Programme.

In der Bilanz wäre festzuhalten, daß der Radioboom diesem Medium erstmals seit Beginn des Fernsehens wieder den ersten Platz bei der Nutzung der tagesaktuellen Medien verschafft hat – dies freilich um den Preis einer Zunahme seichter Musik- und Unterhaltungsprogramme und vor allem einer nun auch auditiven Allgegenwart der Werbung.

11. Bildschirmmedien und die Sucht nach der Welt am Draht

Der Aufschwung des Radios ist jedoch vergleichsweise harmlos gegenüber den Veränderungen, die beim Fernsehen und den sogenannten neuen Medien zu verzeichnen sind. Bleibt man zunächst beim klassischen Fernsehen, so gilt erstens: Es werden pro Tag immer mehr Programme gesendet. Das ist vor allem auf die Entscheidung zurückzuführen, ab dem 2. Januar 1981 das sogenannte Frühstücks- oder Vormittagsprogramm einzuführen[42], spätestens ab 1989 ergänzt durch das Bemühen, die »Mittagslücke« zu schließen und auch nachmittags ein möglichst breites Programm, vor allem für Jugendliche und Kinder, anzubieten. In den 80er Jahren erlebten wir also im Prinzip den Wandel vom Fernsehabend zum Fernsehtag.

Die Zahlen dazu (im Vergleich von 1978 zu 1986): Das ARD-Angebot stieg von 8 Stunden 23 Minuten täglich auf 10 Stunden 24 Minuten, das ZDF-Angebot von 9 Stunden 48 Minuten auf 11 Stunden 39 Minuten, das Angebot der dritten Programme von insgesamt 12 833 Stunden auf 16 000 Stunden, das Angebot der Regionalprogramme von 4116 auf 4570 Stunden; hinzu kam der Anstieg beim Vormittagsprogramm von Null auf 1022 Stunden. Addierte man diese Summen, so wäre ein Anstieg von 23 584 Stunden auf 29 642 Stunden zu verzeichnen, mithin eine Zunahme um mehr als ein Viertel. Die Delphi-Studie prognostiziert einen weiteren Wachstumsschub.

Zweitens gilt für das Fernsehen, daß auch immer mehr Programme gesehen werden. Vor allem die Zahl der Vielseher ist gestiegen. Im Vergleich der Zahlen von 1978 zu 1986 scheinen auf den ersten Blick zwar keinerlei Veränderungen feststellbar; jeweils wurden im Monatsdurchschnitt 69,5 Stunden ferngesehen.[43] Aber auch diese Angaben müssen differenziert gesehen werden: Vielseher, das heißt Menschen, die täglich drei Stunden und mehr fernsehen, sind zunehmend Kinder; 27 Prozent der Erwachsenen und 28 Prozent der Kinder werden mittlerweile unter die Vielseher gerechnet. Auch die Einschaltdauer der Geräte nahm zu: von 229 Minuten pro Tag (1985) auf 251 Minuten pro Tag, in Kabelhaushalten sogar auf 278 Minuten pro Tag (1989); die Sehdauer stieg von 147 Minuten täglich (1985) auf 153 Minuten täglich (1989).

Zugleich ist festzustellen, daß zwar die Glaubwürdigkeit aller Medien schwindet, auch die des Fernsehens, daß das Fernsehen aber relativ immer noch, im Vergleich von 1980 zu 1985, das glaubwürdigste Medium bei den Rezipienten ist.

Dritter Befund: Es gibt immer mehr Sender. In den 80er Jahren kamen zu ARD, ZDF und den dritten Programmen (samt Regionalprogrammen und dem Vormittagsprogramm) die Privaten, insbesondere SAT 1 und RTL plus. In den verkabelten Gebieten überflügelten sie bereits 1988 das ZDF mit den erzielten Einschaltquoten. Die Struktur des Programmangebots verschob sich rigoros: Beispielsweise 1986/87 boten ARD und Regionalsender 11,8 Prozent des Gesamtprogrammangebots, das ZDF gar nur noch 6,3 Prozent, die dritten Programme 21 Prozent und die Kabel- und Satellitenprogramme nicht weniger als 60,3 Prozent. Der Programmvergleich zeigt: Bei RTL plus und SAT 1 wird gegenüber ARD und ZDF sehr viel mehr Unterhaltung gezeigt, aber weniger Information; bei SAT 1 sind es eher Spielhandlungen und bei RTL plus eher Musikunterhaltung. Bei RTL plus und bei SAT 1 überwiegen die Fremdproduktionen, und es gibt deutlich mehr Studioproduktionen statt Eigenproduktionen, Filmen oder MAZ. Die Werbung ist quantitativ noch verhältnismäßig gering, dafür aber durchgehend im Programm vertreten. Der »Aufbruch zu einer neuen Fernsehkultur«[44] wird gleichwohl vom ökonomischen Primat der Werbung dirigiert. Auch die Privaten bieten seit dem 22. September beziehungsweise 5. Oktober 1987 bei RTL plus beziehungsweise SAT 1 das Frühstücksfernsehen an (bei Eureka und Tele 5 bestand dies Angebot schon früher, war jedoch regional begrenzt). Die charakteristischen Merkmale lassen sich wie folgt zusammenfassen: kurze Beiträge oder Häppchenkonzept, Wiederholungen innerhalb einer Sendung, ein Viertel der Sendezeit Videoclips, als dominantes dramaturgisches Prinzip der permanente Wechsel und Kontrast, lockerer Gesprächsstil, thematisch dominieren Unterhaltung, Entspannung und praktische Tips, insgesamt wenig Repräsentanten staatlicher und gesellschaftlicher Institutionen.

Im letzten Drittel des Jahrzehnts kam die Entscheidung für die Glasfaser, verbreiteten sich Videotext und Btx und andere neue Medien, wenngleich langsamer als erwartet (zum Beispiel Teleshopping); und vor allem gewannen Kabelfernsehen und Video an Einfluß.

Die aus wirtschaftlichen und politischen Gründen erzwungene Verkabelung, die von über 80 Prozent der befragten Bevölkerung wenig oder gar nicht gewünscht wurde, ging nur allmählich voran, wurde aber auf der Basis des Koaxialkabels durchgesetzt. Im Jahr 1988 erreichten die Kabelsender etwa 10 Prozent der Haushalte, also ungefähr 2,29 Millionen Bürger. Kabelpilotprojekte wurden in Ludwigshafen, Berlin, München und Dortmund durchgeführt. Am Beispiel Berlin bestätigte sich eine zentrale Befürchtung: Die vorherrschende Meinungsmacht (Springer) wurde stabilisiert, und damit verkehrte sich die angestrebte »Vielfalt der Medienlandschaft« in ihr Gegenteil.

Kabelhaushalte zeichneten sich in aller Regel bereits vor der Verkabelung durch einen überdurchschnittlichen Fernsehkonsum aus. Zudem sind sie besser mit Fernseh- und Videogeräten ausgestattet und stärker an Fernsehunterhaltung interessiert als der Durchschnitt der Familien. Es wundert deshalb kaum, daß das Kabelfernsehen den Fernsehkonsum steigerte: Im Jahr 1989 wurden in Durchschnittshaushalten durchschnittlich 239 Minuten am Tag gesehen, in Kabelhaushalten dagegen 253 Minuten. Generell läßt sich sagen, daß Ende der 80er Jahre die allgemeine »Akzeptanz« des Kabelfernsehens und der neuen Medien, auch des Fernsehens generell erheblich gestiegen war.

Video als ein besonders erfolgreiches neues Medium hatte beeindruckende Zuwachsraten. 1978 war dieses Medium in der Bundesrepublik überhaupt noch nicht verbreitet, 1980 hatte man 300 000 Videorecorder abgesetzt, und 1988 waren nicht weniger als 31 Prozent aller Haushalte mit Geräten bereits versorgt. Im Kampf der Marken und Systeme setzte sich dabei VHS letztlich durch.

Der Verbreitung der Geräte entspricht die Nutzung. 1987 beispielsweise nutzte jeder fünfte Erwachsene und jedes vierte Kind den Recorder täglich, Erwachsene im Durchschnitt 17 Minuten, Kinder 22 Minuten; die Tendenz ist hier steigend. Video wird vor allem für zeitversetztes Fernsehen verwendet und erhöht also ebenfalls die Sehdauer pro Tag erheblich, insbesondere am Wochenende – gemäß dem Slogan: »Fernsehen wird durch Video erst schön.«[45]

Zahlen hierzu: 72 Prozent der Besitzer von Videorecordern sehen mitgeschnittene Programme, 75 Prozent sehen mindestens gelegentlich gemietete Programme, 50 Prozent schauen sich geliehene und 17 Prozent gekaufte Programme an. Nur 4 Prozent nutzen den Recorder für Filme, die sie selbst mit der eigenen Videokamera aufgenommen haben, das heißt das Medium Video als ein produktiv genutztes Medium existiert im wesentlichen im Kopf von Ideologen. Geht man nach den Programmen, die in Videotheken angeboten beziehungsweise nachgefragt werden, so dominieren Action, Science-fiction, Abenteuerfilme und Pornos. In die Diskussion geriet Video dagegen primär – auf zahllosen, häufig pädagogisch akzentuierten Tagungen und Kongressen – durch das Horrorgenre.[46]

Die Brisanz des Videorecorders als Speichermedium[47] ist heute noch nicht absehbar, läßt sich aber vielleicht erahnen: als eine ganz neue private Öffentlichkeitsform; als Aufhebung der Transitorik, das heißt als Medium einer neuen Verfügbarkeit; als neue Form von Kunst (»Videokunst«), die sich – wie schon im Videoclip beziehungsweise dem Musikvideo angedeutet – dadurch auszeichnet, daß verschiedene Künste und Formen und Medien ineinanderfließen und die traditionellen Abgrenzungen aufheben.

Insgesamt betrachtet, hat sich das Fernsehen im Verlauf der 80er Jahre vom ohnehin vorherrschenden zum gesellschaftlich absolut dominanten Medium entwickelt, insbesondere im Hinblick auf seine zentrale Stellung im Kontext weiterer »Bildschirmmedien«. Die erwähnte Delphi-Studie für acht EG-Länder sagt bis zum Jahr 2005 eine beträchtliche Ausweitung des Fernseh- und Videomarktes voraus, was bedeutet, daß nicht nur das Angebot größer wird, sondern auch das Medium verstärkt genutzt wird. Der Verdacht (1980), daß speziell »das Fernsehen unser Leben verändert hat«[48], führte über konkrete Einsichten in die »Fernsehgesellschaft« (1985)[49] bis zur Überzeugung, daß der »neue Kontinent Fernsehen« (1989) eine besondere Herausforderung und Chance darstellt[50] – um nur einige der bekannteren Buchtitel in Erinnerung zu rufen.

12. Exkurs 3: *Alf* und die lückenlose Vermarktung

Der Zusammenhang von Seller, Stars und Serien im Sinne eines alle Medien prinzipiell einbeziehenden Produktverbunds hat Ende der 80er Jahre eine neue Dimension erreicht – mit dem Fernsehen als Ausgangspunkt und Zentrum.[51] *Alf* ist dafür das zeitgemäße Beispiel. *Alf* (Alien life form), von Paul Fusco erfunden und von Tom Patchett produziert, wurde in den USA als Fernsehserie von NBC im September 1986 zur Prime time gestartet. Die Serie beschreibt das Leben eines außerirdischen, liebenswert-chaotischen Wesens in einer amerikanischen Durchschnittsfamilie und bezieht ihren teils hintergründigen Witz aus Situationskomik, Versatzstücken der Soap-opera und dem Reiz des sprechenden Haustiers. In den USA wurde die Serie sowohl von Kindern als auch von Erwachsenen gesehen und entwickelte sich mit Einschaltquoten um 19 Prozent bei über 80 Millionen Fernsehhaushalten zum Renner. 1987/88 war *Alf* bereits auf Platz 11 der Beliebtheitsskala vorgerückt und rangierte damit deutlich vor *Dallas*

STAR-Kalender 1989: Hörspielkassetten *Alf*

(Platz 22), *Miami Vice* (Platz 45) oder *Simon & Simon* (Platz 57). NBC verkaufte *Alf* an über 50 Länder.

In der Bundesrepublik wurde die Serie am 5. Januar 1988 im Vorabendprogramm des ZDF ab 17.45 Uhr gestartet: »Hallo, da bin ich« (5. 1.), »Die Nacht, in der die Pizza kam« (12. 1.), »Katzenjammer« (19. 1.), »Großer Mann, was nun?« (26. 1.) usw. Siegfried Rabe und Wolfgang Witt zeichnen für die deutschen Dialoge verantwortlich, Thomas Piper bietet die Synchronstimme. Einer der bekanntesten Sprüche des außerirdischen Zottelmonsters, »Null problemo«, wurde zum deutschen Markenzeichen. Auf Grund des unerwarteten Erfolgs – die Serie erzielte im Durchschnitt eine Einschaltquote um 20 Prozent, das heißt, sie wurde von 6 bis 7 Millionen Zuschauern gesehen – erhielt Alf ab dem 12. April die doppelte Sendezeit. Nach den ersten 24 Folgen und einer Pause wurde die Erfolgsserie im Dezember 1988 fortgesetzt. Zugleich wurde mit der Wiederholung der ersten Serie begonnen. Am 16. Februar 1989 erhielt die Titelfigur Alf die Goldene Kamera der Fernsehzeitschrift *Hör-Zu,* die sich durch eine Reihe fiktiver Interviews bereits früher an den *Alf*-Erfolg angehängt (zum

Beispiel Heft 36, 37, 38/1988) und Alf längst zum Titelbild-»Superstar« (Heft 4/1989) ausgerufen hatte. Die Vermarktung der Figur, ganz nach amerikanischem Vorbild, auf Postern, Kissen, Koffern, Uhren, Büchern, Karten, Tassen, Lampen, Füllern, Socken, Jeans, Unterwäsche, Pullis, T-Shirts, Jogginganzügen, Schirmen lief bereits 1988 an und erreichte im Frühjahr 1989 ihren Höhepunkt; über 260 *Alf*-Produkte insgesamt sollen in der Bundesrepublik durch 90 verschiedene Firmen mit einem Gesamtumsatz von rund 300 Millionen DM vertrieben worden sein.[52] Renner der Vermarktung waren, noch vor den 500 000 verkauften *Alf*-Puppen und den 3 Millionen *Alf*-Malbüchern, nicht weniger als 6,5 Millionen verkaufte Hörspielkassetten der Firma Karussell. Die ersten zwölf Hörspiele wurden sechsmal mit Platin und zehnmal mit Gold ausgezeichnet. Aber auch die *Alf*-Bücher kamen auf die Bestsellerlisten, und die *Alf*-Popsongs tauchten in den Charts auf. Selbst die *Alf*-Comic-Hefte des Bastei-Verlags sollen sich gut verkauft haben. Derzeit wird der erste *Alf*-Kinofilm produziert.

Es ist die »putzige Kreuzung zwischen Trüffelschwein und Teddy« (*Hör-Zu* 11/1988, S. 117), die »Promenadenmischung aus Zottelhund, Erdferkel und Menschenaffe« (*Welt*, 19. März 1988), das »außerirdische Zotteltier mit dem zerknautschten Schweinerüssel [...] irgendwo zwischen Garfield und Snoopy« (*Express*, 10. Mai 1988), die »Mischung aus Känguruh und Ameisenbär« (*Augsburger Allgemeine*, 30. März 1988), die das Phänomen *Alf* auszeichnet – obwohl die Frage von Matthias Horx: »Warum, zum Teufel, lieben, bewundern oder hassen wir alle so abgrundtief den außerirdischen Alf?« nach wie vor unbeantwortet ist.[53] Kinder- und Erwachsenenwelt, Märchen und Wirklichkeit, Science-fiction und Gegenwart, Tier und Mensch – die Grenzen verschwimmen, und erste neue Mischungen und Konstellationen offerieren die wirksamen Reize. Das Fernsehen als Familienmedium bietet sich hier nicht mehr nur im Rahmen des Gesamtprogramms, sondern bereits innerhalb der einzelnen Sendung oder Serie als Gemischtwarenladen an. Alf als Sprücheklopfer – das signalisiert ein aufs Äußerste zerrissenes und auf kleinste Sinninseln reduziertes Weltbild der heutigen Gesellschaft, bei dem insbesondere der infantile Grundzug deutlich hervortritt:

»Null Problemo! Wo ich bin, ist das Chaos!«
»Es gibt viele Dinge, die ich an mir bewundere.«
»Tu nichts, was ich nicht auch tun würde.«

»Was du heute kannst besorgen, das verschiebe rasch auf morgen.«
»Es genügt nicht, keine Meinung zu haben. Man muß auch unfähig sein, sie auszudrücken.«
»Besser in Ruhe 'ne Pause als pausenlos Ruhe.«
»Lieber ich als keiner.«

Darüber hinaus wird *Alf* durch eine gezielt gesteuerte Vermarktung charakterisiert. *Hör-Zu* und *Bild* machten systematisch Reklame für die *Alf*-Produkte, mit genauen Preisangaben und Bestelladressen (zum Beispiel *Bild* vom 21. Juli 1988). *Bild am Sonntag* war bei der Videovermarktung beteiligt. Zahlreiche Zeitschriften organisierten Rätsel um Alf – mit *Alf*-Souvenirs als Gewinnen, wobei zum Beispiel allein *Bravo* etwa 20 000 richtige Einsendungen zu verzeichnen hatte. Die Presse überschlug sich mit Artikeln und Mutmaßungen zum *Alf*-Erfolg. Die Kinderspielzeughersteller, die Produzenten von Starkalendern und anderen Produkten machten *Alf* zum Aufhänger aufwendiger Werbekampagnen. Entsprechend beschäftigten Raubkopien, vor allem aus Korea eingeflogen, zunehmend die Gerichte. Und wer sich heute *Alf* als einem internationalen und zugleich supramedialen Bestseller als Serie und Superstar Ende der 80er Jahre nähert, vermag nicht mehr zu unterscheiden zwischen Produkt und Werbung. Die Fernsehserie *Alf* ist heute eher Werbung für seine »tie-ins« und sonstigen Produktformen als umgekehrt – das Produkt i s t die Werbung. Und *Alf* als Heftchen, Buch, Platte, Kassette, Film und Video signalisiert einen Verwertungszusammenhang, der dem realen Kauf- und Konsumverhalten der Menschen ein medienübergreifendes Angebot macht. Medien werden nicht mehr isoliert voneinander benutzt, von den Rezipienten ohnehin nicht, und nun verstärkt auch nicht mehr von den Produzenten.

13. Medien und ihre Nutzung: Von der Authentizität zur Vermitteltheit

Die folgenden Zahlen sind zwar nicht vollständig und wenig verbreitet, aber sie indizieren doch eine fundamentale Verschiebung in bezug auf die Nutzung von Medien. Wieviel Zeit wird nun für die einzelnen Medien aufgewendet? Im Jahr 1977/78 entfielen monatlich auf Bücher 18,5 Stunden, auf Zeitungen insgesamt 18 Stunden, auf Zeitschriften 10,5 Stunden, auf die Schallplatte 5,5 Stunden, das Theater 0,4 Stunden, das Kino 0,3 Stunden (und auf das Telefonieren 10 Stunden). Am meisten Zeit wurde für Fernsehen (69,5 Stunden) und Radiohören

(69 Stunden) aufgewendet. Für das Jahr 1985/86 sind nur wenige Vergleichsdaten für den Bevölkerungsdurchschnitt publiziert. Für Tageszeitungen wurden danach 16,5 Stunden aufgewendet, für das Fernsehen 69,5 Stunden (mit den oben beschriebenen Besonderheiten). Bei allen anderen Medien ging die Nutzungsdauer mutmaßlich rapide zurück – mit zwei Ausnahmen: Der Hörfunk überrundete das Fernsehen durch eine Zunahme auf 73 Stunden, und Telespiele/Video schlugen ebenfalls mit durchschnittlich 2 Stunden Zeitaufwand pro Monat zu Buche. Für die Gruppe der Jugendlichen (12 bis 29 Jahre) wurde 1984/85 der Medienkonsum wie folgt ermittelt[54]: Für Radio wurden 58,5 Stunden monatlich aufgewendet, für Fernsehen 50,5 Stunden, für Platten und Kassetten 14 Stunden, für Bücher 10 Stunden, für Zeitungen 6,5 Stunden, für Video und Telespiele 4 Stunden, für Zeitschriften 3,5 Stunden. Zukunftsrelevant dürfte hier das Verhältnis von Printmedien (20 Stunden) zu den elektronischen Medien (127 Stunden) sein – das Buch macht nur noch 6,8 Prozent des Medienkonsums insgesamt aus, das heißt, von knapp fünf Stunden täglich entfallen im Durchschnitt nur noch 20 Minuten auf das Buch.

Um die Brisanz dieser Zahlen zu verdeutlichen, sei die Entwicklung am Beispiel der Buchliteratur weiterverfolgt: Der durchschnittliche Bundesbürger las Ende der 70er Jahre pro Monat 18 Stunden in einem Buch, sah aber 69 Stunden fern und hörte 69 Stunden Radio. Aber nur 19 Prozent aller Bücher waren literarische Werke, das heißt, gelesen werden primär Sach- und Fachbücher, Gebrauchsbücher. Von den 18 Stunden monatlicher Buchnutzung blieben nur viereinhalb Stunden für Belletristik. Bücher »mit literarischem Anspruch« gibt es jedoch ohnehin nur in 44 Prozent aller bundesdeutschen Haushalte. Von den 6400 Belletristiktiteln des Jahres 1985 fällt ein großer Teil in den Bereich der Heftchenromane. Schätzungsweise zwei Prozent der Bevölkerung lesen noch Bücher »mit literarischem Anspruch« im Sinne der traditionellen Germanistik, das heißt zweimal 600 000 Menschen. Das bedeutet übrigens keineswegs etwa das Ende von Literatur, wohl aber den Niedergang von Buchliteratur. Literatur wird heute statt dessen, im Sinne von »Fiktion«, primär in den elektronischen Medien vermittelt und »gelesen« beziehungsweise rezipiert: Hörspiele im Radio, Fernsehspiele und Serien im Fernsehen, Massenlyrik in Form von Rock- und Popsongs durch das Medium Schallplatte, Spielfilm im Kino und auf Video usw.[55]

Der Anteil der Vielnutzer der drei tagesaktuellen Medien (Hörfunk, Fernsehen, Zeitung) hat sich ebenfalls erhöht[56]: 1980 nutzten 40 Prozent diese Medien im Durchschnitt 7 Stunden 54 Minuten, im Jahr 1985 waren es 42 Prozent mit einer Nutzungsdauer von 8 Stunden und 13 Minuten. Die magische Zahl von 8 Stunden wird damit erstmals überschritten: Fast die Hälfte der Bevölkerung verbringt nun statistisch gesehen ihre gesamte freie Zeit mit dem Konsum von Medien, wenn man von 8 Stunden Schlaf und 8 Stunden Arbeit ausgeht. Die Nutzung des Mediums Computer, das hier auf Grund eines gesonderten Beitrags in diesem Band ausgespart wurde, dürfte die Gesamtmediennutzungszeit um ein weiteres erhöhen. Anders sieht das Bild auf den ersten Blick bei den Ausgaben aus. Wieviel Geld wird für Medien aufgewendet? Unterscheidet man wieder zwischen einer durchschnittlichen Vierpersonenfamilie mit mittlerem und einer mit höherem Einkommen, so haben sich im Vergleich von 1978 auf 1985 die Gesamtbeträge von 62,77 DM auf 84,85 DM beziehungsweise von 114,74 DM auf 139,48 DM erhöht. Interessanterweise ist dabei durch die unterschiedliche prozentuale Steigerung (35,2 Prozent und 21,6 Prozent) eine gewisse Angleichung der beiden Familientypen erfolgt. Dabei sind Zeitung und Zeitschrift in der Hierarchie nach oben gerückt.

Daraus darf nun freilich nicht auf eine Gegenbewegung zum generellen Trend von der kritisch-aktiven Nutzung zur affirmativ-aktiven Passivberieselung beziehungsweise vom Wort zum Bild geschlossen werden. Die Verschiebungen bei den Ausgaben sind vielmehr lediglich auf die bereits erwähnten entsprechenden Preiserhöhungen insbesondere bei Zeitung und Zeitschrift zurückzuführen, während die Kosten bei den elektronischen Medien vergleichsweise niedriger wurden.

Insgesamt zeichnet sich ab, daß die Mediennutzung langsam, aber kontinuierlich zunimmt. Immer mehr Zeit wird auf die Rezeption von Medienprodukten und damit auf medial Vermitteltes verwendet – und entsprechend geht der zeitliche Aufwand für authentische Wirklichkeitserfahrung, für unvermitteltes Erleben von Realität, für individuelle, subjektautonome Erfahrungen und für interpersonale Kommunikation zurück.[57]

Ausblick in Thesen

Im Überblick über alle Medien und ihre höchst unterschiedlichen Entwicklungen in den letzten zehn Jahren, die größtenteils sehr differenziert gesehen werden müssen, sollen gleichwohl als Ausblick sechs Thesen formuliert werden:

Erstens: Es gab eine deutliche Zunahme an Integration und Verbund, der Produzenten und Anbieter, der Märkte und Distributionsinstanzen, auch der Nutzung durch die Rezipienten und Konsumenten. An den Polymonopolen – besonders deutlich bei den Formationen deutscher Medienmultis[58] – und anderen Momenten einer inzwischen längst auch supranationalen Konzentration läßt sich vielleicht am deutlichsten der Weg zu einer totalen Multimedia- und Mediengesellschaft ablesen.

Zweitens: Die Verlagerung von den Printmedien zu den elektronischen Medien hat sich rapide fortgesetzt, das heißt, die heutige Mediengesellschaft geht eindeutig zu Lasten der Buchstaben- und Druckmedienkultur. Bei den elektronischen Medien dominieren insgesamt die Bildschirmmedien, aber das Radio und – besonders bei Jugendlichen – die Schallplatte und Kassette sind in bestimmten gesellschaftlichen Bereichen wieder stärker als früher vertreten.

Drittens: Mit den elektronischen und besonders den sogenannten neuen Medien ist ein zunehmender Technikeinsatz zu verzeichnen, der hohe Kapitalinvestitionen bedingt und sich folgerichtig durch bestimmte Merkmale ausweist: eine verstärkte Transnationalisierung im Sinne breiterer Märkte, eine Konzentration auf »Bestseller«, Toptitel und Stars in allen Medien zur Verringerung des ökonomischen Risikos, eine intensivierte Kommerzialisierung in allen Bereichen. Diese Kommerzialisierung – im Sinne einer fortschreitenden Privatisierung der Telekommunikationsindustrien der westlichen Länder – vollzieht sich zunehmend sowohl weltweit als auch kulturumfassend.[59]

Viertens: Im Hinblick auf die einzelnen Produkte dürfte das wichtigste Merkmal die zunehmende Veränderung des Einzelwerks sein. Das heißt mehr als nur verstärkte Stereotypisierung, Wiederholung, Oberflächlichkeit, Affirmation und Konformismus in der Aussage; vielmehr ist eine deutliche Zunahme von Werbung nicht nur *mit* dem Produkt zu verzeichnen, das heißt die Funktionalisierung von Kunst als bloßem Marketing-Instrument, sondern Werbung nun auch *im* Produkt selbst (wie zum Beispiel bereits beim Videoclip): Kunst *als* Werbung.[60] Zugleich begegnet nun immer häufiger ein und dasselbe Produkt in einer ganzen Bandbreite von Medien; der Verbund der

Anbieter und Märkte resultiert in einem Verbund von Produkten – beispielsweise ließ sich für mehr als die Hälfte aller bundesdeutschen Fernsehprogramme des Jahres 1988 ein Produktverbund mit den Medien Buch, Film und Schallplatte nachweisen.[61] Freilich hat diese Auflösung traditioneller Grenzen vereinzelt auch durchaus positive Auswirkungen, etwa im Sinne des zunehmend multimedialen Kunstwerks mit ganz neuen Wahrnehmungs- und Bedeutungsdimensionen.

Fünftens: Generell sind fast alle Medien und Medienprodukte von einer Zunahme an formaler Komplexität und Informationsdichte und von einer rapide zunehmenden Schnelligkeit und Hektik bestimmt; für immer mehr Produkte und Programme, die in immer kürzerer Zeit produziert und auf dem Markt in immer mehr und verschiedensten Medien vermittelt werden, steht den Rezipienten relativ immer weniger Zeit zur Verfügung. Inwieweit darauf ein neues Zuschauerverhalten zurückgeführt werden kann (»zapping«, »grasing«, »channel hopping«), ist noch umstritten.[62]

Sechstens: Die Informierten sind noch informierter geworden, die Mächtigen noch mächtiger, die Reichen noch reicher. Und die Wissenskluft zwischen denjenigen, die man die Informationsreichen nennt, also denjenigen, die den Durchblick haben, sich die richtigen Informationen verschaffen, sie richtig auswerten und einsetzen können, auf der einen Seite und den Informationsarmen, die sich auf »Informationsinseln« und kleine Nischen und Teilbereiche zurückziehen, auf der anderen Seite nimmt offensichtlich stetig zu.[63] (Das Medium Computer und seine Verbreitung in den 80er Jahren – im Sinne einer ganz neuen Medienkompetenz – hat hier wohl eine entscheidende Rolle gespielt.) Auf dem Weg zur totalen Mediengesellschaft in den 80er Jahren scheint sich allmählich eine neue Klassengesellschaft abzuzeichnen.

Anmerkungen

Der vorliegende Beitrag wurde im Herbst 1989 abgeschlossen.

1 Angeknüpft sei damit primär an entsprechende Beiträge zu früheren Zeitabschnitten, beispielsweise von Renate Uenk: *Die deutsche Medienlandschaft. Daten, Fakten, Analysen.* München 1977, oder von Horst Holzer: *Medien in der BRD. Entwicklungen 1970–1980.* Köln 1980, aber auch den »Bericht der Bundesregierung über die Lage der Medien in der Bundesrepublik Deutschland 1985«, allerdings in einem ideologisch beziehungsweise politisch weniger spezifischen Zugriff. Vgl. in diesem Sinn etwa historiographische Versuche wie von Werner Höfer (Hrsg.): *Was sind Medien?* Percha/Kempfenhausen 1981, oder von Werner Hadorn und Mario Cortesi: *Mensch und Medien: Die Geschichte der Massenkommunikation,* 2 Bde., Stuttgart 1986. Gleichwohl sind die Ansprüche im folgenden eher bescheiden. Siehe auch die heute zwar teils überholte, aber umfassende und detaillierte Monographie von Dietrich Ratzke: *Die Medienentwicklung in der Bundesrepublik Deutschland.* Stuttgart 1984. Während Überblicke über einzelne Medien oder Teilmärkte keine Seltenheit sind, finden sich wirklich supramediale Ansätze lediglich für »Kindermedien« beziehungsweise »Kinder und Medien«. So erschienen etwa 1980 von Klaus Jensen und Jan-Uwe Rogge: *Der Medienmarkt für Kinder in der Bundesrepublik.* Tübingen, und von Karl W. Bauer und Heinz Hengst: *Wirklichkeit aus zweiter Hand: Kindheit in der Erfahrungswelt von Spielwaren und Medienprodukten.* Reinbek bei Hamburg; 1985 von Jan-Uwe Rogge: *Heidi, PacMan und die Video-Zombies.* Reinbek bei Hamburg, und von Michael Schmidbauer und Paul Löhr: *Der Markt der kommerziellen Kindermedien: Eine Dokumentation.* Solche umfassenden Beiträge stellen aber ansonsten die Ausnahme dar. Gesamtgesellschaftliche und gesamtkulturelle Darstellungen wie neuerdings von Hermann Glaser: *Kulturgeschichte der Bundesrepublik Deutschland,* Band 3: *Zwischen Protest und Anpassung (1968–1989).* München 1989, oder von Wolfgang Benz (Hrsg.): *Die Geschichte der Bundesrepublik Deutschland,* Band 4: *Kultur.* Frankfurt am Main, aktualisierte und erweiterte Neuausgabe 1989, haben sich für unseren Zusammenhang als völlig unzureichend und unergiebig erwiesen.

2 Einen Überblick über entsprechende Versuche bis zu den 70er Jahren bietet Werner Faulstich (Hrsg.): *Kritische Stichwörter zur Medienwissenschaft.* München 1979; für die neuere Zeit vor allem Rainer Bohn u. a. (Hrsg.): *Ansichten einer künftigen Medienwissenschaft.* Berlin 1988.

3 Siehe beispielsweise Gerd G. Kopper: *Massenmedien – Wirtschaftliche Grundlagen und Strukturen.* Konstanz 1982. An seiner Bilanz, daß makroanalytische Forschungsansätze, die zugleich der Internationalisierung der westlichen Industriegesellschaften und ihrer Medienindustrien Rechnung tragen, praktisch »fehlen«, hat sich bis heute offenbar nichts verbessern lassen. Neuere Versuche wurden auch aus kulturwissenschaftlicher Sicht unternommen, so

von Jost Hermand: *Die Kultur der Bundesrepublik Deutschland 1965-85.* München 1988. Sie sind freilich infolge der absoluten Willkür bei Zahlenangaben, der Beliebigkeit der oft großen zeitlichen Sprünge innerhalb dieser Zeitspanne sowie der höchst ideologischen Mischung von Thesen, politischen, kulturspezifischen, wirtschaftlichen Daten oder Zusammenhängen und irgendwelchen Inhaltsangaben irgendwelcher Einzelwerke leider kaum brauchbar.

4 Zugrundegelegt wurden dabei vor allem die Jahrgänge der Fachzeitschrift *Media Perspektiven* (zukünftig abgekürzt *MP*), bei den Globalvergleichen insbesondere die von dieser Zeitschrift zusätzlich vorgelegten »Daten zur Mediensituation in der Bundesrepublik« der Jahre 1979 und 1987, die sich übrigens in sehr vielen Aspekten derart unterscheiden, daß bereits hier eine Vergleichbarkeit kaum gewährleistet ist. Ansonsten wurden jedoch alle in einer bestimmten Zeit erreichbaren Quellen herangezogen, sofern sie hilfreich erschienen.

5 Ein charakteristisches Beispiel wäre etwa die wichtige Langzeitstudie zur Mediennutzung und Medienbewertung 1964 bis 1985, in der das Buch als Medium gar nicht mehr vorkommt. Siehe Klaus Berg und Marie-Luise Kiefer (Hrsg.): *Massenkommunikation III.* Frankfurt am Main 1987.

6 Vgl. etwa Überblicke wie von Franz-Heinz Köhler: »Die heutige Theatersituation und wie es dazu kam. Eine statistische Analyse«, in: *MP* 9, 1983, S. 650–657. Die Zahlen rekurrieren auf entsprechenden Publikationen des Deutschen Bühnenvereins: *Bühnen-Jahrbuch 1984/85,* Berlin 1985; *Theaterstatistik für die Spielzeit 1984/85.* Köln 1986; *Was spielten die Theater? Werkstatistik 1984/85,* Köln 1986. Für wichtige Hinweise hierzu bin ich Karl H. Müller-Sachse vom WDR Köln dankbar.

7 Vgl. auch den jüngsten Beitrag von Carsten Jens: »Privater Hörfunk – eine Verlegerdomäne«, in: *MP* 1, 1989, S. 23–37.

8 Siehe dazu insbesondere die regelmäßigen Beiträge von Helmut H. Diederichs und von Horst Röper, beide in *MP.*

9 Frau Dipl.-Bibl. Ursula Frank vom Deutschen Bucharchiv München schulde ich Dank für ihre engagierte und geduldige Hilfestellung bei der bibliographischen Recherche.

10 Die Forschungsgruppe Kammerer beispielsweise hat in ihrem für die Bundesregierung erstellten Gutachten 1982 über »Ergebnisse der Mediennutzungs- und Medienwirkungsforschung« erhebliche Schwierigkeiten, Buch und Zeitschrift bei den Kinder- und Jugendmedien zu differenzieren. Siehe auch die entsprechenden regelmäßigen Artikel zum Beispiel in *dnv* (zum Beispiel 1, 1989, S. 8–13) und *Presse-Report* (zum Beispiel 7, 1987, S. 16f. oder 2, 1988, S. 28–32).

11 Hans Joachim Schöps: »›Da will ich lieber das Gute beschreiben‹ – über die heimlichen Bestseller der Deutschen: die Heftromane«, in: *Spiegel* Nr. 42, 1988, S. 110–128, und Nr. 43, 1988, S. 95–111.

12 Siehe Walter Nutz und Volker Schlögell: »Der Heftromanleser als populärkulturelle Erscheinung«, in: *Communications* Heft 2, 1986, S. 7–39.

13 So ein Bericht im *Presse-Report* 4, 1987, S. 10 und 12.

[14] Vgl. vor allem Ricarda Strobel: »Comics in der Bundesrepublik Deutschland – Emanzipation einer Literaturform«, in: *MP* 1, 1988, S. 13–25.

[15] Zum Beispiel Heinz Bonfadelli und Ulrich Saxer: *Lesen, Fernsehen und Lernen. Wie Jugendliche die Medien nutzen und die Folgen für die Medienpädagogik.* Zug 1986.

[16] Siehe dazu aber auch zahlreiche gründliche Teiluntersuchungen, zum Beispiel von Claudia Leonhardt: »Das Taschenbuch – seine Stellung und sein Einfluß im deutschen Buchmarkt«, in: *Archiv für Soziologie und Wirtschaftsfragen des Buchhandels* Heft Nr. LIX, September 1985.

[17] Elisabeth Noelle-Neumann und Rüdiger Schulz: »Typologie der Käufer und Leser. Eine Wertanalyse des Buches in der Mediengesellschaft«, in: *Archiv für Soziologie und Wirtschaftsfragen des Buchhandels* Heft Nr. LXII, Januar 1987.

[18] Peter Vodosek (Hrsg.): *Das Buch in Praxis und Wissenschaft. 40 Jahre Deutsches Bucharchiv München.* Festschrift. Wiesbaden 1989. Vgl. auch Ulrich Saxer, Wolfgang Langenbucher und Angela Fritz: *Kommunikationsverhalten und Medien.* Gütersloh 1989.

[19] Felix Weigner: *Ausgelesen? Das Buch im Umfeld von Kultur und Kulturindustrie.* Münsingen/Bern 1989.

[20] *Buchreport* Nr. 50, 10. 12. 1986, S. 16. Siehe auch die Dokumentation »Staatliche Eingriffe in die Literaturfreiheit«, in: *Buchreport* Nr. 41, 1986.

[21] Siehe den Bericht von Werner Mathes und Sven Michaelsen im *Stern* vom 4. 12. 1986, S. 131, 134, 138, der in Branchenpublikationen ein lebhaftes Echo fand (vgl. zum Beispiel *Buchreport* Nr. 50, 10. 12. 1986, S. 16).

[22] Mathes und Michaelsen, a. a. O., S. 131.

[23] Für die Zeit bis Ende der 70er Jahre siehe Werner Zeppenfeld: *Tonträger in der Bundesrepublik Deutschland. Anatomie eines medialen Massenmarktes.* Bochum 1978, [2]1979. Vgl. auch Gerhard Gericke: »Von der Schallplatte zur Audiovision. Zur Lage des bundesdeutschen Phonomarktes«, in: *MP* 1, 1981, S. 21–35.

[24] Vgl. Peter Zombik: »Die Schallplatte: Kulturträger und Wirtschaftsfaktor. Marktstrukturveränderungen und ihre Folgen«, in: *MP* 7, 1987, S. 437–448.

[25] Siehe auch beispielsweise die Angaben von Hermann Rauhe: »Popmusik und Schlager. Kritische Auseinandersetzung mit einem Massenphänomen«, in: Horst Scarbath und Veronika Straub (Hrsg.): *Die heimlichen Miterzieher.* Hamburg 1986, S. 185–243.

[26] Michael Schore: *The Rolling Stone Book of Rock Video.* New York 1984.

[27] E. Ann Kaplan: *Rocking Around the Clock. Music Television, Postmodernism, and Consumer Culture.* New York/London 1987.

[28] Veruschka Bódy und Peter Weibel (Hrsg.): *Clip, Klapp, Bum: Von der visuellen Musik zum Musikvideo.* Köln 1987.

[29] Ebd., S. 275.

[30] Vergleiche die Beiträge in *medien + erziehung* 2, 1989, S. 68–90. Siehe auch Werner Faulstich: *Zwischen Glitter und Punk. Tübinger Vorlesungen zur Rockgeschichte,* Teil III: *1971–1982.* Rottenburg/Oberndorf 1986, S. 267–278; Klaus E. Behne (Hrsg.): *film – musik – video oder Die Konkurrenz von Auge und Ohr.* Regensburg 1987; weitere Beiträge in fast allen Kultur- und Medien-

zeitschriften, zum Beispiel *Musik und Bildung, Medien Praktisch, Theater-ZeitSchrift, Medium Medien-Journal, medien + erziehung, Popular Music and Society.*

31 Siehe zum Beispiel Christian W. Thomsen und Werner Faulstich (Hrsg.): *Seller, Stars und Serien. Medien im Produktverbund.* Heidelberg 1989.

32 Vgl. etwa Alf Mayer: »Die bundesdeutsche Kinokrise«, in: *MP* 11, 1985, S. 791–803, sowie Kraft Wetzel: »Die Krise des Neuen deutschen Films«, in: *MP* 2, 1987, S. 90–98. Daß 1982 als eine Art Bilanz das Buch von Hans Günther Pflaum und Hans Helmut Prinzler erschien: *Film in der Bundesrepublik Deutschland. Der neue deutsche Film.* Frankfurt am Main, kann als Charakteristikum für den Abschluß einer Entwicklungsphase gelten.

33 Vgl. dazu auch die Arbeitsgemeinschaft der Filmjournalisten, Hamburger Büro (Hrsg.): *Neue Medien contra Filmkultur?* Berlin 1987.

34 Werner Faulstich: »Leinwand und Bildschirm: Zwei Welten?«, in: Georg Haberl und Gottfried Schlemmer (Hrsg.): *Die Magie des Rechtecks. Filmästhetik zwischen Leinwand und Bildschirm.* Wien 1991.

35 Siehe beispielsweise Elisabeth Berg-Schwarze: »Filmförderung durch das öffentlich-rechtliche Fernsehen«, und Bernward Frank: »Kinobesuch und Fernsehen«, beide in: *MP* 11, 1985; Bernward Frank: »Kinobesuch und Fernsehnutzung«, und Johannes Klingsporn: »Filmangebot und -konsumption im öffentlich-rechtlichen Fernsehen und im Kino«, beide in: *MP* 1, 1987, oder Marlene Wöste: »Öffentlich-rechtliches Fernsehen: Aufträge an die Filmwirtschaft für 10,6 Milliarden Mark«, in: *MP* 12, 1987, S. 753–759.

36 Für den einen Kritiker wird hier »die Lust am Perversen intellektualisiert«, für den anderen geht der Protagonist Jeffrey »wie ein Held in die Hölle, reift in der Hölle und gelangt unbeschadet und ungereift wieder ans Tageslicht«, für den dritten gleicht das Ende des Films »einem Tollhaus, in dem die Geschichte längst nicht mehr den Gesetzen erzählerischer Logik gehorcht«. Siehe zum Beispiel die Kontroverse um den Film in *medien + erziehung* 3, 1987, S. 157–165. Die detaillierten Ergebnisse einer tiefenstrukturellen und filmästhetischen Binnenanalyse dieses Films sollen demnächst an anderer Stelle vorgelegt werden.

37 Horst Röper: »Einstieg in ein neues Radiozeitalter. Privater Hörfunk in der Bundesrepublik Deutschland«, in: *MP* 7, 1985, S. 521–534.

38 Siehe ergänzend auch Marlene Wöste: »Networkbildung durch die Hintertür? Programmzulieferer für privaten Hörfunk in der Bundesrepublik – Eine Bestandsaufnahme«, in: *MP* 1, 1989, S. 9–22.

39 Christopher Wild: »Radio – Das mobile Medium. Daten zur Hörfunknutzung außer Haus«, in: *MP* 5, 1989, S. 288–294.

40 Nur angedeutet sei hier, daß dies natürlich wieder Rückwirkungen auf den Plattenmarkt hat. Siehe dazu etwa als Einführung Günter Kleinen: *Massenmusik. Die befragten Macher.* Wolfenbüttel/Zürich 1983. Die Verflechtungen der Medien Hörfunk und Schallplatte wurden seit den 50er Jahren und den späteren Payola-Skandalen kaum mehr diskutiert. Systematische Forschungen zum Verbund in den 80er Jahren scheinen jedenfalls nicht durchgeführt worden zu sein.

41 Siehe auch Will Teichert: »Der Hörfunk des Nebenbei – ernstgenommen«, in: *MP* 5, 1987, S. 275–293.

42 Zum Übergang vom Vormittagsfernsehen zum Frühstücksfernsehen vgl. etwa Wolfgang Darschin und Bernward Frank: »Das bundesweite Vormittagsprogramm und seine Zuschauer – Versuch einer ersten Bilanz«, in: *MP* 2, 1982, S. 137–145; und Michael Krüger: »Frühstücksfernsehen: eine Programminnovation?«, in: *MP* 2, 1988, S. 95–106.

43 Das gilt auch noch für die neuesten Zahlen, vgl. Wolfgang Darschin und Bernward Frank: »Tendenzen im Zuschauerverhalten. Fernsehgewohnheiten und Fernsehreichweiten im Jahr 1988«, in: *MP* 3, 1989, S. 168–182.

44 Udo Michael Krüger: »Aufbruch zu einer neuen Fernsehkultur. Ein Programmvergleich von SAT 1, RTL plus, ARD und ZDF«, in: *MP* 4, 1985, S. 257–270.

45 Joachim Wiedemann: »›Fernsehen wird durch Video erst schön.‹ Eine Synopse der rundfunkeigenen Untersuchungen zum Videoverhalten«, in: *MP* 9, 1984, S. 706–714. Zur Entwicklung vgl. ferner die Beiträge von Gerhard Gericke: »Video – Konturen eines neuen Medienmarktes«, in: *MP* 5, 1980, S. 279–284; Thomas Radevagen und Siegfried Zielinski: »Video-Software – Annäherungsversuche an einen neuen Markt «, in: *MP* 3, 1982, S. 153–165, und Kay Hoffmann: »Videomarkt Bundesrepublik. Strukturelle Probleme werden immer offensichtlicher«, in: *MP* 5, 1989, S. 277–287.

46 Siehe als ein beliebiges, aber typisches Beispiel etwa den Sammelband »›Videoterror‹ als gesellschaftliches und individuelles Phänomen. Bestandsaufnahme. Einschätzung und mögliche Gegenstrategien«, in: Hartmut Reichardt (Hrsg.): *Loccumer Protokolle* 23. Loccum 1985.

47 Christoph Kaiser: *Theater zum Umblättern. Die darstellende Kunst (Theater, Kino, Fernsehen, Video) im Zeitalter ihrer häuslichen Speicherbarkeit.* Berlin 1988.

48 Claus Eurich und Gerd Würzberg: *30 Jahre Fernsehalltag. Wie das Fernsehen unser Leben verändert hat.* Reinbek bei Hamburg 1980.

49 Joshua Meyrowitz: *Die Fernsehgesellschaft. Wirklichkeit und Identität im Medienzeitalter.* Weinheim/Basel ²1987.

50 Wolfgang Kraus: *Neuer Kontinent Fernsehen. Kultur oder Chaos.* Frankfurt am Main 1989.

51 Siehe die Fallstudien zu anderen supramedialen Bestsellern wie zum Beispiel *Star Wars* in: Christian W. Thomsen und Werner Faulstich (Hrsg.), a. a. O.

52 K. S. in: *Hör-Zu* Heft 13, 1989, S. 20.

53 *Zeit-Magazin* Nr. 8, 17. 2. 1989, S. 66–70. Einen ersten Versuch hat Joachim Kaps mit einer Hausarbeit unternommen: *Alf – Inhalte der TV-Serie und ihre Akzeptanz in der BRD* (Universität Marburg, SS 1988, Prof. Dr. Foltin, unveröffentlichtes Manuskript). Anhand einer vergleichenden Analyse der genauen Einschaltquoten arbeitet Kaps vor allem heraus, daß die Serie zwei für das Werbefernsehen besonders interessante Zuschauergruppen erreicht: einmal die Kinder, von denen *Alf* auch überdurchschnittlich positiv bewertet wurde, und dann eine Gruppe von Erwachsenen, die ansonsten eher selten fernsehen (Vierzehn- bis Neunundzwanzigjährige) und zugleich eine höhere

Schulbildung aufweisen; auch ihnen gefällt die Serie überdurchschnittlich gut. In der Konkurrenz zu privaten Fernsehsendern sieht Kaps hier »eine Möglichkeit, neue Zuschauergruppen für das ZDF zu gewinnen. ALF erreichte zwar nicht mehr, dafür aber andere Zuschauer als die anderen Serien des ZDF-Werbefernsehens.« (S. 25)

[54] *Jugend und Medien. Eine Studie der ARD/ZDF-Medienkommission und der Bertelsmann-Stiftung. Media Perspektiven* Band 6. Frankfurt am Main 1986. Die folgenden Zahlen sind Durchschnittswerte pro Monat, das heißt, sie wurden mit 30 multipliziert, da die Studie den Medienkonsum in Minuten täglich angibt, zum Beispiel S. 142.

[55] Zu diesem erweiterten Literaturbegriff siehe Werner Faulstich: »Systemtheorie des Literaturbetriebs«, in: *Zeitschrift für Literaturwissenschaft und Linguistik,* Jahrgang 16, Heft 62, S. 125–133, und Jahrgang 17, Heft 63, S. 164–169.

[56] Details enthält die Langzeitstudie von Klaus Berg und Marie-Luise Kiefer (Hrsg.): *Massenkommunikation III,* a. a. O.

[57] Der Gesichtspunkt der Wirklichkeitskonstruktion durch die Medien steht im Zentrum des neuen Funkkollegs *Medien und Kommunikation,* das ab Herbst 1990 unter der Federführung des Hessischen Rundfunks durchgeführt wird. Nachdrücklich sei auf die entsprechenden Hörfunksendungen und Studienbriefe hingewiesen.

[58] Siehe beispielsweise die entsprechenden Berichte von Horst Röper, in: *MP* 8, 1987, S. 481–495, oder *MP* 12, 1988, S. 749–765.

[59] Zum Begriff der Kommerzialisierung siehe etwa Denis MacQuail: »Kommerz und Kommunikationstheorie«, S. 633–643; zur Kommerzialisierung besonders der US-amerikanischen Kultur Herbert I. Schiller: »Die Kommerzialisierung der Kultur in den Vereinigten Staaten«, S. 659–672, beide in: *MP* 10, 1986. Die genannten Autoren und weitere einschlägige Beiträge sind vertreten in: Christian W. Thomsen (Hrsg.): *Cultural Transfer or Electronic Imperialism. The Impact of American Television Programs on European Television.* Heidelberg 1989.

[60] Siehe etwa Hanne Landbeck: »Ästhetik in der Fernsehwerbung. Eine europäische Studie«, in: *MP* 3, 1989, S. 138–145.

[61] Vgl. Werner Faulstich: »Fernsehen und Buch: quantitative Zwischenergebnisse zum Produktverbund«, in: Helmut Kreuzer und Helmut Schanze (Hrsg.): *Bausteine Arbeitshefte Bildschirmmedien* 10. Siegen 1988, S. 33–38.

[62] Vgl. insbesondere Horst Stipp: »Neue Techniken, neue Zuschauer? Zum Einfluß von Fernbedienung und Programmangebot auf das Zuschauerverhalten«, in: *MP* 3, 1989, S. 164–167.

[63] Hervorgehoben sei freilich, daß diese plakative These bisher nur erst teilweise durch empirische Untersuchungen gestützt wird; siehe dazu beispielsweise die in wünschenswerter Weise differenzierende Studie von Heinz Bonfadelli und Ulrich Saxer, a. a. O., sowie George A. Donohue, Clarice N. Ohien und Phillip J. Tichener: »Medienstrukturen im Wandel, Wissen und soziale Macht«, in: *MP* 6, 1989, S. 372–380.

Wo lassen Sie leben?
Kulturfaktor Werbung – Entwicklungen und Trends der 80er Jahre

Siegfried J. Schmidt, Detlef Sinofzik, Brigitte Spieß

»Sagt meiner Mutter nicht, daß ich in der Werbung arbeite, sie glaubt, ich sei Bordellpianist.« Diesen selbstironischen Titel, der geschickt mit der oft zur Schau gestellten Verachtung der Werbung spielt, gab Frankreichs Top-Werbemann Jacques Séguéla einem seiner Bücher. Das Werk wurde zum Bestseller eines Autors, der 1981 durch eine raffinierte Werbekampagne François Mitterand in den Elysée-Palast geholfen hatte.

Unentbehrliche verachtete Werbung? Der Biochemiker und Kulturkritiker Erwin Chargaff hat die Intellektuellenschelte über die Werbung auf markige Formeln gebracht: Für ihn ist das amerikanische Publikum, das sich seit Jahrzehnten mit Werbung berieseln läßt und die beworbenen Produkte dann auch noch kauft, »[...] zu einem riesenhaften Versuchstier geworden, in dem nur noch die sexuellen und konsumatorischen Reflexe halbwegs funktionieren. [...] Den zum sprachlichen Ausdruck notwendigen Denkprozessen entfremdet, kann es sich nach einiger Zeit nur durch wohliges oder gereiztes Grunzen ausdrücken.«[1]

Gleichgültig, wie man zum weltweit unüberseh- und unüberhörbaren Faktum Werbung stehen mag: Werbung ist längst ein fester Bestandteil unserer Alltagskultur geworden; mit ihren rasanten Modifikationen hat sie sich in den 80er Jahren angeschickt, zu einem kulturellen Indikator zu werden, der mehr verlangt als arrogante Intellektuellenneugier. Von Werbung muß in Wissenschaft und Gesellschaft demnächst viel intensiver die Rede sein, will man nicht diesen sozioökonomischen Wachstumsbereich[2] mit kulturellem Zeitzünder sich quasi naturwüchsig selbst überlassen. Und längst werden mit Blick auf die Werbung vielerorts schon ernsthafte Fragen gestellt, die unsere ganze Aufmerksamkeit erfordern: Entwickelt sich die Werbung in der kapitalistischen Gesellschaft zur Alternative von Kunst und Kultur?[3]

Entwickelt sich der Werbespot zu einem eigenständigen Kunstgenre? Ist die Werbung der 80er Jahre eine lebensweltliche Übersetzung der Postmoderne? Imitiert das Leben den Werbespot? Braucht die Werbung noch Produkte?

Bei den folgenden Überlegungen konzentrieren wir uns – aus Platzgründen – vor allem auf den für die Werbeentwicklung symptomatischen Sektor Fernsehwerbung, dem in den 80er Jahren offensichtlich eine Vorreiterrolle in der Transformation der Werbung zugekommen ist.

Die Fernsehwerbung hat in den 80er Jahren ein Entwicklungstempo vorgelegt, das an Rasanz vermutlich nur noch von der Computerbranche übertroffen worden ist. Diese Entwicklung steht im Zusammenhang mit der Ausbreitung der audiovisuellen Kommunikation in den letzten zehn Jahren. Nahezu jeder private Haushalt – zumindest in Europa – nimmt heute in irgendeiner Form am Fernsehgeschehen teil. Die zunehmende Internationalisierung der Fernsehanbieter, die Öffnung des Fernsehmarktes für private Stationen und die Einführung neuer Übertragungstechniken (Kabel, Satellit, Frequenzerweiterungen) haben eine Umorganisation des Fernsehens eingeleitet, deren Ende noch nicht absehbar ist.

Im wirtschaftlichen Konkurrenzkampf der Fernsehstationen spielt die Fernseh*werbung* eine ständig wachsende Rolle, die auch die Existenz der öffentlich-rechtlichen Fernsehanstalten in zunehmendem Maße bestimmt. Immer mehr nationale und internationale Privatsender finanzieren sich ausschließlich über Fernsehwerbung. Die Strategie der Fernsehanbieter beschränkt sich entsprechend in vielen Fällen schon darauf, attraktive Rahmenprogramme für lukrative Werbesendungen zu schaffen. Dieses Phänomen ist keineswegs ein Charakteristikum des Kapitalismus: Die Fernsehwerbung hat inzwischen auch im Ostblock Fuß gefaßt, eine Entwicklung, die sich im Zuge der aktuellen politischen Veränderungen sicher noch beschleunigen wird.

Die programminternen Strukturen werbeabhängiger Fernsehanbieter orientieren sich nach amerikanischem Vorbild weitgehend an werbeeffizienten Rahmenbedingungen (Tele-Shopping, Spotausstrahlungen innerhalb von Spielfilmen). Damit werden die Grenzen zwischen Programmangebot und Fernsehwerbung fließender (Product-Placement, Sponsoring), selbst wenn die Rundfunkstaatsverträge, die auch für die Privaten gelten, noch an der Vorschrift festhalten: »Die

Werbung ist vom übrigen Programm deutlich zu trennen und als solche zu kennzeichnen. Sie darf nur als Blockwerbung verbreitet werden.« Laut Rundfunk-Staatsverträgen dürfen TV-Sendungen ab 60 Minuten Dauer nur einmal durch Werbung unterbrochen werden (Ausnahme: Sportsendungen). Nicht als Werbung gelten Sendungen, die von einem Dritten finanziert werden, ohne daß ihr Inhalt in einem direkten Zusammenhang mit dessen wirtschaftlichen Interessen steht. Der Sponsor muß genannt werden. Sponsoring, Patronat, Product-Placement – dem Erfindungsreichtum scheinen keine Grenzen gesetzt, und noch ist vieles legitim, da nicht eindeutig geregelt. Fest steht, daß sich am Ende der 80er Jahre die Grenzen zwischen Werbung und den Programmteilen der Sendung immer weniger genau ausmachen lassen. Dem, der Reklame für sich machen will, öffnen vor allem die Privatsender mit Vergnügen Tür und Tor. Bei SAT 1 gab es in den Anfangsphasen einen eigens zum Erfinden neuer Werbesonderformen eingerichteten »Creative Service«, der aus Gründen des guten Rufes allerdings bald durch ein aushäusiges Unternehmen ersetzt wurde. Lediglich die ARD hat sich von einer direkten Beeinflussung ihrer Programmstruktur durch den Kommerz bis in die 90er Jahre scheinbar freihalten können. Das ZDF dagegen wurde pünktlich zur Jahrzehntwende schwach und bietet inzwischen Themenrahmen an, die auf die Integration von 10-Sekunden-Sendungen angelegt sind und auch Präsentationsformen anderer Programmgenres in den Dienst der Werbung stellen: Meldungen über Produkte und Dienstleistungen werden, angereichert durch sehr kurze Spots, im Nachrichtenstil verlesen. Im Stil Reportage wird live direkt von diversen Messen berichtet. Eine Moderatorin informiert über Produkte zur Gesundheits-, Schönheits- und Fitnesspflege. Eine Musiksendung für Jugendliche präsentiert Videoclips mit integrierter Werbung, oder Sponsoren wie Coca-Cola stellen ihre eigenen Musicclip-Charts vor usw.

Die kommerziellen Sportsender (Eurosport, Sportkanal) bieten prinzipiell jedes Sportsegment für individuelles Sponsoring an. RTL plus, Superchannel, SAT 1 und Tele 5 lassen neben »Werbeinseln« in unmittelbarer Programmnähe (zum Beispiel von Kinder- und Bundesligasendungen) Serien, Spielfilme, den Wetterbericht und andere Sendungen sponsern; sie veranstalten in amerikanischer Manier Gewinnspiele und Shows mit Produktwerbung, werben in Küchenserien, Mode- und Kosmetikmagazinen und offerieren Product-Placement.[4]

Umgekehrt kann aber auch die Entwicklung des Werbesystems immer weniger von der Entwicklung der audiovisuellen Medien getrennt werden, denn mit der Ausbreitung des privaten Fernsehens wird der TV-Markt für die Werbung zunehmend wichtiger. Die Werbebranche selbst stellt sich darauf ein, daß der überproportionale Anstieg der Werbeaufwendungen insgesamt künftig mit einer Umverteilung der Aufwendungen pro Medium zugunsten des Fernsehens verbunden sein wird. Der steigende Konkurrenzdruck läßt erwarten, daß auch die öffentlich-rechtlichen Medien sich bis zur Jahrtausendwende dem Angebot der privaten Sender angepaßt haben werden. Die Zahl der ausgestrahlten Werbespots pro Tag wird dann vermutlich die von der EG-Kommission empfohlene maximale Werbezeit von 20 Prozent erreicht haben. (Bis Ende der 80er Jahre hatte selbst Italien, das Land mit dem höchsten Werbeanteil seiner Programme in Europa, diese kritische Grenze noch nicht erreicht.) Hier muß allerdings berücksichtigt werden, daß sich die Formen, in denen dem Zuschauer Werbung gegenübertritt, weiter ausdifferenzieren, so daß es fraglich scheint, ob selbst bei einer Beibehaltung der EG-Obergrenze für Spotwerbung nicht Präsentationsformen gefunden werden, die Werbung quasi durch die Hintertür auch in traditionelle Programmstrukturen des Fernsehens einschleusen. Denn letztlich ist es ja unerheblich, ob die neueste Nobelkarosse in einer beliebten Krimiserie oder im herkömmlichen Werbespot inszeniert wird: Die Machart der Genres unterscheidet sich tendenziell schon jetzt nur noch durch die Länge des Produkts. (Signifikantes Beispiel hierfür ist die bekannte amerikanische TV-Serie *Miami Vice.*) So haben in Brasilien VW und Coca-Cola jährliche Kontrakte mit TV-Globo, dem größten Fernseh-Network des Landes, geschlossen, wonach ihre Produkte in der gesamten Palette von Programmen vorgestellt oder beworben werden.

Die fortschreitende Kommerzialisierung der Massenmedien, vor allem des Fernsehens, kann dazu führen, daß der Zuschauer in Zukunft immer weniger in der Lage sein dürfte, Programminhalte und Werbebotschaften in jedem Fall auseinanderzuhalten. Dafür sind weniger individuelle kognitive Fähigkeiten verantwortlich zu machen; vielmehr ist es die Einbettung der Werbebotschaften in das Programm und die Überflutung der alltäglichen Lebenswelt mit Kauf- und Konsumthematiken, die die Grenzen auflösen, ja vielleicht sogar bald völlig verschwinden lassen.

»[...] unsere Zeit zeichnet sich dadurch aus, daß die Sphären sich nicht mehr gegenseitig beeinflussen, sondern unterschiedslos ineinander aufgehen«, verkündet in postmodernem Brustton der Überzeugung ein Account Manager.[5] Ist mit dieser Aussage der Entwicklungsstand der 80er Jahre wirklich auf den richtigen Nenner gebracht? Fallen Werbung und Medien, Werbespots und die anderen TV-Programmsparten einfach zusammen? Hier ist Skepsis angebracht, die sich soziologisch gut begründen läßt. So hat es sich in der neueren Soziologie als sinnvoll erwiesen, moderne Gesellschaften etwa seit dem Ende des 18. Jahrhunderts als funktional differenzierte Gesellschaften zu charakterisieren.[6] Relevante gesellschaftliche Funktionen – wie die Produktion von Waren, von Wissen oder von Bildung – differenzieren sich in Form weitgehend eigenständiger gesellschaftlicher (Teil-) Systeme aus, die aber – gerade um eigenständig werden zu können, also um ihre identitätsstiftenden Systemgrenzen ausbilden und aufrechterhalten zu können – auf ständige Interaktion mit (allen) anderen gesellschaftlichen (Teil-)Systemen angewiesen sind. Soziale Systeme – wie zum Beispiel Wirtschaft, Wissenschaft, Kunst, aber eben auch Werbung und Fernsehen – entwickeln ihre eigenen Wirklichkeitsmodelle, Wertpräferenzen, Kommunikationsformen und Kommunikationsthemen. In Abgrenzung zu anderen sozialen Systemen folgen sie primär eigenständigen Formen der Sinnproduktion, der Rekrutierung von Handelnden im Rahmen ihrer spezifischen Handlungsrollen sowie der Selbstreflexion auf die Bedingungen der Systemkonstitution. Sie operieren also – wie etwa Niklas Luhmann[7] ausführlich begründet hat – selbstbezüglich und selbstorganisierend. Selbstorganisierende Systeme aber lassen sich – außer mit Gewalt – nicht auf Dauer von außen steuern; sie erzeugen vielmehr Ordnung und Sinn im System selbst. Damit sind der Interaktion mit anderen selbstorganisierenden Systemen bestimmte Bedingungen vorgegeben, deren wichtigste besagt, daß Interaktionen von den jeweiligen Interaktionspartnern selbstbestimmt, also gemäß den jeweils spezifischen Systembedingungen, realisiert werden müssen. Daraus folgt, daß die Grenzen der Systeme (die deren Bestand garantieren) nicht eingeebnet werden können.

Selbstorganisierende Systeme bauen durch Interaktionen Netzwerke von Prozessen (»distributed processing«) auf, die das Gesamt einer Gesellschaft ausmachen. Solche Netzwerke sind – wird Selbstorganisation in einer Gesellschaft prinzipiell zugelassen – extrem flexibel und kreativ. Dabei ist unter anderem typisch, daß die Wirkungen von Prozessen in einem System auf die Prozesse anderer Systeme nie genau vorhersagbar sind – was etwa die Medienwirkungsforschung leidvoll erfahren mußte –, da hier kreiskausale Effekte linear kausale Effekte dominieren.

Schon diese wenigen systemtheoretischen Hinweise lassen erkennen, daß die These vom unterschiedslosen Ineinandergehen der »Sphären« kaum haltbar ist. Solange etwa das Werbesystem, das Fernsehsystem und zum Beispiel das Kunstsystem noch als eigenständige soziale Systeme mit unterschiedlichen Funktionen für das jeweilige System wie für andere Systeme und für das »Netzwerk Gesellschaft« angesehen werden können – was unseres Erachtens bis heute der Fall ist –, kann zwar von einem ständig wachsenden Interaktionsaufkommen, nicht aber von einer Systemfusion gesprochen werden, auch wenn die Interaktionsdichte zwischen den Sozialsystemen in den 80er Jahren deutlich zugenommen hat.

Wichtiger als die Frage, ob in Zukunft Werbung und Fernsehen bis zur Unterschiedslosigkeit ineinander aufgehen, scheint also die andere Frage, ob und wie die gesteigerte Interaktion zwischen beiden die schon heute beobachtbare Tendenz steigern kann, das Fernsehen weitestgehend zu einer Unterhaltungsveranstaltung werden zu lassen, die traditionelle Programmaufträge zu Information und Bildung noch stärker in den Hintergrund treten läßt. Eine solche Tendenz setzt aber unter anderem voraus, daß die bislang deutliche Negativeinstellung vieler (nicht nur intellektueller) Zuschauer zur Werbung sich wandelt, daß Werbung zu einem bewußt wahrgenommenen und (auch ästhetisch) positiver bewerteten Phänomen der »Fernsehwelt« wird.

Galt Werbung von den 50er bis zu den 80er Jahren – aus ästhetischen, moralischen oder politisch-ideologischen Gründen – eher als ein Schandfleck bürgerlich-kapitalistischer Gesellschaften, so hat sich die Lage inzwischen deutlich geändert: Zeitgeister der 80er Jahre goutieren Werbung. »Frühere Zeiten«, so konstatiert Mark Siemons, »hatten die Werbung einmal als Gegenstück zu Kritik und Aufklärung, zur Welt der Künste und der Gedanken begriffen. Diese Zeiten sind vorbei.«[8] Wandte sich der Intellektuelle der 50er und 60er Jahre im Stile Erwin Chargaffs nachgerade angewidert von der Zumutung ab, sich ernsthaft mit Werbespots zu beschäftigen, so gilt heute in »einschlägigen

Kreisen« der Spot geradezu als die modernste aller Künste. Werbung ist »in«.

Zwar sah sich der Zentralausschuß der deutschen Werbewirtschaft auch 1989 noch bemüßigt, wie alljährlich in seinen Veröffentlichungen das nach wie vor geringe Ansehen der Werbeberufe zu thematisieren. (Laut repräsentativer Meinungsumfrage des Forschungsinstituts Allensbach rangiert der Werbefachmann in der Achtung von 18 abgefragten Berufen an letzter Stelle.) Aber der Berufsstand darf hoffnungsvoll in die Zukunft blicken, denn in den Kreisen der 16- bis 29jährigen ist man der Werbung gegenüber deutlich positiv eingestellt.[9]

Eine Berliner Umfrage, die unter anderem die Akzeptanz der Kinowerbung untersuchte, stellte fest, daß nur 9 Prozent der Befragten Werbung als ärgerlich empfinden. 23 Prozent gaben an, gut auf sie verzichten zu können, weit über die Hälfte der Befragten (58 Prozent) fanden Werbespots manchmal witzig und unterhaltsam, und 10 Prozent bewerteten Werbung im Kinovorprogramm sogar prinzipiell als gut. Werbung wird um so stärker angenommen, je jünger die Befragten sind und je weniger sie verdienen. Mehrere Gründe lassen sich als Erklärung für die hohe Werbeakzeptanz bei jüngeren Zuschauern anführen:
- die verbesserte Qualität vor allem der bundesweit geschalteten Kinowerbespots
- die Nähe zur ästhetischen Gestaltung der vor allem für Jugendliche produzierten Musikvideoclips (Bildsprache, sehr kurze Einstellungen, assoziative Montage, häufig narrative Grundstruktur in Verbindung mit intelligentem Witz)
- eine stärkere Konsum-, aber auch Unterhaltungsorientierung eines größeren Teils der Jugendlichen.[10]

In den 80er Jahren hat sich der Spot – zuerst in Italien – geradezu zur Liebhaberei eines breiten Publikums entwickelt. Die italienischen Zuschauer kennen die Namen der großen Spotregisseure; hier gab es zuerst eine Spotparade und Nonstop-Spotnächte, die ohne die leidige Unterbrechung durch Programmbeiträge Spot auf Spot präsentierten. Das liegt einmal an der hohen Präsenz von Werbeausstrahlungen in der Umwelt des italienischen Publikums (1989 etwa 1500 Spots täglich), zum zweiten sicher auch daran, daß gerade einige der großen italienischen Regisseure – Antonioni, Zeffirelli, die Gebrüder Taviani, Fellini – zuerst die Schwelle zur kommerziellen Spotproduktion übersprungen haben. (Mit welcher Motivation die Spots vom breiten Publikum allerdings rezipiert werden und in welchem Weltverständnis sie ihre Attraktivität entwickeln – darüber kann ohne empirische Untersuchungen nur spekuliert werden.)

Die Verbesserung der ästhetischen und thematischen Qualität des TV-Werbespots in den 80er Jahren ist auch daran abzulesen, daß einige Werbespots den Sprung zum autonomen Kinoerlebnis mit Bravour genommen haben. In Deutschland verzeichnen Vorführungen der in Cannes preisgekrönten Werbespots in den Lichtspielhäusern ebenso lukrative Einspielergebnisse wie eine Sammlung von Werbespots aus den 50er Jahren, die 1987 unter dem ironischen Titel *Rendezvous unterm Nierentisch* in die Kinos kam. Mit dieser komprimierten Sammlung von Traumbildern der bundesdeutschen Nachkriegswirklichkeit wurde einer breiten Öffentlichkeit Werbung als Quelle der Geschichtsschreibung vorgeführt. Die historische Distanz machte dabei einmal mehr deutlich, wie sehr Werbung das, was man den herrschenden Zeitgeist nennt, nicht nur abbildet, sondern wie sie Dispositionen einer Epoche maßgeblich mitgestaltet.

Diese Entwicklung ist unter systemtheoretischen Gesichtspunkten keineswegs überraschend. Die eindeutige Erfolgsorientierung der Handelnden im Werbesystem zwingt sie dazu, den vielbemühten Zeitgeist zu erfassen, ja möglichst vorauszuahnen – oder noch besser: möglichst selbst zu lancieren (was beim sogenannten Yuppy-Phänomen auch geglückt zu sein scheint). Ist aber ein Verbrauchertyp, sind spezielle Produktbedürfnisse erst einmal massenmedial inszeniert, dann kann eine Wirkung nicht ausbleiben; denn auch unsere Wahrnehmung operiert selbstorganisierend, was zur Folge hat, daß uns jedes rezipierte Wahrnehmungsangebot in irgendeiner – wenn auch nicht in einer genau planbaren – Weise affiziert. (Wer weiß, daß Yuppies »angesagt« sind, wird auch einer – sofern er kann –, oder er wird, aber nun bewußt, keiner.) Damit aber wird das Werbesystem zu einem sensiblen Barometer für sozialen Wandel[11] – allerdings zu einem Barometer ohne genaue Skala. Werber müssen die diversen Kommunikationen in den verschiedensten Sozialsystemen auf verwertbare Hinweise für Erfolgsstrategien abtasten, und sie speisen (wenn auch ohne prognostizierbaren Erfolg) neue und auch immer wieder alte Themen in die diversen Kommunikationen ein.

»Kreative Werbung«, so faßt Stefan Wehowsky den Stand Ende der 80er Jahre zusammen, »ist ohne Gespür für aktuelle Zeitströmungen nicht denkbar. Sie entsteht an den Nahtstellen zwischen Werbeabsicht und kulturellem Milieu, Manipulation und Information, bewährten Regeln der Werbepsychologie und der Neuheit des jeweiligen Produkts. Sie erzeugt Bilder, Symbole und Sprüche, die oft nicht nur für eine Marke werben, sondern das Lebensgefühl einzelner Gruppen oder ganzer Völker ausdrücken können.«[12]

Hier fragt sich, wie dieser Wandel - neben Einstellungsänderungen des (jüngeren) Publikums - zu erklären ist und ob sich auch die Werbeindustrie in den 80er Jahren merklich gewandelt hat.

Die wesentlichen gesellschaftlichen und ökonomischen Bedingungen, die in den letzten Jahren zunehmende Bedeutung für die Entwicklung der Werbewirtschaft in der Bundesrepublik Deutschland gewonnen haben, betreffen

- neue Trends in der Wirtschaft
- Veränderungen in der Fernsehlandschaft
- einen Wandel in der Bevölkerungsstruktur
- die Entwicklung zur sogenannten Multioptionsgesellschaft und eine damit zusammenhängende Marktfragmentierung
- das dramatisch anwachsende Informationsangebot
- das Phänomen der Bevölkerungskonvergenz durch transnationale Kommunikation[13] sowie
- die wachsende Auswirkung faktisch mangelnder Produktdifferenzierung.[14]

Bis Mitte der 70er Jahre dominierte in der Wirtschaft das Anpassungsmodell: Marketing wurde betrieben als Anpassung an Markttrends. Heute praktizieren die Unternehmen zunehmend eine aktive, zielgerichtete Kommunikationspolitik. Es handelt sich hierbei um eine Kombination aus sensibler Einsicht in die Wandlungserscheinungen der modernen Gesellschaft, ein an diesen Einsichten orientiertes Marketingkonzept und eine flankierende Strategie nichtproduktbezogener Zusatzinitiativen für jedes Unternehmen. Die Unternehmen beteiligen sich zunehmend aktiv am Prozeß des soziokulturellen Wandels teil, das heißt, sie beeinflussen die Unternehmensumwelt und verändern sie um der besseren Positionierung des Produkts oder des Unternehmenszweiges willen.

Die bekannten Formen der Teilnahme sind dabei Public Relations, gesellschafts- und kulturpolitische Initiativen, Lobbying und Werbung.

Als Maßstab für die Entwicklung des Fernsehens gilt zur Zeit in Europa und insbesondere in der Bundesrepublik Deutschland der italienische Markt, wo die Aufhebung des staatlichen Rundfunkmonopols schon 1976 signifikante Umwälzungen der Medienstruktur auszulösen begann. Privatisierung des Fernsehens, Verkabelung der Haushalte und die Zunahme des Satellitenfernsehens führten zu mehr Sendern und Kanälen. In Anlehnung an italienische Erfahrungen stellt sich auch die deutsche Werbebranche auf ein sich weiter multiplizierendes TV-Angebot und die entsprechenden Folgewirkungen ein: Reichweitenverluste bei anderen Medien und Zunahme der Einschaltdauer (in Italien stieg die Einschaltdauer pro TV-Gerät seit 1976 um 40 Prozent; der Fernsehkonsum verlagerte sich zeitlich: Zwischen zwölf und fünfzehn Uhr sehen die Italiener um 148 Prozent mehr fern als zu Zeiten des Staatsmonopols).

Hinsichtlich der soziodemographischen Situation reagiert die Werbebranche auf eine Zunahme der Haushalte: Vorherrschender Haushaltstyp wird der Single-Haushalt. Die klassische Kleinfamilie wird seltener; Frauen nehmen eine zunehmend gewichtige Rolle im Berufsleben ein.

Die Diversifizierung der Konsumbedürfnisse und Angebotsstrukturen des kapitalistischen Marktes hat in den 80er Jahren die sogenannte Multioptionsgesellschaft ausgebildet, eine Gesellschaft, in der eine Vielzahl von Lebensentwürfen und Orientierungsmustern nebeneinander existiert. Die Werbebranche stellt sich darauf ein, daß sich dieser Trend künftig noch verstärken wird und sich die Märkte in hyperdiversifizierte Strukturen fragmentieren werden, die eine Auflösung der Massenmärkte in Teilbereiche wahrscheinlich werden lassen. Dies schlägt sich deutlich in den Copystrategien der jüngeren Werbespotgeneration nieder. Der ernährungsbewußte Müsli-Esser kann heute durchaus einem Mercedes entsteigen: Mitte der 70er Jahre wäre es kanonischerweise der 2 CV gewesen. Die sozialen Sinnrahmen beziehungsweise deren Inhalte haben sich vervielfacht, der fest kalkulierbare Verbrauchertyp ist ähnlich dem Hauptdarsteller eines computeranimierten Spots der Firma TDK in Auflösung begriffen und wird durch den Multioptionstypen abgelöst, der Elemente diverser Lebenswelten »locker« integriert (oder auch einfach abwechselnd lebt). Die Grenzen zwischen den Kulturen, sowohl den internationalen als auch den innergesellschaftlichen, sind zumindest im psychologischen Sinn

Katzenfutter, angereichert mit klassischer Musik und Lifestyle-Ambiente

instabil geworden. Ohne mentale Kraftakte überspringt der Multioptionstyp laufend die Grenzen zwischen Kulturen, Lebenswelten und Sinnrahmen, womit er allerdings in einer hochdifferenzierten Leistungsgesellschaft wie der unseren so viel zu tun hat, daß er kaum einmal in die Verlegenheit kommt, den ganz großen Zaun zu übersteigen, der den Konsens westlicher Medienrealität umgibt. Dieser ist aber auch kaum noch auszumachen: Die Deserts werden vom Marlboro-Mann durchmessen; wie man sich im Dschungel behauptet, weiß jeder, der (in Camel-Boots selbstredend) Camel raucht. Und im Zweifelsfall war Coca-Cola sowieso schon da und hält ausreichend Identifikationsangebote für eventuell irritierte Persönlichkeitsstrukturen bereit. Und wer das ganz andere in den Tiefen des Meeres vermutet, darf sich nicht wundern, wenn ihm dort hinter dem ersten Korallenriff der bodygestylte Protagonist einer Duschgelfirma entgegenschnorchelt. Fast überflüssig zu erwähnen, daß er auch in der Bergeinsamkeit nicht allein gelassen wird. Sollten ihm auf dem Gipfel die Knie weich werden, darf er damit rechnen, daß ihm ein Delta fliegender moderner

Engel kraftspendende Süßigkeit verheißt. Alle Nischen scheinen besetzt, jedes halbwegs spektakuläre Identifikationsmuster ist jedem Fernsehkonsumenten zumindest flüchtig bekannt.

Wer wollte es dem neuen Verbrauchertyp da übelnehmen, daß er seine Originalität über eine möglichst innovative Mischung der ohnehin jedem zugänglichen Stile, Accessoires, Sinnrahmen und Identitäten herzustellen versucht, zumal ihm die Werbung wiederum suggeriert, postmoderne Individualitätsbricolage aus mediengestylten Sinnfertigbauteilen sei ohnehin so unvermeidlich wie lustvoll? Solcherlei Individualitätspuzzle macht den einzelnen Verbraucher für die Werbebranche reichlich unberechenbar; statistisch gesehen aber wird die Klientel der Individualisten durchaus gut einschätzbar. Die Werbebranche antwortet auf sie zum einen mit Werbedramaturgie, die sicherheitshalber immer weniger auf spezifische Produktinformation und immer mehr auf Lifestyle-Settings setzt, entwickelt andererseits aber auch solche Werbestrategien, die ihr Produkt mit dem Touch von Individualität als purer Erlebnisqualität versehen.

Daß ein hoher Prozentsatz moderner Werbung eher mit unspezifischen Anmutungsqualitäten und emotionsträchtiger Bildersprache operiert statt mit ernsthaften Informationen zum beworbenen Produkt, erscheint plausibel, wenn man sich die Ergebnisse verschiedener Untersuchungen zum Verhalten von Werberezipienten in den 80er Jahren vergegenwärtigt. Hier ist ein Trend zu beobachten, der mit Stichworten wie »Informationsüberlastung« und »Informationsmüdigkeit« bezeichnet wird. Das Research Institute of Telecommunications and Economics in Tokio behauptet, daß heute weniger als ein Prozent aller verfügbaren Wahrnehmungsangebote aufgenommen wird. Die Allensbacher Werbeträgeranalyse stellt ein rückläufiges Interesse der erwachsenen Bevölkerung an Warentestinformationen fest. 1979 äußerten noch 35 Prozent Interesse, 1984 waren es nur noch 22 Prozent, und für 1990 sind es nach einer Schätzung nur noch 10 Prozent. Entsprechendes konstatiert der Werbewirkungsforscher Werner Kroeber-Riehl am Beispiel der Illustrierten *Stern* hinsichtlich des Informationsverhaltens der Verbraucher: Um die gesamten Wahrnehmungsangebote aufzunehmen, die in den Anzeigen des *Stern* erscheinen, müßte ein Leser einer Anzeige durchschnittlich etwa 40 Sekunden seine Aufmerksamkeit widmen; tatsächlich tut er das aber nur zwei Sekunden lang. Ohne im Detail auf die Ergebnisse dieser und anderer

Untersuchungen einzugehen, läßt sich allgemein annehmen, daß die Konsumenten infolge von Informationsüberlastung zunehmend flüchtiger und selektiver rezipieren. Dieser Befund wird unter anderem auch durch Ergebnisse der Leseforschung gestützt. Unter den 14- bis 29jährigen – eine der Schlüsselzielgruppen von morgen – ist die Reichweite von Tageszeitungen in zehn Jahren um mehr als die Hälfte zurückgegangen. Bei Büchern ist sie von 71 auf 32 Prozent gefallen.[15]

Werbeaktivitäten müssen in den 80er Jahren aber nicht nur auf veränderte Rezeptionsbedingungen reagieren, sie müssen auch weltweite – zumindest massenkulturelle – Angleichungsprozesse berücksichtigen: Coca-Cola, Marlboro, Nestle, Pampers werden in einschlägigen Publikationen als Vorreiter eines sich weltweit homogenisierenden Marktes geführt. 94 Prozent der Weltbevölkerung von gegenwärtig 5,2 Milliarden Menschen empfangen Radio, 40 Prozent der Menschheit sind in der Lage, TV-Programme zu empfangen. Bei einer derartig ausgeprägten medialen Infrastruktur, deren Wachstumsprozeß auf absehbare Zeit noch nicht abgeschlossen sein wird, kann mit einem starken partiellen Angleichungsprozeß kultureller Prägungen im globalen Maßstab gerechnet werden. Dabei sind auch die Auswirkungen auf kulturelle Interaktionen zu berücksichtigen, die in den 80er Jahren durch die Datenfernübertragung und die zunehmende Kompatibilisierung von Rundfunk- und Computertechnik eingeleitet wurden. Die Konsequenzen der EDV-Technologie können in diesem Zusammenhang kaum überschätzt werden.

Andererseits muß aber berücksichtigt werden, daß auch in der Werbung lokale kulturelle Besonderheiten, vor allem auch sprachliche Barrieren, beachtet werden müssen. (Whiskey der Marke Irish Mist wird in Deutschland Probleme haben!)

Die globale Präsenz scheinbar kulturneutraler Phänomene wie Pepsi, Levis, Sony, American Express, den Megastars der Musikszene oder von Filmproduktionen, die für den globalen Markt konzipiert sind und gleichzeitig auf vier Kontinenten anlaufen, belegt deutlich, daß zumindest in einigen gesellschaftlichen Bereichen massenkulturelle Angleichungsprozesse in Gang kommen.

Ein wichtiges wirtschaftliches Vehikel dafür sind Produktverbände. Spitzenreiter im Medienproduktverband zum Beispiel war und ist bis heute der Megaerfolg *Star Wars.*[16] Aus einer 1984 in *Cinema* veröffentlichten Tabelle geht hervor, daß die Vermarktung der *Star Wars*-Figuren über Spielzeuge, Videospiele, Textilien, Bücher, Drucksachen, Schallplatten, Geschenkartikel und Aufkleber über 1,5 Milliarden US-Dollar erbrachte.[17] *Star Wars*-Filme wurden in über 160 Ländern der Erde gezeigt; die Einspielergebnisse lagen bei über 1 Milliarde Dollar. Diesen Erfolg konnte bis heute kein anderer Produktverband wiederholen; und auch das mit Riesenspektakel angekündigte *Batman*-Projekt dürfte hier keine neuen Maßstäbe setzen.

Bringt man die Konvergenzhypothese in Beziehung zu den oben skizzierten (Pseudo-?)Individualisierungsprozessen einer Multioptionsgesellschaft, so lassen sich als Trend für die Entwicklung des zu bewerbenden globalen Marktes zwei konstitutive Prozesse erkennen:

- Die massenkulturelle Homogenisierung und in der Folge die Bedarfskonvergenz (aber auch -kontingenz!) wird international zunehmen.
- Diese Homogenisierung wird keinen globalen Einheitsmarkt herausbilden, sondern zunehmend gleiche Teilmärkte, so daß sich Zielgruppen mit international vergleichbaren Profilen entwickeln (Marktfragmentierung).

Entsprechend solchen Hypothesen versuchen Marketing-Experten heute, den Zustand der mitteleuropäischen Gesellschaften an der Schwelle zu den 90er Jahren als »segmentierte Mittelstandsgesellschaft« zu beschreiben, das heißt als eine Gesellschaft der pluralistischen Interpretationen und der vielfältigen Ausdrucksformen und Interessen: »Unsere Realität und Lebenswelt ist ›postmodern‹ geworden. Im Zeitalter des Flugverkehrs und der Telekommunikation wurde Heterogenes so abstandslos, daß es allenthalben aufeinandertrifft und die Gleichzeitigkeit des Ungleichzeitigen zur neuen Natur wurde. Real ist eine Gesamtsituation der Simultanität und Interpenetration differenter Konzepte und Ansprüche entstanden.«[18]

Yuppies (»young urban professionals«), Ultras (»ultra consumers«), Dinks (»double income no kids«) und Diks (»double income one kid«), um nur einige Definitionsversuche soziokultureller Lebenswelten zu nennen, müssen vor diesem Hintergrund zunächst als Versuch der Marketing-Strategen gesehen werden, diesen Segmentierungsentwicklungen auf die Spur zu kommen und Produktangebot und Werbestrategie mit möglichst prognostischer Leistung darauf abzustellen. Hierbei kann von einem »definitorischen Zirkel«[19] gesprochen werden, dessen sich das zielgruppenorientierte Marketing zunehmend bedient. Mit steigender Präsenz der Medienrealität wird der Abstrahlungseffekt einer Medienfiktion wie dem Yuppy »realer« als die soziologisch präzise ausgelotete Zielgruppe: Das Marketing-Phantom beginnt zu leben. Die modellhaft verdichteten idealtypischen Profile fiktiver Prototypen der Werbung erlauben es dem Konsumenten, der sich angesprochen fühlt, seine Handlungsorientierungen narzißtisch zu stilisieren. Hier hat sich der Kreis geschlossen, das Leben beginnt, die Werberealität zu kopieren.

Vor diesem Hintergrund erscheinen die Internationalisierungs- und Monopolisierungstendenzen der großen Medienkonzerne besonders delikat. Der riesige japanische Werbe- und Marketing-Konzern Dentsu Incorporated zum Beispiel kauft große Anzeigenkontingente und TV-Prime-time (annähernd 50 Prozent der nationalen Sender) im voraus auf. Sendezeit und Anzeigenpläne verkauft er dann seinerseits an Werbekunden.[20] Dentsu ist insofern ein extremer Fall, als der vergleichsweise junge Kapitalismus Japans noch keine Trust- und Kartellbildungsgesetzgebung wie in Europa oder den USA entwickelt hat. Ähnliche Strategien sind aber auch in Europa zu beobachten, so beim italienischen Berlusconi-Konzern, dem nach den amerikanischen Networks ABC, NBC und CBS und noch vor dem brasilianischen Medienriesen Rede Globo viertgrößten Network der Welt.

Geht man davon aus, daß diese Beispiele richtungsweisend sind, so könnte der aktive Marketing-Eingriff in Selbstwahrnehmungsprozesse potentiell gleichartiger Zielgruppen oder Bevölkerungsmilieus im oben angesprochenen Sinn die Markt- beziehungsweise Werbestrategie der Zukunft werden. Was verkauft wird, ist ein Lebensgefühl, ein Stil, ein »individuelles« Image, über das dann erst ein Produkt abgesetzt wird. Ein solches Vorgehen ist auch notwendig, denn der Markt der westlichen Industrienationen ist längst gesättigt, objektive Qualität ist selbstverständlich, Produktparität der Normalfall. Objektive Leistungsdifferenzierung wird mehr und mehr durch subjektive Leistungsdifferenzierung ersetzt. Die Werbung muß daher versuchen, bei gleicher Produktqualität immer neue Auren zu erfinden und in die Lebenswelt der jeweiligen Zielgruppen zu infiltrieren. Sie stellt zunehmend Konnotationsfelder bereit, die auch ohne Präsentation des Produkts unmißverständlich auf dieses Produkt verweisen. Emanzipation vom Produkt wird besonders dann notwendig, wenn staatliche Beschränkungen (etwa die Beschränkung der Zigarettenwerbung in französischen Medien) direkte Produktwerbung nur noch in begrenztem Maße erlauben.

Die Grenzen und Schwellenängste sowohl der Werbepraktiker als auch der Mitglieder anderer gesellschaftlicher Bereiche haben sich in den 80er Jahren zunehmend abgebaut. Die Werbung beeinflußt mit ihren eigenen spezifischen Bildwelten inzwischen nicht nur andere visuelle Produktionen, sondern entwickelt zudem ein charakteristisches Eigenleben, wie es in den spezifischen werbeästhetischen Stilen unterschiedlicher Medien zum Ausdruck kommt. Das erweist sich unter anderem deshalb als erforderlich, weil die Werbung ihren Tätigkeitsbereich auf neue soziale Themen ausdehnt: »Social spots« zum Beispiel informieren über Themen wie das Robbensterben, Aids, politische Unterdrückung oder Umweltzerstörung; und Politiker, Parteien, Städte und Länder bedienen sich mehr und mehr des Werbespots zu Image-Aufbesserungen jeder Art.

Die Wandlungen der Werbewirtschaft in den 80er Jahren lassen erkennen, warum Werbung zunehmend deutlicher zu einem wichtigen Ferment in der soziokulturellen Entwicklung werden konnte. Setzt sich dieser Trend in den 90er Jahren fort, dann dürfte das Werbesystem auch im öffentlichen Bewußtsein und in der individuellen wie sozialen Kommunikation zu einem Dauerthema werden. Wie aber steht es mit der Rolle der Werbung in den Bereichen wissenschaftlicher Kommunikation, die sich die Erforschung medialer, kommunikativer und kultureller Veränderungen zum Ziel gesetzt haben? Ist das Werbesystem bereits ein angemessen berücksichtigter Forschungsgegenstand?

Gewiß: In einigen geisteswissenschaftlichen Disziplinen gibt es Studien zur Werbung. In der Praxis finden diese Arbeiten jedoch kaum Anwendung. Das liegt zum einen daran, daß die meisten Wissenschaftler nicht in der Lage sind, die ohnehin »bruchstückhaften und zerstückelten« Ergebnisse pragmatisch und verständlich zu vermitteln.[21] Zum anderen scheint aber auch die Offenheit und Bereitschaft des Weiter- und Umdenkens auf der Seite der Kreativen noch nicht besonders ausgeprägt zu sein. Das Forschungsfeld der Werbung und Werbewirkung ist bis heute an den Universitäten vornehmlich im Bereich der Wirtschaftswissenschaften angesiedelt. Hier stellt man in der Regel Forschungsansätze zur Verfügung, die relativ isolierte Aspekte wie Marktstrategien oder Produktästhetik behandeln. Die Werbewirkungsforschung, die sich in ihrer historischen Entwicklung weitgehend an methodische Verfahren der Medienwirkungsforschung angelehnt hat, unterzieht die Werbeprodukte entweder, je nach Fragestellung, unterschiedlich komplexen Analyseverfahren, oder sie untersucht einzelne Rezipientenvariablen in Relation zu Produktvariablen. Vieles, was in der Werbeliteratur über die Werbung oder den Konsumenten bemerkt wird, erinnert indes noch an jene Frühphase der Medienwirkungsforschung, als man von kausalen Reiz-Reaktionsmodellen ausging. Zudem hat die Werbetheorie bisher noch nicht hinreichend auf die neuen Paradigmen in den Kommunikations- und Kognitionswissenschaften reagiert.[22] Mit Ausnahme der wirtschaftswissenschaftlichen Studien wurden die Forschungen zur Werbung lange Zeit durch Ideologiekritik geprägt. In der Werbung glaubte man eine der Ursachen für ein negativ zu bewertendes Gesellschaftssystem entdeckt zu haben. Werbung diente in erster Linie zur Illustration der dominierenden These der gesellschaftlichen »Manipulation«. Nach einer jahrzehntelangen Phase der Verurteilung von Werbung scheint aber nun innerhalb der Forschung einiges in Bewegung zu geraten. Immerhin zeigen aktuelle Ansätze verschiedener Forschungsrichtungen, daß sich die Einstellung zur Werbung gewandelt hat. Werbung gewinnt als besondere Kommunikationsform infolge der rapiden technischen und ökonomischen Entwicklung zunehmend an Bedeutung. Darüber hinaus richtet sich das Interesse an der Werbung nicht nur auf die komprimierte Botschaft der Werbeprodukte.

Kulturwissenschaftlich orientierte Werbeforscher gehen der Frage nach, inwiefern Lebensentwürfe jugendlicher Spotzuschauer durch Werbesendungen beeinflußt werden, wie die Thematik und Ästhetik von Spots im internationalen Vergleich differenziert werden kann und warum sich gerade Werbespots als eines der erfolgreichsten Kommunikationsgenres der Gegenwart etablieren konnten.

Im philosophischen Diskurs von Poststrukturalisten und Postavantgardisten erregt Werbung vor allem als Phänomen der Alltagskultur Aufsehen: »Aus den avantgarde-ästhetischen Paukenschlägen sind Rhythmen des Alltags geworden: Fragmentierung, Szenenwechsel, Kombination des Diversen, Geschmack an Irritation sind heute allgemein, von der Medienkultur über die Werbung bis zum Privatleben.«[23] – »Penthouse und Öko-Hütte, Zweitbürgerschaft und Halbgeliebte, Terminversionen und Freizeitsprünge gehören zum Setting.

Unser Alltag ist aus inkommensurablen Bausteinen zusammengesetzt, und wir haben die Fähigkeit entwickelt, diese so zu verbinden, daß das Heterogene uns mehr belebt als anstrengt. [...] Wir übersetzen, was von der modernen Kunst modellhaft vorexerziert wird (und auch das ist ein Stück Einlösung des Avantgarde-Programms der Überführung von Kunst in Leben), zunehmend in unsere Lebensformen.«[24]

Aber der Postmoderne-Theoretiker Welsch ist auch gleich mit der Kritik am Werbe-Postmodernismus zur Hand: »Es sind die Postmodernisten der Beliebigkeit, des Potpourri, der Mischung von allem und jedem. Ihr intellektuelles Disneyland ist freilich die falsche Form der Pluralität. Das erkennt man schon daran, daß diese Version die Pluralität tilgt, indem sie alles zu einem Brei der Gleichheit und Beliebigkeit verrührt [...] daß sie den Pluralismus [...] bloß als Auflösungsinstanz, nicht als Reflexionsangebot erfaßt und praktiziert.«[25]

Die Frage, ob sich das Phänomen Werbung plausibler als »intellektuelles Disneyland« oder als eine moderne Ausdrucksform »pluralistischer Lebens-, Sinn- und Anspruchswelten« im Sinne einer Mehrsprachigkeit auf allen Ebenen beschreiben läßt, dürfte kaum befriedigend zu beantworten sein, solange man Konzepte wie »Postmoderne« (samt ihrem metaphorischen Umfeld) und »Pluralität« nicht genauer spezifiziert. Da die Wirkung dieser Begriffe im öffentlichen Diskurs aber gerade durch ihre semantische Offenheit befördert worden ist, macht man sich als Forscher eher lächerlich, will man hier mit Exaktem aufwarten. Merken wir also an dieser Stelle nur an, daß im Feldgeschrei der Postmoderne- (und affiner Post-)Diskussionen auch die Werbung im Getümmel auftaucht.

Neben den eher theoretisch und philosophisch angelegten Forschungsdisziplinen, die sich der Werbung anzunähern versuchen, läßt sich in der praxisorientierten Werbeforschung seit einigen Jahren ein Umschwung beobachten. Die Aufsplitterung gesellschaftlicher Zusammenhänge in eine Vielzahl von Gruppierungen, Subkulturen, Szenen oder Milieus mit ihrer Heterogenität von Lebensweisen hat dazu geführt, daß im Wirtschaftsbereich gänzlich neue Berufszweige und Forschungsrichtungen entstanden sind. Private Forschungsinstitute führen im Auftrag der Industrie Trendanalysen und »Zeitgeistberatungen« durch, die über die psychische Wirkung bestimmter Teppichböden ebenso Auskunft verheißen wie über die Psychologie und Soziologie deutscher Naßzellen. Besonderes Interesse verdienen dabei solche Forschungsinstitute, die Werbewirkungsforschung mit kulturanthropologischen Trendanalysen verbinden. Die flächendeckende Analyse von Metamorphosen derjenigen Lebensbereiche, die Werbungen anziehen, geht so verkaufsfördernd in die Botschaft des beworbenen Produkts ein. Hier müßte unabhängige Werbeforschung mit kritischem empirischem Forschungspotential einsetzen, um das Kartell von Werbewirtschaft, kommerzieller Werbewirkungsforschung und Werbepsychologie nicht zu einem »Selbstläufer« werden zu lassen, der auf Grund seines Wissensvorsprungs Manipulationsversuchungen der Werbeindustrie ohne öffentliche Kritik Vorschub leistet.

Ihre Image-Aufbesserung verdankt die Werbung – wenn auch nur gestützt auf eine Beispielminorität – vor allem einer fulminanten Verbesserung der ästhetischen Qualität der Highlights der Branche (Stichwort: *Cannes-Rolle*). Hinter diesem Anspruch steht bei prominenten und wirtschaftlich potenten Werbeprofis nicht nur der Ehrgeiz, durch ungewohnte Qualität das Odium der dümmlichen Einfallslosigkeit abzustreifen, sondern auch – wie etwa bei Michael Schirner – eine zukunftsweisende Einsicht in das neue Verhältnis von Kunst und Werbung. Kunst, bislang in der bürgerlichen Ästhetik als der Gegenpol zur funktionalisierten Bilderflut der Werbung stilisiert, ist in der kapitalistischen Gesellschaft längst ihrer ökonomischen Unschuld entkleidet. Der Kunstmarkt hat sich seit dem späten 18. Jahrhundert zu einem ökonomischen Wachstumsfaktor mit einschneidenden Restriktionen der nur noch ideologisch postulierten Freiheit und Authentizität von »Schöpfer« und »Werk« entwickelt.

Sind, so muß heute gefragt werden, die Grenzen zwischen Kunst- und Werbesystem nicht schon längst gefallen? Hat die Werbung die Kunst beerbt? Werden die »ästhetischen Schlachten« in den 90er Jahren noch in den Ateliers oder in den Werbeagenturen geschlagen und im Fernsehen entschieden? Einschlägige Beispiele wie die öffentliche Debatte zwischen Werbetreibenden, Werbeforschern und Künstlern zeigen, daß wir es hier mit einer keineswegs akademischen Fragestellung zu tun haben. »Die Werbung adaptiert notwendigerweise stets zeitparallele Stilphänomene und Einzelkunstwerke, und im Gegenzug wiederum beeinflußt sie mit ihren eigenen spezifischen Bildwelten die sich selbst als Kunst verstehenden visuellen Hervorbringungen.«[26] – »Der Werbespot ist [...] die revolutionierendste Filmgattung, nicht das

2

4

1 Autotechnik im Gewand bildender Kunst 2 Computeranimierter BMW-Motor, ausgestellt als Kunstobjekt 3 Computeranimation + Kunstambiente + Produkt = Werbekunst? 4 Montage von Kunstwerk (Mondrian) und Produkt (Tonkassette)

Melodram, der Krimi oder die Western.«[27] – »Daß man Werbung an sich schmunzelnd und genußvoll konsumieren kann [...], ist letztendlich der empirische Beleg dafür, daß Werbung eine Kunstgattung ist, in der man Überraschungen, Übertreibungen, Illusionswelten, alltägliche Produktnotwendigkeiten, kurz sich selbst in karikaturhafter Übertreibung begegnen kann.«[28]

Künstler arbeiten in zunehmendem Maße für das Werbesystem, Werbeprofis erklären ihre Spots zur Kunst. Haben, wie einige Vertreter des Kunst- beziehungsweise des Werbesystems zu meinen scheinen, die beiden Systeme deshalb bereits fusioniert? Im Licht der vorangegangenen systemtheoretischen Überlegungen muß diese Frage heute noch verneint werden. Für diese Antwort sprechen theoretische wie empirische Gründe; empirische, insofern die Kunstansprüche für Werbespots nur von wenigen Werbetreibenden (und von denen oft nur aus

Gründen gezielter Provokation) erhoben werden, theoretische, insofern Fusion ausgeschlossen ist, solange die Systeme noch ihre Grenzen aufrechterhalten, die durch handlungsleitende Konventionen und systemspezifische Funktionen konstituiert werden.

Unbestreitbar ist allerdings, daß – wie bereits erwähnt – Umfang und Qualität der Interaktionen zwischen Kunst und Werbung in den 80er Jahren eine neue Dimension erreicht haben, wie die folgende Aussage Michael Schirners belegt: »Was Stil ist, bestimme ich. Ich wollte nicht nur Werbung machen, sondern auch Kunst. [...] Das Sätzchen Werbung ist Kunst löste in der Werbebranche einen lustvollen Schmerzensschrei aus. Und in der Kunstbranche auch. Doch als man sah, daß ich Kampagnen machte, die den Werken vieler Künstler überlegen sind, gewöhnte man sich an den Gedanken. Inzwischen gibt es kaum Zweifel daran, daß die Werbung die wahre Kunst unserer Tage ist.«[29]

Einen Versuch, das zu bewerbende Produkt mit bestimmten Konnotationen der schönen Künste »aufzuladen«, schildert das folgende Beispiel, das nach dem Prinzip der Rahmung konzipiert ist: Eine Vernissage mit illustrem Publikum in den entsprechenden Räumlichkeiten. Man betrachtet interessiert die ausgestellten Bilder und Objekte, aus

Die Werbung etablierte neue Perspektiven in der Filmästhetik

dem Off tönt das bei solchen Anlässen typische distinguiert-blasierte Geplauder. Reges Interessse findet eine Glasvitrine mit einem rotierenden Objekt, das sich bei näherem Hinsehen als Motorbauteil entpuppt. Die Kamera folgt den Besuchern dann ins Freie. Der Parkplatz vor der festlich beleuchteten Villa steht voller BMWs, mit denen die Besucher den Ort verlassen. Die Präsentation des Werbeprodukts erweckt beim Betrachter die Assoziation, daß der BMW-Motor, das BMW-Auto Kunst ist.

Die Ästhetik der Werbetrailer (schnelle Schnitte, verblüffende Kameraoperationen usw.) hat inzwischen auch andere Genres wie den Kinofilm (beispielsweise *9½ Wochen, Das Leben ist ein langer, ruhiger Fluß*), den Videoclip oder die Nachrichten inspiriert: Die Spotlänge von 15 bis 30 Sekunden prägt Statements, die Schnittfolgen der Spots dienen als Vorbild für die Gestaltung der Nachrichten im westlichen Ausland. Jingles von Spots wie Coca-Cola werden Spitzenreiter der Hitparaden. Werbefilmer betätigen sich außerdem im Spielfilmbereich. Carl Schenkel *(Abwärts)* etwa ist ebenso gelernter Werbefilmer wie Helmut Dietl *(Kir Royal)*.

Auf der anderen Seite nutzen renommierte Spielfilmregisseure den Werbefilm längst als Experimentierbühne. Ein extremes Beispiel dieser »Closed Clips« sind die folgenden, im französischen Fernsehen gesendeten Spots: »Unvermittelt erscheinen Gemälde von Goya, El Greco und Renoir auf dem Bildschirm, ein junges Mädchen sagt heftig ›non‹, worauf jemand im Off ein ›oui‹ entgegnet. Schluß. Auf einem schmalen Bett räkelt sich ein Mädchen, ein anderes entledigt sich am Fußende seiner Kleider. Dazu sprechen Stimmen Verse von Rimbaud und Baudelaire. Schluß.«[30] Diese 20-Sekunden-Spots, die Jean-Luc Godard für die Jeansmarke Closed produziert hat, lösten in der französischen Presse heftige Reaktionen aus. Während man auf der einen Seite proklamierte, Godard habe mit seinen Spots die Werbung als Kunst und als Essay neu erfunden, monierte man auf der anderen Seite die »seltsame« und »abschreckende« Wirkung der Spots. Ohne Drehbuch, ohne Produkteinblendung, ohne direkt erkennbare Botschaft setzte Godard seine persönlichen Signale in die Werbeclips. Inzwischen ist die Liste der Regisseure, die sich der Herausforderung durch das Medium gestellt haben, lang geworden: Antonioni setzt Herrenanzüge in Szene, Zeffirelli wirbt für eine Pelzfirma, Fellini hat einen Trailer für Campari gefertigt, und die Gebrüder Taviani drehen Sekundenfilme für Renault. Die Werbeszene haben inzwischen auch deutsche Regisseure wie Michael Verhoeven und Wolfgang Petersen betreten. Allerdings ist die Berührungsangst, so meinte der deutsche Werbefilmer Thomas Bohn, zwischen beiden Filmformen immer noch groß[31], was wohl darauf schließen läßt, daß die »Systempendler« sich durchaus bewußt sind[32], in zwei verschiedenen Systemen zu operieren[33], so daß sie selbst – wie die Rezipienten ihrer Produkte – bewußt einen Gestalt-Switch vollziehen müssen – und gerade daraus offenbar neuen Lustgewinn ziehen (sozusagen ein kognitives Zapping).

Die Frage, welchem Bereich man Godards Clips zuordnet, erscheint nur dann unlösbar, wenn man den systemischen Zusammenhang außer Betracht läßt und zum Beispiel nur das Kriterium der ästhetischen filmischen Qualität berücksichtigt.

Nimmt man dagegen mit hinzu, in welchem Kontext (Medium, Sendeplatz, Präsentationskontext usw.) Godards Medienangebot präsentiert wird, dann dürfte die Einordnung trotz vieler Produktanalogien klar sein.

Interessanter als solche Zuordnungsentscheidungen aber scheint uns zu sein, daß Kunst wie Werbung offenbar erfolgreich mit der Grenzfrage, mit dem Gestalt-Switch spielen, daß Kunstphänomene wie Werbeprodukte durch (scheinbare?) Produktparität auf kognitive Irritation und Kreativität der Rezipienten »durchgreifen«: Er muß entscheiden (oder empfinden?), welche Zuordnung er, nach seinen Kriterien (oder Anmutungen?) vornimmt.

So präsentierte der Kölner Aktionskünstler HA Schult eine spektakuläre Aktion in Zusammenarbeit mit dem Automobilhersteller Ford. Der Werbemanager von Ford, Daniel Goeudevert, stellte dem Künstler zwölf nagelneue Wagen der Marke Fiesta CLX und Bargeld in sechsstelliger Höhe für eine »Kunstaktion« zur Verfügung. Hierbei wurde unter anderem ein Kleinwagen mit einem Helikopter zwischen den Türmen des Kölner Doms in die Schwebe gebracht, ein anderer wurde für 100 000 DM in einem riesigen Eiswürfel eingefroren, um dann langsam auf dem Domvorplatz wieder aufzutauen. Der Künstler behauptete, Kunst zu machen; der Sponsor freute sich über den gutgewählten Zeitpunkt (passend zur Auslieferung der neuen Fiesta-Generation). Schult erntete nicht nur vom Oberstadtdirektor Lob (»Das Kunstereignis des Jahres«), sondern der Sponsor Ford sagte dem Künstler direkt für die nächste Kunstaktion seine Unterstützung zu.[34]

Solche spannenden Gratwanderungen zwischen Kunst und Kommerz lassen sich in den 80er Jahren an den verschiedensten Beispielen demonstrieren. Ein klassisches Beispiel für die Rolle etwa des Designs als Mittler zwischen Kunst und Konsum sind dabei etwa die Rosenthal Limitierten Kunstreihen. Bekannte Künstler (Dalí, Hundertwasser, Henry Moore, Gomringer) gestalten Gebrauchsgegenstände, die dann in geringer Auflage hergestellt werden. Ähnlich verfuhr ein Teppichproduzent, der verschiedene Vertreter der modernen Malerei anregte, das Design für Teppichböden zu entwerfen.[35]

Die Werbepraktiker ihrerseits entdecken Kunst und Kultur verstärkt als Aktionsfelder. Inzwischen gibt es schon den Berufszweig des Art Consultant, der zwischen Künstlern und Kunstinteressierten aus Industrie und Wirtschaft – über die Köpfe der Galeristen hinweg – zu vermitteln versucht. Für den Unternehmer, der nicht die Zeit aufbringen kann, um sich über Kunst ausreichend zu informieren, trifft der Art Consultant eine Vorauswahl: »Das Bedürfnis nach Kunst entsteht bei den Unternehmern in der Regel, wenn sie einen Neubau planen. Irgendwann, oft leider viel zu spät, taucht die Frage auf: Was wird mit dem Foyer, mit dem Vorplatz oder mit dem Sitzungssaal?«[36] Helge Achenbach, der 1978 Deutschlands erstes Art-Consulting-Unternehmen gegründet hat, bezeichnet sich selbst als einen »Kreuzritter der Moderne«, wenn er der Kunst, so Achenbach, neue Plätze und neue Wirkungsbereiche erobert: »Ich biete den Künstlern die Chance, in eine andere Welt einzudringen. Sie erhalten durch mich nicht nur eine zusätzliche Versorgungslinie, sondern Aufträge, die eine enorme Herausforderung bedeuten. Wann schon hat ein Künstler heute die Möglichkeit, architekturbezogen zu arbeiten. Gerhard Richter hat aufgrund unserer Vermittlung für die Victoria-Versicherung zwei sechs mal vier Meter große Bilder malen können. Ein solches Format zu bewältigen, ist kein Kinderspiel. Die Auseinandersetzung mit dieser Aufgabe hat für Richter zu weiteren großformatigen Arbeiten geführt.«[37]

Nun sind Mäzenatentum und Sponsoring bekanntlich keine Erfindung der Gegenwart. Zu allen Zeiten haben Künstler für die Werbung gearbeitet und oft damit ihren Lebensunterhalt verdient. Man denke nur an Holbein, Manet, Toulouse-Lautrec, Bonnard, Magritte. Oder Künstler haben bewußt Werbung für sich in den Massenmedien betrieben, wie etwa das Beispiel der italienischen Futuristen um Marinetti belegt.[38] Auf der anderen Seite hat die Werbung insbesondere seit den 60er Jahren auch die Kunst inspiriert. »Oldenburg benutzt die Ware als sein ›Objekt‹, benutzt ihre Ästhetik, glaubt aber, ihre Funktion negieren zu können, indem er ihren Materialcharakter verändert oder sie in anderen Zusammenhängen präsentiert. Dabei setzt er die Wirkung der Werbung voraus, er baut auf den Bekanntheitsgrad z. B. eines Lippenstifts, eines elektrischen Steckers und deren Funktionen auf [...].«[39] Künstler wie Andy Warhol, Charles Wilp oder Roy Lichtenstein nahmen die Reklame als Anlaß, um unter anderem auf neue Wahrnehmungsphänomene hinzuweisen. Eines der bekanntesten Beispiele ist in diesem Zusammenhang Campbells Suppendose von Andy Warhol.

Die Situation, die durch die Grenzthematisierungen der Pop-art entstanden ist, wird in einem Anzeigentext der Firma Erdal-Rex 1977 so umschrieben: »Was früher einmal Werbung war, ist heute oft Kunst. Und umgekehrt. Plakate von Professor Ludwig Hohlwein werden heute klar der Kunst zugerechnet. Und umgekehrt ist es Kunst, wenn Andy Warhol zu den optischen Mitteln der Werbung greift. Das Niveau ist ihre Gemeinsamkeit. ERDAL-REX weiß, daß es auch heute genügend Künstler gibt, die hervorragende Werbung machen können. Und genügend Werbe-Grafiker, die echte Künstler sind [...].«[40]

Kunstwerbung, Werbungskunst? An den Produkten läßt sich die Differenz – wie schon gesagt – immer weniger ausmachen. Auch der kreative Werbepraktiker bedarf eines künstlerisch geschulten Auges und einer künstlerischen Hand, nicht nur, wenn er in seinen Produkten auf die Kunst zurückgreift oder sich ihrer bedient. Ein klassisches Beispiel ist hier die Werbekampagne für den schottischen Whisky Dimple. »Wie könnte ein Kunstwerk mit der Dimple-Flasche aussehen, wenn es etwa von Beuys, Warhol, Lichtenstein oder einem anderen Künstler geschaffen würde?« Hier versuchte man, die Leser der Zeitschriften und Magazine mit fortlaufenden Werbeanzeigen, in denen jeweils die Dimple-Flasche als inszeniertes Kunstwerk präsentiert wurde, zu irritieren. Auf den ersten Blick schien es sich immer um Arbeiten von Künstlern zu handeln, die die Dimple-Flasche zum Thema ihrer künstlerischen Auseinandersetzung gemacht haben. Das Produkt war im Konnotationsfeld moderner Kunst etabliert, der Anzeigentext verkündete »eine neue Variante künstlerischer Tätigkeit: ›Dimple Drink Art‹«.[41]

Mit Blick auf die Werbung der 80er Jahre lassen sich vier Grundformen der Instrumentalisierung von Kunst in der Werbung unterscheiden:

- Addition (die direkte, unmanipulierte Abbildung des Kunstwerkes in seinen originalen Proportionen oder als Detail im Werbeprodukt)
- Verfremdung (das jeweils historische Objekt nimmt die Ware selbst in sich auf, das heißt, es handelt sich hierbei um eine Montage von Kunstwerk und Produktabbildung)
- Rahmung (das Werbeprodukt wird selbst als Kunstwerk präsentiert)
- Inszenierung (das Werbeprodukt wird mit Stilmitteln historischer Kunst inszeniert).[42]

Verstärkt als Trend erkennbar ist die Rahmung von Kunst in den Fernsehspots, die den fiktiven Kunstcharakter des Produkts proklamiert.

Wohin geht die Entwicklung in den 90er Jahren? Mit Blick auf das, was sich allein 1989 im Ostblock ereignet hat, wäre es naiv, eine Prognose für möglich zu halten. *Spiegel*[43] und *FAZ*[44] glauben zwar übereinstimmend, als »Grundstimmung des kommenden Jahrzehnts« die »neue Bescheidenheit« ausmachen zu können. Als Prototyp der kommenden Jahre gilt der »schizoide Konsument«, der mit dem

Spot und Musikclip zugleich. Der Star verschmilzt mit dem Produkt

»300-PS-Schlitten in der Garage und den Solarzellen auf dem Dach«.[45] Aber wer weiß – schon bessere Prognosen sind kläglich gescheitert, die neue Männlichkeit zum Beispiel muß ihr kulturphilosophisches Outfit ja auch schon bald im Jahresrhythmus wechseln.

So traut man sich kaum, im Rückblick zu generalisieren, und fügt in seine Hypothese wohl klugerweise die Formel »unseres Erachtens« ein: Die Werbung der 80er Jahre hat unseres Erachtens ihre Vitalität, die sie weithin salonfähig gemacht hat, nicht zuletzt aus zwei (vermutlich intuitiven) Strategien gespeist:

- Sie hat die Interaktionspotentiale mit den Sozialsystemen Kunst und Fernsehen stärker ausgetestet als je zuvor und dabei in Extremfällen sogar Entdifferenzierungsprozesse unserer nach wie vor funktional differenzierten Gesellschaft simuliert (Kunstwerbung, Werbungskunst).
- Sie hat die Systemgrenzen – vor allem des Kunstsystems – mal spielerisch, mal systematisch zur Disposition gestellt, sei es auf der Aktantenebene (Fellini, Bergmann, Polanski und Co.), sei es auf der Produktebene (der ästhetische Spot scheinbar ohne Produktwerbung).

Wie lange diese Strategien noch erfolgreich ausgereizt werden können, das zeigen, ganz sicher – die 90er Jahre!

Anmerkungen

1 Erwin Chargaff, zit. nach Stefan T. Wehowsky: »Mag mich, wähl mich, kauf mich«, in: *GEO* Wissen Sonderheft Kommunikation 2, 1989, S. 180.

2 Vgl. Joachim Steinbach: »Wachstum ungleich verteilt. Werbemarkt 1980«, in: *Media Perspektiven* 4, 1990, S. 201–212.

3 Michael Schirner: *Die Werbung und das Böse.* Niederschrift des Rundfunkinterviews von Matthias Frank mit Michael Schirner in der WDR-Sendung *Ohrzeit* vom 12. 7. 1987. Typoskript.

4 »Von Spot bis Sponsorship«, in: *Mediaplanung* 2, 1989, S. 33–36, hier S. 33.

5 Zit. nach Mark Siemons: »Machen wir uns etwas vor. Wie die Rhetorik der Simulation den Alltag erobert«, in: *FAZ Magazin* Nr. 217, 17. 9. 1988, o. S.

6 Vgl. dazu etwa Siegfried J. Schmidt: *Die Selbstorganisation des Sozialsystems. Literatur im 18. Jahrhundert.* Frankfurt am Main 1989.

7 Niklas Luhmann: *Soziale Systeme.* Frankfurt am Main 1985.

8 Siemons, a. a. O., o. S.

9 Volker Nickel: *Thema Werbung.* Bonn 1989, S. 68.

[10] Günter Bentele und Peter Schrott: »Kinobesuch und Werbeakzeptanz«, in: *Mediaperspektiven* 1988, S. 734–743, hier S. 734.

[11] »Werbestile sind immer auch Gestaltungsstile eines bestimmten Stadiums kultureller, gesellschaftlicher, politischer und auch technologischer Entwicklung. Werbung hat unter diesem Aspekt Symptomwert.« Reinhold Bergler: *Werbung im Spiegel der Gesellschaft.* Typoskript eines auf der Jahresveranstaltung des Zentralausschusses der Werbewirtschaft in Bonn gehaltenen Vortrags. Bonn 1989, S. 1–34, hier S. 18.

[12] Wehowsky: »Mag mich, wähl mich, kauf mich«, a. a. O., S. 180.

[13] Herbert I. Schiller: »Disney, Dallas und der elektronische Informationsfluß. Die weltweite Kommerzialisierung der Kultur«, in: *Mediaperspektiven* 12, 1988, S. 782–791, hier S. 782.

[14] Thomas Tostmann: »Werbung der Zukunft«, in: *Harvard Manager* 1, 1988, S. 21–24, hier S. 21.

[15] Werner Kroeber-Riehl: »Weniger Information, mehr Erlebnis, mehr Bild«, in: *Absatzwirtschaft* 3, 1985, S. 84–97.

[16] *Cinema* Heft 12, 1984, S. 30/31

[17] Ebd.

[18] Wolfgang Welsch: *Unsere postmoderne Moderne.* Weinheim 1988, S. 4.

[19] Holger Rust: »Hintergründe, Strategien und Ziele des gesellschaftsorientierten Marketing«, in: *Mediaperspektiven* 10, 1987, S. 657–667, hier S. 657.

[20] Uwe Schmitt: »Wie ein Land seine Träume reklamiert. Eine Soziologie der Sehnsucht. Über Fernsehwerbung in Japan«, in: *FAZ* Nr. 163, 16. 7. 1988, S. 23.

[21] Ulrich Saxer: »Kommunikationswissenschaftliche Thesen zur Werbung«, in: *Mediaperspektiven* 10, 1987, S. 650–657, hier S. 650.

[22] Vgl. für einen Forschungsüberblick auch Detlef Sinofzik, Bärbel Freund, Bettina Kaufmann, Dietrich Meusch und Sybille Wittemann: *Informieren mit Fernsehen: ein Forschungsüberblick. Arbeitsheft Bildschirmmedien* Nr. 5, Siegen 1990.

[23] Hans Magnus Enzensberger: »Der Triumph der Bildzeitung oder Die Katastrophe der Pressefreiheit«, in: *Merkur* 420, 1983, S. 51–67.

[24] Welsch, a. a. O., S. 194.

[25] Ebd., S. 80.

[26] Uwe Geese und Harald Kimpel (Hrsg.): *Kunst im Rahmen der Werbung.* Marburg 1982, S. 22.

[27] Knut Hickethier, zit. nach Bernd Scheffer: *Imitiert das Leben den Werbespot? Bemerkungen über Gegenwart und Zukunft des Fernseh-Werbespots; Bericht über ein Forschungsprojekt.* Typoskript, S. 8.

[28] Bergler, a. a. O., S. 18.

[29] Schirner, a. a. O., S. 8.

[30] »Clip-Kunst: Ganz Bayern in einem Bier«, in: *Der Spiegel* Nr. 30, 1987, S. 136–137, hier S. 137.

[31] Ebd.

[32] »Kunst und Warenwerbung wurden, solange sie zueinander in Beziehung stehen, stets konträre Positionen zugewiesen, von denen sie immer wieder

Annäherungsversuche unternommen haben [...]. Dabei hat die Diskrepanz nur soweit ausschließende Qualität, wie gerade in den konträr bezogenen Positionen beide erst die ihnen inhärente Funktion entfalten können. Sowie die Kunst sich dem Trivialen gegenüber abzusetzen hat, kann die Werbung, sich ihrer selbst als Trivialform bewußt, Kunst ausschließlich in dieser ihr traditionell zugewiesenen Abgrenzung verwerten.« Geese und Kimpel, a. a. O., S. 22.

33 »Als Ivan vorbeikam, hatte ich das Bündel meiner Werbezeichnungen außer Sichtweite gebracht [...].« (Andy Warhol anläßlich des Besuches eines Kunstinteressenten.) Andy Warhol und Pat Hackett: *Popism, The Warhol 60's.* New York, 1983, S. 7.

34 »Fetisch Fiesta«, in: *Der Spiegel* Nr. 16, 1989, S. 278–281, hier S. 281.

35 »Kunst in der Werbung«, in: *Blick durch die Wirtschaft und die Medien* 120, 1989, S. 1–2, hier S. 1.

36 »Warum soll die Kunst unters Volk, Herr Achenbach?« Ein Interview von Katharina Hegewisch mit Helge Achenbach, in: *FAZ Magazin* Nr. 24, 1989, S. 50–53, hier S. 50.

37 Ebd.

38 Vgl. dazu Uwe M. Schneede: »L'Arte dei Rumori«, in: Christian Schulz-Hoffmann (Hrsg.): *Mythos Italien, Wintermärchen Deutschland.* München 1988, S. 31–39.

39 Henriette Väth: »DE ARTE ODOLEO. Zum wechselseitigen Verhältnis von Reklame und Kunst um die Jahrhundertwende«, in: Geese und Kimpel, a. a. O., S. 23–41, hier S. 36.

40 Anzeigentext Erdal-Rex: »Kunst? Werbung?«, zit. nach Geese und Kimpel, a. a. O., S. 87f.

41 Uwe Geese: »Whisky im Museum – DIE WA(H)RE ART«, in: Geese und Kimpel, a. a. O., S. 88.

42 Harald Kimpel: »Von der Ware zum Kunstwerk: Das imaginäre Museum der Werbung«, in: Geese und Kimpel, a. a. O., S. 55f.

43 Vgl. dazu *Der Spiegel* Nr. 41, 1989, S. 300.

44 Vgl. dazu *FAZ* Nr. 227, 30. 9. 1989, S. 11.

45 Vgl. dazu *Der Spiegel* Nr. 41, 1989, S. 300.

Quergelesen – quergeschnitten
Zur Literatur der 80er Jahre – ein Situationsbericht

Karl Riha

Literatur der 50er, 60er, 70er und nun eben der 80er Jahre – fast hat man sich schon so an das Datieren nach Jahrzehnten gewöhnt, daß man es gar nicht weiter verwunderlich findet. Dabei signalisiert dieses Vorgehen doch ein Defizit an wirklich epochensignifikanter Begrifflichkeit, die der Zeit den Stempel aufdrückt und sie tatsächlich prägt. Daß sich die Literatur nach dem puren Zeitablauf richten und im Rhythmus von Dezennien mutieren soll, will mir nicht recht in den Kopf; es mutet in der Tat wie ein Bankrott an, bindet man sich doch, statt inhaltliche Kategorien zu entwickeln, an das Datengerüst nackter Zahlen. Noch war das Jahrzehnt nicht zu Ende, da meldete sich schon das Bedürfnis, es zu dokumentieren, zu resümieren und in seine einzelnen Trends zu zerlegen; schon seit zwei, drei Jahren erscheinen – miteinander um den Preis der frühesten Prognose konkurrierend – die ersten Rückblicke, Anthologien, Aufsatz- und Essaysammlungen. Ein Werk sei als Beispiel genannt: *Die wilden achtziger Jahre* – aus der Feder von Mathias Horx, deklariert als eine Zeitgeistreise durch die Bundesrepublik Deutschland, mit Kapitelüberschriften wie: »Die Nörgel-Gesellschaft, Eine Epidemie«, »Profis und Dilettanten, Zwei ›Kulturen‹ der achtziger Jahre«, »Kinder oder keine, Die Nachwuchs-Frage im narzißtischen Zeitalter«, »Von der Unmöglichkeit der Wende, Abgesang auf eine Chimäre«, »Der große Rausschmiß, Kinder, wollt ihr ewig kleben«, »Der neue Mann ohne Eigenschaften, Loblied auf die Identitätslosigkeit«[1].

Natürlich ist eine Trendanalyse der aktuellen Situation abhängig von der Perspektive, die man wählt: Sie fällt anders aus, wenn man sich politisch-gesellschaftlich (nach »unten« oder »oben«) oder eben kunst- und literaturbezogen orientiert. Nah am Gegenwartsgeschehen, also noch nicht abgeklärt durch historische Distanz, haben solche Befunde immer etwas Anziehendes, betreffen sie doch die eigene Teilnahme an den Zeitgeschehnissen, fordern zu Stellungnahmen heraus, haben freilich von hier aus auch stets etwas Zufälliges und Relatives. Das subjektive Moment, die ganz spezifischen Einfärbungen, die aus der individuellen Rezeptionsperspektive resultieren, lassen sich jedoch bis zu einem gewissen Grad auch relativieren. Werfen wir doch, schlage ich vor, einen Blick auf solche Dokumentationsmaterialien, die bereits heute vorliegen und sich für einen ersten – sondierenden – Überblick anbieten.

Unter einer Fülle gleich und ähnlich gearteter Dokumentationen verweise ich zunächst und zuallererst auf die literaturkritischen Jahresüberblicke des Stuttgarter Reclam-Verlags, gemeinsam mit Adolf Fink herausgegeben von Volker Hage, längere Zeit Feuilletonredakteur der *Frankfurter Allgemeinen Zeitung*, heute in derselben Funktion bei der Wochenzeitung *Die Zeit:* Neben einer essayistischen Einleitung des Herausgebers offerieren die kleinen, im markanten Gelb gehaltenen Bändchen jeweils eine Jahreschronik der wichtigsten literaturrelevanten Daten wie zum Beispiel Todesfälle, Preisverleihungen, Schriftstellertreffen, wichtige Theaterereignisse usw., eine Vorstellung neuer Bücher und ihrer hauptsächlichen Rezensionen im markanten Ausschnitt sowie thematisch Auffälliges unter den Stichworten »Überblick und Debatte«. Im Unterschied etwa zu den im Berliner Wagenbach-Verlag erscheinenden *Tintenfisch*-Jahrbüchern, die ausgeprägt anthologiemäßig aufgezogen sind und in der Auswahl der Texte betont die Handschrift der Editoren verraten – neben dem Verleger Klaus Wagenbach selbst ist dies der Lyriker, Erzähler, Kritiker und Lektor des Münchener Hanser-Verlags Michael Krüger –, intendieren die von Hage organisierten Bändchen eine breitere literarische Bestandsaufnahme etwa auf dem Niveau der Rezensionsspalten der großen deutschen Tageszeitungen und deren kontinuierlicher Aufmerksamkeit für Autoren und Titel. Zur Selbstcharakterisierung und Selbstproblematisierung der Unternehmung zitiere ich aus der Einleitung der *Deutschen Literatur 1985:* »Zum fünften Mal versuchen wir, einen Überblick über die deutsche Literatur eines Jahres zu geben. Das Echo auf die vier ersten Bände war freundlich und positiv. Schneller, als wir gedacht haben, ist unser Periodikum eine Institution geworden. Das birgt Risiken. Wir möchten deshalb die Gelegenheit nutzen, um den subjektiven Charakter unserer Auswahl und Zusammenstellung zu unterstreichen. Wir maßen uns nicht an, einen Kanon vorzulegen, besser als andere zu wissen, was vor der Literaturgeschichte und dem zukünftigen Leser Bestand haben wird. Was wir versuchen: mit Glück und Gespür zu erfassen, welche Bücher eines Jahres nicht gleich vergessen werden sollten – in unseren Augen, aber auch nach dem Votum der anderen Literaturkritiker, die hier mit Rezensionen und Beiträgen vertreten sind.«[2] In dieser Anlehnung an die etablierte Literaturkritik liegen freilich auch bestimmte Risiken: Gab es nicht immer, wäre doch wohl zu fragen, ein gewisses breiteres Interesse der Zeitungsblätter für bestimmte Titel, die dann kaum über die Saison hinaus in der Diskussion blieben, hindert nicht die Fixierung des Blicks auf die Programme der wenigen Großverlage die Ausweitung des Interesses auch »nach unten« in die Richtung kleinerer und kleinster Verlage sowie publizistischer Underground-Unternehmungen, die ja doch oft näher zu den Bewegungen der Zeit stehen, drängen nicht die bekannten und schon oft besprochenen Autoren die jüngeren und jüngsten, eben erstmals in Erscheinung tretenden zu sehr in den Hintergrund ...?

Doch stellen wir Einwände und Fragen zurück und halten uns erst einmal an diese erste Orientierungshilfe! Hage bezeichnet sich selbst verschiedentlich in seinen Essayvorworten als Chronisten der jüngsten Literaturgeschichte, das heißt, er versucht getreulich festzuhalten, was sich ihm als hervorhebenswert anbietet. Dabei zeigt er kontinuierliche Aufmerksamkeit für die literarische Produktion von Peter Handke und Botho Strauß, unter den literarischen Gattungen bevorzugt er eindeutig die Erzählliteratur und hat für Dramatik, Lyrik und Essayistik nur einen Seitenblick übrig – und seine Gattungsvorliebe ist eindeutig durch die These geprägt, daß wir neuerdings wieder in eine Phase getreten sind, die sich unter das Stich- und Schlagwort von der »Wiederkehr des Erzählers« stellen läßt, so der Titel einer eigenen Buchpublikation Hages bereits zur Literatur der 70er Jahre. Eine solche Haltung deutet auf eine konservative Einstellung hin, und man fragt sich zu Recht, ob Hage mit dieser Feststellung wirklich seinen Gegenstand oder nicht doch nur die eigene These trifft. »Es wird wieder erzählt«, kann man dazu im Jahresbericht 1985 lesen: »Was Mitte der sechziger Jahre noch eine Beschwörungsformel gewesen sein mag (nach einer Phase der Dokumentar-, Montage- und Protokoll-Literatur), ist zehn Jahre später ein Faktum. Experimente gibt es kaum noch, Geschichten jede Menge.«[3]

Die Chronistenhaltung des Verfassers dokumentiert sich in der großen Fülle der Autoren und Werke, auf die er zu sprechen kommt. Zunächst war beabsichtigt, aus der Flut der alljährlich anfallenden Veröffentlichungen jeweils die 100 wichtigsten auszuwählen, doch kam es rasch zu Überschreitungen dieser selbstgesetzten Grenze. Ein wirklich analytisches Vorgehen würde sich vielleicht noch stärker, als es hier der Fall ist, auf einige wenige und wirklich repräsentative Werke beziehungsweise auf die Erkenntnis tieferliegender Strukturen der Literatur der Gegenwart konzentriert haben, aus der heraus dann auch die unterschiedlichen Richtungen des Schreibens sicher erfaßt und dargestellt werden könnten.

Ein anderes Charakteristikum des Chronisten ist seine Fixierung auf das Inhaltliche der Literatur: Hier gelingen Hage mit Sicherheit richtige Beobachtungen, etwa zum Durchbruch bestimmter thematischer Trends, dem dann stets gleich mehrere Autoren Tribut zollen – aber derlei Feststellungen zur thematischen Wetterlage bleiben doch auch an der Oberfläche, wenn man sie lediglich konstatiert und nicht weiter nach den wirklichen Gründen eines solchen Wandels der literarischen Sujets fragt. Als herausgegriffene Beispiele einige einschlägige Ausführungen aus den Jahresberichten 1981, 1982 und 1983 – »Das Ende der Beziehungen, ein Thema ohne Ende«, heißt es da: »Auffällig war 1982 die Häufung von Prosatexten, die eine Annäherung an historische Figuren – reale wie fiktive – unternehmen« oder »Den Schrecken zu bannen, indem man ihn benennt, die Alpträume zu verscheuchen, indem man von ihnen erzählt: das ist eine Form, auf Bedrohungen zu reagieren.« Und – sich selbst in den Arm fallend – problematisiert der Autor seine Perspektive, indem er sie wie folgt bricht: »Literarische Werke eines Erscheinungsjahres, nach Themenschwerpunkten und Familienähnlichkeiten gebündelt und abgespult: da fällt schon einmal etwas unter den Tisch. Und es kann gerade das Einzelgängerische sein, auf das es bei der Literatur am Ende ankommt.«[4]

Neben der Orientierung an vorherrschenden Themata spielt der Blick auf das Œeuvre bekannter Autoren – allen voran, wie gesagt, Peter Handke und Botho Strauß – eine entscheidende Rolle, auch dann, wenn es aus ihrer Feder beziehungsweise Schreibmaschine beziehungsweise Computer gerade keine neuen Publikationen zu vermelden gibt; aber selbst noch die Fehlanzeige ist eine eigene Notierung wert und färbt als solche auf das Urteil über den jeweiligen Jahrgang ab, so zum Beispiel der Fall bei folgender Eintragung: »Und die großen Namen? Auch 1984 kein neuer Roman von Böll oder Grass (dafür ein Jubiläumsreprint der *Blechtrommel*-Originalausgabe, die nun schon ein Vierteljahrhundert alt ist), kein Theaterstück von Dürrenmatt oder Frisch, keine Gedichte von Enzensberger. Dafür sorgte Thomas Bernhard mit seinem Prosastück *Holzfällen* für jene ›Erregung‹, die er im Untertitel verspricht.«[5]

Quasi zur Kompensation gilt jeweils ein eigener Abschnitt der Darlegungen den Debütanten, die dieses und jenes Jahr mit einem ersten Band Erzählungen oder Gedichte, einem Roman oder Theaterstück hervorgetreten sind. Möge es Zufall sein, möge es anders gearteten Erfahrungen entspringen, als sie für ihre männlichen Pendants zutreffen, rätselt Hage in seinem entsprechenden Passus zum Jahr 1985: »Die Debüts von zwei jungen Autorinnen erscheinen zerrissener, bitterer, fast zynisch. Saskia Vester, 1959 geboren, läßt ihre Hauptfigur, Mitte zwanzig und arbeitslos, in dem kleinen Roman *Pols Reise* auf unsichere Fahrt gehen: Pol schließt sich einem Unbekannten an, wird vergewaltigt, tut so, als sei nichts gewesen; bei Angelika Stark, 1956 geboren, geht *Liebe über Leichen:* auch hier Vergewaltigungen, die hilflos hingenommen werden, Sexualität als Mittel, seelische Wunden zu kitten. Zerborstene menschliche Beziehungen. Die Prosa beider Autorinnen ist betont kühl, von gesuchter Einfachheit, fast ist man geneigt zu sagen: Naivität. Das zielt mit jedem Satz auf literarische Weihen, läßt aber den Leser aufgestört zurück. Kündigt sich hier eine neue Erzählweise an?«[6]

Reicht ein solcher Überblick aus? In der Masse der Einzeldaten kommt es zu keinem eigentlichen Überblick und keiner Reflexion auf die Stilproblematik der Zeit; wo es Ansätze dazu gibt, bleiben sie unter- und unentwickelt: »[...] eine vorherrschende lyrische Sprache sucht man in der deutschen Literatur schon lange vergebens, seit sich der in den siebziger Jahren favorisierte Alltagston als wenig ausbaufähig erwiesen hat. Im Jahr 1986 ist fast alles zu finden, und für jede Stimmlage lassen sich ein, zwei überzeugende Beispiele finden: für das Experimentelle (Helmut Heißenbüttel: *Textbuch 10,* Oskar Pastior: *Lesungen mit Tinnitus*) wie für das Hermetische (Günter Herburger: *Kinderreich Passmoré,* Alfred Kolleritsch: *Augenlust*), für das Melancholische (Gerhard Amanshauser: *Gedichte,* Dorothée Haeseling: *So könnte man leben*) wie für das Prosaische (Wolfgang Hilbig: *die versprengung,* Peter

Waterhouse: *passim*).«[7] Mit einer kleinen Wendung der Argumentation wäre es von hier aus ein leichtes gewesen, in einem tieferen Sinn auf die Poetik beziehungsweise Nicht-Poetik der Zeit zu sprechen zu kommen, auf das Prinzip der Stilwiederholung etwa, das so charakteristisch scheint wie der »Stil der Stillosigkeit«, den manche Autoren bewußt pflegen. Gelegentlich deutet sich so etwas wie eine Kontroverse an, so etwa, wenn Hage auf Günter Grass und seinen Ausfall gegen eine Literatur zu antworten sucht, die sich antiaufklärerisch aus dem sozialen Engagement löst und zu einer neuen Romantik tendiert. Schon wieder gäben sich Dichter als Seher aus; jeder Scheißhaufen werde Mythos genannt, Ichbefindlichkeit sei im Schwange, wer sollte da noch den Blick freihaben für Armut und Elend, Unrecht und Tyrannei, für Polen und Nicaragua oder auf uns, »die wir doppelt gemoppelt deutsch sind«, so Grass! Aber statt der Berechtigung dieser Kritik nachzugehen und ihr Ziel ins Visier zu nehmen, begnügt sich Hage mit dem Hinweis darauf, Grass habe mit der *Rättin* selbst ein schlechtes Buch geschrieben, dreht sich also als Kritiker im Kreis.

Die Erwartung, die man bei solchen Trendanalysen hegt, geht aber doch wohl dahin, daß man für die unmittelbare Gegenwart zu ähnlich stichhaltigen und übergreifenden Auszeichnungen kommen müßte, wie sie für die vorauslaufenden Jahrzehnte immer wieder gefunden wurden; als Frage formuliert: Welche Begriffspendants und Analogien bieten sich zum Terminus »Kahlschlagliteratur« an, wie ihn Wolfgang Weyrauch für die unmittelbare Nachkriegsperiode nach 1945 prägte, zur Periode der »Metaphernlyrik«, wie sie sich aus den 50er Jahren heraus mit den Namen Ingeborg Bachmann und Karl Krolow verbindet, zur Bewegung der »konkreten Poesie«, die in den späten 50er und frühen 60er Jahren in Stuttgart um den Philosophen Max Bense ihr Zentrum hatte, zur Diskussion um das »lange Gedicht«, die ebenfalls in den 60er Jahren von jungen Lyrikern geführt wurde und ihre Arbeiten prägte, zur »Politisierung« der Literatur im Umkreis der Studentenrevolte von 1968, zum Trend der »Dokumentarliteratur« oder einer »neuen Innerlichkeit« und »neuen Sensibilität«, die neueren Datums sind?

In seinem Aufsatz »Vom ›Sein‹ zur ›Postmoderne‹«, den er zur Festschrift *Zeitgenossenschaft* für Egon Schwarz beisteuerte, unternimmt mein Siegener Kollege Helmut Kreuzer den Versuch, über die bloße Feststellung »pluralistischer Sachverhalte« hinauszukommen und tatsächlich charakteristische Bewegungen zu fixieren, die im Sinne einer Modifikation der literarischen Verhältnisse – im Sinne von »Umbruch« oder »Gegensetzung« – für die 80er Jahre bezeichnend zu sein scheinen. Er setzt bei dem Begriff der »Postmoderne« an, der in der Tat eine hohe aktuelle Signifikanz (bis hin zur Inflation) zu haben scheint, und füllt ihn umsichtig – deshalb das längere Zitat – wie folgt: »Die neue Subjektivität ist gegen Ende der 70er Jahre teilweise in einen ›neuen Irrationalismus‹ übergegangen, der ohne Vorbehalt Nietzsche und Heidegger gegen idealistische, positivistische oder materialistische Denktraditionen ausspielt. Mystik, religiöse Motive, die ›Wiederkehr des Teufels‹ sind Züge der Literatur und Gegenstände der Feuilletons. Der Mythos wird in allen Lagen rehabilitiert, auch bei der Linken; Hans Blumenberg dient als philosophischer, Heiner Müller als literarischer Gewährsmann. Müller arbeitet – ohne seine Position im ›Osten‹ aufzugeben – im ›Westen‹ intensiv mit Robert Wilson zusammen (den die Theaterkritik vielfach zum Meister der theatralischen Postmoderne erklärt). Das Theater der Starregisseure entfernt sich immer weiter vom literarischen Wort. Theaternahe Autoren wie Kroetz und Achternbusch inszenieren ihre Stücke selbst. Ein ›neues Erzählen‹ entschlägt sich der modernistischen Skrupel, daß Erzählen eigentlich nicht mehr möglich sei. Es informiert wie ein gut recherchiertes Sachbuch, steckt voller literarischer Anspielungen (und bedient damit das akute philologische Interesse an ›Intertextualität‹); es unterhält und fesselt, gehorcht den ›Gesetzen des Gefallens‹, liebt das fiktive Verbrechen (außerhalb der Reichweite von Vernunft oder Gewissen), bringt Bestseller hervor und kann eskapistische Funktionen erfüllen. Trotz alledem wird es von der Kritik goutiert, z. T. gefeiert. Seinen intermedialen und internationalen Wirkungsgipfel erreicht es in Umberto Ecos *Der Name der Rose*, seinen deutschen in Patrick Süskinds *Das Parfum* (1985), dem Roman eines Duftkünstlers und Massenmörders aus dem 18. Jahrhundert, dem die Kritik ›postmodernistische‹ Aktualität bescheinigt, weil er sein mordendes Genie in die Zeit d'Alemberts, Voltaires und Rousseaus versetzt: als dunkler Schatten der Aufklärung; und das Parfum, das alle seine Wünsche und Leidenschaften besetzt, ist nichts anderes als das, was Günther Anders die Phantomisierung der Welt genannt hat und Jean Baudrillard die Simulation [. . .] Als letztes, nicht unwichtiges Beispiel nenne ich die literarische Apokalypse, die – zuweilen mit dem Bild der Sintflut oder dem

Motiv des atomaren ›Doomsday‹ verbunden – in allen Gattungen grassiert und die Wissenschaft veranlaßt, ihr auch historisch nachzugehen. Nicht nur Günter Kunert, auch eine Autorin wie Sarah Kirsch fühlt sich als ›Chronist einer Endzeit‹. Der Büchnerpreisträgerin von 1980, Christa Wolf (sie gilt auch im Westen als renommierteste deutsche Gegenwartsautorin), gelingt es, mit dem Titel *Kassandra* (1983) den Frauen- wie den Mythen- wie den Untergangsbezug der Literatur der letzten zehn Jahre in einem einzigen Namen zu bündeln.«[8]

Man sieht: Kreuzer bestätigt die eine oder andere Beobachtung Hages, bringt sie aber erst eigentlich in engeren – fokussierenden – Bezug; seine Differenzierungen bündeln sich zu einer Gesamttendenz, die man unter die Stichworte »Antiaufklärung«, »Antiutopie«, »Indifferentismus« bringen kann; Auftakt eines neuen Fin de siècle! Karl Markus Michel, so der konkrete Hinweis Kreuzers, hoffe allenfalls noch auf die »Verzweiflung« als »Rückenwind, der uns vielleicht weitertragen würde als der selbstgerechte Fortschrittsglaube, dem heute die Kirche fehlt«[9]; und für Peter Schneider stelle sich die Frage, ob und wie sich die Zukunft vor unseren Hoffnungen retten lasse: »Wir sind ja umstellt, belagert, dumm gemacht von fettgedruckten, längst widerlegten Hoffnungen. [...] Daß einer seine Hoffnung nicht aufgibt, sich seine Hoffnung nicht nehmen läßt, will mir nicht mehr als Vorzug erscheinen.« – »Das sind«, folgert Kreuzer zu Recht, »nicht Resultate realistischer Erkenntnis, sondern Äußerungen der Enttäuschung illusionären Denkens.« Als solche relativieren sie sich selbst bis zu einem gewissen Grad – für Kreuzer Anlaß, auf die doch einigermaßen widersprüchlichen Weltanschauungen in der Öko- und Friedensbewegung hinzuweisen, die, mit dem Ziel der Transformation des »expandierenden Wirtschaftsindustrialismus der kapitalistischen wie der sozialistischen Staaten«, gerade in den frühen und mittleren 80er Jahren noch einmal an Bedeutung gewonnen hatte.

Eine dritte Möglichkeit, sich an bereits getroffene Befunde anzuschließen, liegt auf dem anthologistischen Gebiet – und hier speziell auf dem der Lyrikanthologie. Seit langem spielt das Gedicht eine besonders signifikante Rolle im Wandlungsprozeß der Literatur und bekommt deshalb eine markante Signalfunktion zugeschrieben; ich denke hier an die rezidivierende Naturlyrik nach dem Zweiten Weltkrieg, die Wiederaufnahme expressionistischer, dadaistischer und surrealistischer Tendenzen als Anschluß an die verlorengegangene Tradition und gezielter Neuanfang, an die Ausfaltungen des Experiments in der »konkreten Poesie«, die Wiederbelebung der Metaphernlyrik und des politischen Gedichts usw.: Trifft dies heute auch noch zu? Wie auch immer – es ist eine auffällige Tatsache, daß, eher noch als für Prosa oder Drama, rechtzeitig bereits zur Buchmesse 1987 unter dem Titel *Punktzeit* eben für die zeitgenössische Lyrik eine repräsentative Anthologie vorgelegt wurde; die beiden Herausgeber waren Michael Braun und Hans Thill, in den 50er Jahren geboren, selbst junge Autoren, der eine als Kritiker rasch aus der Alternativpresse zu den größeren Tages- und Wochenzeitungen aufgestiegen und für die vorgelegte lyrische Querschnitt-Unternehmung durch seinen Essayband *Der poetische Augenblick* qualifiziert, der andere Lyriker und Übersetzer. Zur aktuellen Lyrikdiskussion findet man im *Poetischen Augenblick* unter anderem folgende Überschriften: »Positive Poetologie? Eine Randbemerkung zum ZEIT-Geist«, »Freier Vers oder zerhackte Prosa? Die Lyrik-Debatte und der Eigensinn der Poesie« oder »Herz über Kopf in eine neue Biederkeit? Randbemerkungen zur Lyrik der achtziger Jahre am Beispiel Ulla Hahn«. Das Nachwort zur Lyrikanthologie greift diese Ansätze auf und setzt sie in einen komplexeren diskursiven Zusammenhang. Ich referiere im folgenden einige der vorgetragenen Thesen zum Gedicht der 80er Jahre und diskutiere sie nach ihrer Stichhaltigkeit.

Auf Hans Magnus Enzensberger zurücklenkend, der bereits in den 50er Jahren als »zorniger junger Mann« auftrat und später zum Prototyp eines politisch orientierten und gesellschaftskritischen Autors avancierte, konstatiert Braun: »Diese idealistische Illusion, der rührende Glaube an die heimliche Sprengkraft der Dichtung, ist inzwischen stark in Mitleidenschaft gezogen. [...] Selbst der ›Größte anzunehmende Unfall‹ der modernen Industriegesellschaft im April 1986 hat – und das ist erfreulich – keine poetische Schule mehr erzeugt. Der geschichtliche Ort, den der Lyriker anvisiert, erscheint als ein soziales Vakuum, in dem die Machthaber ungerührt ihren Geschäften nachgehen und keinerlei poetische Opposition es zu ändern vermag, daß der Laden läuft wie geschmiert. Das Gedicht ist kein Messer, kein Molotow-Cocktail, keine Posaune von Jericho. Der zeitgenössische Lyriker schreibt im luftleeren Raum, ohne auf Nachwelt und Wirkung rechnen zu können – sofern er nicht einem Publikum nach dem Munde redet, das von der Dichtung wieder getröstet und umschmeichelt werden will.« Nicht weniger definitiv erscheint eine Reihe anderer Statements mit differierender Ableitung, so etwa, abgesetzt gegen die internationale Literaturrevolution der Jahre 1910 bis 1920, also Futurismus und Dada, aber auch gegen die poetischen Innovationen der 50er Jahre: »Wer sich heute noch avantgardistisch gebärdet, ficht gegen Windmühlen. Denn die Zeit der großen Schlüsselattitüden in der Lyrik ist endgültig abgelaufen, die großen Grundentscheidungen sind gefallen: Wir leben in einem Jahrzehnt der Reprisen. Jede neue Avantgarde riefe die Geister herbei, die sie überwinden will.«[10] Oder es heißt – hier im positiven Rückbezug auf den »vielgeschmähten« Gottfried Benn, dessen Prognosen sich aber als »hellsichtig erwiesen« hätten, wenn er beispielsweise die Montagekunst zum »Stil der Zukunft« erklärte: »Absurde Fügungen tauchen auf, gemischt mit Satzfetzen, Zeitungsschlagzeilen, mythologischen Zitaten, Floskeln, Formeln, verdeckten Plagiaten. [...] Die Sprach-Wirklichkeiten treten wieder in den Vordergrund. Denn es hat sich mittlerweile herumgesprochen, daß ein Gedicht nicht aus Erlebnissen, Empfindungen, Gefühlen, Stimmungen oder Meinungen besteht, sondern aus Sprache.«

Besonders dieses letzte Statement markiert das Zentrum der Argumentation, kulminierend im Titel der Anthologie und in ihm ihr signifikantes Stichwort findend. *Punktzeit* – dieser Titel ist keinem der hier versammelten Gedichte entlehnt, sondern entstammt dem aktuellen Begriffsarsenal eines zeitgenössischen Philosophen: »Der französische Geschwindigkeitstheoretiker Paul Virilio versucht, den Nachweis zu führen, daß wir im Machtsystem der Beschleunigungen, also im Zeitalter der elektronischen Medien und künstlichen Intelligenzen, an einer neuen Epochenschwelle stehen. Folgt man Virilio und seinen Adepten, so setzt sich in der modernen Informations- und Computer-Gesellschaft, die neue, unvorstellbare Geschwindigkeits-Räume erschließt, auch eine qualitativ neue Zeit-Erfahrung durch: eben die ›Punktzeit‹. Relativitätstheorie, Quantenmechanik, Informationstheorie und Kybernetik antizipieren theoretisch die Auflösung des linearen Zeit-Kontinuums. [...] An einen Terminus wie ›Punktzeit‹ lagern sich aber noch andere schillernde Konnotationen an. Denn er erinnert zugleich an den lyrischen Zeit-Punkt, den poetischen Augenblick, die ›kleinste Erlebniseinheit, die Einzelnes scharfrandig herausschneidet aus dem Allzuvielen‹ (Walter Höllerer). In der Evokation des poetischen Augenblicks widersetzt sich auch noch heute das schreibende Ich der Wahrnehmungs-Zerstreuung, der Flut der heranstürmenden Bewußtseinsreize.«[11]

Die beiden Herausgeber versuchen, diesen Momenten der Veränderung Rechnung zu tragen, indem sie ihre Anthologie ganz auf entsprechende »Erfahrungs«-Modifikationen abstellen, die sie unter Kapitelüberschriften wie »Person«, »Blick«, »Körper«, »Geschichte«, »Natur«, »Ereignis« und »Aufbruch« subsumieren, aber erfassen sie auf diese Weise, frage ich mich auch hier, die wirklich bemerkenswerten literarischen Ereignisse, die das Jahrzehnt prägen und ihm – auch für spätere Zeiten – ein markantes Signet zu geben vermögen? Und ich füge meine generellen Zweifel gleich an: Lehrt uns nicht die Literaturgeschichte, daß sich die Literatur zwar insgesamt als ein »dynamischer Prozeß« beschreiben läßt, der immer wieder zu programmatischen Veränderungen und mit ihnen ins Neue, Unbekannte hinausführt, aber gibt es nicht ebenso Perioden der Verharrung, des Stillstands, der Bewegungslosigkeit? Was wissen wir zum Beispiel über die 70er und frühen 80er Jahre des 19. Jahrhunderts? Die populären Autoren jener Jahre – selbst ein Paul Heyse – haben sich aus der Erinnerung verloren, und die Frühwerke der Naturalisten zeigen noch kaum etwas von der ganzen Kontur dieser Bewegung, die erst zum Ende des Jahrzehnts voll aufbrechen und skandalträchtig zu Buche schlagen sollte. Welche literarischen Epochen haben sich selbst den Namen gegeben, indem sie sich – wie etwa die Sturm-und-Drang-Bewegung – nach einem markanten Werk oder aber – wie Romantik, Realismus und eben Naturalismus, aber auch Impressionismus und Expressionismus – nach einem dominanten Stilbegriff benannt haben; und welche Epochen sind sozusagen erst post festum zu ihrem Namen gekommen?

Ich lenke zu meiner Ausgangsfrage zurück: Sind Dezennien geeignete Ordnungskategorien für eine literaturgeschichtliche Systematisierung – oder handelt es sich nicht nur um eine Behelfsmaßnahme, eine Verlegenheitslösung? Unternimmt man den Versuch, die Geschichte der deutschen Nachkriegsliteratur nach gesellschaftlich-politischen Kategorien zu ordnen, befinden wir uns – nach der unmittelbaren Nachkriegszeit der Jahre 1945 bis 1949, die eine eigene Übergangsphase bilden, nach der ersten Restaurationsperiode unter Konrad Adenauer und den Jahren der sozialliberalen Koalition unter der Kanzlerschaft von Willy Brandt und Helmut Schmidt – mitten in einer zweiten Restaurationsperiode, deren politisches Signet das einer nicht eingetretenen »Wende« ist. Weder konnten die wirtschaftlichen Verhältnisse, die zur Ablösung der SPD-FDP-Regierung geführt hatten, zum Beispiel die wachsende Arbeitslosigkeit, radikal verändert werden, noch kam es zum Ausbruch einer neuen »politischen Moral«, siehe die immer noch ihre langen Schlagschatten werfende politische Affäre im Norden Deutschlands um den schleswig-holsteinischen Ministerpräsidenten Uwe Barschel, die vielfach als »deutsches Watergate« bezeichnet wurde.

Soviel habe ich bis jetzt aus der Literaturgeschichte gelernt – und speziell mit Hilfe der auf frappierende Querschnitte angelegten annalistischen Methode –, daß wir es zu allen Zeiten, also auch heute, mit stets nur widersprüchlichen Resultaten zu tun haben: Ein solcher Befund hat, wenn er denn stimmt, Konsequenzen für den Blick, den ich auf die Literatur werfe. Statt verkrampft Ausschau zu halten nach dem kleinsten oder größten gemeinsamen Nenner für das jüngst verflossene Literaturjahrzehnt, will ich daher abschließend einige dieser Widersprüche, die mir die aktuelle literarische Situation zu kennzeichnen scheinen, zu fixieren und in der Form von Thesen festzuhalten versuchen.

These 1: Verlust und Wiedergewinn an öffentlicher Bedeutung für die Literatur

Als politisierte Autoren der späten 60er und frühen 70er Jahre den »Tod der Literatur« erklärten, setzten sie auf die Möglichkeiten direkter gesellschaftlicher Veränderungen ohne den Umweg über künstlerische Ersatzfunktionen. Der reale Bedeutungsverlust der Literatur war gewollt und ist nur schwierig rückgängig zu machen. Wo einzelne Autoren sich gegen ihre antiliterarische Radikalität der früheren Jahre nun doch wieder zur Literatur bekennen und sie zu praktizieren suchen, geht dies nicht ohne »Bruch« ab: Die Rückfindungsversuche fallen oft in überholte ästhetische Positionen zurück und stärken damit ungewollt das konservative Lager, das schon immer – und sei es auch nur als Fetisch – auf die Erhaltung der »traditionellen Kulturwerte« abgezielt hat. Es fehlte in den 80er Jahren an großen öffentlichen Auseinandersetzungen, die von der Literatur ausgelöst oder durch sie in maßgeblicher Weise hätten kommentiert werden können. Die Leerstelle, die 1985 der Tod Heinrich Bölls gerissen hat, konnte nicht gefüllt werden; im Gegensatz zu Böll, dessen letzter Roman – *Frauen vor Flußlandschaft* – allgemein nur sehr zurückhaltende bis negative Kritiken erhielt, hinterließ Peter Weiss mit seiner *Ästhetik des Widerstands* ein großes Werk, das sich gegen eine allzu rasche Rezeption sperrte und zunächst einmal bei vereinzelten Lesergruppen – auch an den Universitäten – heftige Diskussionen auslöste. Die spektakulären Erfolge, die Günter Wallraff mit seiner neuerlichen Recherchierliteratur erzielte – seine Gastarbeiterreportage *Ganz unten* gehört mit Sicherheit zu den meistverkauften Büchern der letzten Jahre –, verloren durch die Enthüllungen, die der Autor von seiten seiner »Mitarbeiter« und »Stofflieferanten« auf sich zog, an Gewicht und unterminierten seine Position eines aufrechten Streiters in den Arbeitskämpfen der Zeit und in der Gastarbeiterfrage. Das Fehlen einer selbstorganisierten Schriftstellerformation wie der Gruppe 47, deren Bedeutung für die deutsche Nachkriegsliteratur gar nicht hoch genug eingeschätzt werden kann, stellt ein großes Manko dar, das durch gewerkschaftliche Formationen und Aktivitäten des Schriftstellerverbandes nicht aufgehoben wird. Marcel Reich-Ranicki, der Feuilletonredakteur der *Frankfurter Allgemeinen Zeitung*, versuchte, sich durch einen massiven Einsatz seines Blattes für Autoren wie Ulla Hahn und Peter Maiwald und durch seine Bemühungen um den Klagenfurter Literaturpreis in die Position eines effektiven Managers der Literatur und Literaturpapstes zu bringen, freilich nicht unumstritten, weil in seinen Entscheidungen mit dem Pferdefuß einer wenig produktiven Ästhetik behaftet. Immerhin: Im Jahre 1987 kam es nach langer Pause zu einem ersten gemeinsamen Treffen zwischen Schriftstellern der Bundesrepublik Deutschland und der Deutschen Demokratischen Republik – ein hoffnungsvolles Zeichen, das freilich sofort durch die Ausweisung eines widerspenstigen jungen Autors wie Stephan Krawczyk aus der DDR, mit der sich unter versetzten Vorzeichen die »Affäre« um den Liedersänger Wolf Biermann noch einmal rekapitulierte, wieder irritiert und zurückgenommen wurde. Um so überraschender dann Herbst 1989 der Fall der Mauer – auch zwischen den beiden deutschen Literaturen: Mit all seinen spezifischen Chancen und Hemmnissen weist dieses Ereignis jedoch in die 90er Jahre voraus.

These 2: Der Aufbruch zu neuen Horizonten und die nach wie vor unerledigte Vergangenheit

Daß sich in der Mitte der 80er Jahre das Ende des Zweiten Weltkriegs zum 40. Mal jährte, war allgemein ein Anlaß der Rückerinnerung an das Stichjahr 1945 als Rückverweis in die Jahre der nationalsozialistischen Herrschaft, des Kriegsendes, der bedingungslosen Kapitulation sowie des Auftakts der eigentlichen Nachkriegsära. Das Diktum von der »Gnade der späten Geburt«, das der Bundeskanzler Helmut Kohl seinerzeit für sich reklamierte, erweist sich gegenüber dem Gewicht, das nach wie vor die nationalsozialistische Ära und ihre Folgen auf die deutsche Gegenwart werfen, als nur bedingt überzeugend; immer noch werden hochgestellte und renommierte Gestalten des öffentlichen Lebens mit Fragen nach ihrer eigenen Vergangenheit und deren Bewältigung konfrontiert: Dies geschah dem Bundespräsidenten Richard von Weizsäcker genauso wie dem Fernsehmoderator Werner Höfer, der mit seiner wöchentlichen Sonntagsvormittagssendung *Frühschoppen* so etwas wie eine »heilige Kuh« der bundesdeutschen Medienlandschaft darstellte; er mußte zurücktreten, nachdem bekannt geworden war, daß er sich während des »Dritten Reiches« als Journalist zustimmend zu Terrorurteilen der Justiz geäußert und auch sonst geflissentliche Anpassung an die parteioffizielle Kulturdoktrin gezeigt hatte; in Österreich führten bekanntlich die hartnäckigen Nachfragen nach der Kriegsvergangenheit des Bundespräsidenten Waldheim unmittelbar in die Staatskrise. Für die zeitgenössische Literatur stellt sich diese Problematik auf anderem Niveau und etwas versetzt, aber kaum weniger intensiv: Vor allem für die in den 30er Jahren geborenen Autoren sind die 80er Jahre der Zeitpunkt, zu dem die Väter abtreten und deshalb noch einmal in besonderer Weise zur Auseinandersetzung herausfordern. Die zahlreichen – vor allem erzählerischen – Publikationen der mittleren Autorengeneration, die den Vater-Sohn-Konflikt zum Thema haben, sind deshalb mehr als eine Laune des Buchmarktes, sondern deuten auf ein elementares und wirklich zeitsymptomatisches Konfliktpotential hin. Das Anschwellen der Frauenliteratur hat einen ähnlich historischen Ursprung in den unaufgearbeiteten, unbewältigten Momenten der Studentenrevolte von 1968/69, die sich 1988/89 zum 20. Mal jährt: Unter allen Ansätzen zu »revolutionären Veränderungen« spielte offensichtlich die Befreiung der Frau aus den ihr seit Jahrhunderten auferlegten Zwängen nur eine geringe Rolle, so jedenfalls wird es von vielen Frauenschriftstellerinnen, die um die Emanzipation ihrer eigenen, spezifisch weiblichen Kreativität ringen, empfunden. Auch in diesem Fall eröffnet sich hinter der thematischen eine deutlich umrissene ästhetische Perspektive mit Konsequenzen für die literarische Produktion.

These 3: Stilwiederholungen, Stilvielfalt und neue Stil- beziehungsweise Spielformen der Literatur

Unter den jungen Malern der Bundesrepublik Deutschland grassiert spätestens seit der großen *Zeitgeist*-Ausstellung in Westberlin ein explosiver Neoexpressionismus, der auch im Ausland rasch als eine – neudeutsche – Stilrichtung anerkannt wurde. In methodischer Hinsicht stellt sich die Frage, ob Stilwiederholungen, wie hier propagiert und dynamisch in Szene gesetzt, tatsächlich originär-innovative Funktionen übernehmen können – oder ob es sich nicht doch nur um Ersatzfunktionen handelt, deren Erfolg im wesentlichen einem geschickten Kunstmanagement und einer beredten Kunstkritik zu danken ist. Ähnliche Fragen stellen sich meines Erachtens für jene neofuturistischen und neodadaistischen Ansätze, denen ebenfalls eine gewisse Zeitsignifikanz nicht abzusprechen ist: Auch sie können wohl prinzipiell in gleicher Weise als Indiz für Epigonalität wie auch als echter Innovationsstimulus gelten, der sich nur eben von einer historischen Kunstbewegung abstößt, die noch einmal beziehungsweise erneut als lebendige Herausforderung empfunden wird. In der Literatur wäre die offensichtlich als innovationsträchtig angesehene Rückerinnerung an den späten Gottfried Benn, auf die ich im Zusammenhang mit Michael Brauns Nachwortnotizen zur Anthologie *Punktzeit* knapp hingewiesen habe, ein Signal in diese Richtung. Zu einer der Malerei vergleichbaren Wiederaufnahme expressionistischer Stilmittel ist es jedoch im Bereich der neueren Lyrik und Prosa nicht gekommen. Die Propagierung eines »Stils der Stillosigkeit«, wie er unprogrammatisch bereits mit der Revolte der Alltagslyrik schon in den 60er Jahren fest verbunden war, zeitigt Folgen bis heute: Für junge Autoren, die debütieren, kann dieses Prinzip »poetischer Beliebigkeit« nach wie vor Entlastung von allzu traditionellen Zwängen, aber auch Mangel an formaler Herausforderung bedeuten. Mustert man die zahlreichen Ersterscheinungen, die alle Jahre in die Buchhandlungen und Bibliotheken drängen, muß man feststellen, daß sich nur wenige durchgängige Stilgemeinsamkeiten konstatieren lassen; ein eigener – unverkennbarer – Stilgestus der späten 80er Jahre zeichnet sich nicht ab; zahlreiche Autoren und Autorinnen wecken den Eindruck, als hätten sie die Literatur überhaupt erst einmal wieder für sich ganz neu erfinden müssen. Das läuft dann gelegentlich auf literarischen Dilettantismus hinaus. Nach wie vor grassieren in der debütierenden Gegenwartsliteratur simple Erlebnis- und Bekenntnistöne, freilich zeigt sich auch immer wieder erneut, daß man durch Rekurse auf eigene Erfahrung den Fallen einer unfruchtbaren Stilimitation entgehen kann. Bedauerlich ist, daß – analog zu den Literaturzeitschriften *Akzente* oder *manuskripte,* die als Periodika die literarische Entwicklung der 50er, 60er und 70er Jahre nicht nur begleitet, sondern maßgeblich gefördert haben – keine spezifisch neuen Literaturzeitschriften von Rang entstanden sind: Zwar fehlt es nicht an Masse, auch nicht an Experimentellem am Rande, wohl aber an konzentrierter Anstrengung im Zentrum. Zum Teil sind die Verlage dazu übergegangen, die Aufgaben, die ehemals den Literaturzeitschriften zukamen, Taschenbuchmagazinen zu übertragen; ich nenne stellvertretend für anderes – mit wechselnden Themenstellungen von Ausgabe zu Ausgabe – das *Literaturmagazin* des Rowohlt-Verlages.

Zuweilen kommen aber innovative Anstöße zu unerwartetem Zeitpunkt und aus unerwarteter Richtung. Zur Buchmesse 1986 ließ Hans Magnus Enzensberger, dessen literarische Kontur zu diesem Zeitpunkt fest umrissen und nicht mehr recht modifizierbar erschien, unter dem Pseudonym Andreas Thalmayr mit dem Titel *Wasserzeichen der Poesie* ein seltsam zwischen Anthologie und zeitgenössischer Poetik schwankendes Buch erscheinen, mit dem er einen unmittelbaren Einfluß auf die zeitgenössische Literatur intendierte. Das Vorwort setzt bei der aktuellen Literaturmisere ein und rückt sie wie folgt in den Blick: »Das Verlangen, Gedichte zu schreiben, ist ungebrochen: ein heimliches Laster, das nach Öffentlichkeit giert. Welcher Lektor, welcher Redakteur wüßte nicht ein kummervolles Liedchen von den Manuskripten zu singen, die ihm auf den Tisch gestreut werden! Er seufzt, er wünscht die unglücklichen Einsender zum Teufel. Das Publikum teilt seine Abneigung. Vielen Dichtern geht es ähnlich, sie geben es nur nicht zu. Schreiben wollen sie alle, aber lesen?«[12] Das negative Resümee: »Warum kommt es uns manchmal so vor, als haftete der ganzen Sache, der ›Lyrik‹, etwas Trübes, Zähes, Dumpfes, Muffiges an?« Und die rebellierende Frage: »Aber war da nicht irgendwann, irgendwo was Anderes? Ein Lufthauch? Eine Verführung? Ein Versprechen? Ein freies Feld? / Ein Spiel? / [...] / Wie wäre es, wenn wir von vorne anfingen? Mit einem Kompendium, aus dem zu erfahren wäre, was man mit ein paar Worten alles anfangen kann? Einem Lehrbuch der Poetik? [...] / Ein Spiel also, eine Schnitzeljagd, ein Vergnügen. Mehr nicht? Oh, es wäre schon einiges gewonnen, wenn wir wieder lesen könnten, ohne zu gähnen. Der Rest ist Kunst. Was die Kunst betrifft, so brauchen wir uns ihretwegen keine Sorge zu machen. Das Wasserzeichen verschwindet nicht so leicht. Wer Lust hat – ohne Lust geht es nicht –, der braucht die Wörter nur gegen das Licht zu halten. Unter jedem Text findet sich ein anderer, finden sich viele andere, mehr als die Weisheit des Lesers und des Schreibers sich träumen läßt.«

Markiert dieses Buch eine Trendwende? Enzensbergers wacher Sinn für die Veränderungen der Literatur, die er seit den 50er Jahren stets in seiner Witterung hatte und produktiv zu beeinflussen suchte, spräche dafür. An die Stelle des gesellschaftskritischen Engagements der politischen Lyrik der späten 60er und frühen 70er Jahre und an die Stelle der Lyrik der parlierenden Alltagserfahrung und der neuen Sensibilität, welche den Übergang von den 70er Jahren in die 80er Jahre beherrschten, träte also erneut eine Lyrik der literarischen Invention, der literarischen Anspielung, des Sprachspiels und der Sprachreflexion. Es sei eben nie ein simples, sondern immer schon »ein höchst verwickeltes Spiel gewesen«, heißt es, »das die Dichter und ihre Leser«[13] getrieben hätten; und wie das Schreiben, so erfordere auch das Lesen neue Impulse: »Die einzig richtige Art, ein Gedicht zu lesen, gibt es nicht. Sie ist nur ein pädagogisches Phantom. Soviele Köpfe, soviele Lesarten, eine richtiger als die andere. [...] Lesen heißt immer auch: zerstören – wer das nicht glauben will, möge die Gehirnforscher fragen –; zerstören und wieder zusammensetzen. Dabei entsteht allemal etwas Neues.«

Enzensberger alias Thalmayr bzw. Thalmayr alias Enzensberger setzen exakt hier ein: In parodistischen Kontrafakturen zu bekannten Texten der Literaturgeschichte und mit allen Kniffs der Transponierung jedweder Vorlage führen sie vor, daß das Lesen selbst ein äußerst kreativer Vorgang ist und als solcher neu kultiviert werden muß. Zur Initiierung des variantenreichen Spiels der Literatur kommen sogar – von »Paronomasie«, »Oxymoron« und »Hyperbaton« bis »Anagramm« und »Permutation« – alle jene poetologischen Fachtermini wieder zu Ehren, die man längst in historische Schubladen eingesperrt und dort der Vergessenheit anheimgegeben glaubte. Integriert werden aber auch alle Stilmittel der avantgardistischen Moderne seit der Jahrhundertwende und die Positionen der experimentellen Poesie der 50er und 60er Jahre, wobei es wichtig ist, darauf hinzuweisen, daß sie nicht einfach epigonal wiederholt, sondern in interessante Konstellationen gebracht und damit produktiv aktiviert werden. Lehrt nicht der Rückblick auf den Widerstand gegen Zensur, der in früheren Zeiten nur zu oft integraler Bestandteil der literarischen Produktion war, daß sich »Spiel« und »Engagement« nicht ausschließen müssen, sondern – im Gegenteil – gegenseitig ergänzen und inspirieren können. Den Beschluß des Buches bilden Herausforderungen der herkömmlichen Ästhetik durch die modernen technischen Medien, deshalb poetologische Stichworte wie »Lochstreifen-Code«, »Fotosatz-Protokoll«, »Stenographie«, »Morsezeichen« oder »Binärer Code«: Der Bogen schlägt sich somit aus Antike und Mittelalter über Barock und Aufklärung herauf in unsere unmittelbare Gegenwart und ihr bestimmendes technologisches Signet.

Der Rekurs auf die ganze Geschichte der Literatur und die Vorführung eines breiten Spektrums ihrer Stilmittel, deren Imitation, Umsetzung und Parodie, das Arbeiten mit Anspielungen und Zitaten usw. sind freilich so neu nicht, wie es hier den Anschein haben will – diese gehören ja seit jeher fest zu Begriff und Erscheinungsbild der Literatur, ich erinnere punktuell lediglich an Arno Holz, den man den »Vater der Moderne« genannt hat, und seine »Blechschmiede« –, aber in der aktuellen Situation wirken sie überraschend, tatsächlich provozierend und animierend. Im Gegensatz zur futuristischen, frühexpressionistischen und dadaistischen Aufbruchssituation vor und nach dem Ersten Weltkrieg handelt es sich nicht eigentlich um eine Phase eminenter Neufindungen auf dem Kunst- und Literaturterrain, also um keine Innovationen in einem wirklich originären Sinn, aber doch um eine neue Lebendigkeit, die den Anschluß an diese Kreativitätsausbrüche im Ursprungsbereich der Moderne wahrt und sich bewußt in ihren langen Schatten stellt. Dies eben ist die eine Lesart des Begriffs »Postmoderne«, der in den 80er Jahren um sich greift und wie kaum ein anderer reüssiert: Enzensberger bemüht diesen Begriff in seinen *Wasserzeichen* nicht, aber hat ihn doch wohl bei seiner Konzeption mit im Sinn gehabt und umschreibt ihn recht genau, wenn er unter seinen poetologischen Stichworten zu Feststellungen kommt wie: »Jeder Text hat eine unzählbare Menge von Vorlagen, von denen der Autor die meisten gar nicht kennt. Auch gibt es Hunderte von Genres, die in keiner Literaturgeschichte vorkommen«[14], »Jede Überlieferung ändert das Überlieferte. Sie vergißt, schmückt aus, zensiert. Ein vierfach weitererzähltes Gedicht besteht fast nur noch aus Mißverständnissen. Die Reihenfolge läßt sich auch umkehren: Dann entsteht aus ein paar simplen Sätzen ein Gedicht«, »Der Rückgriff auf Fundstücke und Lesefrüchte, stillschweigend oder ausdrücklich, bricht die Oberfläche des Textes und kann zu überraschenden Wirkungen führen« oder »Ein gänzlich ›originelles‹ Gedicht kann es nicht geben. Jede literarische Arbeit setzt unzählbar viele Vorgänger voraus. Diese Nachfolge bleibt gewöhnlich latent. Sie wird ausdrücklich gemacht, wo ein Autor sich offen auf einen anderen bezieht, im Wettstreit der imitatio.«

»Postmoderne« in diesem Sinne meint nicht Abkehr von der Moderne, sondern hebt auf Konsequenzen ab, die erst jetzt aus ihr gezogen werden können, um Veränderungen der traditionellen Gattungen aus ihrem Geiste heraus und mit formalen Mitteln zu bewerkstelligen, die erst durch sie bereitgestellt wurden. Die zeitliche Distanz, die zwischen »Post« und »Moderne« liegt, markiert damit keine unüberbrückbare Kluft; sie bezeichnet – im Gegenteil – gerade nur jenen Abstand, der notwendig ist, um sich der Neufindungen der Moderne in dieser Weise, in der es hier geschieht, effektiv zu bedienen. Im übrigen muß man an dem Terminus »Postmoderne« nicht kleben, sondern kann sich von ihm auch rasch wieder verabschieden, etwa in der Form, in der dies Eckhard Henscheid in seinen *Sudelblättern* tut, in denen er bereits für die Mitte der 80er Jahre konstatiert: »Achtung! Achtung! Hiermit teile ich mit und mache bekannt, daß die sog. Postmoderne« bereits »Ende 1985 definitiv verstorben und ab 1986 durch den oder die oder das Posthistoire (gespr. Postistoah) abgelöst und deshalb ab sofort beim unseligen Namen zu nennen verboten ist, nämlich abwinkende Gesten und ein verächtlichmachendes Gelächter nach sich zieht. Das gilt bis Silvester 1986. Dann ist auch das oder der Posthistoire wieder weg vom Fenster, und es kommt was ganz Neues. Ich aber sage Euch rechtzeitig Bescheid, was!«[15]

Anmerkungen

[1] Mathias Horx: *Die wilden achtziger Jahre.* München 1987.

[2] Volker Hage (Hrsg.): *Deutsche Literatur 1985.* Stuttgart 1986, S. 5.

[3] Ebd., S. 29.

[4] Ders.: *Deutsche Literatur 1981.* Stuttgart 1982, S. 16; ders.: *Deutsche Literatur 1982.* Stuttgart 1983, S. 24; ders.: *Deutsche Literatur 1983.* Stuttgart 1984, S. 7, S. 22.

[5] Ders.: *Deutsche Literatur 1984.* Stuttgart 1985, S. 24.

[6] Ders.: *Deutsche Literatur 1985*, a. a. O., S. 36.

[7] Ders.: *Deutsche Literatur 1986.* Stuttgart 1987, S. 40.

8 Helmut Kreuzer: »Vom ›Sein‹ zur ›Postmoderne‹«, in: *Zeitgenossenschaft. Zur deutschsprachigen Literatur im 20. Jahrhundert.* Frankfurt am Main 1987, S. 310f.

9 Dieses und die folgenden Zitate ebd., S. 314.

10 Dieses und die folgenden Zitate in: Michael Braun: »Nachwort«, in: Michael Braun und Hans Thill (Hrsg.): *Punktzeit. Deutschsprachige Lyrik der achtziger Jahre.* Heidelberg 1987, S. 165f.

11 Ebd., S. 168.

12 Dieses und die folgenden Zitate: Andreas Thalmayr (Hans Magnus Enzensberger): *Wasserzeichen der Poesie.* Nördlingen 1985, S. Vf., VIII.

13 Dieses und die folgenden Zitate ebd., S. VIff.

14 Dieses und die folgenden Zitate ebd., S. Xf., XVII.

15 Eckhardt Henscheid: *Sudelblätter.* Zürich 1987, S. 11.

Robert Wilsons jüngere Inszenierungen im Kontext des Theaters der 80er Jahre

Christian W. Thomsen

»It is as simple as apple pie«
Robert Wilsons Lieblingssprichwort

Das Theater verliert im Verlauf der 80er Jahre in Deutschland und weithin auch in anderen westlichen Nationen viel von jener politischen, sozialkritischen und allgemein künstlerischen Leitfunktion, die es in den 60ern und frühen 70ern gewonnen hatte. Seine Produktionskosten steigen kontinuierlich an, aber ebenso kontinuierlich gehen die Besucherzahlen zurück. Die konservative Wende in der Politik führt zu einer erst allmählichen, dann immer schnelleren Verkümmerung und schließlichen Amputation des politischen Theaters und der meisten jener freien Gruppen, die es aufmüpfig, aufklärerisch, mit revolutionären Appellen und Praktiken zur linkspolitischen Schule der Nation hatten machen wollen. Wo plötzlich selbst die Stücke Dario Fos weder die Lachmuskeln reizen noch die Zornesadern schwellen lassen, da ist das Krisensyndrom offensichtlich geworden. Nun hat die Krise, »die gute, alte Muhme Krise und das Schloßgespenst Werktreue«[1], wie es Jürgen Flimm genannt hat, das Theater von alters her begleitet, und ein Patient, von dessen Tod schon so lange geredet wird, muß letztlich über erstaunliche Widerstandskraft und Vitalitätsreserven verfügen. Obwohl der bürgerliche Kunst- und Kulturbetrieb floriert, bei dem Theater eine erhebliche Rolle spielt, ist jedoch nicht zu übersehen, daß das Theater in Deutschland und anderswo in den 80ern in eine »Funktionskrise« (Heiner Müller)[2] geraten ist, in der es ihm immer schwerer fällt, seine künstlerischen wie seine gesellschaftlichen Funktionen zu finden. Nicht nur die politische Großwetterlage bedingt Verunsicherung gegenüber dem Theatermachen, auch der Mediendruck und die Konkurrenz einer zusehends sich ausbreitenden multimedialen Unterhaltungs- und »Infotainment«-Gesellschaft.

Robert Wilson, *Salome,* 1986. Aus einer Serie von 14 Zeichnungen, Graphit, Farbstift auf Papier, 33,7 × 45,7 cm, Nr. 5

Anders sieht es in den Staaten Osteuropas aus, wo im Prozeß friedlicher Revolution gerade Künstler und Dramatiker wie Vačlav Havel in der Tschechoslowakei von der Rolle des Gewissens der Nation in die Rolle aktuellen politischen Handelns gedrängt werden.

Dagegen gehen im Westen unter Anpassungszwängen folgerichtig die Entwürfe alternativer Spiel- und Gegenwelten auf dem Theater zurück, werden mit einem deutlichen »ja, aber« versehen. Man spielt weniger ausländische Stücke, macht Regietheater, kehrt zu den Klassikern zurück und betreibt mit ihnen Umdeutung, Ausdeutung, Rekonstruktion, was mit Archäologie, Spurensuche und bemühter Werktreue, aber auch mit einem Gutteil Nabelschau verbunden ist.

Während der Einfluß ausländischer Dramatik in Deutschland schwindet, während eine alte Dramatikergeneration abtritt, für die Namen wie Friedrich Dürrenmatt, Max Frisch, Rolf Hochhuth, Heiner Kipphardt, Peter Weiss stehen, während ein formidabler Autor wie Franz Xaver Kroetz ausgeschrieben verstummt und sich ganz der Schauspielerei und boshaften Gesellschaftskolumnen zuwendet, während Heiner Müller als einer der letzten Bannerträger der aufklärerischen Linken gewaltige Anstrengungen unternimmt, seine Überzeugungen in gewandelte gesellschaftliche Rahmenbedingungen hinüberzuretten, kommt es in der Bundesrepublik Deutschland zum Durchbruch einer in sich altersmäßig differenten und schillernden Generation neuen literarischen Theaters, für die stellvertretend Namen wie Herbert Achternbusch, Thomas Bernhard, Thomas Brasch, Volker Braun, Tankred Dorst, Rainald Goetz, Einar Schleef, Botho Strauß und George Tabori stehen mögen. Geschichte, Mythensuche, postmodernes Lebensgefühl avancieren in Zitatencollagen zu Hauptthemen ihrer Stücke.

So faszinierend es auch sein mag, dem Werk jedes einzelnen von ihnen im Hinblick auf das hier zur Diskussion stehende Jahrzehnt nachzuspüren, so wenig ergiebig ist dies jedoch in einem internationalen Rahmen. Die wirklich wichtigen Veränderungen des Theaters der 80er Jahre vollziehen sich weniger auf gesellschaftspolitischen, literarischen und schauspielerischen Feldern, sondern mehr auf ästhetischem und inszenatorischem Gebiet, wo zum erstenmal auch Frauen in der Regie auf breiter Front bedeutende Erfolge erzielen (Hannelore Hoger, Friederike Kalstich, Elke Lange, Gabriele Jakobi, Annegret Ritzel). Die Innovationen und Alternativen kommen aus dem Tanztheater (Pina Bausch, Gunhild Reinshagen, Hans Kresnik und andere), kommen von Autoren-Regisseuren wie George Tabori, Tadeusz Kantor und Roberto Ciulli, und sie kommen vor allem vom multimedialen, transliterarischen, transnationalen Theater ästhetischer Grenzüberschreitungen, wie es Robert Wilson als der kosmopolitischste Theatermann von allen praktiziert.

Von daher scheint es gerechtfertigt, statt sich den, wie auch immer poetischen, Klagelitaneien permanenter Krisendiagnostik zu überantworten, sich paradigmatisch auf die jüngeren Inszenierungen des Mannes zu beschränken, der als Autor, Regisseur, Lichtkünstler, Bühnenbildner dem Theater des Jahrzehnts mehr Anregungen gegeben hat als jeder andere. Mag man manchen seiner Kritiker glauben, die Anfang der 90er Jahre behaupten, er produziere nur noch Avantgarde von der Stange, so ist Robert Wilsons Stern an seinem Zenit angelangt, hat ihn vielleicht sogar überschritten. Doch gehört nicht viel Prophetie dazu, vorauszusagen, daß man ihn, der Frühformen seiner spezifischen Ästhetik in den 70er Jahren ausbildete, aus der Distanz einiger Jahre heraus einmal als den wichtigsten Neuerer des Theaters der 80er Jahre würdigen wird. Zudem straft Wilson mit neuen Wegen des Musicals, in der Zusammenarbeit mit dem Komponisten Tom Waits und dem Beat-Autor William S. Burroughs, in seiner Hamburger Uraufführung des *Black Rider* 1990 seine Kritiker Lügen und beweist Wandlungsfähigkeit zum formidablen Komödianten. Wendet er sich in den 70er Jahren in einer Art barocken Welttheaters, das in Zeitlupentechnik auf minimalistische Abläufe und Szenarien komprimiert wird, dabei aber ganz neue Seherlebnisse eines assoziativen und betörend sinnlichen Bildertheaters erschließt, großen historischen Personen zu, zum Beispiel Thomas Alvar Edison, Josef Stalin, Albert Einstein, Marilyn Monroe, die alle auf ihre Art zu mythischen Figuren geworden sind, so verschiebt sich sein Interesse in den 80er Jahren immer stärker auf Personen und Stoffe, an denen sich umfassende Kulturmythen festmachen und diskutieren lassen. Beispiele hierfür sind das olympisch-kosmopolitische Monumentalprojekt *the CIVIL warS* (1983/84), *Hamletmaschine* (1986), *Death, Destruction and Detroit II* (1987) und gleich fünf Produktionen des Jahres 1988, *Parzival* in Hamburg, *Le Martyre de Saint Sebastien* in Paris, *Alkestis* in Stuttgart, *Cosmopolitan Greetings* in Hamburg und als letztes *The Forest* in Berlin. Mit *De Materie* in Amsterdam, *Doktor Faustus* in Mailand, *Orlando* in Berlin und *Schwanengesang* in München ist das Jahr 1989 ebenfalls sehr produktiv, aber nicht so von spektakulären Erfolgen geprägt.

Warum diese Insistenz auf den Mythen, wo sich doch weithin die Auffassung breitmacht, deren Zeit und Gültigkeit sei längst abgelaufen, ihre vorwissenschaftlichen Welterklärungsmodelle glichen heute höchstens noch poetischen Märchenträumen, und auch ihre archaische Bedeutung für unser kollektives Unterbewußtsein wie Bewußtsein sei überholt, Schnee von gestern? Aber dieser Wilson testet, mit irritierender Beharrlichkeit, ob nicht doch etwas dran ist an den Mythen, ob ihnen nicht vielleicht doch über den ästhetischen Bildgehalt hinaus intuitiv und mit äußerst präziser Gestaltung Sinndimensionen abzugewinnen seien, die, reine Ketzerei, vielleicht sogar tiefer, weiter greifen als die Erkenntnisse von Vernunft und Wissenschaft. Vielleicht lassen sie sich revitalisieren, in neue Kombinationen einbinden, umdeuten? Für Wilson ist es wohl so, daß ihn die evokative Bildkraft der Mythen nach wie vor reizt, ebenso wie die Suche nach den Ursprüngen, die in ihnen stecken, daß er jene Grundfragen nach Herrschaft, Liebe, Leidenschaft, Sinn von Leben und Tod, welche die Mythen stellen, für existentielle Grenz- und Grundfragen des Menschen hält, die gar nicht außer Kurs gesetzt werden können, wie auch immer sich soziale, politische, kulturelle Rahmenbedingungen ändern mögen. Daß Wilsons Weg dabei experimentierend durchaus auch in die Mystik und durch die Mystik hindurchführen kann, versteht sich fast von selbst. Das beweist sich erneut an *De Materie,* seinem gemeinsam mit dem Komponisten Louis Andriessen erarbeiteten Beitrag zum Holland Festival 1989, in dem es um das wechselnde Verhältnis von Geist und Materie, um Wahrheitssuche, politische Aufklärung, Unabhängigkeitsstreben, um weitere Schlüsselbegriffe und ihr gegenseitiges Spannungsverhältnis wie Eros, Religion, Wirklichkeitsverständnis und Moral geht. Im zweiten der vier Kurzstücke wird die siebte Vision der mystischen Dichterin Hadewijch aus dem 13. Jahrhundert in einem Wilsonschen Tableau inszeniert, in dessen Verlauf die ekstatische religiös-erotische »unio mystica« der Dichterin mit Christus gleichsam in einem Levitationsexperiment dargestellt wird, bei dem sie, zwischen Himmel und Erde schwebend, ihre vergeistigte, mystische Lust in die Kathedrale von Reims hineinsingt:

»Gradually, I became so exhausted by the terrible depth of my passion, that it seemed as though my bones were breaking one by one, and that my blood was flowing faster and faster. My desire is indescribable; there are no words to express what I felt, nor people to understand them.«[3]

Später heißt es:

»Then He approached close to me, took me completely in His arms, and pressed me to Him. All my limbs felt His to their total satisfaction, as my human heart desired.«[4]

Was die Worte nicht ausdrücken können, leisten synästhetische Zusammenhänge von Wort, Musik und Bild. Wilson nimmt, seiner Natur gemäß, dabei den mystischen Orgasmus Hadewijchs in die kühlgestylte Pose von Berninis heiliger Ludovica Albertoni zurück, deren Skulptur auf die Bühne getragen wird, während Hadewijch spricht. Es ist dies ein Bild eingefrorener, kunstgewordener Ekstase. Dieses für Wilson so typische Vorgehen zeichnet sich durch einen eminent dramatischen Zeichen- und Verweischarakter aus und führt mitten hinein in die postmoderne Authentizitäts- und Simulakrendebatte. Hier zeigt sich das Bewußtsein der Selbstreferenzialität von Kunst, der Hinweis, daß Authentizität nur noch vermittelt zu erleben ist, weil die Traditionsketten, in denen wir bewußt und unbewußt stehen, uns selbst weitgehend als Zitat ausweisen, genetisch ohnehin, aber auch im Denken und Handeln. Der authentische Kunstcharakter wird nun aber wieder im Arrangement, der Stilisierung und Veränderung von Zitaten wenigstens partiell zurückgewonnen. In einer Zeit, in der Oberflächen eine so wichtige Rolle spielen, ist dies eben nicht »eine Ästhetik der keimfreien Oberfläche: ein Spiegel, hinter dem nichts ist und in dem auch nichts widerscheint als er selbst – tote Materie«[5], unter den Oberflächen tut sich vielmehr jeweils breiter Assoziationsspielraum für Sinnbezüge auf, die sich der Zuschauer, zumal, wenn er sich die jeweiligen Programmbücher kauft, erschließen kann. Dabei werden die Eck- und Kreuzungsdaten des Assoziationsoszillographen im Hirn des Betrachters, auf dem die Bildpunkte flimmern, sich bewegen, sich abstoßen, Korrelationen, choreographische Figuren bilden, auf der Bühne mit äußerster Präzision gesetzt.

Aber Wilson ist kein Mystiker, nur, und glücklicherweise, ein texanisches Kind, das immer weltweiser wird, den Demiurg in sich spürt, wie jeder echte Architekt Welten eigener Provenienz bauen möchte. Die Neugier und das Staunenkönnen des Kindes sind ihm geblieben, eine raffinierte Naivität, gepaart mit scharfem Beobachtungsvermögen. Sprache, Bewegung, Musik, Licht, Farbe sind Kompositionselemente seiner dramatischen Bilder, und wenn er Mythen auf ihre potentiell anhaltende Tragfähigkeit abklopft, spielt er dabei immer auch mit der Zeit, bricht Zeiträume auf, schafft Raumzeiten. So läßt er etwa in der *Alkestis* in voller Übereinstimmung mit postmodernen Bewußtseinslagen den Mythos ständig aus klassischer Zeit in Moderne und Gegenwart hineinreichen, macht Ungleichzeitiges gleichzeitig, setzt Zeitlupe und Zeitraffer ein, inszeniert Zeitüberlagerungen, macht Traum- und Wachzustände, Phantastik und Realistik simultan, kombiniert interne und externe Räume und Zeiten, Klangräume und Klangzeiten. Musik, Geräusch, Sprache haben an diesem Prozeß Anteil. Und Wilson erzielt dieses Ergebnis in wachsendem Maße mit Komik und Humor.

Nun wirft man den Mythen im allgemeinen und Wilson im besonderen vor, daß sie das analytische ebenso wie das gesellschaftskritische Moment vernachlässigen, sich gegen Sinnfragen sperren, die Ratio dem Bilderrausch ästhetisch schönen Scheins opfern. Solche Einwände sind

Robert Wilson, Bühnenbildskizzen zu *the CIVIL warS,* Schauspielhaus Köln 1984

zwar nicht von der Hand zu weisen, und Wilson scheint ihnen durch eigene Interviewbeiträge auch immer wieder recht zu geben, doch macht man sich mit seinen Stücken wirklich vertraut – »never trust the author, trust the text«, das heißt in diesem Fall der Gesamtinszenierung –, so vermag man durchaus die These vom geschichtsbewußten, politischen, auf vielen Ebenen sinnhaften Wilson zu vertreten. Nur geschieht eben dies ganz anders als im politischen Agitationstheater.

Obendrein ist Wilson voll und ganz Kind eines technischen Zeitalters, das nur zu gerne mit all jenen Möglichkeiten spielt, die die Technik ihm zur Verfügung stellt. Zugleich beharrt er aber mit zielstrebigem Nachdruck auf einer ganzheitlichen Konzeption, wie sie ihm von den meisten Kulturkritikern bestritten wird, nämlich, daß im Interesse von Mensch und Natur eine Versöhnung zwischen Mensch, Technik und Natur möglich sein müsse. Solchermaßen entwirft er als seine positive Utopie im Kontrast zur handgreiflichen Realität immer wieder poetische Welten und Gegenwelten einer Harmonie irdischer Existenzen, wobei er die Menetekel, die dem entgegenstehen, keineswegs übersieht, sondern mitinszeniert. Von daher besehen ist der angeblich so unpolitische Wilson alles andere als unpolitisch, unphilosophisch und kritiklos.

Da Wilson ein assoziativer Künstler ist, dem sich, ungeachtet seines Präzisions- und Detailfanatismus, Sinnzusammenhänge über Bilder und Klänge und nicht logisch-analytisch erschließen, offerieren ihm die Mythen beträchtliche Freiheit der Auswahl an Episoden und Bildsträngen. Mit ihrer Hilfe bietet er dem Publikum jeweils breiten Spielraum des Ausspinnens, Weiterdenkens und Interpretierens angefangener Geschichten und Bildeindrücke.

Wilsons Theater ist immer primär Bildtheater geblieben, auch wenn es sich in den letzten Jahren zunehmend literarisiert hat. Für den Amerikaner Wilson ist es auch durchaus nichts Anrüchiges, eine literarische Geschichte in Bildern, als Bilder-Strip zu erzählen. Dabei ist der Reichtum seiner Bilder so immens, daß die Augen des Zuschauers trotz jener Wilsonschen Ästhetik der Langsamkeit stets rastlos wandern und entdecken, aber nie alles erfassen, geschweige denn ausschöpfen können, weil seine Szenenbilder sich jeweils wieder aus mehreren Teilbildern zusammensetzen. Da Bild und Text sich bis in die späten 80er Jahre hinein selten illustrativ aufeinander beziehen, sondern die Texte, oft auch die Musik, eigene imaginäre Bilderwelten generieren, die sich mit den inszenierten Bild-Bildern überlagern, zusammen mit ihnen einen äußerst komplexen Bildteppich des Gesamtkunstwerks aus Bildern, Texten, Musik, Licht, Bewegungen, Spiel ergeben, lassen sich Wilsons Bilder nicht verbal ausschöpfen, ebenso wie die geschriebenen und gesprochenen Texte sich nur sehr begrenzt als Bildkommentare nutzen lassen. Es ist dies ein Theater, das sich nur durch Sehen und Hören, lediglich partiell durch Lesen, erschließen läßt. Deshalb vermag man mit Worten auch immer nur einzelne Bilder skizzierend anzudeuten, als Illustration und Anreiz zu eigenem Sehen.

Gewiß wird bei der Aufnahme historisch literarischer Stoffe der klassische Text deformiert, das ist bei Adaptionen ein vertrauter Vorgang. Aber er spielt sinnstiftend mit bei der Gesamtkomposition. Allerdings ist Sprache nicht mehr allein potentiell »Schöpferin über der Welt«.[6] Doch auch das heißt beileibe nicht, daß nun unwiderruflich das Ende jenes speziellen Theaterparadigmas des Sprechtheaters eingeleuchtet worden sei. In *DD + D II* (1987) etwa läßt Wilson eine Fülle unterschiedlicher Texte auf unterschiedlichen bildlichen und eher abstrakten Evokationsebenen quasi als Aktanten auftreten, Texte aus verschiedenen Zeiten, Orten, Kulturkreisen. Zum Bild- und Klangteppich gesellt sich ein Textteppich. Daß der nun allein die Bühne beherrschte, wer wünschte sich denn das? Doch höchstens ein Bernhardscher Theatermacher und Identitätstrümmertänzer, der redet und redet und redet und im Rücken die Ruinen des deutschen Bildungstheaters seit Schiller spürt, in dem schon immer so viel geredet und zerredet wurde und Belehrung und Aufklärung und Emanzipation von Wissen und Bildung dem Zuschauer mit dem Holzhammer beigebracht werden, so daß diesem von alledem so dumm wird, als ginge ihm ein Mühlrad im Kopfe herum, in High-Tech-Design und digitalisiert selbstverständlich. Heiner Müller aber läßt in Wilsons *Alkestis* einen Bildbeschreiber auftreten und in einem coolen Klang-, Wort- und Textgewebe von eigenartiger Poesie, wissenschaftlicher Exaktheit und spröder Diktion Bilder vor dem inneren Auge des Hörers und Zuschauers entstehen, die auf der Bühne gar nicht ablaufen. Damit legt sich eine weitere in sich vielschichtige Bilderebene aus Sprache über das komplexe Bildgeschehen auf der Bühne. Die verschiedenen Bildebenen laufen nebeneinander her, durchdringen, überlagern sich. Das ist mehr als die antike Teichoskopie leisten konnte – jedem Zuschauer sein eigener Palimpsest! Darüber hinaus werden die metamorphotischen Qualitäten der Bilder in diesem Stück unterstützt, in denen sich trunksüchtige Prahlhänse in Heroen verwandeln, Säulen in lodernde Fabrikschornsteine, Gesichter aus Felsen herausbrechen, Tote aus der Unterwelt wiederkehren – oder vielleicht auch nicht. Wer weiß denn, ob es wirklich Alkestis ist, die Herkules da verschleiert dem Admet übergibt? Zur offenen Dramaturgie gehört das Offenlassen vieler Fragen, auch die mögliche Ironisierung des Mythos. Und zur amerikanischen Tradition und Mythologie gehören Slapstick, Hollywood, Cinemascope, Popmusik und Coca-Cola, alle vertraut von Wilsons Inszenierungen und auch hier impliziert, aber auch noch der amerikanische Traditionsstrang der Romanze, eine Schwester des Mythos, bekannt durch Hawthorne und Stephen Crane sowie deren diverse scharlachrote Embleme und nicht zu verwechseln mit Poesiealbengefühligkeit. Der Amerikaner Wilson tritt den Mythen unbefangener gegenüber als der europäische Bildungsbürger. Und doch nehmen sie ihn immer wieder gefangen, und die Bilder, die er aus ihnen herauskristallisiert, brennen sich dem Bewußtsein mit erstaunlicher Langzeitwirkung ein.

Die Antworten läßt Wilson in der Schwebe, in der *Alkestis* wie im *Parzival.* Ob die Liebe über den Tod siegen, einer aus Liebe zum Partner in den Tod gehen kann, oder ob kindliche Unschuld und Monstrosität sich gegenseitig bedingen, ob der Ritter ohne Furcht und Tadel, »der Ritter im Narrenkleid«, der sich munter durch die Welt mordet, und Kaspar Hausert Erlösung bringen können – Wilson überläßt es dem Zuschauer, sich »messages« aus seinen Bildern herauszudeuten. Ebensowenig wie für ihn die typisch deutsche Unterscheidung zwischen U- und E-Musik Geltung besitzt, erwartet er vom Mythos finster entschlossene Seriosität. Die Aventiuren der Avantgarde gewinnen bei ihm schwebende Leichtigkeit, und indem Parzival die Zeit stiehlt, läßt er in einer von der Uhr vollkommen verregelten Zeit doch das mythische Bewußtsein von zyklischer Zeit und Zeitlosigkeit, dem Heraustreten aus der Zeit in die Welt des ästhetisch schönen Scheins, der da höher ist denn alle Vernunft, weil er sich an die rechte Hirnhälfte richtet, aufleuchten. Vielleicht ist das ja die Erlösung auf Zeit, bis die Zeit uns wieder einholt.

Was Sprache auf der einen Seite verliert, gewinnt sie auf der anderen, wenn da einer in sie hineinhört, in die Worte, Silben, Vokale, Konsonanten, die Zwischenräume zwischen den Lauten. Gesprochene

Sprache wird eine der Sprachen, der Ebenen dieser Stücke, gleichberechtigt den anderen, untergeordnet den Bildern. Der Paradigmenwechsel zum Zeitalter der Bilder dominiert in der Tat. Sprache wird Musik, Geräusch Sprache, Musik in der minimalistischen Spannungsführung Geräusch, oder alles wird Text, und seine Texte werden Bilder. Dennoch sind selbst über die Inszenierungen der späten 70er, frühen 80er Jahre teilweise unerträgliche Klischees im Umlauf, wie die, daß Sprache keinerlei Sinnhaftigkeit mehr zukomme, sie beziehungslos neben den Bildern herlaufe, Minimalismen der Kommunikationsdestruktion nachgestalte. Wilsons gezeichnete Entwurfswelten, wie Peter Iden selbstentlarvend zum besten gibt, seien »blöde, sinnentleerte Bildchen«.[7] Dabei hätte man schon an den Texten von *DD+DI* (1978) einiges mehr an Sinnbezügen entdecken können, wenn, ja wenn man sich die Mühe gemacht hätte, in diese Texte hineinzuschauen, hineinzutauchen, sie in Beziehung zum Klang- und Bildteppich der Gesamtinszenierung zu setzen. Man wäre neben originellen Schauspiel- und Opernkonzepten, der steten, beharrlichen Suche nach solch innovativen Konzepten, selbst auf politische Sinndimensionen bei einem Regisseur, Theatermacher, Dramatiker anderer Art wie Robert Wilson gestoßen. Immerhin reflektiert *DD+DI,* das Wilson nach wie vor für eines seiner besten Stücke hält, in beklemmender Weise jüngere deutsche Geschichte, manifestiert sie an der enigmatischen Figur des Rudolf Heß, dessen signifikantes Ende das Stück aus der Zukunft herausahnt.

Kaum jedoch hat die Kritik sich daran gewöhnt, die zerdehnte, poetische Langsamkeit dieses Wilson »schön« zu finden, kanonisiert sie ihn, erklärt ihn zum prototypischen Wilson schlechthin, setzt damit abermals Klischees in die Welt, die bis in die Gegenwart nachwirken, nicht willens, die proteische Natur eines solchen Künstlers zu begreifen. Im Verlauf der 80er Jahre sucht Wilson die Zusammenarbeit mit herausragenden Vertretern des Sprechtheaters wie Heiner Müller, dann mit Tankred Dorst, mit Tänzern, Sängern, Choreographen, mit Japanern und Schwarzen, mit Avantgardisten und Traditionalisten etablierter Hochkultur wie der Opéra von Paris, mit Jazz- und Zwölftonmusikern.

Am intensivsten und folgenreichsten ist sicherlich die künstlerische Auseinandersetzung mit Heiner Müller; *CIVIL warS* und *Hamletmaschine* liefern auch Anregungen für zahlreiche neue Stücke, die

Robert Wilson, *the CIVIL warS,* Kölner Teil, Szenenbild aus der Aufführung des American Repertory Theatre, Cambridge, Mass. 1985

Robert Wilson, *the CIVIL warS,* Kölner Teil, Schauspielhaus Köln 1984 ▷

Robert Wilson, *the CIVIL warS,* Römischer Teil, Rom 1984

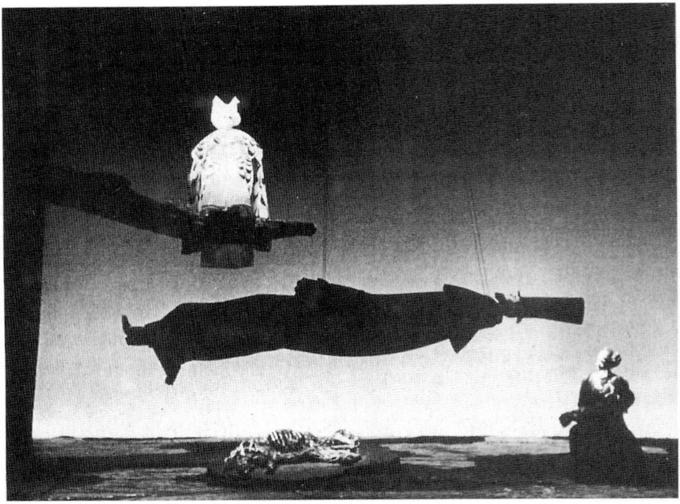

Robert Wilson, *Hamletmaschine,* von Heiner Müller, Thalia Theater, Hamburg 1986

Klassikerinszenierungen etwa, an denen Wilson seit der Mitte der 80er Jahre konzeptuell zu arbeiten beginnt. Trotz dieser herausragenden Produktivität fiel den Gralshütern der deutschen Theaterfeuilletons von der *Zeit* bis zur *FAZ* nichts Gescheiteres ein, als daß die Zusammenarbeit von Heiner Müller und Robert Wilson, des Mannes aus Sachsen und des aus Texas, eigentlich ein Mißverständnis sei[8], weil die Texte die Bilder auffressen wollten, die Bilder aber die Texte vernichteten, sie ohnehin nicht bräuchten, ungeachtet der Tatsache, daß *CIVIL warS* doch eine Fülle von Ausdrucksspielen, Sinnvarianten der Sprache bietet, die schlechthin verblüffend ist. Hierbei laufen, es sei nochmals darauf hingewiesen, Sprachbilder und Bild-Bilder nur selten Hand in Hand oder aufeinander zu, eher schon gegeneinander. Die Sprachbilder generieren häufig eigene Sinnschichten und Bildwelten, die sich mit denen der Bühnenbilder, der auf der Bühne ablaufenden Bild-Bilder überlagern, sich aber auch disjunktiv nebeneinander wahrnehmen lassen, wobei dies am idealsten in einem Theater wie der Berliner Schaubühne geschieht, deren vier rundum verlaufende Bühnen Multiplikationseffekte, das gleichzeitige Ablaufen einer Vielzahl von Sprach-, Bild- und Handlungssträngen gestatten, bei denen der Zuschauer als sein eigener Regisseur auf drehbarem Stuhle sich seine jeweils ganz persönliche Version des Stückes zusammensieht und -hört.

Wir sind damit bei Fragen der Dramaturgie und Ästhetik Wilsons angelangt, die sich dem Besucher seiner Stücke aufdrängen, ihn irritieren und ihn dann, wenn er mit den künstlerischen Techniken der Avantgarden des 20. Jahrhunderts nicht vertraut ist, oft scheinbar vor verschlossenen Türen des Verstehens im Stich lassen. Wilson bietet, von wenigen Ausnahmen wie der Hamburger *Hamletmaschine* von 1986 abgesehen, die beweisen, daß die Zauber eines Theaters auch bei geringerem Personal-, Technik- und Materialeinsatz zu wirken vermögen, einen Theaterapparat auf, der längst an die Grenzen des vom Kulturbetrieb noch Finanzierbaren gestoßen ist und sich nur verwirklichen läßt, weil es ihm immer wieder gelingt, über die allein diesen Zwecken dienende Byrd-Hoffmann-Stiftung in New York, Gelder vermögender Sponsoren in beträchtlicher Höhe einzuwerben. So hat die Berliner Inszenierung von *The Forest* (1988) vier Millionen DM verschlungen, was bedeutet, daß bei zehn Aufführungen mit Durchschnittspreisen von 50 DM und 1000 Sitzplätzen in der Freien Volksbühne jede Karte mit etwa 350 DM subventioniert werden mußte. Im Programmbuch zählt man, sorgfältig dokumentiert, 116 Mitwirkende, bevor überhaupt die 25 Schauspieler erscheinen, die dann ihrerseits 134 verschiedene Rollen verkörpern.

Für Goethes Theaterdirektor im Vorspiel des *Faust* wäre Wilson eine helle Freude gewesen, denn »er scheut Prospekte nicht und nicht Maschinen«. Im Gegenteil, er aktiviert, was immer Bühnentechnik, Beleuchtung und Kostümfundus hergeben. Dabei fallen finanziell vor allem die elektronischen Spiele mit am Körper versteckten Mikrofonen, mit Stimmen und Klangeffekten, die rundum aus dem Off ertönen, die übrige Vielfalt eingesetzter technischer Medien und die aufwendige Beleuchtung ins Gewicht. Unter seinem Team von Spezialisten, die er sich in den letzten Jahren herangezogen hat und die ihn zu den meisten neueren Inszenierungen begleiten, sind hier vor allem der für die Klang-Environments verantwortliche Hans Peter Kuhn und die japanische Choreographin Suzushi Hanayagi zu nennen, die aus einer theateraristokratischen Familie mit 300 Jahren Theatertradition in den disziplinierten und biegsamen Gliedern stammt und jeweils die Zwischenspiele, die »knee plays«, einstudiert, inzwischen aber auch weitgehend die sonstige Choreographie überwacht.

Wilsons Dramaturgie schreitet von Workshop-Improvisationen, in deren Verlauf Texte, szenische Einfälle, Bildsequenzen erprobt, variiert, vertieft oder verworfen werden, zu immer präziseren Abschnitten, Akten, Zwischenspielen, Vor- und Nachspielen fort. Doch er behält sich, so auch in der Berliner Inszenierung von *The Forest,* selbst einschneidende Änderungen bis zum letzten Moment vor der Premiere vor. Dabei werden die Schauspieler mit sanfter Härte zu unerbittlicher Präzision von Mimik und Gestik unter Aufgabe ihres natürlichen Bestrebens, psychologisch abgerundete Charaktere ausfalten zu wollen, geführt. Im herkömmlichen Sinne gibt es letztere in Wilsons Stücken nicht, und Ansätze dazu lassen sich erst dann wieder gestalten, wenn jenseits maschinenmäßigen Funktionierens aller Körperbewegungen ein neuer Grad von Freiheit erreicht wird. Ein Paradebeispiel hierfür bietet der von Robert Wilson bearbeitete und inszenierte Virginia-Woolf-Roman *Orlando* von 1989. Europäischen Schauspielern, die gewohnt sind, nach Motivationen und dem Warum zu fragen, fällt solches in der Regel schwerer als amerikanischen. Widerspruch duldet Wilson nicht. Seiner Regieführung ist der phantasievoll mitdenkende, selbständig Alternativen entwickelnde Schauspieler ein Graus. Wilson hat in dieser Arbeitsweise zunächst große Erfolge mit Amateuren erzielt. Seit einigen Jahren spielt er immer mehr mit Routiniers und Stars des Stadt- und Staatstheatersystems. Das führt zu überragenden Leistungen, wenn diese sich voll auf seine Methode einlassen, so etwa in *Golden Windows*, München 1982, *the CIVIL warS*, Köln 1984, in *Le Martyre de Saint Sebastien*, Paris 1988, *Cosmopolitan Greetings*, Hamburg 1988. Sobald die Routiniers jedoch nur halbherzig auf Wilson, ansonsten auf ihr eigenes Schauspielergeschick vertrauen, entstehen leer-routinierte Glätten oder Ungeschicklichkeiten, wie sie auch noch in *The Forest* zu beobachten waren, oder sogar ein Agon der aufeinanderprallenden Persönlichkeiten, wie der zwischen Wilson und Marianne Hoppe in der Frankfurter *Lear*-Inszenierung von 1990, wie er eigentlich in Wilsons Theater gar nicht vorkommen darf.

Wilsons Ästhetik wird dominiert vom Primat des Bildes. Text, Licht und Musik übernehmen dabei die Zulieferungsfunktionen. Mimik und Gestik der Schauspieler werden nicht auf von ihnen zu sprechende Textinhalte, sondern auf Klangwirkungen und Bildgehalte abgestellt. Texte verlieren oft ihren logischen Primärsinn zugunsten des Klangsinns. So entsteht eine mehrschichtige Bildtextur, die bis zur Serialität reicht. Die modellhafte Vorbildwirkung von Texten Gertrude Steins ist hier unüberhörbar. Ähnlich erlaubt seine Ästhetik der Langsamkeit, in Bewegungsstrukturen und -abläufe hineinzusehen.

Wenn Wilson es liebt, seine Stücke als »opéra« zu bezeichnen, so hat dies mit traditionellem Verständnis von Oper wenig zu tun. Es handelt sich dabei eher um Bildschauspiele mit Musik, wobei unterschiedlichste Formen konzertanter Klänge, Rhythmen, Lieder, ariose Formen Einzug in seine Stücke halten können.

In aller Regel bemüht sich Wilson um ein dem Hollywood-Film der 40er und 50er Jahre vergleichbares Cinemascope-Format seiner Bühnen, in die er verschiedene Raum- und Zeitachsen einzieht. Postmoderne Zitiertechniken erlauben ihm, unterschiedliche Zeiten, Kulturschichten, Handlungen simultan zu machen. Dabei ist er auf der Suche nach seiner eigenen Zeit, die seinem Bekunden nach eine natürliche Zeit, eine Zeit der Biorhythmen und Lebenszyklen im Dasein des Menschen und der Natur ist. Die Wiederentdeckung einer Ästhetik der Langsamkeit auf dem Theater gewinnt von daher eine ihrer Sinnschichten, bewirkt außerdem konzentriertes, genaues Hinsehen, das

Aufspüren von Minidramen in zeitlupenartig gedehnten Bewegungsabläufen.

Ausgefeilte eigene Lichtregie und immer üppiger werdende Bühnenbildaccessoires gestatten ihm, im quasi-Shakespeareschen Sinne die Bühnenbretter als Welt zu gestalten. Wie es mit Bezug auf *The Forest* Benjamin Henrichs in der *Zeit* genannt hat, spielen die von Wilson inszenierten Stücke im »Garten Wilson auf der Arche Robert«.[9] Zu den größten Theatererlebnissen der 80er Jahre überhaupt gehören in dieser Hinsicht die Inszenierungen von *Le Martyre de Saint Sebastien* (Paris, 1988) und *Cosmopolitan Greetings* (Hamburg, 1988), das Abschiedsgeschenk für den Chef der Hamburger Oper, Rolf Liebermann.

Der Bilderdichter Wilson setzt eindeutig experimentelle Techniken der Moderne fort. Dies gilt für seine Verwendung technischer Medien, man erinnere sich da der Praktiken Piscators und Brechts, ebenso wie für die Bild- und Textkomponenten, deren assoziativer Gestus angerissener, angedeuteter Geschichten die Phantasie des Zuschauers miteinbezieht, ihn weiterdenken läßt. Dabei arbeitet er gern nach den Gesetzen seiner intuitiven Erfahrung, überläßt dann aber nichts dem Zufall, sondern testet in einer Dialektik von Spontaneität und quasiwissenschaftlicher Präzision Synästhesien, Klanglandschaften, die Dissoziation von Sprechbildern und Bild-Bildern aus. Ganz natürlich bedient er sich dabei einer Ästhetik der Dekonstruktion, die, sieht man von der Philosophie ab und bezieht sich auf die Kunst, beileibe keine Erfindung der 80er Jahre ist, sondern im Theater, wenn man so will, seit eh und je angewandt wird, sich bei Wilson allerdings radikalisiert hat. So sagt er auch im Programmbuch zu *The Forest* ausdrücklich: »Aber Künstler sind Leute, die neue Sprachen finden können und diese Sprachen zerstören können und aus der Zerstörung wieder andere Sprache machen können. Choreographen tun das, Komponisten, Schriftsteller.«[10] Und so dekonstruiert auch er: Geschichten, Bilder, Mythen, Sinnaussagen, Zusammenhänge, wirbelt sie durcheinander wie die Architektin Zaha Hadid auf ihren Konstruktionszeichnungen die Teile ihrer Häuser, um hernach mit kindlichem Vergnügen aus den Fragmenten Neues zu konstruieren. Die zustandekommende Oberflächenästhetik entspricht der bereits erwähnten Bedeutung, die Oberflächen in unserer Zeit nun einmal besitzen; das gilt für Metallurgie ebenso wie High-Tech-Design, für Mode, Architektur von Gebäuden und Computerchips. Darunter jedoch tun sich, analog den Zufallskorrelationen in der Quantenphysik, neue Mikro- und Makrokosmen korrelativer, changierender Sinnzusammenhänge auf. Und wenn sie perfekt funktionieren, vermittelt seine Ästhetik das Triumphgefühl scheinbar schwereloser Leichtigkeit von Bildern und Bühnenabläufen.

Der Berliner Theaterwissenschaftler Hans Peter Weber hat in einem 1989 veröffentlichten Aufsatz von Wilsons Dramaturgie und der Kunst der 80er Jahre als der des Essays gesprochen, die unserer Zeit außerordentlich angemessen sei.[11] Man kann, so glaube ich, mit Hilfe von Webers Konzept der Sprachessays, seiner drei sich einander durchquerenden Artikulationsebenen und dreier voneinander unterscheidbarer Sprachkreise, der »gymnastischen«, gefühlsintelligiblen Sprache, der »funktionalen Verbalsprache« und einer »poetischen Ausdrucksgestaltung geistiger Haltungen als künstlerischer Formensprache«, eine Dramaturgie wie die Wilsons, Stücke und Inszenierungen wie die seinen, vielleicht besser in den Griff bekommen als mit der doch belasteten Terminologie des »Gesamtkunstwerks«. Denn wie sich die Bilder der Verbalisierung sperren, so erschwert die Simultaneität eines wirk-

Patrick Dupond und Sylvie Guillem in Robert Wilsons *Le Martyre de Saint Sebastien,* Bobigny, Paris 1988

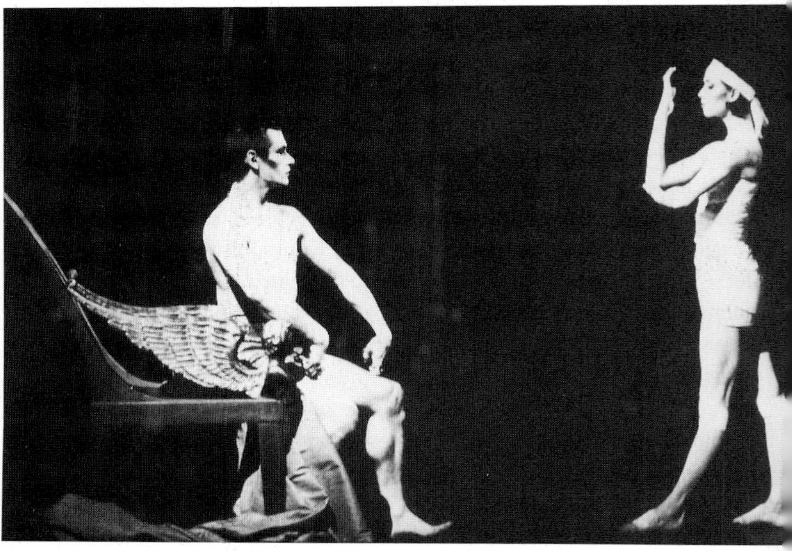

Sylvie Guillem und Alain Bogreau in Robert Wilsons *Le Martyre de Saint Sebastien,* Bobigny, Paris 1988

lich komplexen Bild-, Beziehungs- und Bedeutungsgeflechts Wilsonscher Stücke und Inszenierungen die Analyse, verweigert sich ihr aber keineswegs.

Die Ästhetik des kontemporären Tanztheaters hat die Weichen ästhetischer Umorientierung des Theaters in den späten 70er Jahren entscheidender gestellt als sonst irgendeine andere theatralische Neuentwicklung. Pina Bausch, Reinhild Hoffmann, Vivienne Newport und andere haben neue Formen des Theaters erfunden, die viel mehr beinhalten als nur Befreiung vom traditionellen Ballett; sie sind weit mehr, als der Begriff »Tanztheater« ausdrücken kann. Männer wie Hans Kresnik haben die Impulse aufgenommen und weiterentwickelt, als die neue Ästhetik schon etabliert war. Wilson hat sich zunächst aus eigenen Voraussetzungen einen Privatkosmos geschaffen, der nun in den 80er Jahren unter dem Einfluß europäischer und japanischer

Bühnenbild zum Prolog von Robert Wilsons *Le Martyre de Saint Sebastien,* Bobigny, Paris 1988

Bildungserlebnisse, der Klassiker und der Kooperationen mit Künstlern aus allen Kontinenten einmündet in jene von Weber erwähnte »essayistische« Ästhetik der späten 80er Jahre, sie entscheidend mitgestaltet. Dies unterstreichen gerade auch seine Inszenierungen des Jahres 1988, *Le Martyre de Saint Sebastien* in Bobigny bei Paris und *Cosmopolitan Greetings* in Hamburg sowie *The Forest* in Berlin.

DD + D I + II, Golden Windows, CIVIL warS und deren Knee Plays waren jedes auf seine Art einschneidende Theatererlebnisse des letzten Jahrzehnts. *Le Martyre de Saint Sebastien* setzt eine Reihe von Höhepunkten, sowohl was die experimentellen Qualitäten, das Vorantreiben von Theaterästhetik in Neuland, als auch das, was die inhaltliche und gehaltliche Komplexität angeht, fort; frappierend dabei sind die Technik, die Methoden, der Umgang mit den Vorlagen, die neuen Synthesen. Im High-Tech-Theater von Bobigny vermählt Wilson eine Ikone der Hochkultur, die Grand Opéra, mit der Experimentierbühne. Er geht dabei sehr weit. Erst nebeneinandergesetzt, dann verwoben und verschmolzen werden Wilsonsches Bildertheater, Sprechtheater von kühler Sprödigkeit, neues Tanztheater, klassisches Ballett,

Pantomime, traditionelles und neues Musiktheater. Die mittelalterliche Heiligenlegende in der schwülstigen Vorlage der Romanfassung D'Annunzios mit der leuchtenden Musik Debussys, einer Collage aus Naturlauten, zerberstendem Glas und elektronischen Kunstgeräuschen Hans Peter Kuhns gewinnt in der Spannung zwischen klassischem und neuem Tanztheater, Bild- und Musiktheater aus ihrer Thematik heraus unerwartete Aktualität. Androgynie hat Sebastian über Jahrhunderte zum verfemten Außenseiter gemacht, heute ist sie zum quasioffiziellen Credo der Emanzipation geworden. Androgynie der Künste wie der Ästhetik ist das Thema dieses Stückes, das Wilson in *Orlando* 1989 erneut aufgreift.

Wie sehr sich disziplinübergreifend inzwischen die Künste und Theorien nahegekommen sind, beweist das architektonische Konzept Bernard Tschumis für La Villette, den wissenschaftlich-industriellen High-Tech-Unterhaltungspark für das 21. Jahrhundert ganz nahe bei Bobigny, der in seinen theoretischen Implikationen auf Literatur sowie auf Filmtheorie und Philosophie des Dekonstruktivismus rekurriert.

So kann man *Le Martyre de Saint Sebastien* ohne weiteres in ähnlicher Weise wie Tschumis Entwurfszeichnungen insgesamt als Partitur lesen, deren Notationen mit äußerster Präzision Geräusche, Klänge, Melodien, Technik, Tanz, Bewegung, Licht, Sprache verzeichnen. Man kann ihre Umsetzung disjunktiv erleben, einzelne Bereiche korrelieren, das Ganze zu einem symphonischen Gesamteindruck vernetzen. Angesichts eines Stückes wie *Saint Sebastien* fällt es schwer, die Möglichkeit authentischer Erfahrungen zu leugnen. Allein die von Wilson inszenierte Bewegungsvielfalt – er fungiert hier erstmals als Choreograph – läßt die Augen mit dem Erleben, Aufzeichnen, das Hirn mit dem Abspeichern kaum mitkommen. Zeit wird verräumlicht und in Bewegung umgesetzt. Der Schwulst des D'Annunzio-Textes wird durch die luzide Kühle der androgynen, schwarzweiß stilisierten Sprecher Sheryl Sutton und Philippe Chemin zu diamentenhartem Leuchten gebracht, Licht vermittelt zwischen den Einzelbildern, die als Kompositionselemente Gesamtbilder zusammensetzen lassen. Wilson arbeitet hier, wie häufig, mit der Aufspaltung von Personen und Identitäten, das Androgynie-Thema wird da nochmals gebrochen. Der Kontrast zwischen dem weiblichen Wesen Saint Sebastiens, verkörpert in der vollendeten Eleganz der klassischen Tänzerin Sylvie

Guillem, und der tapsigen Unbeholfenheit seines männlichen Wesens, Michaël Denard, steigert sich nach der Ermordung des weiblichen Teil-Sebastians in der Person des weiterlebenden Sebastians in eine tragische Kakophonie der Zerrissenheit, die nun in ihrer Ästhetik der Häßlichkeit kontrapunktisch zur frühen Harmonie und Schönheit steht. Und wer meint, Wilson sei unfähig, Leidenschaft zu inszenieren, der hat nicht den geilen Kaiser, Alain Bogreau, nach der Unschuld des Heiligen gieren sehen.[12]

Auf dem Weg vom Minimalismus zum Ausstattungstheater ist Wilson in *Saint Sebastien* bei einer Opulenz angelangt, die im Schlußbild kaum noch steigerungsfähig scheint: »a paradise on ice«, ein Garten Eden, wie von Rousseau, dem Zöllner, aber mit Eisbäumen, Eisblumen, Eisaffen, Eisbären (noch nie waren sie beim eisbärenverliebten Wilson so perfekt) und glutrotem Eisengel, der dem Zauber ein Ende setzt. Hart am Rande des Kitsches wird gleichzeitig getestet, wie lebensfähig und belastbar heute das Sublime ist.

In *Le Martyre de Saint Sebastien* erweist sich Wilson in vielfältigen Facetten und Spiegelungen, einschließlich der Ironien, auf der Höhe der Zeit, in einer Dramaturgie, die dem erwähnten Konzept von Theateressayistik voll gerecht wird. Dem Theater wird eine Erweiterungs seiner Gattungen hinzugewonnen, die wohl Vorläufer kennt, näherungsweise mit dem Operatischen angegangen, damit aber nicht hinreichend beschrieben werden kann. Wenn das manieristische Eklektik ist, wie ein Teil der deutschen Kritikergarde meint, dann hat diese Zeit auf dem Theater und vielleicht auch sonst nichts Besseres zu bieten. Doch die abgenutzten Sprach- und Etikettierungsklischees greifen hier einfach nicht mehr. Wieder einmal ist die künstlerische Praxis der kognitiven Begrifflichkeit voraus. Diese humpelt hinterher, um beckmessernd, aber mit vergleichsweise vorsintflutlichen Meßinstrumenten einzufangen, was zum Flug angesetzt hat.

Cosmopolitan Greetings stellt insofern einen Sonderfall in der Entwicklung Wilsons dar, als ein spezieller Anlaß, eben die Verabschiedung Rolf Liebermanns als Hamburger Opernchef, zu dieser Produktion geführt hat, als Liebermann und der Schweizer Jazzmusiker George Gruntz schon seit 20 Jahren eine Jazzoper planten, und als mit Wilson, Liebermann, Gruntz und Allen Ginsberg als Texter gleich vier Koautoren am Werke waren, abgesehen von Wilson eine Avantgarde der späten Stunde, die jedoch zu den schönsten Hoffnungen Berechtigung gibt, denkt man daran, wie sich die Altersstruktur unserer Gesellschaft schon in naher Zukunft verändern wird. Wilson konnte hier weniger eigenes einbringen als in den anderen erwähnten Stücken und Inszenierungen. Erstaunlich jedoch, wie sehr die vier harmonierten: der sozialkritisch-poetische Stachel Ginsbergs, die virtuose Vitalität eines hochglanzpolierten Bebop, Swing-Edeljazz, die dezente Atonalität von Liebermanns Zwölftonkompositionen und die Bilder Robert Wilsons. Jeder drückte dem Stück seinen Stempel auf, und Wilson bestimmte die Atmosphäre. Die Revueform dominierte, und damit blieb das Stück formal weit konventioneller als *Le Martyre de Saint Sebastien.* Dennoch löste das Spiel der vier Profis mit dem Opernbegriff ein ganz und gar authentisches Vergnügen aus, das als körperlich-seelischer Zustand des Wohlseins erfahren wurde. Zerebralakrobaten werden damit in der Regel nicht zufrieden gestellt, trotzdem konnten auch sie auf ihre Kosten kommen, da die Einbindung der Elemente von Pantomime, Tanz, Oper und Knee Play erhebliche formale Probleme aufwarf, deren Heterologie von Spielschichten in einer operatischen Revue bändigen zu können, die wie aus einem Guß daherkommt, vielleicht nur Wilson gegeben ist. Erneut wird mit dem koproduktiven Autorenteam ein Weg weiter beschritten, wie er von Film und Fernsehen mittlerweile vertraut ist. Es herrscht ganz die Dramaturgie des Essays, offene Formen, Integration von Stoffen, Motiven, Elementen, Substanzen. Die Zentralfigur der Bessie Smith setzt keinen Ruhepunkt, sondern – dreifach aufgespalten in die sinnlich-elegante, schwarz-animalische Dee Dee Bridgewater als Sängerin, in Carolyn Carlson als die proletarisch-weiß-tänzerische Variante ihres Wesens und in Sheryl Sutton als gazellenhafte Jugendlichkeit – wirbelt, tanzt, hüftschwingt, schreitet, geht, steht, sitzt, liegt, jazzt sie über die Bühne und zieht dabei eine kaskadierende Fülle von Bildern aus den Kulissen, wie nur ein großer Magier seine Tricks in atemberaubendem Tempo bei stetem Wechsel der Tempi entfalten kann. Das reicht von Slapstick, Pantomime und »stand-up comedy« über hochästhetisierte Geometrien zu wilder Turbulenz, von absoluter Stille über Geräusch, konzertante Musik zu berstender Vitalität jazzender Aktion und zurück zum Flötensolo des genialen Don Cherry auf der weiten Bühne der Kampnagel-Fabrik. Das ist grell, kühn, frech, lyrisch, elegant, öffentlich und vulgär, zart und intim. Da ist die schuhartig geschwungene Treppe, eine Reminiszenz an Bessie Smith und an Tschumis Pariser Folies, und mit eben deren schillernder Ambiguität an Bedeutungen, die blutrot als Symbol des Aufstiegs, Erfolgs, der Himmelsleiter wie der Todesstiege immer wieder auf die Bühne geschoben wird. Da fährt mit zuckenden Lichtern ein winziges Spielzeugkrankenauto auf die leere Bühne, signalisiert Unfall, Sterben, Tod. Da zieht die Schattenparade des Leichenzuges über die Hinterbühne und explodiert plötzlich in die orgiastische Collage all der Opern, die Liebermann in Hamburg inszeniert hat.

In immer neuen Brechungen und Spiegeleffekten wird amerikanische Kulturgeschichte des 20. Jahrhunderts in Europa zum Leuchten gebracht, kritisch hinterfragt von Allen Ginsberg, dessen Kritik aufscheinen läßt, wie durchlöchert alle American Dreams längst sind. Doch den so gerne elitär naserümpfenden Europäern wird zugleich auch eine Lektion in Sachen Kreativität, Spontaneität, Leidensfähigkeit, Witz und Humor erteilt: *Cosmopolitan Greetings* impliziert Weltkultur – Liebermann und Wilson, Gruntz und Ginsberg –, und es straft das ständig wiederkehrende Gerede vom Tod des Theaters mit anarchischer Vitalität Lügen.

In der letzten Produktion des Jahres 1988, *The Forest,* nimmt sich Wilson mit dem babylonischen *Gilgamesch-Epos* (1800 v. Chr., zweite Großfassung etwa 1200 v. Chr.), dessen erste Hälfte einen stets gegenwärtigen Subtext des Stückes bildet, das älteste Epos der Literaturgeschichte zum Vorwurf. Wilson dokumentiert in seinem Stück die Geschichte einer Männerfreundschaft zwischen dem legendären despotischen König des südbabylonischen Uruk und seinem Gefährten, dem einstigen »Tiermenschen« Enkidu, verlegt sie aber ins 19. Jahrhundert, wo er den sich bis heute akzelerierenden Zustand der Entfremdung des Menschen von der Natur, des vielleicht endgültigen Verlustes menschlicher Unschuld im heraufziehenden Industriezeitalter diagnostiziert. So entwickelt er das Stück zu einem Gleichnis, in dem der zum kapitalistischen Industrieboß mutierte Gilgamesch in seinem Krupps Stahlwerken und der Essener Villa Hügel nachempfundenen Maschinenpalast beschließt, mit Hilfe seiner schönen Hure den kraftstrotzenden, mit den Tieren und der Natur in Einklang lebenden Enkidu seiner ursprünglichen Umgebung abtrünnig zu machen und ihn vom Naturmenschen zum Zivilisationsprodukt umzugestalten. Thematisiert wird also der Umstieg des Menschen von der Natur in die Technik. Doch ein erneuter Umschwung vollzieht sich in der wachsenden Freund-

obert Wilson bei Probenarbeiten zu *The Forest,* Berlin, Theater der Freien Volksbühne, Dezember 1988

roben zu *The Forest,* Berlin, Theater der Freien Volksbühne, Dezember 1988

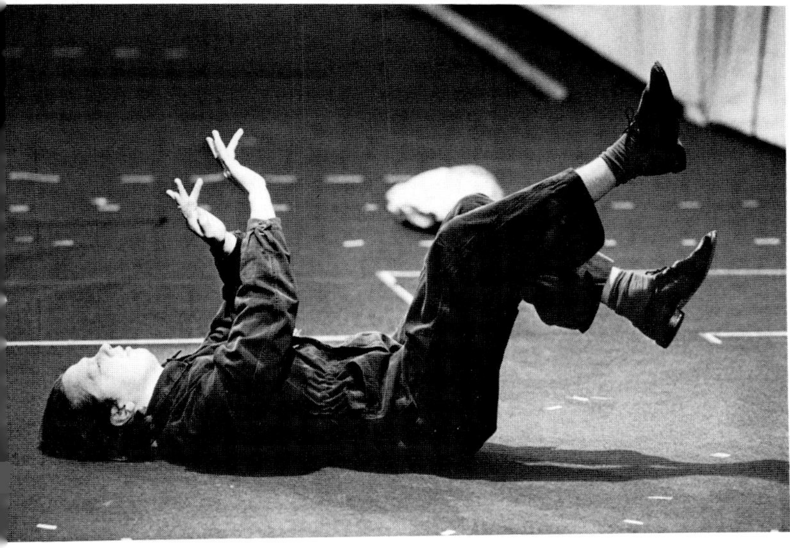

Robert Wilson, *The Forest,* Berlin, Theater der Freien Volksbühne, 1988. Vierter Ak
Im Wald treffen sich Hure (Geno Lechner) und Enkidu (Howie Seago), währen
Gilgamesch (Martin Wuttke) auf einer Bank deklamiert

Robert Wilson, *The Forest,* Berlin, Theater der Freien Volksbühne, Dezember 198
Gilgameschs Haus und Fabrik zu Beginn des zweiten Aktes

schaft der beiden Männer, die miteinander spielen, voneinander lernen, gemeinsam auf Abenteuer und in die Schlacht ziehen, wo Enkidu fällt. Schließlich wandern beide miteinander in die weiße Unendlichkeit des bleichen Totenreichs, und Wilson läßt offen, ob dies wie im Epos ihr Aufbruch zur Suche nach dem ewigen Leben oder eine Wanderung ins Nichts ist, was freilich von der fahlen, toten Beleuchtung des Schlußbildes suggeriert wird.

Vom Titel *The Forest* sagt der langjährige Mittexter Wilsons, der Dramatiker Heiner Müller, daß ihm dazu erst mal gar nichts einfalle, dann, daß der Titel so geräumig sei, daß da alles hineinpasse. Und Wilson meint: »Der kam mir einfach so in den Kopf, ich habe nicht lange darüber nachgedacht. Er war ein Anfang.« Nach einigem Besinnen jedoch fügte er hinzu: »Für mich ist er ein Ort, wo man sich verirren kann. Er ist ein geheimnisvoller Ort.«[13] Natürlich steckt mehr hinter dieser Titelgebung als dies, zumal in einer Zeit, da das Wort »Waldsterben« einer der wenigen deutschen Begriffe ist, die ins Englische und Französische eingegangen sind und dort mit Konnotationen von Erstaunen und Belustigung wegen der deutschen Sentimentalität registriert werden. Im Deutschen jedoch hat das Wort »Wald« seinen mythischen und romantischen Klang noch nicht verloren. Wie Wilson durchaus richtig wahrnimmt, ist er auch ein märchenhafter Ort von Geheimnis und Verirrung, zudem Sinnbild der Natur, Kraftquell für Erholung und Regeneration, überdies ein Thema, das in jüngster Zeit eminent politisiert wird.

Durchaus provokativ kommentiert dies Wilsons zweiter Mittexter, der schwarzamerikanische Schriftsteller Darryl Pinckney, gut beschlagen in deutscher Literatur und Kunst. Pinckney spricht im Programmbuch der Berliner Uraufführung davon, daß der Wald seine dämonische Kraft eingebüßt und an den Stadtdschungel abgegeben habe, politisch aber seines Opfercharakters wegen auf neue Weise ausbeutbar sei, ohne daß man dabei im mindesten ein schlechtes Gewissen haben müsse: »Der seinem Verhängnis entgegensehende Wald ist eine neue Arena zur Flucht aus dem abgenagten Gerippe sozialer Geschichte. [...] Die weltweite, vom Menschen verursachte Bedrohung des Waldes, ja, wenn man es weiterdenkt der gesamten Umwelt, verleiht uns endlich wieder ein episches Image, eine dräuende Einheitlichkeit von Bedrohung, die nicht wenig jenes verlorengegangenen, tief vermißten Jahrtausend-Gefühls enthält.«[14]

Bei Wilson ist der Wald zunächst erhabener Ort der Natur, aus dem Enkidu herausgelockt wird, Begegnungsort der Geschlechter, Abenteuerspielplatz für Gilgamesch und Enkidu, als weihnachtlich überzuckerter deutscher Tannenbaumwald später Ort der Verirrung für den im Bratenrock domestizierten Enkidu und eine Schar bürgerlicher Waldkriecher. Da hat dann das Sublime abgedankt. Zweckbestimmung des Waldes ist es nun, als Dekoration und Holzlieferant für den Kamin zu dienen. Ruhebänke persiflieren den Wald vollends als Ort verlogener vorgeblicher Gemütstiefe.

Besonders eindrucksvoll, wie oft bei Wilson, sind in *The Forest* die Teilbilder mit Tieren, die Begegnungen von Menschen und Tieren, ohne daß es dabei zu wirklicher Interaktion zwischen beiden kommt. Hier ist es zum Beispiel das Seetier des Eingangsbildes, halb Krokodil, halb Saurier, tapsig anrührendes Urtier, das langsam mit den Gliedern zuckend am Strand entweder nur ein Sonnenbad nimmt oder, Wilson liebt das Mehrdeutige, seinem Ende entgegenjapst. Dann gibt es etwa die Panzerechsen, die in feierlicher Prozession durch den Wald ziehen, wobei plötzlich die Bäume beginnen mitzuwandern, und den Löwen am Thron des Königs Gilgamesch, Sinnbild von Kraft, Macht, Gewalt, der ab und zu den Kopf dreht, das Maul aufreißt, gewaltig brüllt und Brocken rohen Fleisches verschlingt. Den Kontrast hierzu bildet die winzige Schildkröte, die über lange Zeit bewegungslos auf der Erde liegt, »bis Gilgamesch sie berührte und sie in rasender Langsamkeit die Bühne überquerte«.[15] Am beeindruckendsten von allen Tierbildern, weil so komisch sympathisch, ist jenes gewaltige Borstenfabeltier, halb Stachelschwein, halb Ratte, das den Schlaf Enkidus bewacht, drollige Häßlichkeit mit Knopfaugen und Stachelrücken verkörpert, das durch sein Verhalten das, was der Mensch sonst Untier nennen würde, als gleichberechtigtes Erdenwesen erscheinen läßt. In einer der spannendsten Szenen des ganzen Stücks bewegen sich die drei Meter große, spindeldürre Frau, die einer Figur Giacomettis gleicht und einen Porzellankopf hat, und das Stacheltier unendlich langsam aufeinander zu. Eine Atmosphäre knisternder Spannung baut sich auf. Das Tier, dem sich vor Lust oder Entsetzen alle Stacheln sträuben, bewegt sich erst vor, dann Millimeter um Millimeter zurück. Aufeinanderprall, Zusammenstoß, vernichtender Endkampf liegen in der Luft. »Doch dann zieht die schwarze Riesenfrau einfach gleichmütig am erregten Borstentier vorüber. Alles hätte passieren können, nichts ist passiert. Die schönsten Geschichten in Robert Wilsons Theater sind immer noch jene, die er im letzten Augenblick doch nicht erzählt.«[16] Fische und Vögel komplettieren den Kosmos Wilsonscher Tiere zu Wasser, zu Lande und in der Luft.

Ein Detailbild wie das letzterwähnte leitet über zu größeren Bildern, etwa der Begegnung der makellos schönen Hure, gespielt von Geno Lechner, und Enkidu, dem Sinnbild potenter bodygebuildeter Männlichkeit, verkörpert vom taubstummen Howie Seago. Auch hier schreiten beide langsam und offensichtlich unausweichlich aufeinander zu. Mit aufreizend verzögernder Geste entblößt die Hure eine Brust, rafft ihr Kleid. Dann, im allerletzten Moment vor dem scheinbar einzig möglichen Kuß, wenden sich beide voneinander ab und gehen in verschiedene Richtungen. Oder die chaplineske Szene in Gilgameschs Villa-Hügel-Palast vor dem Hintergrund der durchsichtigen Werkshalle, in der eine Schar von Arbeitern in höchster Perfektion jene Art von ritualisierter Arbeitspantomime vollzieht, wie wir sie seit Chaplins *Moderne Zeiten* immer wieder gesehen haben, nur noch nie derart ästhetisiert. Währenddessen meditieren Gilgamesch und seine Mutter in grotesk-komischer, surrealistischer Parodie nach Art Bretons oder des frühen Dalí, ob er einen Wal oder eine Schiffsschraube heiraten soll, wo er doch in beide verliebt ist, und welche Probleme das für den Psychiater des reichen Mannes bringt. Ein surrealistischer Nonsense-Text, der viele Bilder Magrittes evoziert oder jenen berühmten Aphorismus Lautréamonts »vom Zusammentreffen von Nähmaschine und Regenschirm auf dem Seziertisch«, das den akausalen Montagecharakter des Surrealismus versinnbildlicht, zu dessen Prinzipien sich auch Wilson ausdrücklich bekennt. Er läßt Martin Wuttke als Gilgamesch über weite Strecken als zappeligen Neurotiker agieren, der schließlich in einer Szene als Industriebaron zu Ende des ersten Hauptteils einen orgiastischen Veitstanz auf den Tasten der Hausorgel vollführt, währenddessen der Komponist David Byrne mächtig in die Tasten greift und von Händels *Messias* bis zu den Symphonien der Romantiker einen Plünderungszug durch das Reich emotional geladener Programmusik unternimmt. Eruptiv hilft die Musik, die göttlich-dämonischen Komponenten Gilgameschs – der Gilgamesch des Epos ist zu zwei Drittel Gott und ein Drittel Mensch – herauszuschleudern.

Derartige Bilder prägen sich, wie auch das Schlußbild mit jener Schar grauenerregender, kopfloser Kapuzenmenschen, die Gilgamesch und

Enkidu auf ihrem Gang ins Totenreich verfolgen wollen und von seiner Mutter abgewehrt werden, dem Bewußtsein unauslöschlich ein. Sie bleiben dort ihres Rätselcharakters wegen lebendig, eben weil sie, den Prinzipien des Surrealismus verwandt, psychologisch untergründig Sinnzusammenhänge stiften, Fragmente vernetzen und somit beweisen, daß die Oberflächenkunst und Oberflächenkultur Wilsons doch weit unter die Oberfläche hinabreicht, subkutane Zusammenhänge freilegt, die erst in späterer Zeit den Nachkommenden und mit neuen Sehweisen bereits Aufgewachsenen deutlicher verständlich sein werden.

Fassen wir die wichtigsten von Wilsons Innovationen abschließend noch einmal zusammen:

Wir befinden uns mitten in einem kulturellen Paradigmenwechsel, der nur vergleichbar ist dem Umbruch von der mündlichen zur Druckkultur im 16. Jahrhundert. Diesmal ist es der Umbruch vom Primat der Print- zu dem der Bildmedien, vom Analogen zum Digitalen, vom Buch zum Computer und zum Medienverbundsystem, von der Mono- oder Oligomedialität zur Multimedialität. Dieser Prozeß beginnt in der Moderne und setzt sich in der Postmoderne beschleunigt fort. Die Kultur des 21. Jahrhunderts wird noch erheblich multimedialer sein als die der Gegenwart. Allen Unkenrufen zum Trotz, die seit langem Rhapsodien vom Untergang des Abendlandes anstimmen, wird dies nicht das Ende der Kultur oder auch nur des Theaters bedeuten, sondern es werden sich neue Formen von Kultur bilden, alte in Vergessenheit geraten, aber nie ganz verlorengehen, wobei die neuen Speichermedien wie Bildplatten, digitale Speichertechniken von Filmen, Videobändern und Tonträgern via ISDN untereinander vernetzte Hypermediasysteme, neue Museumstechnologien es ermöglichen werden, Kulturen aller Epochen auf Knopfdruck verfügbar zu machen. Wilson ist in diese Entwicklungen hineingewachsen, treibt sie voran. Da er begriffen hat, daß es sinnlos ist, sich gegen den Strom der Technik zu stellen, versucht er neue Ästhetiken mit Hilfe der Technik ins Werk zu setzen. Seine Theatersprache ist in vielerlei Hinsicht bereits die des 21. Jahrhunderts. Wie kein anderer auf dem Theater kombiniert er unterschiedliche Medien, trainiert er uns neue Sehgewohnheiten und Denkstrukturen an. Texte, Musik, Licht, Schauspielstil verbinden sich zu Partituren seines Bildtheaters. Die Kultur des 21. Jahrhunderts wird eine »global village«-Kultur sein. Man mag dies bedauern, aber man wird nicht vermögen, es zu ändern. Wilson konterkariert die dabei auftretenden Verluste durch Vielschichtigkeit. Er trägt den Entwicklungen Rechnung, indem sein Theater immer kosmopolitischer wird, neben amerikanischen und europäischen Kulturimpulsen in den letzten Jahren solche aus Asien, vor allem Japan, und auch aus Afrika aufnimmt. Aber nicht nur nationale Grenzen oder solche ganzer Kulturkreise überschreitet, durchbricht, unterwandert Wilsons Theater. Es ist eben auch ästhetisch und literarisch ein transnationales Theater der Grenzüberschreitungen zu vielen Künsten, etwa dem Film, dem Tanz, der Skulptur, der Malerei, der Installation, der Architektur, verschiedensten Formen des Musikdramas hin. Insofern ist sein Theater vielleicht der charakteristischste theatralische Ausdruck einer Übergangszeit wie der der 80er Jahre. Dabei testet er wie in *The Forest* Mythen im Hinblick auf die Trag- und Entwicklungsfähigkeit ihrer anthropologischen Konstanten, denn ihm ist klar, daß Technik allein Enthumanisierung bedeuten würde.

Rasant verändern werden sich im 21. Jahrhundert, vor allem im Zuge fortschreitender Frauenemanzipation, soziale, familiäre, geschlechtliche Beziehungen und Bindungen. Das immer wiederkehrende Androgynie-Thema, wie zum Beispiel in *the CIVIL warS*, *Le Martyre de Saint Sebastien* und *Orlando*, zeigt, wie sehr auch hier Wilson mit Hilfe alter Mythen Veränderungen auf der Spur ist. Seine Insistenz auf der Bedeutung von Tieren sowie der Natur als Lebensraum beweist überdies, daß er keinesfalls etwa technoiden Utopien verfallen ist.

Natürlich ist auch Kritik anzumelden, an *The Forest* wie sonst an Wilsonschen Stücken. Auf dem oft haarscharfen Grat zwischen Sublimität und Kitsch balancierend, stürzen seine Bilder mitunter in das Zuckerwatte-Meer des Kitsches. In *The Forest* ist diese Gefahr gegenwärtig, vor allem dann, wenn David Byrne zuviel postmodernen musikalischen Zitatensirup über die Bilder gießt. Mitunter treibt Wilson serielle Monotonie wie in den zahlreichen Stücken seiner Zusammenarbeit mit Philip Glass bis über die Schmerzgrenze des noch Ertragbaren hinaus. Nur selten schafft es Wilson zudem, an die Innenräume von Menschen heranzukommen. Wo soviel Außenräume gestaltet werden, bleibt der Innenraum oft auf der Strecke oder wirkt, nach außen gestülpt, zu flächig. Wo es gelingt, wie im *Parzival* oder in *Le Martyre de Saint Sebastien*, bisweilen auch in der *Alkestis* und im

Orlando, wird Wilsons Kunst wahrhaft groß dank Jutta Lampes, die sich und dem deutschen Sprechtheater mit dem letztgenannten Stück auf Grund ihrer virtuosen Wandlungsfähigkeit das Denkmal einer fast zweistündigen One-Woman-Show setzt. In *The Forest* gelingt Wilson dies nicht, ist wohl auch gar nicht intendiert.

David Byrne, der Komponist der Popgruppe Talking Heads, hat das Meisterstück seiner Zusammenarbeit mit Robert Wilson nicht in *The Forest,* sondern in den von japanischer No- und Kabukiästhetik beeinflußten Knee Plays der *CIVIL warS* (1984/85) geliefert. Byrne und Wilson machen sich dort im letzten Song mit dem Titel *In the Future* daran, ironisch viele jener Tendenzen aufzuzählen, die während der 80er Jahre kontradiktorisch vorhanden sind und von denen man noch nicht weiß, in welche Richtung die Entwicklungen wirklich verlaufen werden. So werden zum Beispiel gegeneinandergestellt: allgemeiner Reichtum gegen generelle Armut, Gesundheit und Hygiene gegen Krankheit und Verwahrlosung, Überfluß gegen Mangelgesellschaft, politische Aufklärung, Emanzipation und Bildung gegen Verdummung und geistige Öde, Androgynie gegen betonten Kult des nur Maskulinen oder Femininen, klassenlose Gesellschaft gegen Cliquen von Privilegierten, Freizeitgesellschaft mit nur einem wöchentlichen Arbeitstag gegen allgemeine Fronarbeit. Wie es wirklich in der Zukunft aussehen wird, weiß keiner. Die Tendenzen aber sind erkennbar, und Wilson spielt als Künstler mit ihnen.

In welche Richtung aber wird Wilson sich weiterentwickeln? Diese Frage ist derzeit schwierig zu beantworten. Häufig hat er die traditionellen Regiestars verärgert. Er hat die Etats der Intendanten mit immer höheren Produktionskosten derart belastet, daß es zum Ende des Jahrzehnts aussah, als wollten viele Theater ihm die Gefolgschaft verweigern. Ohnehin schien es, als sei das Regietheater an einem gewissen Ende angelangt, ohne daß sichtbar wäre, wohin denn die Reise gehen soll. Auch ist unbestimmt, ob die Einheit von Autor, Regisseur und Designer, für die Wilson ja ebenfalls typisch ist, anhalten wird. Denn an guten Bühnenautoren mangelt es eklatant. Sie verdienen wesentlich mehr im Fernsehen. Selbst das Sozialprestige des Theaters ist zu Ende des Jahrzehnts erheblich gesunken. Wilson setzt sich weiterhin mit den Klassikern, Shakespeare, den Griechen, aber auch bislang kaum verstandenen Vertretern der Moderne wie Gertrude Stein und Virginia Woolf auseinander. Ihm ist jedoch an der Wende der Dekaden gelungen, sich durch überwältigende Publikumserfolge am eigenen Schopf aus dem sich andeutenden Sackgassen-Sumpf zu ziehen. Den Ausweg eröffnet dabei eine Hinwendung zum Sprechtheater *(Orlando* und *Black Rider),* bei der Sprache von einer bislang untergeordneten »Bildebene« seiner Inszenierungen zu einer stärker im logischen Primärsinn bedeutungsvollen und den »Bild-Bildern« adäquateren Ebene mutiert.

1989 inszeniert Wilson an der Mailänder Scala Giacomo Manzonis Oper *Doktor Faustus,* eine Reihenfolge vertonter Szenen und Texte aus Thomas Manns gleichnamigem Roman. Der essayistische Stil verfestigt sich darin weiter als zugleich literarischer, musikalischer und theatralischer Gestus. *Faustus* verkörpert neben- und ineinander literarische wie wissenschaftliche Metaphern und Mythen. Er ist eine Figur, die von der frühen Neuzeit bis in die Gegenwart für die Symbiose von wissenschaftlichem Erkenntnisstreben und Tragik steht, eine Figur, in der sich die Zeitdimensionen staffeln wie die Bühnengänge im Barocktheater oder, um auf Wilsons prestigeträchtigstes Engagement im Jahr 1989, das der Einstudierung von 17 Szenen französischer Opern aus dem 19. Jahrhundert zur Eröffnung der neuen Pariser Oper, anzuspielen, wie die Vielfalt von Gassen, die sich auf der Riesenbühne ebendieses Neubaus herstellen lassen.

In der Amsterdamer Gemeinschaftsproduktion *De Materie* mit Louis Andriessen erreicht die essayistische Form einen neuen Höhepunkt, weil nun enge gegenseitige Beziehungen von Text, Musik und Bild geschaffen werden, weil auch die Musik Andriessens in Zeit und Geschichte hineintaucht, von mittelalterlichen Troubadourmelodien über die Renaissance-Pavane zu Bach, Arien aus dem 19. Jahrhundert, Schönberg, Pop und Jazz Zeit- und Kulturdimensionen aufreißt und ineinanderkomponiert. Dieses postmodern pluralistische Konzept einer »muziek van de stijlloosheid« ist aber keine wilde Eklektik, sondern eben Ausdruck einer Zeit, die sich in neuer Weise vergangene Zeiten und Kulturen fruchtbar aneignen kann, oder, wie es Frits van der Waa im Amsterdamer Programmbuch formuliert: »De passacaglia in Deel 3, *De Stijl,* geeft an wat popmuziek gemeen heeft met Pachelbel.«[17]

Literarisch bedeutet der essayistische Stil eine Gleichberechtigung von poetischen, mystischen, philosophischen, politischen, wissenschaftlichen und technischen Texten, die sich allesamt als kunstfähig erweisen und jede Gattungshierarchie abgelegt haben. In diesem Sinne ist Gorlaeus atomistische Theorie von der Repräsentanz des Ganzen in seinen kleinsten Teilen in *De Materie,* nachzulesen im Libretto des Programmbuchs[18], gleichzeitig eine Kunst-Theorie Wilsonschen Theaters. Dennoch kristallisiert sich Wilsons Interesse stärker als je zuvor an großen literarisch-mythischen Figuren. Wege, die in *De Materie* eingeschlagen wurden, entwickelt Wilson 1990 in Zusammenarbeit mit Tom Waits und dem Underground-Poeten William S. Burroughs in der Hamburger Uraufführung des Musicals *The Black Rider* konsequent weiter. Webers *Freischütz* wird hier zum schwarzhumorigen Grotescical ohne Happy-End uminterpretiert. In ironischer Brechung begegnen sich deutsche Romantik, deutscher Expressionismus und amerikanischer Mittelwesten. Das Tempo beschleunigt sich bis hin zum Zeitrafferstakkato. Das Melodrama des 19. Jahrhunderts wird persifliert, aber auch zahlreiche Filmklischees von *Nosferatu* über expressionistische Stummfilme der 20er Jahre bis hin zu neueren Hollywood-Produktionen. Expressionistische Gemälde (Kirchner, Schmidt-Rottluff) werden in das parodistische Panorama einbezogen, aber stets so, daß eine alte Form sich als wandlungsfähig erweist und einem sehr sinnlichen Unterhaltungstheater neue Impulse zu spenden vermag. Dabei macht sich ein altes Medium, das Theater, in immer neuen Wendungen über ein junges Medium, den Film, lustig, persifliert, theatralisiert ihn, baut filmische Versatzstücke, die zu amerikanischen Alltagsmythen geworden sind, in das expressionistisch verfremdete deutsche Melodrama ein. Vom Himmel herab schwebt nicht nur der Teufel, sondern auch die schwarze Kiste des Magiers, aus der die zwölf Figuren für zwölf Bilder mit zwölf Songs und zwölf magischen Kugeln entsteigen wie Märchen-Zombies aus dem Schreckenskabinett des Dr. Caligari. Tom Waits hat hierfür eine Musik komponiert, bei der acht Musiker eine Vielzahl von Instrumenten von Becken und Tuba bis zu exotischen Holzblas- und Saiteninstrumenten bedienen. Sie hat mit Weber nichts mehr gemein und umfaßt ein transnationales musikalisches Spektrum vom folkloristischen Tschingderassabum bis zu experimentellen Klangräumen. Wie nie zuvor wird im *Black Rider* offenbar, daß Wilson auch das Zeug besitzt, Komödien zu inszenieren und dabei Einfälle von Slapstick und zwerchfellerschütternder Komik bis zu ganz leisen poetischen Tönen von Ironie in Bild und Ton zu setzen.

Auf dem deutsch-amerikanischen Theaterkolloquium in Amherst/Massachusetts im Juni 1988 zeichnete, redete, stellte Robert Wilson eine Nacht lang dar, zum Beispiel einen embryohaften, zusammengekauerten, unter zusammengeknüllten Zeitungsblättern auf dem Boden sich verkriechenden Lear.[19] In Frankfurt haucht er ihm 1990 mit Marianne Hoppe als Lear Leben ein. Aber letztlich findet Wilson in dieser Inszenierung in Shakespeare seinen Meister und scheitert, weil er, vor allem in der ersten Hälfte, den Text Baudissins illustrativ auf seine Bilder bezieht, die erst in der zweiten Hälfte Zeit bekommen, zu sich selbst zu finden und sich eigenständig zu entfalten. Eine große Charakterdarstellerin wie Marianne Hoppe läßt sich in diesem Fall nur bedingt auf Wilsons Stil ein, was zu Brüchen und Verwerfungen führt, auch oder gerade weil die Hoppe teambezogen spielt. Am *Lear* werden Wilsons Grenzen evident. Der *Lear* ist echte Tragödie, kein Mythos. An seinem Ende sind Menschen und Welt zerbrochen, öd und leer. Die Möglichkeit der Liebe im Leid leuchtet als utopisches Fanal in der Wüste aus Desillusioniertheit wie aus zerstörten Bindungen und Beziehungen. Diese Art von existentialistischer Tragödie läßt sich nur bedingt mit Oberflächenkunst, Designschick und entindividualisiertem Zitatcharakter fassen. Ein Stück wie dieses schlägt, wenn man es ernst nimmt, gerade auch in seinen Irrationalismen, ständig unter die Gürtellinie, fordert Kopf und Bauch. Wilson wird von Tragödien immer wieder angezogen, und seine Antwort auf die Frage, ob und wie man heute noch Tragödien inszenieren könne, ist deren Umdeutung in den Bild- und Modellcharakter des überzeitlichen Mythos. Dieses ist ihm, zumindest im Frankfurter Anlauf, nicht gelungen.

Wilson hat den Weg von der totalen Dominanz des Bildes zu einer Synthese von neuem Literatur-, Tanz-, Musik- und Bildertheater gewählt, die seiner Begabung gemäß im Bild kulminiert, aber die anderen Künste allmählich stärker integriert. Er wird sich diesen Weg selbst durch unwegsames Gelände bahnen. Überraschungen sind dabei vorprogrammiert. Aber ihre intensive Begegnung ist nur dann aufzuhalten, wenn Theater, Kritik und Publikum sich von ihm abwenden sollten. Dies wird hoffentlich nicht eintreten. Das Theater der 80er Jahre wäre ohne ihn sehr viel ärmer, ja reichlich insignifikant gewesen.

Anmerkungen

1 Jürgen Flimm: »Wie ein exotisches Relikt werden unsere Theater in den fremden Städten stehen«, in: *THEATER 1984, Jahrbuch der Zeitschrift Theater heute.* Berlin/Zürich 1984, S. 107–108, hier S. 107.

2 Heiner Müller in: Programmbuch zu *The Forest.* Berlin 1988, o. S.

3 Louis Andriessen und Robert Wilson (Hrsg.): *De Materie.* Programmbuch, De Nederlandse Opera. Amsterdam 1989, S. 95.

4 Ebd.

5 Gerhard R. Koch: »Brodelnde Geschichte, polierte Fassaden. ›De Materie‹, ein Opernessay von Louis Andriessen und Robert Wilson«, in: *Frankfurter Allgemeine Zeitung,* 9. 6. 1989, S. 33.

6 Hans Peter Weber: »theater heute. kleiner gedankensturz«, in: *DELFIN* Nr. XII, 6. Jg., Heft 2, Juni 1989, S. 4–20, hier S. 8.

7 Peter Iden: »Death of a Thief. Ein Nachruf auf Wilsons DD + D I«, in: *Theater heute* 1982, Heft 5, S. 14.

8 Vgl. zum Beispiel Benjamin Henrichs: »Sachsen ist nicht Texas. Der Dichter und der Bilderdichter: ein Mysterium, ein Mißverständnis«. Rezension zu Robert Wilsons Inszenierung von Heiner Müllers *Die Hamletmaschine* im tik-Theater Hamburg, in: *Die Zeit,* 10. 10. 1986, S. 63.

9 Benjamin Henrichs: »Der Förster vom Zauberwald. Uraufführung von The Forest in Berlin«, in: *Die Zeit,* 28. 10. 1988, S. 59.

10 Robert Wilson in: Programmbuch zu *The Forest,* a. a. O., o. S.

11 Weber, a. a. O., S. 14 ff.

12 Vgl. Jacqueline Burckhardt und Bice Curiger: »Das Gewicht des Staubkorns«, in der Wilson-Nummer der Schweizer Kunstzeitschrift *Parkett* Nr. 16, 1988, S. 104–119, hier S. 105.

13 Robert Wilson: »I ›Der Titel‹ «, in: Programmbuch zu *The Forest,* a. a. O., o. S.

14 Darryl Pinckney: »X ›Text und Arbeit‹ «, in: Programmbuch zu *The Forest,* a. a. O., o. S.

15 Henrichs: »Der Förster vom Zauberwald«, a. a. O., S. 59.

16 Ebd.

17 Frits van der Waa: »De Materie: de vernieuwing shuilt in het oude«, in: Andriessen und Wilson (Hrsg.): *De Materie.* Programmbuch. De Nederlandse Opera, a. a. O., S. 13.

18 Andriessen und Wilson (Hrsg.): *De Materie.* Programmbuch. De Nederlandse Opera, a. a. O., s. Libretto, Part 1, »Gorlaeus«, S. 86–91.

19 Vgl. Sigrid Bauschinger: »Vom Wort zum Bild und zurück. Ein deutsch-amerikanisches Theaterkolloquium«, in: *Frankfurter Allgemeine Zeitung,* 24. 6. 1988, S. 31.

Tanztheater

Rebellion des Körpers, bewegte Bilder und die Frage nach dem Sinn der Sinne

Inge Baxmann

Who can tell the dancer from the dance?
William Butler Yeats

Pour échapper à la figuration, il faut retrouver la sensation.
Gilles Deleuze

Der Tanz wurde in den 80er Jahren zum Mittelpunkt einer neuen Faszination für die Expressivität des Körpers. Bei dieser Besinnung auf die nonverbalen Aspekte der Kommunikation verschwimmen die Grenzen zwischen Tanz und Theater.

»Bewegungstheater«, »Körpertheater« oder »choreographisches Theater« sind die Suchbegriffe für eine neue Praxis, die nicht »repräsentieren« will, sondern Bewegung, Gestik, Rhythmus und Raum als Ausdrucksmittel für eine Auseinandersetzung mit den aktuellen Lebensformen nutzt und dabei die überkommene Hierarchie der Sinne in Frage stellt.

Diese Rückkehr zur Expressivität des Körpers sollte nicht vorschnell als »Sinnverweigerung« interpretiert werden, selbst wenn die bildreichen Inszenierungen zwischen Tanz, Pantomime und Performance die Reduktion auf eine »Botschaft« versagen. Eine Vielfalt experimenteller Formen hat sich entwickelt, die vor allem von Pina Bausch, Reinhild Hoffmann und Susanne Linke geprägt wurde, sich aber längst zu einer breiten und differenzierten Bewegung ausgeweitet hat, die mit der klassischen Vorstellung vom Tanz weniger Gemeinsamkeiten aufzuweisen hat als mit dem Theater der Bewegungsbilder eines Robert Wilson. »Ästhetik der Sinne« wäre eine mögliche Umschreibung dieser Praktiken, sofern man unter Ästhetik nicht ein normatives Ideal oder Konzept, sondern eine spezifische Weise des Verhaltens und der Wahrnehmung verstehen will. Das Tanztheater läßt sich als eine

Art »Archäologie der Lebensformen« verstehen, die nicht nur die Spuren der Einschreibungen der kulturellen Ordnung im Körper verfolgt, sondern dabei nach Widerständigem sucht und dafür aus der Inszenierung von Alltagserfahrungen, über historische Figuren bis zur Adaptation von Mythen ihre Themen, Stoffe und Motive bezieht. Da werden Schöpfungsmythen auf ein mögliches anderes Verhältnis zur Natur befragt, die Rituale der Sociabilité und die absurden Torsionen, die sie dem Subjekt abverlangen, werden ebenso zum Thema wie die Frage nach dem Funktionieren der Machtstrukturen und ihrer Verankerung im Körper. Bildhafte Darstellung, rein tänzerische Passagen, thematische Sequenzen im schnellen Wechsel, Bilder, Sprache und Bewegung werden gegeneinander versetzt. Statt logischer Sinnvermittlung zu dienen, wird die Sprache als Gestus zitiert oder über die Intonation als Ausdrucksträger verwandt. Nie ganz Tanz, ist das neue Tanztheater eine Ästhetik der ständigen Grenzüberschreitung, die eine neue Kultur des Sehens (er)fordert, die etablierten Wahrnehmungscodes entgegensteht.

Dabei pendelt die aktuelle Tanzbegeisterung zwischen zwei Polen, die durchaus komplementär sind und sich im einzelnen auch überschneiden können. Auf der einen Seite steht die Suche nach haltenden Ordnungen in der Rückkehr zum Mythos und zu einer Utopie vom Körper als Natur, die im Körper und seinen Rhythmen die Grundlage einer »natürlichen Lebensordnung« verbürgt sieht und nach anthropologischen Konstanten sucht, auf der anderen Seite eine antisubstantialistische Dekonstruktion von Körperausdruck, die die Herrschaft des Subjekts über seinen/ihren Körper in Frage stellt und ihn als kulturelle Konstruktion vorführt. Wer spricht durch den Körper, welche Diskurse sind ihm als Empfindungs-, Wahrnehmungs- und Bewegungsstile eingeschrieben? Wie ist dabei Eigenes und Fremdes verflochten?

Das Tanztheater will die Gewohnheiten der Wahrnehmung in Frage stellen, die Sinne von vorfabriziertem Sinn befreien und damit den Blick auf andere Möglichkeiten eröffnen. Zwischen den beiden Polen der Dekonstruktion von Körperausdruck und der Suche nach einer neuen Anthropologie reicht das Spektrum dieses Tanz/Körper/Bewegungstheaters. Wenn ein Ende der Skala durch die Praxis einer Pina Bausch zu charakterisieren ist, so läßt sich am anderen Ende der Skala die Faszination für den Butoh anführen. Butoh ist ein Körper- und Bewegungstheater aus Japan, das im Westen Erfolge feiert, während es in seiner Heimat ein avantgardistisches Schattendasein führt. Es verbindet asiatische Gestik, Bewegungs- und Tanzformen mit modernen Themenstellungen und Ausdrucksmitteln zu einer neuen »Anthropologie«, die die nicht aufhebbare Ambivalenz menschlichen Daseins betont und die dunklen Seiten menschlicher Existenz als menschliche Urerfahrung hervorhebt. Was den Butoh mit dem Tanztheater in Beziehung setzt, sind nicht nur gemeinsame Wurzeln im deutschen Ausdruckstanz der 20er Jahre, sondern vor allem die Suche nach einem anderen Umgang mit den Sinnen und einer anderen Denkweise im Verhältnis von Natur und Lebensformen.

Einerseits rückt der Tanz immer mehr in den Mittelpunkt von Erneuerungen im Theater, andererseits wird im Tanztheater immer weniger getanzt. Dies gehört schon fast zu den »Konventionen« des Tanztheaters. Zu diesen zählen außerdem die eingestreuten Metakommentare und eine Dramaturgie, die statt linearer Narration auf patchworkartig kombinierten Sequenzen und Bewegungsbildern aufbaut, deren Elemente von der Oper über Pantomime, Sprechtheater bis zur Revue verschiedensten Gattungen entlehnt ist und die besonders aus den Alltagsbewegungen, aber auch aus dem Repertoire der Danse d'Ecole oder des Gesellschaftstanzes ihr Bewegungsmaterial bezieht und zuweilen als ironisches Zitat benutzt.

Mit dem Tanztheater wird eine Erforschung der Subjektivität über den Körper in Gang gesetzt, die ihn von der Genese des Ausdrucks bis in die kleinste Verästelung der vermeintlich »privaten/intimen« Wünsche als vollkommen von der Kultur geprägten versteht.

»Let's pretend« könnte die An- beziehungsweise Einleitung auf jenem Versuchsgelände heißen, das da von Gestik, Bewegung, Raum, Material und Situation gebildet wird, um das Verhältnis von Lebensformen und Körper auszuloten. Und so sind es auch oftmals minimalistische Themenvorgaben für Improvisationen und Szenen wie »Um jeden Preis etwas fühlen wollen«, »die Ruhe vor dem Sturm«, »Spuren«, aber auch kleine Aufgaben wie etwa einen Brief zu öffnen und zu lesen und in diesem Vorgang von Slow Motion bis zu extremem Tempo Veränderungen der Aussage und der Situation zu erfassen. Es können aber auch Aufgaben sein, die sich ausschließlich auf die Erfahrung von Bewegung und Raum beziehen, wie zum Beispiel »die Steigung der Schräge erfahren«. Dies sind nur einige willkürlich herausgegriffene Beispiele, die die Erkundungsfahrten in die Körperbiographie

1980 – ein Stück von Pina Bausch, Wuppertaler Tanztheater

in Gang setzen, und die sich, vor allem bei Pina Bausch und Reinhild Hoffmann, schon fast zu einer eigenständigen Arbeitsweise des Tanztheaters entwickelt haben.

Das Tanztheater findet oft frappierende Bilder, die beim Zuschauer Assoziationen auslösen. Darin besteht das spezifische Vergnügen am Tanztheater. Dem vorgeführten »Bilderpuzzle« kann jede(r) Zuschauer(in) persönliche Assoziationen, Erfahrungen, Verblendungen unterlegen, und doch sind die Bilder nicht beliebig. Sie eröffnen ein Feld andersartiger Wahrnehmung, befreien den Blick für unvermutete Zusammenhänge und legen der normierten Wahrnehmung, die stets nach vorgefertigten, wiederzuerkennenden Sinnstrukturen sucht, Stolpersteine in den Weg. Zugleich erlaubt das Tanztheater zuweilen auch ein »Schwelgen in den Sinnen«, einen ästhetischen Genuß, wie er mit dem Anblick einer mit Erde, Laub oder Nelken überschütteten Bühne und der Vorstellung, sich darin zu bewegen, verbunden ist.

Das Medium, mittels dessen Handlungsformen und Sprechweisen entwickelt werden, die das Normale durchbrechen, ist der Körper:

Bewegung, Gestik, Mimik. Wenn beispielsweise über Mikrofon detaillierte Anweisungen zur Kunst der Fuchsjagd übertragen werden und die Tänzer sie in Bewegungen umsetzen, dann wird dieser Transfer zur Metapher für das unsere Lebensformen prägende Prinzip der Jagd oder des Gehetztwerdens. Zugleich könnte es als eine Persiflage auf die abundante »How to«-Rezeptliteratur der Lebenshilfe und der kollektiven Illusion angesehen werden, der sie ihre Wirksamkeit verdankt: daß diese sich stets entziehende Wirklichkeit durch das »richtige« Verhalten in den Griff zu bekommen ist.

Unter Aufbietung aller Kräfte robbt ein Pärchen zueinander über den Boden, nur um dann in lebhaften Party-Small-talk zu verfallen, als sei dies die adäquate Stellung dafür (Pina Bausch: *Walzer).*

Die Materialität der Lebensformen wird vorgeführt an den absurden Verdrehungen, die der Tänzer auszuführen hat. Tanztheater als Studie der Formen und Rituale der Sociabilité spürt die Brüche auf in den durch Bilder geprägten Lebensformen, indem Alltagsstilisierungen, die das Bild eines Bildes wiedergeben, konterkariert werden durch plötzliche, unvermutete Ausbrüche andersgearteter Bedürfnisse, die

Nelken; Choreographie Pina Bausch, Wuppertaler Tanztheater

in diesen Formen keinen Platz finden. Daher resultiert die Ironie im Tanztheater, die die hilflosen, meist scheiternden Versuche, dieses »andere« als Ziel einer unbestimmten Sehnsucht im Spiel übereinandergeschichteter Identifikationsangebote ausfindig zu machen, begleitet. In *Ahnen* (Pina Bausch, 1987) werden Episoden aneinandergereiht, die man verstehen könnte als Versuche, durch »Anleihen« in anderen Kulturen oder eine vermeintliche »Rückkehr zur Natur« Fundierungen für eigene Lebensentwürfe zu finden und andere Lebensweisen auszuprobieren. Zwei Mädchen in *Cats*-Kostümen, ein Mann in Punkjacke und Schottenrock spazieren über die Bühne, eine Frau tanzt einen Folkloretanz, eine andere hat sich eine Mütze aus den Anden über den Kopf gezogen. Das Ganze findet auf einer Bühne mit baumhohen Kakteen und einem Walroß im Wüstensand statt, die von einer Frau mit Plastiktüte gesenkten Kopfes und eiligen Schritts durchquert wird. Im sandigen Bühnenhintergrund schiebt eine Frau eine Schubkarre mit Steinen für ein Haus, das dort – auf Sand – gebaut wird. Musik in Überlautstärke von Monteverdi über Dowland, von afrikanischen Rhythmen bis Fred Astaire und Billie Holliday – musikalische Zitate für Träume von einem anderen Leben –, untermalt diese Szenen. Die Zerstörung der Natur durch den Menschen läßt aber auch derartige Sehnsüchte nach einer Rückkehr zum Ursprung obsolet werden: Ein ferngesteuerter Hubschrauber sprüht Gift auch über einen Indianer mit Federschmuck. Was in den anderen Kulturen gesucht wird, das »Authentische«, ist längst abgegriffenes Zitat, romantisches Klischee, in die reale Sehnsüchte gegossen werden. Drei in Decken gehüllte Männer stehen offenbar frierend unter den Kakteen zusammen. Einer deklamiert die *Habanera* aus Bizets *Carmen*, ein anderer schleudert dem als Chinesen geschminkten den Text auf deutsch entgegen. Ein trauriger Clown singt eine Arie, wiederholt sie zwei-, dreimal. Ein anderer Mann kopiert Fred Astaire und jongliert zu dessen Song seinen Hut vom Kopf in die Hand und zurück. Auch der »radikale« Bruch mit der Kultur durch das »Zurück zur Natur« wird umgesetzt: Ein Darsteller läßt sich mit einem Salatkopf nieder und liest darin wie in einem Buch. Diese Suche nach einer anderen Lebensweise, zusammengebastelt aus dem Material verschiedenster Kulturen, hat jedoch kein Fundament, sondern ist wie das Haus, das daraus entstehen soll, auf Sand gebaut. Real sind allein die Sehnsüchte, die hier zum Ausdruck kommen.

Unsere Lebensformen sind geprägt durch eine Diktatur der Bilder, die als Pendant wachsender gesellschaftlicher Ausdifferenzierung konventionelle Zeichen für konventionelle Haltungen in stereotypen Situationen zur Verfügung stellen. Dagegen wird im Tanztheater das Widerständige der Ambivalenz betont. Das Nichteinordbare, Nichtkommensurable, für das es in der Welt der Gefühlsmannequins und Geschmacksvertreter keinen Ausdruck gibt, soll zur »Sprache« kommen. Dabei wird jedoch nicht nach der »authentischen Geste« unterhalb kultureller Codierungen geforscht, nach einer »ursprünglichen menschlichen Natur« in den Ausdrucksmöglichkeiten des Körpers, wie es noch die historischen Vorläufer des Tanztheaters, die Ausdruckstänzer der 20er Jahre, taten. Gerade die nicht auflösbare Verflechtung von »Eigenem« und »Fremdem«, wenn Lebensformen zu (»freiwillig« übernommenen) Körpernormen und stereotypen Lebensformeln werden, steht zur Diskussion.

Die überstrapazierte Formel »Ballett vs. Tanztheater« macht nur dann einen Sinn, wenn man das Ballett auf seine spezifische Ausprägung im klassischen und romantischen Handlungsballett reduziert, denn spätestens seit Diaghilevs *Balletts russes* (ganz abgesehen von aktuellen Innovationen im Ballett zum Beispiel in den Choreographien eines William Forsythe) ist die Suche nach neuen Ausdrucksweisen nie abgebrochen. Kern des klassischen Balletts ist ein Konzept von Repräsentation, wie es in Jean-Georges Noverres *Briefen über die Tanzkunst* artikuliert ist: Der Raum der Repräsentation wird als Tableau strukturiert, und eine einheitliche Perspektive bestimmt die Entwicklung der Erzählung als einheitliche Komposition harmonischer Formen.[1]

Im Tanztheater dagegen werden weniger Geschichten erzählt als Erfahrungen inszeniert. Die mit dem Tanztheater verbundene Erforschung des Verhältnisses von Lebensformen und Körper stellt eine Grundvoraussetzung klassischer Tanzästhetik in Frage, nämlich die Herrschaft des Subjekts über seinen Körper. »Körperbeherrschung« wird zum Problem, wenn nachgefragt wird, wer oder was durch den Körper spricht, wenn das Subjekt auseinanderfällt.

Es gibt dann auch keine einheitliche Perspektive mehr, die die Einheit der Komposition verbürgt; sie wird durch abge- und unterbrochene Bewegungssequenzen ersetzt. Eine Aktion führt nicht zur nächsten. Diese Rauminterpretation entspricht einer Alltagserfahrung, die sich nicht in narrative Strukturen fassen läßt, die charakterisiert ist durch abge- und unterbrochene Begegnungen und Wiederholungen, durch ständige Bewegung ohne Veränderung und Bewegung als rituelles Muster, das kein Ziel mehr hat. Das Auseinanderfallen der Geschichte in Geschichten, die durch keinen Lehrsatz oder ein die Geschichte verbürgendes Subjekt mehr zusammengehalten werden, sondern nach dem Collageprinzip eher assoziativ aneinandergereiht sind, entspricht der Fragmentierung der Wahrnehmung in der Alltagserfahrung. Es lassen sich dem Erlebten kaum Sinnstrukturen unterlegen, die durch allgemeinverbindliche Werte, Normen und Relevanzkriterien verbürgt wären. Simultaneität und Heterogenität der Wirklichkeitserfahrung dominieren eine Erfahrung der Synchronie von Zeit, die sich dem »Erzählen« widersetzt. Die Erfahrung, daß sich die »Wirklichkeit« dem Subjekt als eine unbestimmte, stets isolierte Gegenwart entzieht, wird im Tanztheater dergestalt zum Strukturprinzip verarbeitet, daß immer wieder Situationen vorgeführt werden, in denen das Chaos durchbricht, Sinnstrukturen auseinanderfallen und neue Episoden zusammengestückelt werden. Der Hektik, dem Abbruch und der Wiederholung begonnener Bewegungssequenzen entspricht die Erfahrung fehlender Kontrolle über die eigenen Lebensbedingungen, der Unsicherheit über die eigene Wahrnehmung und Interpretation von Situationen und der Reaktionen der anderen. Zärtlichkeiten können unversehens in Gewalt umschlagen, oder die Sehnsucht nach Nähe und Wärme wird sogleich in die konventionelle Paarform gezwängt und damit zur Gewalt an viel diffuser und differenzierter strukturierten Emotionen und Bedürfnissen. Der Übergang vollzieht sich oft unmerklich. Momente der Harmonie, des Glücks und Vertrauens finden sich als utopischer Gestus meist in der Rückkehr zur Kindheit: in Kinderspielen, die eigene Welten bauen, in denen alles möglich wird.

Der Körper wird im Tanztheater als Kampffeld verschiedener kultureller Diskurse vorgeführt. Es ist ein zugleich angepaßter und widerständiger Körper, dessen Ausdruck nicht nach einem »Schichtenmodell« zu verstehen ist, nach dem unterhalb einer Schicht kulturellen Verhaltens der »authentische«, »natürliche« Körperausdruck beginnt, sondern als Vermischung. Daher stammt die Betonung der abgebrochenen, unharmonischen, ungesicherten Bewegungen, die die Äußerungen der »Zwischengefühle« (Pina Bausch), des im Rahmen codierter, vorfabrizierter Wahrnehmungs-, Empfindungs- und Gefühlsklischees nicht Einzupassenden begleiten. Oft sind es gerade die Dissonanzen des körperlichen Ausdrucks, die mit den kulturellen Prägungen zugleich deren Grenzen aufzeigen. Der Körper ist sowohl Ausdruck der herrschenden kulturellen Diskurse, die die Menschen bis in ihre Träume und Wünsche prägen und deren Materialität das Tanztheater vorführt, wie auch zugleich gegenläufiger Gesten, die eine utopische Sehnsucht erkennen lassen. Hier liegt auch eine Parallele zum Bildertheater eines Robert Wilson oder eines Heiner Müller: Das »Sehen verlernen« ist eine gegen die »Korruption der Wahrnehmung« (Heiner Müller) gerichtete Strategie, eine Exploration der Struktur der Wahrnehmung, die aus ihrer – meist sprachlich fixierten – intellektuellen Begrenzung befreit werden soll, indem zum Beispiel die Zuordnung Bild/Text aufgebrochen, gegeneinander verschoben wird. Solcherart fragmentierte und dabei verdichtete Bilder sollen, indem sie die lineare Interpretation mit Hilfe vorgegebener kultureller Codes verweigern, »direkt« auf die Sinne des Betrachters und auf Erinnerungen wirken, unbewußte vitale Kräfte der Phantasie freisetzen, die eine andere Weise der Wahrnehmung und damit des Zugangs auf »Wirklichkeit« ermöglichen. Die Geste, die Bewegung und der Tanz sind die bevorzugten Darstellungsmittel, da sie »offener« sind für Experimente, für neue Erfahrungen, sich der sprachlichen Festlegung entziehen, stets mehr enthalten, als die »Sinngebung« daraus macht.

Im Tanztheater werden kulturelle Diskurse in materielle Handlungen übersetzt, um Bilder zu finden, die die Kritik an der Zurichtung des Körpers durch unsere Lebensformen sinnlich erfahrbar machen. So wird beispielsweise Sprache rematerialisiert (und gerät damit zur Sprachkritik). Oder Dinge treten als Agenten auf, indem sie Raumordnung, Bewegungsmöglichkeiten und Bewegungsspielraum der Tänzer festlegen. Susanne Linkes Kampf mit dem weißen Ballkleid, dem Symbol weiblicher Fixierung, dessen man sich nur schwer entledigen kann, führt die Zwänge der durch bestimmte Lebensformen aufgezwungenen körperlichen Existenz vor, einer kulturell bestimmten Weise, seinen Körper zu erfahren und zu leben. Die Tänzerin verfängt sich im Material, führt in abrupten Bewegungsläufen und asynchronen Bewegungen der einzelnen Körperteile gegeneinander den Kampf mit dem Material vor, das mit dem Körper verwachsen zu sein scheint wie ein Kokon, in den er sich eingesponnen hat und von dem frau sich nun, nachdem er zur »zweiten Haut« geworden ist, erst unter Aufbietung aller Kräfte wieder befreien kann. Diese Verschmelzung von Körper und Material, das »Verwachsensein«, führt zugleich ein neues Verständnis des Subjekts vor: kein hermeneutisches Tiefenmodell von »innen« und »außen«, wie es für jene Körperutopien kennzeichnend ist, die unterhalb der kulturellen Zurichtungen eine authentische menschliche Natur suchen, die es zu befreien gälte. Es ist längst kein »ganzes« Subjekt mehr unterhalb des Materials (der kulturellen Prägungen) auszumachen, der Körper selbst nurmehr über diese kulturellen Diskurse erfahrbar.

Im Spiel mit den Gegenständen des Alltags wird die Subjektivität der Raumerfahrung vorgeführt. In *Im Bade Wannen,* einer Choreographie Susanne Linkes, ist es eine Badewanne, die den Umgang mit dem Raum strukturiert. Ein subjektiver Raum und eine subjektive Zeit werden kreiert, eine kleine Gegenwelt im Alltag, indem die Tänzerin zunächst leichtfüßig um dieses Objekt herumtrippelt und in fast schwerelosen Balanceakten halb eintaucht, bis die Wanne schließlich selbst in Bewegung gebracht wird, neue choreographische Möglichkeiten eröffnend. Man fühlt sich an Reinhild Hoffmanns *Solo mit Sofa* erinnert, eine Choreographie, in der die Raumerarbeitung vorgegeben wurde durch das »Verwachsensein« mit dem Objekt Sofa, indem der Bezug des Sofas

Im Bade Wannen; Choreographie Susanne Linke

zugleich auch das Kleid der Tänzerin war und ihr somit den Bewegungsspielraum diktierte.

Im Tanztheater wird der Raum nicht mehr nur als Verbindung von Richtungsvektoren, Geschwindigkeitsgrößen und Variabilität von Zeit, als Bewegung und Raumrichtung verstanden, sondern als Geflecht von beweglichen Elementen, als Resultat von Aktivitäten, die ihm erst eine Richtung geben, das heißt selbst als Ausdruck. Die Raumerfahrung des Tanzes drückt ein spezifisches Verhältnis zur Welt aus, das mit Merleau-Pontys Unterscheidung zwischen »geometrischem« und »anthropologischem« Raum beschrieben werden kann. Diese Raumerfahrung ist ein durch Bewegung erzeugtes Ergebnis der Aktion historischer Subjekte, also eine kulturelle Praxis. Im Tanz haben Raum und Zeit eine andere »Richtung«, insofern ist er – vergleichbar dem Traum – eine andere Seinsform innerhalb der kulturellen Ordnung. Als solche läßt er sich auch als eine Art mit dem Körper verbundener Widerstand ansehen, als ein zeitweiliges »Aussteigen« aus den Relevanzen und Wertsetzungen jener durch Effektivität und Zeitminimierung bestimmten Raum-Zeiterfahrung, die unsere Lebensformen prägt.

Tanz definiert Raum als Befindlichlichkeit des Körpers, als Zustand, und artikuliert damit zugleich, wie die menschliche Wahrnehmung Raum erfährt. Im Tanztheater können Räume zu Empfindungen, zu emotionalen Zuständen werden. Die Subjektivität der Raumerfahrung wird betont. Badewanne oder Sofa als Teil des »Innenraums« eröffnen innere Räume, werden Bestandteil einer leiblichen, stimmungsmäßigen Befindlichkeit. Doch diese Raumerfahrung ist ambivalent: Sie kann gleichermaßen Rückzug wie das Behaupten eines subjektiven Raums bedeuten, andererseits ist sie auch – jenseits aller interpretierenden Sinngebung – als Lust am Experimentieren, als ein Ausloten von Bewegungsmöglichkeiten innerhalb selbsterrichteter physischer Schranken wahrzunehmen.

Die Rauminszenierungen des Tanztheaters sind Teil einer neuen Ästhetik, die die Subjektivität der Wahrnehmung betont und die (postmoderne?) Erfahrung der Ortlosigkeit verarbeitet, des Verlusts einer zentralen Perspektive, die die »Ordnung der Dinge« vorgibt, sowie der Erfahrung zunehmender Diskrepanz zwischen Körper und seiner hergestellten Umwelt, bis zu den Schwierigkeiten des individuellen menschlichen Körpers, sich in synthetischen Lebensräumen durch Wahrnehmung und Erkenntnis zu lokalisieren.

Da werden Bühnenräume unter Wasser gesetzt, mit Erde, Laub oder Blumen zugeschüttet und die sich daraus ergebenden Bewegungsmöglichkeiten und -ummöglichkeiten den Sinnen erfahrbar gemacht und als choreographisches Element eingebaut. In solcherart »unräumlichen« Räumen, die Grenzüberschreitungen und Verschiebungen ermöglichen, verschwimmen im wahrsten Sinne des Wortes die Ebenen von (Tag-)Traum und Realität. Tranceartig verlangsamte Bewegungsfolgen lassen erfahren, daß die Raum-Zeitverhältnisse kulturelle Konventionen sind, die immer auf der Ausgrenzung einer spezifisch menschlichen Möglichkeit beruhen: gleichzeitig in mehreren Zeiten und Welten zu leben, eine Fähigkeit, wie sie im Spiel, im Tagtraum zum Ausdruck kommt und wie sie vielleicht für die Erfindung neuer Lebensformen wiedergewonnen werden sollte?

Den Ausdruckscharakter der Bewegung wiederentdeckt und Tanz als Medium der Kritik an überkommenen Lebensformen zu profilieren, ist indes nicht ausschließlich das Verdienst der neuen Tanztheatergeneration.

Für den aufkommenden modernen Tanz seit Ende des 19. Jahrhunderts, seit Isadora Duncan und in ihrer Folge die Ausdruckstänzer der 20er Jahre, war Tanz im wesentlichen Repräsentation von Gefühlen im Medium rhythmischer Körperbewegung. Der tanzende Körper war vor allem Ausdruck der Seele, die tänzerischen Bewegungsgestalten sollten psychische Zustände zum Ausdruck bringen, die dem Intellekt nicht zugänglich sind. Die Körperutopie der 20er Jahre und der damit verbundene »Befreiungsdiskurs« über den Körper wollte nach der Ablösung einer Schicht kulturellen Verhaltens die authentische Äußerung menschlicher Natur entdecken. Sie erklärte den tanzenden Körper zum Residuum einer ursprünglichen menschlichen Natur, die zur Grundlage eines utopischen Entwurfs neuer Lebensformen werden sollte. Rudolf von Laban schuf in den 20er Jahren das erste Tanztheater, das aus der Kombination von Gestik und Bewegungssprache des Tanzes bestehen und Teil einer lebensreformerisch beeinflußten »neuen Arbeits- und Festkultur« werden sollte. Der Ausdruckstanz der 20er Jahre war allerdings eine äußerst differenzierte Bewegung, die so unterschiedliche Tänzer wie Mary Wigman, Dore Hoyer und Kurt Jooss hervorbrachte; der letztgenannte wurde der Lehrer von Pina Bausch, Susanne Linke und Reinhild Hoffmann an der Essener Folkwangschule. Jooss war ein Schüler Rudolf von Labans, der sich jedoch vom expressionistischen Gefühlspathos befreite und statt dessen Bewegungsweisen von Menschen primär als Verhaltensweisen interpretierte, also Bewegung als »das, was die Menschen bewegt«, definierte. Für ihn war der Tanz eine Studie der Formen und Rituale der Sociabilité. In Jooss' Choreographien dienen Gestik und tänzerische Bewegung der sozialen Charakterisierung; so in *Tangoballade* (1926), *Kaschemme* (1926) oder in *Großstadt von Heute* (1932), wenn die Proletarier den Schieberwalzer und die Reichen Charleston tanzen. Seine Choreographie *Der grüne Tisch* (1932), ein Antikriegsstück, das die Friedensgespräche der »schwarzen Herren« um den grünen Tisch als heimliche Kriegsvorbereitungen entlarvt, erhielt damals in Paris den ersten Preis des internationalen Concours de choréographie.

Das Spektrum des aktuellen Tanztheaters bewegt sich zwischen einer Renaturalisierung des tanzenden Körpers, die Bewegung als Ausdruck von Emotionen versteht, und einer Denaturalisierung, die die Bewegung des tanzenden Körpers und die Art, wie durch diese Be-

Der Grüne Tisch/The Green Table, Die schwarzen Herren/The Gentlemen in Black, 1932. Choreographie Kurt Jooss

Kaschemme, 1926. Choreographie Kurt Jooss

wegung Raum strukturiert wird, als den »Ausdruck« des Tanzens begreift, ohne »darunter« nach einer tieferen Bedeutung zu suchen.

Dies ist vor allem das Erbe von Tänzern wie Merce Cunningham und der ihm folgenden Tänzergeneration des amerikanischen Postmodern Dance. Sie wollen den Tanz von Literarisierung und Symbolisierung befreien. Jeder Tanzschritt, jede Bewegung soll ihren eigenen »Sinn« als Lebensäußerung, als Kommunikation mit den und über die Sinne erhalten. Die intentionslose Bewegung vermittelt eine Erfahrung der Präsenz von Körper statt Repräsentation. »Ich habe immer gespürt, daß Bewegung an sich expressiv ist, unabhängig davon, ob Ausdruck angestrebt wird oder nicht«, sagt Cunningham.[2]

Eine Befreiung des Tanzes von Codes war auch das Ziel jener Tänzer, die – in Nachfolge von Tänzern wie Cunningham durch Tänzer wie Alwin Nikolais, Paul Taylor, Carolyn Carlson und anderen – seit

Mitte der 60er Jahre bis heute dem Tanz ganz neue Perspektiven eröffneten. Das Experimentieren mit Bewegungsmöglichkeiten des Körpers als ein Spiel, das die Sinne der Bewegung öffnen soll und auf seiten der Zuschauer eine »Feldsituation« der Rezeption (Cunningham), eine gewisse Offenheit zuläßt. Die Bewegung ist zwar nicht beliebig, kann aber von jedem Zuschauer anders mit Erinnerungen und Assoziationen verknüpft werden.

Das Verhältnis von Raum und Körper in den Choreographien Cunninghams ist durch eine Raumgestaltung bestimmt, die die Einheit von Körper (Bewegung), szenischem Raum und Musik aufbricht. Jedes Element kann sich dem anderen gegenüber verselbständigen, hat seine eigene Intensität, die sich nicht aus dem Zusammenhang ergibt. Damit ist Cunningham ein »Vorläufer« der mit dem Schlagwort »postmodern« belegten Dezentrierung. Er verglich die Struktur seiner Choreographien einmal mit den Bildern eines Jackson Pollock: »Die Idee von einem einzigen Angelpunkt, um den sich alles dreht, hat ihre Relevanz verloren. Bei Jackson Pollocks Bildern kann sich das Auge an jede beliebige Stelle auf der Leinwand wenden. Kein Punkt ist wichtiger als ein anderer ...«[3]

Ein Beispiel für diese Aussage ist seine Choreographie *Points in Space,* in der es gleichzeitig mehrere durch die Positionen der Tänzer markierte Zentren gibt, von denen Bewegungssequenzen ausgehen. Damit eröffnen sich Möglichkeiten von Raum- und Bewegungskonstellationen, von Raumrhythmen, die durch Musik, Bühnenbild, Kostüme und Licht, die ebenfalls voneinander unabhängig sind, gegeneinander verschoben, untermalt, ergänzt oder kontrastiert werden können. Diese Art des Choreographierens konnte man als die des »zerbrochenen Tableaus« umschreiben. Durch Cunningham und den amerikanischen Postmodern Dance wurde Tanz wieder auf seine minimale (und grundlegendste) Definition zurückgeführt: Tanz als Strukturierung und Interpretation des Raumes mittels rhythmischer Bewegung.

Das aktuelle Tanztheater bedient sich der Erkenntnisse des Postmodern Dance, löst sich jedoch von diesem Konzept, indem es Bewegung wieder als Ausdrucksmedium für Emotionen im Rahmen einer Auseinandersetzung mit den aktuellen Lebensformen nutzt.

Eine entwickelte und zunehmend komplexer werdende Technik der den Raum aufteilenden Bewegungsphrasierung, die immer neue Bewegungssequenzen und Rhythmen erfindet, um Linien durch den Raum zu strukturieren, macht eben diesen durch Szenerie und Requisiten leicht verfremdeten Alltagsraum als dezentrierten Raum erfahrbar, in dem sich Träume und Alltagszwänge unauflösbar verbinden und der zugleich ein Raum der Konfusion und neuer experimenteller Möglichkeiten ist.

Das aktuelle Tanztheater bringt beide Traditionen zu einer neuen Synthese. Es führt eine Bewegungssprache vor, die nicht der Ausdruck einer metaphysischen Seele ist, sondern das Pathos durchbricht, indem Ambivalenzen und Dissonanzen der Gefühle thematisiert werden, und »unräumliche« Räume, die den Verlust eines vereinheitlichenden »Weltmodells« – und sei es auch nur als utopische Vision – sowie die damit verbundene Suche und Orientierungslosigkeit zum Thema machen.

Eine Ästhetik der Sinne, die auf die Sensibilität der Zuschauer wirkt, Assoziationen und Erfahrungen vermitteln will anstatt Botschaften zu verkünden – das scheint sich mit politischen Anliegen nicht vermitteln zu lassen, jedenfalls solange man das Politische nur in utopischen Gesamtentwürfen sucht. Die vom Tanztheater geübte Kritik an der Ab- und Zurichtung des Körpers, an Wahrnehmungsklischees und stereotypen Verhaltensweisen stellt indes ein Politikverständnis in Frage, das sich an ein aufzuklärendes, »autonomes« Subjekt als Träger politischer Veränderungsstrategien richtet.

Wenn im Tanztheater das Widerständige der Ambivalenz betont wird, wenn Subjektivität bedeutet, in die Widersprüchlichkeit und Dissonanzen unserer Lebensformen verwoben zu sein, und wenn auch der Körper kein Residuum authentischer Erfahrung mehr ist, dann sind auch keine utopischen Gegenentwürfe mehr möglich. Doch gerade in der Entwicklung von Handlungsformen und Sprechweisen, die kulturelle Klischees durchbrechen und Wirklichkeitsbezüge durcheinanderschütteln, um neue Sichtweisen zu entwickeln, ist ein wichtiges politisches Element enthalten. Die Suche nach einer neuen Kultur des Sehens, die die normierten Wahrnehmungsweisen durchbricht, um neue Einsichten zu ermöglichen, und die Betonung des Spielerischen, der Phantasie für die Erfindung neuer Lebensformen stellt eine adäquate politische Strategie in der aktuellen Kultursituation dar.

Daß die wesentlich durch Frauen geprägte Tanztheaterszene sich vor allem mit der Reproduktion gesellschaftlicher Machtstrukturen in

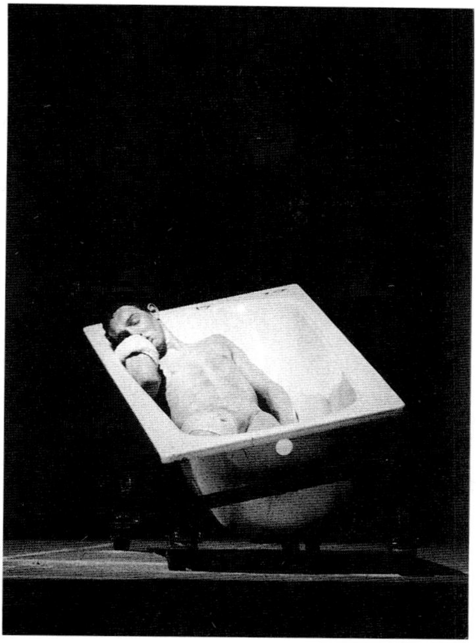

Der tote Macbeth (Joachim Siska) in Johann Kresniks Heidelberger *Macbeth*-Tanztheater

der vermeintlich »privaten« Sphäre der zwischenmenschlichen Beziehungen befaßte und dabei die »Abrichtung« zur Weiblichkeit und die Konflikte, die sich aus dem Anspruch auf eine andere Lebensweise gerade für Frauen ergeben, zum Thema machte, ist Ausdruck des Mangels an gesellschaftspolitischen Alternativen und Ideen gerade in diesem Bereich. Daß Tanztheater aber auch gerade angesichts des Scheiterns utopischer Gesamtentwürfe und der Ratlosigkeit, die mit dem Verlust eines Subjekts als Adressat politischer Veränderungsstrategien verbunden ist, auch als im eher »traditionellen« Sinn politisches Theater eine neue Brisanz erhält, läßt sich an Hans Kresniks Heidelberger *Macbeth*-Inszenierung zeigen. Kresnik stellt die Frage nach der Korruption der Macht als Frage nach den Mechanismen der Reproduktion machtpolitischer Strukturen, nach ihrem »Funktionieren«. Seine Choreographie interpretiert *Macbeth* als Chiffre für diese Strukturen, deren Kontinuität sich quer durch die Geschichte nachzeichnen läßt bis zu einem Fall in der jüngsten Vergangenheit, der mit dem Selbstmord eines Politikers endete.

Macbeth als Johann Kresniks Tanzdrama mit Gottfried Helnweins Bühnenbildern im Heidelberger Stadttheater. Szene zu Beginn des Stücks in Schottlands Kriegszeiten: Das Ensemble wie verkrüppelte Handlungsreisende in den Badewannen, nur Macbeth (Joachim Siska) streckt eine Hand aus, um (Tat-)Beistand zu suchen

Die Frage nach dem Entstehen eines Wunsches nach Macht in der individuellen Biographie wird an der Abrichtung des Körpers aufgezeigt: Hier wird Ehrgeiz zu Machtgier pervertiert. Der anonyme Charakter der Macht, die sich nicht an Subjekten festmachen läßt, macht entsprechende Schuldzuschreibungen unmöglich, läßt Macbeth als Opfer und Täter zugleich erscheinen. Das Geschehen ist in szenische Bildfolgen mit stark narrativer Struktur gegliedert, die sich aus der Vorlage und dem Nachzeichnen der Genese von Macht an einer Biographie ergibt, wobei die brutalen Bildfolgen durch das Auf und Ab eines roten Vorhangs gegeneinander abgesetzt werden. Die Bühnenbilder des Malers Gottfried Helnwein sind dabei mehr als atmosphärische Charakterisierungen. Sie werden Bestandteil des szenischen Geschehens, die das »technische« Funktionieren der politischen Strukturen vorführen. Auf einer mit glänzendweißer Folie ausgelegten Bühne liegen Leichen in Badewannen; dieser antihumane Raum strahlt kalte Rationalität aus. Durch Plastikschläuche an den weißen Wänden rinnt blutrote Flüssigkeit; Pumpen setzen sich in Gang, wenn ein neues Opfer durch die riesige Stahltür im Bühnenhintergrund gebracht wird, die – lautverstärkt – auf- und zuschlägt. In regelmäßigen Abständen erscheint eine Gestalt in schwarzem Talar und kippt Eimer und Wannen voll Blut in den Orchestergraben – die menschlichen »Abfälle« oder ein Symbol für die Kosten der Reproduktion des Systems?

Vorgeführt wird, wie die Akteure zur Macht abgerichtet werden. Sie sind keine »Macher«, keine autonomen Bösewichte, sondern selbst Opfer einer auch für sie undurchschaubaren Maschinerie, in der sie ihren Part zu spielen haben. In hakenkreuzverzierten Uniformen und aufreizenden schwarzen Dessous nehmen die Hexen Macbeth auf in ihren Tanz, ziehen ihn aus und stecken ihn in überdimensionale Stiefel, in denen er, die Krone als Machtsymbol auf dem Kopf, hilflos umherspringt. Riesennägel fallen aus dem Himmel und kreisen Macbeth ein: Körper und machtpolitische Strukturen »verwachsen«, der Körper wird verstümmelt, für ihn gibt es nichts anderes außerhalb dieser Abrichtungen, er ist längst eins geworden mit diesen Strukturen, die in ihm materielle Gewalt werden. Dasselbe gilt für die austauschbaren Gestalten, die sich um riesige Konferenztische oder Gastmahlstafeln versammeln, welche an Jooss' *Grünen Tisch* erinnern, Orte des Verrats oder erbitterter Verteilungskämpfe. Die Köpfe der Akteure sind schwarz bandagiert, sie tragen montierte Scheren am Kopf. Ihre großen Aktenkoffer enthalten Mordwerkzeuge, ihr Bewegungshabitus charakterisiert ihre Lebensweise: abrupte Ausbrüche von energischer Bewegung in der Gier nach den Symbolen der Macht wie Krone und Dolch, abgehackte, diffuse und hektisch-hetzende Bewegungssequenzen eines ständigen Hinterherlaufens oder Getriebenseins an wechselnde Schauplätze der Macht, an denen doch keine reale Bewegung stattfindet, sondern stets das Gleiche reproduziert wird.

Die Bewegungen der Tänzer werden akustisch verstärkt wiedergegeben und unterlegt mit einer Art »Geräuschmusik«, die das Alptraumartige dieser Vision noch intensiviert. Auch die Tänze aus vorwiegend klassischem Bewegungsrepertoire können plötzlich von harmonischen Pas de deux in kriegerische Auseinandersetzungen wie die angstvollen oder aggressiven Gruppentänze umschlagen. Das Unvorhersehbare, Unplanbare solcher Ausbrüche, die als unablösbarer Bestandteil einer funktionalen Rationalität vorgeführt werden, wird in der Mordszene an den Kindern Macduffs noch gesteigert. In Spielanzügen und Hemdchen tollen die Kinder mit Lady Macduff um einen überdimensionalen Tisch mit einer riesigen Kaffeekanne. Diese harmonisch-idyllische Familienszene wird unterbrochen durch freundlich lächelnde Männer in weißen Kitteln mit Steigeisen an den Füßen, die mit den Kindern einen fröhlichen Ringelreihen tanzen, um sie dann ans Tischbein zu nageln, mit einem Stuhlbein zu vergewaltigen oder in der Kaffeetasse zu ersäufen. Der »Gegner« ist nicht eindeutig auszumachen: Ist er Wissenschaftler, Arzt? Hier kommen Undurchschaubarkeit und Anonymität der Macht zum Tragen, die nicht »greifbar« ist, fühlbar nur in ihren Produkten. Die Brutalität der Bilder und Szenen entspricht einer geradezu apokalyptischen Vision, die fast eine Antiutopie sein könnte, ohne daß ihre Verneinung einen Gegenentwurf durchscheinen ließe.

Die begeisterte Rezeption des japanischen Butoh-Tanzes im Westen erklärt sich aus der Tatsache, daß der Butoh die Themen, die in der aktuellen westlichen Kulturdiskussion relevant sind, mit Mitteln der Körpersprache verarbeitet. Selbst ein Amalgam verschiedenster Traditionen, die vom deutschen Ausdruckstanz[4] bis zum traditionellen japanischen Tanz reichen und buddhistische und magisch-rituelle Elemente umfassen, ist der Butoh (stampfender Tanz), wie er sich seit Ende der 60er Jahre aus seinem Vorläufer, dem Ankoku Butoh (Tanz der Dunkelheit), entwickelte, ein Bewegungs- und Bildertheater, das eine spezifische Verarbeitung der Moderne mit der Besinnung auf anthropologische Bedingungen von Lebensformen verknüpft.

Was den Butoh mit dem Tanztheater verbindet, ist eine Art der Selbsterfahrung und Kommunikation über Bewegung, Geste, Stimme und Rhythmus, die eine mit dem rationalistischen Konzept der Welt in der westlichen Kulturtradition verbundene Hierarchie der Sinne in Frage stellt. Butoh ist ein Totaltheater, das gleichermaßen mythologisch, grotesk und sinnlich ist und wesentlich auf Improvisation beruht. Hierbei wird eine Choreographie der Bildersprache ohne eine durchgängige dramatische Struktur entwickelt, die durch eine Anhäufung einzelner Szenen charakterisiert ist, eine Bilderkomposition als Strukturprinzip, die sich an die Sinne, den Körper und das Unterbewußtsein des Zuschauers wenden will. Der tanzende Körper ist zugleich Ausdruck von Lebensformen wie von menschlicher Natur, jedoch nicht im Rahmen eines Natur-Kultur-Dualismus gedacht, sondern als widersprüchliche Einheit, die sich nicht in ihre einzelnen Bestandteile zerlegen läßt. »Die Wirklichkeit ist eine Illusion« – dieser Gedanke führt von der Frage nach dem Sinn zur Frage nach der Sinnlichkeit, zur Vitalisierung aller Wahrnehmungskanäle, wobei dem Auge als dem durch eine einseitige Vernunftkultur privilegierten Sinn dieser Status entzogen wird. Dabei geht es jedoch nicht um Verzicht auf den Blick, sondern um ein anderes Sehen. Dies macht Butoh anschließbar an Elemente einer neuen Ästhetik der Sinnlichkeit, die sich im Westen entwickeln. Die Aufladung der Bilder- und Körpersprache im Rahmen dieser neuen Ästhetik zielt gegen eine Repräsentation, durch die Sinne immer nur als Bestätigung des »schon Gesehenen«, bereits etablierter Wahrnehmungsmuster, funktionieren.

Butoh will menschliche Urerfahrungen verkörpern und einen anderen Umgang mit den Sinnen propagieren. Das für diesen Tanz spezifische Weißschminken des Körpers und das Wegdrehen der Augen, bis nur noch das Weiße sichtbar ist, sollen die Tänzer dazu bringen, sich nicht mehr visuell zu orientieren, sondern die anderen Wahrnehmungskanäle zu aktivieren – Riechen, Hören, Fühlen. Dieses »Blankmachen« soll zugleich zu einer Objektivierung des Selbst führen, die in eine ekstatische Seinsform entrückt und aufnahmebereit macht für die »Erinnerung«, die der Bewegungsfluß des Tanzes freisetzt – gleichsam ein Spurenverfolgen in anthropologische Urerfahrungen durch Besinnung auf Archaisches in Mythos und Ritual.

Butoh ist eine neue Anthropologie, in deren Mittelpunkt das Todesmotiv steht: Der nackte, weißgeschminkte Körper ist zugleich Zeichen für den hilflosen und desolaten Zustand des Menschen im Angesicht des Todes, wenn alle Stilisierungen und Inszenierungen von ihm abfallen. Tanz erscheint in diesem Zusammenhang auch als ekstatische Erfahrung, die gegen die Unterwerfung unter das Seiende ihr eigenes Raum-Zeit-Kontinuum schafft. Die Bewegungsabläufe im Butoh stellen gegen die von der Gesellschaft kontrollierte, rhythmisch zergliederte Zeit eine andere Erfahrung, die das spezifisch Menschliche der Raum-Zeit-Wahrnehmung zum Gestaltungsmittel des Tanzes macht, nämlich die Möglichkeit der Vor- und Rückwendung in der Zeit, wie sie den Tagtraum kennzeichnen. So können die Bewegungen unabhängig von der Musik ausgeführt werden; entwickelt der Tänzer den Traumbildern entsprechende Körperhaltungen und Bewegungsabläufe, kann sich das Bewegungstempo verlangsamen. Diese Ausschal-

tung des begrifflichen Denkens, tranceartige, hypnotische Zustände sollen nicht nur bei den Tänzern, sondern auch bei den Zuschauern hervorgerufen werden.

Butoh steht in der Tradition des östlichen Theaters, des Kabuki und des Nô.

Von jeher war westliches Theater von der asiatischen Körpersprache fasziniert. Vorläufer eines gestischen Theaters der Sinne, das Präsenz und Intensität an die Stelle von Repräsentation setzt, ließen sich auch in Antonin Artaud finden; *Le Théatre et son double* erschien 1965 in japanischer Übersetzung. Artauds »Grausamkeit« zielt gerade auf jene Intensität ab, die auf die Sinne des Zuschauers wirkt, ihn quasi in Trancezustände versetzt. Artaud suchte in den nichtokzidentalen Kulturen nach der Unmittelbarkeit, die seinem Traum von einer Sprache,

◁ *Prinzessin Donko,* Choreographie Gruppe Hoppo Butoh-ha

May B., Choreographie Maguy Marin

die Körper ist, nahekam. Der Tanz war für ihn Modell eines ganzheitlichen, nicht vom Körper zu trennenden »Sinns«. Seine Reinigung des Theaters vom Text durch die Rückwendung auf Magie und Ritus als theatrale Urformen wollte die Geste, den Klang und den Rhythmus als Elemente eines Theaters der Sinne wiederbeleben.[5]

Butoh verbindet das spezifische Wesen des Gestischen im asiatischen Theater, nämlich sinnlicher Ausdruck für primär innerliche Befindlichkeiten zu sein, mit Themen und Bewegungsmaterial des modernen Tanzes zu einer neuen Ästhetik, die die Frage nach dem Sinn der Sinne und der Struktur der menschlichen Wahrnehmung stellt. Die Suche nach einer neuen Denkweise angesichts der Krise des Fortschrittsrationalismus und der Grenzen eines Verhältnisses zur Natur, das auf Gegenüberstellung und Beherrschung beruht, findet in asiatischen Kulturen ein Verständnis des Verhältnisses von Mensch und Natur, das darauf aus ist, Mensch und Natur in Einklang zu bringen. Dies findet in der für den japanischen Tanz spezifischen Körperhaltung ihren Ausdruck. Der Schwerpunkt des Körpers wird der Erde genähert, um mit ihr in eine engere Verbindung zu treten. Im Gegensatz zur europäischen Tradition des Tanzes, die – dem Erbe der christlichen Liturgie entsprechend – den Menschen streckt, wobei der Kopf die Glieder kontrolliert und so die Einheit sichert, versucht der japanische Tänzer, sich der Welt in der Hocke zu vergewissern, sie in sich hereinzunehmen, wobei die abgewinkelten Kniee und eine Senkung des Schwerpunkts mit eingezogenem Becken die Haltung sind, die dieser Einordnung des Menschen in das Universum entsprechen. Diese vom Butoh übernommene Grundhaltung des japanischen Tanzes wurde mit den Traditionen des modernen Tanzes zu einem neuen Tanztheater verbunden.

Die europäische Rezeption des Butoh durch Tänzer wie Lindsay Kemp in Großbritannien, Maguy Marin in Frankreich und Leonore Welzien in Deutschland beziehungsweise vor allem in der avantgardistischen, Experimenten gegenüber aufgeschlosseneren niederländischen Tanzszene reicht von der Aufnahme einzelner Aspekte (so das Todesmotiv in den Choreographien Maguy Marins) bis zu sakralen Inszenierungen in freier Natur. Die Rückwendung zu Mythos und Märchen, wie sie zur Zeit allenthalben in Reaktion auf das Scheitern der Utopien der 70er Jahre aus Enttäuschung über die »Geschichte« erfolgt, um dort Sinn und Halt zu finden, verlangt nach anthropologischen Wahrheiten, die aus der Geschichte angeblich längst vertrieben seien. Butoh wird so anschließbar an die aktuelle Suche nach neuen Wegen, wie sie im Westen mit der Aufkündigung des rationalen Konzepts der Welt verbunden ist. Indiz dafür ist zum Beispiel der Erfolg der Ausstellung *Erfahrungswelt der Sinne* des Architekten Hugo Kükelhaus. Die Erfahrung der eigenen Sinne – so die These des Architekten – führe zu einer Erfahrung der Einheit mit der inneren und äußeren Natur, da beide denselben Gesetzmäßigkeiten unterworfen seien. Die Wahrnehmung der Füße, der Hände, »begreifen«, riechen, hören, sei eine Erkundungsreise in die Möglichkeiten menschlicher Erkenntnisweise, die ihre Vielfalt zeigen will. »In der Wahrnehmung werden die Gegenstände zu Zuständen« (Kükelhaus).

Ein neues »Sinnenbewußtsein« fordert auch Rudolf zur Lippe als Aufgabe einer »anthropologischen Ästhetik«[6]. Es soll ein anderes Verhältnis zur (inneren und äußeren) Natur und dementsprechende Lebensformen begründen. Paradigma eines solchen Bewußtseins, das als Voraussetzung einer neuen Denk- und Lebensweise angesehen wird, sei der Tanz, der die Einheit der Sinne erleben lasse.

Im Butoh findet man einen Umgang mit den Sinnen, der gegen ihre Vereinzelung in der modernen Kultur das Beispiel alter Kulturen setzt, die ein Zusammenspiel der Sinne kannten. Butoh ist jedoch keine einfache »Zurück zur Natur«-Ideologie, sondern eine Ästhetik der Ambivalenz, die die Historizität der »Körpernatur« und der Sinne nicht leugnet.[7] Das Prinzip der Ambivalenz, das diese Art von Anthropologie kennzeichnet, die die Schattenseiten menschlicher Existenz thematisiert, versteht eine solche »Rückkehr zur Natur« nicht als Utopie, als Suche nach dem widerspruchsfreien Raum. Gegen Fortschrittsgeschichte, wissenschaftliche Kultur und rationalistisch-therapeutische Sozialtechnologie betont Butoh die unaufhebbare Erfahrung des Leids, des Schmerzes als anthropologische Grundsituation. Den Körper in seiner »Nacktheit« und »Dunkelheit« einzubeziehen und die Forderung nach der Akzeptanz für die kreative Seite der Dunkelheit finden Widerhall in einer Kultursituation, die durch den Verlust utopischer Gesamtentwürfe gekennzeichnet ist.

Wenn historische Lebensformen in menschliche Selbstzerstörung umschlagen, Umweltkatastrophen und Atomkriegsgefahr zur Besinnung auf anthropologische Bedingungsgefüge menschlicher Lebensformen zwingen, wird der Körper befragt nach Hinweisen auf eine »ursprüngliche Lebensordnung«, die der Natur entspricht. Die Resultate der Konzentration auf eine (einseitige) Vernunft werfen die Frage auf, ob nicht in der Besinnung auf »andere« Attribute menschlicher Ausstattung der Weg zu einer neuen Denkweise liegen könnte. Dabei wird der Tanz – eine historisch der Sprache vorausgehende Praxis und Kunst des menschlichen Körpers als Residuum eines »Körperwissens« – interessant, das gegenüber einer auf Funktionalität und Effizienz reduzierten Rationalität den Blick auf andere anthropologische Möglichkeiten eröffnet. Gerade das Element des nichtfunktionalen Körpergebrauchs, das den Tanz ausmacht, wird als Widerstand gegenüber der Raum-Zeit-Ökonomie interpretiert, die unsere Lebensformen prägt. Die Betonung der Subjektivität von Raum- und Zeiterfahrung oder ein spielerischer Umgang mit dem Alltagsraum ermöglichen neue Erfahrungen. Sie sind Teil der Suche nach einer neuen Anthropologie, die auf einem anderen Umgang mit den Sinnen beruht.

Das Tanztheater entwickelte sich zu einer solchen »Archäologie« der Lebensformen. Geste, Bewegung und Raum werden als Elemente einer neuen Ästhetik der Grenzüberschreitung genutzt, die gegen vorgefertigte Bilderwelten, die das Sehen verstellen, eine andere Weise der Wahrnehmung entwickeln will. Die Wiederentdeckung des Tanzes als einer Ontologie der Wahrnehmung und des Ästhetischen als einer anderen, mit den Sinnen verknüpften Ordnung, eine spezifische Art des Wahrnehmens und Verhaltens, bekommt eine neue Bedeutung, wenn Gesellschaftstheorien und utopische Zukunftsentwürfe nicht mehr greifen.

Die Kritik an der Ab- und Zurichtung des Körpers mündet im Tanztheater jedoch nicht in einen »Befreiungsdiskurs« über den Körper, der unterhalb kultureller Zurichtungen nach der authentischen menschlichen Natur sucht, wie es noch die historischen Vorläufer des Tanztheaters, die Ausdruckstänzer der 20er Jahre, taten. Statt dessen wird der Körper als Kampffeld kultureller Diskurse vorgeführt, in dem sich Anpassung und Widerstand unauflösbar verquicken. Suche und Orientierungslosigkeit werden zum Thema gemacht. »Unräumliche« Räume, ab- und unterbrochene sowie wiederholte Bewegungssequenzen führen eine Lebensweise vor, die durch eine Erfahrung der Linearität von Zeit ohne kollektive Ziele oder »Zukunft« ständiger Bewegung ohne Veränderung bestimmt ist.

Mißtrauen gegenüber dem Trost der Utopien bedeutet jedoch nicht Verzicht auf einen utopischen Gestus. In einer Kultursituation, die Handeln bei gleichzeitiger Unmöglichkeit der Fundierung des Handelns erfordert, nach der artistischen Dimension menschlicher Lebensformen zu fragen, sie als ein spielerisches Erproben menschlicher Möglichkeiten und möglicher Wirklichkeiten auch zu »erfinden«, ist ein solcher utopischer Gestus, um festgefahrene Strukturen wieder in Bewegung zu bringen, ein Gestus, der aus der Befangenheit in überkommenen Lebensformen herausführt – und das ist die Voraussetzung für jegliche Veränderung.

Anmerkungen

1 »Das Ballett ist das Abbild eines wohlgeordneten Gemäldes, wenn es nicht vielmehr das Urbild desselben zu nennen ist [...] jedes Gemälde ist eine besondere Szene, diese Szene führt in natürlicher Weise zu einer anderen, bis man von Szene zu Szene endlich zur Entwicklung gelanget, und das Auge ohne Mühe, ohne Verwirrung die Geschichte [...] gelesen hat [...]« Jean-Georges Noverre: *Briefe über die Tanzkunst, dritter Brief*, zit. nach Pierre Tugal: *Jean-Georges Noverre. Der große Reformator des Balletts.* Berlin 1959, S. 126.

2 Merce Cunningham: *Der Tänzer und der Tanz. Gespräche mit Jacqueline Lesschaeve.* Frankfurt am Main 1986, S. 123.

3 Ebd., S. 169.

4 Seit den 20er und 30er Jahren war der deutsche Ausdruckstanz in Japan bekannt, sowohl durch Tourneen deutscher Ausdruckstänzer wie Harald Kreutzberg, aber auch durch japanische Tänzer, die nach Deutschland gingen, um den Ausdruckstanz zu studieren, so zum Beispiel Baki Ishii, der bei Mary Wigman studierte und in Japan eine Schule für neuen Tanz gründete, die den modernen Tanz in Japan verbreitete. Zwei der wichtigsten Vertreter des Butoh, Tatsumi Hijikata und Kazuo Ohno, waren seine Schüler.

5 »Ich schlage daher ein Theater vor, in dem körperliche, gewaltsame Bilder die Sensibilität des Zuschauers, der im Theater wie in einem Wirbelsturm höherer Kräfte gefangen ist, zermalmen und hypnotisieren [...]« Antonin Artaud: *Das Theater und sein Double.* Frankfurt am Main 1969, S. 88.

6 Vgl. Rudolf zur Lippe: *Sinnenbewußtsein. Grundlegung einer anthropologischen Ästhetik.* Reinbek bei Hamburg 1987.

7 »Ich möchte auch den mysteriösen Aspekt des Tanzes ansprechen, von dem in Japan sehr viel die Rede ist, als ob der Tanz ein Mittel wäre, zum Mythos zurückzukehren [...] Man spricht davon [...] als ob der Tanz a priori etwas Mysteriöses wäre; so wie man vom Blut als etwas Organischem spricht. Aber das Blut ist durch die Geschichte bestimmt. Sie hat im Blut ihre Spuren hinterlassen [...]«, heißt es bei Min Tanaka, einem Vertreter der neueren Butoh-Generation. Min Tanaka: »Mein Tanz will Fragen stellen«, in: Michael Haerdter und S. Kawai (Hrsg.): *Butoh – Die Rebellion des Körpers. Ein Tanz aus Japan.* Berlin 1986, S. 77.

Literaturhinweise

Artaud, Antonin: *Das Theater und sein Double.* Frankfurt am Main 1969

Ballett-Journal. Das Tanzarchiv Heft 2, April 1988

Corps et Société. Actions et Recherches Sociales Nr. 1, neue Serie, Band 6, Paris, März 1982

Copeland, Roger und Cohen, Marshall: *What ist dance? Readings in theory and criticism.* Oxford/New York/Toronto/Melbourne 1983

Cunningham, Merce: *Der Tänzer und der Tanz. Gespräche mit Jacqueline Lesschaeve.* Frankfurt am Main 1986

Fous de danse. Autrement Nr. 51, Paris, Juni 1983

Haerdter, Michael und Kawai, S. (Hrsg.): *Butoh – Die Rebellion des Körpers. Ein Tanz aus Japan.* Berlin 1986

Hanraths, Ulrike und Winkels, Hubert (Hrsg.): *Tanz-Legenden. Essays zu Pina Bauschs Tanztheater.* Frankfurt am Main 1984

Irrlitz, Gerd: *Postmoderne Philosophie, ein ästhetisches Konzept.* [im Druck]

Jameson, Frederic: »Postmoderne – Zur Logik der Kultur im Spätkapitalismus«, in: Huyssen, Andreas und Scherpe, Klaus (Hrsg.): *Postmoderne. Zeichen eines kulturellen Wandels.* Reinbek bei Hamburg 1986, S. 45–103

Legendre, Pierre: *La Passion d'être un autre. Etude pour la danse.* Paris 1978

Markard, Anna und Hermann (Hrsg.): *Jooss. Dokumentation von Anna und Hermann Markard.* Köln 1985

Merleau-Ponty, Maurice: *Phénoménologie de la perception.* Paris 1974

Noverre, Jean-Georges: »Briefe über die Tanzkunst«, in: Tugal, Pierre: *Jean-Georges Noverre. Der große Reformator des Balletts.* Berlin 1959, S. 117–161

Schlicher, Susanne: *TanzTheater.* Reinbek bei Hamburg 1987

Schumacher, Ernst: »Das Gestische in der darstellenden Kunst des Ostens und des Westens«, in: Akademie der Künste, Westberlin (Hrsg.): *Ich werde deinen Schatten essen. Das Theater des Fernen Ostens.* Berlin o. J., S. 205–229

Servos, Norbert und Weigelt, Gerd (Hrsg.): *Pina Bausch Wuppertal dance theater or the art of training a goldfish. Excursions into dance.* Köln 1984

Spencer, Paul: *Society and the dance. The social anthropology of process and performance.* Cambridge, Mass. 1985

Tanzdrama. Magazin Nr. 5, 4. Quartal 1988

Waldenfels, Bernhard: *Ordnung im Zwielicht.* Frankfurt am Main 1987

Zur Lippe, Rudolf: *Sinnenbewußtsein. Grundlegung einer anthropologischen Ästhetik.* Reinbek bei Hamburg 1987

»Die Welt ist schlecht, das Leben ist schön«[1]
Tendenzen in der Musik der 80er Jahre

Angela Krewani

Die Musik der 80er Jahre zeichnet sich in allen ihren Erscheinungsformen aus durch ein Nichtvorhandensein stilprägender Leitfiguren. Besonders offensichtlich wirkt sich der Leerraum auf die »Neue Musik« aus, in der sich mehrere dominante Persönlichkeiten gleichzeitig aus dem Geschehen zurückgezogen haben. Pierre Boulez wurde in diesem Jahrzehnt kompositorisch kaum tätig, er widmete sich hauptsächlich dem Dirigieren; der Kölner Komponist Karlheinz Stockhausen, Mitbegründer serieller und aleatorischer Kompositionstechniken, zog sich in diesem Jahrzehnt mit seinem Monumentalzyklus *Licht* in einen schwer nachvollziehbaren Privatmythos zurück.[2] Diesem symptomatischen Verschwinden der Vaterfiguren korrespondiert ein Fehlen prägender und allgemeinverbindlicher Kompositionstechniken, wie sie in den 50er und 60er Jahren durch Serialität, Aleatorik und Fluxus vorgegeben waren. Bedingt durch den Mangel an klaren Leitbildern und definitiven avantgardistischen Positionen konnte sich der Grundsatz »Alles ist erlaubt, weil schon einmal dagewesen« herauskristallisieren und zum Kennzeichen der 80er und deren postmoderner Verspieltheit avancieren.

Eine positive Auswirkung der Desorientation jedoch ist die Beschäftigung mit bis dahin unbeachteten Komponisten. Für die Neue Musik sind hier für die 80er Jahre vor allem die Amerikaner Morton Feldman und Conlon Nancarrow sowie der Italiener Giacinto Scelsi zu nennen. Angesichts ästhetischer Vielfalt ist die Neue Musik demokratischer geworden, sie läßt die gegensätzlichsten kompositorischen Ansätze zu: Die »neue Tonalität« und »Minimal music« der späten 60er und 70er Jahre konnten sich entwickeln; der Einfluß US-amerikanischer Komponisten ist spürbar stärker geworden, und die Computermusik konnte sich mit ihren eigenen künstlerischen Implikationen etablieren. An dieser Stelle allerdings soll keine ausführliche Übersicht über die Entwicklung in der Neuen Musik gewagt werden, da dies noch zu früh erscheint und der Bereich sich inzwischen ins fast Unübersichtliche vergrößert hat.[3]

Die neue eklektische Freiheit ist erfreulicherweise nicht nur auf die Neue Musik beschränkt, sie betrifft auch alle weiteren Musikrichtungen. Kulturkritische Befürchtungen, die musikalische Vielfalt verkoche in einen stilistischen Einheitsbrei, angerührt von der Musikindustrie, haben sich nicht bewahrheitet. Vielmehr ist das genaue Gegenteil eingetreten: Niemals zuvor existierten so viele diverse stilistische Ausprägungen nebeneinander, beeinflußten und befruchteten sich. Hinzu kommt, daß sich in vielen Musikproduktionen die Grenzen zu visuellen Darstellungsformen wie Theater und Film verwischten. Waren solche Musiker wie Laurie Anderson und Meredith Monk noch zu Beginn der 80er Jahre Tips der Insider, ist die Hinwendung zu einer aus Musik und Film gekoppelten Darstellungsform inzwischen alltäglich und – in einer Welt, in der inzwischen fast alle Bereiche miteinander verknüpft sind – auch notwendig geworden. Ohne gegenseitige Annäherungen werden musikalische Innovationen kaum noch entstehen können, wie der amerikanische Minimal-Komponist Philip Glass anmerkt: »Wir sehen viel mehr Zusammenarbeit zwischen Musikern und Tänzern und Designern. Die Leute fühlen sich nicht mehr so schnell durch Technologie irritiert. Viele Ideen in der Musik haben mit Synthesizern und Computern zu tun, und das ist eigentlich kein Thema mehr. [...] Wir sehen die herkömmlichen Kategorien schwinden. [...] Das ist auch etwas Neues.«[4]

Beschäftigen will sich folgender Beitrag mit musikalischen Randerscheinungen jenseits gängiger Trends, die für die 80er typische ästhetische Positionen markieren. Wie oben schon angeklungen, ist eines der markantesten Charakteristika des Jahrzehnts das Überschreiten bisher anerkannter Trennungslinien zwischen den jeweiligen Musikrichtungen, wobei in den Zwischenräumen künstlerisch interessante »Grauzonen« entstehen.[5] In den letzten zehn Jahren finden sich Musiker unterschiedlichster Stilrichtungen miteinander auf der Bühne oder im Plattenstudio ein, was natürlich als Folge die bislang akzeptierten Beurteilungskriterien von Musik und Musikern ins Wanken bringt. Musiker werden von allen möglichen Bewegungen entdeckt und für sich vereinnahmt, manch einer führt eine kuriose Doppelexistenz als New-Wave-Held und ernsthafter avantgardistischer Komponist.[6]

Zwangsläufig kann keine Musikrichtung mehr als anerkannter Protagonist avantgardistischer Entwicklungen fungieren, wie es in den vorausgegangenen Jahrzehnten mit den diversen Jazz- und Rockkonfigurationen und in der Neuen Musik immer noch der Fall war.

Den entscheidenden musikalischen Anstoß, der erheblich zur Überwindung der Gattungstrennungen beitrug, lieferte die geballte Intensität des Punks. Die ersten Punkgruppen schlugen ein wie eine Bombe in das mittlerweile etablierte Großunternehmen Rockmusik, dessen monumentalen, mit unglaublichem Technikaufwand inszenierten Veranstaltungen es in den 70er Jahren immer wieder gelang, Mythos, religiöse Erlebnisse und Drogenerfahrung gewinnbringend zu inszenieren. Prototypen monumentaler Rockmusik oder des Rockjazz der 70er Jahre, die teilweise in den 80ern weiterbestehen, sind Pink Floyd, Yes, Genesis und die diversen Formationen des britischen Gitarristen John McLaughlin.[7] Gegen Ende der 70er Jahre aber war die Rockmusik inhaltsleer geworden, sie erschien nicht mehr als das geeignete Ausdrucksmittel gesellschaftlicher Utopien, das sie einmal gewesen war. Rockmusik hatte sich verloren in zu komplexe musikalische Strukturen, technische Hochrüstung und psychodelische Drogentümelei. Demgegenüber formiert sich Punk bewußt als ästhetische Gegenbewegung: Musikalische Strukturen werden bis aufs einfachste reduziert, das Schlagzeug beschränkt sich auf einen geraden Achtelbeat, Gitarren dienen nur noch der rhythmischen Unterstützung, Instrumentalsoli sind kaum noch zu finden. Die Punktexte repräsentieren nicht den weltanschaulichen Eskapismus der Rocktexte, sie sind vielmehr ein anarchisches Spielen mit politischen Mißständen. Darüber hinaus hinterfragt Punk alle Kriterien musikalischer Fähigkeiten und musikalischer Komplexität: Oft beschränkt sich das Können eines Gitarristen auf drei Akkorde, die Sänger brüllen nur noch, und auch die Schlagzeuger fallen selten durch rhythmische Brillanz auf.[8] War fehlendes musikalisches Können bis jetzt in der Rockmusik immer durch hochentwickelte Bühnen- und Studiotechnik übertüncht worden (im Jazz sind die meisten Musiker brillante Instrumentalisten), avanciert nun Dilettantismus zum künstlerischen Ausdrucksmittel. Angesichts von Arbeitslosigkeit, Zukunftsangst, Desorientierung und sozialem Elend scheint jede Ästhetik und Ästhetisierung Lüge und Ablenkungsmanöver. Selbst wenn der Punk tatsächlich eine von einem Manager der Plattenindustrie aus dem Boden gestampfte Bewe-

1

1–2 Dead Kennedys, Beiheft zu *Give me Convenience or Give Me Death*

gung ist[9] und nicht in den britischen Slums entstand, wie sein Entstehungsmythos behauptet, trifft er doch auf einen Nerv der Zeit. Und wenn die Sex Pistols ihren Song *God Save the Queen* auf Platte kotzen, verdichten sie das neue Lebensgefühl einer der Rockmusik überdrüssigen Generation in den wohl meistgesprühten Graffiti des Jahrzehnts: »No future/ no future/ no future for you/ no future/ no future/ no future for me/ God save the Queen.«[10] Schnell entwickelt sich auch

2

im Punk eine musikalische Bandbreite, die vom stur durchgehaltenen Achtelbeat bis zur ausgearbeiteten Performance reicht, die, wenn auch unter dem Label Punk vermarktet, durchaus an dadaistische Traditionen und an die Performances der Fluxus-Bewegung anknüpft, wie es der englischen Band Throbbing Gristle, der deutschen Formation minus Delta t und den Amerikanern von Cabaret Voltaire, Residents und den Dead Kennedys gelingt. Die Entwicklung der Performance-

Gruppen läßt sich interessanterweise teilweise bis in die späten 60er und frühen 70er Jahre zurückverfolgen, mit Aufkommen von Punk wurde ihnen ein breitergefächertes Interesse zuteil, das vor allem ihre ästhetischen Ziele vom Punk her begriff: Abkehr vom »back to the roots«-Modell hin zur künstlerischen Verarbeitung unseres Industriezeitalters. So ist bei den Throbbing Gristle und minus Delta t eine Ausweitung der Grenze zwischen Kunst und Welt festzustellen. Durch gezielte Aktionen wird die Welt in die Kunst einbezogen, der Kunst- beziehungsweise Musikbegriff negiert, da das gesamte Leben ästhetisiert ist. Die Throbbing Gristle stellen Gewalt dar, sind pornographisch, bemühen sich, fast jedes Tabu zu verletzen. Minus Delta t hingegen verwebt Marktwirtschaftliches, Performance-Kunst und die Idee der Ausweitung des Selbst und der eigenen künstlerischen Aktion über die Welt, indem die Formation zum Beispiel einen Stein von Deutschland aus nach Bangkok transportiert, dessen Transport sie mit einem Aktienverkauf finanziert[11]. Die Gruppe Dead Kennedys liefert hingegen zu ihrer Platte *Give Me Convenience or Give Me Death* ein Heft mit Songtexten und Collagen, damit jeder Song sein visuelles Äquivalent hat.[12] Diese Collagen bestehen aus Zeitungsausschnitten, Werbung, Artikeln des Sensationsjournalismus und Kriegsberichterstattung. Kommentarlos ineinandergeklebt, gemahnen sie an die Collagen von John Heartfield und Hannah Höch.

Im Unterschied zu linken Liedermachern oder politisch engagierter Rockmusik, die in differenzierten Texten dem Unbehagen an den bestehenden Verhältnissen Ausdruck verleihen, übernehmen und parodieren die Punkbands vorgegebene kulturelle Muster. Die Brechungen erscheinen bei den Dead Kennedys im Verhältnis von Musik, Text und Collage. Scheinbar spielerisch dekonstruieren sie alltägliche Normalität, vermuten hinter ihr einen Zusammenhang von Sexualität und Gewalt, Kriegstreiberei und Pornographie als dunkle Seite unserer westlichen Kulturen; und die Kombination ihrer Bilder läßt Raum für Assoziationen. Diese Vorgehensweise musikalischer Kritik ist neu: Es zeichnet sich bei den Punkbands mit ihrer scheinbaren Affirmation gesellschaftlicher Verhältnisse eine Variante »postmoderner« Kulturkritik ab; Kritik findet nicht mehr statt durch Moralisieren und Anklagen der Zustände, sondern gerade durch die nichtemphatische Nennung der Verhältnisse, durch ironische Brechung oder Übertreibung des Übels. In dieser Hinsicht leisten die Punkbands als erste für die Popmusik, was in Literatur, Architektur und bildender Kunst längst unter dem Begriff Metakunst subsumiert wird: den Rückgriff auf die Tradition, das Spielen mit vorgegebenem Muster, die Reflexion auf eigene Bedingtheit und eigenes Zustandekommen.[13]

Angeregt vom britischen Vorbild Sex Pistols begeben sich die deutschen Punks – bar jeglicher Zweifel hinsichtlich ihres musikalischen Könnens – auf die Bühnen, kombinieren den Mangel an Virtuosität mit einer Reduktion musikalischen Equipements und paaren dieses mit chaotischer Kreativität, Experimentiergeist, Casio-Orgeln und allerlei Alltagsgerät und Industriewerkzeug. In Erscheinung treten Formationen wie die Einstürzenden Neubauten, die mit Preßlufthämmern, Straßenbahnschienen, Sägen oder der Flex auftreten, einen fast reinen Industriesound »fahren«, der die Monotonie industrieller Fertigungsabläufe durch die Monotonie der Musik anzitiert und überhöht, durchzogen von Untergangsparolen. Ein Mitglied von Einstürzende Neubauten beschreibt, wie die Bänder für eine Platte zustandekamen: »Das war im Mai '80. Da haben wir den Tanz in den Untergang einmal im Studio und einmal in einem Hohlraum unter einer Autobahnbrücke aufgenommen, nur mit Batterieverstärker, Filmdosen, 'ner alten Waschmaschine, die man so kurbeln muß, und dem Stahlschlagzeug [. . .]«[14]

In diesem Jahrzehnt beginnen die Musiker, ihre Schallplatten endlich selbst zu produzieren: Kleine Plattenfirmen und alternative Vertriebe entstehen. Die sogenannten Independent Labels wirken gegen die zusammengeballte Macht der Medienkonzerne. Und sind die meisten von ihnen auch kurzlebig, stellen sie doch unter dem Titel Independent Music einen beträchtlichen Beitrag zur Musikentwicklung der 80er Jahre dar, dem inzwischen sowohl Verkauf als auch Radiostationen Rechnung tragen. Zusätzlich vertreiben viele Punkbands ihre Musik in Eigeninitiative über Kassetten, und auch an fotokopierten und selbstlayouteten Punkzeitschriften fehlt es nicht. In Form von Collagen und Anarchotexten begleiten die Zeitschriften eine Musik, deren Texte düsterste Alltagserfahrung und Untergangsphantasien untrennbar ineinander projiziert und deren Bands schon durch ihre Namensgebung den musikalischen Inhalt ahnen lassen: Tödliche Dosis, Einstürzende Neubauten, Testbild, KFC (Kriminalitätsförderungsverein), MITTAGSPAUSE. Raum der neuen Musik ist die Großstadt mit ihren sozialen Problemen, hier formieren sich die meisten deutschen Punkbands: Berlin, Hamburg, Düsseldorf und das Ruhrgebiet werden Zentren der neuen Musikrichtung.

Gegen Naturverherrlichung und alternative Utopien singt die Gruppe S. Y. P. H.: »Ich glaub ich träume/ ich seh nur Bäume/ nur Wälder überall/ ich merk auf einmal/ ich bin ein Tier hier/ ja ein scheiß Tier hier/ da bleibt mir nur eins: Zurück zum Beton/ zurück zum Beton/ zurück zur U Bahn/ zurück zum Beton/ Da ist der Mensch noch Mensch/ Ekel Ekel Natur Natur/ ich liebe nur Beton pur/ blauer Himmel/ blauer See/ Hoch lebe die Beton Fee.«[15]

In gewisser Weise wird solchermaßen für ein jugendliches Publikum eine Ästhetik des Häßlichen produziert, in der Literatur schon lange existent und auch in der Neuen Musik durch die Aufwertung des Alltagsgeräusches als Musique Concrète ein wohlbekanntes Konzept. Im Punk aber verschmelzen die Alltagsgeräusche mit Elementen der Rockmusik, und es entwickelt sich eine Musik von großer Intensität und Körperlichkeit, wie es die Neue Musik mit ihrem intellektuellen Experimentieren nie erreicht hatte, die schließlich auch ein anderes Publikum ansprechen wollte.

Eine ganz besondere Ausprägung des Punks entwickelte sich in Deutschland unter der Bezeichnung »Neue Deutsche Welle«. Im Unterschied zum Punk ist sie nicht mehr eine musikalische Bewegung, die sich als Arbeiterklassenmusik begreift, sondern die Musik von Mittelstandskindern, die sich die Ästhetik des Punks, nicht aber dessen Katastrophenverliebtheit zu eigen machen. Geprägt wird die Neue Deutsche Welle von grenzüberschreitenden Ansprüchen und Aktivitäten der Musiker, die sich in der Zusammenarbeit mit Malern und Designern niederschlagen.[16] Eines ihrer Anliegen ist es, die deutsche Sprache endlich in die Popmusik hineinzubringen, deren Texte bis auf einige Ausnahmen sich durchweg der englischen Sprache bedienten.

In diesem Zusammenhang eignet sich das simple Strickmuster bundesrepublikanischer Schlagertexte als Orientierungshilfe; es entsteht eine subtile Parodie herkömmlicher Textmuster, die als Inversion sowohl ältere Textmuster als auch die neuere Form nebeneinander bestehen läßt – das Nebeneinander beider Textformen schafft Ironie: Da verbiegt die Gruppe Trio die »Komm-in-meinen-Wigwam«-Seligkeit des deutschen Schlagers lakonisch in »Ich lieb' dich nicht, du liebst mich nicht. Da Da Da« und kombiniert das mit den extrem reduzierten Mitteln von Schlagzeug, Baß und Gesang. Oder die Gruppe D.A.F.

Der Plan, 1989

(Deutsch Amerikanische Freundschaft), wahrscheinlich die international bekannteste NDW-Gruppe, deren Schlagzeuger Robert Görl auf der Jazzhochschule Graz ein sensibles Jazzschlagzeugspiel erlernt hat, singt, ganz in schwarzes Leder gehüllt, bitterböse:

»Dreh dich nach rechts, dreh dich nach links/ Geh in die Knie/ Wackle mit den Hüften/ Klatsch in die Hände/ Und tanz den Mussolini/ Tanz den Adolf Hitler/ Beweg deinen Hintern/ Und tanz den Jesus Christus.«[17]

Derartige Tanzmusik läßt keine Freiräume für Phantasie, statt dessen demonstriert sie einen unterschwelligen Zusammenhang von populärer Tanzkultur, Discomusik, Massengeschmack und dessen Abgleiten ins Faschistoide. Darüber hinaus demaskieren Musik, Text und Bühnenshow einen in der Rockmusik gepflegten Habitus der authentischen Ekstase zur Musik, des die Massen einheizenden Leadsängers, dem erotischen Objekt der Begierde Tausender von Fans. Bei den D.A.F. ist die Geste nur noch Reflexion und sarkastische Distanz.

Die wichtigste NDW-Gruppe, die längst über die Gattung hinausweist und ein umfassendes künstlerisches Konzept anzubieten hat, ist die Insider-Formation Der Plan. Entstanden ist Der Plan im D.A.F.-Umkreis: Bezeichnend für seine Entwicklung ist wiederum, daß die Mitglieder der Band eher Maler und Designer denn vollausgebildete Musiker sind. Die von der Gruppe gegründete Plattenfirma Ata Tak entwickelte sich aus einer von ihnen betriebenen Galerie namens Art Attack. Auf der ersten 1980 veröffentlichten Platte *Geri Reig* greift Der Plan eines für wohl alle Kunstrichtungen typisches und schon vielzitiertes Konzept des Jahrzehnts auf, das der Bricolage: Geri Reig, abgeleitet von dem amerikanischen Begriff »to jerri reig«, bezeichnet das Umgehen mit dem Vorhandenen. Und genau das führt die Musik der Gruppe vor. Ihr Bemühen gilt nicht mehr dem Hervorbringen neuer musikalischer Ideen, statt dessen arbeitet sie mit Geräusch- und Klangcollagen, kombiniert diese mit computergesteuerten Patterns. Die dieser Vorgehensweise zugrundeliegende Idee ist die einer Annäherung an Natur und natürliche Klänge durch Technik.[18] Auch die Aufnahmetechnik hält sich an das von der Gruppe postulierte Prinzip, mit dem Vorhandenen zu arbeiten: Die Platten werden mit einfachsten technischen Mitteln im hauseigenen Studio aufgenommen. Die interdisziplinäre Zusammensetzung der Musiker verhilft ihnen zu einem gattungsübergreifenden Gesamtkonzept: Plattencover werden grafisch selbst gestaltet, ihre Auftritte bestreiten sie mit selbstangefertigten Bühnenbildern und Masken. Eines ihrer letzten Projekte war es, eine Art Maskenauftritt zu bieten, bei dem im Dunklen nur die angestrahlten, buntbemalten Masken der Musiker zu sehen waren. Die kubistisch ausgestalteten Masken und Instrumente hinterfragen unsere Wahrnehmung und betonen die Zeichenhaftigkeit von Welt. In noch stärkerem Maße als die D.A.F., die den Habitus herkömmlicher Rockbands noch als Zitat mit sich führten, distanziert sich Der Plan von einem solchen Auftreten, das er als »unerträglich« empfindet.[19] Die Konzerte der Gruppe rücken – nicht zuletzt wegen des offensichtlichen Inszenierungscharakters – in die Nähe zum Musiktheater. Es ergibt sich die konzeptionelle Verwandtschaft zu gattungsübergreifenden Kunstformen wie das Stimme, Musik und Tanz verbindende Projekt Meredith Monks oder die Musikvideoästhetik Laurie Andersons. Ein in den letzten Jahren entwickeltes Interesse an Videoästhetik und Film verstärkt die interdisziplinäre Ausrichtung der Formation.

Einen starken Einfluß hatte die Punkbewegung auch auf die Jazzszene: In Deutschland taten sich vor allem der Aachener Saxophonist Uli P. Lask und der Frankfurter Pianist Heiner Goebbels hervor. Uli P. Lask nahm 1981 mit der britischen Stimmartistin Maggi Nichols und dem Schlagzeuger Meinolf Bauschulte bei ECM eine Platte auf.[20] Die Idee der Platte ist, den starren Sequenzer durch ein Schlagzeug, das leicht gegen den Rhythmuscomputer spielt, zu ergänzen. Uli P. Lask spielt über die reflektiert punkige Grundlage der repetitiven Synthesizer-Patterns ein jazziges Saxophon, das sich der Charlie-Parker- und Arthur-Blythe-Tradition verpflichtet weiß, und Maggi Nichols, ansonsten im Free Jazz beheimatet, experimentiert mit ihrer Stimme. Der Reiz der Platte besteht darin, daß sie die von Punk und New Wave entworfenen musikalischen Konzepte mit der Jazztradition zusammenbringt, und sie führt vor, wie fruchtbar das Zusammenkommen sein kann. Die Gruppe überschreitet die sonst im Jazz eingehaltene Form von Thema und anschließenden Soli; organisch entstehen Freiräume, da das starre Harmonieschema der Jazzstandards nicht übernommen wird. Simultan zu Schlagzeug, Sequenzer und Rhythmuscomputer mäandern Saxophon und Stimme. Dem Frankfurter Musiker und Komponisten Heiner Goebbels ist es in erster Linie daran gelegen, musikalisches Experiment mit außermusikalischem, gesellschaftlichen Interesse zu verbinden. Dabei ist er sich der Spannung bewußt, die zwischen dieser Musikform und der etabliert-langweiligen politischen Musik besteht, deren »kultureller Ausdruck [...] geschlossen bis zum Kragen« ist und deren Charakteristika »perfekte Sprechchöre, militante Blaskapellen, uniformierte Musikgruppen in der maoistischen Ecke« sind, ein »bemitleidenswerte[r] Proletkult, Schalmeikapellen und Mandolinenjugendliche bei den ›Revis‹.«[21] Den Gegenpol hierzu bildet die extrem individualistische Expressivität des Jazzimprovisators, die keinerlei äußerlichen Anlaß mehr erfordert und nach Heiner Goebbels »in der privaten Genialität des besoffenen Individuums ihren Ursprung« hat.[22] Innerhalb dieses Spannungsfeldes versucht Goebbels,

Expressivität und Außermusikalisches zu verbinden, wobei er, und das ist wiederum ein typisches Kennzeichen der 80er Jahre, ein Fehlen an und die Suche nach klar formulierbaren politischen Inhalten vermerkt. Seine Aktion gegen die Startbahn West, 15 Metallfässer während einer großen Demonstration durch die Stadt Wiesbaden zu rollen und diese mit rhythmischen Schlägen zu bearbeiten, ist ein Versuch, das angemessene künstlerische Ausdrucksmittel in einer sich diversifizierenden politischen Situation zu finden. Gemeinsam mit Alfred Harth nimmt er die Duo-Platte *Indianer für Morgen* auf, die das Stück *Berlin, Q-Damm 12. 04. 1981* enthält.[23] Hier findet Heiner Goebbels zu einer Form des musikalischen politischen Ausdrucks, die sich grundlegend von der Ästhetik linker Liedermacher abgrenzt. Zum Originalton einer Berliner Demonstration, auf der ein ziviler Polizist einen Demonstranten mit einer entsicherten Waffe lebensgefährlich bedroht, collagiert er Stimmen, Schreie, das Brechen von Glasscheiben, Synthesizer und Rhythmusgerät-Patterns. Die synthetischen Klänge bilden einen Gegensatz zu den aufgeregten Originalklängen und intensivieren diese: Mittel der politischen Agitation ist nicht mehr der ausgefeilte Text, hier wird die musikalische Struktur selbst zum Träger der Aussage. Mit diesem Stück tritt der Grund für die Faszination, die Heiner Goebbels für die Dilettanten des New Wave empfindet, deutlich zutage: die Intensität und die Unbefangenheit der Musik, die nie glatt und abgeschlossen klingt.[24]

Daß Heiner Goebbels von der Theatermusik kommt, über Eisler gearbeitet und auch Filmmusiken geschrieben hat, wird in einem seiner letzten Projekte offensichtlich, für das er in Zusammenarbeit mit dem Dramatiker Heiner Müller dessen Text vertonte. Goebbels antizipiert aber nicht, wie ein Musikkritiker der *Zeit* befürchtete, »ein Mike Mantler/Carla Bley-Trauma«[25], sondern es gelingt ihm eine Inszenierung von Sprache und Musik. Der Text Heiner Müllers berichtet von einem Mann, der, zu seinem Chef gerufen, im Aufzug die Orientierung sowie das Gefühl für Raum und Zeit verliert und, nach dem (imaginierten?) Selbstmord des Chefs in Peru landet. Den mit deutlichen Referenzen auf Kafka verfaßten Text läßt Goebbels zeitverschoben von drei Sprechern aufführen, wobei zwei deutsch, einer amerikanisch spricht. Durch die Aufspaltung der Stimme erhält der Text eine flächige Wirkung, als sei die ganze Welt von einem kafkaesken Alptraum überzogen. Der leitmotivische Satz »Fünf Minuten vor der Zeit ist die wahre Pünktlichkeit«[26] verliert, ins Amerikanische übersetzt und von dem in der New Yorker Noise Scene beheimateten Arto Lindsay als Bossa intoniert, viel von seinem preußischen Schrecken. Musikalisch begleiten die Sprachverwirrung die Trompetenfetzen Don Cherries, die Gitarrenklänge und die wunderschönen Bossas Arto Lindsays. Das Ungewöhnliche und Neue an der Platte ist, daß Sprache und Text nicht getrennt voneinander bestehen und daß es keinen Hauptakteur, Sprecher oder Musiker gibt, sondern sich die Fragmente wie eine bewegte Collage gegeneinander verschieben.

Vor allem in den USA entwickelt sich aus dem Jazz heraus eine Szene, die Elemente von Punk und New Wave kreativ in den Jazz einbaut. Die Bezeichnung dieser Musik, »No Wave«, hat in ihrer Bedeutung eine doppelte Ausrichtung: Zum einen verweist sie auf die postulierte Unabhängigkeit der Musiker von Mode und wie auch immer gearteten »Neo-noch-was-Einflüssen«, zum anderen stellt die Bezeichnung die sprachliche Verbindung zum New Wave her und ironisiert so den Anspruch, unabhängig von Zeitströmungen noch musikalische Erfindungen beisteuern zu können.

Für die europäische Jazzszene dokumentiert das Programm des wichtigsten europäischen Jazzfestivals, das alljährlich in Moers stattfindet – in den 70er Jahren das Mekka der freien Musik –, den Umschwung innerhalb des Jazz.[27] War bislang der Free Jazz Protagonist avantgardistischer Bewegungen gewesen, beginnt jetzt der No Wave, die innovative musikalische Kraft zu werden. Im Zuge dieser Entwicklung werden bislang vom Free Jazz verpönte Stilmittel wie durchgängiger Beat, rhythmisch simple Figuren und harmonische Schemata in die Musik reintegriert: Sie ist wieder tanzbar geworden. In diesem Zusammenhang muß an die spezifische Situation des Jazz erinnert werden: Der Free Jazz und seine stilistischen Konventionen, wie sie John Coltrane und Ornette Coleman Anfang der 60er Jahre entwickelt hatten, waren längst erschöpft und verfrüht zum musikalischen Dogma erstarrt, das jede Kreativität eindämmte. Neben dem Free Jazz gab es noch Rockjazz und Fusion Music, die ebenfalls nur Klischees anbieten konnten. Auf der Suche nach neuen Konzepten hatte sich Anfang der 80er Jahre eine junge Generation von Jazzmusikern bewußt in die Tradition der Great Black Music der 50er Jahre gestellt.

In der Abkehr vom Free Jazz wenden sich die Musiker des No Wave, Gruppen wie Ronald Shannon Jackson and the Decoding Society,

Luther Thomas, Rip, Rig & Panic, James Blood Ulmer, Sonny Sharrock, Material und die Lounge Lizards, gegen die etablierten musikalischen Formen und erspielen sich, beeinflußt von der dekonstruktivistischen Energie des Punk, Freiräume, in denen die verlorene Intensität der Musik wieder zum Klingen gebracht werden soll. Bemerkenswert hierbei ist, daß zwei Figuren des Free Jazz der 60er Jahre in diesem Zusammenhang ein Comeback erleben, der Saxophonist Ornette Coleman und der Gitarrist Sonny Sharrock.[28] Innovativ entwickelt jede Gruppe ihre individuelle Art, tanzbare Rhythmen mit experimentellen musikalischen Techniken zu verbinden.

Die wohl rhythmisch komplexeste Musik entsteht im Spiel des Schlagzeugers Ronald Shannon Jackson, der rhythmische Figuren aus Jazz, Reggae und der afrikanischen Musik aufgreift und in Mikrostrukturen zersplittert, die er dann unterschiedlich immer wieder kombiniert.[29] Über diesen diffizilen Klangteppich schichtet er Bläsersätze und freie Bläsersoli.

Die Lounge Lizards, eine in New York beheimatete Gruppe, übernimmt das Image der Bebop-Musiker der 40er und 50er Jahre. Ihre Plattencover gleichen den Covern von Miles Davis und Lee Konitz der 50er Jahre, sie reaktivieren das gängige Klischee des einsamen und sensiblen Jazzhörers, der, an der Welt leidend, »nachts allein in der Bar sitzt und still in seinen letzten Whisky weint, während der Kellner um ihn herum die Stühle hochräumt.«[30] Ihr Repertoire besteht aus Standards der 40er und 50er Jahre, die sie mit Funk-Rhythmen und freien Passagen kombinieren.[31]

Eine ganz andere Musik macht die britische Gruppe Rip, Rig & Panic, die fröhlich die gesamte Jazzgeschichte zitiert. Im Unterschied zu den Lounge Lizards greifen sie nicht auf schon bestehende Stücke zurück, sondern lösen die Form des Jazzstückes, Thema, Soli, Thema, in ein Zitatenkonglomerat auf: Ununterscheidbar ineinander verweben sich Thema und Soli, Musikfetzen aus Jazz, Pop, Film- und afrikanischer Musik. Ein Thema wird anzitiert, ein begonnenes Solo bricht ab zugunsten einer neuen Idee. Dabei stehen Rip, Rig & Panic dem Punk in seiner Ästhetik sehr nahe. Auch in Belgien entsteht eine breitgefächerte Szene der No-Wave-Musik.

Daneben ist der Jazz in den 80ern eher geprägt von einer Ästhetik der Rückbesinnung auf musikalische Traditionen, viele der einst bahnbrechenden Figuren des Free Jazz geben sich wieder traditionell:

Archie Shepp, Sun Ra, Chick Corea, Lester Bowie, Keith Jarrett und junge Musiker wie die Marsalis-Brüder, Arthur Blythe und David Murray, die sich ganz zur Tradition bekennen. Allerdings sollte man mit der Beurteilung dieser Entwicklung vorsichtig sein, denn es kann nur eine sorgfältige Analyse ihrer Musik zeigen, ob es sich wirklich um eine Abkehr vom Experiment oder lediglich um dessen Konsolidierung handelt. Und letztlich ist Jazz durch und durch eine Musik schwarzer Tradition, an die die Ansprüche des Experiments und der freien Tonalität, die sich aus der europäischen Moderne heraus entwickelt hatten, nicht gestellt werden können. So ist möglicherweise der Free Jazz ein typisch weißes Phänomen, das bei japanischen, britischen und deutschen Musikern mehr Anklang fand als bei schwarzen amerikanischen, die sich nach einiger Zeit wieder von ihm abwandten.[32] Auch sind die meisten Vertreter des europäischen Free Jazz in den 80er Jahren in irgendwelchen Institutionen verschwunden, haben ihren Stil zugunsten kommerziellerer Musikrichtungen geändert, oder sie wirken immer oder nur noch im Verborgenen, für eine kleine eingeschworene Fangemeinde. Einer der wenigen, der sich dem veränderten Zeitgeist angepaßt hat und dessen Spiel nichts an Intensität verloren hat, ist der Wuppertaler Saxophonist Peter Brötzmann.

Die schillerndste Figur der Jazzgeschichte, die seit über 30 Jahren musikalisch innovativ ist, ist der Trompeter Miles Davis. Auch in den 80er Jahren ist er Vorreiter von Entwicklungen, da er bewußt sein mit dem Jazzrock der Platte *Bitches Brew* in den späten 60er Jahren begonnenes Projekt der Grenzüberschreitungen fortsetzt. In den 80ern weisen seine Grenzüberschreitungen über das Medium hinaus, er zeigt keine Scheu vor wie auch immer gearteten Annäherungen: In einer Folge von *Miami Vice* verkörperte er einen Drogenhändler, einen großen Erfolg landet er mit Cindy Laupers Popsong *Time After Time*, und er ist wie Madonna oder Michael Jackson auf Videoclips zu bewundern. Miles Davis stilisiert sich mit untrüglichem Instinkt zu einer Kunstfigur, die nicht die geringsten Berührungsängste vor Musikindustrie und Medienmacht besitzt. Seine Selbststilisierung erschwert es, über ihn zu reden, denn es stellt sich beständig die Frage, über was geredet wird: die Kunstfigur, den Menschen, den Musiker oder die Musik. Bei Miles Davis gehen alle diese Bereiche ineinander über, er nutzt die Bilderflut unseres Medienzeitalters, um sich selbst zu fiktionalisieren und die eigene Person mit widersprüchlichen Bildern zu

Miles Davis auf dem North Sea Festival 1985

überlagern, seine authentische Person ist nicht mehr faßbar. Miles Davis hat scheinbar sämtliche Mechanismen des Medienzeitalters durchschaut, und gerade deshalb gelingen ihm die Balanceakte, sich von der Musikindustrie trotz kommerziellen Erfolges nicht in eine vorbestimmte Richtung drängen zu lassen oder den musikalischen »Onkel Tom« des weißen Mannes zu mimen. In seinem öffentlichen Verhalten reflektiert er auf die Situation schwarzer Musiker und auf immer noch bestehende rassische Vorurteile. Begonnen hatte Miles Davis als Trompeter bei Charlie Parker, er entwickelte sich umgehend zum beliebtesten Cooltrompeter der 40er Jahre.[33] In den 50er Jahren war es das legendäre Miles Davis Quintett mit John Coltrane und Sonny Rollins, das für bedeutende Innovationen sorgte, Ende der 60er Jahre leitete er mit *Bitches Brew* den Rockjazz ein. Daneben galt Miles Davis immer als Entdecker neuer Talente, und fast alle Jazzgrößen der 70er und 80er Jahre spielten in einer seiner Bands. Ab Mitte der 70er Jahre war es um Miles Davis still geworden, er wurde nur noch als Prototyp des arroganten, mit großer Sonnenbrille und Rücken zum Publikum spielenden Musikers gehandelt. Mit seinem großen

Comeback 1981 demonstrierte er jedoch, daß er nicht bereit war, sich als Mythos ins Museum der Jazzheroen abstellen zu lassen. In den 80ern entwickelt er wahre Chamäleoneigenschaften: Stilistisch ist er überhaupt nicht mehr festzulegen, und immer, wenn Kritiker versuchen, ihn zum Popplagiaten abzustempeln, überzeugt er sie mit seiner neuesten Produktion eines Besseren. Davis' Verhalten ist eine Antwort an das Authentizitätsstreben des Jazz, das durch die Beschwörungen an seine Glaubwürdigkeit die eigene, extrem intertextuelle Ausrichtung zu überdecken sucht. Das Faszinierende am Miles Davis der 80er Jahre ist sein Facettenreichtum. Alle Stile, die er jemals geprägt hat, verdichten sich zu einer einzigartigen Musik, die sich nirgendwo einordnen lassen will. Exemplarisch hierfür steht seine Aufnahme des Gershwin-Stücks *My Man's Gone Now.*[34] In der Aufnahme finden sich Funk-Figuren, modale Harmonien und strenge Funktionsharmonik. Davis' Trompetenspiel besitzt die gleiche Klarheit der Phrasierung wie in den 50er und 60er Jahren und hat zusätzlich an Reife gewonnen.

Ein Bericht über die Musik der 80er Jahre sollte die Aktivitäten Carla Bleys und ihres Lebensgefährten Michael Mantler nicht auslassen, da sie beide Stilistisches der 80er Jahre schon lange vorher antizipierten: ironische Verfremdung, Wiederholungen, Mechanisierung musikalischer Strukturen, Stimmexperimente, die Zusammenarbeit mit Musikern anderer Stilrichtungen. Bereits Anfang der 70er Jahre kooperierte Carla Bley mit dem Bassisten Jack Bruce und dem gelähmten ehemaligen Schlagzeuger von Soft Machine, Robert Wyatt, die sie unter anderem Texte von Beckett und Pinter singen ließ. In den 80ern nimmt Michael Mantler eine Schallplatte auf, die – leider nur – durch ihre Besetzung von Interesse ist: das London Symphony Orchestra, der Pink-Floyd-Schlagzeuger Nick Mason, der Miles-Davis-Gitarrist Mike Stern, am Piano die Komponistin Carla Bley.[35] Die Aufnahme ist geprägt von Stereotypen der Minimal music, ein nicht besonders gut gelungener Versuch, musikalische Grenzen zu überschreiten.

Eine der schönsten Carla-Bley-Platten der 80er ist ihre *Ballad of the Fallen*[36], das in Kooperation mit dem Bassisten Charlie Haden vertonte Gedicht eines Studenten aus San Salvador, der bei einem Sit-in von der vom US-amerikanischen Militär unterstützten Nationalgarde getötet wurde. Auf derselben Platte finden sich Lieder aus dem spanischen Bürgerkrieg. Mit ihren Kompositionen bekennen sich Carla Bley und Charlie Haden zur südamerikanischen Befreiungsbewegung; und die

Musik, die sich diesmal nicht so sehr durch ironische Brechungen auszeichnet, ist getragen von dem Respekt vor den Opfern US-amerikanischer Machtpolitik. Offensichtlich wollte Carla Bley in einem Jahrzehnt, das sich durch politische Desorientierung und das Wiederaufleben konservativen Gedankengutes auszeichnet, dem vielverbreiteten Collagieren entkommen und sich politisch äußern. Dieses Bekenntnis zur Politik ist ihr gelungen, ohne daß sie dabei plakativ wirkt.

Die Stadt New York war immer schon Mittelpunkt musikalischer Neuerungen, und das ist sie auch in den 80ern geblieben. Interessant wird dieser Sachverhalt, weil derart unterschiedlichen musikalischen Ausrichtungen dieselben Erfahrungen zugrunde liegen: das Völker- und Rassengemisch der Stadt, die Gleichzeitigkeit und Gleichwertigkeit im Erleben fremder Kulturen, das rasende Lebenstempo und das sehr starke soziale Gefälle, die Dominanz fiktiver (Werbe-)Welten über die Realität. In den Ghettos der Schwarzen und deren sozialem Gefüge, in dem die Street Bands eine bedeutende Rollen spielen, entstehen Scratchen, Hip Hop und Rap. Hip Hop und Rap sind ein rhythmisch skandierter Sprechgesang, begleitet von vorgegebenem Schlagzeug und Baß. Interessant dabei ist, daß die Musiker mit vorhandenem Material arbeiten, das sie verfremden. Gefällt ihnen eine bestimmte Figur, wird sie als Grundlage des Sprechgesangs endlos wiederholt. Die Mehrspurtechnik der Studios ermöglicht das Ineinandermischen unterschiedlicher Stücke, die mit jeweils einem neuen Text überlagert werden. Manchmal erstellt eine Band ein Stück, zu dem sie singt, und eine reine Instrumentalversion, die dann wiederum anderen Musikern als Grundlage für ihre Texte dient. Inzwischen gibt es in New York ein Netz von Street Bands, die sich gegenseitig auf diese Art und Weise ganze Musik- und Sprachschlachten liefern. Rap und Hip Hop sind durchaus schwarze Musik, die Ziele amerikanischer schwarzer Bürgerrechtsbewegungen aufgreift und für die Rap eine Möglichkeit der politischen Sprache ist.

Einer ihrer bekanntesten Vertreter, die Gruppe Public Enemy, stellt fest: »Die Schwarzen haben keine Kontrolle über die Medien. Jedes Medium ist kontrolliert von den Weißen, dem System der Regierung, dem Big Business. Es gibt nichts, was von einer schwarzen Quelle direkt zu einem schwarzen Publikum geht. Außer Rap, RUN DMC, LL Cool J, sogar die Beaties sprechen eine Sprache, die nicht nur gehört, sondern vor allem gefühlt wird.«[37]

Inzwischen ist Rap zum Ausdruck schwarzer Kultur und schwarzen Selbstbewußtseins geworden, und spätestens seit Spike Lees Film *Do the Right Thing* konnten Rap und Hip Hop zum Lebensstil mit dazugehörigen Styling-Attributen avancieren, vergeht kaum ein Tag, an dem nicht brüllend laut aus irgendeinem Auto der Slogan *Fight the Power* tönt. Auch RUN DMC analysieren in ihrem neuesten Film *Tougher than Leather* die Ausbeutung schwarzer Musik durch das weiße Business und führen die Rassenteilung Amerikas vor, die durch musikalische Vorlieben noch untermauert wird. Rap hat als schwarze Musik eine Popularität und Sprengkraft erreicht, wie es sich die schwarzen Free-Jazz-Musiker Ende der 60er Jahre gewünscht hatten, die dieses Ziel jedoch nie erreichen konnten, weil dem Free Jazz die vereinheitlichende rhythmische Komponente fehlte. Rap ist insofern eine typische Erscheinung der 80er, als daß er die Unterscheidung zwischen authentischer musikalischer Äußerung und der Arbeit mit vorgegebenem Material negiert und die Differenzierung in Eigenleistung und Diebstahl verwischt. Zwangsläufig bringt diese Form der Musik öfters Copyright-Prozesse mit sich.

»Scratchen« und »Sampeln« sind ebenfalls Formen musikalischer Arbeit mit vorgegebenem Material. Beim Scratchen wird der Plattenspieler zum Instrument, der Tonarm bearbeitet die Schallplatte, dabei entstehen neue, ungewöhnliche Klänge. Sampeln ist das Ineinanderblenden verschiedener Stücke, zusammengehalten von einem durchgehenden Funk-Beat, wobei die rhythmische Komponente von außerordentlicher Wichtigkeit ist: Ein Scratcher-Alptraum ist die Verwechslung der Plattengeschwindigkeit. Der philosophischste unter den Scratchern ist Christian Marclay, der vier Plattenspieler gleichzeitig bearbeitet, seine Platten präpariert, sie zerbricht, sie dann wieder aneinanderklebt und durch seine Manipulationen die Frage vom Zusammenhang zwischen Tonträger und Klang, Instrumentalität und Musik beständig neu stellt.

Dieselben Techniken verwendet die New York Noise Scene. Obwohl diese Musik in einem weißen und intellektuellem Umfeld entsteht, ist die Stadt New York Grundlage ihres musikalischen Ausdrucks. Demnach ist die Bezeichnung New Yorker Noise Scene mehr als eine reine Ortsangabe, sie ist ein Programm, das die Stadt zum Paradigma neuer musikalischer (Lebens-)Formen erhebt. Protagonisten der Szene sind der Schlagzeuger David Moss und der Saxophonist John

Zorn. John Zorn, der in Manhattan an der Lower East Side beheimatet ist, beschreibt den Einfluß fremder Musik auf die seine, und er bezieht sich dabei auf die einzigartig interkulturellen Lebensformen New Yorks, die der Musik zugrundeliegen: »Ich mag das Einbeziehen von allem, außer dem Ausschluß. Ich habe keine Angst vor verschiedenen Stilen. Ich mag sie alle. Vielleicht liegt es daran, daß ich in New York aufgewachsen bin und mein Leben lang hier gelebt habe. Es ist eine so gemischte Kultur, hier gibt es so viele unterschiedliche Traditionen. Du kannst eben nicht über die Straße gehen, ohne nicht mindestens fünf verschiedenen Kulturen zu begegnen, schwarz, weiß, asiatisch, hispanisch, orientalisch. Das ist mir wichtig. Das beeinflußt mich und meine Art und Weise zu hören, und ich breche die Elemente weiter auseinander in ihre Bestandteile. Sehr analytisch, semiotisch, ich sehe die Bäume, aber nicht den Wald.«[38] Sowohl Zorn als auch Moss nehmen die Musik in ihre Bestandteile auseinander, brechen Einheiten auf und setzen sie neu zusammen; Trennungen in Musik, Geräusch und Alltagserfahrung kommen bei ihnen nicht vor.

Der Trompeter Jon Hassel, ebenfalls an der Lower East Side zu Hause, inszeniert seine Musik als Gegenwelt zu und Entkommen aus dem chaotischen Mischmasch der Stadt. Jon Hassel ist neben David Byrne auf einer von Brian Eno produzierten Talking-Heads-Platte zu finden, die Anfang der 80er Jahre einen großen Erfolg verbuchte: *Remain in the Light.* Jon Hassels musikalisches Konzept ist – wie fast alle Ansätze der 80er Jahre – geprägt von Grenzüberschreitungen. Betrachtet man seinen künstlerischen Werdegang, so ist es nicht weiter verwunderlich, daß seine Musik sich stilistisch in Gegensätzliches verästelt: In E- und U-Musik, in Komposition und Interpretation, in Europa, Amerika, Asien und Afrika. Jon Hassel genoß eine amerikanische Musikerausbildung, die er kurz vor Abschluß abbrach, um dann in Köln bei Karlheinz Stockhausen Komposition zu studieren, bevor er mit La Monte Young den Minimal-Klassiker *In C* aufnahm. Danach lernte er bei dem indischen Sänger Pandit Pran Nath, der ihn in »Mikrointervallik und Polyrhythmik der indischen Musik einweihte«.[39] Als Folge seiner breitgefächerten Ausbildung ergeben sich die stilistische Vielfalt seines musikalischen Konzeptes und sein Agieren außerhalb festdefinierter musikalischer Bereiche. Ihm ist gelegen an der Vermischung von Morgen- und Abendland, sein Konzept bezeichnet er als »Vierte-Welt-Musik«. Grundlage sind hauptsächlich die komplizierten Rhythmen Javas, Balis, Nordafrikas oder Indiens.[40] Die Musik Jon Hassels stellt eines der Beispiele dar, anhand derer Sinn und Zweck einer Zitatenästhetik zu diskutieren wären. Im Unterschied zu den Bands der No-Wave-Szene, die wahllos collagieren, versucht Jon Hassel – und das ist eben nur nach einer gründlichen Ausbildung zu erreichen – die musikalische Durchdringung und Aneignung des Materials. Als Resultat entsteht zwar auch eine collagenartige Musik, jedoch besitzen die Versatzstücke einen anderen Stellenwert, weil sie ästhetisch aufeinander bezogen sind und sich gegenseitig beleuchten. Aus Jon Hassels Musik spricht Respekt für das Fremde, wobei er den Prozeß von Aneignung und Distanz immer nachvollziehbar beläßt: »Rhythmus ist das Leben. Alle Wesen haben ihren individuellen Herzschlag, ihren spezifischen Schlafrhythmus und blinzeln mit den Augen wiederum in genauen rhythmischen Unterbrüchen. Es ist für mich daher unvorstellbar, daß diese biologischen Determinanten ohne direkten Einfluß auf die Musik wären. Meine melodischen Bewegungen werden von diesem natürlichen rhythmischen Gefühl heraus inspiriert und geleitet.«[41]

Jon Hassels Musik schafft fiktive Welten, die Elemente formen sich zu einem neuen Ganzen, es ergibt sich ein dauerndes, konnotationsreiches Wechselspiel musikalischer Elemente, umschlossen vom eigenartig klagenden Klang seiner Trompete, auf die er die Vierteltonintervalle des indischen Gesangs überträgt. Aus der westlichen Tradition kommend, eignet er sich nichtwestliches musikalisches Wissen an, vor dessen Hintergrund er die Konzepte westlicher Musik aufbricht und unterwandert. »Vom Standpunkt einer anderen Kultur aus gesehen, kann plötzlich auch die eigene Kultur dann bizarr wirken.«[42]

Dem französischen Philosophen Roland Barthes zufolge bewegen wir uns in einem unendlichen Universum von Texten, die unsere Identität definieren und die authentische, auf sich selbst beruhende Erfahrungen von Welt verhindern.[43] Ein ähnlicher Gedanke klingt in einem Song der Fehlfarben an, wenn sie, ganz konform mit dem Zeitgeist, behaupten: »Millionen glauben an den Zusammenhang von Schweiß, Gefühl und Ehrlichkeit. In Wahrheit zählt die Kunst des Zitats.«[44] Damit verweisen sie, sicherlich ohne jemals Roland Barthes gelesen zu haben[45], auf eine kulturelle Praxis, die sich nicht mehr auf Ideen wie die der Abgeschlossenheit und der Autonomie eines Kunstwerkes bezieht, sondern ständig die diskursive und ästhetisch kontextuelle Eingebundenheit von Kunst reflektiert. Und in allen Erscheinungsformen der Musik der 80er sind Zitat- und Collagentechniken, das Spielen mit Metaebenen sowie das Fragmentieren durchgängige musikalische Mittel, wenn sie auch unterschiedlich eingesetzt werden. Daher bietet es sich an, die musikalischen Charakteristika mit Inhalten des französischen Dekonstruktivismus zu erklären.[46] Schnell ist der Begriff des »postmodernen Musikers« eingeführt, der als fröhlicher Bricoleur »die Sperrmüllmentalität unserer Mediengesellschaft« sich zu eigen und aus dem Müll ein neues Kunstwerk macht.[47] Diese Verbindung von philosophischem Dekonstruktivismus und Musik ist sicherlich sinnvoll, denn ein solcher einheitlicher methodischer Ansatz ist durchaus in der Lage, parallele Entwicklungen in den benachbarten Künsten systematisch zu erfassen und zu bewerten, und aus den angeführten Beispielen geht eindeutig hervor, in welchem Maß die musikalischen Techniken Antwort auf eine sich immer mehr fragmentierende und widersprüchliche Alltagswirklichkeit sind.

Allerdings drängt sich die Frage auf, inwiefern die hergestellte Interrelation von Musik und Philosophie zu einer endgültigen Analyse musikalischer Erscheinungsformen beisteuern kann. Zum einen scheint es zu simpel, beide Systeme zu parallelisieren und das eine in Begriffen des anderen zu verdoppeln; die Musik sollte nicht als Erläuterungsgehilfe der Philosophie angestellt werden. Zum anderen sind viele Ideen des Dekonstruktivismus längst zu rhetorischen Floskeln in französischem Chic verkommen und bedürfen einer neuerlichen Überprüfung hinsichtlich ihrer Fähigkeit, aktuelle Kunstformen zu beschreiben. In gleichem Maße ist auch die musikalische Entwicklung der beiden letzten Jahre wieder etwas von der Zitatenästhetik abgerückt zugunsten des Songs. Es stellt sich die Frage, ob eine von Zitaten geprägte Kunst zu Anfang der 90er Jahre tatsächlich noch die Lebenswirklichkeit in sich aufnehmen kann. Oder hat sich nicht in den 80ern das Verhältnis von technischer Innovation und künstlerischer Entwicklung grundlegend dahingehend geändert, daß, angesichts einer technischen Entwicklung, die unsichtbar in digitalen Codes geschieht, die sich formalisierter Sprachen bedient und die überhaupt keiner Rückbezüge auf ein Außen mehr bedarf, das Verlangen in der Kunst aufkommt, »Wirklichkeit« – wenn auch immer nur als fragmentierte oder vorläufige – darzustellen? Bedarf die veränderte Situation nicht wieder einer Kunst, deren Privileg es gerade gegenüber der technischen

Realität ist, Sinn stiften zu können und die somit als subversives Potential gegen referenzlose technische Entwicklung eingesetzt werden kann?

Die neuesten musikalischen Entwicklungen, die Rückkehr zum (politischen) Song, die plötzliche Beliebtheit von Tracy Chapman, Tom Waits, Nick Caves oder das Comeback Leonhard Cohens sprechen für diese Annahme.

Anmerkungen

1 Der Plan: *Perlen.* Ata Tak CD 001, 1986.

2 Vgl. Programmheft der Kölner Aufführung *Montag aus Licht* am 7. 4. 1988. Regelmäßige Berichte über Stockhausens Aktivitäten liefert die Zeitschrift *Musiktexte.*

3 Ulrich Dibelius: *Moderne Musik II. 1965–1985.* München 1989.

4 Philip Glass, zit. nach Tom Schnabel (Hrsg.): *Stolen Moments. Conversations with Contemporary Musicians.* Los Angeles, Ca., 1988, S. 61. Übersetzung: Angela Krewani.

5 Peter Kemper: »Flucht nach vorn oder Sieg des Vertrauten? Postmoderne Tendenzen im Jazz und Avantgarde-Rock«, in: Peter Kemper (Hrsg.): *›Postmoderne‹ oder der Kampf um die Zukunft.* Frankfurt am Main 1988, S. 313–326, hier S. 314.

6 Walter Zimmermann: *Insel Musik.* Köln 1981.

7 Der Musikwissenschaftler Ekkehard Jost bezeichnet McLaughlins Äußerung »Das Geld gehört dem Göttlichen, und das Göttliche benötigt zu seiner Manifestation Millionen und Abermillionen« als eine der »originellsten ökonomischen Theorien seit dem ›Kapital‹«. Ekkehard Jost: »Divergierende Tendenzen im Jazz der siebziger Jahre«, in: Reinhold Brinkmann (Hrsg.): *Avantgarde Jazz Pop. Tendenzen zwischen Tonalität und Atonalität.* Mainz/London 1978, S. 72–101, hier S. 73.

8 Ein Kritiker beschrieb den Gegensatz folgendermaßen: »Die Plattenindustrie sagt: Seht, wir haben eine neue Supergruppe, sie hat statt bisher 5 jetzt 10 Synthesizer. Die Punks sagen: Seht, wir haben eine neue Supergruppe. Sie beherrschen statt 2 jetzt 3 Griffe.« *sounds* 11, 1980, S. 42–46, hier S. 46.

9 Der Düsseldorfer NDW-Musiker Pyrolator vertrat im Gespräch mit der Verfasserin diese Ansicht.

10 The Sex Pistols: *Never Mind the Bollocks.* Arto, 1977.

11 Zu Throbbing Gristle und minus Delta t vgl. die Beiträge in *Rock Session* 6, Januar 1982.

12 Dead Kennedys: *Alternative Tentacles,* Virus 57, LC 8536, 1987.

13 Zur postmodernen kulturellen Praxis vgl. Linda Hutcheon: *A Poetics of Postmodernism. History, Theory and Fiction.* New York 1988.

14 *Rock Session* 6, 1982, S. 108.

15 S. Y. P. H., *Beton*, zit. nach Xao Seffcheque: »Watergate Düsseldorf. Business Fick & ›Neue Musik‹«, in *Rock Session* 6, 1982, S. 86.

16 Kurt Dahlke und Frank Fenstermacher im Gespräch mit der Verfasserin. Darüber hinaus scheint mir die unmittelbare Nachbarschaft von Punk/NDW-Szenenkneipe Ratinger Hof, der Düsseldorfer Kunstakademie und der Präsenz Joseph Beuys' von besonderer Wichtigkeit. Leider allerdings lassen sich solche Einflüsse schwer nachweisen.

17 D.A.F., *Der Mussolini*, zit. nach Ralph M.O.C. Döpfner und Thomas Garms: *Neue Deutsche Welle. Kunst oder Mode?* Frankfurt/M./Berlin 1984, S. 50.

18 Kurt Dahlke von Der Plan im Gespräch mit der Verfasserin.

19 Frank Fenstermacher im Gespräch mit der Verfasserin.

20 Uli P. Lask: *Lask*. ECM, 1982.

21 Heiner Goebbels: »Der Kampf gegen die Phantasie- und Geschmacklosigkeit als primäre politische Aufgabe«, in: *Rock Session* 7, April 1983, S. 101–104, hier S. 104.

22 Bernd Leukert: »Mit Lust und Intelligenz. Der Improvisator und Komponist Heiner Goebbels«, in: *MusikTexte* 18, 1987, S. 17.

23 Heiner Goebbels und Alfred Harth: *Indianer für Morgen*. Riskant/Eigelstein, LC 8071, 1981.

24 Goebbels, a. a. O., S. 110.

25 Konrad Heidkamp: »Die Musik spricht. Heiner Goebbels und Heiner Müller: Der Mann im Fahrstuhl«, in: *Die Zeit*, 9. 12. 1988.

26 Heiner Goebbels und Heiner Müller: *Der Mann im Fahrstuhl – The Man in the Elevator*. ECM 1369, 1988.

27 Einen ausführlichen Überblick über die Entwicklung geben die vom Kulturamt der Stadt Moers jährlich herausgegebenen Dokumentationen über das internationale Festival für Neue Musik, Moers, 1982 bis 1988.

28 Karl Lippegaus: »No Wave«, in: *Rock Session* 7, April 1983, S. 87–102, hier S. 89 ff.

29 Ebd., S. 99.

30 Ebd., S. 97.

31 Ebd.

32 Es ist natürlich müßig, darüber zu spekulieren, welche Musik John Coltrane heute spielen würde, lebte er noch.

33 Peter Wießmüller: *Miles Davis. Sein Leben. Seine Musik. Seine Schallplatten*. Gauting-Buchendorf, o. J., S. 21.

34 Miles Davis: *We Want Miles*. Columnbis C2 38005, 1982.

35 Michael Mantler: *Something There*. WATT/13, 1984.

36 Charlie Haden und Carla Bley: *The Ballad of the Fallen*. ECM 1248, 1983.

37 Public Enemy: »Don't Believe the Hype«, in: *Network* 13, 1988, S. 12–17, hier S. 14.

38 John Zorn in: *Options* 2, Juli/August 1987, S. 35–38, hier S. 36. Übersetzung: Angela Krewani.

39 Mario Scherrer: »Zwischen Avantgarde und Pop. Der amerikanische Trompeter und Komponist Jon Hassel«, in: *MusikTexte* 19, 1987, S. 42–52, hier S. 44.

40 Ebd.
41 Jon Hassel, zit. nach Scherrer, a. a. O., S. 44.
42 Karl Lippegaus: *Musikforum,* SWF 2, 28. 3. 1983.
43 Roland Barthes: *The Pleasure of the Text.* London 1975, S. 36.
44 Kemper, a. a. O., S. 321.
45 Frank Fenstermacher im Gespräch mit der Verfasserin.
46 Vgl. Kemper, a. a. O.; Josef Hoffmann: »Das moderne Ich. Ich-Strukturen und Musik«, in: *Sounds* 11, September 1980, S. 22–23; Daniel Charles: *Musik und Vergessen.* Berlin 1984.
47 Kemper, a. a. O., S. 314.

Krise oder Agonie der Avantgarde?

Thesen zur Malerei und Plastik der späten 80er Jahre

Christoph Schreier

Als Arthur Rimbaud im Jahre 1871 sein Postulat »Il faut être absolument moderne«[1] aufstellte, formulierte er zugleich das Credo für die künstlerische Avantgarde schlechthin. Kunst sollte zukünftig, von allen Bindungen an Konventionen und Traditionen befreit, der Gegenwart, vor allem aber dem noch Unentdeckten, Unerforschten verpflichtet sein. »Inspecter l'invisible et entendre l'inouï«[2] war die Parole einer Kunst, die sich, nun relativ autonom, nach einer neuen Definition und Rolle sehnte. Nicht mehr nur historisierender Nachzügler, sondern Vorreiter, dem Fortschritt in Gesellschaft und Technik verwandter – und diesem vielfach verbundener – Motor der Entwicklung, »Avantgarde« wollte man sein und dies mit allen auch problematischen Konsequenzen. So führte die Inthronisierung des Mythos vom »Neuen« zu einer noch weiter reichenden Isolation vom Publikum, die freilich auf der anderen Seite durch die Eröffnung neuer Wahrnehmungs- und Erfahrungswirklichkeiten aufgewogen wurde. Zwar gediehen diese alternativen künstlerischen Wirklichkeiten nicht immer zur Reife konkreter – und damit nach Hassan auch totalitarismusverdächtiger[3] – Utopien, gelang nur selten eine Rückwirkung auf die Gesellschaft, wie sie beispielsweise der russische Konstruktivismus, die niederländische ›de Stijl‹-Bewegung oder das Bauhaus anstrebten, doch stellte die Kunst der Moderne in der Folge ihrer Ismen durchaus revolutionäre Sichtweisen von Realität, Manifestationen einer anderen Wirklichkeit bereit. Aus dem Verlust traditioneller, religiöser, politischer oder sonstiger Funktionen, aus ihrer oftmals beklagten Freisetzung zu einer relativen Autonomie, erwuchs der Kunst also eine neue, selbstgewählte Funktion, und zwar die, Kritik unserer konventionalisierten Welt-Bilder, Alternative zum Status quo unserer Alltagserfahrungen zu sein. Inwieweit Malerei und Plastik diese historisch neue Bestimmung auch heute noch erfüllen können – oder wollen –, ist Thema dieses Aufsatzes, Gegenstand aber auch hitziger Diskussionen in den einschlägigen Publikationen. Plädiert die eine Seite, überzeugt von der Regenerationskraft der Künste, für ein Fortschreiben des Projekts der Moderne[4], so wird bei anderen schon über das Ableben der »autoritären« Avantgarde im Zeichen eines Pluralismus konkurrierender Bilderwelten spekuliert. »Tod der Moderne«[5], so lautet die Diagnose eines Buchtitels, doch fragt es sich, ob der zweifellos kränkelnde Patient nicht zu früh abgeschrieben wird, er dem Betrachter heutzutage wohlmöglich in gewandelter Gestalt, nach Wulf Herzogenrath[6] etwa in der Erscheinung der neuen Medien, entgegentritt. Statt Agonie also nur Transformation der Avantgarde?

Zu klären ist diese Frage nur mit Blick auf die Entwicklung der Künste in den letzten zwei Jahrzehnten, ausgehend von den sehr differenten Ansätzen und Positionen avantgardistischer Bestrebungen in den späten 60er und in den 70er Jahren. Die zeitliche Parallelität von Land art, Arte povera, Minimal art, Concept art, Fotorealismus usw. ließ die Interpretation schon damals von einer »pluralist era«[7] sprechen, die sich freilich, wie ein Vergleich zeigt, in zentralen Punkten von der zeitgenössischen Bilderflut der Postmoderne unterscheidet. Nicht nur, daß die individuellen Ansätze von ehedem, was die Handhabung der Medien und die Präzisierung der Zielvorgabe betrifft, eine größere Stringenz und Konsequenz besaßen, auch lassen sie sich bei aller Varianz in Entwicklungslinien der Moderne einreihen, dem Begriff der Avantgarde subsumieren. Der intellektuelle Purismus der Concept art, die Verweigerung von allem sinnlich Konsumierbaren, »Schönen«, zugunsten eher geistiger Erkenntnisse, der prinzipielle Widerstand der romantisch-pathetischen Land art gegen die kommerzielle Verwertbarkeit ihrer Produkte, die Reflexion der Minimal art auf das Medium einerseits und die Erfahrungsprozesse in der Rezeption andererseits, all dies sind kurz anzusprechende Themen, Motive und Motivationen der Avantgarde, für deren Fortbestand in jener Zeit nun exemplarisch die Arte povera einstehen mag.

Diese primär italienische Parallelerscheinung zum Einzelphänomen Beuys zielte – und zielt auch noch heute – auf eine sowohl durch die sinnliche als auch die semantische Aufladung ihrer Objekte getragene, universelle, die Grenzen rein ästhetischen Erlebens transzendierende Sensibilisierung des Betrachters, der, durch die Evokationskraft der

Werke aus seinen geistigen Fixierungen und verstandesmäßigen Normierungen befreit, auf die grundlegenden menschlichen Erfahrungswerte und Gesetzmäßigkeiten des Lebens orientiert werden soll. Statt anhand neutraler, standardisierter Objekte elementare, aber gleichsam semantisch offene Erfahrungssituationen durchzuspielen, wie dies in der Minimal art der Fall ist, wird der Rezipient in der Arte povera mit bereits definierten, ja, teilweise mehrfach denotierbaren, in jedem Fall »verbrauchten«, das heißt durch Nutzung und Geschichte geprägten Elementen der Primärrealität, mit Glas, Neonröhren, Reisig usw. konfrontiert, die, obwohl zu neuen sinnhaltigen Konstellationen zusammengeführt, ihre ursprünglichen Bedeutungen nicht gänzlich verlieren. Dadurch können nicht nur Bezüge innerhalb der Objektwelt oder zu ihr deutlich gemacht werden, es sind auch Umdeutungen, Umstrukturierungen der Elemente im Hinblick auf greifbare Gegenbilder zur Funktion und zum Stellenwert der Dinge in der empirischen Realität möglich.

Als Beispiel hierfür mag eine Arbeit von Giuseppe Penone aus dem Jahr 1969, *Baum*[8] betitelt, dienen. Ausgangspunkt für dieses Werk war ein über fünf Meter langer Holzbalken, den Penone, den Jahresringen folgend, so lange schälte, bis schließlich der im Balken enthaltene Baum mitsamt seinen gekappten Ästen zum Vorschein kam. Den üblichen Verwertungsprozeß von Natur also gleichsam umkehrend, formuliert Penone so einen pathetischen Verweis auf die Bestimmung unserer Kultur durch Natur, die folglich auch für den Künstler als normgebend und richtungsweisend akzeptiert wird. Sein exemplarisches Handeln ist Zeichen einer Umorientierung, einer impliziten Frontstellung gegen die (post-)industrielle Gesellschaft der Gegenwart und ihre Erscheinungsformen, einer Frontstellung, die in den »Iglus« von Penones Mitstreiter Mario Merz symbolische Gestalt gewinnt.[9]

Im Kontext von Merz' Ikonographie, seinen immer wiederkehrenden, aber doch wandelbaren archetypischen Bildern, repräsentieren die Iglus die Geborgenheit des Hauses, den Ort eines naturkonformen menschlichen Zusammenlebens. In bewußtem Kontrast zur naturfernen Rationalität des rechten Winkels, in klarer Opposition zur seriellen Architektur der Gegenwart, wirken sie in den Kastenräumen der Ausstellungshäuser, in den weißen Zellen der Museen wie Relikte, aber auch Utopien einer anderen Welt, für deren Entwurf im Sinne von Merz eine grundlegende Rückbesinnung vonnöten ist. Die Vergegen-

Mario Merz, *Brötcheniglu (Igloo di panini),* 1967. Ohne Material- und Maßangaben

wärtigung des Elementaren bedeutet somit keine Regression, sie wird zur Basis eines Fortschritts, der sich in der Gegenwart der Iglus bereits realisiert hat. Diese sind konkrete Gegenbilder, Alternativen zur Leere der technischen Zivilisation, und spiegeln damit ein gesellschaftliches Engagement, das, bedingt durch die sinnliche Kraft der Bilder, doch niemals politisch-eindimensional oder didaktisch wirkt. Für Merz wie für die Arte povera insgesamt geht es nicht um eine Revolutionierung der Gesellschaft durch eine Kunst mehr oder minder dezidierter »Aussagen«, wohl aber um eine Sensibilisierung, eine Veränderung des Bewußtseins im Hinblick auf eine zwingend notwendige Veränderung der Gesellschaft. Ähnlich wie für Beuys ist die Kunst also auch für Merz, Kounellis, Penone, Fabro und andere Auslöser von Gefühls- und Denkprozessen, die zur Transformation unserer gesellschaftlichen Umwelt beitragen sollen. Noch einmal verbinden sich damit ästhetische Innovationen und gesellschaftliches Engagement, noch einmal realisiert sich der Begriff der Avantgarde in seiner grundlegenden ästhetischen und gesellschaftlichen Fortschritt umfassenden Definition.

Salomé, *Blutsturz,* 1979. Kunstharz auf Nessel, 260 × 210 cm

Dieser Ansatz und diese Stoßrichtung gehen nun gegen Ende der 70er und zu Beginn der 80er Jahre bei einer neuen Generation von zumeist europäischen Künstlern verloren, die von der Kunstkritik/Kunstwissenschaft nicht zufällig mit dem Etikett der »Transavantgarde« versehen wurden. An die Stelle eines grundlegenden Veränderungswillens, eines Einwirkenwollens auf die außerästhetische Realität im Sinne der Arte povera, tritt bei ihnen ein Rückzug in die Privatheit eines Subjektivismus, der in aller Regel mit der Aufgabe des künstlerischen Experiments einhergeht. Nicht länger der große Nenner mehr oder minder expliziter Utopien, sondern die verhältnismäßig kleine Welt der individuellen Wünsche und Emotionen wird nun kultiviert, wobei vor allem die deutsche Variante dieser Kunstströmung nicht selten zu einer Art Exhibitionismus neigt. »Die Bilder und Zeichnungen [...] starren geradezu von physischer Direktheit. Eine orgiastische Körperlichkeit entfaltete sich. Es wurde kopuliert, onaniert, geschissen, gekotzt, gewürgt, geschlagen, gequält und guillotiniert.«[10]

Daß bei solch einem Berserkertum Formbildung und Gestaltung zuweilen auf der Strecke blieben, nahm man in Kauf, dienten doch Malerei, Zeichnung und Plastik diesseits wie jenseits der Alpen sowohl bei den Wilden als auch bei der italienischen Arte cifra primär als Spiegel einer Selbstfixierung, die an den Medien selbst, an der Entwicklung ihrer Ausdrucksmöglichkeiten, mithin an der Eröffnung und Entfaltung neuer ästhetischer Dimensionen gar kein Interesse mehr hatte. In dem Maß, wie das Bild, die Skulptur zum Träger einer Botschaft, zum Vermittler einer Inhaltlichkeit funktionalisiert wurde, in demselben Maß trat die Reflexion auf das Medium, seine noch von der Arte povera verfochtene aktive Rolle im Prozeß der Sensibilisierung des Betrachters in den Hintergrund. Das Medium, verstanden als bloßes Kommunikationsmittel, bedurfte keiner tiefergreifenden Auseinandersetzung mehr, weshalb auch Clemente, Cucchi, Chia, Middendorf, Salomé und viele andere auf die »eingeführten« Bildmedien – und deren recht traditionelle Nutzung – zurückgriffen. In der Hoffnung, daß diese ihrem Ausdruckswillen den geringsten Widerstand entgegensetzen würden, die mediale Eigengesetzlichkeit folglich am leichtesten zu überspielen wäre, im Vertrauen zudem auf ihre unmittelbar sinnliche Wirkung, entstand so eine Konjunktur speziell der Malerei, die rückblickend in einem doppelten, sich kausal bedingenden Sinn zu deuten ist. Zum einen spiegelt sie den Rückzug des Künstlerindividuums in eine letztlich außerästhetische Welt der Emotionen und Affekte, als deren möglichst ungefilterter Niederschlag das Bild nunmehr verstanden wird, zum anderen aber dokumentiert sie, so wie sie sich dem kritischen Blick darbietet, den Verzicht auf das künstlerische Experiment, die Auslotung neuer ästhetischer Erfahrungen (auch im Rahmen der Malerei) und damit die Aufgabe immanenter Positionen der Avantgarde.

Ging es der Moderne in der Thematisierung der Medien und ihrer Gesetzmäßigkeiten immer auch um eine Selbstbestimmung als autonome Kunst, in der Definition ihrer Eigen-Art(en) folglich um eine kritische Absetzung von der Empirie, sind also Autonomie, mediale Selbstreflexion und Avantgardefunktion kausal eng verbunden, so unterläuft die Transavantgarde, die Wilden wie die italienische Arte cifra, die Möglichkeiten von Kunst, Korrektur und Alternative zum Gegebenen zu sein, indem sie das Bild, die Plastik und die Zeichnung zum schieren Protokoll des Selbstausdrucks degradiert. Zwar werden dadurch die Rechte des Individuums auf eine radikale Weise eingeklagt, doch wird dies auf der anderen Seite mit einem Triumph der Empirie in Gestalt des vorästhetischen Affekts und mit der Rekonstitution einer Sphäre des Scheins, seiner Darstellung, bezahlt. Mit der Wilden Malerei hat die Avantgarde also vorerst abgedankt; Orientierungspunkt ist nicht mehr die ästhetische Realität von Innovationen oder Utopien, sondern die Darstellung von Individualität, die als einer der letzten Eckpfeiler künstlerischen Schaffens gegen Mitte/Ende der 80er Jahre verlorenzugehen droht.

Trägt auch diese Deutung notwendig die Züge einer vergröbernden Generalisierung und lassen sich glücklicherweise eine Reihe von prominenten Gegenbeispielen finden, so scheint sich doch Jean Baudrillards These von der Auflösung von Subjekt und Objekt in einer Zwischenwelt der Simulakren auch für die Künste zu bestätigen. Nicht mehr das Individuum und seine Phantasmen oder gar Utopien beherrschen heutzutage das Terrain der Malerei, es ist, so Baudrillard, die Selbstreferenz der Formen, die die Erscheinungsweise der zeitgenössischen Kunst bestimmt. »Die Formen spielen miteinander, sie tauschen sich untereinander aus, ohne das psychologisch Imaginäre eines Subjekts zu durchlaufen.«[11] Als zentrale Instanz suspendiert, lösen sich Körper, Eros, die Authentizität von Affekten, mithin die Fixpunkte expressiver Malerei, in einem Spiel der Formen auf, dessen Merkmal die Ersetzung der Primärrealität durch sekundäre Scheinwirklichkei-

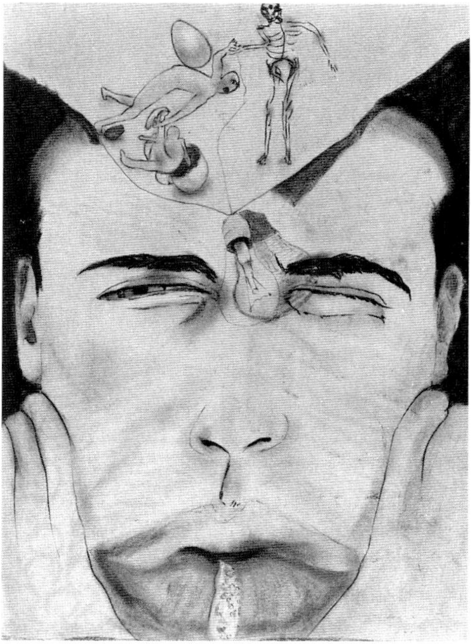

Francesco Clemente, *Ohne Titel (Senza titolo),* 1980. Pastellkreide und Kohle auf Papier, 61 × 45,8 cm

ten ist: »Heute gibt es weder Szene noch Spiegel mehr, sondern Bildschirm und Vernetzung. Keine Transzendenz oder Tiefe mehr, sondern die immanente Oberfläche der Kommunikation. Im Verhältnis zum Fernsehbild, dem schönsten, prototypischen Objekt dieser Epoche, werden das gesamte uns umgebende Universum und unser eigener Körper zu Kontrollbildschirmen. Wir projizieren uns nicht mehr mit den gleichen Affekten, den gleichen Phantasmen von Besitz, Verlust, Trauer, Eifersucht in unsere Objekte hinein: die psychologische Dimension hat sich verflüchtigt, selbst wenn man sie noch immer nachvollziehen kann.«[12]

Nach-vollziehbar in des Wortes ursprünglicher Bedeutung war sie sicherlich noch im Rahmen der Wilden Malerei, wenn auch der Rückzug des Künstlers »hinter« seine Arbeiten zu einer fast inflationären Produktion von Bildern, sprich Affektsurrogaten, führte. Lag hierin, in der Tendenz zur Artikulation über statt durch das Medium, möglicherweise schon der Grund für einen Authentizitätsverlust der Werke, deuten sich also – mit Vorbehalt gesagt – schon in der Transavantgarde erste Ansätze für die spätere Entfaltung nun weitgehend ungebundener Bilderwelten, »Simulakren«, an, so lieferte doch die expressive Malerei Zeichen, Spuren von Subjektivität, die sich in der heutigen Kunstproduktion zu verflüchtigen scheinen. Der Selbstausdruck des Individuums, nach Habermas eines der zentralen Merkmale der Moderne schlechthin, hat von der Bühne der Künste Abschied genommen, und mit ihm ist einer der letzten Eckwerte künstlerischer Arbeit verlorengegangen. Weder die Artikulation von Affekten noch die Gesetzmäßigkeiten des Mediums oder, um mit Adorno zu sprechen, das, »was objektiv die Sache von sich aus verlangt«[13] leiten heute noch den kreativen Prozeß; Malerei und Plastik überlassen sich einem Fluß der Bilder, der jegliche Koordinaten und Grenzen verloren zu haben scheint. Die vielzitierte Depotenzierung des Faktischen und die damit verbundene Krise der Referentialität hat die Spielräume der Zeichen enorm erweitert, hat zu einem Selbstlauf der Bilderproduktion geführt, der je nach Position der Interpreten teils als Pluralismus der Stile und Medien gefeiert, teils als Identitätsverlust der Kunst gebrandmarkt wird.[14]

Wie immer man diese Entwicklung nun deuten mag, in jedem Fall bestätigt der Blick auf den Kunstmarkt eine überbordende Fülle individueller Ansätze, die sich, wie schon Manfred Schneckenburger in seinem Vorwort zum *documenta 8*-Katalog resignierend feststellen mußte, jeglicher Systematisierung entzieht. Weder läßt sich ein dominanter Zeitstil herausfiltern, noch prägt eine Konkurrenz klar differenzierter Ismen die Positionen. Im Zeichen der universellen Verfügbarkeit von Stilen und Medien verlieren die Profile ihre Schärfe, hat sogar der Individualstil keine Konturen mehr. Künstler wie Gerhard Richter oder, in der jüngeren Generation, Georg Jiři Dokoupil, pflegen einen stilistischen Eklektizismus, dessen Repertoire wie im Fall Richters Gegenständlichkeit und Abstraktion gleichermaßen umfaßt. So stehen fotografisch-veristische Landschaften neben ungegenständlichen, teils expressiv, teils farbanalytisch-diszipliniert anmutenden Werken, ohne daß sich eine Hierarchie oder eine eventuelle künstlerische Entwicklung ausmachen ließe. Die Parallelisierung solch unterschiedlicher ästhetischer Ausdrucksformen dokumentiert vielmehr die Suspendierung jeglichen Individualstils einerseits und jeder objektbezogenen Stellungnahme andererseits und ist damit Zeichen einer Freisetzung des Mediums Malerei aus allen seinen Bindungen, einer Freisetzung als

Gerhard Richter, *Scheune,* 1983. Öl auf Leinwand, 70 × 100 cm

deren neutraler, ja, gleichgültiger Regisseur der Künstler selbst fungiert. Richter: »Ich verfolge keine Absichten, kein System, keine Richtung. Ich habe kein Programm, keinen Stil, kein Anliegen. Ich halte nichts von fachlichen Problemen, von Arbeitsthemen, von Variationen bis zur Meisterschaft. Ich fliehe jeder Festlegung, ich weiß nicht, was ich will, ich bin inkonsequent, gleichgültig, passiv; ich mag das Unbestimmbare und Uferlose und die fortwährende Unsicherheit.«[15]

Jeder, der also bei Richter »Selbstausdruck« oder »Weltanschauungen« erwartet, dürfte folglich von der Sinnaskese seiner Arbeiten enttäuscht werden. Sein Metier ist die Malerei in der Epoche des Mediums als Botschaft, seine Domäne ist die Immanenz des reinen Virtuosentums, das sich jenseits ästhetischer Experimente in der Zwischenwelt der Bilder eingerichtet hat. Vexierbildartig wechseln dort die Positionen und die Stile, begegnen sich Tizians Kolorismus[16] und der abstrakte Expressionismus im Zitat einer Metamalerei, die in ihrem selbstgenügsamen Spiel alle Brücken zum Subjekt und zur Empirie abgebrochen zu haben scheint.

Gerhard Richter, *Abstraktes Bild,* 1986. Öl auf Leinwand, 300 × 250 cm

Gerade in dieser Hinsicht kann Gerhard Richters Œuvre, selbst wenn er nicht zu der jüngeren oder jüngsten Generation zeitgenössischer Maler zu zählen ist, als beinahe paradigmatisch für die neuesten Entwicklungen innerhalb der Malerei gelten. Trennt ihn auch seine kultivierte Peinture von Dokoupils plakativen Banalitäten, gemeinsam ist ihnen – und manchen anderen Protagonisten des Kunstmarktes der späten 80er Jahre – doch der spielerische Umgang mit einem schier unerschöpflichen Vorrat an Stilen unterschiedlichster Epochen und Provenienzen. Waren die Neuen Wilden noch auf die expressiven Qualitäten der Farbe oder des Pinselduktus festgelegt, so gibt es für viele jüngere Künstler kaum noch zwingende stilistische Verpflichtungen. Ob Abstraktion oder konkrete Kunst, ob der Lyotard verhaßte Realismus[17] oder gar der modische Historismus/Klassizismus à la Mariani, im Zeitalter der Postmoderne darf der Fundus der (Kunst-) Geschichte fröhlich geplündert, in das pluralistische Spiel entsubstanzialisierter Formen überführt werden.

Erlaubt ist dies genau in dem Maß, wie es keine Zukunft, keine Innovationen und keine Avantgarden mehr zu geben scheint, denn mit der Aufgabe von jeglicher Zukunftsperspektive geht eine Auflösung des Geschichtsbewußtseins und des Geschichtsverständnisses einher, die verhindert, das Vergangene überhaupt noch als Vergangenes zu denken. Mit den Utopien hat auch das Historische als das Vergangene seinen Platz eingebüßt, so daß sich nun fokusartig alles in einer Gegenwart sammelt, die mit dem Fundus eigentlich nicht mehr anzufangen weiß, als eben mit ihm zu spielen. So wird denn alles und jedes ausprobiert, alles mit jedem – und sei es in der Folge der Werke – kombiniert, ohne daß sich hieraus etwas qualitativ Neues entwickeln würde. Der Selbstlauf des Spiels, das Quod libet des »alles ist möglich«, verhindert nämlich zugleich die Realisation einer konkreten Alternative, woraus sich auch Adornos in der *Philosophie der Neuen Musik*[18] niedergelegte Problematisierung des Spielerischen erklärt. Dem Spiel muß, Adorno zufolge, die »Konstruktion« als Repräsentant von »Entwicklung«, von konstruktiver Gestaltung zur Seite gestellt werden, soll Kunst nicht dem Beliebigen verhaftet bleiben.

Mag man sich Adornos Urteil auch nicht in allen Punkten anschließen, zumal sein Konzept einer gewissen Rigidität nicht entbehrt, so liegt doch in der Beliebigkeit der absoluten kombinatorischen Freiheit eine Gefahr zeitgenössischer künstlerischer Tendenzen, die sowohl die Malerei als auch die Plastik betrifft. Ist es in der Malerei der stilistische Eklektizismus, der problematisch erscheint, so ist es im Umfeld der Plastik die Aufgabe jeglicher Medienreflexion. Der Purismus der Material- und Mediengerechtigkeit, der noch beispielsweise die Arbeit des aus der Minimal art hervorgegangenen Carl Andre prägt, muß, blickt man auf den Kunstmarkt, als unzeitgemäß und überholt gelten. Heutzutage beherrschen Material-, Objekt- und Mediencollagen das Terrain der Plastik, dominiert ein spielerischer Umgang mit dem Medium, der teils zu der schon beschriebenen Beliebigkeit tendiert, teils aber auch zu überraschenden und poetischen Bildern führt.

Letzteres kennzeichnet, um ein Beispiel zu geben, sicherlich die »zwischen zerbrochenen Träumen und hochgebockter Prächtigkeit«[19] situierten Installationen des Müncheners Stephan Huber, der in seinen Objektassemblagen die evokatorische Kraft der »Bilder« mit Gesellschafts- und Bewußtseinskritik zu verbinden weiß. »So gibt es Inszenierungen mit Widerhaken, denen [...] nichts Didaktisches anhaftet, die auch nichts von diesem puritanischen Impetus der Weltverbesserung besitzen [...]«[20] Seine Installationen sind nämlich ebenso sinnlich-verführerisch wie intellektuell-analytisch, sie leben aus der theatralisch pointierten Schärfe des Kontrastes ihrer Elemente. Der überdimensionale Filzhut auf dem Handwerkszeug des Proletariers in den *Arbeiten im Reichtum, 7*[21], die Putti und Wagenheber an *Lenins Schreibtisch*[22], sie alle sind Bestandteile einer Strategie der Konfrontation, die bei allem Assoziationsreichtum präzis ist. Huber geht es nicht um eine reine Phantasiebeflügelung, um das spielerische Ausloten von Kontrasten, seine Arbeiten verfolgen das Ziel einer poetischen Aufklärung, die sich jedoch, dank der Präsenz und Wirkung ihrer Bilder, niemals auf den Begriff bringen läßt.

Damit markieren Huber und sein Werk einen poetischen Eckpunkt in der zeitgenössischen Kunst der Kombinatorik, einen prägnanten Pol in jenem Spannungsfeld der Materialien und Medien, in dem natürlich auch andere Kollisionspunkte möglich sind. Einen der interessantesten, sicherlich aber auch problematischsten stellen die Videoinstallationen dar, die heutzutage von keiner größeren Überblicksausstellung mehr fortzudenken sind. Prototypisch für die Souveränität gegenüber dem Primat des Medienpurismus oder der Mediengerechtigkeit werden hier zwei fast antithetisch fremde Medien zusammengeführt. Auf der einen Seite steht die »visionäre«, gleichsam immaterielle, da mit Software arbeitende Videokunst, und auf der anderen Seite die physisch-objekthafte Präsenz der Plastik. Ergeben sich aus dieser Konstellation schon fast notwendig Spannungsmomente, so werden diese doch nur relativ selten reflektiert, thematisiert oder in irgendeiner Weise produktiv genutzt.

Marie Jo Lafontaine, *Die stählernen Tränen (Les larmes d' acier),* 1987.
1 Videofilm schwarzweiß, 27 Monitore, Holz, Farbe, 420 × 730 × 180 cm

Ein Beispiel für eine solche produktive Nutzung, also gleichsam für die Ausnahme von der Regel, bot sicherlich Marie Jo Lafontaines *Les larmes d'acier* betitelte Installation auf der *documenta 8* im Jahr 1987, die inhaltlich um die Fixpunkte Maschine, Gewalt und Erotik kreiste.[23] Dokumentierte schon das Videoband das allmähliche Umschlagen des narzißtischen Körperkults eines Bodybuilding-Athleten in die faktische Selbstzerstörung, den Triumph des Hilfsmittels Maschine über seinen Benutzer, so gelang es Marie Jo Lafontaine, die Macht und implizite Gewalt des Technischen auch physisch-objekthaft zu vergegenwärtigen, indem sie eine monumentale Wand von Videomonitoren in den Ausstellungsraum stellte. Solchermaßen Soft- und Hardware zu einer Aussage verbindend, repräsentiert Lafontaines Arbeit eine zielgerichtete Medienfusion, die sich in ihrer Konsequenz deutlich von dem die Plastik bestimmenden Spiel mit Materialien und Medien absetzt.

Klare Positionen, so wie die eben zitierte, haben jedoch zur Zeit weder in der Plastik noch in der Malerei Konjunktur, allbeherrschend ist das Prinzip der »Bricolage«[24], das von keiner festen Konzeption geleitete freie Arrangieren und Kombinieren von vorgegebenen Elementen. Kunst und Künstler bewegen sich gegen Ende der 80er Jahre in einem Residuum der Bilder und der Medien, in einem Schutzbereich des Konjunktivischen, in dem alles, zugleich aber auch nichts möglich erscheint. Hat sich die Avantgarde damit im übermächtigen Reich der Simulakren verloren, hat sie ihre Funktion als sinnstiftende Alternative zum Immergleichen unserer Alltagserfahrungen endgültig aufgegeben? Gleich mehrere Antworten scheint die zeitgenössische Kunst auf diese Fragen bereitzuhalten, wobei drei besonders prägnante nun zum Abschluß diskutiert werden sollen.

Neben den Künstlern, die sich wie Gerhard Richter in der Zwischenwelt der Bilder eingerichtet haben und das selbstgenügsame Spiel der Formen für ihre Kunst bereitwillig akzeptieren, zweifeln vor allem jene Künstler an der kritischen Transzendenz, dem Widerspruchspotential der Kunst, die sich in den letzten Jahren dem starken Trend zum Design angeschlossen haben. Wenn Malerei und Plastik, die traditionellen Bildmedien, nicht mehr im Sinne der Moderne Vorreiter, Wegbereiter für neue Erfahrungsmodalitäten von Wirklichkeit sein können oder wollen, so muß die Kunst sich in ihren Augen mit dem Status quo arrangieren, zur dekorativen Ausgestaltung des Bestehenden zurückkehren, will sie ihre Funktionen und ihren gesellschaftlichen Stellenwert nicht völlig einbüßen. So tritt an die Stelle der Verpflichtung gegenüber dem Zukünftigen die Verankerung im Gegenwärtigen, der Avantgardist wird zum Designer. Von zahlreichen Interpreten als Rückkehr der Kunst in den Schoß der Gesellschaft gepriesen, als Verwirklichung zentraler Utopien der Moderne, als Reintegration von Kunst und Leben gefeiert, verbirgt sich hinter dieser Entwicklung doch nichts anderes als ein problematischer Identitätswandel, ja, Identitätsverlust der Kunst, der sie zum Ding unter Dingen macht. Die unter dem Signum des Design geforderte Aufhebung der »isolierte[n] Positionen der Unikat-Museumskunst«[25] läuft damit letztlich auf die Destruktion auch der letzten Rückzugsgebiete ästhetischer Sinnstiftung hinaus.

Daß diese Vernichtung auch von solchen Künstlern betrieben wird, die primär noch im Medium der Tafelmalerei arbeiten, mag das Beispiel John M. Armleders, eines der Protagonisten der Neuen Geometrie, belegen. Wie schon das Etikett »Neo-Geo« andeutet, orientiert sich

John M. Armleder, *Ohne Titel,* 1987. Email auf Leinwand, Bücherregal aus Holz, Leinwand: 300 × 200 cm, Bücherregal: 300 × 150 × 21 cm

Armleder an der Tradition des Konstruktivismus, ohne freilich dessen bildgewordene Utopien für die Gegenwart fortzuschreiben. Künstlern wie Mondrian oder Rodtschenko ging es nicht um einen Purismus elementarer Gestaltungsmittel allein, was sie anstrebten, war, so etwa im Falle Mondrians, die Re-Konstruktion einer verlorenen Synthese, eine Harmonisierung von Mensch, Gesellschaft und Natur, die im Bild ihr augenscheinliches Vor-bild finden sollte. Mondrians Werke der Reifezeit formulieren ein spannungsvoll-ausgeglichenes Relationsgefüge grundlegender, der Empirie gleichsam extrahierter Gestaltungselemente, ein harmonisches Ensemble von paradigmatischem Charakter, dessen Verwirklichung Kunst zum Utopieträger macht und ihr folg-

Scott Burton, *Ein Paar Granitstühle (Pair of Granite Chairs),* 1986. Granit, je 90 × 50 × 65 cm

lich eine Funktion zuweist, die sie bei Armleder ganz offensichtlich nicht mehr besitzt. Seine Arbeiten sind alles andere als Entwürfe von Gegenwirklichkeiten, sie kennzeichnet vielmehr eine spannungslose Selbstreferenz, die nur das meint, was das Bild zeigt: Punkte, Streifen und Farben auf Leinwand. Daß diese konkret nur das darstellen, was sie auch sind, wird durch die gelegentliche Verbindung ihrer geometrischen Formensprache mit Derivaten der Empirie unterstrichen. Wenn Armleder etwa, wie in seinem Beitrag für die *documenta 8,* geometrisierende Malerei mit einem Bücherregalfragment verbindet, dann dürfte auch dem letzten Betrachter klar sein, daß diese Geometrizität keine Grundkonstanten unserer Realität reflektiert und, im Sinne Mondrians, harmonisierend organisiert, sondern allenfalls Elemente unserer alltäglichen Formenwelt mit konstruktivistischen Stilzitaten collagiert. Die qualitative Differenz zwischen den Utopien der Moderne und der Banalität des (Bücherregal-)Designs wird dabei bewußt überspielt, ja, dezidiert annulliert. Was übrigbleibt, ist gleichsam eine Reduktionsstufe von Kunst: Malerei und Plastisches als dekorativer Wandschmuck.

Bleibt Malerei hier immerhin noch Malerei, das Bild Bild, so ließe sich über Armajani und Artschwager, Burton, Koons und Schütte ein ganzes Alphabet von Künstlern auflisten, die sich von den traditionellen Bildmedien gelöst haben, um nun den Grenzbereich zur angewandten Kunst auszuloten oder gar zu überschreiten. So wie Modefotografen oder Designer in bedeutenden Ausstellungshäusern salonfähig geworden sind, so üben sich Künstler, sozusagen im Gegenzug, im Entwerfen von Mode, Möbeln oder – im öffentlichen Raum – von Bushaltestellen[26], Sitzbänken oder ganzen kommunikativen Environments. »Sozio-Design« ist das Schlagwort für diese engagierte Variante der Designbewegung, die etwa der naturalisierte Amerikaner Siah Armajani vertritt. Seine Fußgängerbrücken, Warteräume und Lesehäuser zielen auf eine Verwendbarkeit, die er als wichtigstes Kriterium für die Bestimmung von Kunst im öffentlichen Raum ansieht: »Kunst im öffentlichen Raum ist weltlich und nicht sektiererisch. Soziale, ökonomische und kulturelle Faktoren bestimmen den Prozeß [...] Das traditionelle Konzept eigengesetzlicher Kunstproduktion ist nicht geeignet für die generativen Kräfte der Kunst im öffentlichen Raum [...] Es sind die Menschen, die einem Werk im öffentlichen Raum seine Existenzberechtigung verleihen, dadurch, daß sie in Verbindung mit diesem treten, es benützen.«[27]

Der Künstler hat hierfür die Mittel bereitzustellen, was aber eine gezielte Einflußnahme auf den Benutzer, etwa über die Gestaltung des Environments, keineswegs ausschließt. Armajani will auf unsere gesellschaftliche Umwelt, auf unsere konkreten Lebensformen einwirken, doch bleibt es ungewiß, ob Kunst in der Lage ist, soziales Verhalten zu verändern oder ob dies Engagement nicht vielmehr von der übermächtigen außerästhetischen Realität absorbiert wird. Die direkte Verbindung mit der außerkünstlerischen Wirklichkeit könnte das »Sozio-Design« gegen alle Zielsetzungen zu einer Folgenlosigkeit verdammen, der die autonome, avantgardistische Kunst – freilich um den Preis der unmittelbaren Wirkung – durch Ausgrenzung entgangen ist.

Droht dem Design, in welcher Variante auch immer, eine Vereinnahmung durch außerkünstlerische Kontexte, so bleibt die Frage offen, wo heutzutage, um die Wende zu den 90er Jahren, die Alternativen hierzu liegen, die Erben der Avantgardebewegungen zu lokalisieren sind. Wie oben bereits angedeutet, wird eine der interessantesten Antworten von Wulf Herzogenrath, einem der Organisatoren der *documenta 8,* vertreten. Nach seiner Ansicht haben sich die neuen Medien, insbesondere die Videokunst, zu einem Sammelbecken innovativer Ansätze entwickelt, eine Tatsache, der auch die »Macher« der letzten *documenta* durch deren breitere Präsentation Rechnung zu tragen suchten. Videokunst, Computergrafik usw. sind aus den experimentellen Nischen der 60er und 70er Jahre herausgetreten und gewinnen auch auf dem Kunst- und Medienmarkt an Bedeutung. Multimediale Talente wie die Video- und Performance-Künstlerin Laurie Anderson vermögen inzwischen ihren künstlerischen Erfolg auch in einen kommerziellen umzumünzen, und Nam June Paik gelang es sogar via Satellit, weltweit über 30 Millionen Menschen durch die Ausstrahlung einer von ihm konzipierten Sendung zu erreichen. Videokunst als Avantgarde des technischen Fortschritts in den Künsten ist also auf dem Vormarsch, und dies ist nach Herzogenrath um so erfreulicher, als das ästhetisch Neue in diesem Bereich nicht mehr mit der Ignoranz der Rezipienten kollidiert. Das durch Fernsehen und Massenkultur präparierte Erfahrungsniveau der Konsumenten ermöglicht nämlich seiner Sicht zufolge eine nahezu problemlose Rezeption. So holt der technische Fortschritt, so die These Herzogenraths, die künstlerische Avantgarde ein und trägt damit entscheidend zur Auflösung ihres Begriffs bei: »[...] der mühsam in den letzten vierzig Jahren noch einmal aufgebaute und philosophisch untermauerte Avantgarde-Begriff [ist] zerstoben – nicht so sehr, weil postmodernes Gedankengut Vergangenes als Zukunft formulieren will, sondern weil die Sehgewohnheiten sich auf so rapide Weise verändern [...] Das Publikum ist nicht mehr zwei Generationen hinterher, es ist vielleicht schon eine halbe Generation voraus, nur die Vermittler haben es noch nicht alle gemerkt. So gibt es im deutschen Fernsehen immer eher eine künstlerisch attraktive, bildlich neue Gestaltung im Unterhaltungsprogramm [...] als im Kulturprogramm [...] Nicht deshalb kehrt man so gerne zur Postmoderne zurück, weil es die Avantgarde nicht mehr gibt – sondern die Avantgardisten haben sich weiterentwickelt und sind ganz woanders schon akzeptiert [...] Die Künstler haben neue Strategien entwickelt, um ein Breitenpublikum zu erreichen – und nichts von ihrer künstlerischen Kraft und Intention eingebüßt.«[28]

Der technologische Fortschritt tritt also das Erbe der Avantgardebewegungen an, Videokunst und Fernsehen sind als neuer Hort ästhetischer Innovationen, als Kommunikationsforum gleichberechtigter,

Wolfgang Laib, *Blütenstaub von Haselnuß,* o. J. Blütenstaub, ca. 250 × 250 cm

weil gleichinformierter, das heißt (fernseh-) bildgeschulter Individuen zu verstehen? Ein wenig mag man ob der naiven Identifikation von technischem und künstlerischem Fortschritt schmunzeln, postuliert doch der Autor eine kausale Verbindung allenfalls korrelierter Begriffe und Gegenstandsbereiche. Würde man die These ernst nehmen, so müßten konsequenterweise die traditionellen Bildmedien und ihre Ausdrucksmöglichkeiten, verglichen mit dem Fernsehen, als überholt – und nicht zu unrecht historistisch infiziert – erscheinen, was wohl niemand ernsthaft behaupten will. Zwar bestimmt das auch technisch determinierte »Wie« eines Mediums zweifellos das »Was« der Kommunikation, doch läßt sich auf Grund hoher technischer Standards, massenmedialer Verbreitung und partieller Innovationen, etwa im Bereich der Werbung, noch lange nicht auf millionenfach rezipierte künstlerische Qualität im oder gar des Fernsehens schließen. Wenn man den, analog zu Postmans Thesen zur Destruktion unserer Schrift- und Lesekultur[29], nicht minder virulenten Verschleiß von Bildern vor dem Hintergrund einer wahren Flut visueller Reize – leider auch in der Videokunst – betrachtet, dann könnte man geneigt sein, eher von der

Aufgabe einer produktiven Bildlichkeit durch die neuen Medien zu sprechen. Herzogenraths Argumentation liefe dann auf eine, freilich unbewußte, Identifikation mit dem Angreifer hinaus, die trotz ihres apologetischen Charakters im Endeffekt den illusionslosen »Strategien der Affirmation« eines Jean Baudrillard verwandt scheint.

Nach Baudrillard gilt es, das zentral durch die neuen Medien etablierte Universum der Simulation durch dessen Potenzierung in einem permanenten Spiel der Listen, Maskeraden und Metamorphosen gleichzeitig zu bestätigen und zu unterlaufen. Statt der historischen »Arbeit der Negation«[30] geht es ihm also um eine Logik der Verdoppelung, deren Grenzen freilich im Bereich der Kunst schon das Beispiel Warhol aufgezeigt hat. Die Beliebigkeit und Austauschbarkeit seiner Produkte mag zwar der Warenwelt den Spiegel vorhalten, doch zielt Warhols Kunst wohl kaum darauf, zwingend notwendige Gegenpositionen zu entwickeln.

Daß diese nun gerade in der Antithese zur universellen Illusionserzeugung und Realitätsverleugnung der Simulation zu finden sind, bedarf keiner allzu großen Phantasie. Gegen die Bilderflut der neuen Medien, insbesondere auch des Fernsehens, gegen dessen Destruktion grundlegender menschlicher Orientierungsgrößen wie Raum und Zeit, könnten Malerei und Plastik die Konzentration auf das Hier und Jetzt, auf das Kunstwerk und seine spezifische Erfahrung fördern. Ziel wäre dann die Stiftung von durch die Aura der Authentizität geprägten »Orten der Vergegenwärtigung und Konzentration«, die sich ähnlich den Bildern des Wilsonschen Theaters von der Inflation der Augenreize absetzen. Selbst wenn sich damit auch noch keine stilistisch neuen Perspektiven für die bildende Kunst eröffnen lassen, so könnte diese doch über ein solches Gegensteuern dialektisch zu einer neuen Positionsbestimmung finden. Werke wie die eines Richard Serra oder eines Wolfgang Laib – um nur zwei Namen aus unterschiedlichen Künstlergenerationen zu nennen – weisen da Wege für eine Fortsetzung des Projekts der Moderne, für eine Revitalisierung der Avantgarde, die ihr Ziel, ganz im Sinne des Rimbaudschen »inspecter l'invisible et entendre l'inouï«, heutzutage in der Wiederentdeckung eines im Zeichen der Simulation fast verlorenen Bekannten, des Wirklichen, Authentischen und Unmittelbaren, finden könnte.

Anmerkungen

[1] Arthur Rimbauds berühmte Forderung an die Kunst und Literatur seiner Zeit. Zit. nach: Renato Poggioli: *The theory of the Avantgarde.* Cambridge, Mass. 1968, S. 216.

[2] Arthur Rimbaud: »Lettre à Paul Demeny« (lettre du voyant), in: Antoine Adam (Hrsg.): *Arthur Rimbaud. Œuvres complètes.* Paris 1972, S. 247–253, hier S. 253.

[3] Ihab Hassan gilt als einer der profiliertesten Theoretiker der Postmoderne. Vgl. unter anderem Ihab Hassan: *The postmodern turn.* Columbus, Ohio, 1987; ders.: »Pluralismus in der Postmoderne«, in: Dietmar Kamper und Willem van Reijen (Hrsg.): *Die unvollendete Vernunft: Moderne vs Postmoderne.* Frankfurt am Main 1987, S. 157–184; ders.: »Postmoderne heute«, in: Wolfgang Welsch (Hrsg.): *Wege aus der Moderne.* Weinheim 1988, S. 47–56.

[4] Zu nennen wäre hier an erster Stelle Jürgen Habermas, der sich verschiedentlich zum Problem der Postmoderne geäußert hat. Vgl. unter anderem Jürgen Habermas: *Der philosophische Diskurs der Moderne. Zwölf Vorlesungen.* Frankfurt am Main, [2]1985; ders.: »Moderne und postmoderne Architektur«, in: Welsch, a. a. O., S. 110–120.; ders.: »Die Moderne – ein unvollendetes Projekt«, in: ders.: *Kleine politische Schriften.* Bd. 1–4. Frankfurt am Main 1981, S. 444–464.

[5] Heidrun Hesse (Red.): *Der Tod der Moderne: Eine Diskussion.* Tübingen 1983.

[6] Vgl. hierzu Herzogenraths Aufsatz im Katalog der *documenta 8:* Wulf Herzogenrath: »Kunst zwischen ›E‹ und ›U‹. Die neuen Strategien der bildenden Künstler«, in: Katalog der *documenta 8.* Bd. 1. Kassel 1987, S. 52–64.

[7] Corinne Robins: *The pluralist era. American Art 1968–1981.* New York 1984.

[8] Giuseppe Penone, *Baum (Albero),* 1969, Geschälter Baumstamm, ca. 505 × 20 × 9 cm, Privatbesitz. Diese Arbeit ist Teil der Werkreihe der »Bäume«.

[9] Mario Merz, *Brötchen-Iglu (Igloo di panini),* 1971, Materialien und Maße unbekannt, Privatbesitz.

[10] Klaus Honnef: »Narreteien am Abgrund«, in: *Kunstforum* 68, Dezember 1983, S. 30.

[11] Jean Baudrillard: *Das Andere selbst.* Habilitation, Wien 1987, S. 39.

[12] Ebd., S. 11.

[13] Theodor W. Adorno: *Gesammelte Schriften.* Bd. 7. Frankfurt am Main 1970, S. 320.

[14] Vgl. hierzu die Diskussion um die Begriffe »Moderne«, »Postmoderne«, »Avantgarde« usw. in: Welsch, a. a. O.; Kamper und Reijen, a. a. O.

[15] Gerhard Richter, zit. nach Wolfgang Max Faust und Gerd de Vries: *Hunger nach Bildern.* Köln 1982, S. 47.

[16] Vgl. hierzu Richters Variationen zu Tizians *Verkündigung,* reproduziert unter anderem in: *A new spirit in painting.* Katalog der gleichnamigen Ausstellung in der Royal Academy of Arts. London 1981, Abb. 121–124.

[17] Vgl. hierzu die Schriften Lyotards, so Jean-François Lyotard: *Philosophie und Malerei im Zeitalter ihres Experimentierens.* Berlin 1986; ders.: »Presenting

the unpresentable: The sublime«, in: *Artforum* 20, 1982, S. 64–71; ders.: *Immaterialität und Postmoderne.* Berlin 1985; ders.: *Die Transformatoren Duchamp.* Stuttgart 1987.

18 Theodor W. Adorno: *Philosophie der Neuen Musik.* Frankfurt am Main 1966.

19 Margarethe Jochimsen: »Installationen mit Widerhaken. Zwischen zerbrochenen Träumen und hochgebockter Prächtigkeit«, in: Katalog der Ausstellung *Stephan Huber,* Bonn 1984/85.

20 Ebd., S. 11.

21 Stephan Huber, *Arbeiten im Reichtum, 7.* 1983, Materialien und Maße unbekannt, im Besitz des Künstlers.

22 Stephan Huber, *Lenins Schreibtisch* (Installation), 1985, Materialien und Maße unbekannt, im Besitz des Künstlers.

23 Marie Jo Lafontaine, *Die stählernen Tränen (Les larmes d'acier)* (Installation), 1987, Videofilm schwarzweiß, 27 Monitore, Holz, Farbe, 4,20×7,30×1,80 m, im Besitz der Künstlerin.

24 Vgl. Claude Lévi-Strauss: *Das wilde Denken.* Frankfurt am Main 1973.

25 Herzogenrath, a. a. O., S. 63.

26 Vgl. hierzu die Arbeit von Dennis Adams, abgebildet in: Ausstellungskatalog *Skulptur Projekte Münster.* Köln 1987, S. 19–22.

27 Siah Armajani, zit. nach: *Skulptur Projekte Münster,* a. a. O., S. 34.

28 Herzogenrath, a. a. O., S. 64.

29 Vgl. unter anderem Neil Postman: *Wir amüsieren uns zu Tode. Urteilsbildung im Zeitalter der Unterhaltungsindustrie.* Frankfurt am Main 1985; ders.: *Das Verschwinden der Kindheit.* Frankfurt am Main 1983.

30 Baudrillard, a. a. O., S. 27.

Entgrenzung und Vereinnahmung
Zum Verhältnis von Kunst und Kunstbetrieb in den 80er Jahren

Sabine Fabo

Die 80er Jahre – will man nun Einschnitte dieser Art vornehmen – zeichnen sich durch eine zunehmende Entgrenzung ehemals festgeschriebener Bereiche aus. Das Verhältnis von Kunst, Gesellschaft und Wirtschaft wird mehr und mehr von einem sich ausbreitenden System gegenseitiger Abhängigkeiten geprägt. Der Vernetzung hin zu einer umfassend ökonomisch geprägten Kultur können sich auch die Kunst und ihre Produkte nicht entziehen. Die kritische, distanzierte Haltung der Kunst gegenüber der Gesellschaft, wie sie noch Adorno forderte, ist einer weitgestreuten Popularisierung des Ästhetischen gewichen, die auf den ersten Blick den Demokratisierungsbestrebungen der 68er-Bewegung zu entsprechen scheint. Kunst ist verfügbar und gefügig geworden, während der Begriff der Avantgarde noch immer unter dem Verdacht elitärer Vereinzelung steht. Kunstmarkt und Kunstbetrieb suchen wie nie zuvor die Nähe zum Publikum, eine Vielzahl an Ausstellungen, Kunstmessen und Museumseröffnungen macht glauben, daß wir der Kunst nun endlich nahegekommen sind. Doch uneingeschränkte Begeisterung will bei diesen Annäherungsversuchen nicht aufkommen; der Jahrmarkt der kunstbetrieblichen Eitelkeiten ist mancherorts hektisch und schrill, Lust an der Kunst und Nachdenken über sie werden überboten vom lauten Spiel der Zahlen und Statistiken.

Der Kunstmarkt stellt ein markantes Beispiel der aktuellen Entgrenzungstendenzen dar. Als Schnittpunkt von ästhetischer Produktion und merkantiler Vermittlung ist er natürlich kein Phänomen unserer Zeit, er begleitet die künstlerische Arbeit seit ihrer Individualisierung und Loslösung von kirchlichen oder höfischen Auftraggebern. Was den heutigen Kunstmarkt jedoch von dem vorhergegangener Jahrzehnte unterscheidet, ist vor allem die Massivität, mit der er als Wirtschaftsfaktor ins öffentliche Bewußtsein gerückt ist.[1] Preise, Höchstpreise, Prozentsätze und Gewinnspannen dominieren das Bild von der vermarkteten Kunst: 31,3 Millionen DM für Mantegnas *Anbetung*, 66,8 Millionen DM für Pontormos *Porträt Cosimo de Medici*, die *Sonnenblumen* von van Gogh für 72,5 Millionen DM, van Goghs *Schwertlilien* für 89,7 Millionen DM und Picassos *Les Noces de Pierrette* für 92,3 Millionen DM (womit sein Werk *Yo Picasso* um eine Million DM übertroffen wurde), 128,6 Millionen DM für Renoirs *Au Moulin de la Galette* und – der bisherige Weltrekord (Stand: Juli 1990): 135,3 Millionen DM für das *Porträt des Dr. Gachet* von van Gogh. Über Kunst spricht man vor allem in Zahlen. Astronomische Preise und die Jagd nach neuen Rekorden geben dem eher nüchternen Marktgeschehen ungeahnten Glanz; steigende Inflationsraten, Abwertungen und Wechselkursschwankungen sind vor diesem Hintergrund eher störend. Trotz mangelnder Bereitschaft des Kunsthandels, in den Umsatzstatistiken Relativierungen vorzunehmen, läßt sich nicht bezweifeln, daß der Kunstmarkt in den letzten Jahren gewaltig expandierte. Genaue Erhebungen über den Umsatz des Weltkunsthandels gibt es nicht,

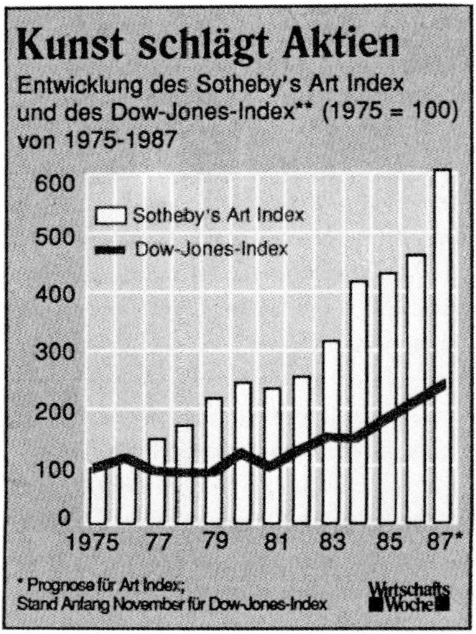

Vergleich des Sotheby's Art Index mit dem Dow Jones Index

Versteigerung des van-Gogh-Gemäldes *Sonnenblumen* bei Christie's, März 1987

doch auch einzelne Zahlen sprechen für sich: Die steuerlich erfaßten Umsätze des Kunsthandels in der Bundesrepublik Deutschland beliefen sich 1986 auf 1,26 Milliarden DM, was im Vergleich zu 1982 eine Steigerung um 42 Prozent bedeutet; im Bereich Antiquitäten und Kunsthandwerk lag der Umsatz bei fünf Milliarden DM. Eine Recherche ergab, daß die Umsätze einiger Galerien in der Bundesrepublik, die auf zeitgenössische Kunst spezialisiert sind, zwischen 1983 und 1988 um 278 Prozent gestiegen sind.[2] In New York mit seinen gut 400 Galerien wurden 1984 schätzungsweise eine Milliarde Dollar umgesetzt, eine zusätzliche halbe Milliarde entfiel auf den Auktionshandel. Die beiden größten Auktionshäuser Christie's und Sotheby's machten im Kalenderjahr 1986 Gesamtumsätze von 1,167 Milliarden DM beziehungsweise 1,776 Milliarden DM. 1988/89 stiegen die Umsätze auf 3,22 Milliarden DM bei Christie's und vier Milliarden DM bei Sotheby's. Die Öffentlichkeitspolitik der großen Auktionshäuser verstärkt die Fixierung des Blickes auf nackte Umsatzzahlen und prozentuale Steigerungen, die Qualitäten der gehandelten Objekte verlieren sich immer mehr unter den steilen Kurven grafischer Erfolgsmessung. Da wird der Sotheby's Art Index, ein Meßinstrumentarium des Hauses Sotheby's, der im Jahre 1975 bei 100 ansetzt, mit dem Dow-Jones-Index korreliert, und selbst der Börsenkrach vom September 1987 scheint an den Umsätzen der Auktionshäuser verhältnismäßig spurlos vorbeigegangen zu sein. Da die Umsatzergebnisse nicht um Inflationsraten bereinigt werden (obwohl diese in Großbritannien, dem Stammland von Sotheby's und Christie's, zwischen 1980 und 1986 im jährlichen Durchschnitt sechs Prozent betrugen), steigen die ausgewiesenen Umsätze von Jahr zu Jahr. Ein Stakkato der Rekorde: Im September 1988 stand der Sotheby-Index auf 838, was mehr als eine Verachtfachung der Umsätze im Vergleich zu 1975 bedeutet, die durchschnittliche Wertsteigerung gegenüber dem Monat des Vorjahres betrug 39,4 Prozent. Die Zuwachsraten bei den Impressionisten und bei moderner Kunst weisen sogar auf eine Vervierzehnfachung gegenüber 1975 hin, die Steigerungen gegenüber dem Monat des Vorjahres liegen in diesen Bereichen jeweils über 60 Prozent.[3]

Wer solche Zahlen unvoreingenommen betrachtet, kommt nicht umhin, Kunst als eine der gewinnträchtigsten Kapitalanlagen zu bewerten. Der Wunsch, sein Geld in Kunst anzulegen, wird von dem expandierenden Kunstmarkt weiter gefördert. Einlieferern von Kunstwerken werden oft Garantiesummen versprochen, die den Verkauf eines Werkes reizvoll machen, gelegentlich werden auch bei Geldbedarf des Einlieferers bis zu 40 Prozent der erwarteten Erlössumme im voraus als Kredit zu relativ niedrigem Zinssatz gewährt. Werden solche Entwicklungen zusätzlich von einer Steuerpolitik begleitet, die den Kunstbesitz oder auch seine vorübergehende Vergabe als Leihbesitz an ein Museum hoch besteuert, fühlen sich immer mehr Kunstbesitzer aufgefordert, sich von Teilen ihrer Sammlung zu trennen und sie dem Kunstmarkt zuzuführen. Ein kontinuierliches Angebot an »frischer Ware«, wie es im Marktjargon gänzlich unromantisch heißt, macht den Kunstmarkt wiederum für neue Anleger interessant. Die Dominanz der Zahlen und Quantitäten hat dazu geführt, daß sich neben dem Kunstsammler und Liebhaber nun auch Investoren und Anleger der Kunst in Goldgräbermentalität nähern, da sie hier auf hohe Rendite und außergewöhnliche Gewinne hoffen, die ihnen andere Bereiche der Wirtschaft in diesem Maße verwehren. Kennerschaft und ein bestimmtes Interesse für Kunst gelten in Marktkreisen inzwischen als überholt; Investoren, die bislang kein sehr ausgeprägtes Verhältnis zur Kunst hatten, können sich dem Geschmack von Art consultants, Kunstkompassen und Kunstinvestmentberatern großer Banken anvertrauen.

Der Kunstmarkt der 80er Jahre hat die Aufmerksamkeit verstärkt auf das Auktionswesen gelenkt, wobei die Bedeutung von Galerien und Kunsthändlern häufig nicht richtig eingeschätzt oder höchstens auf Kunstmessen von den Medien notiert wird. Dabei hat der erhöhte Bedarf an Kunst eine Vielzahl von Galerien ins Leben gerufen und Bewegung in die Galerienlandschaft gebracht. Das Verhältnis vieler Galerien zur gegenwärtigen Entwicklung auf dem Kunstmarkt ist häufig recht zwiespältiger Natur. Zum einen profitieren sie vom allgemeinen Interesse an Kunst, das Klima ist günstig, um auch nicht arrivierten Künstlern ein gewisses Maß an Öffentlichkeit zu verschaffen. So konnten sich Orte der Kunstvermittlung entwickeln, die Kunst und Künstler auf eine vielfältigere und differenziertere Weise vorstellen, als es das Auktionsterrain des Etablierten und Marktträchtigen zuläßt. Doch eine völlige Unabhängigkeit vom Markt wäre auch hier illusorisch. In der Galerienszene wird der Einfluß des Auktionshandels immer spürbarer. Die zum Teil überhöhten Auktionspreise, die dazu führen, daß ein gleichwertiges Bild eines Künstlers im Auktionssaal erheblich mehr kosten kann als beim Galeristen, treiben auch die Preise in den Galerien in die Höhe, da der Künstler die Einschätzung seines Marktwertes an den Auktionspreisen vornimmt. Dadurch werden einige Künstler derart teuer, daß sie in ihrem alten Kundenkreis keine Werke mehr absetzen können, was die Sammler auch dazu veranlaßt, nach neuen Künstlern Ausschau zu halten. Diese Entwicklung hat nicht nur Nachteile, denn sie schafft Freiraum für eine lebendige Kunstszene, die Neues und Ungewohntes fördert – soweit das die harten Wettbewerbsbedingungen zulassen. Bewegung und Flexibilität haben aber einen hohen Preis: So ist das East-Village-Galeriensystem, das in der Mitte der 80er Jahre in New York entstand und sich aus über 70 Galerien zusammensetzte, 1988 so gut wie zusammengebrochen.[4]

Die Verflechtung von Kunst und Markt ist sehr eng geworden. Wenn heutzutage in den öffentlichen Medien über Kunst diskutiert wird, nehmen quantitative Ortsbestimmungen von Kunst einen breiten Raum ein. Der »blühende Kunstmarkt« ist in aller Munde, und seine mediengerechte Aufbereitung steigert wiederum den Umsatz. Der Markt lebt geradezu davon, daß er und daß man an eine nicht enden wollende Expansion glaubt. Hohe Umsatzergebnisse werden bereitwilligst veröffentlicht und geschickt als Stimulantien eingesetzt, die zu weiteren Umsätzen führen, die Preisspirale schraubt sich stetig in die Höhe. Oft werden die Schätzwerte der Kunstwerke bewußt niedrig angesetzt, nur um sich hinterher des Erfolges vergewissern zu können, daß ein Werk das Mehrfache seines Schätzwertes ersteigert hat. Rückgangsquoten, also die Zahl der Werke, die nicht versteigert wurden, werden bei gefürchtetem Prestigeverlust entgegen früheren Gewohnheiten hin und wieder nicht veröffentlicht. Ein derart rastlos expandierender Markt gibt Anlaß zu Spekulationen und Befürchtungen. Neben den Wirtschaftsblättern *Capital* (mit seinem Kunstkompaß) und *Handelsblatt,* die eine regelmäßige Berichterstattung vom Kunstmarkt leisten, kam auch der *Spiegel* nicht umhin, dem Phänomen des Kunstmarktes eine dreiteilige Serie zu widmen.[5] Somit verschaffen auch kritische Auseinandersetzungen dem Kunstmarkt eine öffentliche Plattform, die sich indirekt stimulierend auf das Marktgeschehen auswirken kann. Das auf den ersten Blick Widerspenstige läßt sich in Verkaufsstrategien miteinbeziehen und ist, wenn auch gegen seinen Willen, ein Bestandteil im Komplex des Marktsystems.

Ein intensiver Kunstmarkt, der in hohem Maße Öffentlichkeit für sich in Anspruch nimmt, beeinflußt zwangsläufig die inhaltliche Auseinandersetzung mit Kunst. Während der sogenannte Altmeistermarkt und Teile der klassischen Moderne in Wertschätzung und Preisbildung verhältnismäßig stabil und kontinuierlich bleiben – hier wurden stets hohe Preise gezahlt –, sind inzwischen viele Bereiche der zeitgenössischen Kunst den Wechselfällen eines launischen Marktes ausgesetzt gewesen. Es scheint, als habe man sich den Gesetzen der Bekleidungsindustrie anvertraut. Das, was glänzende Augen macht und somit zum Kauf auffordert, sind die wechselnden Moden. Je mehr man sich mit Kunst umgibt, um einem bestimmten Lebensgefühl Ausdruck zu geben, desto eher greifen auch hier die Mechanismen von Konsum und kurzlebigem Geschmack. Während vor gut fünf Jahren die Wilde Malerei auf dem Markt internationale Bedeutung erlangte, sind inzwischen abstrakte Gemälde der 60er und 70er Jahre oder Werke der Concept und Minimal art gefragt. Parallel zum sinkenden Marktwert werden der »heftigen« Kunst von gestern mit einem Mal alle Qualitäten abgesprochen; was zählt, sind neue oder wiederentdeckte Künstler, die den »Durchbruch« geschafft haben. Starkünstler als Produzenten einer marktwertigen Kunst werden vom Betrieb aufgebaut und verschwinden bei nachlassendem Interesse wieder aus der Öffentlichkeit. Auffallend ist die Geschwindigkeit, mit der Kunst zum Trend und damit marktfähig wird. Preise der Werke des amerikanischen Künstlers Julian Schnabel beispielsweise haben sich zwischen 1977 und 1984 zum Teil verdreißigfacht. Einflußreiche Sammler und Galeristen mit internationalen Kontakten kreieren im Verbund mit wichtigen Ausstellungen eine modische Strömung, die nach einigen Jahren von einem neuen Trend abgelöst wird.

Das Marktgeschehen beeinflußt auch das Interesse an bestimmten Gattungen der Kunst. Vor allem in Zeiten eines großen Kunstbedarfs ist die Reproduzierbarkeit eines Werkes von Bedeutung. Fotografien, Druckgrafiken und Multiples können einen größeren Kundenkreis abdecken als Unikate wie Plastiken und Gemälde. Von daher ist es sicherlich kein Zufall, wenn vor allem in den letzten Jahren die Nachfrage nach Grafiken und Fotografien und ihr Auftreten auf Auktionen zugenommen hat. Verstärkt wurde der Trend zur Fotografie sicherlich auch durch die Entscheidung des Getty-Museums, eine fotografische Abteilung aufzubauen und rege Ankäufe in diesem Bereich zu tätigen.

Weltpolitische Konstellationen werden vom Markt aufgesogen und können ebenfalls trendbestimmend sein. »Perestroika« und »Glasnost« sorgten nicht nur für eine Öffnung des sowjetischen Marktes, sondern ermunterten auch europäische Auktionshäuser und Galerien zur Vermarktung von sowjetischer Kunst, die bislang im Westen kaum Beachtung gefunden hatte. Das politische Interesse an Kontakt und Austausch mit osteuropäischen Staaten zeichnet den Verlauf der Kunsthandelswege vor. Die Sotheby-Auktion zeitgenössischer sowjetischer Kunst im Sommer 1988 in Moskau erzielte über drei Millionen Dollar und übertraf damit bei weitem die Erwartungen der Veranstalter. Der Auktionserfolg entschied nicht nur über eine weitere Künstlerkarriere im Ausland; er bekräftigte auch das westliche Interesse an sowjetischer Kunst, wobei nicht nur dissidente Künstler eine Aufwertung erfuhren. Im Zuge der Begeisterung wurde die Aufmerksamkeit einiger amerikanischer Galerien an Werken des Sozialistischen Realismus geweckt.[6] Es scheint, als ließen sich die Inhalte sozialistischer Kunst problemlos in

Joseph Beuys, *La rivoluzione siamo Noi,* Art Cologne, Köln 1986

ein kapitalistisches Marktsystem integrieren, Differenzen und Widerstände lösen sich allmählich auf.

Das spricht wieder einmal für die Flexibilität des Kunstmarktes der 80er Jahre; seine Anpassungsfähigkeit erlaubt es ihm, Widersprüchliches wirkungsvoll einzubinden. So vereinnahmte er zu Beginn der 80er Jahre ohne Schwierigkeiten die expressiven Protestausbrüche der Graffiti-Kunst. Was ursprünglich als Ausdruck unbefriedigender Lebensverhältnisse auf U-Bahn-Züge und Mauern gesprüht wurde, war plötzlich »in« und wurde in Museen und Galerien verschleppt. Sammler aus Europa reisten in die New Yorker Galerien im East Village und etablierten für kurze Zeit eine Bewegung, die unter dem Zugriff des Marktes erstarrte.[7] Der Protest verkam zur munterbunten Oberfläche, die sich problemlos zum Design gewagter Sitzlandschaften arrangieren ließ. Des Widerspenstigen Zähmung und Vermarktung nahm dem wilden Protest gegen System und Ordnung jeden Stachel. Die 80er Jahre sind auch ein Beispiel für gelungene Domestizierungsprozesse, der Traum des Ausbrechens erweist sich als bloßer Wunsch – es bleibt alles im System.

Sogar der Tod, der sich angeblich destabilisierend auf jede gesellschaftliche Ordnung auswirken soll, erweist sich als marktfestigender Faktor. Da mit dem Tode eines Künstlers sein Werk zwangsläufig abgeschlossen ist und dem Markt somit nur ein begrenztes Angebot an Arbeiten zur Verfügung steht, verschiebt sich das Verhältnis von Angebot und Nachfrage, die Preise steigen. So erfuhr ein Künstler wie Joseph Beuys nach seinem Tod im Januar 1986 einen unerhörten Boom auf dem Kunstmarkt. Obwohl Beuys im Kunstkompaß der Zeitschrift *Capital* seit Jahren als investitionsträchtigster Künstler geführt wurde, ließ erst sein Tod weite Teile des Kunsthandels hellhörig werden. Selbst die Auktionshäuser kamen plötzlich nicht mehr an einem Künstler vorbei, der zu Lebzeiten trotz fachlicher Anerkennung in der Öffentlichkeit als Scharlatan galt. Die Preise seiner Arbeiten und die Versicherungssummen für Beuys-Ausstellungen vervielfachten sich in kurzer Zeit. Die Beuyssche Gleichung »Kunst = Kapital« wurde plötzlich begeistert aufgenommen; auf den herkömmlichen Kapitalbegriff verkürzt, erwies sich die künstlerische Aussage als geeignetes Instrument zur Legitimierung eines extensiven Kunstmarktes. Der erweiterte Kunstbegriff wurde wieder ein ganz enger, für den Handel ist nur die Kreativität der einzelnen Künstlerpersönlichkeit von Belang.

»La rivoluzione siamo Noi« – der Markt behauptet sich hartnäckig gegen Honigpumpen und Kojoten und kehrt umstürzlerische Neigungen um.

Ganz im Gegensatz zu Joseph Beuys ließ sich der vermarktete Tod eines Andy Warhol durchaus in Einklang mit dem Anliegen des Künstlers bringen. Die Warhol-Auktion, die vom 23. April 1988 bis zum 3. Mai 1988 bei Sotheby's in New York stattfand, war eine beispielhafte Demonstration für die enge Verknüpfung von Künstler und Werk in der Konsumgesellschaft. Die Auktion, bei der vor allem Kunstwerke und Gebrauchsgegenstände aus dem Besitz des Künstlers versteigert wurden, entwickelte sich zu einem Medienereignis ersten Ranges, das über 45 000 Besucher anzog. Bemerkenswert ist, daß lediglich ein Drittel des Gesamtgewinns von 25 Millionen Dollar auf die von Warhol gesammelten Kunstwerke entfiel, die Mehrzahl der versteigerten Objekte waren kunsthandwerkliche Gegenstände oder Alltagsobjekte, die vom Nimbus des toten Künstlers zehrten. Der Name Warhol versah selbst Mickeymäuse und Herrenhemden in Originalverpackung mit einer geheimnisvollen Aura, die diese schlichten Gegenstände zu überteuerten Devotionalien werden ließ. Der Kontext »Warhol« war für die Bewertung der Ware entscheidender als mögliche immanente Qualitäten der Objekte.[8]

Doch Kunst als Ware ist nicht nur ein Problem, das von kritischer Seite aufgegriffen wird. Inzwischen ist der Warencharakter des Kunstwerks bereits zum Thema einiger New Yorker Künstler avanciert. Der Kunstmarkt thematisiert sich und seine Produktion selbst. Das Zusammenspiel von Kunstwerk und Kunstmarkt fließt direkt in den Werkbegriff der »commodity art« ein (»commodity« ließe sich mit »Ware« übersetzen), einer Kunst, die nur den Anspruch hat, Ware zu sein. Die Einordnung dieser Arbeiten ist im Augenblick noch schwierig; vielleicht handelt es sich hier um eine ironische Affirmation der Bedingungen des Kunstbetriebes; doch auch der Verdacht stellt sich ein, daß Ironie und Augenzwinkern lediglich darüber hinwegtäuschen sollen, daß Künstler und Kunstmarkt sich ohne inhaltliche Auseinandersetzungen und den damit verbundenen Widerständen arrangiert haben.[9]

Kunst wird heutzutage in einem marktwirtschaftlichen Kontext rezipiert, der ästhetische, wertstiftende oder kritische Aspekte eines Werks lediglich als Reibungsflächen aufnimmt, die das Verkaufsgeschehen negativ oder positiv beeinflussen. Die populäre Bewertung von Kunst orientiert sich hauptsächlich an der Preisbildung auf dem Kunstmarkt. Schön ist nicht nur, was gefällt, sondern vor allem das, was teuer ist. Gute Kunst hat eben ihren (hohen) Preis, lautet die verkürzte Formel. Das führt zu einer sehr an Äußerlichkeiten orientierten Hierarchiebildung, der vor allem Kunstwerke aus dem sogenannten mittleren Bereich erliegen. Objekte, die eher mit stabilen Preisen als mit Sensationen aufwarten, werden von der Mehrzahl der Beobachter kaum wahrgenommen; die gängige Auktionspraxis fördert den Kult des kostbaren Einzelwerkes, der Mittelmäßigkeiten oder gar Mißerfolge in anderen Verkaufsbereichen überdecken soll. Erst die Bereitschaft einer kleinen Interessentengruppe, einen bestimmten Preis für eine Arbeit zu zahlen, verleitet so manches Auge, den inneren Qualitäten eines Werkes nachzuspüren. Der Leuchtschrift neben dem Kunstwerk im Auktionssaal mutet man zu, mit dem Preis das Äquivalent eines wie auch immer definierten Wertes des Objekts exakt anzugeben. Dabei ist auch dieser Wert, der polyglott sofort in die wichtigsten Weltwährungen transponiert wird, von höchst ephemerer Natur. Im Laufschritt der wechselnden Anzeige, die im Sekundentakt arbeitet, verändert sich auch die Wertschätzung des Kunstwerkes. Picassos *Akrobat und junger Harlekin* erlebte in nur zwei Minuten eine Vervierfachung seines Wertes, der nach 163 Sekunden Auktionszeit mit dem Hammerschlag auf 66,67 Millionen DM festgelegt wurde.[10] Eine Gouache von Picasso konnte auf einer Auktion 1989 ihren Wert im Vergleich zu 1978 um 10 000 Prozent steigern[11]; eine *Badende* von Renoir, die im November 1985 für 1,65 Millionen Dollar ersteigert wurde, wechselte 1988 für 8,5 Millionen Dollar ihren Besitzer.[12] Bewertung und Verkauf von Kunstwerken erfolgen in den 80er Jahren mit inflationärer Geschwindigkeit. Die Kunstwerke und ihre Preise, denn diese sind ja aufs engste miteinander verknüpft, ziehen im Videoclip-Tempo am Auge des Publikums vorbei. Im Nachspann der Erinnerung bleiben vor allem Fakten: Elf Werke wurden je für über eine Million Dollar versteigert, der Schätzwert eines Mondrian verdoppelte sich wie erwartet, das Gesamtergebnis betrug 42,37 Millionen Dollar – Sotheby's, New York, 18. November 1986.

Dem Kult des einzelnen Kunstwerks, der oft über die Diskussion von Preis und Publicity nicht hinausreicht, steht andererseits ein Verschleiß der Masse der anderen Kunstwerke gegenüber. Zum einen bringt der Markt durch seine Verkaufsdynamik mehr Werke als zuvor in Umlauf. Die Kunstwerke geraten in Bewegung, Bestandteile aus Sammlungen werden häufiger dem Markt zugeführt, weil attraktive Preise und hohe Garantiesummen viele Sammler zum Verkauf reizen. Gleichzeitig werden einige Werke in unzugängliche Privatsammlungen integriert, oder sie verschwinden aus Sicherheitsgründen in Tresoren, wo sie der Öffentlichkeit zunächst entzogen sind. Das vermehrte Bedürfnis nach Kunst führt immer mehr Publikum in die Museen, doch der Wunsch nach der »Kunst für alle« mischt sich mit zwiespältigen Gefühlen. Manche Museen müssen bis zu 8000 Besucher täglich verkraften, was Probleme im Verhältnis von Publikum und Kunstwerk aufwirft (das Wallraf-Richartz-Museum/Museum Ludwig in Köln hatte beispielsweise in zwei Jahren über 2,4 Millionen Besucher). Im dichten Gedränge des Besucherstromes kann ein Kunstwerk nicht mehr in Ruhe erfahren werden, in filmischer Dichte reihen sich die Eindrücke der einzelnen Kunstwerke hintereinander. Das Individuelle wird in der Addition nur noch als disruptive Oberfläche wahrgenommen, oft bleibt es bei der Erinnerung an stimulierende Augenreize. Schon Walter Benjamin hatte erkannt, daß das Medium des Films der Betrachtungsweise einer Massenkultur eher entspricht als die Werke der traditionellen Kunst: »Das Gemälde hatte stets ausgezeichneten Anspruch auf die Betrachtung durch einen oder wenige. Die simultane Betrachtung von Gemälden durch ein großes Publikum, wie sie im neunzehnten Jahrhundert aufkommt, ist ein frühes Symptom der Krise der Malerei, die keineswegs durch die Photographie allein, sondern relativ unabhängig von dieser durch den Anspruch des Kunstwerks auf die Masse ausgelöst wurde. Es liegt eben so, daß die Malerei nicht imstande ist, den Gegenstand einer simultanen Kollektivrezeption darzubieten.«[13]

Das aus der Distanz gesehene, hauptsächlich optisch erfahrbare Kunstwerk führt häufig zu dem Wunsch nach haptischen Erlebnissen. Wer sich mit dem Augen-Blick des Schönen nicht zufriedengeben möchte, versucht, die versprochene Nähe zur Kunst endlich selbst einzulösen, was häufig zu einer Beschädigung des Objekts führt. So registrierten die Alarmanlagen des Wallraf-Richartz-Museum/Museum Ludwig täglich bis zu 250 Berührungen mit Kunstwerken[14], einige Gemälde wurden gar mit persönlichen Kugelschreiberkritzeln versehen. Das Publikum schreibt sich in die Objekte seiner Begierde ein, und dem offensichtlichen Drang zur Kunst stehen konservatorische

Probleme gegenüber. Viele Museen sehen sich aus Finanzmangel nicht mehr in der Lage, notwendige Restaurationen vorzunehmen.[15] Hinzu kommt, daß aufgrund der wachsenden Zahl an Ausstellungen immer mehr Werke auf Reisen geschickt werden, was den Verschleiß und die Restaurationsbedürftigkeit der Objekte nur verstärkt.

Die Bilder lernen erneut das Laufen, und Skulpturen werden mobil gemacht: Es scheint, als ob die Dynamik des Mediums Video auch andere Bereiche visueller Wahrnehmung beeinflußt hat. Dem Kunstwerk werden plötzlich Beine gemacht, es wird unabhängig von seinem ursprünglichen Kontext allgemein verfügbar und überall präsentiert – eine Entwicklung, die durch die Internationalisierung des Marktes forciert wird. Neue Medien und Computer verbinden und verkürzen Verkaufs- und Informationswege, das einzelne Objekt wird je nach Bedarf in die Maschen dieses flexiblen Netzes eingefügt oder nach kurzer Verweildauer an anderer Stelle plaziert. Die Wege zur Kunst werden immer kürzer und bequemer, in den USA gibt es bereits die Möglichkeit, daß Kunstwerke in einem Ausstellungsbus zum Publikum gefahren werden, was wichtig sein mag für Regionen, die bislang keine kulturellen Zentren ausbilden konnten. Zwiespältig bleibt jedoch das Wechselverhältnis von Publikumsnähe und Kunstverschleiß.

Die immer enger gewordenen weltwirtschaftlichen Verflechtungen prägen auch den Kunstmarkt. Die großen Auktionshäuser errichteten in der Mitte der 80er Jahre Zweigstellen in asiatischen Städten wie Singapur, Hongkong und Tokio, Christie's verdoppelte 1984 seine New Yorker Auktionsfläche. Die einzelnen Kunstmärkte rücken stärker zusammen und fusionieren zu einem einzigen Markt. Versteigerungen bedeutender Kunstwerke werden per Satellit in ausländische Auktionsniederlassungen übertragen; Telefonstandleitungen ermöglichen es Käufern aus Übersee, Kunstwerke zu erwerben, die sie mit eigenen Augen nicht sehen können, und in ein Auktionsgeschehen einzugreifen, in dem sie für ihre Mitstreiter nicht sichtbar sind. Oft gehen die höchsten Zuschläge an Käufer aus dem Ausland, die anonym bleiben möchten, der künftige Verbleib des Kunstwerks bleibt unbekannt, was dem gesamten Verkaufsgeschehen viel an Transparenz nimmt.

Trotz der engen Verflechtung zwischen Weltwirtschaft und Kunstmarkt führte der Börsenkrach von 1987 interessanterweise nicht zu

Eine Information des Hotel- und Gaststättenverbandes, Kreisstelle Tübingen:

Respekt und Dank

Unseren Respekt und Dank möchten wir all denjenigen bezeugen, welche die Toulouse-Lautrec-Ausstellung konzipiert, gefördert und begleitet haben.

In erster Linie Kunstereignis, gestaltete sich die Bilder-Schau auch zu einem glanzvollen Fremdenverkehrs-Magneten.

Wir Tübinger Hoteliers und Gastronomen haben die zahlreichen Gäste gerne mit zusätzlichem Engagement beherbergt und bewirtet.

Als Dienstleistungsunternehmen wissen wir, was es bedeutet, eine solch große Anzahl von Besuchern zu betreuen.

Deshalb sei Herrn Adriani und seinen gesamten Mitarbeiterinnen und Mitarbeitern nochmals ausdrücklich Respekt gezollt.

Wir wünschen eine erholsame Verschnaufpause!

Hotel- und Gaststättenverband Baden-Württemberg e.V., Kreisstelle Tübingen, E. Fischer, Vorsitzender

Danksagung des Hotel- und Gaststättenverbandes an die Verantwortlichen der Toulouse-Lautrec-Ausstellung in Tübingen, 1987

Erschütterungen auf dem Kunstmarkt, eher zeichnete sich eine umgekehrte Entwicklung ab. Viele Anleger wandten sich plötzlich der Kunst zu, weil sie hier auf bessere Gewinne hofften als an einer ernüchterten Börse. Die Flucht in den schönen Schein der Kunstwerke ließ sich aus einer sachlich geschäftlichen Perspektive durchaus begründen, nach dem Einbruch anderer Marktbereiche traute man dem Kunstmarkt ein größeres Spekulationspotential zu als Wertpapieren und

Aktien. Direkte Auswirkungen der weltwirtschaftlichen Verflechtungen werden jedoch an den schwankenden Wechselkursen deutlich. Der Wertverlust des Dollars gegenüber dem Yen, der zwischen 1980 und 1987 knapp die Hälfte betrug, führte dazu, daß in Dollar notierte Kunstwerke für den japanischen Käufer verhältnismäßig preisgünstig waren, in einigen Auktionen gingen ein Drittel aller Käufe an Japaner, darunter auch van Goghs *Sonnenblumen.* Die Preisentwicklung hatte zur Folge, daß die japanische Vorliebe für impressionistische Malerei den Marktwert dieser Kunst in die Höhe trieb und die Aufmerksamkeit der Öffentlichkeit auf einen bestimmten Ausschnitt der Kunstproduktion lenkte. Inzwischen hat der massive Ausbau japanischer Museen die äußeren Voraussetzungen geschaffen, über die Vermittlung des Kunstmarktes neben den Impressionisten auch Werke moderner und zeitgenössischer westlicher Kunst in erfahrbare Nähe zu rücken. Die Internationalisierung des Marktes geht einher mit einer Internationalisierung der Kunst, Werke werden über die nationalen Grenzen ihrer Entstehung hinaus gekauft, konsumiert, aber auch ernsthaft rezipiert, die Distanz zu den Ausdruckswerten anderer Kulturen verringert sich. Doch dieser Gewinn an multikultureller Perspektive ist teuer erkauft, die Vorstellung eines ideell begründeten, internationalen Austausches wird auf Grund der merkantilen Nähe immer fragwürdiger. Die Kunst, sofern sie sich durch Exportbestimmungen für nationale Kulturgüter nicht aufhalten läßt, folgt zunächst dem Geld, und es stimmt nachdenklich, wenn Kunstwerke in weitentlegene Privatsammlungen abwandern, nur weil dort die finanzkräftigsten Kunden zu finden sind.[16]

Das große Maß an öffentlichem Interesse, das die Kunst allerorten erfährt, spricht für die Entwicklung einer Freizeitgesellschaft, wie sie von Kulturtheoretikern schon lange prognostiziert worden ist. Dabei zeichnet sich eine enge Verschränkung von Kultur, publikumswirksamer Unterhaltung und wirtschaftlichen Überlegungen ab. Die Umrisse einer Kunst, die sich bewußt nach außen abgrenzt und nichts an Komplexität einbüßen möchte, werden in zunehmendem Maße verwischt. Eine Trennung zwischen E-Kunst und U-Kunst hat sich inzwischen als unzeitgemäße Reduktion erwiesen, doch die Aufhebung der Grenze in der Theorie meist getrennten Bereiche wird inzwischen vor allem von marktwirtschaftlicher und konsumorientierter Seite forciert. Eine demokratische Verbreitung von Kunst, wie sie in den

60er Jahren noch Leslie Fiedler forderte, ergibt sich nun im Nachhinein als sympathische Nebenerscheinung.[17]

Untersuchungen haben ergeben, daß sich Investitionen im kulturellen Bereich auf lange Sicht finanziell durchaus auszahlen. Ausstellungen wie die *documenta* oder spektakuläre Museumseröffnungen ziehen hohe Besucherzahlen an (die *documenta 8* verzeichnete 476 000 Besucher, die *documenta 7* hatte 382 000 Besucher) und fördern einen intensiven Fremdenverkehr; eine Studie in Zürich ergab, daß Kultursubventionen keineswegs großzügige Zuschüsse sind, sondern zu einem starken Rückfluß der investierten Gelder führen.[18] Die Zahlen, mit denen die Freizeitindustrie kalkulieren kann, sind beachtlich und weisen den Kulturbetrieb als einen Wachstumsfaktor mit den größten Zuwachsraten aus; in der Bundesrepublik Deutschland wurden 1987/88 im Kultur- und Medienbereich schätzungsweise 180 Milliarden DM umgesetzt, wobei allerdings 70 Prozent auf Bereiche wie Presseverlage und Unterhaltungselektronik entfielen; das Wachstum der Kulturwirtschaft im engeren Sinn betrug 1986 32 Prozent gegenüber 1982, Kultur- und Medienwirtschaft zusammengenommen wuchsen um 25 Prozent an, während auf die übrigen Wirtschaftszweige lediglich 14 Prozent entfielen.[19] Wieder scheinen es nackte Zahlen zu sein, die den Kunstbetrieb und das allgemeine Interesse an der Kunst in Bewegung versetzen. Das Engagement für Kunst und Kultur, die hohe Zahl an Museumseröffnungen und Erweiterungsbauten der 80er Jahre sind nicht nur eine Hommage an die Kunst, sondern das Ergebnis unterschiedlicher kommerzieller und kommunalpolitischer Interessen. Ein breites kulturelles Angebot steigert die Attraktivität der Städte; so beliefen sich die Kulturausgaben der Stadt Frankfurt am Main für 1985 pro Einwohner auf 493 DM, während der Durchschnitt für Großstädte bei 248 DM lag.[20] Kunst und Kultur entwickeln sich zu Garanten der Standortqualität, oft werden sie auch in regionale Wirtschaftsförderungsprogramme eingebunden. Hohe Besucherzahlen bestätigen den Erfolg breit angelegter kultureller Investitionen: Zwischen 1983 und 1988 stieg die Zahl der Museumsbesucher von 52 Millionen auf 69 Millionen jährlich an.[21] Parallel dazu nahm auch die Zahl der Kunstmessebesucher zu; auf der *Art Cologne* wurden 1988 60 244 Besucher gezählt (1982 waren es noch knapp 52 000); die Frankfurter Kunstmesse *Art Frankfurt*, die im Frühjahr 1989 das erste Mal veranstaltet wurde, hatte auf Anhieb 50 000 Besucher zu verzeichnen.

Die Betrachtung von Kunst hat sich zu einem festen Bestandteil der Freizeitgestaltung entwickelt, wobei Museum und Kunstmesse zum Teil als gleichwertige Präsentationsorte der Kunst erfahren werden. Einer schnellebigen Zeit genügen die Wegräume eines Messegeländes für kurze Berührungen mit der Kunst; mit *Westkunst* (Köln 1981), *Von hier aus* (Düsseldorf 1984) und *Bilderstreit* (Köln 1989) sind umfassende Kunstausstellungen bereits auf die Ausstellungsfläche »Messe« gebracht worden, die vom Publikum jeweils unterschiedlich aufgenommen wurden.

Kunst hat vor allem im erweiterten Kontext von Sonderausstellungen, Museumseröffnungen oder Jubiläen wie der 750-Jahr-Feier in Berlin an Attraktivität gewonnen.[22] Die Einbindung der Kultur in eine kommerziell ausgerichtete Freizeitgesellschaft führt zu einer intensiveren Zusammenarbeit kulturvermittelnder Institutionen mit privaten und wirtschaftlichen Einrichtungen. Viele Ausstellungen werden einem Verbundsystem von Auktionen, Kunstmessen, Galerieaktionen und städtischen Kulturprogrammen eingegliedert, die in ihrer Konzentration ein größeres Publikum anziehen sollen. Auf der *Art Cologne* 1983 hatte das neugegründete Louisiana Museum von Kopenhagen einen Sonderstand; die Eröffnung des Museums of Contemporary Art in Los Angeles wurde 1986 von einem internationalen Kunstmarkt begleitet; viele der großen Kunstmessen in Köln, Basel und Frankfurt am Main präsentieren ein Rahmenprogramm, das parallel zur Messe Fachdiskussionen oder Ausstellungen der ortsansässigen Galerien beinhaltet. Museum und Messe sollen sich gegenseitig stimulieren, die private Erfahrung des Kunsterlebnisses soll durch einen entsprechenden kommerziellen Kontext erweitert werden, der sich mehr oder minder diskret im Hintergrund des Kunstwerks entfaltet hat. Die Wege vom Kunstwerk zur kommerziellen Tat sind indirekt und höchst verschlungen, zumal häufig der Umweg über die ästhetische Erfahrung genommen werden muß, bevor ein Produkt des Kunstbetriebs seinen Käufer findet. Doch die Überschneidung bislang diskreter Erfahrungs- und Handlungsbereiche gilt längst nicht mehr als verpönt. Kontextualisierung ist zur bequemen Formel für unbekümmerte Entgrenzungsversuche geworden. Sie dient nicht nur der Erweiterung verengter Horizonte; Kontextualisierung erzeugt auch Masse, eine Größe, die für den Kulturbetrieb der 80er Jahre von zunehmender Wichtigkeit geworden ist. Kunst muß ihre offizielle Legitimation unter Zuhilfenahme von Quantitäten leisten, der Andrang, den sie hervorruft, attestiert angeblich Qualität. Gute Kunst ist heutzutage populär, der unhandliche elitäre Kunstbegriff hat sich in ein nicht minder problematisches Gegenteil verkehrt.

Es gibt jedoch auch Bereiche, die von der Popularität der Kunst nicht profitieren. Ausstellungen zeitgenössischer Kunst weisen erheblich weniger Besuchszahlen auf als kulturgeschichtliche Ausstellungen oder »Klassiker« der Kunstgeschichte. Nicht nur das Experimentelle und Abseitige bewegen sich nur noch am Wahrnehmungsrand des öffentlichen Blicks, auch die ständigen Sammlungen haben rückläufige Besucherzahlen zu verzeichnen.[23] Das Bekannte scheint nicht mehr zu einer unverbrauchten Betrachtung aufzufordern. Und für das Neue, Spektakuläre fehlt vielen Museen das Geld. Der Boom der Kulturinvestitionen täuscht darüber hinweg, daß trotz der Bewilligung kostspieliger Museumsbauten die Ankaufetats der Museen in der zweiten Hälfte der 80er Jahre drastisch gekürzt worden sind, zum Teil bis zu zwei Dritteln.[24] Für das Museum Ludwig, dessen Etat auf 80 000 DM gekürzt worden ist, veranstaltete man auf der *Art Cologne* 1988 einen Benefizabend, mit dessen Erlös Kunsteinkäufe finanziert wurden. Hinzu kommt, daß Auktionsergebnisse die Ankaufs- und Ausstellungspolitik der Museen in hohem Maße beeinflussen. Der »Wert« vieler Kunstwerke steigt parallel zum Preisverlauf am Kunstmarkt, ein hohes Auktionsergebnis kann unabhängig von der kunstwissenschaftlichen Einschätzung eines Künstlers zu einer Höherbewertung seines gesamten Œuvres führen. Der Marktwert wiederum treibt Versicherungs- und Ausstellungskosten in die Höhe; so ließ das überragende Auktionsergebnis eines Gemäldes von Gustav Klimt die Versicherungssumme einer Klimt-Ausstellung in Brüssel um das Dreifache ansteigen, oft machen die Versicherungskosten drei Viertel der Ausstellungskosten aus.[25] Vielen Museen fällt es bei dieser Preisentwicklung schwer, geeignete Objekte zu finanzieren. Bei großen Ankäufen sind sie auf die Unterstützung von Freundeskreisen, Kunstvereinen, Mäzenen und Zuschüssen aus staatlichen Sonderfonds angewiesen. Private Institute wie das Getty-Museum oder der britische Sammler Saatchi treten hierbei als Konkurrenten auf, die enorme Geschäftsgewinne in den Kunstmarkt investieren. Dem Getty-Museum, das allein schon aus steuerrechtlichen Gründen 4,5 Prozent des Stiftungsvermögens für Kunsteinkäufe ausgeben muß, standen 1984 90 Millionen Dollar für Ankäufe zur Verfügung. Angesichts der Preisentwicklung und vor dem Hintergrund eines verschärften Steuerrechts, das Schenkungen an ein Museum mit geringeren Steuervergünstigungen als zuvor fördert, sehen sich nun viele amerikanische Museen gezwungen, sich an die großen Auktionshäuser zu wenden, um Kunstwerke zu erwerben, aber auch, um Kunst dort zu versteigern. 1200 Objekte aus dem Besitz verschiedener Museen wurden allein bei Christie's im Geschäftsjahr 1988/89 versteigert. Das New Yorker Metropolitan Museum veräußerte im selben Jahr 149 Kunstwerke und verschaffte sich dadurch Einnahmen von mehr als 12 Millionen Dollar.[26] Die Verkäufe dienen häufig der Finanzierung neuer kostspieliger Werke, gelegentlich werden Kunstwerke auch verkauft, um den Erhalt und die sachgemäße Verwahrung der Sammlung als solcher zu gewährleisten. Da Museumskunst auf Grund ihrer Qualität und Provenienz äußerst attraktiv für den Kunstmarkt ist, beleben die »Notverkäufe« der Museen den Markt und geben ihm neue Nahrung. Die Wertschätzung eines Kunstwerks relativiert sich hier vor dem Hintergrund seines Tauschwerts; Kunstobjekte verschiedenster Stilrichtungen werden auf dem Markt gegeneinander ausgespielt und erfahren kurzlebige Auf- und Abwertungen.

Die 80er Jahre haben die Museen auch für privatwirtschaftliche Bereiche interessant gemacht. Angesichts knapper Etats und eines Rückzugs der öffentlichen Hand aus dem musealen Bereich fühlen sich viele Museen veranlaßt, nach Sponsoren Ausschau zu halten. Sponsoring ist zum Stichwort des Kulturbetriebs der 80er Jahre geworden; es steht für eine plötzliche Nähe zwischen Wirtschaft und Kunst, die in den USA schon seit Jahren ein selbstverständlicher Bestandteil des Kulturlebens ist. »It takes art to make a company great«, hatte der amerikanische Konzern Philip Morris in den 70er Jahren weitsichtig formuliert, inzwischen haben sich auch bundesrepublikanische Philosophen für eine Durchdringung von Kunst und Wirtschaft und die Ästhetisierung bislang außerästhetischer Bereiche ausgesprochen: »In der Postmoderne stehen sich nicht mehr wie in der Moderne eine Kunst, die an die Stelle der Religion tritt, und eine vollständig profanisierte Wirtschaft, der nichts mehr heilig ist, gegenüber. Kunst, Kultur und Wirtschaft durchdringen sie vielmehr. Die Werke der Kunst sind der Postmoderne nicht mehr heilig, und die Kunst muß sich deshalb nicht mehr von der Wirtschaft getrennt halten. Aber auch die Wirtschaft bildet keine kunst- und kulturfreie Zone bloßer ökonomischer Rationalität mehr.«[27]

Es finden Symposien zum Verhältnis von Kunst und Wirtschaft statt, die meistens die Verträglichkeit dieser Bereiche herausstellen sollen. Das Konstrukt einer postmodernen Epoche wird dabei gern bemüht, um die unbefangenen Beziehungen der Kunst zu ihrer Umgebung als Ausdruck eines neuen Zeitgeistes zu erklären. Die gegenseitige Nähe von Kunst und Wirtschaft stimmt aber auch nachdenklich und hat sich bereits in verschiedenen Publikationen und Aufsätzen niedergeschlagen.[28]

Vor allem die Banken haben sich in den letzten Jahren sehr ausgesprochen für eine Ästhetisierung ihres Wirtschaftsbereiches engagiert. Aufwendige Innenarchitekturen verwandeln viele Schalterhallen in Erlebnisräume, deren kompliziertes Changieren zwischen Natur-, Kunst- und Geschäftsraum die eigentlichen Funktionszusammenhänge des Gebäudes überlagert. Die Deutsche Bank in Frankfurt am Main ging noch einen Schritt weiter, indem sie die Bürotürme ihres Neubaues mit den Arbeiten zeitgenössischer Künstler ausstattete, die nun die Mitarbeiter einer jeden Büroetage zur Auseinandersetzung mit einem Künstler auffordern und als Nachhall die Identifikation mit dem Unternehmen – Stichwort »Corporate identity« – leisten sollen. Ein mit Unterstützung von Kunstwissenschaftlern erstellter Katalog soll das Bankunternehmen als ein Institut ausweisen, das Kunst sammelt und präsentiert.[29]

Im Gegensatz zum Mäzenatentum hofft das Sponsoring durch seine finanzielle Unterstützung auf positive Rückwirkungen im Verkaufsbereich. Sponsoring wird zu einer sublimen Form der Firmenwerbung. Firmeninterne Vernissagen, die durchaus qualitätvoll sein können, oder kostspielige Restaurationsarbeiten wie die Wiederherstellung der Pferde von San Marco oder die Restaurierung des *Heiligen Abendmahls* von Leonardo da Vinci – zwei Projekte des italienischen Computerkonzerns Olivetti – dienen der Pflege von Geschäftsbeziehungen und erschließen neue Kundenkreise.[30] Dabei geht man von der Erkenntnis aus, daß die Kunst den Menschen »unmittelbar« anspricht, »ihre emotionale, sinnliche Komponente und ihre Anknüpfung an das persönliche Lebensgefühl verleihen ihr eine Erlebnisdimension, die andere Formen der Kommunikation nicht erreichen«, heißt es in einem Leitfaden für die Wirtschaft.[31] Die vielfach heraufbeschworene Gefahr des Mißbrauchs der Kunst wird geschickt kaschiert und erscheint eher indirekt. Kunstinhalte werden zwar nicht beeinträchtigt oder manipuliert, doch sie stehen nicht mehr im Mittelpunkt des Interesses an der Kunst. Das Kunstwerk hat sich zu einem erweiterten Medium der Verständigung entwickelt, ist Vehikel und Transportweg für geschäftliche Kommunikation. Die Qualitäten des Kunsterlebnisses entbehren in diesem Kontext weitgehend einer erkenntnisschaffenden Dimension. Das Kunstwerk interessiert primär als Stimulans neuer Geschäftsbeziehungen, der geborgten Sinnlichkeit wird nicht mehr gestattet, menschliches Erleben und Denken über die nüchternen Realitäten hinaus zu erweitern.

Die enge Verflechtung der Kunst mit wirtschaftlichen Interessen hat dazu geführt, daß immer mehr Bereiche des Kunstbetriebs gezwungen sind, werbewirksam aufzutreten. Viele Ausstellungen stehen heute unter dem Druck, ihre Kosten wieder einzuspielen, was nur mit Hilfe hoher Besucherzahlen zu bewerkstelligen ist. Die Notwendigkeit, publikumswirksam und für breite Schichten sehenswert zu sein, begünstigt den Hang zur Großausstellung. Der *Bilderstreit* in Köln wies schon unbeabsichtigt im Ausstellungstitel auf eine Konstellation im Kunstbetrieb hin, die inzwischen für erste Nachdenklichkeit gesorgt hat. Die mit großem Werbeaufwand angelegte Ausstellung in den Kölner Messehallen, die über 1000 Exponate auf 10 000 Quadratmetern Ausstellungsfläche vereinte – die Angaben des Faltblatts zur Ausstellung sprechen für eine Tendenz zu spektakulärer Quantität –, provozierte ernste Kritik am Sinn und Nutzen von Großausstellungen. Es wurde deutlich, daß die Einbindung von Museumsarbeit in kulturpolitische Interessen eine angemessene Präsentation von Kunst beeinträchtigen kann. Der Kunstbetrieb diktiert mit der ihm eigenen Betriebsamkeit ein Tempo, bei dem trotz aller Schnellebigkeit keineswegs veraltete Aufgaben des Museums wie das Sammeln, Bewahren und Einordnen von Kunstwerken Gefahr laufen, vernachlässigt zu werden.[32]

Erweiterung und Entgrenzung bestimmen nicht nur den Kunstbetrieb der 80er Jahre, sie kennzeichnen auch die Bereiche aktueller Kunsterfahrung. Im Gegensatz zu früher wird das Kunstwerk nicht mehr ausschließlich als individuelle Erscheinung wahrgenommen, sondern in umfassendere Zusammenhänge eingebettet. Im Rahmen einer kontextuellen Auffassung von Kunst stellt sich die Frage nach der

Rolle individuellen künstlerischen Schaffens neu. Der Künstler wehrt sich, sein Werk als Illustration eines thematischen Anspruchs verstanden zu sehen; seiner Forderung nach Einzigartigkeit steht ein öffentliches Bedürfnis nach Interpretation und Kontextualisierung entgegen. Dieses In-Beziehung-Setzen erfolgt nicht mehr wie früher in einer später einsetzenden Kunstgeschichtsschreibung, sondern ist nun ein Hauptanliegen vieler Ausstellungen geworden. Die Einordnung des einzelnen Werks in einen größeren zeitgeschichtlichen oder thematischen Zusammenhang wird direkt in der Ausstellung angestrebt. Der Betrachter befindet sich häufig in einer ambigen Situation: Zum einen erhält er die Möglichkeit, von der Kunstbetrachtung direkt an übergreifende Fragestellungen anschließen zu können, Verbindungen von Kunstwerk zu Kunstwerk zu schaffen, die ihm durch das Medium der Ausstellung verdeutlicht werden. Zum anderen wird die Erstellung eigener Bezüge vereinfacht, das Denken und Nachdenken über Kunst geht keine labyrinthischen Umwege mehr, statt dessen werden dem Besucher Antworten bereits im Vorfeld der Präsentation nahegelegt. Horizonterweiterung oder Verengung des Blicks auf vorausbestimmte Bezüge – kontextuelle Ausstellungen sind in dieser Hinsicht doppelgesichtig.

Der Hang zum Gesamtkunstwerk (Zürich 1983), *Tiefe Blicke* (Darmstadt 1984), *Der Traum vom Raum* (Wien 1984), *Vom Klang der Bilder* (Stuttgart 1985), *Symmetrie in Kunst, Natur und Wissenschaft* (Darmstadt 1986), *Biennale XLII: Kunst und Wissenschaft* (Venedig 1986), *The Spiritual in Art* (Los Angeles 1987), *Die Gleichzeitigkeit des Anderen* (Bern 1987), *Exotische Welten – Europäische Phantasien* (Stuttgart 1987), *Zauber der Medusa* (Wien 1987), *Glasnost* (Köln 1987), *Mythos Italien – Wintermärchen Deutschland* (München 1988), *Schlaf der Vernunft* (Kassel 1988), *Hommage – Demontage* (Aachen 1988), *Der verzeichnete Prometheus* (Essen 1989), *Inszenierte Kunstgeschichte* (Wien 1989): Thematische Ausstellungen hat es seit den *Individuellen Mythologien* der *documenta 5* wiederholt gegeben, doch was in den 70er Jahren Experiment war, hat sich in den 80er Jahren zu einem beliebten Ausstellungsmodus entwickelt. Die Postmoderne, als Zeitalter der Geschichten und des Geschichtenerzählens so manchem verdächtig geworden, scheint auch hier wirksam zu sein. Das einzelne Kunstwerk wird einem Kontext, einer thematischen Aussage untergeordnet und dient im Verein mit anderen Werken einer zeitgeschichtlichen oder

Kunst im Netzwerk: Johann Heinrich Wilhelm Tischbein, *Innenraum (»Die Kartoffel«),* 31,4 × 29,1 cm, Kunsthalle Hamburg; Yves Klein; Jacob Jacobs, *Bildnis der Frau Gertrud Moller,* Anfang 17. Jahrhundert, 100,4 × 75,4 cm, Kunsthalle Hamburg

philosophisch ausgerichteten Standortbestimmung. Die Werke der Kunst werden nicht mehr isoliert wahrgenommen, sondern fügen sich in ein Netz von Fragestellungen und Erkenntnissen ein, die das aktuelle Denken bewegen. Dem Einfluß des Mediums Computer auf Wahrnehmungsformen und künstlerische Produktion ging der französische Philosoph Lyotard in der Ausstellung *Les Immatériaux* (Paris 1985) nach. Das Thema der Ausstellung erforderte eine angemessene und ungewohnte Ausstellungsform. Dem Anspruch, die Auflösung einer an Dinglichkeit gebundenen Erfahrung zu demonstrieren, entsprach eine diskontinuierliche Abfolge von 67 Stationen, deren Exponate und Inhalte erst durch die Eigenbewegung des Betrachters miteinander verbunden wurden. Im Zeitalter des Immateriellen gerät alles in Bewegung, Kunstwerk wie Betrachter, die Vorstellung von Aktion und Interaktion stellt die Forderung nach stabilen Standpunkten der Kunst in Frage.[33] Die Zusammenbindung des Flüchtigen und Disparaten erfolgt auf dem Wege der Vernetzung. Netz, Netzwerk, Rhizom –

Beschreibungsmodelle der zeitgenössischen Philosophie bestimmen in zunehmendem Maße unser Denken und die Ausstellungen, die im Zeichen des philosophischen Nachdenkens stehen. Die veränderten Rezeptionsbedingungen der 80er Jahre wurden auch zum Thema der Hamburger Ausstellung *Kunst im Netzwerk* (1987): Mit Hilfe des Computers sollten sich die Besucher vor oder nach dem Ausstellungsbesuch noch einmal assoziativ einigen Kunstwerken nähern. Vermutungen, Einschätzungen und Gedankenspuren wurden als eigene Wege des Betrachters zum Kunstwerk auf dem Computerausdruck sichtbar gemacht.[34]

Die Erweiterung des Werkkontextes zeigt sich in den 80er Jahren nicht nur in Ausstellungsinhalten, sondern auch in ungewohnten Vorstellungen von Ausstellungsräumen. Die Betonung des Kontexts »Ausstellungsraum« führt zu einer Inszenierung der Kunst, an der nicht nur die Institution Museum, sondern auch Ausstellungsmacher, Ausstellungsarchitekten und Lichtdesigner beteiligt sind. Der Ausstellungsmacher konfrontiert das Publikum mit seiner persönlichen Zuordnung der künstlerischen Erscheinungen, er reißt alte Kontinuitäten auf und erstellt neue Beziehungen. Die Einzeleindrücke reihen sich in einen filmischen Zusammenhang ein, der sich in der Abfolge der Ausstellungspräsentation ergibt. Konzept des Ausstellungsmachers und künstlerische Einzelleistung ergänzen sich zu einer Gestaltung, »die mit der Arbeit eines Regisseurs oder Choreographen vielleicht vergleichbar ist: Schrittfolgen, Rhythmen, Sequenzen festlegen«.[35] Ein markantes Beispiel für eine Ausstellungsarchitektur, die die Beweglichkeit des Betrachters forderte, bot die Ausstellung *Von hier aus;* in den Düsseldorfer Messehallen entstand 1984 eine an den Roman *Die unsichtbaren Städte* von Calvino erinnernde, wenn auch nicht unsichtbare Stadtstruktur, deren Wege die Besucher auf vielfältige Weise zu den Kunstwerken und Pavillons führte.

Trotz der Vielzahl neuer Museumsbauten in den 80er Jahren werden Ausstellungen immer häufiger außerhalb der hermetischen Wände des institutionalisierten Betriebs durchgeführt. Die Kunst sucht einen direkteren Kontakt zur Öffentlichkeit, da die konzentrierte Ruhe weißer Museumswände oft als zu steril und realitätsfern empfunden wird. Kunst präsentierte sich bereits in den 70er Jahren im »öffentlichen Raum«, so zum Beispiel auf der *documenta 6* 1977. Das Konzept des Einbezugs städtischer Öffentlichkeit ist in unserem Jahrzehnt verstärkt

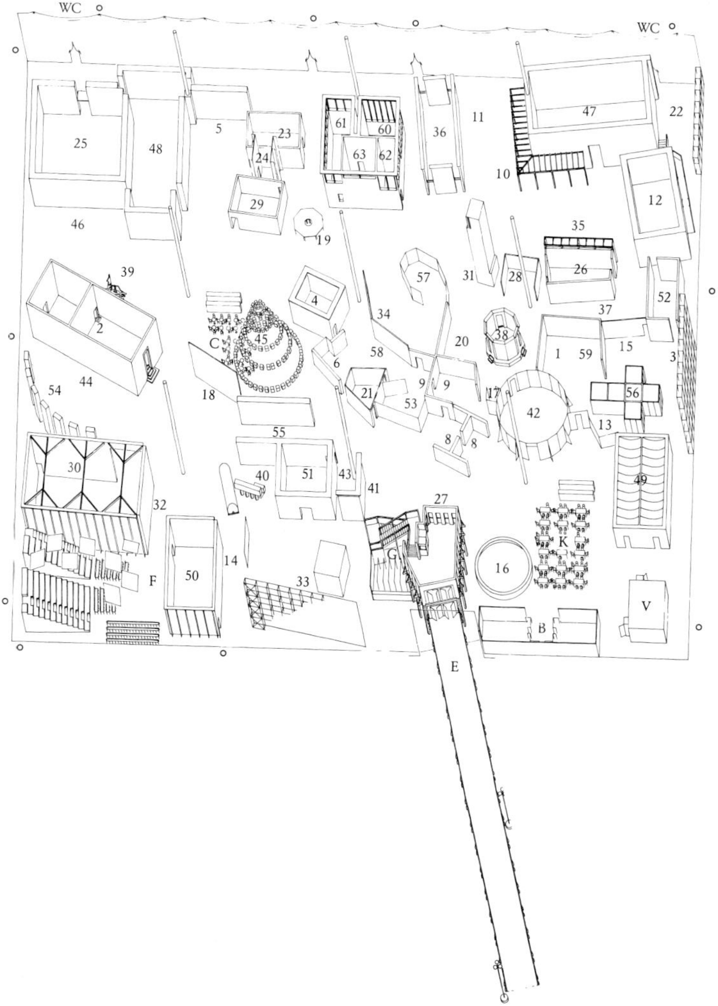

Plan der Ausstellung *Von hier aus,* Düsseldorf 1984

thematisiert worden. Am offensichtlichsten geschah dies im Bereich der Skulptur in Münster (1987), Rotterdam (1988), dem Skulpturenboulevard in Berlin (1987) oder den raumausgreifenden Arbeiten auf der letzten *documenta* in Kassel (1987). Hier wurde von seiten der Künstler der Versuch unternommen, in ein dialogisches Verhältnis zu einer bereits gestalteten Umgebung zu treten. Die Begegnung von Kunstwerk, städtischer Architektur und alltäglicher Lebenssituation beeinflußten sowohl das Kunstwerk als auch sein Umfeld. Oft regte sich, wie in Berlin, heftiger Protest gegen das Eindringen der Kunst in andere, kunstfremde Lebensbereiche; einmal der Abgeschlossenheit des Museums entkommen, gewinnt Kunst wieder an provokativem Potential und erweitert den Blick des Gewöhnlichen.

Eine andere Art von Öffentlichkeit suchte die Kunst im eher intimen Raum der Stadtbewohner von Gent. Orte, die sich nur zögernd öffneten, forderten ein behutsames Agieren der Künstler; es mußten sich schon zarte Wahlverwandtschaften ergeben zwischen dem Besitzer eines Raums und demjenigen, der diesen Raum vorübergehend in Besitz genommen hatte. Die *Chambres d'amis* (1986) waren Orte einer Begegnung zwischen Künstlern und Privatleuten, die Wohnräume als Gästezimmer für künstlerische Interventionen zur Verfügung stellten. Die Eingriffe reichten vom Tisch, der Skulptur wurde und keinen Bewohner an sich vorbeiließ, zu Wohnzimmern, die durchs Fenster betrachtet wie surrealistische Aquarien aussahen, weil ein Filter am Fensterglas alle Rottöne schluckte.[36] Intime Künstlerbesuche anderer Art erfolgten 1987 im Amsterdamer Bordell *La Vie en Rose*, in dem Raumattrappen mit Arbeitsräumen kombiniert wurden, die den Kunden auf seiner Suche nach den Blumen des Bösen irritierten. Die Markierungen von Innenarchitektur, Design und Kunst wurden hier fließend, die Inszenierung legte sich vor eine Präsentation künstlerischer Arbeit.[37]

Ergänzend zum Ewigkeitsanspruch der musealen Präsentation von Kunst hat es in den 80er Jahren häufig Ausstellungen in leerstehenden Gewerberäumen und alten Lagerhallen gegeben. Sicherlich wird diese Art von Räumlichkeit nicht nur ihrer Größe wegen bevorzugt, auch wenn das für Ausstellungsräume wie das Musée d'Orsay zutreffen mag. Schlecht verputzte Fabrikwände und leerstehende Bahnhöfe schaffen eine Atmosphäre des Vergänglichen, die im zeitlosen Weiß des Museums ausgespart blieb. Es scheint, als geriete das Kunstwerk auf

Der Hamburger Bahnhof in Berlin, Ausstellungsort der Ausstellung *Zeitlos*, Berlin 1988

seinem Präsentationsgrund in Bewegung, vor dem Unvollständigen, Abgerissenen werden Stabilität und absolute Festlegungen in Frage gestellt; man könnte fast von einem Dekonstruktivismus der Ausstellungsarchitektur sprechen. Das Kunstwerk wird wie ein flüchtiger Durchgänger in zeitliche Prozesse verwickelt: Raumbezogene Arbeiten in einer leerstehenden Schuhfabrik in Ferrara (1986) befördern Gedanken an Vergangenheit, Verlust der Erinnerung und Tod; in Köln besetzten 1985 sechs Künstler die Räume eines Wohnungsrohbaus, um dort Installationen vorzunehmen;[38] 1985 wurde in Berlin die *Ruine der Künste* ins Leben gerufen, ein Ausstellungsort, der das Moment der Fragilität und Vergänglichkeit ganz bewußt thematisiert. Der Ort der Ausstellung potenziert die inhaltliche Aussage des Werks; Spannungen entstehen, wo Stillstand und Bewegung aufeinanderstoßen wie in der Ausstellung *Zeitlos* in Berlin (1988). Die dort gezeigten Plastiken wurden in ein Kontrastverhältnis zur Raumsituation des Hamburger

Bahnhofs versetzt, als Gegensatz des Statischen zur Zeitlichkeit des Reisens, »stille Monumente zwischen Ankunft und Abfahrt«.[39]

Das Verhältnis von Kunst und Kunstbetrieb in den 80er Jahren – gestattet man sich diesen dekadischen Blick, so fällt auf, daß Vereinnahmungs- und Entgrenzungstendenzen auch den Bereich des Ästhetischen prägen. Kunst wird hauptsächlich in einem erweiterten Kontext erfahren. Der Einfluß des Kunstmarktes auf den Umgang mit Kunst überhaupt begünstigt oberflächliche Blickweisen, die den permanenten Strom sinnlicher Reize und numerischer Daten in kürzester Zeit verarbeiten. Die Vermarktung fördert einen schnellen Verdauungsprozeß, der Qualitäten und Widerstände nivelliert. Identifizierung und Einverleibung des Fremden sind charakteristisch für den sich ausweitenden Kunstbetrieb. Die Metapher des Netzwerks greift auch hier, alles wird mit allem verbunden; so wird die Bewegung innerhalb des Systems beschleunigt, Geld- und Informationsströme können ungehindert fließen. Doch neben dasjenige, das sich als zeitgeistige Unvermeidlichkeit gebärdet, treten auch Kritik und nachdenkliche Fragen. Kontexterweiterung, das zeigen einige Ausstellungen der 80er Jahre, kann die immer umfassender werdenden Tentakeln des kunstbetrieblichen Netzes auch in Zweifel stellen. Das Eingeständnis von Vergänglichkeit und Brüchigkeit ermöglicht ein offenes Verhältnis zur Kunst und zu ihrem Betrachter. Dialog und Interaktion, Qualitäten, die ebenfalls unter dem Zeichen der Vernetzung stehen, lassen daran erinnern, daß sich Netze vor allem durch Offenheit und kreative Leerstellen auszeichnen.

1 Einen Überblick über den Kunstmarkt der 60er und 70er Jahre gibt Christian Herchenröder: *Die Kunstmärkte.* Düsseldorf/Wien 1979. Herchenröders Analyse des Kunstmarktes der 80er Jahre erschien erst nach Fertigstellung dieses Berichts und konnte daher nicht mehr von mir berücksichtigt werden: Christian Herchenröder: *Die neuen Kunstmärkte.* Düsseldorf 1990.

2 Die Zahlenangaben sind einer Übersicht zu den Umsätzen im Kultur- und Medienbereich 1982 bis 1986 entnommen, die vom Zentrum für Kulturforschung in Bonn erstellt wurde. Karla Fohrbeck und Andreas Johannes Wiesand: *Von der Industriegesellschaft zur Kulturgesellschaft.* München 1989, S. 41–50, hier S. 44. Das Zentrum für Kulturforschung erstellte auch die Recherche über die Umsatzentwicklung bundesdeutscher Galerien. Die Angaben wurden entommen: Andreas Johannes Wiesand: »Kunstmarkt im Goldrausch?«, in: *Kunstforum International* Bd. 104, November/Dezember 1989, S. 87.

3 Tabelle »Wie die Kunst an Wert gewann« in: *Die Welt,* 3. 9. 1988, S. 47.

4 Dan Cameron: »Karrieren, Kunst und Markt«, in: *Wolkenkratzer Art Journal* 5, 1989, S. 22–29, hier S. 26.

5 Peter Schille: dreiteilige Serie im *Spiegel* »Über Händler, Sammler und Spekulanten im weltweiten Kunstgeschäft«; I: »Spekulanten in der Spielhölle«, in: *Der Spiegel,* 28. 11. 1988, S. 180–203; II: »Die Mafia wäscht ihr Geld mit Kunst«, in: *Der Spiegel,* 5. 12. 1988, S. 206–223; III: »Das goldene Zeitalter steht vor der Tür«, in: *Der Spiegel,* 12. 12. 1988, S. 194–213.

6 Richard W. Walker: »Making the Market«, in: *ARTnews* 88, März 1989, S. 139–143.

7 Marie Hüllenkremer und Alfred Nemeczek: »Vom Untergrund ins Museum«, in: *ART* 2, Februar 1984, S. 40–57.

8 Ulrike Henn: »Die Warhol-Auktion«, in: *ART* 6, 1988, S. 18.

9 Wolfgang Max Faust: »Friß Vogel oder stirb! – Anmerkungen zu Kunst und Gesellschaft heute«, in: *Wolkenkratzer Art Journal* 5, 1989, S. 16–17.

10 Schille: »Spekulanten in der Spielhölle«, a. a. O., S. 210.

11 Christian Herchenröder: »Starker Markt für die Skulptur und für die Alten Meister«, in: *Kunst & Antiquitäten* III, 1989, S. 11–13, hier S. 13.

12 Schille: »Spekulanten in der Spielhölle«, a. a. O., S. 181.

13 Walter Benjamin: »Das Kunstwerk im Zeitalter seiner technischen Reproduzierbarkeit«, in: Walter Benjamin, *Gesammelte Schriften,* hrsg. von Rolf Tiedemann. Bd. I, Teil II. Frankfurt am Main 1974.

14 Marie Hüllenkremer: »Oft können die Restauratoren nur Erste Hilfe leisten«, in: *ART* 8, August 1988, S. 12–13.

15 Manfred Koller [ohne Titel] in: *Restauro* 3, 1988, S. 8–9.

16 1984 erwarb das Getty-Museum auf einer Auktion Mantegnas *Anbetung* aus britischem Besitz; trotz eines halbjährigen Exportverbots der britischen Regierung konnte in Großbritannien die erforderliche Summe von 31 Mil-

lionen DM nicht aufgebracht werden, um das Werk im Land zu behalten. 1983 gingen 144 bedeutende mittelalterliche Handschriften aus der Sammlung Ludwig ebenfalls ans Getty-Museum, weil sich kein öffentliches Institut in der Lage sah, diese Schriften zu erwerben, für die das Getty-Museum 100 Millionen DM gezahlt hatte.

17 Leslie A. Fiedler: »Überquert die Grenze, schließt den Graben! Über die Postmoderne« (»Cross the Border – Close the Gap«, 1969), in: Wolfgang Welsch (Hrsg.): *Wege aus der Moderne.* Weinheim 1988, S. 57–74.

18 Die Studie wurde 1984 vom Zürcher Bankhaus Julius Bär in Auftrag gegeben. Näheres dazu findet sich bei Volker Rattemeyer: »Kunst als Wirtschaftsfaktor«, in: Werner Stehr und Johannes Kirschenmann (Hrsg.): *Materialien zur documenta 8 – Rote Fäden zu Künstlern, Werken und Betrachtern.* Kassel 1987, S. 188–192.

19 Fohrbeck und Wiesand, a. a. O., S. 44–49.

20 Nähere Angaben siehe Berechnungen zu den Kulturausgaben der Gemeinden und Städte in : ebd., S. 154, 156.

21 »Erhebung der Besuchszahlen an den Museen der Bundesrepublik Deutschland samt Berlin (West) für das Jahr 1983«, in: Staatliche Museen Preußischer Kulturbesitz, Institut für Museumskunde Berlin (Hrsg.): *Materialien aus dem Institut für Museumskunde* Heft 23, Berlin 1984, S. 5 sowie Angaben in: Gregor Beushausen: »Immer mehr Bürger gehen in die Museen«, in: *Westdeutsche Allgemeine Zeitung,* 21. 12. 1989, S. 4.

22 »Erhebung der Besuchszahlen an den Museen der Bundesrepublik Deutschland samt Berlin (West) für das Jahr 1987«, in: Staatliche Museen Preußischer Kulturbesitz, Institut für Museumskunde Berlin (Hrsg.): *Materialien aus dem Institut für Museumskunde* Heft 23, Berlin 1987, S. 6.

23 Rattemeyer, a. a. O., S. 188–192, hier S. 191.

24 Karlheinz Schmid: »Überall wird gespart – bisweilen radikal«, in: *ART* 12, 1982, S. 8–9; Regina Wyrwoll: »Drastische Etat-Kürzungen legen den Kunstbetrieb lahm«, in: *ART* 3, 1988, S. 17.

25 Ulrike Henn: »Je teurer die Kunst, desto weniger Ausstellungen«, in: *ART* 9, 1987, S. 22.

26 Susanne Lingemann: »Sieben Werke verkauft, um das achte zu kriegen«, in: *ART* 7, 1990, S. 19; Lee Rosenbaum: »The Anxious Acquisitors«, in: *ARTnews* 88, März 1989, S. 145–151.

27 Peter Koslowski: »Die Kultivierung des Unternehmens – eine langfristige Herausforderung«, in: *Handelsblatt,* 14/15. 4. 1989, S. 1–2, hier S. 2.

28 Hier seien nur einige wenige Veröffentlichungen genannt: Stephan Schmidt-Wulffen: »Kunst, Kommerz und Kolportage«, in: *Kunstforum International* Bd. 87, Januar/Februar 1989, S. 68–69; Jürgen Raap (Hrsg.): »Kunstforum-Special: Sponsoring«, in: *Kunstforum International* Bd. 102, Juli/August 1989, S. 206–282; *Kunstforum International* Bd. 104, November/Dezember 1989; der Band 104 mit dem Titel »Kunstwerte – Markt und Methoden«, der von Stephan Schmidt-Wulffen herausgegeben wurde, beschäftigt sich mit den Einflüssen des Kunstmarktes auf die Wertschätzung von Kunst. Eine eingehende Untersuchung zu Mäzenatentum und Sponsoring in der Bundes-

republik liefert die Studie des Zentrums für Kulturforschung in Bonn: Karla Fohrbeck: *Renaissance der Mäzene – Interessenvielfalt in der privaten Kulturfinanzierung.* Köln 1989.

[29] Deutsche Bank AG (Hrsg.): *Zeitgenössische Kunst in der Deutschen Bank.* Frankfurt am Main 1987.

[30] Paolo Bianchi: »Kunst als Ausdruck der Unternehmenskultur«, in: Raap, a. a. O., S. 232–243, hier S. 236.

[31] *»Time Code«: Kultursponsoring – ein kleiner Leitfaden für die werbetreibende Wirtschaft.* Berlin, September 1988, zit. nach Raap, a. a. O., S. 207–221, hier S. 208.

[32] *Streit um »Bilderstreit«*, eine Sendung des WDR, West 3, 19. 6. 1989, 23. 23–0.27 Uhr.

[33] Jean-François Lyotard: *Immaterialität und Postmoderne.* Berlin 1985.

[34] Michael Hübl: »Kunst im Netzwerk«, in: *Kunstforum International* Bd. 88, März/April 1987, S. 192–203.

[35] Arnd Rühle: »Im Gespräch mit Manfred Schneckenburger«, in: *Kunst & Antiquitäten* III, 1987, S. 16–18, hier S. 17.

[36] Armine Haase: »Chambres d'amis«, in: *Kunstforum International* Bd. 85, September/Oktober 1986, S. 256–261.

[37] Goes Dalstar: »La Vie en Rose oder Kunst im öffentlichen Raum«, in: *Wolkenkratzer Art Journal* 5, 1987, S. 45–47.

[38] Dieter Daniels und Johannes Stahl: »Rapido Fine«, in: *Kunstforum International* Bd. 85, September/Oktober 1986, S. 296–298.

[39] Markus Brüderlin: »Stille Monumente zwischen Ankunft und Abfahrt«, in: Harald Szeemann (Hrsg.): *Zeitlos. Kunst von heute im Hamburger Bahnhof.* Berlin/München 1988, S. 15–31.

Nachwort zu einer kürzlich zu beobachtenden Eruption
Ansichten zur Architektur der 80er Jahre

Ulf Jonak

Das erste Geräusch zu Beginn des Jahrzehnts
waren eingeschlagene Schaufensterscheiben
doch das ist schon lange her
Franz Hohler

Ach, wie wohlgeordnet scheint uns im Rückblick die Nachkriegswelt. Klar und ungebrochen standen sich die feindlichen Gesellschaftssysteme gegenüber. Als sei es ein ästhetisches Spiel, schien eine unbekannte Kraft die Gegensätze sensibel zu wichten. Im ehemals morgen-, nun wider Erwarten abendroten Osten prunkten die Bauten im Konditorstil. Im leuchtenden Westen glitzerten die von Mal zu Mal durchsichtigeren Glaskästen. Über die Grenzen hinweg schien unbestritten: Nur auf festen Standpunkten läßt Ordnung sich bewahren, läßt Architektur sich gründen. Eine halbwahre Formel, wie sich zeigen sollte, denn allerorten verstärkte sich ein Knistern – nicht nur in der politischen Sphäre. Aber es war noch kein Aufbruch, eher ein Aufbrechen der vorher so granitscharf gekanteten Blöcke. Doch die Folgen des Golfkriegs und das Auseinanderfallen des Ostblocks werden in den 90er Jahren voraussichtlich eine »neue Weltordnung« einleiten. Falls dies geschieht, wird dann auch der sogenannte Pluralismus in der Architektur ein Ende finden?

Begonnen hat der Umbruch in den 70er Jahren: Die Formensprache der Architektur wurde assoziationsreicher, die Oberflächen wurden zerklüfteter, die Theorie zerbrach in Lehrmeinungen gegensätzlicher Fraktionen. Hie die Reinheit des bewußt farbsparsamen und auf universale Gültigkeit zielenden Funktionalismus, da die Fleckigkeit eines »interessant« gemachten, sich skulptural gebärdenden Formalismus, dort die Verfärbungen der Lehre zu Lehm-, Öko- und Solararchitektur oder zum sogenannten regionalen Bauen. So zerfaserte der einst so stracks verlaufende Schienenstrang des Funktionalismus in eine Vielfalt kleiner Bahnen, die in alle Richtungen auseinanderliefen. »Architektur auf der Suche nach erweiterter Autonomie«[1] heißt denn auch das Motto im Katalogvorwort zur *Dortmunder Architekturausstellung* von 1976.

Wie stets ruft eine ausufernde Vielfalt von Erscheinungen die Systematiker und Ordner des Unübersichtlichen auf den Plan. Das gestaltpsychologische Gesetz vom Zwang zur prägnanten Form, die wir, wenn die Form uns nur verschwommen oder verzerrt entgegentritt, auf jeden Fall zu rekonstruieren suchen, trifft ebenso im Einzelfall wie für das gesamte kulturelle Gefüge zu. Definitionshilfe leisteten während der 80er Jahre Überblicksschauen jüngster Architektur. Eine verblüffte Öffentlichkeit nahm zur Kenntnis, daß Architektur auf einmal nicht mehr allein Bedürfnisbefriedigung bedeutete, sondern sich zu Bau-Kunst rückverwandelte: »Architektur als Poesie gegen die blinde Ordnung zweckrationaler Überheblichkeit.«[2] Die Architekturzeichnung bekam nun ihren eigenen Wert, wurde immer häufiger ohne konkreten Auftrag, jedoch mit künstlerischen Ambitionen hergestellt, wurde zum Sammelobjekt und damit zum Grundstock vielerorts entstehender Spezialgalerien und vor allem der großen, übergreifenden Architekturausstellungen, die das Architekturgeschehen der 80er Jahre strukturierten.

Es begann mit der *Biennale* in Venedig von 1980: *Die Gegenwart der Vergangenheit,* ein programmatischer Versuch – unterstützt von eigens für diese Ausstellung errichteten Modellen im Maßstab 1:1, der *Strada Novissima* –, das Bewußtsein für den Dialog der Steine mit den Menschen in der traditionellen Stadt zurückzurufen und zugleich Muster zur Überwindung der modernen, monotonen Stadtagglomerate anzubieten. Im gleichen Jahr fand die Pariser *Biennale,* die *Erste Ausstellung Internationaler Architektur,* statt. Währenddessen liefen in New York, im *Institute for Architecture and Urban Studies,* vielbeachtete Einzelschauen der Europäer Aldo Rossi, Oswald Mathias Ungers oder Rob Krier. Die Szene formierte sich. Wie schon in den 20er Jahren wurde Architektur wieder zum Tagesgespräch, zum genußvoll von Presse und Fernsehen behandelten Thema. Zweifellos eines der populärsten Medienereignisse war die Berliner *Internationale Bauausstellung (IBA)* von 1984 und 1987, ein ebenso trotziger wie modellhafter Versuch, einer ramponierten Stadt sowohl durch »behutsame Stadterneuerung«

als auch durch Implantation zeichensetzender, erlesen designter Einzelbauten Unverwechselbarkeit und vor allem Handlungsanweisungen für den Städtebau der Zukunft zu geben. Begleitet wurde die *IBA* von einer Flut von Architekturwettbewerben und Projektausstellungen, darunter so anspruchsvolle wie *Das Abenteuer der Ideen*, ein waghalsiges und ehrbar gescheitertes Experiment, dem Handwerk der Architektur das Kopfwerk der Philosophie in bildhafter Transformation entgegenzustellen.

Als wahrhaft fokusbildend erwies sich die Gründung des Deutschen Architekturmuseums in Frankfurt am Main mit seiner Eröffnungsausstellung *Revision der Moderne* (1984), die die zwar längst etablierte, in ihrer internationalen, flutwellenartig verbreiteten Ausdehnung aber nur ahnungsweise begriffenen postmodernen Architektur popularisieren half. Auch die Ergänzungsausstellung *Vision der Moderne* (1986), die die konstruktivistischen Tendenzen der modernen Architektur zur Schau stellte, gab einem Aspekt des architektonischen Zeitgeistes einen diskutierbaren Umriß.

Ausstellungen, wenn sie denn Erfolg haben, zeichnen sich durch ein konspiratives Erscheinungsbild aus, ein Aufeinanderabgestimmtsein der versammelten Stücke und Denkfiguren. Es entstehen Leitbilder, welche latent vorhandene Stimmungen auf den Punkt bringen. Die letzte erfolgreiche Unternehmung dieser Art war die Ausstellung *Deconstructivist Architecture* (1988) im New Yorker Museum of Modern Art, die zwar in Fachkreisen umstritten blieb, der Öffentlichkeit aber deutlich machte, daß es neben der schon wieder in den Verdacht nostalgischer Einfalt geratenen postmodernen Architektur auch Konzepte gibt, die Widersprüchlichkeit und Vielschichtigkeit unserer Zivilisation in Bilder zu fassen.

Die 80er Jahre lassen sich demnach als Epoche des definitorischen Überblicks schildern, ebenso als Dekade des Pluralismus, vielleicht aber auch als die eines neuen Eklektizismus. Die Vermutung des Eklektizismus liegt nahe, weil es eine Zeitspanne war, in der endlich umfassend begonnen wurde, die zwar kurze, aber dennoch intensive Geschichte der modernen Architektur wissenschaftlich aufzuarbeiten. Anstoß gab, daß sich in diesem Jahrzehnt die Geburtstage der meisten Heroen der 20er Jahre zum 100. Male jährten. Die Überblicksschauen vielerorten auf das Lebenswerk von Gropius, van der Rohe, Taut, May, Schindler, Le Corbusier, Rietveld, Sant' Elia und anderen setzten zudem Impulse frei, die die Auseinandersetzung jüngerer Architekten mit ihrem eigenen Werk stark beeinflußten. Aus dem Dunkel des Vergessens tauchte strahlend die Gestalt Jakov Chernikhovs auf, des Projekteschmieds traumhafter Metamorphosen von Maschinen und Häusern. So wurden nun auch Schulen wie die des russischen Konstruktivismus neu bewertet und kreativ verarbeitet; man betrachte nur die Projekte von Zaha M. Hadid oder Rem Koolhaas.

Doch wäre es falsch, die 80er Jahre ausschließlich zum Jahrzehnt der Katalogisierung, gar des Epigonentums zu erklären. Allerdings ist womöglich die Zeit des eigenständigen, in sich selbst ruhenden Werks endgültig vorbei. Auf Grund der allgemeinen Verfügbarkeit aller Kommunikationsmittel ist die Unschuld des naiven, staunenden Blicks verlorengegangen, und wenn sie scheinbar noch da ist, dann handelt es sich letztlich um die mehrfach gebrochene, besonders komplizierte Variante des koketten Blicks. Wer über die Medien und damit über die Manipulationsmöglichkeit von Bildern verfügt, verfügt der am Ende nicht auch über die Körper? Das Informationswesen »überflutet unsere Bewußtseinskapazitäten in einer geradezu anthropologisch bedrohlichen Weise«[3], stellt Peter Sloterdijk in seiner *Kritik der zynischen Vernunft* fest.

Was macht die Mächtigen so mächtig? Sie gewinnen, weil sie selbst die geringfügigsten Hervorbringungen der Schwachen sich anzueignen verstehen und mit der Bravour des Machers auf einen verbesserten Standard bringen. Die »armen« Bauten der Dritten Welt mit ihren minimalisierten Konstruktionen, mit ihrem Rückgriff auf an Ort und Stelle verfügbare Materialien, mit dem Insistieren auf der Verwendung simpelster (von jedem handhabbarer) Werkzeuge hatten einen nicht zu unterschätzenden Einfluß auf das sogenannte »alternative« Bauen in der Ersten Welt und dieses wiederum auf die »kunstvolle« Architektur. Die tollkühn gefügten Konstruktionen Coop Himmelblaus oder Frank O. Gehrys erreichten ihre Lockerheit auch, indem sie sich von den wellblechenen und sperrhölzernen anonymen Basteleien im Niemandsland anregen ließen. Freilich sollte man nicht allein zynisches Sichanbiedern oder ein Gefallenwollen mit dandyhafter Zerschlissenheit in diesen »Aneignungsverfahren« sehen, sondern vor allem bei den Außenseitern und weniger Etablierten auch Rückzug und Kritik, ein Sichausklinken aus der großkotzigen Welt der Bürger mit ihren Repräsentationsbauten und Megastrukturen.

Demnach hat das Schlagwort vom »Pluralismus« seine Berechtigung, denn guten Gewissens kann man nicht von der Architektur der Epoche sprechen, die sich wie aus einem Guß darstellt. In der Folge soll dennoch hauptsächlich von »künstlerischer Architektur« die Rede sein als einem intellektuellen Artefakt, dessen skulptural-kompositorische, literarisch gefärbte, minimalistisch-lakonische und auch manieristische Produkte als theoretische Denkfiguren zu sehen sind, als Prototypen einer konzeptuellen Architektur, die auf mehr als nur architektonische Inhalte hinweist.

Tatsache ist, daß der intellektuelle Architekt bewußt und vorsätzlich nicht nur Architektur, sondern auch seine Zeit reflektiert. Zwar spiegeln die Bauten des vergangenen Funktionalismus – trotz ihres Hangs zur Bedeutungsvermeidung – auch nicht allein sich selbst, sondern verweisen hochgestimmt auf ihre Zeit des *Ersten Maschinenzeitalters*[4], transportieren die Visionen einer reibungslos funktionierenden »Neuen Welt«, dies jedoch eher widerwillig, da dem sachlichen Geist der taylorisierten Wohnung und der nüchternen, verwissenschaftlichten Hausproduktion so gar nicht gemäß. Überredungscharakter und darstellerische Qualitäten gewann die Architektur erst wieder in der hier behandelten Epoche. In Reaktion auf die verschlissene Moderne übte sie sich nun in Trotz- und Widerspruchsgebärden.

All das, was von der Moderne als Errungenschaft gefeiert worden war, das Verschwinden der Geschichte und der Traditionen, das Entzerren der einzelnen Funktionen von Haus und Stadt, das Isolieren der unterschiedlichen gesellschaftlichen und privaten Forderungen, kurz, die mathematische Überschaubarkeit des architektonischen Prozesses, all das sollte plötzlich nichts mehr gelten. Widerspruch, Labyrinthisches, unklar Gemischtes, die ästhetische Trivialität, die vorgetäuschte Verwendung scheinbar erbeuteter Spolien, die Maskerade und die Lust an der Camouflage schoben sich in den Vordergrund – zum Entsetzen derer, die die von der Moderne eroberten Prinzipien Ehrlichkeit oder Durchsichtigkeit hochhielten. Die Postmoderne triumphierte, für die Fanatiker des Funktionalismus ein obszönes Ereignis. Folgerichtig bezeichnete sich denn auch Philip Johnson (wohl der erste der prominenten Modernisten, der die Fronten wechselte) selbst als Hure, die es jedem Auftraggeber recht mache. Wie ein Springteufel erschien sein AT & T-Tower auf der Szene, dank seiner mächtig erigierten Gestalt, vor allem dank seiner schwülen Sprenggiebelbekrönung ein Aphrodi-

Philip Johnson,
AT & T-Tower,
New York, 1983

siakum für die Lebemänner aus Werbung, Geschäft und Architektur. Ein Dekorationsstück, als gälte es, Beweis zu führen, daß es »einen guten Geschmack des schlechten Geschmacks gebe«.[5]

Architektur wird nun verlockend, zweideutig, ja vieldeutig. Aber die Behauptung, vieldeutig sei die Welt, ist den Funktionalisten, besser gesagt, den Zweckrationalisten, die auch heute noch den überwiegenden Teil der Gebrauchsarchitektur fabrizieren, und im Grunde auch allen anderen, die Architektur machen, von jeher verdächtig erschienen. Philosophie ist ihnen Geschwätz. Utopische Architektur verwässerte ehemals zur Forderung nach Hygiene und Elektrifizierung und ist heute abgeflacht zum Minimalanspruch, brauchbar zu sein. Man muß sich jedoch darüber im klaren sein: Es gibt für Architekten keinen anderen Pfad, um Welt zu erfahren, als den durch den Tunnel des Funktionalismus, selbst dann, wenn sie nicht bauen, sondern nur zeichnen.

Hans Hollein, Museum Abteiberg, Mönchengladbach 1982

James Stirling, Staatsgalerie Stuttgart, Stuttgart 1984

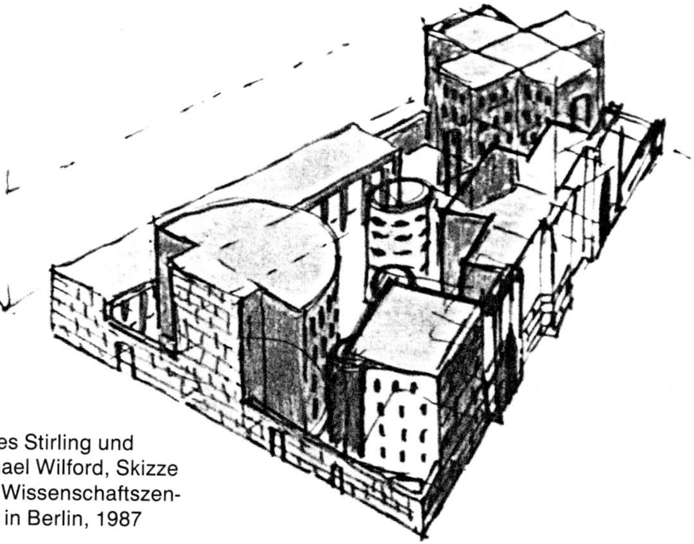

James Stirling und
Michael Wilford, Skizze
zum Wissenschaftszentrum in Berlin, 1987

Rem Koolhaas,
Nederlands Dans
Theater, Den Haag
1987

Nie jedoch ist der Funktionalismus derart in Mißkredit geraten wie in jüngster Zeit. So verkörpert der Architekt der 80er Jahre mehr denn je das haßliebende, entwurzelte, nirgendwo verhaftete, schwebende Außersichsein: Alternde Männer im Seidenanzug und tomatenroten Turnschuhen mit aufgekratzt-schlüpfrigen Gesten und sardonischem Gelächter, die sich aller Masken der Harmlosigkeit, Weltläufigkeit, Zynismus, Spontaneität, Tiefe oder Genialität zugleich bedienen, hohle Figuren, die ihr Handwerk zur Selbststilisierung mißbrauchen – Hollywood als Lebensform.

Das mag erklären, warum sich kaum Nachdenklichkeit einstellt, warum sich entgegen allen Beteuerungen an der Substanz von Architektur nichts ändert, auch wenn Gesellschaftssysteme sich umkrempeln. Das mag erklären, warum ein großer Teil der Architekturproduktion der frühen 80er Jahre im Rückblick lediglich den Eindruck geschminkter Banalität macht, warum Vieldeutigkeit nur als Schauspielkunst aufscheint und nicht als strukturelle Eigenschaft. »Die Beständigkeit, die selbst in der frivolsten Architektur steckt, und die Instabilität der Metropole sind unvereinbar. In diesem Konflikt ist die Metropole per definitionem auf der Gewinnerseite.«[6] Auch wenn Rem Koolhaas in dieser Bemerkung die Stadt (unzulässigerweise) zum krakenartigen Lebewesen metamorphisiert, das sich im Kampf mit den Gewalten durchsetzt und Freiraum verschafft, setzt er immer noch eine höhere, die Stadt regulierende Ordnung voraus. Realität aber ist, daß Koolhaas' »Instabilität« den Charakter des Pulsierenden verliert, chaotisch und unbeherrschbar wird. Die wuchernden »Megastädte« der Dritten Welt, die Unmöglichkeit, sie zu regieren, zeigen es. »Wichtiger als die Gestaltung der Städte ist heute und in naher Zukunft die Gestaltung ihres Zerfalls«[7], postuliert Koolhaas im selben Interview, halb hoffnungsvoll, halb resignierend Strategien erwartend, die sich durchsetzen lassen. Der japanische Architekt Kazuo Shinohara hingegen feiert die »Schönheit des Chaos«. Er sagt: »Das Durchschreiten von Räumen, in denen eine vielschichtige Struktur von Fragmenten aus völlig unterschiedlichen Zusammenhängen freiliegt, macht unterschiedliche ›Lesarten‹ der Stadt möglich«. Er folgert daraus, »daß diese Vitalität, die eine Stadt durch den Katalysator des seltsamen, irrationalen Mechanismus des Chaos erhält, etwas sehr Wertvolles ist«.[8]

Allgemein aber machen sich Gefühle der Unsicherheit, des Überwältigtwerdens, der Hilflosigkeit, einer unaufhaltsamen und irreversiblen Katastrophe breit: Panik. Reagiert wird mit falschem Frohsinn und ins Leere laufender Betriebsamkeit. Wie naiv, wie lebensfern wirkt unter diesen Auspizien der Versuch, das beobachtete Aus-der-Kontrolle-Geraten mit formalen Mitteln zu bändigen, sozusagen den »Begriff der Explosion in die Architektur einzuführen«[9], wie Zaha M. Hadid es erprobt. Das Dilemma ist, daß es kaum andere Möglichkeiten gibt, als sich einzureden, man könne den bedrohlichen Zeitläufen mit einfühlsamen Metaphern, gleichsam parasitärem Stückgut, an den Nerv gehen.

So sei die erste These zur Architektur der 80er Jahre formuliert: Eine zerspringende Welt wird zur scheinbar zerspringenden Welt erklärt, wird durch Stilisierung künstlich und unwirklich und damit zum manipulierbaren Produkt einer dramatisierenden Phantasie, wird letztlich als ästhetische Konstruktion wieder verwandelbar und beherrschbar.[10]

Daraus zieht der postmoderne Architekt seine Legitimation. Indem er eine intakte Vergangenheit, wohl wissend, daß es sie so nie gegeben hat, beschwört, glaubt er, alle entstandenen Risse und Lecks mit zitierenden Bauformen und Ornamenten verstopfen zu können. Gleichzeitig aber setzt er auch auf den Charakter des Flaneurs und des Selbstdarstellers und strebt, für diesen den öffentlichen Raum – Straße und Platz – zum Raum der Zwiesprache und der Gefühle umzugestalten. Der Glaube versetzt Berge, die öffentlich vorgetragene Emotion verbannt Kälte und Härte aus unserem Gesichtskreis: Wenn es denn so wäre!

»Wenn Architektur im menschlichen Bewußtsein überleben soll, muß das, was Bauten sagen – ob wehmütig, weise, kraftvoll, sanft, ketzerisch oder albern –, auf das breite Spektrum menschlicher Gefühle ausgerichtet sein«[11], sagt Charles Moore und meint, wie aus dem weiteren Text ersichtlich, auch die Umkehrung: Wenn denn der Mensch überleben soll ...

Der Vorsatz und auch der Verdienst, mit dem die Architekten der Postmoderne antraten, war die Nobilitierung des Straßenraums, der nun nicht mehr allein Funktionsraum, Verkehrs- oder Grünraum blieb, sondern sich zum »Stationentheater« veränderte, zur Bühne für den emotional so verhärteten und gerade darum nach gefühligen Stimmungen lechzenden Stadtbewohner. Es war der Versuch, die Öde und Zugigkeit, die bedrückende Wüstenei der Innenstädte aufzuheben und

Ricardo Bofill, Stadterweiterung Antigone, Montpellier/Frankreich 1986

zum Erlebnisraum umzugestalten. Ein nicht zu unterdrückender Hang zur kleinstädtischen Raumvielfalt, zum disparaten Nebeneinander prägnanter Kleinformen verbreitete sich wie ein Gegengift zu den monotonen Reihungen der Bauelemente, ob senkrecht oder waagrecht, die allein nach dem Prinzip Reproduzierbarkeit geformt schienen. Die Bauwerke wurden nun in kleinmaßstäbliche Kompartimente gegliedert, die ein zufälliges Benachbartsein, eine fast mittelalterliche Wirrnis, ja, die den heilsamen Schreck erzeugende Karambolage der Einzelformen suggerieren sollte.

Hans Holleins Museum in Mönchengladbach (1982) oder James Stirlings Staatsgalerie in Stuttgart (1984) zeigen das Prinzip »zerpflücktes und wieder collagiertes Bauvolumen« auf ähnliche Weise – trotz unterschiedlicher Formensprache: hier mehr der Moderne verpflichtet, dort die Moderne spottlustig kostümierend. Beiden Museen ist ihr Sicheinlassen auf den Ort, den Genius loci, die Situation am Hanggelände gemein. Die Gehäuse graben sich in den Berg, als gälte es, sich immer und ewig anzuklammern, als gälte es, sich zu verbergen und zugleich kokett und verlockend sich darzubieten. Beide, Hollein und Stirling, bemühen ungeniert die Mythologie: In Mönchengladbach gelangt der

Besucher durch einen kleinen, kostbar verkleideten Tempel in die museale Unterwelt, in Stuttgart umklammert der Bau eine große, eindrucksvolle Rotunde, in der scheinbar weihevolle Rituale ihre Spuren hinterlassen haben. Auch hier führt ein halb versunkener Eingang ins Erdreich.

Zwar wohnt Museen auf Grund ihrer unterschiedlichen Einzelabteilungen schon die Tendenz zum Zersplittern inne, man denke nur an das Stilgemenge in den Kabinetten der gegen Ende des 19. Jahrhunderts entstandenen deutschen Landesmuseen. Man könnte also die beiden erwähnten Museen als Sonderfälle im Architekturgeschehen betrachten. Aber hier handelt es sich doch um einen über die Spezialaufgabe hinausgehenden Trend, der sich selbst im Kleinsten artikuliert, zum Beispiel in Frank O. Gehrys Winton-Gästehaus (1986). Auch dort stellt sich weniger ein formales als ein strukturelles Entwurfsproblem: Jeder Einzelraum schert aus dem Verbund aus, schafft sich Platz, wehrt sich gegen das intime Miteinander zu benachbarten Räumen, behauptet seine Prägnanz und Einzigartigkeit, schürt den Konflikt, ermuntert von der Gewißheit seines Erbauers, daß das aggressive Gespräch der Steine ein heilsames und erkennendes sei in Anbetracht der tödlichen Stille in den allabendlich ausgestorbenen Straßen. Sowohl Stirlings Wissenschaftszentrum (1987) in Berlin als auch Koolhaas' Nederlands Dans Theater (1987) in Den Haag beweisen zudem, daß selbst größere, funktional nur schwer zu trennende Baumassen sich derart als Collage von gleichen unter gleichen Räumen zusammenstellen lassen. Während in Louis Kahns Denkgebäuden den »dienenden Räumen« noch eine bescheidene Würde zugesprochen wurde, sind sie hier zu notwendigsten, belanglosesten Verknüpfungen geschrumpft.

War die eine Entdeckung der Postmoderne der traditionsbewußte, öffentliche Raum, so war die andere, daß Fassaden nicht nur verpackende Hüllen, also Raumabschlüsse sind, sondern gleichzeitig »Gesichter«, Oberflächen, die sich abhängig von den Emotionen der Erbauer oder Bewohner des Hauses kräuseln, sich mitunter freilich auch – wie eh und je – zu Einschüchterungsgrimassen verzerren. Kaum entschuldbarer ist dies Sichaufblähen, wenn nicht nur Konzerne sich so darstellen, sondern wenn auf zynische Weise Konfektionsware für den geschmacksunsicheren Kleinbürger produziert wird. Ricardo Bofills Vorstadtsiedlungen rund um Paris haben deshalb nicht umsonst erbitterte Kritik auf sich gezogen.

Die Bezeichnung »Postmoderne« stellt sich als immer unbrauchbarer heraus. Im Gewirr der globalen Konflikte ein wenig die Illusion heimatlicher Sicherheit zu entwerfen, Orte der Selbstvergewisserung zu schaffen, worauf letztlich ihr Credo hinausläuft, ist zwar sicher ein ehrenwertes Vorhaben, verformt zwar die Gestalt der Häuser, erweist sich aber in seinem harmonisierenden Anspruch als weltfremd und flach. Andererseits ist die Postmoderne doch nur die Kehrseite einer Medaille. Ist nicht auch der ihr nachfolgende Dekonstruktivismus angetreten, von den Zeitläufen zu sprechen, statt sie zu verschweigen? Der Unterschied ist jedoch der, daß der dekonstruktive Architekt die Konflikte nicht entschärfen will, sondern sie im Gegenteil benennen und durch isolierende Darstellung ins Rampenlicht rücken möchte. Architektur stellt sich als Ort absichtsvoller Konflikte dar.

Griff schon die postmoderne Architektur nur oberflächlich auf die im Entstehen begriffene Diskussion über bislang verpönte Begriffe wie den der »Heimat« zurück, so ist auch die härtere Gangart des Dekonstruktivismus eingebunden in längst geführte Gespräche über Gesellschaft und Ästhetik. »Kunst ist [...] die Botschaft der Spannung, des gesellschaftlich nicht Erlösten. Kunst ist [...] das große Reservoir des geformten Protestes gegen das gesellschaftliche Unglück, der die Möglichkeit des gesellschaftlichen Glücks durchschimmern läßt.«[12] Leo Löwenthals Bemerkung in einem 1979 geführten Interview enthüllt deutlich, wie auch die Ideen des Dekonstruktivismus nicht aus sich heraus entstehen, sondern in die Traditionen der Moderne hineinpassen.

Unbestritten geht es den Dekonstruktivisten nicht um die billige Analogie: kaputte Welt – kaputte Architektur. Es sind strukturelle Übereinstimmungen, die, in Stein oder Stahl umgesetzt, den Zustand der Welt entlarven möchten.[13] Folgt man den architekturtheoretischen Texten von Rem Koolhaas oder Bernard Tschumi, so wird klar, daß es ihnen darum geht, die Ausdrucksmöglichkeiten von Architektur auszuweiten, die Bewegung, die Aktion, die Überlagerung der Strukturen, Konflikte und Widersprüche, auch das Absurde als Themen von Architektur einzuführen.

So sei, im Widerspruch zur ersten, die zweite These zur Architektur der 80er Jahre formuliert: Ein unübersichtlicher, undurchdringlicher, von Feindschaft und Kampf bestimmter Weltzustand wird als solcher akzeptiert und analysiert. Es werden Strategien entwickelt, die anhand von Analogien und Metaphern versuchen, die Vielschichtigkeit und

Bernard Tschumi, Parc de La Villette, Paris 1988

Verknüpfungen von Materie und Geist darzustellen und transparent zu machen. Es ist ein Experiment, Realität erfahrbar zu machen, ja, Realität herzustellen.

Für Bernard Tschumi bedeutet Realität Komplexität, das heißt, er arbeitet mit antithetischen Konzepten. Sein ausgeführtes Projekt für den Parc de La Villette (1988) in Paris zeigt seine rigide, konfliktreiche Situationen geradezu herausfordernde Vorgehensweise. Er entwickelt voneinander unabhängige Pläne mit Punktrastern, Planunterlagen für Wege oder für Raumkanten, die, übereinander projiziert, sich gegenseitig stören. Genau diese Störstellen begreift Tschumi als Qualität seiner Planung. Sie werden sorgfältig bearbeitet – mit dem Vorsatz, die entstandene Spannung zu konservieren oder gar zu verstärken. Tschumi entwickelt also eine Art gesteuerten Zufall, wie ihn bereits die Surrealisten kannten. In seiner »Disjunktionentheorie« schreibt er: »Konfliktsituationen werden sorgfältig aufrechterhalten, und Synthesen oder Einheit werden verhindert. Das Projekt wird weder zu Ende geführt, noch sind Grenzen jemals definitiv.«[14]

Aber auch die Bewegung im Park wird zum Architekturthema, die Fahrt der Kamera im Filmstudio wird zum erinnerten Vorbild des Ent-

Leon Krier, Atlantis 1987. Farbige Zeichnung von Rita Wolff

Richard Rogers, Lloyds Building, London 1986

Norman Foster, Hong Kong Bank, Hongkong 198

Günther Domenig, Steinhaus in Steindorf/Kärnten, im Entstehen seit 1985

werfers. Die Knoten des über den Parc de La Villette gelegten Rasters sind von würfelförmigen Gehäusen, abstrakten, wie aus Legosteinen gebauten Konstruktionen besetzt, die, einander verwirrend ähnlich, beim Durchwandern des Parks den Eindruck des Déjà vu erwecken und allmählich im Gedächtnis zu einer einzigen Gestalt verfließen, deren Volumen allerdings in steter Veränderung und Drehung begriffen zu sein scheint. »Man arbeitet sowohl in der Disziplin der Architektur als auch im Bewußtseinsspektrum anderer Gebiete – Literatur, Philosophie oder sogar Filmtheorie.«[15]

Kann man eine solch unanschauliche Disziplin, wie sie die Philosophie darstellt, in greifbare und handfeste Bilder umsetzen? Mit sisyphusartiger Beharrlichkeit geht Daniel Libeskind ans Werk, den scheinbar unabänderlichen Widerspruch zwischen Idee und Substanz, zwischen Geist und Materie zu lösen. Die ruppige Rigorosität seiner letzten Projekte, vor allem der für die *IBA* entwickelten Berliner Stadtkante (1987), macht seine Verzweiflung darüber deutlich, daß eine unüberwindliche Kluft zwischen dem Gedachten und dem Produzierten bleibt: Libeskinds Entwurf zeigt ein ungeschlachtes Stadtmonstrum, überzogen von einer hermetischen und unverständlichen Texttapete. Er nimmt dabei in Kauf, nicht verstanden zu werden, nicht aus manieristischer Koketterie, sondern tatsächlich aus tiefster Melancholie und ebenso tiefer Unsicherheit, wie denn Authentizität zu erreichen sei.

»Die wirkliche Definition des Realen lautet: Das, wovon man eine äquivalente Reproduktion herstellen kann«, schreibt Jean Baudrillard und ergänzt: »Am Ende dieses Entwicklungsprozesses der Reproduzierbarkeit ist das Reale nicht nur das, was reproduziert werden kann, sondern das, was immer schon reproduziert ist. Hyperreal.«[15]

Wenn dem so ist, ist Architektur nicht als Abbild, nicht als Interpretation von Welt wünschbar – wie bei Tschumi –, sondern muß real und störend im Wege stehen, Materie sein, an der man sich stößt. »Architektur muß brennen«, heißt denn auch das mittlerweile geflügelte Wort der Wiener Gruppe Coop Himmelblau.

Die neue Architektur, die in den reichen Partien der Welt aus dem Wust des Gebauten auftauchte, aus den brutal kalkulierten Ablagerungen von Funktionsflächen, aus den heimlichen Kerkern einer normierten Gesellschaft, sie schien zeitweise ein mageres Glück zu versprechen und wurde doch binnen kürzester Zeit korrumpiert. Man hätte es ahnen

Jochem Jourdan u. a., Landeszentralbank Frankfurt, Frankfurt am Main 1988

können: Werbung und Kapital bemächtigten sich der Schönheit. Da funkeln Kristalle in den Städten auf und sind doch nur glitzernde Masken, hinter denen um Profit gekämpft wird, süße Fratzen, die – trojanischen Pferden gleich – die Absicht der Stadtzerstörung verbergen, der Vernichtung von Vielfalt und Geheimnis, der Vertreibung des Wohnlichen, dem Abwürgen der Gespräche und des Miteinanderseins.

Das beinahe groteske Vorhaben des Leon Krier, Stadt als Ort der Stille, Einfalt und Würde zu rekonstituieren, indem er auf die Formen des Klassizismus, ja, ferner noch, des römischen Imperiums zurückgreift, der sich nicht scheut, in die Nähe faschistischer Ideologie zu geraten, gewinnt so fast tragische, eher jedoch Don-Quichotehafte Züge – durchmischt von naiver, beschwörender Geisterabwehr und geradezu paranoider Weltsicht.

Aber nicht nur Krier, der Außenseiter, sondern auch im Alltag standfestere Architekten geraten in immer wahnähnlichere Beziehun-

Shin Takamatsu, Nishina Zahnarztklinik, Kioto 1983

gen zu ihren Projekten. Wie Günther Domenig mit seinem Kärntener Steinhaus (seit 1985) versinken sie in autistische, selbstverliebte Spiele. Ihre Gespräche verstummen. Die Übereinkünfte schwinden. Sie werden unduldsam gegenüber dem Normalzustand ihrer Umwelt. Denn obwohl die Konstruktionen längst erprobt, die Materialien bewährt sind, wird getüftelt und experimentiert – in der Hoffnung, im Abseits winke die Befreiung aus dem Raster des Gewöhnlichen. Konstruktionen werden zu Skulpturen, Details werden geschliffen und poliert und zu Symbolen des Außergewöhnlichen aufbereitet. Einige wenige Beispiele: Jean Nouvel erfindet für die Glasfassade seines Institut du Monde Arabe (1987) in Paris statt der gewohnten Jalousien eine hochkomplizierte Blendenautomatik, die, wie zu erwarten, nach kurzer Zeit den Dienst verweigerte. Richard Rogers entblößt die Eingeweide des Lloyds Buildings (1986) in London in geradezu exhibitionistischer Manier und stülpt sie sadistisch nach außen. Norman Foster dagegen übertreibt das Skelett seiner Hongkong-Bank (1986) zu beinahe militanten Ausmaßen, wie im Verfolgungswahn geschaffen. Da wirkt das Ziselieren der Oberflächen und ihr Überkrusten mit immer kostbareren Verfeinerungen an der Landeszentralbank (1988) in Frankfurt am Main[17] schon wieder fast zu harmlos, fast zu gefallsüchtig aufgetakelt, in der abseitigen Schmuckwut jedoch auch vergleichbar der Monomanie im Palais Ideal (1879–1912) des Briefträgers Cheval.

Filmszene aus *Batman* von Tim Burton, 1989

Am ungeheuerlichsten wirken die von privater Obsession und zugleich wohlkalkulierter Eigenwerbung geprägten Bauten von Shin Takamatsu. Ihm gelingt ein fotogenes Gemenge aus alptraumhaften Formen kriegerischer Herkunft und den nüchternen Industrieprodukten unseres Maschinenzeitalters. In einer bildersüchtigen Zeit geraten die im Kopf katalogisierten Bildsequenzen immer häufiger durcheinander. Traumbilder verdrängen die Wirklichkeit, Interessantheit die Vision. Die große Maschine in Fritz Langs Film *Metropolis* wird von Takamatsu in die Realität übersetzt, und Hollywood, stets auf der Suche nach Zeichen, die das Sosein der Gegenwart auf den Punkt bringen, übernimmt wiederum Takamatsus Adaption und führt sie zurück in die Traumwelt. Kulissen in der neuesten *Batman*-Verfilmung (1989) haben ihr Vorbild in Takamatsus Zahnarztklinik (1983) in Kioto.

So mag das zum Teil kokette, zum Teil obsessive Sicheinlassen auf wahnhafte Gedankenspiele ein Kennzeichen der jüngsten Epoche sein. Koste es, was es wolle, werden die Bauten verhängt, verpackt, zugestellt, auseinandergerissen und neu arrangiert, konstruktiv verzerrt, geformt und zugleich zerstört, kostümiert und entblößt, geschmückt und getreten.

Im selben Augenblick macht sich eine neue Sachlichkeit bemerkbar, ein erkenntnissuchendes und fast naturwissenschaftliches Einblicknehmenwollen in die Substanz, ein Erkennenwollen der unermeßlichen Vielschichtigkeit der Welt und der Versuch, mit dem Planungsprinzip »Überlagerung« und der Darstellung struktureller Konflikte den Schleier der Geheimnisse zu lüften.

Womöglich illustriert der kleine Bau des Frankfurter Portikus (1988), ein Ausstellungsraum, den Marie-Theres Deutsch und Klaus Dreißigacker unter Beratung von Kasper König konzipierten, besonders deutlich und ironisch die Kluft zwischen wahnwitzigem Anspruch und notdürftigster Mangelabhilfe, indem er das groteske Auseinanderklaffen zwischen der klassizistischen Monumentalfassade der ehemaligen Stadtbibliothek von 1820 und dem zweckdienlichen Container demonstrativ feiert: eine frivole Mesalliance zwischen ganz Tief- und ganz Hochstehendem, ein zeichenhafter Bau in widersprüchlicher Zeit.

Marie-Theres Deutsch und Klaus Dreißigacker, Ausstellungshalle Portikus, Frankfurt am Main 1988 ▷

Die Produzenten von Architektur haben jetzt vielleicht endgültig ihre kreative Unschuld verloren, den Glauben nämlich, nützlich zu sein oder Zukunft zu entwerfen. Die Architektur kokettiert, gefällt sich als Schauspiel, wiegt sich in Illusionen, flirtet mit dem Kapital, prostituiert sich, brüstet sich und entblößt wie im Rausch ab und an ihre bleichen Glieder – auf der verzweifelten Suche nach Identität. Anders als in den Elendsvierteln der Dritten Welt, wo sie, zum Skelett abgemagert, anonyme und armselige Realität verkörpert, endet in unserer Welt ihre Suche nach Wahrheit lediglich in Selbstbespiegelung. Hinter den zerbrechenden Fassaden blinken stets aufs neue weitere Scheinwelten auf.

Anmerkungen

[1] Josef Paul Kleihues (Hrsg.): *Dortmunder Architekturhefte.* Bd. 3. Dortmund 1976, o. S.

[2] Ebd.

[3] Peter Sloterdijk: *Kritik der zynischen Vernunft.* Frankfurt am Main 1983, S. 562.

[4] Die aufregendste Auseinandersetzung mit diesem Thema ist zweifellos Reyner Banhams *Theory and Design in the First Machine Age.* London 1960 (dt. Ausgabe unter dem Titel: *Die Revolution der Architektur.* Reinbek bei Hamburg 1964, Neuausgabe Braunschweig/Wiesbaden 1990).

[5] Susan Sontag: »Anmerkungen zu ›Camp‹«, in: *Kunst und Antikunst.* Frankfurt am Main 1982, S. 322–341, hier S. 340.

[6] Rem Koolhaas: »Die Illusion der Architektur«, in: *ARCH⁺* 86, August 1986, S. 40.

[7] Ebd.

[8] Kazuo Shinohara: »Tokyo – Die Schönheit des Chaos«, in *ARCH⁺* 105/106, Oktober 1990, S. 48–50, hier S. 50.

[9] Zaha Hadid: »Häuser können fliegen« (Gespräch mit Alvin Boyarski), in: *ARCH⁺* 86, August 1986, S. 28–33, hier S. 31.

[10] Nicht zufällig werden wir an die Schlüsselszene in Hal Ashbys Film *Willkommen, Mr. Chance* (1979) erinnert, in der der schwachsinnige Gärtner versucht, die ihm unliebsame Realität mit der TV-Fernbedienung abzuschalten.

[11] Charles Moore: »Eine persönliche Erklärung«, in: Gerald Blomeyer und Barbara Tietze (Hrsg.): *In Opposition zur Moderne.* Braunschweig/Wiesbaden 1980, S. 64–71, hier S. 68.

[12] Leo Löwenthal: *Mitmachen wollte ich nie. Ein autobiographisches Gespräch mit Helmut Dubiel.* Frankfurt am Main 1980, S. 175.

[13] Im stillen fragt man sich freilich, ob hier nicht auch ein verqueres Märtyrertum durchscheinen will.

[14] Bernard Tschumi: *Disjunctions – Oper Tokio.* Katalog der Galerie Aedes. Berlin 1987, o. S.

[15] Ebd.

[16] Jean Baudrillard: *Der symbolische Tausch und der Tod.* München 1982, S. 79.

[17] Der Umstand ihrer Vielzahl verbannt die Namen der Architekten hier in die Anmerkungen: Jochem Jourdan, Bernhard Müller, Sven Albrecht, PAS, und Norbert Berghof, Michael Landes, Wolfgang Rang.

Der Historikerstreit

Thomas A. Herz

Von 1945 bis heute hat es in der Bundesrepublik Deutschland zahlreiche Konflikte unterschiedlichen Inhalts über die Zeit der nationalsozialistischen Herrschaft gegeben.[1] Einige wenige Beispiele seien genannt. So wurden an der Jahreswende 1959/60 jüdische Friedhöfe und Synagogen mit Hakenkreuzen beschmiert. Diese antisemitischen Ausschreitungen führten zu Auseinandersetzungen zwischen Parteien, Politikern, Vertretern jüdischer Gemeinden, Lehrerverbänden und anderen Institutionen und Personen.[2] 1976 wurde in Frankfurt am Main versucht, das antisemitische Theaterstück von Reiner Werner Fassbinder, *Der Müll, die Stadt und der Tod,* aufzuführen. Hier standen die jüdische Gemeinde Frankfurts und das Schauspiel Frankfurt, die Frankfurter Allgemeine Zeitung und die Frankfurter Rundschau, Politiker und Intellektuelle einander gegenüber. Der Streit um das Stück, das wegen heftiger Proteste letztlich nicht inszeniert wurde, flackerte immer wieder auf und dauerte 1986 noch an.[3] 1978 wurden die Todesurteile, die der ehemalige Marinerichter und damalige baden-württembergische CDU-Ministerpräsident Filbinger kurz vor der Kapitulation 1945 gefällt und deren Ausführung er zum Teil selbst überwacht hatte, der Öffentlichkeit bekannt und führten nach Auseinandersetzungen innerhalb und außerhalb der CDU zu seinem Rücktritt. 1988 mußte der Präsident des Deutschen Bundestages zurücktreten, nachdem er eine fragwürdige Rede aus Anlaß des 50. Jahrestages der Novemberpogrome 1938 gehalten hatte. Dem Rücktritt ging eine heftige Auseinandersetzung in der Öffentlichkeit voraus. Über den Nationalsozialismus läßt sich offenbar kaum emotionslos diskutieren. Von einer »Bewältigung« der jüngsten Vergangenheit kann keine Rede sein.

Der Historikerstreit, eine der heftigsten Intellektuellendebatten der Nachkriegszeit in der Bundesrepublik, ist ein weiteres Beispiel für eine

Auseinandersetzung mit unserer jüngeren Vergangenheit. Er begann am 11. Juli 1986 mit einem Artikel von Jürgen Habermas[4]; noch zwei Jahre später wurde auf ihn in Veröffentlichungen Bezug genommen. Die vorwiegend in Wochen- und Tageszeitungen ausgetragene Diskussion wurde nicht nur in der bundesdeutschen Presse[5], sondern auch zum Beispiel in der *Neuen Zürcher Zeitung*, in der *New York Times* und in der *New York Review of Books* publiziert. Eine Vielzahl von Büchern wurde veröffentlicht, und eine große Anzahl Leserbriefe ging in den Zeitungsredaktionen ein.

Im Gegensatz etwa zu Tarifkonflikten, in denen eindeutige Interessen von wenigen Organisationen vertreten werden und die nach einem institutionalisierten Schema ablaufen, sind Konflikte um den Nationalsozialismus, wie die erwähnten Beispiele zeigen, komplexe Phänomene. Es gibt verschiedene »Fronten«, an denen der Konflikt ausgetragen wird, und viele Handelnde, deren Interessen nicht immer deutlich ausgesprochen werden. Der Verlauf einer solchen Auseinandersetzung ist kaum vorhersagbar. Nicht anders ist es beim Historikerstreit. In der folgenden Darstellung werde ich mich an einen Vorschlag Dahrendorfs zur Beschreibung von Konflikten halten.[6] Die einzelnen Problemfelder, die zur umfassenden Analyse eines Konfliktes sinnvollerweise behandelt werden sollten, können demnach durch die folgenden Fragen erfaßt werden:

Welches ist der Inhalt eines Konflikts; wer ist an ihm beteiligt; welche sind die Interessen der Beteiligten; wie entfaltet sich der Konflikt; wie wird er geregelt?

Die Hauptprotagonisten des Historikerstreits sind auf der einen, der »neokonservativen« Seite die Historiker Ernst Nolte, Andreas Hillgruber und Michael Stürmer. Auf der anderen Seite steht der Soziologe Jürgen Habermas. An der Debatte beteiligten sich hauptsächlich Historiker.

Inhaltlich geht es um historisch strittige Veröffentlichungen der genannten Geschichtswissenschaftler, die gleichzeitig auch methodische Probleme aufwerfen, von denen einige in Historikerkreisen bereits seit langem debattiert wurden. Drittens kommen in dieser Diskussion auch politische Interessen zum Tragen. Nolte, Hillgruber und Stürmer repräsentieren je einen der genannten Aspekte in diesem Diskurs. Schließlich spielen auch moralisch-ethische Probleme eine Rolle, die für Habermas ebenfalls Anlaß zu einer vehementen Polemik waren.

Ernst Nolte, Jahrgang 1923, hat Philosophie studiert und über Selbstentfremdung und Dialektik im deutschen Idealismus und bei Marx 1952 promoviert. Er ging dann in den Schuldienst und habilitierte sich 1964 in Köln mit der zum Klassiker gewordenen Abhandlung *Der Faschismus in seiner Epoche*, die bereits 1963 erschienen war. Nolte wird unter Historikern als ein Außenseiter betrachtet; er gilt als anregender und vieldiskutierter Autor, aber auch als ideosynkratischer und egozentrischer Gelehrter.[7]

Der Historikerstreit entzündet sich vor allem an zwei Artikeln Ernst Noltes, die 1987 in der *Frankfurter Allgemeinen Zeitung* beziehungsweise in *Der Zeit* erschienen.

Noltes wichtigste These lautet, daß die Verbrechen des Nationalsozialismus eine Reaktion auf die Massenvernichtung politischer Gegner in der Sowjetunion in den 20er und 30er Jahren gewesen sind. Er schreibt: »[...] all dasjenige, was die Nationalsozialisten später taten, mit alleiniger Ausnahme des technischen Vorganges der Vergasung, [wurde] in einer umfangreichen antibolschewistischen Literatur der frühen zwanziger Jahre bereits beschrieben [...]«[8] Zwischen den bolschewistischen Morden und dem Massenmord der Nationalsozialisten ist »[...] ein kausaler Nexus wahrscheinlich [...]«[9] Das Urteil Hitlers über die »Bestialität« der Russen ergäbe sich zum Beispiel aus einer Beschreibung eines Sozialisten namens Sergej Melgunow aus den 20er Jahren. Auf diesem Hintergrund, das heißt in angeblicher Kenntnis der Folterungen und Unmenschlichkeiten des russischen Regimes, erfolgt nach Nolte der Kommentar Hitlers bei der Lagebesprechung am 1. Februar 1943 angesichts der Kapitulation des Generals Paulus in Stalingrad: »Sie müssen sich vorstellen: er [ein Offizier] kommt nach Moskau hinein, und stellen Sie sich den ›Rattenkäfig‹ vor! Da unterschreibt er alles. Er wird Geständnisse machen, Aufrufe machen.«[10] Mit »Rattenkäfig« habe Hitler, so Nolte, tatsächlich einen Käfig mit einer vor Hunger halb irrsinnigen Ratte gemeint. Man brauche sich nur vorzustellen, daß dieser Käfig an die Stirn einer Person gehalten und mit der Öffnung des Käfigs gedroht werde. Auf diese seine eigene Interpretation der »Rattenfolter«, eine Schilderung, die tatsächlich wohl George Orwells *Neunzehnhundertvierundachtzig* entlehnt ist, hier aber als gegebenes Faktum gehandelt wird, beruft sich Nolte unter anderem, wenn er letztlich unterstellt, daß der »Klassenmord« der Bolschewisten das logische und faktische »Prius« des »Rassenmordes« der

Nationalsozialisten war, daß es also einen »kausalen Nexus« zwischen dem Archipel Gulag und den deutschen Konzentrationslagern gegeben habe. Er fragt: Hat Hitler eine »asiatische Tat« begangen? Seine Antwort: Die Idee der Massenvernichtung stammt aus der Sowjetunion, nur der technische Vorgang der Vergasung ist eine Erfindung der Nationalsozialisten. Eberhard Jäckel[11] hat nachgewiesen, daß für diese Hypothesen absolut nichts spricht. Darüber hinaus versucht Nolte mit dieser Unterstellung, die Handlungen der Nationalsozialisten und der Deutschen zu relativieren. Er möchte das nationalsozialistische Regime in einen größeren Zusammenhang stellen, die zwölf Jahre einer Schreckensherrschaft als einen Teil der letzten 200 Jahre sehen. Dann, so lautet sein Argument, würde man erkennen, daß historische Prozesse immer in die Suche nach »dem« Schuldigen mündeten. Nolte deutet somit implizit an, daß Empörung über die nationalsozialistischen Verbrechen heute nicht mehr berechtigt sei.

Eine weitere These Noltes besagt, daß Hitler sich verständlicherweise zu Recht im Kriegszustand mit den Juden gewähnt habe. In einer Auseinandersetzung mit den fragwürdigen Thesen des britischen Historikers David Irving schreibt er: »[...] aber es wird sich kaum leugnen lassen, daß Hitler gute Gründe hatte, von dem Vernichtungswillen seiner Gegner sehr viel früher überzeugt zu sein als zu dem Zeitpunkt, wo die ersten Nachrichten über die Vorgänge in Auschwitz zur Kenntnis der Welt gelangt waren [...] ich erinnere mich nicht, in einer der größeren deutschen Darstellungen [der damaligen Zeit] von der offiziellen Äußerung Chaim Weizmanns aus den ersten Septembertagen 1939 gelesen zu haben, nach der die Juden in aller Welt in diesem Krieg auf der Seite Englands kämpfen würden [...], obwohl sie die folgenreiche These zu begründen vermag, daß Hitler die deutschen Juden als Kriegsgefangene [Einfügung von Nolte im April 1986: oder genauer gesagt, als Zivilinternierte nach dem Muster der Deutschen in England ab September 1939 oder der amerikanischen Staatsbürger japanischer Herkunft in den USA 1941–1945] behandeln und d. h. internieren durfte.«[12]

Aber Nolte geht noch weiter: »Und Irvings Tendenz, auch Auschwitz in eine umfassendere Perspektive zu stellen, würde selbst dann beachtenswert bleiben, wenn die Gegenthesen als durchschlagend anerkannt werden müßten, nämlich daß auch der Präsident der Jewish Agency nicht das Recht hatte, so etwas wie eine Kriegserklärung auszusprechen [...]« In demselben Artikel spricht er von der Ermordung der europäischen Juden als der »sogenannte[n] Judenvernichtung«.[13]

Eine weitere Insinuation erlaubt sich Nolte, wenn er schreibt: »So ist es zum Beispiel eine Schwäche und nicht eine Stärke der etablierten Literatur, daß zwar die schändlichen Kommentare der völkischen Presse zur Ermordung Walter Rathenaus häufig zitiert werden, nicht aber die im Grunde weit schlimmeren Äußerungen Kurt Tucholskys aus dem Jahre 1927, mit denen er den Frauen und Kindern der deutschen Bildungsschicht in plastischen Wendungen den Gastod wünscht.«[14] Wer die entsprechende Tucholsky-Stelle liest, erkennt, daß dieser »[...] die Frau des Kirchenrats [...], die Mutter des Bildhauers [...] und die Schwester des Bankiers«[15] mit dem Hinweis auf den Gastod wachrütteln will; sie sollen sich der Grauen des Krieges bewußt und aus der »Herzensträgheit« herausgerissen werden. Nolte aber dreht Tucholskys Appell in sein Gegenteil um.

Der zweite Protagonist des Historikerstreits, Andreas Hillgruber (1925–1989), habilitierte sich über *Hitlers Strategie. Politik und Kriegführung 1940/41.* Er galt als einer der besten Kenner der nationalsozialistischen Außen- und Kriegspolitik, als beschlagener, mit den Quellen vertrauter Historiker.[16] Hillgruber schildert die von ihm so apostrophierte »Zerschlagung« des Deutschen Reiches mit besonderem Hinblick auf »die Katastrophe des deutschen Ostens im Winter 1944/45«[17] und das Ende des europäischen Judentums. Um dies tun zu können, schildert er nicht die Fakten in ihrer »strukturellen oder funktionalen Problematik«, sondern aus der subjektiven Perspektive der Handelnden. Hillgruber stellt sich damit auf den Standpunkt, er müsse als Historiker »sich mit dem konkreten Schicksal der deutschen Bevölkerung im Osten und mit den verzweifelten und opferreichen Anstrengungen des deutschen Ostheeres und der deutschen Marine im Ostseebereich identifizieren, die die Bevölkerung des deutschen Ostens vor den Racheorgien der Roten Armee, den Massenvergewaltigungen, den willkürlichen Morden und den wahllosen Deportationen zu bewahren [...] suchten.«[18] Ein solcher Denkansatz muß zwangsläufig die Einsicht vernachlässigen, daß die Vernichtungs- und Konzentrationslager nur so lange funktionieren konnten, wie die Ostfront hielt. Sich mit den Häftlingen der Konzentrationslager zu identifizieren, deren Überlebenschancen sich mit jedem Tag, der bis zum Zusammenbruch der Ostfront verging, verringerten, wird von Hillgruber als nicht angemessen zurückgewiesen. Der Leser kann nicht umhin zu vermuten, der Autor ergreife Partei für »die Deutschen« (viermal werden sie im zitierten Satz genannt) und gegen die Opfer in den Konzentrationslagern. Aber auch wenn man sich auf die Methodologie Hillgrubers einläßt, wird sofort klar, daß sie nicht konsequent angewandt wird; »[...] soziales Handeln deutend verstehen und dadurch in seinen Ablauf und seinen Wirkungen ursächlich erklären [...]«[19] ist seine Sache nicht. Das konkrete Schicksal der deutschen Bevölkerung wird aus der Sicht der Jahre 1943 bis 1945 betrachtet. Die Geschehnisse davor, die zum Verständnis des Handelns der »[...] Befehlshaber, Landräte und Bürgermeister [...]«[20] in der Endphase des Krieges notwendig sind, werden ausgeblendet. Aber gerade diese militärischen und politischen Eliten hatten Hitler unterstützt und zum Aufbau eines Unrechtregimes beigetragen. Ihr Verhalten wird jedoch von Hillgruber nicht problematisiert, sondern als patriotisch dargestellt.

Während Hillgruber den Widerstand gegen die Zerschlagung des Reiches im Osten als Heldenkampf darstellt, beschreibt er die Ermordung der Juden wie die traditionelle Geschichtsschreibung[21]: Juden werden aus der Sicht der Täter und als passive Opfer dargestellt; Hitler wird als der Urheber der Massenmorde als zentrale Figur genannt.

Der dritte im Bunde ist Michael Stürmer. Stürmer ist ein jüngerer Historiker (Jahrgang 1938), der sich mit Bismarck und mit der deutschen Mittellage in Europa beschäftigt hat. Bekannt wurde er unter anderem durch seine Leitartikel in der *Frankfurter Allgemeinen Zeitung;* auch soll er für Helmut Kohl als Redenschreiber und Berater tätig gewesen sein. Stürmer hat nur am Rande am Historikerstreit partizipiert, in dem er für eine Funktionalisierung der Geschichte und Geschichtswissenschaft eintrat. So schreibt er in einem Artikel in der *Frankfurter Allgemeinen Zeitung* über die Rolle der Geschichte, der Vergangenheit und der Erinnerung: »Wer aber meint, daß alles dies auf Politik und Zukunft keine Wirkung habe, der ignoriert, daß in geschichtslosem Land die Zukunft gewinnt, wer die Erinnerung füllt, die Begriffe prägt und die Vergangenheit deutet.«[22] In Büchern und in Leitartikeln propagiert Stürmer nationale Werte zur Stärkung der deutschen Identität. Der Inhalt dieser Identität wird im Detail nicht dargestellt. Vielleicht kommt man seinen Intentionen am nächsten durch das folgende Zitat, das wiederum ein Zitat des früheren sozialdemokratischen Bundeskanzlers Helmut Schmidt enthält: »›Wenn unsere deutsche Geschichte nur noch bewertet würde als eine einzige Kette von Verbrechen und Versagen und Versäumnissen [...], kann die Gegenwart unseres Volkes ins Schwanken geraten, und es kann die Zukunft aufs Spiel gesetzt werden.‹ Es gibt Grund zu fragen, was Geschichte in Deutschland wiegt.«[23]

Jürgen Habermas' Kritik richtet sich in erster Linie gegen Stürmer, der versuche, eine für alle gültige Deutung der Geschichte zu propagieren, um mit Hilfe der Geschichte nationale Identität zu stiften. Stürmer beklage, daß es in der Bundesrepublik Deutschland keine einheitliche Geschichtsauffassung gebe. Jedoch habe, so Habermas, jede Generation ihre eigene Auffassung von Geschichte, und des weiteren unterschieden sich linke und rechte Gruppen in ihrer Geschichtsrezeption. Ein aufgezwungener Konsens würde einen Rückschritt bedeuten, denn in einer pluralistischen Gesellschaft müsse auch die Interpretation der Geschichte pluralistisch sein. Mit einem Verfassungspatriotismus, »der einzige Patriotismus, der uns dem Westen nicht entfremdet [...], einer in Überzeugungen verankerten Bindung an universalistische Verfassungsprinzipien [...]«[24] sei Stürmer offenbar nicht zufrieden. Habermas kritisiert jedoch ebenfalls Hillgruber, dem er vorwirft, sich in unwissenschaftlicher Weise mit einer Seite zu identifizieren. Aus Noltes Argumenten zitiert Habermas »[...] unappetitliche Kostproben [...]«, die »einen Faßbinder bei weitem in den Schatten stell[en]«.[25] Die Unterstützung, die Nolte, Stürmer und Hillgruber sowie andere Beteiligte in der *Frankfurter Allgemeinen Zeitung* erfahren, ist nach Auffassung Habermas' ein Schachzug der politischen »Ideologieplaner«. Mit den Thesen Noltes könne man Differenzen innerhalb der NATO einebnen, indem man den Feind von ehemals angreife. Auschwitz auf ein technisches Problem zu reduzieren und als »asiatische Tat« zu bezeichnen, zeige deutlich, daß alte Frontstellungen immer noch bestünden.

Der israelische Historiker Saul Friedländer hat darauf verwiesen, daß die Wahrnehmung, Behandlung und Analyse des nationalsozialistischen Regimes auch heute noch zum Teil die damalige, zwischen 1933 und 1945 herrschende Sichtweise widerspiegelt.[26] Bezeichnend ist die Argumentation Hillgrubers. Aber auch Nolte, Stürmer, Fest und Hildebrand[27], um nur einige weitere Beteiligte zu nennen, beziehen Positionen in einem Streit, der in anderer Form und von anderen Personen, aber mit ähnlicher argumentativer Begründung bereits in der Weimarer Republik bis 1933 ausgetragen wurde. Symptomatisch ist die Rede des früheren Präsidenten des deutschen Bundestages Philipp Jenninger, in der die widersprüchliche Haltung eines typischen Repräsentanten einer älteren, konservativen politisch-administrativen Elite zum Ausdruck kommt. Auf der einen Seite kann man an der demokratischen Gesinnung Jenningers kaum zweifeln, der unbestritten zum Aufbau demokratischer Institutionen in der Bundesrepublik Deutschland beigetragen hat. Andererseits zeigt beispielsweise der Begriff »Faszinosum«, den er zur Charakterisierung der Geschehnisse vor und nach 1933 benutzte, die geringe emotionale Distanz zum Geschehen. Der Versuch, die Geschichte aus der Sicht der Beteiligten zu schildern, Verständnis für den Zulauf zu wecken, den Hitler und die Nationalsozialisten von der deutschen Bevölkerung erhielten, entspricht genau dem methodischen Vorgehen Hillgrubers. Die Aufzählung »typischer« (negativer) Eigenschaften von Juden als Erläuterung der damaligen Situation hat dieselbe Ursache und Funktion.

Zu den Interessengegensätzen, die im Historikerstreit zum Ausdruck kommen, gehören einige Themen, die unter Historikern seit geraumer Zeit kontrovers diskutiert werden. Der Charakter des nationalsozialistischen Regimes und die Methode seiner Analyse ist unter Historikern umstritten.[28] Man kann hier grob zwischen »Intentionalisten« und »Funktionalisten« unterscheiden.[29] Bei der Beschreibung und Interpretation heben die Intentionalisten die Rolle Hitlers hervor. Unter ihnen befinden sich überwiegend ältere Historiker, die traditionelle Methoden der Geschichtsschreibung vertreten. Die Funktionalisten betonen die vielfältigen Strukturen des Regimes. Sie sind eher sozialwissenschaftlich orientiert und verneinen die zentrale Rolle Hitlers. Dieser Gegensatz kann in die Fragen gekleidet werden: War der Nationalsozialismus ein Führerstaat oder ein polykratisches System? Stand Hitler im Zentrum der Macht; gingen alle wichtigen Entscheidungen durch seine Hand; waren alle Entwicklungen durch ihn vorgezeichnet? Dies ist besonders von Bedeutung für die Einordnung der sogenannten »Endlösung«, die Hitler schon in *Mein Kampf* angedeutet hatte. Wenn der nationalsozialistische Staat dagegen ein polykratisches System war, also ein System mit mehreren Machtzentren, dann waren Entscheidungen nur zum Teil durch Hitlers Vorstellungen vorgegeben. Die Figur Hitlers verliert an Bedeutung, und die anderen Personen und Institutionen des Regimes treten in den Vordergrund. Daran schließt sich die Frage an, wie sich die etablierten Eliten, die ja die Machtzentren besetzt hielten, gegenüber Hitler und dem NS-System verhielten. War deren Beteiligung durch die integrierende Figur Hitlers oder durch die Beteiligung an »Beute« gewährleistet? Inwieweit waren die Ideologie des Nationalsozialismus und die Ideen Hitlers beziehungsweise die Umsetzung dieser Ideen, an der die Eliten partizipierten, wichtig?

Die Antworten auf diese Probleme sind nicht nur von wissenschaftlicher Relevanz. Sie berühren auch politische und moralische Interessen. Je bedeutsamer die Rolle der Eliten während der nationalsozialistischen Herrschaft war, desto fragwürdiger wird ihr Verhalten nach dem Kriege, wurde nach 1945 doch meist über die Vergangenheit geschwiegen und die moralische Schuld Hitler zugeschoben.

Während Nolte in seiner Studie *Der Faschismus in seiner Epoche* (1963) die geistigen und strukturellen Gemeinsamkeiten der Action Française, des italienischen Faschismus und des deutschen Nationalsozialismus untersucht, hebt er im Historikerstreit die Rolle Hitlers hervor und kann damit zu den Intentionalisten gezählt werden.

Ein gewichtiger Teil der Argumente Noltes hat die Funktion, den Nationalsozialismus zu relativieren. Diese Tendenz kann in Zusammenhang mit einer weiteren Auseinandersetzung unter Historikern gesehen werden, in der es um die Frage geht, ob die Analyse des Nationalsozialismus in einen größeren historischen Kontext eingeordnet werden sollte, eine These, die unter anderem Martin Broszat vertritt.[30] Er ist der Meinung, man müsse sich von einer zu starken moralischen Fundierung der Forschung zum Nationalsozialismus lösen. Angesichts neuer Gewalt- und Katastrophenerfahrung verliere der Nationalsozialismus seine Singularität. Es sei nicht sinnvoll, nur die ideologischen, politischen und kriminellen Akte des Nationalsozialismus hervorzuheben. Eine Einfühlung in die historischen Zusammenhänge müsse möglich sein. Friedländer faßt die Forderungen nach »Historisierung« des Nationalsozialismus wie folgt zusammen:

Man sollte jegliche Einschränkung der Fragestellung wie des methodischen Vorgehens vermeiden;

man sollte die Kontinuitäten hervorheben, statt die Periode zwischen 1933 und 1945 als eine abgehobene Einheit zu sehen. Man sollte den mittleren und langen historischen Trends mehr Aufmerksamkeit schenken;

statt ein Schwarzweißbild des Nationalsozialismus zu zeichnen, sollte man differenzierter analysieren. Die pauschale Distanzierung sollte ersetzt werden durch eine differenzierte Betrachtung der moralischen Positionen.[31]

Die Ziele Broszats befürworten unter anderem Hans Mommsen[32] und Wolfgang Benz[33]. Hier besteht also ein Dissens nicht zwischen älteren und jüngeren, traditionell arbeitenden und sozialgeschichtlich orientierten Wissenschaftlern, sondern eher zwischen deutschen und ausländischen Historikern. Das Problem der Kontinuität haben vor allem »linke« Historiker formuliert und damit auch die konservativen Historiker, die in der Periode zwischen 1933 und 1945 eine »Ausnahme« sehen, kritisiert.

Saul Friedländer ist der Meinung, daß man die Kontinuität hervorheben kann, ohne auf die Beschreibung der besonderen Umstände während der nationalsozialistischen Herrschaft zu verzichten. Es gab gewiß langfristige Entwicklungen, die sich auch im Nationalsozialismus fortsetzten und die man als Modernisierungsprozesse bezeichnen kann, beispielsweise die Verwirklichung einer allgemeinen Sozialversicherung oder die Emanzipation der Frau; das Spezifische der Epoche aber war die Instrumentalisierung dieser Entwicklungen. Auch Antisemitismus und Eugenik waren schließlich keine Erfindungen der nationalsozialistischen Ideologie. Was jedoch vorher potentiell möglich war und theoretisch formuliert wurde, war nun in die Wirklichkeit umgesetzt worden.

Eine zweite Schwierigkeit sieht Friedländer in der Forderung nach einer moralisch differenzierten Analyse. Es sei bezeichnend für das System, daß nur wenige Elemente gänzlich verwerflich und nur wenige völlig vom Verbrechen frei seien. In dieser Situation seien alle Handlungen, die sich nicht gegen das System wandten, auch die Nichtbeteiligung, systemstabilisierend gewesen. Unter dieser Voraussetzung könne man nicht differenzieren, denn dies impliziere, daß man klar das Ausmaß der moralischen Schuld und Nicht-Schuld zu beurteilen vermöchte. Für die Opfer sei es jedenfalls nur möglich, sich von der Zeit 1933 bis 1945 pauschal eindeutig zu distanzieren.

Drittens sei die Forderung nach Historisierung von ihren Konsequenzen her nicht klar. Relativierung und Entgrenzung öffne den Nationalsozialismus für vielfältige Interpretationen. Friedländer macht die Fragwürdigkeit dieser Forderung an dem Begriff der »Resistenz«

deutlich. Er sei zwar eingeführt worden, um eine differenzierte Betrachtung von Widerstandshandlungen zu ermöglichen, bedeute jedoch, daß jegliche äußere Konformität mit Verbrechen, die mit geflüsterter Mißbilligung begleitet werde, als Resistenz ausgelegt werden. Auf diese Weise könne man sich von der neutralen Position des Historikers in die Handelnden einfühlen, so, wie es auch Hillgruber tut, der sich in einer Entgegnung auf seine Kritiker unter anderem auf Broszat beruft.[34]

Gegen eine zu starke Historisierung wendet Friedländer ein, daß die zeitliche Nähe zum Nationalsozialismus noch zu gering sei, vor allem für deutsche und jüdische Historiker, als daß diese sich ihrer Apriori-Positionen völlig bewußt wären. Wichtig ist nach Friedländer, daß Historiker sich ganz dezidiert eine Position wählen, von der sie Material sichten und auswerten, gerade in diesem Fall im Bewußtsein, daß die historische Auseinandersetzung mit dem Nationalsozialismus etwas anderes ist, als über die französische Geschichte des 16. Jahrhunderts zu schreiben. Zum zweiten sei die Relevanz der Geschichte des Nationalsozialismus für alle groß, insbesondere aber für die Deutschen. Daher könne die Forderung nach Historisierung unterschiedlich ausgelegt werden. Während die deutschen Historiker vielleicht die Alltagsgeschichte in den Vordergrund stellen wollten, könnten ausländische Historiker der Meinung sein, daß die Ideologie und die Politik des Dritten Reiches eine viel größere Aufmerksamkeit verdienen. Schließlich müsse man die Verbrechen der Nationalsozialisten bewerten, sie in einen historischen Rahmen setzen, denn erst dann hat man die Forderung nach Historisierung erfüllt.

Nach Friedländer ist »[...] das scheinbar stetig wiederkehrende Hindernis zur Vervollständigung des Puzzles immer wieder die Frage nach dem spezifischen Charakter und dem historischen Ort der Vernichtungspolitik des Dritten Reiches. Darin liegt das Problem – und vermutlich auch die Grenze der Historisierung.«[35]

An den zahlreichen Leserbriefen, die als Reaktion auf den Streit geschrieben wurden, läßt sich ablesen, daß sich viele Menschen mit dem Thema befaßten, daß offenbar intensive Diskussionen im privaten Bereich stattfanden. Aber an dem öffentlich ausgetragenen Historikerstreit haben sich, neben einigen Journalisten, fast nur Historiker beteiligt. Man mag Verständnis dafür aufbringen, daß Physiker, Ingenieure und Mediziner sich nicht an der Debatte beteiligten. Nicht leicht verständlich ist aber, warum – außer Jürgen Habermas – Soziologen in dieser Diskussion keine Stellung bezogen.

Ein Grund für die Zurückhaltung ist, daß nur wenige Soziologen sich nach 1945 mit dem Nationalsozialismus beschäftigt haben. Die bedeutenden Studien über dieses Thema, über Aspekte des Regimes oder über die Charakterstruktur der Anhänger der Nationalsozialisten wurden entweder von emigrierten Soziologen im Ausland geschrieben[36], oder sie stammen aus der Zeit vor 1933.[37] Zwar hat es unter Soziologen in der Bundesrepublik Deutschland nach 1945 eine indirekte Bezugnahme auf den Nationalsozialismus gegeben, indem sie sich mit Klassenbildung statt Volksgemeinschaft, mit legitimem Konflikt statt erzwungener Integration und mit dem Industriebetrieb statt der Blut- und Bodenmythologie beschäftigten.[38] Auch liegen vereinzelte Beiträge vor, die sich mit Aspekten des Nationalsozialismus direkt befassen.

Wichtige Beiträge haben vor allem M. Rainer Lepsius[39] und Ralf Dahrendorf[40] verfaßt. Aber die große soziologische Studie über den Nationalsozialismus steht noch aus. Es scheint kein großes Interesse an diesem Thema zu geben, was wiederum mit dem Ziel der Nachkriegssoziologen zusammenhängt, Anschluß an die professionell betriebene Soziologie in Frankreich, Großbritannien und vor allem in den USA zu erlangen. Soziologen dieser Länder, die die wichtigsten Bezugsgruppen ihrer deutschen Fachkollegen waren, setzten sich nur vereinzelt mit dem Nationalsozialismus auseinander. Darüber hinaus sind Soziologen Mitglieder der Gesellschaft und unterliegen den Tabus und Verdrängungsprozessen, die in eben dieser Gesellschaft ablaufen, wie andere Mitglieder auch. Die Beschäftigung mit der jüngsten Vergangenheit war also folgerichtig Gegenstand der offiziellen Gedenkstunden und der historischen Forschungskollegs, aber nicht der soziologischen Theorienbildung.

Soziologen hätten sich natürlich auch als kritische Intellektuelle an dem Streit beteiligen können. Im Gegensatz zu den späten 60er Jahren, in denen die Soziologie als *die* gesellschaftliche Wissenschaft galt, scheint es heute nur noch vereinzelt Soziologen zu geben, die sich in die Debatten der Zeit einschalten und zu den aktuellen Themen Stellung nehmen. Die Wandlung der Disziplin von einer kritischen zu einer »verbürgerlichten« Wissenschaft ist in der historischen Entwicklung zu sehen. In der Zeit bis 1933, als die Soziologie in Deutschland etabliert wurde, waren viele ihrer Protagonisten noch Außenseiter. Das Fach war neu, und eine beträchtliche Zahl von Soziologen waren Juden, gehörten also einer Minderheit an, die in der deutschen Gesellschaft assimiliert, aber nicht integriert war.[41] Diese Außenseiterposition ermöglichte es, eine notwendige Distanz zu wahren, um eine kritische Haltung gegenüber der Gesellschaft einzunehmen. Die Existenz der Soziologen hat sich nach dem Kriege verbürgerlicht; die emigrierten Juden sind, mit wenigen Ausnahmen, nicht zurückgekehrt.

Wenn sich Historiker, aber nicht Soziologen an einem öffentlichen Streit beteiligen, der die Grundlagen des Selbstverständnisses der Republik berührt und nicht bloß die eng definierten Interessen einer Profession betrifft, dann wirft dies außerdem ein Licht auf die geringen Gemeinsamkeiten und die brüchigen Politisierungs- und Solidarisierungsprozesse unter Intellektuellen. Die These von der aus Intellektuellen und technischer Intelligenz bestehenden »neuen Klasse« wird durch den Historikerstreit also nicht bestätigt.[42]

Jede Generation muß ihre Beziehung zum Nationalsozialismus neu definieren. Je weiter wir uns von dieser Zeit entfernen, desto drängender scheinen die Fragen zu werden. In diesem Zusammenhang ist zu untersuchen, weshalb das Thema Nationalsozialismus in den letzten Jahren eine solche Aktualität bekommen hat und was die sozialen, politischen und wirtschaftlichen Bedingungen sind, die zur Entstehung dieser Intellektuellendebatte geführt haben. Drei Ursachen sollen skizziert werden.

In der Bundesrepublik Deutschland wurde die nationalsozialistische Vergangenheit selektiv verdrängt. Dieser Verdrängungsprozeß ist von Hermann Lübbe in Frage gestellt worden.[43] Nach seiner Auffassung gab es nach dem Krieg eine »nicht-symmetrische Diskretion« zwischen Widerständlern, zurückgekehrten Emigranten und Überlebenden einerseits und ehemaligen Nationalsozialisten andererseits. Jede Seite kannte die Einstellung der anderen. Die Gegner des Regimes haben, so muß man »die nicht-symmetrische Diskretion« verstehen, »großzügig stillgehalten«. Lübbe behauptet weiter, es habe einen vollständigen Zusammenbruch des Nationalsozialismus gegeben; die Deutschen hätten ihre Schuld eingesehen und anerkannt. Nach 1945 sei im Laufe der Nachkriegszeit eine zunehmende Auseinandersetzung mit dem Nationalsozialismus in den Medien, in der Wissenschaft und in der Publizistik erfolgt.

Mit dieser Interpretation steht Lübbe keineswegs allein da. Die Prozesse der kollektiven Erinnerung hatten jedoch eine spezifische Form: Öffentlich wurde an die Opfer erinnert, zum Beispiel am 20. Juli oder am 9. November eines jeden Jahres. Aber privat war die nationalsozialistische Herrschaft im großen und ganzen kein Thema, ein Vorgang, der sicherlich nicht nur auf das System der »nicht-symmetrischen Diskretion« zurückgeführt werden kann. Die Untersuchungen des Instituts für Sozialforschung, die 1950/51 durchgeführt wurden, zeigen vielmehr eindringlich, wie die individuellen und kollektiven Prozesse der Verdrängung abliefen.[44]

Bei Gruppendiskussionen über die »Aufarbeitung« der jüngsten Vergangenheit, die die Forscher des Instituts organisierten und systematisch beobachteten, kam es gelegentlich sogar zu tätlichen Auseinandersetzungen, so sehr forderte die Behauptung, es sei zwischen 1933 und 1945 doch mehr geschehen, als man zuzugeben bereit war, die Aggressionen heraus. Nicht anders war es 25 Jahre später, als anläßlich der Vorführung des Fernsehfilms *Holocaust* auch Gruppendiskussionen durchgeführt wurden und die Zuschauer fast aufeinander losgingen.[45]

Lübbes Interpretation übergeht nicht nur diese Fakten. Er übersieht auch die sozialen, politischen und wirtschaftlichen Bedingungen, unter denen die »nicht-symmetrische Diskretion« notwendig wurde. Die personellen und mentalen Kontinuitäten zwischen dem nationalsozialistischen Regime und der Bundesrepublik Deutschland waren in verschiedenen Bereichen zu groß, als daß es aussichtsreich gewesen wäre, sich dagegen zu sperren. Als Exponenten der Kontinuität können der Staatssekretär im Bundeskanzleramt Globke und der Vertriebenenminister Oberländer gelten. Noch größer war vermutlich die Kontinuität in den Subeliten. »Am schwersten hatten es die politisch engagierten, oft linksstehenden Schriftsteller, die nicht einsahen, warum sie Kompromisse schließen, weswegen sie ihr Deutschlandbild übermalen sollten mit den tristen Farben des politischen Alltags, in dem es galt, mit dem einstigen Verfolger, dem ehemaligen Mitläufer einen Pakt zu schließen, den ›Fachnazi‹ zu dulden.«[46] Der »antifaschistische Konsens« wurde bald Teil eines Konfliktes, in dem die Mitläufer und »Fachnazis« obsiegten. Die exemplarische und individuelle Übernahme von Schuld und Verantwortung, zum Beispiel von Mitgliedern der Eliten, fand nicht statt.

Nicht nur im Verhältnis zwischen den Angehörigen der Kriegsgeneration wurde verdrängt, sondern auch zwischen den Generationen. Die Kinder der Täter und die Kinder der überlebenden Opfer haben in ähnlicher Weise das Schweigen der Eltern durchbrechen müssen.[47] Durch den Generationenwandel wurden die Verdrängungsprozesse jedoch auch durchlässiger. Die in den 40er Jahren geborene Generation wird zwischen 1960 und 1970 politisch mündig. Sie ist es, die durch Massenmedien und Schulunterricht veranlaßt wird, nach der Vergangenheit der Eltern, nach der Beziehung zwischen kollektivem Wahn und individuellem Handeln zu fragen. Lübbe hat zu diesem Wandel eine andere Erklärung beigesteuert. Ursache für die Aufkündigung der »nicht-symmetrischen Diskretion« sei der Legitimitätsverlust, den das politische System in den 60er Jahren erlitten habe. Die Jugendlichen und Intellektuellen hätten in der »unbewältigten« Vergangenheit ein Mittel gefunden, um den Staat herauszufordern und zu verunsichern. Im Licht der Ergebnisse der oben genannten Untersuchungen kann man diese Interpretation ohne weiteres zurückweisen. Das Interesse an der nationalsozialistischen Vergangenheit ist bei Kindern von Opfern und Tätern gleichermaßen vorhanden. Beide problematisieren die Vergangenheit, unabhängig davon, in welchem politischen System sie leben.[48] In der Bundesrepublik richtete sich ihre Kritik gegen staatliche Institutionen, weil Verfassung und Verfassungswirklichkeit nicht übereinstimmen. Bereits Ende der 50er Jahre äußern Studenten Unzufriedenheit mit der schleppenden Ahndung der Taten der Juristen, die während des nationalsozialistischen Regimes Unrecht sprachen. Dies war nur einer unter mehreren, mit der jüngsten Vergangenheit verbundenen Faktoren, die zur Entstehung der Studentenbewegung führten.[49]

Der dritte Faktor, der die Aktualität des Nationalsozialismus erklärt, ist politischer Natur. Der Historikerstreit hat nach Hans-Ulrich Wehler seine Ursache in der Politik der Wende: »Es ging um Grundfragen des politischen Bewußtseins und des Selbstverständnisses der Bundesrepublik, das sie heute besitzt und künftig besitzen soll.«[50] Zum ersten Mal in der Nachkriegszeit kann man sich des Eindrucks nicht erwehren, als würden Intellektuelle (Nolte, Hillgruber, Stürmer, Hildebrand, Fest und andere) sich nicht mehr eindeutig vom Nationalsozialismus distanzieren, sondern Relativierungen vornehmen. Vorausgegangen waren Veränderungen und Nuancenverschiebungen im politischen Bereich. So sprach Bundeskanzler Helmut Kohl 1984 in Israel von der »Gnade der späten Geburt«, 1985 fand die Kontroverse um Bitburg statt, in deren Verlauf der Fraktionsvorsitzende der CDU, Alfred Dregger, äußerte, er sei noch immer stolz, an der Ostfront bis zum Ende gekämpft zu haben, und dann feststellte, die Amerikaner, die gegen die Veranstaltung in Bitburg protestierten, würden seinen gefallenen Bruder, der dort begraben liegt, beleidigen. 1986 verglich Bundeskanzler Helmut Kohl Michail Gorbatschow mit dem NS-Propagandaminister Goebbels. In diesen Ereignissen zeigen sich Denk- und Argumentationsstrukturen, die man für längst überwunden hielt.

Das Selbstverständnis, von dem Wehler spricht, wird durch sozialstrukturelle Wandlungsprozesse nach 1945 herausgefordert. Das wirtschaftliche Wachstum in der Nachkriegszeit hat zu einer fast beispiellosen Verbesserung des Wohlstandsniveaus geführt. Dieser Wohlstand äußert sich kollektiv im Ausbau des Wohlfahrtsstaates, individuell in der Erhöhung des Lebensstandards, in der Verbesserung der Ausstattung mit langlebigen Gebrauchsgütern und in einem Mehr an Freizeit. Die Mittelschicht wächst, die Aufstiegschancen sind gut. Seit den 70er Jahren verbessern sich die Bildungschancen deutlich. Dieser Wandel wird von der Generation getragen, die heute zwischen 40 und 50 Jahre alt ist. Ihre Angehörigen sind es, die bereits die wichtigen Positionen in der Gesellschaft eingenommen haben oder dabei sind, sie einzunehmen.

Ende der 70er Jahre wird der kollektive und individuelle Wohlstand in Frage gestellt. Die Wachstumsraten schrumpfen, während die Arbeitslosigkeit zunimmt. Die erworbene Bildung kann nicht in berufliche Positionen umgesetzt werden. Die Gefährdung der Umwelt wird zu einem Problem. Zwischen den Vereinigten Staaten und der Sowjetunion nimmt mit dem sogenannten NATO-Doppelbeschluß 1979 die Spannung zu. Die Bundesrepublik Deutschland gerät in dieses Spannungsfeld durch die Stationierung von Mittelstreckenraketen. Diese wirtschaftlichen, politischen und sozialen Veränderungen führen zur erhöhten Relevanz nationaler Identitätssuche sowohl unter »Linken« als auch unter »Rechten«.

Die öffentliche Erörterung von nationaler Identität und nationalistischen Strömungen generell hat immer einen ideologischen Charakter. Sie erfüllt die Funktion, einen Bezugsrahmen zu schaffen, in dem die genannten Wandlungsprozesse interpretiert werden können. Ihnen kann damit ein Sinn gegeben werden, der das Individuum transzendiert. Darüber hinaus erlaubt aber der Appell an nationale Werte, von bestehenden Konflikten und Widersprüchen abzulenken. In der Bundesrepublik ist die Thematisierung der nationalen Identität nicht ohne den Nationalsozialismus zu denken. Auf diesem Hintergrund muß auch der »Historikerstreit« gesehen werden.

Ich habe diesen Artikel mit einem Hinweis auf Dahrendorf begonnen und möchte auch mit einer These Dahrendorfs abschließen. Er analysiert Konflikte unter einer funktionalen Perspektive.[51] Sie sind der Motor des Wandels und des Fortschritts. Bei ihm stehen im Mittelpunkt der Analyse politische Konflikte, zum Beispiel zwischen politischen Parteien oder zwischen Tarifparteien. In beiden Fällen gibt es häufig ein eindeutiges Ergebnis: Ein Gesetz wird verabschiedet oder eine Tarifvereinbarung wird geschlossen. Viel schwieriger ist es, ein bestimmtes Ergebnis nach einem Konflikt wie dem oben dargestellten zu identifizieren, zumal zu fragen ist, ob Konflikte, gerade bei komplexen und wenig zielgerichteten Verläufen wie beim Historikerstreit, überhaupt ein Ergebnis haben können. Die Erforschung politischer Skandale (als eine besondere Form von Konflikten) kommt jedoch zu dem Ergebnis, daß sie systemstabilisierend wirken.[52] Wie sieht vor diesem Hintergrund das Ergebnis des Historikerstreits aus?

Zunächst scheint – auch angesichts der kritischen Reaktion der Öffentlichkeit[53] – einiges dafür zu sprechen, daß die vernünftigen Argumente wohl gesiegt haben. Andererseits läßt sich, so glaube ich, durchaus die Meinung vertreten, daß diese Einschätzung zu optimistisch ist und nicht die langfristigen Veränderungen des Meinungsklimas in bezug auf und in der Beurteilung des Nationalsozialismus berücksichtigt. Der Prozeß der »Historisierung« ist nach meiner Überzeugung nicht aufzuhalten; er wurde durch den Historikerstreit noch beschleunigt. Das wird zur Folge haben, daß man ohne »moralische« Schwierigkeiten recht unterschiedliche Positionen gegenüber dem Nationalsozialismus wird einnehmen können, und zwar nicht nur als Historiker, sondern auch als Politiker und als Bürger der Bundesrepublik Deutschland. Bereits in der Affäre Bitburg 1985 deutete sich eine solche Veränderung an.[54] Die Geschehnisse um die Rede Jenningers sind ein weiteres Indiz für diese Auswirkung des Historikerstreits, da die revisionistische Interpretation von Politikern aufgegriffen und Revisionisten von ihren Kollegen verteidigt wurden.[55] Der Lapsus des

Sprechers der Bundesregierung Klein (»internationales Judentum«) und vor allem die Kommentare zu den Reaktionen auf diesen Versprecher zeigen mit aller Deutlichkeit, daß das Recht auf Empörung und Kritik eigentlich nur den (potentiellen) Opfern zugebilligt wird. Ich stimme deshalb der Diagnose von Benz und Mommsen zu, daß der Historikerstreit den Zusammenbruch des antifaschistischen Konsensus, der die Nachkriegszeit charakterisiert, vor Augen führt. Danach ist zu befürchten, daß sich die historisierende und relativierende Analyse und Interpretation des Nationalsozialismus durchsetzen und in etwa einer Generation die Behandlung des Stoffes im Schulunterricht und in den Universitäten prägen wird.[56]

Ein unmittelbares Ergebnis des Streits ist, daß Ernst Nolte in wichtigen Institutionen Persona non grata geworden ist. Andererseits hat man mir und anderen Wissenschaftlern in Zusammenhang mit einem geplanten Forschungsprojekt, in dem es um den Vergleich zwischen Konflikten über die jüngste Vergangenheit in verschiedenen europäischen Ländern ging, mitgeteilt, dieses Projekt käme einer Austragung des Historikerstreits auf europäischer Ebene gleich und sei daher unerwünscht. Zusammenfassend möchte ich deshalb weder von Fortschritt noch von Systemstabilisierung durch Konflikt, sondern von einem Rückschritt durch den Historikerstreit in der Auseinandersetzung mit dem Nationalsozialismus sprechen.

Anmerkungen

1 Für den hier vorliegenden Beitrag wurden einzelne Passagen aus den folgenden Veröffentlichungen des Autors übernommen: Thomas A. Herz: »Nur ein Historikerstreit? Die Soziologen und der Nationalsozialismus«, in: *Kölner Zeitschrift für Soziologie und Sozialpsychologie* 39, 1987, S. 560–570, und ders.: Die Gegenwart des Nationalsozialismus, in: *Journal für Sozialforschung* 28, 1988, S. 147–154.

2 Werner Bergmann: »Antisemitismus als politisches Ereignis«, in: Werner Bergmann und Rainer Erb (Hrsg.): *Antisemitismus in der politischen Kultur seit 1945.* Opladen 1990, S. 253–275.

3 Heiner Lichtenstein (Hrsg.): *Die Fassbinder-Kontroverse oder das Ende der Schonzeit.* Königstein/Ts. 1986; Benjamin Korn: »Der Schock ist fruchtbar noch«, in: *Die Zeit,* 28. 10. 1988.

4 Jürgen Habermas: »Eine Art Schadensabwicklung«, in: *Die Zeit*, 11.7.1986.

5 Piper Verlag (Hrsg.): *Historikerstreit. Die Dokumentation der Kontroverse um die Einzigartigkeit der nationalsozialistischen Judenvernichtung.* München 1987.

6 Ralf Dahrendorf: »Elemente einer Theorie des sozialen Konflikts«, in ders.: *Gesellschaft und Freiheit.* München 1961, S. 197–235.

7 Hans-Ulrich Wehler: *Entsorgung der deutschen Vergangenheit? Ein polemischer Essay zum »Historikerstreit«.* München 1988, S. 13–20.

8 Ernst Nolte: »Vergangenheit, die nicht vergehen will«, in: *Frankfurter Allgemeine Zeitung*, 6.6.1986.

9 Ebd.

10 Helmut Heiber (Hrsg.): *Lagebesprechungen im Führerhauptquartier.* München 1962, S. 75.

11 Eberhard Jäckel: »Faktisches Prius und kausaler Nexus. Trübes Verwirrspiel um den Mord an den Juden«, in: *Die Zeit*, 12.9.1986.

12 Ernst Nolte: »Zwischen Geschichtslegende und Revisionismus?«, in: Piper Verlag (Hrsg.), a.a.O., S. 13–35, hier S. 24.

13 Ebd., S. 33.

14 Ders.: »Die Sache auf den Kopf gestellt«, in: *Die Zeit*, 31.10.1986.

15 Kurt Tucholsky: »Dänische Felder«, in ders.: *Gesammelte Werke. Bd. II. 1925–1928.* Reinbek bei Hamburg 1961, S. 836.

16 Wehler, a.a.O., S. 20–24.

17 Andreas Hillgruber: *Zweierlei Untergang. Die Zerschlagung des deutschen Reiches und das Ende des europäischen Judentums.* Berlin 1986, S. 13.

18 Ebd., S. 24–25.

19 Max Weber: *Wirtschaft und Gesellschaft.* Köln 1964, S. 3.

20 Hillgruber: *Zweierlei Untergang*, a.a.O., S. 21.

21 Martin Broszat: »›Holocaust‹ und die Geschichtswissenschaft«, in ders.: *Nach Hitler. Der schwierige Umgang mit unserer Geschichte.* München 1988, S. 102–118.

22 Michael Stürmer: »Geschichte in geschichtslosem Land«, in: *Frankfurter Allgemeine Zeitung*, 25.4.1986.

23 Ders.: »Was Geschichte wiegt«, in: *Frankfurter Allgemeine Zeitung*, 26.11.1986.

24 Habermas, a.a.O.

25 Ebd.

26 Saul Friedländer: *Kitsch und Tod. Der Widerschein des Nazismus.* München/Wien 1984.

27 Joachim Fest: »Die geschuldete Erinnerung«, in: *Frankfurter Allgemeine Zeitung*, 29.8.1986;

Klaus Hildebrand: »Besprechung von: Koch, H. W. (Ed.): Aspects of the Third Reich«, in: *Historische Zeitschrift* 242, 1986, S. 465–466; ders.: »Das Zeitalter der Tyrannen«, in: *Frankfurter Allgemeine Zeitung*, 31.7.1986.

28 Gerhard Hirschfeld und Lothar Kettenacker (Hrsg.): *Der »Führerstaat«: Mythos und Realität.* Stuttgart 1981.

[29] Tim Mason: »Intention and Explanation: A Current Controversy about the Interpretation of National Socialism«, in: Hirschfeld und Kettenacker (Hrsg.), a. a. O., S. 23–40.

[30] Martin Broszat: »Plädoyer für eine Historisierung des Nationalsozialismus«, in ders.: *Nach Hitler,* a. a. O., S. 266–281.

[31] Saul Friedländer: »Überlegungen zur Historisierung des Nationalsozialismus«, in: Dan Diner (Hrsg.): *Ist der Nationalsozialismus Geschichte?* Frankfurt am Main 1987, S. 34–50.

[32] Hans Mommsen: »Aufarbeitung und Verdrängung«, in: Diner (Hrsg.), a. a. O., S. 74–88.

[33] Wolfgang Benz: »Die Abwehr der Vergangenheit«, in: Diner (Hrsg.), a. a. O., S. 17–33.

[34] Andreas Hillgruber: »Jürgen Habermas, Karl-Heinz Janßen und die Aufklärung 1986«, in: *Geschichte in Wissenschaft und Unterricht,* 37. Jg., Heft 12, 1986, S. 725–738.

[35] Saul Friedländer: »Überlegungen zur Historisierung des Nationalsozialismus«, in: Diner (Hrsg.), a. a. O., S. 34–50, hier S. 49.

[36] Theodor W. Adorno, Else Frenkel-Brunswik, Daniel J. Levinson und Nevitt J. Sanford: *The Authoritarian Personality.* New York 1950;
Franz Neumann: *Behemoth. The Structure and Practice of National Socialism.* New York 1942.

[37] Theodor Geiger: *Die soziale Schichtung des Deutschen Volkes, Soziographischer Versuch auf statistischer Grundlage.* Stuttgart 1967 (1. Auflage 1932).

[38] M. Rainer Lepsius: »Die Entwicklung der Soziologie nach dem Zweiten Weltkrieg 1945 bis 1967«, in: Günter Lüschen (Hrsg.): *Deutsche Soziologie seit 1945.* Opladen 1979, S. 25–70 (Sonderheft 21, 1979, der *Kölner Zeitschrift für Soziologie und Sozialpsychologie*).

[39] Ders.: *Extremer Nationalismus.* Stuttgart 1966; ders.: »From Fragmented Party Democracy to Government by Emergency Decree and National Socialist Takeover: Germany«, in: Juan Linz und Alfred Stepan (Hrsg.): *The Breakdown of Democratic Regimes.* Baltimore, Md./London 1978, S. 34–79.

[40] Ralf Dahrendorf: »Soziologie und Nationalsozialismus«, in: Andreas Flitner (Hrsg.): *Deutsches Geistesleben und Nationalsozialismus.* Tübingen 1956, S. 108–124; ders.: *Gesellschaft und Demokratie in Deutschland.* München 1965.

[41] Dirk Käsler: »Das ›Judentum‹ als zentrales Entstehungs-Milieu der frühen deutschen Soziologie«, in: Carsten Klingemann (Hrsg.): *Rassenmythos und Sozialwissenschaften in Deutschland. Ein verdrängtes Kapitel sozialwissenschaftlicher Wirkungsgeschichte.* Opladen 1987, S. 50–79; René König: »Die Juden und die Soziologie«, in ders.: *Soziologie in Deutschland.* München/Wien 1987, S. 329–342.

[42] Alvin Gouldner: *The Future of the Intellectuals and the Rise of the New Class.* London 1979.

[43] Hermann Lübbe: »Der Nationalsozialismus im deutschen Nachkriegsbewußtsein«, in: *Historische Zeitschrift* 236, 1983, S. 579–599.

[44] Friedrich Pollock (Hrsg.): *Gruppenexperiment.* Frankfurt am Main 1955.

[45] Siegfried Zielinski: »›Verband deutscher Soldaten‹: Videovorführung des amerikanischen Originals«, in: Friedrich Knilli und Siegfried Zielinski (Hrsg.): *Holocaust zur Unterhaltung.* Berlin 1982, S. 133–155.

[46] Peter Mertz: *Und das wurde nicht ihr Staat. Erfahrungen emigrierter Schriftsteller in Westdeutschland.* München 1985, S. 275–276.

[47] Peter Sichrovsky: *Schuldig geboren. Kinder aus Nazifamilien.* Köln 1987; ders.: *Wir wissen nicht was morgen wird. Wir wissen wohl was gestern war.* Köln 1985; Helen Epstein: *Die Kinder des Holocaust. Gespräche mit Söhnen und Töchtern von Überlebenden.* München 1987; Rainer C. Baum: »Die Bürde der Wahrheit. Juden und Nichtjuden in Österreich und der Bundesrepublik Deutschland nach dem Krieg«, in: *Kölner Zeitschrift für Soziologie und Sozialpsychologie* 41, 1989, S. 123–148.

[48] Epstein, a. a. O. Epsteins Gesprächspartner leben in den USA, in Kanada und in Israel.

[49] Christel Hopf: »Das Faschismusthema in der Studentenbewegung und in der Soziologie«, in: Heinz Bude und Martin Kohli (Hrsg.): *Radikalisierte Aufklärung. Studentenbewegung und Soziologie in Berlin 1965–1970.* Weinheim/München 1989, S. 71–86.

[50] Wehler, a. a. O., S. 7.

[51] Ralf Dahrendorf: »Elemente einer Theorie des sozialen Konflikts«, in ders.: *Gesellschaft und Freiheit,* a. a. O., S. 197–235.

[52] Sighard Neckel: »Das Stellhölzchen der Macht. Zur Soziologie des politischen Skandals«, in: Rolf Ebbinghausen und Sighard Neckel (Hrsg.): *Anatomie des politischen Skandals.* Frankfurt am Main 1989, S. 55–80; Sighard Neckel: »Machen Skandale apathisch?«, in: Ebbinghausen und Neckel (Hrsg.), a. a. O., S. 234–257; Dirk Käsler: »Der Skandal als ›politisches Theater‹. Zur schaupolitischen Funktionalität politischer Skandale«, in: Ebbinghausen und Neckel (Hrsg.), a. a. O., 307–333.

[53] Wehler, a. a. O., S. 198.

[54] Mommsen, a. a. O., S. 82.

[55] Eike Hennig: *Zum Historikerstreit. Was heißt und zu welchem Ende studiert man Faschismus?* Frankfurt am Main 1988.

[56] Christel Hopf, Knut Nevermann und Ingrid Schmidt: *Wie kamen die Nationalsozialisten an die Macht. Eine empirische Analyse von Deutungen im Unterricht.* Frankfurt am Main/New York 1985.

Literaturhinweise

Adorno, Theodor W., Frenkel-Brunswik, Else und Levinson, Daniel J., Sanford, Nevitt J.: The *Authoritarian Personality.* New York 1950

Baum, Rainer C.: »Die Bürde der Wahrheit. Juden und Nichtjuden in Österreich und der Bundesrepublik Deutschland nach dem Krieg«, in: *Kölner Zeitschrift für Soziologie und Sozialpsychologie* 41, 1989, S. 123–148

Benz, Wolfgang: »Die Abwehr der Vergangenheit«, in Diner, Dan (Hrsg.): *Ist der Nationalsozialismus Geschichte? Zu Historisierung und Historikerstreit.* Frankfurt am Main 1987, S. 17–33

Bergmann, Werner: »Antisemitismus als politisches Ereignis«, in: Bergmann, Werner und Erb, Rainer (Hrsg.): *Antisemitismus in der politischen Kultur seit 1945.* Opladen 1990, S. 253–275

Broszat, Martin: »›Holocaust‹ und die Geschichtswissenschaft«, in ders.: *Nach Hitler. Der schwierige Umgang mit unserer Geschichte.* München 1988, S. 102–118

Ders.: »Plädoyer für eine Historisierung des Nationalsozialismus«, in ders.: *Nach Hitler. Der schwierige Umgang mit unserer Geschichte.* München 1988, S. 266–281

Dahrendorf, Ralf: »Soziologie und Nationalsozialismus«, in: Flitner, Andreas (Hrsg.): *Deutsches Geistesleben und Nationalsozialismus.* Tübingen 1956, S. 108–124

Ders.: »Elemente einer Theorie des sozialen Konflikts«, in ders.: *Gesellschaft und Freiheit.* München 1961, S. 197–235

Ders.: *Gesellschaft und Demokratie in Deutschland.* München 1965

Epstein, Helen: *Die Kinder des Holocaust. Gespräche mit Söhnen und Töchtern von Überlebenden.* München 1987

Fest, Joachim: »Die geschuldete Erinnerung«, in: *Frankfurter Allgemeine Zeitung,* 29. 8. 1986

Friedländer, Saul: *Kitsch und Tod. Der Widerschein des Nazismus.* München/Wien 1984

Ders.: »Überlegungen zur Historisierung des Nationalsozialismus«, in: Diner, Dan (Hrsg.): *Ist der Nationalsozialismus Geschichte? Zu Historisierung und Historikerstreit.* Frankfurt am Main 1987, S. 34–50

Geiger, Theodor: *Die soziale Schichtung des Deutschen Volkes. Soziographischer Versuch auf statistischer Grundlage.* Stuttgart 1967 (1. Auflage 1932)

Gouldner, Alvin: *The Future of the Intellectuals and the Rise of the New Class.* London 1979

Habermas, Jürgen: »Eine Art Schadensabwicklung«, in: *Die Zeit,* 11. 7. 1986

Heiber, Helmut (Hrsg.): *Lagebesprechungen im Führerhauptquartier.* München 1962

Hennig, Eike: *Zum Historikerstreit: Was heißt und zu welchem Ende studiert man Faschismus?* Frankfurt am Main 1988

Herz, Thomas A.: »Die Gegenwart des Nationalsozialismus«, in: *Journal für Sozialforschung* 28, 1988, 147–154

Ders.: »Nur ein Historikerstreit? Die Soziologen und der Nationalsozialismus«, in: *Kölner Zeitschrift für Soziologie und Sozialpsychologie* 39, 1987, S. 560–570

Hildebrand, Klaus: »Besprechung von: Koch, H. W. (Ed.): Aspects of the Third Reich«, in: *Historische Zeitschrift* 242, 1986, S. 465–466

Ders.: »Das Zeitalter der Tyrannen«, in: *Frankfurter Allgemeine Zeitung*, 31. 7. 1986

Hillgruber, Andreas: *Zweierlei Untergang. Die Zerschlagung des deutschen Reiches und das Ende des europäischen Judentums.* Berlin 1986

Ders.: »Jürgen Habermas, Karl-Heinz Janßen und die Aufklärung Anno 1986«, in: *Geschichte in Wissenschaft und Unterricht* 37, 1986, S. 725–738

Hirschfeld, Gerhard und Kettenacker, Lothar (Hrsg.): *Der »Führerstaat«: Mythos und Realität.* Stuttgart 1981

Hopf, Christel: »Das Faschismusthema in der Studentenbewegung und in der Soziologie«, in Bude, Heinz und Kohli, Martin (Hrsg.): *Radikalisierte Aufklärung. Studentenbewegung und Soziologie in Berlin 1965–1970.* Weinheim/München 1989, S. 71–86

Hopf, Christel, Nevermann, Knut und Schmidt, Ingrid: *Wie kamen die Nationalsozialisten an die Macht. Eine empirische Analyse von Deutungen im Unterricht.* Frankfurt am Main/New York 1985

Jäckel, Eberhard: »Faktisches Prius und kausaler Nexus. Trübes Verwirrspiel um den Mord an den Juden«, in: *Die Zeit*, 12. 9. 1986

Käsler, Dirk: »Das ›Judentum‹ als zentrales Entstehungs-Milieu der frühen deutschen Soziologie«, in: Klingemann, Carsten (Hrsg.): *Rassenmythos und Sozialwissenschaften in Deutschland. Ein verdrängtes Kapitel sozialwissenschaftlicher Wirkungsgeschichte.* Opladen 1987, S. 50–79

Ders.: »Der Skandal als ›politisches Theater‹. Zur schaupolitischen Funktionalität politischer Skandale«, in: Ebbinghausen, Rolf und Neckel Sighard (Hrsg.): *Anatomie des politischen Skandals.* Frankfurt am Main 1989, S. 307–333

König, René: »Die Juden und die Soziologie«, in ders.: *Soziologie in Deutschland.* München/Wien 1987, S. 329–342

Korn, Benjamin: »Der Schock ist fruchtbar noch«, in: *Die Zeit*, 28. 10. 1988

Lepsius, M. Rainer: »Die Entwicklung der Soziologie nach dem Zweiten Weltkrieg 1945 bis 1967«, in: Lüschen, Günter (Hrsg.): *Deutsche Soziologie seit 1945.* Opladen 1979, S. 25–70 (Sonderheft 21, 1979, der *Kölner Zeitschrift für Soziologie und Sozialpsychologie*)

Ders.: »From Fragmented Party Democracy to Government by Emergency Decree and National Socialist Takeover: Germany«, in Linz, Juan und Stepan, Alfred (Hrsg.): *The Breakdown of Democratic Regimes.* Baltimore, Md./London 1978, S. 34–79

Ders.: *Extremer Nationalismus. Strukturbedingungen vor der nationalsozialistischen Machtergreifung.* Stuttgart 1966

Lichtenstein, Heiner (Hrsg.): *Die Fassbinder-Kontroverse oder das Ende der Schonzeit.* Königstein/Ts. 1986

Lübbe, Hermann: »Der Nationalsozialismus im deutschen Nachkriegsbewußtsein«, in: *Historische Zeitschrift* 236, 1983, S. 579–599

Mason, Tim: »Intention and Explanation: A Current Controversy about the Interpretation of National Socialism«, in: Hirschfeld, Gerhard und Kettenacker, Lothar (Hrsg.): *Der »Führerstaat«: Mythos und Realität.* Stuttgart 1981, S. 23–40

Mertz, Peter: *Und das wurde nicht ihr Staat. Erfahrungen emigrierter Schriftsteller in Westdeutschland.* München 1985

Mommsen, Hans: »Aufarbeitung und Verdrängung«, in: Diner, Dan (Hrsg.): *Ist der Nationalsozialismus Geschichte? Zu Historisierung und Historikerstreit.* Frankfurt am Main 1987, S. 74–88

Neckel, Sighard: »Das Stellhölzchen der Macht. Zur Soziologie des politischen Skandals«, in: Ebbinghausen, Rolf und Neckel, Sighard (Hrsg.): *Anatomie des politischen Skandals.* Frankfurt am Main 1989, S. 55–80

Neckel, Sighard: »Machen Skandale apathisch?«, in: Ebbinghausen, Rolf und Neckel, Sighard (Hrsg.): *Anatomie des politischen Skandals.* Frankfurt am Main 1989, S. 234–257

Neumann, Franz: *Behemoth. The Structure and Practice of National Socialism.* New York 1942

Nolte, Ernst: »Zwischen Geschichtslegende und Revisionismus?«, in: Piper Verlag (Hrsg.): *Historikerstreit.* München 1987, S. 13–35

Ders.: »Vergangenheit, die nicht vergehen will«, in: *Frankfurter Allgemeine Zeitung*, 6. 6. 1986

Ders.: »Die Sache auf den Kopf gestellt«, in: *Die Zeit*, 31. 10. 1986

Ders.: *Der Faschismus in seiner Epoche.* München 1963

Piper Verlag (Hrsg.): *Historikerstreit. Die Dokumentation der Kontroverse um die Einzigartigkeit der nationalsozialistischen Judenvernichtung.* München 1987

Pollock, Friedrich (Hrsg.): *Gruppenexperiment.* Frankfurt am Main 1955

Sichrovsky, P.: *Schuldig geboren. Kinder aus Nazifamilien.* Köln 1987

Ders.: *Wir wissen nicht was Morgen wird, wir wissen wohl was Gestern war.* Köln 1985

Stürmer, Michael: »Geschichte in geschichtslosem Land«, in: *Frankfurter Allgemeine Zeitung*, 25. 4. 1986

Ders.: »Was Geschichte wiegt«, in: *Frankfurter Allgemeine Zeitung*, 26. 11. 1986

Tucholsky, Kurt: »Dänische Felder«, in ders.: *Gesammelte Werke. Band II. 1925–1928.* Reinbek bei Hamburg 1961

Weber, Max: *Wirtschaft und Gesellschaft.* Köln 1964

Wehler, Hans-Ulrich: *Entsorgung der deutschen Vergangenheit? Ein polemischer Essay zum »Historikerstreit«.* München 1988

Zielinski, Siegfried: »›Verband deutscher Soldaten‹: Videovorführung des amerikanischen Originals«, in: Knilli, Friedrich und Zielinski, Siegfried (Hrsg.): *Holocaust zur Unterhaltung.* Berlin 1982, 133–155

Expeditionen der Urteilskraft
Philosophische Aspekte der 80er Jahre

Dieter Fuder

Seit Mitte der 80er Jahre das Schlagwort von der neuen Unübersichtlichkeit geprägt worden ist, nimmt geschichtliche Urteilskraft einen ambivalenten Status ein. Zum einen glaubt sie konservativerweise, ihre Territorien durchaus übersichtlich abstecken und bestimmen zu können, zum anderen unternimmt sie verstärkt reflektierende Expeditionen, die die Horizonte von Zeit- und Weltbildern gedanklich verschieben. Es sind Fragen der geschichtlichen Ortung, Erkundung und Sichtung von Argumentationslagen. Nichts scheint sich der Erkenntnis und dem Wissen ungewisser darzubieten als das historisch Geschehende. Unabgeschlossen, in ständiger Bewegung ist die Gegenwart Aktualität, Wechsel, Gleiten, passierendes Ereignis, nicht zuletzt als ausgelegte und auszulegende, wie die Hermeneutik weiß: »Verstehen ist selber Geschehen.«[1]

Historische Vergegenwärtigung, gegen die Macht des Verschwindens, braucht die Zeit der Unterscheidung, die »epoché«. Doch jede historische Zäsurierung entbehrt nicht einer gewissen Willkürlichkeit. Mit der Annahme, »daß die Epochenschwelle unter der Oberfläche der Chronologie und der durch sie datierbaren Ereignisse liegen könnte«[2], verbindet sich die Schwellenerfahrung eines »unmerklichen Limes«[3] im Automatismus der Zeitbilder. Aber ihre Lesbarmachung und Konturierung gehört nicht nur einer nahen Zeitgenossenschaft an, sie braucht auch Distanzsetzung. So läßt sich »eine Grenze erst wahrnehmen, wenn man sie bereits überschritten hat. Das Transzendierende der Grenzwahrnehmung gilt in besonderer Weise für jene Grenzen, welche die Epochenschwellen bilden.«[4]

Distanzen sind Zwischenbetrachtungen. Einer Hermeneutik des Zeitenabstandes fällt es gegenwärtig schwer, Zäsurierungen einfachster Art vorzunehmen. Allzu vertraut kommt Vielnamiges daher, so daß man mit Odo Marquard vom Zeitalter der vielnamigen Orientierungskrise sprechen könnte. Ihre Anziehungskraft hat denn schon fast die Bedeutung von Bürgerrechten. Ihre wechselseitigen Inszenierungen sagen aus, was an der Zeit ist, nicht zuletzt als sprachliche Sinnstiftung. In ihr bringt die je aktuelle Gegenwart Selektionszusammenhänge in Bewegung und mischt die Relevanzen für Vergangenheit und Zukunft neu, so daß Gewißheiten und Fraglosigkeiten nicht länger als fraglos erfahren werden. Die Zeit der Unterscheidungen ist die Zeit der Kritik und der Krise des bis dato in Geltung Befindlichen. Im Fortgang eines Zeitraumes ist nicht nur der »Zwang zum Verschwinden eingebaut«[5], sondern auch der zu Umbesetzungen. Sie bedeuten »differente Aussagen als Antworten auf identische Fragen«.[6]

Philosophische Reflexion im allgemeinen lebt von Auseinandersetzungen mit scheinbaren Verbindlichkeiten argumentativer Topoi. Der Blick auf die Vorläufigkeit von Verständnismöglichkeiten gehört prinzipiell zur philosophischen Reflexion, das macht ihre Geschichtlichkeit aus. So ist Philosophiegeschichte ein sichtender Umgang von Argumenten. Wo eines ein anderes ablöst und zu überzeugen vermag, könnte Rationalitätskritik zugleich ein Stück Vernunftgeschichte bilden. Es ist nachgerade »die historische Seite der Vernunftgeschichte«, die das »Rhetorische an der Philosophie«[7] enthüllt. Um es vorweg zu sagen: Die Philosophie der 80er Jahre ist in ihren Schreibweisen wesentlich rhetorisch geprägt und stellt als solche ein außerordentliches Stück Vernunftgeschichte dar. Dies gilt insbesondere für französische Gegenwartsphilosophie. Darüber hinaus gehört ganz generell das Rhetorische dem Verstehensprozeß unabdingbar an. Redepraxis, aber auch das »Sein zum Texte« (Odo Marquard) »verdanken ihre Wirkung dem rhetorischen Element, das sie trägt«[8], der Sprache. In ihr und mit ihr ist die »Ubiquität der Rhetorik [...] eine unbeschränkte«[9] und wird wirkungsmächtig »zu einem gesellschaftlichen Faktor des Lebens«.[10] Dem hat Philosophie sich zu stellen. Dabei tut sie dies nicht allein in philosophischen Bestrebungen, die seit den 60er Jahren unter dem Titel »Sprachphilosophie« figurieren und die die Sprache als Gegenstand und Organon aller Erkenntniskritik begreifen. Vielmehr deutet sich gerade in den 80er Jahren die philosophische Hinwendung zur Sprache von der Erkenntniskritik auf eine Vernunftkritik im Zeichen von Sprache an. Das systematische Zentralproblem einer Philosophie der Vernunft überhaupt ist die Verhältnisbestimmung von Vernunft und Sprache, das haben nicht nur Apel und Habermas betont, sondern auch Vertreter französischer Gegenwartsphilosophie. Die Einschätzung und der Gebrauch des Rhetorischen dabei ist jedoch bei den jeweiligen Vertretern von sehr unterschiedlicher Art.

Die Philosophie der 80er Jahre, die gemeinhin mit Begriffsetiketten wie »Postmodernismus«, »Poststrukturalismus«, »Neostrukturalismus«, »Dekonstruktivismus« verbunden wird, belebt das Rhetorische an der Philosophie auf grundsätzliche Weise neu. Von Wittgenstein stammt die berühmte Auffassung, daß alle Philosophie Sprachkritik sei. Als solche hat sie auch sprachkritisch ihre logischen und rhetorischen Operationen zu reflektieren. Vor allem die Auseinandersetzungen zwischen deutschen (Habermas, Apel, Frank, Wellmer, Welsch) und französischen Philosophen (Derrida, Lyotard, Foucault, Deleuze, Barthes, Virilio, Baudrillard) belegen, wie sich die philosophischen Positionen der 60er und 70er Jahre in den 80er Jahren im Ausgang von gemeinsamen philosophischen und kulturkritischen Denkmotiven national ausdifferenzieren und bis an die »Grenzen der Verständigung«[11] führen und fortschreiben.

Im Sinne eines geschichtsphilosophisch relevanten Postmodernismus[12] sollen einige Grundmotive dieser Grenzen nachgezeichnet werden. Dabei geht es weniger historiographisch darum, was eine Epoche nicht mehr ist oder noch nicht ist, etwa modern und/oder postmodern, sondern eher darum, die Bewegungen dieser Grenzüberschreitungen zu sichten, denn der Philosophie hat ihre eigene Grenze fremd zu bleiben, um sie aufheben zu können. Die veränderte vernunftkritische Einschätzung von Sprache, Rhetorik, Logik und Künsten bildet die Kernpunkte der Argumentationsfelder. Sie kulminieren im Stellenwert des Ästhetischen.

Was für die 80er Jahre philosophische »Grundlagenkrise«[13] heißen könnte, verweist auf Geltungsansprüche diskursiver Praktiken, die zwischen deutscher und französischer Philosophie nicht nur einen Methodenkonflikt, sondern ein radikal anderes Philosophieverständnis sichtbar werden lassen. An Denkgestus, Sprachauffassung und Schreibweisen ist unabdingbar auch das Selbstverständnis von »Philosophie« gebunden. Umbruchbewußtsein und Sprachauffassung gehen miteinander einher. Sie bedeuten eine andere Geschichte des Wissens. Hinsichtlich der Darstellung ihrer Grundzüge ist der vorliegende Text wie folgt gegliedert:

- Vernunftfiktionen aus dem Geist der Sprache
- Diskursanalysen der Macht
- Texträume von Alteration und Iteration
- Paralogisches
- Eine Semantik der Geschichte
- Moralia linguistica
- Ereignis und Diskontinuität
- Simulation und Legende der Sinne
- Ästhetische Differenzen.

Mit der Diskussion um Wertsetzungen und geschichtskulturelle Wendungen der Postmoderne ist auch die Vernunft, die immer Sinnkriterium historischer Orientierung und gesellschaftlicher Lebenspraxis war, vor den Richterstuhl geraten. So hat sich philosophische Reflexion verstärkt Gegenwartserfahrungen zu stellen, deren kommunikative Vernunft nicht allein auf dem Feld philosophischen Denkens zum Thema wird. Vielmehr stellen die funktionalen und pragmatischen Ausprägungen an das klassische Grundthema der Philosophie, wie Habermas[14] einmal den Stellenwert der Vernunft charakterisierte, eine besondere Herausforderung dar.

Von besonderer Bedeutung ist dabei das reflexionslogische Verhältnis, das Vernunftkritik zu ihrem eigenen Apriori einnimmt, nämlich als regulatives Ideal gelten zu können. Denn Rationalität referiert nicht nur auf vernunftlogische Momente von Sachverhalten und lebensweltliche Bezüge, sondern auch auf sich selbst. Vernunft, die sich nicht mit bloßen Gewißheitsverhältnissen gemein machen will, muß ihr Idealisierungsmoment geschichtsmächtig übergreifend reflektieren. Im Zeichen von Rationalitätskritik kommen deshalb Geschichtsbilder und Zeitlesung ohne das Leitbild aufklärender und aufgeklärter Vernunft nicht aus. Manfred Frank hat neben anderen dargelegt, daß »Vernunft als eine synthetisch fundierte, mithin positive und wertbezogene Struktur«[15] zu begreifen ist, gleichwohl darin nicht aufgehen darf. An diesen Kern positiven Vernunftdenkens und Fortschrittglaubens rühren allerdings nicht erst ganz entschieden Philosophiepositionen der Postmoderne. Schon die Moderne hat zerfallstheoretisch konstatiert, daß die Krise ihrer selbst nicht den Fortschrittsglauben prinzipiell auflöst, sondern die Krise zum Erfüllungstopos von Fortschritt schlechthin erhebt. Und nicht allein ein postmodernes Geschichtsbewußtsein bricht mit diesen »imaginären Zwangsläufigkeiten« (Dietmar Kamper), sondern schon die Moderne diskutiert den Bindungsstatus von Vernunftdenken unter veränderten Vorzeichen. Während etwa für Habermas die »Vollendung der Moderne« unter dieser Prämisse außer Frage steht, ist für Dietmar Kamper hingegen die Habermassche Lesart eine theoretische und praktische Selbstblockade. Es entwickelt sich ein Krisendiskurs, der erst in den 80er Jahren in aller Deutlichkeit zutage tritt. Den Positionen, die sich heute im Geschichtsverständnis einer »pluralen Vernunft«[16] artikulieren – die Gründe sind noch darzulegen –, ist vor allem die Auffassung gemeinsam, daß Vernunft nicht nur eine sei. Wie die »Hypostase *eines* Sinns der Geschichte [...] nie ihrer Begründungen sicher«[17] war, so kann es Vernunft auch nicht sein. Manfred Frank hat das zeitdiagnostisch auf den Punkt gebracht: »Heute – ich möchte sagen: in unseren Tagen – ist das aus der Perspektive des 17. und 18. Jahrhunderts Unglaubliche eingetreten, daß ›die Vernunft‹/›die Rationalität‹ selbst und als solche vor Gericht geschleppt werden und die Frage nach ihrer Legitimität zu bestehen haben. Die Rationalität nach ihrer Legitimität befragen heißt nichts Geringeres, als diejenige Instanz, in deren Namen bislang Legitimität zuerkannt wurde, selbst als etwas der Legitimität Bedürftiges unter Verdacht zu stellen.«[18]

Die »Unmöglichkeit einer Geschichte im Singular«[19] zugunsten einer Multiversalgeschichte[20] greift Vernunftkonzepte auch geschichtlich an. Vernunft als historische Prozeßkategorie erweist sich in den pluralistischen Delegitimationsbewegungen der Gegenwart nicht länger als universaler Garant oder, in anderer Terminologie, als »transzendentales Signifikat«[21], auf das hin Geschichte sich auslegen könnte. So sichten die 80er Jahre auf verschiedensten Gebieten Vernunftdefizite und Vernunftpotentiale neu. »Die Selbstüberschreitung der Vernunft«[22] hat nicht länger die Idee einer totalisierenden Vernunft zum Anwalt und richtet sich nicht allein gegen »die diskursive Vernunft als solche, sondern den unzureichenden, schlechten oder pervertierten Ge*brauch* der Vernunft«.[23] Spätestens seit den Auseinandersetzungsdebatten der angelsächsischen »Ordinary Language Philosophy« mit dem Sprachspielkonzept des späten Wittgenstein »sollte nicht von *dem* Gebrauch [...] gesprochen werden [...]«[24], ein Gedanke, der in der sogenannten Postmoderne für Lyotards Rückbezug auf Wittgenstein von grundsätzlicher Bedeutung ist.

Einen besonderen Vorrang nimmt in diesem Zusammenhang die Stellung der Sprache ein. Zum einen gilt es, den Versuch einer bloß instrumentalen Konzeption der Sprache zurückzuweisen, zum anderen konsequenter die Vorstellung zu benennen und zu fassen, daß Sprachkritik Vernunftkritik ist. »Nur dies, wenn irgend etwas«, rechtfertigt es für Albrecht Wellmer, »im Postmodernismus mehr als eine flüchtige und schnell zu vergessende Mode zu sehen.«[25]

Philosophisch bedeutsam für die 80er Jahre aus poststrukturalistischer Sicht ist eine Vernunftkritik, die mit »dem späten Heidegger vom Modell der Sprache als eines Wahrheitsgeschehens«[26] ausgeht. An die Stelle idealistisch orientierter Bewußtseinsphilosophie Hegelscher, Fichtescher oder Kantischer Prägung tritt die Analyse empirischer und transzendentaler Sprachgemeinschaften. Im deutschen Sprachraum sind es vor allem Karl-Otto Apel und Jürgen Habermas, die Sprache als transzendentalhermeneutische Metainstitution[27] erkenntniskritisch in ihrem kommunikativen Status befragen. Schien es zunächst Habermas primär um eine universalpragmatische Fundierung eines erweiterten Hermeneutikverständnisses zu gehen, so erweist sich bei genauerem Hinsehen seine Theorie des kommunikativen Handelns und die Vorstellung einer universalpragmatischen Vernunft als Instrumentalisierung sprachlicher Vernunft. Sprache wird als Mechanismus einer erfolgreichen Handlungskoordination ausgelegt, bei deren letztlich diskursive Normensetzungen und Normenbegründungen vernünftiges Handeln und teleologische Sinndeutung intersubjektiv leiten soll. Odo Marquard hat eine solche Wissenschaftsfiktion zu Recht kritisiert: »Just durch diese fiktionalistische Wende zur Universalpragmatik bleibt Habermas ein treuer Schüler Adornos; dieser schrieb [...] zusammen mit Horkheimer von einem ›eingebildeten Zeugen‹«[28], was nichts anderes meint als die kontrafaktische Unterstellung, so zu tun, »als sei die ideale Sprechsituation (oder das Modell reinen kommunikativen Handelns) nicht bloß fiktiv, sondern wirklich«.[29] Marquard nennt dies »das zugerechnete Menschheitsbewußtsein als Fiktion mit Nichtfiktivitätsfiktion«.[30] Es ist sozusagen die mehr oder minder explizite Verpflichtung einer transzendentalanthropologischen Geschichtsphilosophie.

Es kann hier nicht der Ort sein, dieses Denken von seinem abschließenden Selbstverständnis her darzustellen. Ohne schon im einzelnen die Positionen französischer Theoretiker vergleichsweise dargelegt zu haben, läßt sich jedoch vorausschickend sagen, daß ihre sprachtheoretischen Ansätze von grundsätzlich anderen Fiktionsperspektiven ausgehen. Vor allem die französische Nietzsche-Rezeption hat wesentlich dazu beigetragen, Vernunft- und Moralkritik diskurstheoretisch anders zu begründen. Auch hier avanciert Sprache zum besonderen Thema. Sie rückt – wie schon bei Nietzsche – in den Status der Vernunft-, Fiktions- und Wahrheitsproblematisierung[31], ist, wie Lyotard einmal ausdrücklich sagt, »Provokationsarbeit«. Nietzsche, der rezeptionsgeschichtlich zu einem entscheidenden Bezugspunkt in der französischen Philosophie der Gegenwart wird, hat bekanntlich im Rückgang auf die verstellende und entstellende Kraft der Sprache ihre Machtsetzungen in Wissensformationen hervorgehoben. Seinen antisystematischen Sprachspielen und Perspektiven einer »neuen Sprache«, die aus dem »Gefängnis der Zeichenkonventionen«[32] ausbricht, verdanken sowohl Denker wie Michel Foucault, Gilles Deleuze, Jacques Derrida als auch Jean-François Lyotard nicht zuletzt rhetorisch grundsätzliche Impulse. So übernimmt Lyotard von Nietzsche dessen Idee, anstelle einer Erkenntnistheorie einen radikalisierten Perspektivismus zu setzen: »Soweit überhaupt das Wort ›Erkenntnis‹ Sinn hat, ist die Welt erkennbar: aber sie ist anders d e u t b a r, sie hat keinen Sinn hinter sich, sondern unzählige Sinne – ›Perspektivismus‹«.[33] Nietzsches Perspektivismuslehre erhebt die Standortgebundenheit von Sichtungen zum Grundsatzproblem. Diese Feststellung scheint auf den ersten Blick eine Banalität zu sein. Erwähnenswert bleibt dennoch, was die Hermeneutik zu einer ihrer Hauptüberlegungen gemacht hat, daß nämlich Deutungsgeschehen Sprachgeschehen ist. So nimmt es nicht Wunder, daß Lyotard mit Nietzsche und Wittgenstein gesellschaftliche Prozesse als eine Pluralität von Spachgebrauchsperspektivismen liest, die als Weltanschauungen[34] in Kraftfeldern widerstreitender Diskursordnungen vorgängige Wissens- und Machtformationen situieren. So richten sich beispielsweise unter anderem Lyotards Perspektiven auf die in Diskursen vorhandenen Herrschaftsimplikate und Strategien. Die Ökonomie der Diskurse selbst gerät in den Blickpunkt seiner Überlegungen. Für Lyotard ist der ökonomische Diskurs als einer unter anderen dort fragwürdig, wo die »kapitalistische Aneignung der Sprache als Ware«[35] als Kehrseite der Äquivalentbildung einen Reduktions-, Abstraktions- und Unterdrückungszusammenhang bildet.[36] Auch sind ihm, wie noch zu zeigen sein wird, Diskurse dann suspekt, wenn diese im Zeichen idealer Instanzen ihre eigene kommunikative Praxis und Ordnung nicht selbstkritisch hinterfragen. Lyotards erkenntnisleitendes Interesse richtet sich daher auf eben diese Ordnung unter der Maßgabe, die gesellschaftlichen Episteme (Greimas) oder eine Ideologie (Eco) im Sinne kultureller Einheiten wissens- und machtlogisch zu reflektieren.

Ins Blickzentrum solcher »épisteme« rückt die fortschreitende Kohärenz und Divergenz von Wirklichkeitssystemen und die trügerische Situiertheit sprachlicher Bedeutungskomplexe. Es liegt nahe, den Status sprachlicher Bedeutungssetzungen in ein transitorisches Relevanzverhältnis zu überführen. Ohne Zweifel kann dies bei aller Unterschiedlichkeit französischer Philosophie als gemeinsamer Nenner gelten. Allerdings sind inhaltliche Motive, erkenntniskritische Akzente und rhetorisch-methodische Gesichtspunkte sehr unterschiedlich angelegt.

Für Lyotard ist »jeder Diskurs, einschließlich des wissenschaftlichen und philosophischen [...] nur eine Perspektive, eine Weltanschauung«.[37] Eben dies rückt seinen Ansatz deutlich in die relativistische Perspektivenlehre Nietzsches, den er im selben Atemzug, in dem er ihn positiviert, seiner Kritik unterzieht: »Doch dann unterliegt Nietzsche seinerseits der Versuchung, die Grundlage dieser Perspektivierungen zu bestimmen, und zwar als das, was er Willen zur Macht nennt.«[38] Ob Lyotards Urteil so haltbar ist, kann hier nicht diskutiert werden. Zweifellos aber übernimmt nicht nur er von Nietzsche den Gedanken, Fiktionen von Machtverhältnissen provokatorisch zu dekonstruieren.

Auch die »bei Foucault verhandelte Sache heißt ›Macht‹. Es ist seine Überzeugung, daß sie Entwicklungs- und Integrationsprinzip unserer Gesellschaft ist. Soll der Totalitätsanspruch dieser Behauptung zutreffen, dann muß Macht als praktisches Prinzip irgendwie auch eine prinzipielle Bedeutung für die theoretischen Systeme des Wissens haben.«[39] Foucaults Bestimmung der Ordnung der Dinge und der Ordnung der Diskurse entfaltet diesen Gedanken unter der Prämisse, daß Wahrnehmung und Denken »als ein Sekundäreffekt dessen« anzusehen sind, »was er die diskursive Formation einer Epoche nennt«.[40] Es kommt darauf an, ihre »Teilungspraktiken«, ihre »minutiösen Machtrituale«[41], ihre funktionellen Überdeterminierungen und ständigen strategischen Wiederauffüllungen in Feldern unterschiedlichster Disziplinartechnologien zu untersuchen, also im Sinne des Diskurses

»jedes in der Geschichte hervorgetretene Aussagesystem [...], das die Menge der von ihm beherrschten Aussagen durch endlich viele Regeln zusammenhält und vor der Auflösung in ein anderes Aussagesystem schützt«.[42] Diese sehr allgemeine Bestimmung wird wesentlich dadurch spezifiziert, daß für Foucault der Diskurs nicht als Medium der Selbstreflexion oder Befreiung zu verstehen ist, sondern als dessen Gegenteil. Seine Funktionsweise ist die der repressiven Kontrolle von Machttypen. Der erste Machttyp ist der der Ausschließung, zum Beispiel wird verboten, in einer Zeit über eine bestimmte Sache zu sprechen. Auch Ausgrenzungen von »Asozialem« gehören hierher. Ein anderer Machttyp regelt nach Foucault diskursinterne Ausschließungen und meint seine normativen Integrationen, also Strategien der Kontinuitätssicherung und Normendurchsetzung. Und schließlich sind auch diskursexterne Ausschließungskriterien Gegenstand seiner Untersuchungen. Diese diskursiven Formationen nennt er in späteren Schriften Dispositive, es sind »Strategien von Kräfteverhältnissen«.[43] Foucault selbst hat hervorgehoben, daß seine Schriften nicht die »Funktion einer Beweisführung«[44] haben, sondern vielmehr den Möglichkeitssinn von Fiktion bewußt einsetzen. Der Vernunftsinn von Fiktionen bildet »Rahmenbedingungen der Rationalität«[45], denn er befragt mögliche Sprachspieldispositive auf ihre Referenzgarantien und Beglaubigungsverhältnisse hin. Universalistische Begriffs- und Interpretationsimperative werden in ihrem Kräfteverhältnis in die Fragwürdigkeit eines diskontinuierlichen »Gegengedächtnisses«[46] gerückt. Mit der Vorstellung, daß in der Fiktion »die Sprache gleichsam zur Sprache gebracht« wird, »könnte man so von der Geburt der Fiktion aus dem Geist der Sprache sprechen. Die Fiktion schafft gleichsam Inbegriffe von Schemata der Erfahrung, in denen diese selbst sich zu einer Konkretisation eigener Art verdichten.«[47]

Im Unterschied zu Begründern von Wissenschaftspositionen, die – auch für die Rezeption – einen klar definierten Raum eröffnen, unterscheiden sich »diskursive Praktiken« von dieser Vorgehensweise radikal: »Die Stiftung einer diskursiven Praxis [...] überschattet ihre späteren Entwicklungen und Transformationen und ist von ihnen notwendig losgelöst. [...] Wenn wir [zu ihr] zurückkehren, dann wegen einer grundlegenden und konstruktiven Auslassung, einer Auslassung, die nicht das Resultat eines Versehens oder Mißverständnisses ist. Tatsächlich ist der Stiftungsakt in seinem Wesen so geartet, daß er zwangsläufig seinen eigenen Verzerrungen unterworfen ist. [...] Die durch die Auslassung erzwungene Beschränkung wurde nicht von außen hinzugefügt, sie erwächst aus der diskursiven Praktik selbst, die ihr das Gesetz gibt. [...] Darüber hinaus ist es immer eine Rückkehr zu einem Text selbst [...] mit besonderer Aufmerksamkeit für diejenigen Dinge, die in die Fugen, die Lücken und Leerstellen des Textes eingeschrieben sind. Wir kehren zu den leeren Räumen zurück, die von der Auslassung maskiert oder in einer falschen und irreführenden Fülle verborgen worden sind.«[48] Foucaults Analysen zeigen, daß man den »Diskurs als eine Gewalt begreifen muß, die wir den Dingen antun; jedenfalls als eine Praxis, die wir ihnen aufzwingen«.[49]

Der Zwang zu Verstellungen und Entstellungen ist Diskursen so eingeschrieben, daß ihre jeweilige Spezifität[50] nicht zuletzt auch den Status von Kritik in einem besonderen interdiskursiven Rhetorikverhältnis erscheinen läßt. Gerade weil der Foucaultschen Diskursanalyse diese Offenheit eigen ist, nach der Macht z w i s c h e n den Diskursen zu fragen, ist sie in den 80er Jahren insbesondere jenen Philosophen zum Ausgangspunkt geworden, die sich für Texte interessieren, weniger für diskurskonforme Texte und diskurskonforme Lesarten, sondern für deren Gegenteil, die Subversion der Diskurse im Text.

Natürlich bleibt davon grundsätzlich auch das Textverständnis insgesamt nicht unberührt. Wenn es so ist, daß Diskurse sprachliche Machtwirkungen in Texten sinnerzeugend organisieren, geraten die Texte selbst einschließlich ihrer Theorien in ein bedeutsames Zwischenfeld, sie bilden den »Schnitt durch den Diskurs. Die Diskurse aber werden von den Texten exekutiert und zugleich verbraucht. Texte ziehen Linien, die u. U. anders verlaufen, als die diskursiven Baupläne für sie vorsehen. Damit zerschneiden sie die Diskurse, die ja Ablagerungen vergangener Texte sind, so, daß die Sedimentierungs- und Verwerfungslinien der Diskurse sichtbar werden: Kritik der Diskurse – das sind die Texte.«[51]

Es sind nicht zufällig Jacques Derrida und Roland Barthes, Julia Kristeva und Jacques Lacan, Deleuze und Lyotard, die, wenn auch mit unterschiedlichen Akzenten, der Semantik metonymischer Intertextualität einen zentralen Status geben. Die »transversalen Verbindungen«[52], die sie in den Wendigkeiten ihrer transformatorischen und rekursiven Lektüren – etwa von Freud oder Heidegger, Nietzsche und Wittgenstein – vollziehen, befragen den Fiktionsstatus von Denkgestus und Schreibweisen aus der signifikanten Praxis des eigenen Transpositionsfeldes heraus. Diese emiment rhetorische Dekonstruktionshaltung hat allerdings zur Folge, daß »die Diskursgrenzen auch zusammenfallen [können] mit Disziplinengrenzen«.[53] Anders als etwa Jürgen Habermas betont Kurt Röttgers den unendlichen Intertext als die kanonische Form von Interdisziplinarität in der Phänomenalität des Symphilosophierens[54] – ein Gedanke, der für die 90er Jahre leitend bleiben dürfte.

Habermas hingegen steht den literarischen Formen philosophischen Denkens eher skeptisch gegenüber. Vor allem gegen Derrida polemisiert er auf der Basis eines Philosophieverständnisses, das mit der Frage nach der Darstellungsform der Philosophie auch die nach dem Erkenntnisanspruch begründungslogisch verbindet. Daß der philosophische Erkenntnisbegriff gerade nicht mit einem wissenschaftlichen zusammenfallen muß, ist philosophiegeschichtlich nicht neu.[55] Auffällig an der Habermasschen Polemik gegen Derrida ist das Mißverhältnis, das er zwischen Logik und Rhetorik eröffnet sehen will. Nach Habermas hat Derrida »ein besonderes Interesse daran, den schon von Aristoteles kanonisierten Vorrang der Logik vor der Rhetorik auf den Kopf zu stellen«.[56] Für Habermas hat Derridas Denken eine Verwandtschaft mit dem Adornos. Es ist antisystematisch, metonymisch und allegorisch und folgt einer Rhetorik der Persuasion, die Derrida bekanntlich an Paul de Man geschätzt hat.

Im Ergebnis sieht Habermas die diskursive Praxis Derridas und Lyotards als Einebnung des »Gattungsunterschiedes zwischen Philosophie und Literatur«[57] zum Nachteil der Philosophie. Aus Habermasscher Sicht »gehen alle Gattungsunterschiede in einem umfassenden, alles begreifenden Textzusammenhang unter [...], einem alles verschlingenden Kontext«.[58] Während Derrida vom »allgemeinen Text«[59] redet, sprechen seine Kritiker von »radikalem Kontextualismus«[60], dessen dezentrierendes Denken – Habermas dehnt diese Kritik auch auf Foucault aus – eine positive Idee von Intertextualität überhaupt untergrabe. Konsequenz: »Intertextualität wäre dann nicht Merkmal bestimmter Texte oder Textklassen, sondern mit der Textualität selbst schon gegeben.«[61] Habermas kritisiert unter der Fragestellung »Philosophie und Wissenschaft als Literatur«[62], daß die Rhetorik sich nicht dem argumentativen Kohärenzzwang der Logik – noch im Zeichen des Widerspruchs – unterwirft. Indem so nach Habermas die Vernunftkritik in den rhetorischen Bereich übergeht, verfehlt sie ihr eigenes Implikat, eben Kritik dieser Rhetorik sein zu können. So verfehle der »ästhetische Kontextualismus«[63] Derridas auf »blinde« und »fatalistische« Weise seine eigene Geltungsbasis. Dieser Vorwurf ist schlichtweg unberechtigt und verfällt einem assertorischen Logos, statt sich ernsthaft fragend um ein Verständnis der Derridaschen Position zu bemühen. Immerhin ist der Ansatz einer metonymischen Intertextualität in der Philosophie Derridas semiologisch im Rückgang auf Charles Sanders Peirce und dessen Zeichenphilosophie fundiert. So gilt denn eine der zwingendsten und zukunftsweisendsten Perspektiven der 80er Jahre einer semiologischen Vernunft, die sich der Zeichenproduktivität und dem Zeichenhandeln zuwendet. Das hat nicht zuletzt Eco in neuerer Zeit erneut bekräftigt und dargelegt. Sollen »Postmoderne« und »Dekonstruktivismus« seriöse Ausprägungen für die 90er Jahre sein können, so nur, wenn in diesen Strömungen philosophisches Denken semiologisch den Versuch macht, mehr sein zu wollen als bloßes Polemisieren gegen Schulen. Von Josef Simon stammt dazu eine treffende Bemerkung: »Das Zeichen ist [...] der ausgezeichnete Gegenstand der Philosophie vor ihrer Festlegung in Disziplinen oder Schulen, und eine Philosophie des Zeichens wäre demnach, wenn sie gelänge, eine Philosophie, die aus solchen Fragestellungen, die alle einmal als Antworten auf frühere Fragen geschehen sind, zu Fragen der gegenwärtigen Zeit zurückführe.«[64]

Daß die Dekonstruktion einer Philosophie des Zeichens an der Zeit war und ist, hat Derrida zumindest partiell überzeugend dargelegt, nicht zuletzt, weil seine Philosophie der Differenz, darüber wird noch zu sprechen sein, zugleich Dekonstruktion von Philosophie ist und sein will, allein schon durch ihre Schreibweise. Es ist eine Schreibweise, die die Differenz als Differenz, um es Heideggerisch zu formulieren, je neu zu situieren hat. »Aber die Bezeichnung ›Philosophie der Differenz‹ ist nicht ohne Probleme. Sie leitet sich her aus der Kritik des identifizierenden Denkens, wie sie von Adorno entwickelt worden ist. Die Differenz denken, heißt danach: nicht identifizieren, das Andere und das Verschiedene nicht zurückführen auf dasselbe und das Gleichartige. Deshalb wäre es auch in sich widersinnig, das Differenzdenken als einheitliche, als solche anweisbare philosophische Strömung zu kennzeichnen. Das Denken der Differenz kann nur selbst different, differierend sein und nicht stets dasselbe.«[65]

Begründet abgeleitet wird diese Position nicht aus einem bloßen Perspektivenwechsel, weil jeder »Sinn und jede Bedeutung und jede Weltsicht im Fluß sind [...]«.[66] Von entscheidender Bedeutung für Derrida ist vielmehr die Struktur des Zeichens selbst. Sofern davon ausgegangen wird, daß die Selbstvollendung eines Zeichens nicht in seiner Identität begründet liegt, muß es in einem differenten Verhältnis gedacht werden. »Ein Zeichen allein kann nicht Zeichen sein. Zeichensein heißt: esse in futuro.«[67] Zukunft ist ein Negationsbegriff, denn er macht deutlich, daß das bis dato in Geltung Befindliche als »Wirklichkeit« Figurierende mit der Zeit sich anders darstellt und repräsentiert, »so daß sich zeigt, daß die Repräsentation in dieser Form, die geschah, weil sie für besser als die früheren gehalten wurde, wieder nicht eine letzte Formulierung gewesen sein kann«.[68] Aus dieser Sicht werden »Wirklichkeit« ebenso wie »Ordnung«[69] nicht nur zu zwielichtigen Grenzbegriffen von Überzeugungen, sie verdeutlichen auch, daß die sozialen Handlungen von Zeicheninterpretationen kombinatorisch Repräsentationen von Wirklichkeiten binden und entbinden. Schon Peirce hatte diesen Transformationsgedanken, der eigentlich das Spiel der Interpretation potentiell ins Unendliche erweitert, in seinem zeitlichen Kern gedacht: Vorausgesetzt ist immer der Übergang in eine Zukunft. Warum also sollte der heimliche Transzendentalismus des Zeichens nicht verzeitlicht werden und somit die scheinbar überzeitliche Zeichensynthesis in eine Entwicklungsgeschichte der sich selbstdekonstruierenden Zeichenrepräsentation transformiert werden? Eben dies wird Derrida den infiniten Prozeß der Signifikantenbewegung nennen und in der Struktur des Zeichens selbst fundieren.

Vielleicht kann man hinsichtlich der in Umlauf gebrachten billigen Vorurteile gegenüber der Dekonstruktionsarbeit nicht deutlich genug betonen, daß erst die Entgrenzung dieser Zeichenproduktivität die pluralen Verheißungen und Konnotationen postmoderner Problemstellungen in ihre veränderte Selbstexplikation bringt. Wenn der »Raum der Repräsentation plötzlich zu einer Infinität der Standpunkte selbst«[70] expandiert, ist das Peircesche Konzept von Kontinuität unter dem Aspekt der »différance« auf die Idee eines unendlichen Aufschubs hin auszulegen. Hier liegt der eigentlich interessante Ereignischarakter des Derridaschen Ansatzes: Zeichenereignis. Im Ereignis des Zeichens erscheint eine Verwandlung ohne Ursprung, entgegen der Ansätze der Prima philosophia. Es gibt keine semiotische Kausalität. Und sollte sie dennoch behauptet werden, beruht sie, wie Culler gezeigt hat, auf Kontiguitätsoperationen.[71]

Derrida hat mit dieser »ursprungslosen Verwandlung«[72] etwas anderes im Blick als das, was die Hermeneutik grundsätzlich der Sprache in ihrer präreflexiven Welterschließungsfunktion im hermeneutischen Zirkel zugesprochen hatte: »Wir zirkeln uns vermöge der immer schon öffentlichen und insofern allgemeingültigen sprachimmanenten Ordnung in die Welt als inhaltlich-bedeutsame Erlebnissituation hinein und ›erfrischen‹ dabei [...] unmerklich die sprachlich vorgeprägte Weltordnung.«[73]

Für die Hermeneutik ist Sprache als Schauplatz der Geschichte immer schon gesprochen und geschrieben worden. Man kann sich in ihr grundsätzlich nur aus ihrem Vorverständnis heraus verspäten. Gleichwohl ist jedes Zeichen, das macht Derrida geltend, in seinen Verkettungen ungesättigt und deshalb über eine »allgemeine Zitathaftigkeit – eine[r] allgemeine[n] Iterierbarkeit [...]«[74] hinaus in seinem Diskursspiel »ein Raum der Alteration, der originären Iteration (iterum, von neuem, nochmals, kommt vermutlich vom Sanskrit itara, ander(es) der Wiederholung, der Reproduktion, der Repräsentation [...]«.[75] Wenn es der Dekonstruktion eigen ist, »nicht von außen an die Strukturen« zu rühren, so hat sie »notwendigerweise von innen her zu operieren, sich aller subversiven, strategischen und ökonomischen Mittel der alten Struktur zu bedienen«, um die Lexien einer rhetorischen Bewegung nicht nur nachzuzeichnen, sondern herzustellen. In diesem Sinne muß sich die Dekonstruktion der Modalität der Zitation bedienen.

Eine Philosophie der Wiederholung, wie sie Derrida hier anspricht, ist zugleich Philosophie der Differenz. Weil jede Zeichenaufnahme zugleich eine Zeitaufnahme ist, begreift Derrida das Zeichen in seiner metonymischen Wertpraxis aus dem Vorgang einer reiterierenden Umwendung. Das gilt für Schriftzeichen, nicht für Tonzeichen. Es ist das Gedächtnis der Schriftzeichen, das erlaubt, Übergänge nicht nur herzustellen, sondern auch einzuschieben, statt sie, wie in der zeitlichen Linearität von Lautzeichen, zu verlieren. Wenn Zeichen Markierungen der Zeit in der Zeit sind, bleiben diese gerade in den tonalen Zeichen nicht erhalten.[76] Aus diesem Horizont heraus versteht und verurteilt Derrida im Rahmen abendländischer Philosophietraditionen das in ihnen situierte präsenzmetaphysische Denken, was insbesondere ablesbar ist an der traditionellen Bevorzugung der gesprochenen gegenüber den geschriebenen Zeichen. So steht das gesprochene Zeichen in dem »Ruf«, der Wahrheit näher zu sein[77], wohingegen das geschriebene Zeichen unter der Voraussetzung als sekundär abqualifiziert wird, daß die Schrift lediglich das gesprochene Zeichen fixiere.

Gegen diese Abqualifizierung der Schrift zum bloßen Aufzeichnungssystem wendet sich Derrida mit der Überzeugung, daß die Schrift – im Sinne der Materialität der Kommunikation – als Medium nicht bloß reproduziert, sondern supplementiert. Die Dekonstruktion des präsenzmetaphysischen Denkens scheint Derrida zunächst in die gedankliche »Bewegung einer supplementären Repräsentation«[78] zu führen, die er mit der Idee der Supplementarität exponiert: »Das Supplement tritt an die Stelle eines Mangels, eines Nicht-Signifikats oder Nicht-Repräsentierten, einer Nicht-Präsenz. Vor ihm gibt es keine Gegenwart, nur es selbst, das heißt ein weiteres Supplement geht ihm voraus. Das Supplement ist immer das Supplement eines Supplements. Will man vom Supplement zur Quelle sich zurückbegeben, dann nur unter der Voraussetzung der Erkenntnis, daß es ein Supplement zur Quelle gibt.«[79]

Nach Derrida bildet daher eine »originale Möglichkeit«[80] ein Supplement, eine paradox klingende Aussage. Indem Derrida mit der Differenz von tonalem und schriftlichem Zeichen in Weiterführung saussurescher Positionen deren Zeitlichkeitsverhältnis dekonstruiert, dekonstruiert er zugleich ihre immanente Machtlogik. Die Tradition, Schrift immer schon als vorgängige Macht lesen zu müssen, muß selbst dekonstruiert werden, um sie disseminativ wieder veritabel zu machen. Das tonale Zeichen avanciert so gesehen zum dekonstruierenden Moment des Schriftlichen, um die Schrift als Spur und Ereignis rehabilitiert auferstehen zu lassen. Wahrheit, zeitlich gesehen, ist für Derrida als vergangene und zukünftige gedacht, aufgeschoben und nur noch über den supplementären Charakter des Urschrifteffektes erreichbar. Wahrheit klingt an, und die Schriftzeichen bleiben ihr als Ereignis auf der Spur, doch einzig unter der dekonstruierten Prämisse, daß Schrift nicht machtlogisch[81] zum Apriori eines transzendentalen Wahrheitsgeschehens allein wird.

Habermas hat gegen Derrida den massiven Vorwurf erhoben, er erstrebe einen »esoterischen Zutritt zur Wahrheit«[82] und damit sei auch die Abdankung einer »selbstbezüglichen Vernunftkritik«[83] gegeben. Ein solcher Vorwurf trifft Derrida in keiner Weise, denn Habermas übersieht schlichtweg, daß Derridas Vernunftkritik aus seiner erweiterten Saussure-Deutung begründet ist. Diejenigen Leitdifferenzen, die bekanntlich für Saussure in die Einheit von Signifikant und Signifikat eingehen, nämlich Arbitrarität, Artikulation und Differentialität, erfahren bei Derrida eine Umdeutung, die auch sein Wahrheits- und Vernunftkonzept mitbestimmen.[84]

Indem Derrida im modifizierenden Rückgang auf Saussures Zeichenbegriff Widerspruchs- und Grundlogik im Zeichen selbst fundiert, definiert er dieses ohne Identitätstelos als jeweils zu situierenden zeitlichen Unterschied (Spur-, Ereignis-, Aufschub-, Supplementgedanke), der als Ereignis dieses ist. Derrida hat eine Sinnkonstitution im Blick, die weniger von einer »konstituierten Differenz« im Sinne des »Languesystems« ausgeht, sondern eine Ordnung von Alterität, die er mit dem Neologismus »différance« belegt, was zugleich die Begriffe »unterschieden sein« und »aufschieben« gedanklich verbindet. Jeder Zeichenprozeß, der zeitlich ist, führt sein Unterschiedensein nicht nur absetzungslogisch im Zeichenwert mit sich, seine werthafte Entgegensetzung zu allen anderen Zeichen impliziert aufschiebend auch den Aufschub als Konstitutionsbedingung des Differenzeffekts. Indem Derrida die Ordnung von Alterität, »die Mutation der Anordnung in ihrem Prinzip, d.h. *des Zeichens selbst, des Artikulationstyps*, den sie zwischen Repräsentant und Repräsentierten setzt«[85], zum Apriori*effekt* seiner Struktur erhebt, kann er genuin erkenntniskritische Schlüsse ziehen. Der grundlegendste ist die Fundierung des Widerspruchsprinzips im Zeichen selbst.

Zum anderen werden mit Derridas differenziertem Rückgang auf Saussures Arbitraritätstheorem notwendig Geltungsbedingungen von Regelgebrauch und Normverhältnissen arbiträr – eine Position, die bekanntlich auch Lyotards Sprachverständnis zu erweitern sucht; darauf wird noch einzugehen sein. Darüber hinaus ist mit der »Arbitrarität der Gültigkeit einer Regel« auch »die Kontingenz der Wahrheit einer Aussage«[86] gegeben. An die Stelle klassischer Wahrheitstheorien, die konsens- oder kohärenztheoretisch gedacht sind, tritt die Auffassung von Wahrheit als *Ereignis*, eine Vorstellung, die Lyotard zum Kern seines philosophischen Ansatzes erhebt. Konsequenterweise eröffnet auch der Vorrang des Rhetorischen vor dem Logischen aus der Sicht Derridas eine doppelte Ablösung: Die Ontologie wird zugunsten einer Ontosemiologie dekonstruiert und die Logik zugunsten einer Paralogik abgelöst.

Im Prinzipiengefüge moderner/postmoderner Philosophie sind die Umwertungen Lyotards ebenso bedeutsam wie Derridas, ja, vielfach berühren sich ihre Erkenntnisinteressen. Zweifellos wäre es unangemessen, Derrida im nachklassisch-modernen Sinne als einen »Anwalt der je möglichen Vernunft« zu lesen, Lyotard hingegen als »Anwalt des Anderen der Vernunft«[87] eines »naiven Postmodernismus« zu bezichtigen, wie manche Interpreten dies tun.

Dem besonderen Geltungsrang des Rhetorischen bei Derrida stellt Lyotard die Bedeutung der Paralogie zur Seite. »Paralogie« ist vom Wort her mit »Paralogismus« (= Fehlschluß) verwandt. Philosophiegeschichtlich hat der Paralogismus, etwa im Rahmen eines Analogieschlusses, kein besonders gutes Ansehen. Doch die Bedeutung von Vernunftwidrigkeit und Nebenvernünftigem gibt der Paralogie einen durchaus interessanten Aspekt, nicht zuletzt, wenn man die Semantik von »para« bedenkt: »bei, neben, entlang, über, hinaus, gegen, abweichend«, alles Bedeutungen also, in der Vernunftdenken seiner selbst »nebenbei« ansichtig werden könnte. Lyotard hält vernunftskeptisch und vernunftkritisch in seiner sogenannten Programmschrift *Das postmoderne Wissen*[88] die Idee einer solchen Abweichung lebendig, die nicht nur semiologisch und psychosemiologisch verstanden sein will, sondern insbesondere sprachspielanalytisch, im erweiterten Sinne diskurskritisch das andere der Vernunft aus dem Konzept der Paralogie verfolgt. Paralogisches Denken zielt darauf ab, nicht allein am »Beweis«, sondern auch »an der Argumentation zu arbeiten«.[89] Im Rahmen von Argumentationsstrategien gilt Lyotards erkenntnisleitendes Interesse vor allem präskriptiven, also voraussetzungslogischen Verhältnissen, weil sie, im Sprachgebrauch situiert, ihres Gebrauchs entweder nicht genügend bewußt sind oder machtstützend mißbraucht werden können. »Die differenzierende Aktivität oder die der Erfindungskraft oder der Paralogie haben in der aktuellen wissenschaftlichen Pragmatik die Funktion, diese Metapräskriptiven (die Voraussetzungen) hervortreten zu lassen [...].«[90]

In Lyotards Diskurs hat das Paralogische die Aufgabe, machtlogische und machtsprachliche Dispositive zu subvertieren. Sprachen und Logiken teilen die Welt nicht nur mit und ein, sie untersagen sie auch. Selbst präskriptive Kohärenzverhältnisse mögen dies im Zeichen der

Differenz tun. Aber was für das eine gilt, gilt auch für das andere. Paralogisches besagt, was Logisches nicht besagt hat. So spricht das eine rhetorisch und logisch vom anderen wie das andere vom einen. Lyotards Rede vom Paralogischen macht Sinn mit Antisinn und Nebensinn. Er situiert das Paralogische im postmodernen Wissen als historische Vernunft. Sie widerstreitet nicht logischen Ansprüchen schlechthin, sie widerstreitet einem Denken, das ausschließlich logisch Wider- und Nebenvernünftiges nicht anerkennen kann und möchte. Gezielt kritisiert Lyotard die universalpragmatische Vereinheitlichung von Diskursen, denn die konsensorientierte Validierung wissenschaftlicher Sprachspiele (Apel/Habermas) ist für ihn selbststabilisierend[91] und von einer ökonomischen Sprachgebrauchsreduktion denotativ zentriert.[92] Wie für Roland Barthes sind Lyotards Idiosynkrasien gegen Denotationen deshalb motiviert, weil sie eine Tautologifizierung von Wirklichkeitsverhältnissen und ihrer Aussagendispositive repräsentieren und das paralogisch andere von Vernunftmöglichkeiten im kulturellen Feld ausschließen. Weil »jeder Diskurs im Spiel der Grade«[93] von Denotation und Konnotation seine Wahrheitswerte zuallererst aufbaut, erweist sich die Denotation als »Wissenschaftsmythos«, ein Gedanke, der mit Derridas zeichenfundierter »différance« zusätzlich bestätigt wird. Lyotard ist sogar einmal soweit gegangen, die Denotation als Terrorregime des Sprachgebrauchs zu bezeichnen, die allem Pluralen zuwiderläuft.[94] Wie Barthes weiß auch Lyotard, daß erst eine Konnotationssemiologie die kulturellen Einheiten von Aussagesystemen sowie gegenwärtige und zukünftige massenmediale Strategien ernsthaft in den Blick nehmen kann. Die konnotationssemiologische Wissenschaft – und unter diesem traditionelleren Titel möchte ich auch für die sogenannte Postmoderne die genannten französischen Gegenwartsphilosophen fassen – bricht mit dem Entwurf, ihre systematischen Wissenschaftsbezüge einem philosophischen System unterzuordnen und sich Systemcharakter zuschreiben zu lassen, auch wenn – nicht zuletzt aus deutscher Sicht – der Vorwurf des eklektischen Diskurses dann nicht ausbleibt.

So verfahren die Schreibweisen französischer Gegenwartsphilosophen bewußt metonymisch und disseminativ.[95] Die Dissémination und die Paralogie opponieren zum einen gegen die konsenstheoretischen Ansätze von Habermas und Apel, zum anderen gegen Systemtheorie, wie sie sich etwa in der Ausarbeitung von Niklas Luhmann darstellt. So unterschiedlich beide Ansätze sind, aus Lyotardscher Sicht ergibt sich ein pauschaler Kritikgesichtspunkt, der sich gegen die Vorherrschaft legitimierender Paradigmen richtet. Die Standpunkte von Apel und Habermas kritisiert Lyotard dahingehend, daß der Konsensanspruch kommunikativen Handelns lediglich »ein Horizont [ist], er wird niemals erworben«.[96] Diese Kritik soll bezeugen, daß die metaphorische Referentialität »Horizont« eine Option hat, der kein Referent entspricht. Es liegt im Wesen des Horizontes, nie besessenes Objekt zu sein.[97] Gegen die Konsenstheorie sprachlichen Handelns, ob in Alltagssprachspielen oder wissenschaftlichen, setzt Lyotard seine Vorstellung eines »konstruktiven Dissens«. Bevor im Detail darauf eingegangen wird, soll ergänzend seine Kritik an Luhmanns Systemtheorie Erwähnung finden. Die universalpragmatische Vereinheitlichung von Diskursen erfährt für Lyotard ihre erweiternde Selbststabilisierung in der Ausdifferenzierung subsystematischer Systemverhältnisse, die selbstreferentiell und selektiv zu Institutionen werden, deren Kommunikationsoperationen in ihrem Universalitätsanspruch[98] »Legitimation durch Verfahren« stabilisieren. Damit ist nicht nur der Titel eines Luhmannschen Buches gemeint, sondern auch die Bestimmung von Legitimationsverfahren, die in *Das postmoderne Wissen* diskutiert werden: ihre funktionale systemkonforme Differenzierung. »Funktionale Differenzierung ermöglicht es einem System, verschiedenartige Prozesse nebeneinander einzurichten, die nicht in einem Verhaltenskontext zusammengefaßt werden können.«[99]

Im Unterschied zu Luhmann ist diese für Lyotard negative Performativität machtlogisch besetzt. Sie steigert Komplexität, trennt Wertsphären und durchdringt andere Diskursbereiche geschichtsmächtig in reduktionistischer Weise. Gerade deshalb ist der Diskurs erkenntniskritisches Hindernis gegen Theorien stabiler Systeme. Die historische Ausdifferenzierung im Strukturwandel der Wissenschaften gestaltet nach Lyotard geltungslogisch die jeweiligen Aussagenverhältnisse von Objektbereichen um.

Mit der Trennung der Wertsphären geht eine »Nötigung zur Institutionalisierung«[100] von Wertregeln einher. »Entscheidungen und Normen werden tendenziell immer mehr aufgrund ihrer Effizienz und Performanz legitimiert.«[101] Informationskonformität und Effizienzdenken in Wissensformationen und Aussageverhältnissen sind daher sprach- und legitimationskritisch zu hinterfragen. Wittgensteins Einsicht, daß alle Philosophie Sprachkritik sei, führt Lyotard auf die Semantik von Realitäten zurück. Lyotard übernimmt die bei vielen Wittgenstein-Exegeten eingebürgerte Auffassung zum Sprachspielkonzept des späten Wittgenstein, daß die »Rolle der Sprachspiele als semantische Basisverbindungen zwischen Sprache und Wirklichkeit«[102] im Gebrauch verschiedener Arten von Äußerungen wirklichkeitskonstitutiv ist.[103] Für Lyotard ist die Entwicklung der Informatisierung und Mediatisierung der Gesellschaft das wohlbekannt strategische Sprachspiel der instrumentellen Vernunft, wie sie schon die Frankfurter Schule kritisiert hatte. Ein solches Sprachspiel bildet beispielsweise die Habermassche Einteilung von Expertenkulturen der Wertsphären Wissenschaft, Moral und Kunst, denen die »kognitiv-instrumentellen, moralisch-praktischen und ästhetisch-expressiven Wissenskomplexe«[104] entsprechen, noch einmal mimetisch verzerrt argumentativ ab.

Der philosophische Focus dieser Trias setzt ein Vernunftkonzept voraus, gegen das sich Lyotard ausdrücklich gewandt hat. Seiner Auffassung zufolge ist »das Spektrum der Rationalitätsformen [...] ungleich breiter anzusetzen«[105] als in den von Habermas genannten Feldern. Gegenüber dem »scholastische[n] Transzendentalien-Minimalset des Wahren, Guten und Schönen [...] ohne Konvertibilitätsgarantie [...]«[106] sind vielmehr auch Rationalitätsformen zu berücksichtigen, die eine solche Dreiteilung überschreiten. Lyotard bedenkt vor allem den »materialen Dissens und konzeptuelle Differenzen, die so tiefgreifend sind, daß sie die genannten Traditionalitätsaspekte selbst betreffen, so daß es beispielsweise nicht mehr einen Standard ästhetisch-expressiver Rationalität gibt, nach dessen Maßgabe Fragen dieses Bereichs zu behandeln wären [...]«.[107]

Mit Blick auf eine Semantik der Geschichte untersucht Lyotard deren mikrologische Sprachen, weil Sprachen im Gebrauch geschichtlich komplexe Rückkopplungseffekte in Handlungs- und Machtverhältnisse situieren. Wenn Geschichte auch Geschichte sprachlicher Möglichkeiten oder Unmöglichkeiten ist, kommt es darauf an, sie als »soziales Band«[108] zu lesen. Dabei stehen für Lyotard »die Differenzen und Reibungen von Lebensformen und Weltkonzepten zur Debatte [...], deren Verfassungen, Strategien und Auseinandersetzungen«[109] in der Sprache zum Ausdruck kommen und geschehen.

Lyotards erkenntnisleitendes Interesse richtet sich jedoch durchaus nicht, wie Vattimo meint, auf das »Ende der Geschichte«, sondern auf die Logik einer historischen Semantik. »Die Termini vom Ende der Geschichte«[110] gehen im Verständnis Lyotards von der Voraussetzung aus, daß Geschichte das Sprachspiel »narrativer Ökomonie« betreibt und deshalb der »Kritik einer narrativen Vernunft«[111] bedarf. Geschichte als Multiversalgeschichte muß umerzählt werden, denn nach Lyotard haben die sogenannten »großen Erzählungen«, die »Metaerzählungen« ihre Glaubwürdigkeit verloren. Metaerzählungen wie zum Beispiel »das Eine, das Wahre, Gott« usw. haben abgedankt, also all das, was Derrida in der Denkfigur des »transzendentalen Signifikats« kritisiert und systemtheoretisch bei Luhmann unter der Formulierung des »symbolisch generalisierbaren Kommunikationsmediums« figuriert. Dieser begründete Zweifel Lyotards votiert gegen »die Einzigkeit des Referenten« für die Neubewertung eines »narrativen Wissens«.[112] Lyotard setzt statt dessen kommutativ den Vervielfältigungsgedanken des Erzählerischen, indem kleine expressive Erzählungen in ihrem Ereignischarakter Maßgaben universalistischer normativer Ansprüche delegitimieren und als falsche sprachliche Verfügungsgewalt decouvrieren.[113]

In diesem Sinne sind Lyotards Minima moralia »Moralia linguistica«, ein Ausdruck von Welsch, der recht treffend die Instanz bezeichnet, der Lyotard alles zuordnet, doch nichts unterordnet. Moralia linguistica – in diesem Begriff ist der ethische, sozialpolitische und historische Anspruch mitgedacht, den Lyotard an sein sprachphilosophisches Denken stellt. Daß dieses machtkritisch zu lesen ist, sollte nicht noch einmal erwähnt werden müssen, obwohl der Name der »Agonistik« ein deutlicher Hinweis auf Machtsituierungen ist. Hier werden das paralogische Konzept von *Das postmoderne Wissen*, die Sprachspieldeutung und die Positionen der »Hauptschrift« *Der Widerstreit* miteinander verbunden. »Agon«, das meint ursprünglich Wettstreit und hat als Voraussetzung die Idee des Dissens statt die des Konsens. So funktionieren die strategischen Situationen von Sprachspielen gesellschaftlich als Machtdispositive, als Kräfteverhältnisse nicht nur inhaltlich widerstreitender Auffassungen, sondern bereits in den benutzten Sprachgebilden selbst.

Schon Wittgenstein hatte in den *Philosophischen Untersuchungen* die enorme Vielzahl verschiedener Sprachspiele betont.[114] Lyotard entfaltet auf dieser Basis eine disseminative Argumentationsfolie: Er kann die für die Postmoderne leitende Idee der Pluralität auf drei

Ebenen anschließungs- beziehungsweise ausschließungslogisch deutlich machen, indem er mikrostrukturell die Heterogenität von Lebens-, Handlungs- und Denkweisen in Aussagetypen (beispielsweise Satz-Regelsysteme wie Zeigen, Beschreiben, Erklären usw.), Diskursarten und ihre Ordnungen untersucht und makrostrukturell deren Einflußlogik auf soziale und geschichtliche Kontextverhältnisse projiziert. Sprachspiele, die sich nach geregelten Aussagetypen ausdifferenzieren, differenzieren zugleich in Diskursordnungen Regeln der Verknüpfung beziehungsweise Nichtverknüpfung. Konsens- und Dissensverhältnisse treten in eine logisch-konventionelle und paralogisch-unkonventionelle Verhältnisbestimmung, die die quererzählende Diversität nicht nur zwischen den verschiedenen Diskursarten zuläßt, sondern zuallererst problematisiert. Es ist der Wettstreit heterologischer Möglichkeiten, der geschichtsmächtig über Fortsetzungs- oder Unterbindungsverhältnisse entscheidet.

Hinsichtlich der Diskurspluralität gilt Lyotards erkenntnisleitendes und argumentativ-rhetorisches Interesse dem Problem von Fortsetzungsalternativen: »Wegen der Heterogenität kann man nicht, indem man explizit die eine Fortsetzung wählt, implizit auch die andere realisiert haben.«[115] Was hier dezidiert alternativlogisch und machtlogisch gedacht ist, liest Alternativlogik als Entscheidungslogik.[116] Weil Alternativdenken Entscheidungsdenken ist und somit geschichtsrelevant, bedeutet das Für und Wider/Entweder und Oder einer Entscheidung die Bevorzugung eines Rationalitätstyps gegen einen anderen, der nicht zur Geltung kommt, nicht situiert wird und somit ausgeschlossen bleibt.

Ein reflektierender Umgang mit Diskursdispositiven und einer latenten Machtlogik hätte somit die Aufgabe, gegen das »Monstrum Stereotypie« (Barthes), das in jedem Zeichen schlummert, andere als zwingende Fortsetzungen alternativ geltend zu machen. Es ist dies die freie, assoziative Komponente jedes Sprachspiels, das sich keiner diskurspolizeilichen Metaregel unterordnet. Jede Selektion und Kombination, Verwerfung und Anknüpfung impliziert nach Lyotard einen Widerstreit kontexturaler Bindungen und ihres Spannungsfeldes, was insbesondere in historischer Absicht gilt. Lyotard nennt dies die agonale Ungerechtigkeit zwischen widerstreitenden Möglichkeiten und vergleicht den sozialen Zusammenhang mit sprachlichen Spielzügen, die sich wettkampfmäßig durchsetzen, mit Gewinnstrategien. »Die

Fortsetzung erfolgt also stets auf dem Boden eines Kampfes nicht bloß bereitstehender, sondern zur Realisierung drängender Möglichkeiten, und ihre faktische Gestalt hat immer die Abweisung und Verdrängung der nicht aktualisierten Möglichkeiten zur Kehrseite.«[117]

Auf den Feldern der Rationalität werden wettkampfmäßig und entscheidungslogisch sprachliche Dispositive situiert, die es in ihren Funktionsweisen zu delegitimieren gilt. Diese Legitimations- beziehungsweise Delegitimationsbewegung impliziert historisch, daß die nichtergriffenen Möglichkeiten nicht geschichts- und wirklichkeitsmächtig werden. Machtdispositive haben nach wie vor Geltung.

Die Positionen in *Der Widerstreit* und die in *Das postmoderne Wissen* schließen sich hier gedanklich zusammen. Nur dort, wo sprachliche und logische Übergängigkeiten in paralogische Verlegenheiten geraten, erfüllt sich gegen die strategischen Wiederauffüllungen in festgelegten Wissensformationen eine Vernunftidee, die Welsch als »transversal« bezeichnet hat: eine Formulierung, die der Sache nach Lyotards Anliegen trifft, auch wenn er selbst diese Bezeichnung nicht verwendet.

Transversale Vernunft ist für Welsch die »exemplarisch postmoderne Vernunft«.[118] Entgegen einer Einheitskonzeption von Vernunft votiert diese Position für ein spektrales Rationalitätsverständnis. Sie ist »grundlegend unterschieden von allen prinzipalistischen, hierarchischen oder formalen Vernunftkonzeptionen, die allesamt ein Ganzes zu begreifen oder zu strukturieren suchen und darin Vernunft an Verstand assimilieren. Transversale Vernunft ist beschränkter und offener zugleich. Sie geht von einer Rationalitätskonfiguration zu einer anderen über, artikuliert Unterscheidungen, knüpft Verbindungen und betreibt Auseinandersetzungen und Veränderungen. Ihr ganzes Prozedieren ist horizontal und übergängig, bleibt in diese transversale Typik«[119] gebunden.

Eine eingehendere Diskussion logischer und sprachphilosophischer Implikate kann an dieser Stelle nicht erfolgen. Wo etwas widerstreitet, rechtet es miteinander, und es gilt eigentlich, das Lyotardsche Fundamentum in re näher zu reflektieren. Was er selbst »Expeditionen der Urteilskraft«[120] nennt, wird sich eingehender mit Grundlinien seiner metonymischen Intertextualitätspraxis auseinandersetzen müssen.[121]

Ein Grundproblem in der französischen Gegenwartsphilosophie ist die Disseminalität ihrer Sprachspiele. Zwischen passagenweiser

Strenge und scheinbarer Regellosigkeit gibt es alle Spielarten, in denen Philosophie Ordnung und Ereignis sein kann. Ordnungen, die im Entstehen begriffen sind, leben nicht nur von dem, was sie aus- und einschließen, sondern auch von dem, was sie anschließen. Deswegen ist Ordnung immer auch ein Phänomen der Grenze. Ordnungen, das gilt auch für sprachliche Ordnungen, sind territoriale Besetzungen, zu denen nicht zuletzt das Erfahrungsfeld von Verschiebungen gehört: Widerstreitendes in Legitimationsbezirken. »Fragen neuer Medienverhältnisse gehören hierher, ästhetische Perspektiven im klassischen und erweiterten Sinne. Der Blick auf ihre Felder ist der Blick auf zu verändernde Diskursverhältnisse. Lyotard hat dies die »Fähigkeit zu Objekten, die bald als Gebiete, bald als territoria, bald als Felder erscheinen«[122], genannt. Damit problematisiert er die Frage nach der Geltung von Erkenntnisfeldern – in Anlehnung an Kant – unter dem Aspekt der reflektierenden Urteilskraft, die bekanntlich gegen subsumierende Bestimmungsverhältnisse das je Besondere einer Wirklichkeit zu akzentuieren sucht. Weil es keinen »übergeordneten Standpunkt« gibt, avancieren ästhetische Wahrnehmung und paralogisch-sprachlich verfaßte Zugriffe zu einem Ereignispotential, das hinsichtlich der Grundlagenkrise in der Postmoderne nicht nur den sattsam bekannten Pluralismus anspricht, sondern den darin enthaltenen pragmatischen Teil, der über eine ästhetikologisch fundierte Kritik an der transzendentalen Reichweite einer überinformatisierten und kommunikationsideologischen Gesellschaftssteuerung hinaus geltend macht: »Die ›Neue Technologie‹ ist bekanntlich [...] nicht diejenige, die sich mit dem Namen der Atomphysik erfassen ließe und die die empirische Humanität durch die Bedrohung ihrer Zerstörung belastete. Sie ist die der Logizismen, deren Wirkung auf die Vermögen, den Verstand, die spekulative und praktische Vernunft, die Empfindsamkeit und die Einbildungskraft von transzendentaler Reichweite ist.«[123]

Lyotards Kritik richtet sich auf Informations- und Technologierationalität. Ihre Vollzugs- und Steuerungsmittel bestimmen universalpragmatisch nicht nur das Zeitverständnis der Gegenwart, sondern das darin situierte Dasein konsumierbarer und inkommensurabler geistiger und ästhetischer Gegenstände. »Wenn sich der Postmodernismus gegen Totalisierungen aller Art zur Wehr setzt, dann heute gegen die technologische im besonderen, denn sie ist gesamtgesellschaftlich auf dem Vormarsch. Unter ihrer Ägide werden Gedicht und Anklage,

Bericht und Hymnus, Analyse und Erzählung allesamt gleich, indem sie als bloße Information traktiert werden. Austausch von Informationen aber – [...], das ist der Prozeß, in dem die Sprache zum Geschäft wird und ihre Träger und Gehalte zu Waren verkommen. Die postmoderne Philosophie ist gegenüber Sprachuniformierung eminent sensibel.«[124]

Diese Sprachsensibilität macht französischen Denkern den sprachpolitischen Status von Schreibweisen und ihrer rhetorischen Logik als Mittel der Gegenzeichnung so wichtig. Wenn die neuen Informationstechnologien »das soziale Band selbst« angreifen, die Ausdrucksvielfalt von Sprache, muß diese ihrerseits zum widerstreitenden Ereignis werden. Lyotards antidenotatives Denken hat hier direkte Konsequenzen auch für den öffentlichen, den massenmedialen Raum von Repräsentation. »Unter dem Begriff der Repräsentation versteht Lyotard die seiner Auffassung nach stets hierarchische (Hervorhebung von D. F.) Rückführung eines Zeichens auf seine Bedeutung.«[125] Libidotheoretisch, im Rückgang auf Freud, repräsentieren Zeichen jedoch nicht nur die Ordnung von Intentionen, sondern im Sinne des Primärvorgangs die von Intensitäten. Was Lacan subjektphilosophisch ausdeutet[126], akzentuiert Lyotard insbesondere für den Status der Kunst. Das zeigt sich nicht nur, aber besonders deutlich in seiner Klossowski-Deutung. »Für Klossowski«, so Lyotard, »besteht das Problem in der Alternative: Intensitäten oder Intentionen. Wenn die Intensitäten zu Intentionen werden, betritt man den Raum der Repräsentation. Und die Intensitäten werden immer dann zu Intentionen, wenn sie sich im Mittelmäßigen, im Normierten [...] halten.«[127]

Für Lyotard ist die Zurückführung von Zeichenverkettungen »nur« auf Bedeutung eine Ermüdung, die zum simulierenden Stereotyp führt. Intensität ist darin intendiert, doch verdrängt simuliert. Konnotiert hingegen ein Ausdruck ereignishaft Intensitäten, so repräsentiert er zugleich mehr als nur Bedeutung. Er dissimuliert das simulierende Stereotyp als Simulakrum und verkehrt die Hierarchisierungen zum Ereignis. Die Doppelcodierung des Zeichens von Intention und Intensität macht es zugleich zu Stereotyp und Simulakrum. Klossowski kann daher sagen: »Im Bereich der Mitteilung [...] ist das Stereotyp [...] der Rückstand eines Simulakrums (das einem unwiderstehlichen Zwang entspricht), das auf das Niveau des geläufigen Gebrauchs herabgesunken, verbreitet und einer allgemeinen Interpretation überlassen ist. Aber als degradiertes Simulakrum erscheint es als eine institutionelle Reaktion [...].«[128] Und weil »im Simulakrum jedes Mal Simulierung und Dissimulierung«[129] stattfinden, widerstreiten für Lyotard paralogisch und im konstruktiven Dissens diese Momente als »institutionelle Reaktion«, denn diese ent-scheidet und bildet immer zugleich agonistisch eine Verdrängung oder ein Ereignis.

Lyotards, Klossowskis und Barthes' »Wissenschaft der Stereotypen« tragen dem Umstand Rechnung, daß wir nach Baudrillard in die »Ära des Simulakrums« eingetreten sind. Aber anders als die Genannten, die noch im Zeichen der Differenz dissimulierende distinkte Oppositionen offenhalten, argumentiert Baudrillards Simulationssymptomatologie mit dem Streichen der Realitätsvokabel selbst. Kulturpessimistisch deutet Baudrillard die kulturelle Differenzbildung umschlagslogisch als universelle Indifferenzerzeugung im Fetisch-Floating der Zeichen, das zugleich ein Fetisch-Floating des Werts ist: »Die andere Bahn des Werts setzt sich durch: die der totalen Beziehbarkeit und der allgemeinen Austauschbarkeit, Kombinatorik und Simulation. Simulation in dem Sinn, daß sich alle Zeichen untereinander austauschen, ohne sich gegen das Reale zu tauschen (und sie lassen sich nur unter der Bedingung untereinander leicht austauschen, perfekt austauschen, daß sie nicht mehr gegen das Reale tauschen).«[130]

Baudrillards semiologische Reduktion steht im Zeichen von Ideologiekritik. Sie stellt die systematische Verzerrung in Frage, mit der kulturelle Objekte, die wertbesetzt sind und zugleich als Zeichen flottieren, »im Rahmen eines [...] virtuell totalen Tauschwertsystems substituierbar sind«.[131] Die spezifische Wertform von Zeichen, die »Arbeit der Bedeutung, d. h. der codierten Abstraktion«, die Sohn-Rethel über Marx hinaus als quasitranszendentale Tauschabstraktion bezeichnet hat[132], wendet Baudrillard semiologisch. Weil Zeichen als Tauschwerte funktionieren, induzieren sie auch ihren Gebrauchswert und erhalten einen primär ökonomischen Stellenwert für die Logizismen von Rezeption und Produktion, es kommt zu einem »Fetischismus des Signifikanten«, nicht des Signifikats, das heißt es handelt sich um die Ergreifung des Subjekts in dem, was im Objekt »künstlich« (im etymologischen Sinne von portugiesisch »feitico« und lateinisch »facticius«, »machen«)[133] ist. Zeichen ahmen die Welt nicht nur nach, sie machen sie künstlich.

Man wird Baudrillards Gegenwartssymptomatologie der Simulationsgesellschaft nicht gerecht, wenn man diese Diagnose kultureller Zeichenarbeit aus dem Blick verliert. Es ist die kulturelle Arbeit von Phantasmagorien. Aber anders als für Lyotard in der Verhältnisbestimmung von Intention und Intensität ist Baudrillards Blickwinkel libidotheoretisch daraufhin angelegt, die Zeichenlogik als stimulative Libidoreferenz zu lesen.[134] So gibt es Teilbereiche, deren Realitätsprinzip der Signifikation er kritisch als autopoietische Alibigebung sieht: »Kurz gesagt, die Frage ist die: gibt es darin wirklich Libido? Was steckt an Sexuellem, Libidinalem in der angewandten [Hervorhebung von D. F.] Erotik? Ist die Werbung (aber auch alle anderen Massenmediensysteme) eine wahre ›Szene‹ der Phantasmen? Soll man diesen offensichtlichen Inhalt, der auf Symbolen und Phantasmen beruht, im Grunde wörtlicher nehmen als den offensichtlichen Inhalt der Träume? Hat die erotische Manipulation im Grunde nicht mehr symbolischen Wert oder Wirksamkeit als die direkte kommerzielle Manipulation, die auf die Marktfähigkeit wirkt? Wovon sprechen wir?«[135]

Baudrillard spricht von diskursgenerativen Effekten, deren Prinzipien Medienhierarchien generell eingeschrieben sind. Im Unterschied zur Moderne scheint in der Postmoderne dieser Vorgang durch die Entwicklung neuer Technologien gesteigert. Es fragt sich in Erweiterung zu Lyotard, »ob die neuen Technologien nicht in der Tat einen viel größeren Einfluß auf die Zirkulation kapitalistischer Images als auf den Status von Wissen haben, ob diese Images nicht die menschliche Psyche reorganisieren und ob die Beziehung zwischen diesen Technologien und den sentimentologischen Images, die mit Hilfe dieser Technologien verbreitet werden, den Status von Wissen in der Gegenwart nicht nur radikal verändert, sondern unterminiert [...]«.[136]

Zu überlegen ist also, ob die Auffassung von Schulte-Sasse berechtigt ist, daß sich aus dieser veränderten materiellen und kulturellen gesteigerten postmodernen »software-gesteuerten Kolonialisierung des Es« (Schulte-Sasse) langfristig eine generelle Verschiebung »von der Identitätslogik materieller und kultureller Reproduktion zur Sentimentologik, d. h. der Organisation des Es auf das Gesamt gesellschaftlicher Reproduktion« so auswirkt, daß – in Freudscher Terminologie – eine Verschiebung vom »Über-Ich« zu einem »Es« stattfindet, das keine Rationalitätskontrolle steuern kann. Eine solche Verschiebung würde die Vorherrschaft einer totalisierten Informationsgesellschaft nach sich ziehen, wenn man davon ausgeht, daß »ein Modus des Wissens, der nicht mehr subjektzentriert ist, nicht mehr Wissen [ist], sondern (gespeicherte) Information. Information gehört, anders als Wissen, der elektronischen Zirkulationssphäre an. Die Kopplung von Information an Information braucht nicht mehr von einem Wissen gelenkt zu werden.«[137]

Eine solch simulierende gesellschaftliche Informationsmaschine unterliegt »fatalen Strategien« (Baudrillard). Baudrillard hat sie als »Obszönität« und »Transparenz« beschrieben, die unweigerlich an Boden gewänne, »gerade weil sie nicht mehr zur Ordnung des Begehrens, sondern zur Frenesie des Bildes gehören. Angesichts der Bilder wachsen Erregung und Gier maßlos an. Bilder sind zu unserem wahrhaften Sexualobjekt, zum Objekt unseres Begehrens geworden. Die Obszönität unserer Kultur besteht genau darin, daß sich das Begehren (désir) mit seiner materialisierten Entsprechung im Bild vermischt«[138] – also das Verschwinden der Realität im Bild und ihr Erscheinen als Bild nach sich zieht. Das Bild – um es in Termini von Deleuze/Guattari zu sagen – erscheint als Wunschmaschine. Aber die gegenwärtige Kultur unterliegt nicht nur diesem »visuellen Kannibalismus«[139], sondern es gibt nach Baudrillard auch eine objektivistisch getarnte Gier, »das Verlangen nach Wissen mit seiner materialisierten Entsprechung in der ›Information‹, das Verlangen nach Träumen mit seiner materialisierten Entsprechung in allen Disneylands der Welt, das Verlangen nach Raumdurchquerung des Urlaubs«[140], wie es bekanntlich Virilio als »negativen Horizont« beschrieben hat: »Die Reise wird zur Strategie der Verschiebung, zum reinen Pro-jekt, zu einem Gleiten des Gefühls, des Takts und der Taktik von der Erfahrung zur strategischen Übung«[141], bei der »Fahren« zum wettkampfmäßigen »Videospiel der Geschwindigkeit«[142] wird. »Die Bewegung steuert das Ereignis« und macht den Übergangsmenschen zu einem Ort des Ausscheidens, so daß »die Ästhetik des Verschwindens jäh ins Verschwinden der Ästhetik umschlägt«.[143] Dem Verständnis von »aisthesis« entsprechend ist Wahrnehmung nicht länger das Unerhörte, sondern das verschiebende Begehren nach Wahrnehmung. Beide, Baudrillard wie Virilio, zeigen analogisch im weitreichenden Sinn von Gewahrwerden, wie sich realitätssimulierende Sinnes- und Sinnwahrnehmung verändern. Dazu gehört auch »das Verlangen nach Spiel mit seiner programmierten Entsprechung in der privaten Telematik«.[144] Die vielbeschriebene simulierende Computersucht hält dem Betrachter einen dehumanisierenden Spiegel vor: »In diesem Sinn erzählt ein Erwachsener über seine Welt des Bildschirms: ›Und wenn ich gespielt habe, bin ich bereit wahrzunehmen, daß ich mit in das ganze Bild hineingehöre, statt draußen zu stehen und es zu betrachten. So ist das – wenn ich spiele, dann ist das mein Bild.‹«[145] Baudrillard hat diesen Vorgang als »virusartige Ansteckung« und »fatales Kennzeichen« unserer Kultur beschrieben. Was Lyotard in der *Grundlagenkrise* als »Logizismen« von »transzendentaler Reichweite« bezeichnet hat, erweist sich empirisch als durchaus bedeutsames Steuerungsproblem für Psyche und Ratio. Von besonderer Bedeutung ist dabei nicht nur die menschliche, sondern auch die technologische Praxis der Sinnbildung, der Sinn, den Techno-Logie als Psycho-Logie, Sozio-Logie und Bio-Logie macht.[146]

Das Unternehmen philosophischer Reflexion in den 80er Jahren wäre unvollständig, wenn die Medienphilosophie nicht von einer Philosophie der Sinne ergänzt würde. Darin erweist sich der Anspruch philosophischer Aktualität als doppelt zeitgemäß. Zum einen sind die technologischen Medien das trojanische Pferd der Geschichte. Was zur Nacht aus ihm steigen wird, sieht man ihm nicht an. Zum anderen ist ihre List, Last und Lust von grundsätzlicher Bedeutung für die Frage von Beziehungsgrößen, die immer, allein schon durch die Kategorie der Darstellung eine objekt- und eine subjektlogische Seite haben. Medienphilosophische Reflexion ohne Rekurrenz auf eine Ästhetik des Sinnenbewußtseins hieße, Leben im Übergang zu seinen Mitteln nicht zu lesen, seine Vermitteltheit.

Die neuen Technologien stellen deshalb nicht, wie es der Titel eines Buches – *Technologisches Zeitalter oder Postmoderne?*[147] – nahelegt, periodische Alternativmomente dar, sondern der Einfluß neuer Technologien ist die Postmoderne. Philosophie sollte hier den Status kritischer Reflexion bewahren. Doch ist gegen sakrosankte Normsichteinseitigkeiten à la Habermas Wolfgang Welsch mit der Idee einer transversalen Vernunft zuzustimmen, wie sie – bei aller Unterschiedlichkeit – Derrida und Lyotard in Frankreich vertreten. Nicht nur die kulturelle, sondern auch die philosophische Logik als eines ihrer Momente – und nicht als Übergreifendes – erlebt in den 80er Jahren eine Übergangszeit, in der neben der Rhetorik die Ästhetik gegenüber der Moderne noch einmal einen erweiterten Stellenwert gewinnt. Sie hat stärker denn je medienreflexiv zu sein und auch ihre Legende der

Sinne verstärkt auszudifferenzieren. Es ist ja nicht so, als ob Körper-Selbst und Medien-Selbst sich nicht in einem logischen Raum vergegenwärtigen können, auch wenn die Idee ursprünglicher Nachbarschaft durch veränderte Kommunikationsmedien preisgegeben werden muß.

Gerade weil delokalisierte und delokalisierende Ströme in den Netzen der neuen Kommunikationsmedien als Heterotopien, wie Foucault sie genannt hat, und »Parachronismen«[148] nicht mehr lokalisierbar sind und als Entörtlichung eine derealisierende Wirkung haben, sollte Philosophie sich dem Raum dieser Logik und ihrer Rhetorik konsequenter als früher zuwenden. Zur Beschreibung solcher Vernetzungen eignen sich deshalb »philosophische Kategorien wie die der Dissemination, der ›Verstreuung‹ (bei Derrida) oder Bilder wie das des Rhizoms, des ›Wurzelstocks‹ (bei Deleuze), die mit den überkommenen Vorstellungen einer hierarchisch geordneten ontologischen Verfassung der Wirklichkeit und eines zielstrebigen heilsgeschichtlichen oder säkularisierten Weltprozesses brechen. Als ideale Kommunikation wird heute eine Zirkulation von Mitteilungen nach allen Richtungen hin verherrlicht, die, dem verallgemeinerten, kapitalistischen Tausch ähnlich, Kommunikation mit Kommunikabilität und mit unbeschränkter Kommutation, Vertauschbarkeit gleichsetzt.«[149]

Mit der Entörtlichung und Derealisierung geht auch eine veränderte Legende der Sinne einher. Die Idee von Vergegenwärtigung tritt kulturell und historisch-semiologisch in ein anderes Licht. Vivian Sobchack hat im Rückgang auf Jameson prononciert deutlich machen können, daß Fotografie, Film und elektronische Medien verschiedene institutionelle Typen von Körpervergegenwärtigung repräsentieren, ein Aspekt, den seit längerem in Deutschland Dietmar Kamper verfolgt.

Der medialen Differenzierung einer »Kultur beweglicher Bilder«[150] entspricht nach Jameson eine historische Einteilung in Realismus, Moderne und Postmoderne. So fragwürdig solche Einteilungen sein können, sie machen auch etwas versuchsweise plausibel: Die Fotografie fixiert ihr Thema als ein »Objekt des Sehens und sie reproduziert dieses Thema in einer materiellen Form«[151], die man visuell selbst besitzen kann. Dagewesene Realität kann festgehalten und also auch besessen werden. Im Unterschied dazu impliziert die Filmtechnologie eine neue Wahrnehmungs- und Erfahrungsform, deren Objektlogik zeigt, »daß sich etwas bewegt [...]. Der Film macht die Existenzform des Sehens sichtbar in einem Strom sich bewegender

Bilder«[152] – er bezeugt die Veränderbarkeit von Darstellung als Vorstellung. Seine Signifikantenbewegung gestattet objektlogisch eine Signifikatwelt, die den Bildbesitz als »ankommende« logifiziert: »Die Vorstellung der Darstellung im Kino konstituiert ihre ›Gegenwärtigkeit‹ dadurch, daß sie sich beständig als in den Prozessen der Sinngebung und des Ins-Sein-Kommens befindlich zeigt. [...] Der Film lädt die Gegenwärtigkeit auf.« Sein Doppelcharakteristikum, »zugleich Vorstellung und Darstellung zu sein«, sehendes Subjekt und sichtbares Objekt, macht aus dem Da und Hier eine Situation, die der Filmkörper qua »performance« realisiert. Die simulierende Metawelt elektronischer Medien hingegen verkörpert eine andere Repräsentationsform: »Weder reproduzieren die elektronischen Medien empirische Objektivität, noch stellen sie eine Darstellung subjektiven Sehens vor. Sie konstituieren ein Simulationssystem, also ein System, das ›Kopien‹ herstellt, ohne daß es noch ›Originale‹ zu diesen Kopien gäbe.«[153] An die Stelle von Referenzialität treten im unendlichen Verweisungszusammenhang medialer Zeichenverhältnisse polychrone und polytope Räume.

Diese Räume sind nicht mehr zu verorten und also auch nicht zu bewohnen. Sie sind gebildet aus elektronischen »Oberflächen-Äquivalenten«, denen eine »Freiheit vom Körper« entspricht.[154] Jameson hat dies so charakterisiert: »Die Befreiung [...] vom früheren Zustand des ›zentrierten Subjekts‹ könnte nicht nur eine Befreiung von der Angst bedeuten, sondern eine Befreiung von überhaupt allen Gefühlen, weil es ja nun kein Selbst mehr gibt, in dem sich ›Fühlen‹ vollziehen könnte«, denn die Innen/Außen-Spannung verliert im Floating der Zeichenintensitäten ihren Horizont. »Das muß nicht gleich bedeuten, daß die Kultur der postmodernen Zeit bar jeglicher Gefühle ist; eher heißt das, daß solche Gefühle – die wir besser und genauer Intensitäten nennen sollten – nun frei-flottierend und unpersönlich sind und offenbar von einer spezifischen Art der Euphorie beherrscht werden.«[155]

Raulet hat das als die spezifisch expressive und zugleich strategische Variante der Postmoderne bezeichnet, als »Inflation der Expressivität und Interaktion«, und geltend gemacht, daß diese nicht nur die Frage nach der Verhältnisbestimmung von Subjekt und Medien neu stellt, sondern wiederum das Problem eines normativen Diskurses mit Aufklärungsanspruch aufwirft und damit den Stellenwert der Urteilskräfte anders zu bestimmen hat, um der Eigendynamik der technologischen Entwicklung zu widerstreiten.

Eine solche Perspektive bringt, wie schon in der Moderne, erneut die Diskussion über Bejahung und Verneinung in Gang. Der Simulationsaspekt stellt sie neu in ästhetischer Dimension.

Philosophische Perspektiven der 80er Jahre und der Postmoderne wären eines wesentlichen Gehaltes beraubt ohne eine Standortbestimmung des Ästhetischen. Dabei gilt auch für die Position der Postmoderne Adornos Satz: »Ästhetik ist keine angewandte Philosophie, sondern philosophisch in sich selbst.«[156]

Diese Auffassung ist für postmoderne Philosophie aktueller denn je. Zeitdiagnostisch geht vom »Begriff der philosophischen Ästhetik« nicht, wie Adorno es für die Moderne sah, »ein Ausdruck des Veralteten aus«[157], sondern philosophische Ästhetik gewinnt ihre postmoderne Aktualität nachgerade aus ihrer semiologisch-dekonstruktiven Arbeit. Das Feld der Ästhetik in der Postmoderne avanciert zum Feld des Rhetorischen der Philosophie.

Von besonderer Bedeutung ist die Stellung der Negativität des Ästhetischen. Denn nur dort, wo Philosophie negativitätsästhetisch argumentiert, bewahrt Ästhetik das ihr eigene argumentationskritische Rationalitätspotential, das über das einer Informationsgesellschaft hinausreicht. Ästhetische Rationalität erhält einen ausgezeichneten Stellenwert. Schon in der Moderne war ihre Standortbestimmung an die Bewertung des Negativen gebunden. In der Postmoderne radikalisiert sich dies nicht zuletzt durch neue Technologien, die ästhetisch relevant werden. Wahrnehmung als Legende der Sinne und von Sinn hat sich neu ihrer Differenzbildung zu stellen. Wenn die vielzitierte und sich ausdifferenzierende Pluralität postmodernistischen Medien- und Kunstgeschehens sich auf deren Rationalitätsverständnis ausdehnt, kommt einer semiologisch orientierten Ästhetik besondere Wichtigkeit zu. Gegen überformende bestimmende Urteilskraft hat reflektierende Urteilskraft medienspezifisch nach ihrer Geltungsbasis zu fragen. Ein solcher Diskurs ist »ein autonomer Diskurs neben anderen und zugleich eine souveräne Subversion der Vernunft aller Diskurse«.[158]

Wenn von der Erfahrung ausgegangen wird, daß Kunst immer ein geltungspartikulares, aber auch gefahrspezifisches Moment gegenüber nichtästhetischer Vernunft darstellt, bleibt ihre Verhältnisbestimmung geltungslogisch ambivalent. Eine ästhetisch fundierte Vernunftkritik zersetzt denn auch, was sich im Schein von rein diskursiver Vernunft Geltung verschaffen möchte.

Vor allem neue technologische Standards in der Medienkultur der 80er Jahre geben Anlaß, Rationalitätskriterien auf Wirkungsdifferenzen hin zu befragen und vice versa. So bildet innerhalb einer Kultur von Differenzbildungen die Simulation ein eigenes ästhetisches Feld aus, das es beständig zu dissimulieren gilt, um seine Wirklichkeitsgeltung zu ermessen. Immerhin erzeugt jede Simulation »einen Wirklichkeitsbegriff, an dem sie das Wirkliche der Simulation erst messen möchte; theoretisch ist Simulation als Problem der Selbstabbildung der Verständigungsprozesse des Denkens (Wiener) zu behandeln«.[159]

In vielfältiger Weise sind diese selbstabbildenden Prozesse als autopoietisch beschrieben worden. So wird etwa die »Berechenbarkeit von Neuem [...] in systemtheoretischen Varianten kurzgeschlossen mit der Ununterscheidbarkeit von Realität und Beschreibung der Realität. Reales wird zu Imaginärem«[160], wie es Baudrillards Perspektiven nahelegen. Eine solche selbstreferentielle »Fata-Morgana-Maschine« bedarf nachgerade der Leitdifferenz des Negativen, das sich nicht auch noch gegen sich selbst kehrt und zu einer »Ästhetik der Affirmation« (Lyotard) umschlägt. Die Negation der Negation ist nicht schon bloße Affirmation, sie bedarf vielmehr der Simulation als differenzsetzender Qualität. »Bei Simulationen dagegen, diesem mehr als ästhetischen Verfahren, ist die Negation immer schon eingebaut. Mit dem Begriffspaar Simulation und Dissimulation hat das Lateinische [...] die [...] verfügbaren Operationen der Affirmation und Negation drastisch erweitert. Während affirmieren nur bejaht, was ist, und negieren nur verneint, was nicht ist, heißt simulieren, was nicht ist, zu bejahen, und dissimulieren, was ist, zu verneinen.«[161]

Reales, Bejahung und Verneinung erscheinen hier in neuer Sicht. Simulation hat, nicht zuletzt entgegen Baudrillardscher Bestimmungen, auch einen positiven Aspekt: zu bejahen, was noch nicht ist. Das macht denn auch die Faszination an neuen Medienmöglichkeiten aus.

Die Freiheit des Ästhetischen zu ihrem Grund ist der Anspruch ästhetischer Differenz. Daran ändert die Postmoderne nur, daß sie diesen Grund noch einmal radikalisiert. Wie die Moderne weiß ihr medial-künstlerisches Anliegen: »[...] das mühelos und automatisch Verfügbare sinkt wieder in die Selbstverständlichkeit des Nichtigen zurück wie das Notwendige, sobald es vorhanden ist. Unwirklich ist oder wird, was keine Möglichkeiten impliziert.«[162]

Möglichkeitssinn und Beurteilung gehören zusammen. Bereits in der Moderne war die sogenannte »schöne Kunst« eine Avantgarde gegen monotone Alltagserfahrungen und lebensweltliche Beschränkungshorizonte. Im technologischen Zeitalter überträgt sich dieser Möglichkeitssinn medial: »Wenn das von Freud als Einübung in das Realitätsprinzip (Hervorhebung von D.F.) interpretierte Fort-Da-Spiel des Kindes heute in endlosen und immer schnelleren Variationen von den Videoclips inszeniert wird, dann zeigt dies, daß die Anklammerung der Aufklärung an das Reale nur ein Zwischenspiel war, um mit den Mitteln des technischen Fortschritts den dionysischen Taumel des Wirklichen, an dem, um Hegel zu paraphrasieren, kein Glied nicht trunken ist, zu produzieren.«[163]

Solch kulturpessimistischer Einschätzung kann nicht entschieden genug widersprochen werden. Außer Frage und damit je neu zu untersuchen sind Negativseiten medientechnologischer Entwicklungen, wie sie Lyotard aufgezeigt hat, doch reflektierende Urteilskraft kann sich nicht darauf zurückziehen, Technoimaginäres überhaupt als Ende des Imaginären anzusehen, als setzten die Mittel einen Schlußpunkt.

Ihr Gebrauch ist ein anderer. In welches Verhältnis sie ästhetisch geraten, ist ein Unausgemachtes und Unausgedachtes. Der Anspruch auf Inkommensurables gilt auch für neue Medien. Die Habitualisierungsthese, zum Beispiel Bildkonsum habe auch die »Ununterscheidbarkeit von Simulation und Wirklichkeit«[164] zur Folge, bedeutet medienapokalyptisch die Absage an die Vielwertigkeit medialer Experimentfelder und ihrer Möglichkeiten. Dementgegen ist das iterabile Spannungsverhältnis offenzuhalten, das Medien einschließlich neuer Technorealisate als Technoimaginäres repräsentieren. Weil ästhetische Erfahrung – im Unterschied zu bloßer Kommunikation – eine Weise der Fremderfahrung bedeutet, hat Ästhetisches auch medientechnologisch für Grenzen, das andere ihrer eigenen Erfahrbarkeit, einzustehen. Die Idee einer darin angelegten Inkommensurabilität ist das Spiegelbild einer Technologie, die alles kommensurabel machen könnte und nach dem Prinzip des Tausches modelliert ist. Das Ästhetische ist dagegen die besondere Wirklichkeitskompetenz im Zeitalter der Postmoderne. Die Verhältnisbestimmung von Beziehung und Lebensform – allemal medial vermittelt – hat als Erkundungen der

Urteilskraft jene Medien auf ihr transversales Vernunftmoment hin zu befragen, und sie hat am Inkommensurablen des anderen Zustands als Ästhetischem festzuhalten. So ließe sich zu Recht mit Walter Benjamin im Angesicht medialer Simulationen anmerken: »Und wenn ich ein Buch lese?«[165]

Anmerkungen

1 Hans Georg Gadamer: »Rhetorik, Hermeneutik und Ideologiekritik«, in: Jürgen Habermas, Dieter Henrich und Jacob Taubes (Hrsg.): *Hermeneutik und Ideologiekritik.* Frankfurt am Main 1971, S. 57–82, hier S. 69.

2 Hans Blumenberg: *Aspekte der Epochenschwelle. Cusaner und Nolaner.* Frankfurt am Main 1971, S. 21.

3 Ebd., S. 20.

4 Peter Koslowski: »Die Baustellen der Moderne – Wider den Vollendungszwang der Moderne«, in: Peter Koslowski, Robert Spaemann und Reinhard Löw (Hrsg.): *Moderne oder Postmoderne? Zur Signatur des gegenwärtigen Zeitalters.* Weinheim 1986, S. 1–16, hier S. 1.

5 Niklas Luhmann: *Gesellschaftsstruktur und Semantik.* Bd. 1. Frankfurt am Main 1980, S. 241.

6 Blumenberg, a. a. O., S. 17.

7 Rüdiger Bubner: »Über Argumente in der Philosophie«, in: *neue hefte für philosophie* Heft 26, Göttingen 1986, S. 34–54, hier S. 54.

8 Gamader, a. a. O., S. 64.

9 Ebd., S. 63.

10 Ebd.

11 Manfred Frank: *Die Grenzen der Verständigung. Ein Geistergespräch zwischen Lyotard und Habermas.* Frankfurt am Main 1988.

12 Wolfgang Welsch spricht in diesem Zusammenhang vom sogenannten »veritablen Postmodernismus«. Wolfgang Welsch: *Unsere postmoderne Moderne.* Weinheim 1987, S. 3, 11, 41, 118, 322.

13 Jean-François Lyotard: »Grundlagenkrise«, in: *neue hefte für philosophie* Heft 26, Göttingen 1986, S. 1–33.

14 Jürgen Habermas: *Theorie des kommunikativen Handelns.* Bd. 1. Frankfurt am Main 1981, S. 15.

15 Manfred Frank: »Aufklärung als analytische und synthetische Vernunft. Vom französischen Materialismus über Kant zur Frühromantik«, in: Jochen Schmidt (Hrsg.): *Aufklärung und Gegenaufklärung in der europäischen Literatur, Philosophie und Politik. Von der Antike bis zur Gegenwart.* Darmstadt, 1989, S. 377–403, hier S. 403.

[16] Vgl. Wolfgang Welsch: »Vernunft im Übergang«, in: Walter Reese-Schäfer und Bernhard H. F. Taureck (Hrsg): *Jean-François Lyotard.* Cuxhaven 1989, S. 1–38.

[17] Gérard Raulet: »Singuläre Geschichten und pluralistische Ratio«, in: Jacques Le Rider und Gérard Raulet (Hrsg.): *Verabschiedung der (Post-)Moderne.* Tübingen 1987, S. 275–292, hier S. 275.

[18] Manfred Frank: »Zwei Jahrhunderte Rationalitäts-Kritik und ihre ›postmoderne‹ Überbietung«, in: Dietmar Kamper und Willem van Reijen (Hrsg.): *Die unvollendete Vernunft: Moderne versus Postmoderne.* Frankfurt am Main 1987, S. 99–121, hier S. 99.

[19] Raulet, a. a. O., S. 281.

[20] Vgl. zu einer interessanten Position aus deutscher Sicht Odo Marquard: »Universalgeschichte und Multiversalgeschichte«, in ders.: *Apologie des Zufälligen.* Stuttgart 1986, S. 54–75.

[21] Jacques Derrida: *Randgänge der Philosophie.* Wien 1988, S. 86.

[22] Cornelius Castoriadis: *Durchs Labyrinth. Seele, Vernunft, Gesellschaft.* Frankfurt am Main 1981, S. 192f.

[23] Albrecht Wellmer: *Zur Dialektik von Moderne und Postmoderne. Vernunftkritik nach Adorno.* Frankfurt am Main 1985, S. 99.

[24] Rüdiger Bubner: »Einleitung« zu ders. (Hrsg.): *Sprache und Analysis. Texte zur englischen Philosophie der Gegenwart.* Göttingen 1968, S. 29.

[25] Wellmer, a. a. O., S. 58.

[26] Jürgen Habermas: *Nachmetaphysisches Denken.* Frankfurt am Main 1988, S. 246.

[27] Karl-Otto Apel (Hrsg.): *Sprachpragmatik und Philosophie.* Frankfurt am Main 1976.

[28] Odo Marquard: »Kunst als Antifiktion – Versuch über den Weg der Wirklichkeit ins Fiktive«, in: Dieter Henrich und Wolfgang Iser (Hrsg.): *Funktionen des Fiktiven = Poetik und Hermeneutik X.* München 1983, S. 35–54, hier S. 49.

[29] Jürgen Habermas: »Vorbereitende Bemerkungen zu einer Theorie der kommunikativen Kompetenz«, in: Jürgen Habermas und Niklas Luhmann: *Theorie der Gesellschaft oder Sozialtechnologie – Was leistet die Systemforschung?* Frankfurt am Main 1971, S. 101–141, hier S. 140.

[30] Marquard, a. a. O., S. 49.

[31] Vgl. unter anderem Friedrich Nietzsche: »Über Wahrheit und Lüge im außermoralischen Sinn«, in: Karl Schlechta, (Hrsg.): *Friedrich Nietzsche, Werke in drei Bänden.* München 1966, S. 309–322.

[32] Rudolf E. Künzli: »Nietzsche und die Semiologie: Neue Ansätze in der französischen Nietzsche-Interpretation«, in: *Nietzsche-Studien.* Bd. 5, 1976, S. 263ff.

[33] Schlechta (Hrsg.): *Friedrich Nietzsche. Werke in drei Bänden.* Bd. 3, a. a. O.

[34] Jean François Lyotard: *Das Inhumane. Plaudereien über die Zeit.* Wien 1989, S. 59. Vgl. dort auch die Nietzsche-Bezüge.

[35] Ebd., S. 29.

[36] Zwangsläufig muß Lyotard das Verhältnis zwischen »Geld und geltenden Sätzen« fragwürdig werden, denn Geldfetischkreislauf und Tauschabstraktion universalisieren einen Identitätszwang, der Lyotards Idee von »Dissens« und »Widerstreit« radikal widerspricht. Das wird noch auszuführen sein. In diesem Sinne ist für Lyotard das sprachliche Geld ein Metaphysikum allererster Art. Vgl. zu diesem Zusammenhang ohne ausdrücklichen Bezug auf Lyotard den Aufsatz von Jochen Hörisch: »Herrscherwort, Geld und geltende Sätze«, in: Burkhardt Lindner und W. Martin Lüdke (Hrsg.): *Materialien zur ästhetischen Theorie Th. W. Adornos. Konstruktion der Moderne.* Frankfurt am Main 1979, S. 397–414, hier S. 397.

[37] Lyotard: *Das Inhumane,* a. a. O., S. 59.

[38] Ebd.

[39] Hinrich Fink-Eitel: *Foucault zur Einführung.* Hamburg 1989, S. 7.

[40] Manfred Frank: *Was ist Neostrukturalismus?* Frankfurt am Main 1984, S. 121.

[41] Hubert Dreyfus und Paul Rabinow: *Michel Foucault. Jenseits von Strukturalismus und Hermeneutik.* Frankfurt am Main 1987, S. 173 ff.

[42] Ebd., S. 216.

[43] Michel Foucault: *Dispositive der Macht.* Berlin 1978, S. 123.

[44] Ebd., S. 117: »Was das Problem der *Fiktion* anbetrifft, das ist für mich ein sehr wichtiges Problem; ich bin mir dessen voll bewußt, daß ich niemals etwas anderes geschrieben habe als fictions. Ich will nicht sagen, daß das außerhalb von Wahrheit liegt. Es scheint mir die Möglichkeit zu geben, die Fiktion in der Wahrheit zum Arbeiten zu bringen, mit einem Fiktions-Diskurs Wahrheitswirkungen hervorzurufen und so zu erreichen, daß der Wahrheitsdiskurs etwas hervorruft, ›fabriziert‹, was noch nicht existiert, also ›fingiert‹. Man ›fingiert‹ Geschichte von einer politischen Realität aus, die sie wahr macht, man fingiert eine Politik, die noch nicht existiert, von einer historischen Wahrheit aus.«

[45] Dieter Henrich: »Rahmenbedingungen der Rationalität«, in: *Funktionen des Fiktiven,* a. a. O., S. 537.

[46] Michel Foucault: *Von der Subversion des Wissens.* München 1974, S. 104.

[47] Karlheinz Stierle: »Die Fiktion als Vorstellung, als Werk und als Schema – eine Problemskizze«, in: *Funktionen des Fiktiven,* a. a. O., S. 181.

[48] Michel Foucault: »Was ist ein Autor?«. Zit. nach Samuel Weber: *Freud-Legende.* Wien 1989, S. XIX.

[49] Michel Foucault: *Die Ordnung des Diskurses.* Frankfurt am Main 1977.

[50] Vgl. die einzelnen Schriften Foucaults zu Disziplinartechnologien, insbesondere *Die Geburt der Klinik. Eine Archäologie des ärztlichen Blicks.* Frankfurt am Main/Berlin/Wien 1976.

[51] Kurt Röttgers: *Spuren der Macht. Begriffsgeschichte und Systematik.* Freiburg/München 1990, S. 392.

[52] Gilles Deleuze und Félix Guatarri: *Rhizom.* Berlin 1977, S. 18.

[53] Röttgers, a. a. O., S. 417.

[54] Ebd.

[55] Vgl. Christiane Schildknecht: *Philosophische Masken. Literarische Formen der Philosophie bei Platon, Descartes, Wolff und Lichtenberg.* Stuttgart 1990.

[56] Jürgen Habermas: *Der philosophische Diskurs der Moderne.* Frankfurt am Main 1985, S. 221.

[57] Ebd., S. 224.

[58] Ebd. Eine nach wie vor wichtige Studie zum Textbegriff des (Neo-)Strukturalismus hat Richard Brütting verfaßt: *›écriture‹ und ›texte‹. Die französische Literaturtheorie ›nach dem Strukturalismus‹.* Bonn 1976, S. 73: »›Texte‹ ist eine ›pratique signifiante‹ oder ein ›fonctionnement‹, nicht aber ein ›objet computable‹, d. h. ein in sich geschlossenes und gegenüber anderen Objekten abgeschlossenes ›Werk‹. Es gibt ›texte‹ weder im Singular (›ein texte von ...‹) noch im Plural, sondern nur ›du texte‹, wie R. Barthes schreibt. Aus diesem Grunde sei es sinnlos zu fragen, wo der Bereich der ›Werke‹ aufhöre und derjenige von ›texte‹ beginne.«

[59] Vgl. Derrida, a. a. O.

[60] Habermas, a. a. O., S. 247.

[61] Ingeborg Hoesterey: *Verschlungene Schriftzeichen. Intertextualität in Literatur und Kunst in der Moderne/Postmoderne.* Frankfurt am Main 1988, S. 11.

[62] Habermas, a. a. O., S. 219 ff.

[63] Ebd., S. 241.

[64] Josef Simon: *Philosophie des Zeichens.* Berlin/New York 1989, S. 4.

[65] Heinz Kimmerle: *Derrida zur Einführung.* Hamburg 1988, S. 7.

[66] Frank, a. a. O., S. 85.

[67] Gerhard Schönrich: *Zeichenhandeln. Untersuchungen zum Begriff einer semiotischen Vernunft im Ausgang von Ch. S. Peirce.* Frankfurt am Main 1990, S. 188.

[68] Simon, a. a. O., S. 233.

[69] Vgl. dazu aus eher phänomenologischer Sicht Bernhard Waldenfels: *Ordnung im Zwielicht.* Frankfurt am Main 1987.

[70] Schönrich, a. a. O, S. 294.

[71] Jonathan Culler: *Dekonstruktion. Derrida und die poststrukturalistische Literaturtheorie.* Reinbek bei Hamburg 1988, besonders S. 95–99.

[72] Frank, a. a. O., S. 589.

[73] Karl-Otto Apel: *Transformationen der Philosophie.* Bd. 1. Frankfurt am Main 1976, S. 194.

[74] Derrida, a. a. O., S. 309.

[75] Jacques Derrida: *Grammatologie.* Frankfurt am Main 1974, S. 358, 45.

[76] Vgl. ders.: *Apokalypse.* Graz/Wien 1985, besonders S. 18/19: »Die Beachtung des Tons, welcher nicht allein den Stil ausmacht, scheint mir ziemlich selten zu sein. Man hat kaum den Ton als solchen untersucht, vorausgesetzt, daß es möglich ist und daß man es nie getan hatte. Die Unterscheidungsmerkmale (signes distinctifs) eines Tons sind schwer zu isolieren, selbst wenn sie in aller Reinheit existieren, was ich vor allem in einem geschriebenen Diskurs bezweifle. Was kennzeichnet einen Ton, einen Tonwechsel oder eine Tonunterbrechung? Woran erkennt man eine tonale Differenz innerhalb desselben Korpus? Auf welche Züge (traits) soll man sich bei der Analyse verlassen, auf welche Zeichengebung (signalisation), die nicht wieder stilistisch, noch rhetorisch, natürlich auch nicht thematisch oder semantisch wäre? Die extreme Schwierigkeit dieser Frage, d. h. dieser Aufgabe, tritt noch deutlicher hervor,

wenn es sich um Philosophie handelt. Denn besteht nicht der Traum oder das Ideal des philosophischen Diskurses, der philosophischen Rede (allocution) und Schrift, die als Repräsentation ersterer betrachtet wird, darin, die tonale Differenz unhörbar werden zu lassen und mit ihr ein Begehren, einen Affekt oder ein Szenisches, die den Begriff zur Schmuggelware (contrebande) machen? Der philosophische Diskurs muß die Neutralität oder zumindest die unerschütterliche Ruhe, die die Beziehung zum Wahren und Allgemeinen zu begleiten hat, garantieren und zumal durch das, was man die Neutralität des Tons nennt. Wird es infolgedessen möglich sein, den Ton eines Philosophen oder vielmehr – die Präzisierung ist wichtig – des sich als Philosoph Bezeichnenden oder Wähnenden herauszuhören oder herauszuspüren (détecter)? Und wenn man es uns versprochen hat, wäre man da nicht verpflichtet, all die Züge, die in einem Korpus noch nicht oder nicht mehr philosophisch sind, all die bedauerlichen Abweichungen von der atonalen Norm der philosophischen Rede hervorzuheben?«

77 Vgl. insbesondere Derridas Husserl-Bezug. In: Jacques Derrida: *Die Stimme und das Phänomen.* Frankfurt am Main 1979. Hier auch das ausgezeichnete Vorwort von Jochen Hörisch.

78 Derrida: *Grammatologie,* a. a. O.

79 Ebd., S. 521.

80 Ebd., S. 501.

81 Mir scheint die Verbindung, die Derrida zwischen den Begründungen für eine entgrenzende Zeichenproduktivität und einem machtlogischen Konzept, das im Kern der Dekonstruktion fundiert ist, sieht, in der Literatur bisher nicht ausreichend ausgearbeitet worden zu sein.

82 Habermas: *Philosophischer Diskurs,* a. a. O., S. 222. Und in der Tat wird man sich fragen müssen, ob nicht die Invektiven Derridas gegen Saussures Privilegierung der Stimme vor der Schrift selbst wieder einem Metaphysizismus verfallen.

83 Ebd. Auf eine ausführliche Erörterung der Konsensus- bzw. Diskurstheorie der Wahrheit aus der Sicht von Habermas muß hier verzichtet werden. Vgl. dazu L. Bruno Puntel: *Wahrheitstheorien in der neueren Philosophie.* Darmstadt 1978, S. 144ff. Auf eines sei hier jedoch in aller Kürze hingewiesen. Derridas Philosophie stellt eine grundsätzliche Problematisierung sowohl einer Korrespondenz-, einer Konsens- und einer Kohärenztheorie der Wahrheit dar.

84 Wie Habermas sehr richtig bemerkt, kann von »Widerspruch nur im Lichte von Konsistenzforderungen die Rede sein«. Habermas: *Philosophischer Diskurs,* a. a. O., S. 222. Dem muß allerdings entgegengehalten werden, daß nicht der logische, sondern der rhetorische Bedeutungsüberschuß im Primat des Signifikanten Derridas antikonsistenztheoretisches Interesse leitet.

85 François Wahl: *Einführung in den Strukturalismus.* Frankfurt am Main 1973, S. 329.

86 Rudi Keller: »Zur Epistomologie der Semantik«, in: Ludwig Jäger (Hrsg.): *Erkenntnistheoretische Grundfragen der Linguistik.* Stuttgart/Berlin/Köln/Mainz 1979, S. 22–44, hier S. 31.

[87] Vgl. hierzu Martin Seel: »Plädoyer für die zweite Moderne«, in: Harry Kunnemann und Hent de Vries (Hrsg.): *Die Aktualität der ›Dialektik der Aufklärung‹. Zwischen Moderne und Postmoderne.* Frankfurt am Main 1989, S. 36–66, hier S. 45.

[88] Jean-François Lyotard: *Das postmoderne Wissen.* Wien 1986.

[89] Ebd., S. 158.

[90] Ebd., S. 187.

[91] Ebd., S. 176/77.

[92] Ebd., S. 187. Vgl. auch S. 135.

[93] Roland Barthes: *Über mich selbst.* München 1978, S. 73.

[94] Daß man im Rahmen autopoietischer Systeme auch zu einer anderen Einschätzung von Denotation und Konnotation kommen kann, sei hier nicht ausdiskutiert. Vgl. dazu Siegfried J. Schmidt (Hrsg.): *Der Diskurs des radikalen Konstruktivismus.* Frankfurt am Main 1987, beispielsweise Seite 28 und 29.

[95] Vgl. Frank: *Neostrukturalismus,* a. a. O., S. 587: »Das, was Derrida jener liberalen Hermeneutik, die die Vieldeutigkeit von Texten anerkennt, entgegensetzt, trägt den Namen ›dissémination‹: Zerstreuung. Der Ausdruck meint etwas Ähnliches wie früher die ›Strukturalität der Struktur ohne transzendentales Zentrum‹. Ein disseminaler Text ist ein Text, der nicht mehr von einem Sinnhorizont oder von einer globalen Perspektive eingeschlossen werden kann [...], es gibt kein Kriterium für die Identität des Sinns eines Ausdrucks: die Interpretation wird im wissenschaftlichen Sinne eine Sache der Unentscheidbarkeit, was nicht schon heißt, daß man sie nicht in einem Einverständnis vieler Leser vorübergehend befestigen und validieren könnte.«

[96] Lyotard: *Das postmoderne Wissen,* a. a. O., S. 177.

[97] vgl. Paul Ricœur: *Die Interpretation. Ein Versuch über Freud.* Frankfurt am Main 1969.

[98] Niklas Luhmann: *Soziale Systeme. Grundriß einer allgemeinen Theorie.* Frankfurt am Main 1984, S. 9.

[99] Ders.: *Legitimation durch Verfahren.* Darmstadt/Neuwied 1978, S. 247.

[100] Vgl. Lyotards Kritik in: *Das postmoderne Wissen,* a. a. O.

[101] Raulet, a. a. O., S. 278.

[102] Merrill B. Hintika und Jaakko Hintika: *Untersuchungen zu Wittgenstein.* Frankfurt am Main 1990, S. 271.

[103] Ebd., S. 273: »Mit Bezug auf Aussagesätze ergibt sich aus dieser Interpretation, daß nach Wittgenstein nicht einmal die gewöhnliche deskriptive Bedeutung auf Wahrheitsbedingungen basiert. Dieser Interpretation zufolge wären Behauptbarkeits- oder Rechtfertigungsbedingungen ein mögliches Wittgensteinsches Gegenstück zu den Wahrheitsbedingungen. Bei dieser Variante der hier untersuchten These wäre eine Aussage nicht dann berechtigt, wenn ihr eine Tatsache entspricht, sondern dann, wenn ihre Behauptung durch ihre Rolle in unseren sprachbezogenen Tätigkeiten – letzten Endes also durch ihre Rolle in unserem Leben – gerechtfertigt ist.«

Einmal mehr bestätigt Lyotard mit diesem Ansatz, was schon für die abdankende Stellung der Wahrheitsoption im Rahmen einer ontosemiologischen Grundlegung unter dem Aspekt der Arbitrarität dargelegt wurde. Auch Lyotards Sprachspielausdehnung setzt die Vorstellung von Wahrheitsgeltungen noch in metadeskriptiven Diskursen außer Kraft. Auch sie unterliegen einer Regelung, die agonistisch (vgl. dazu die folgenden Darlegungen im Haupttext) die Idee des Konsenses (Habermas/Apel) suspendieren und statt dessen die Notwendigkeitsbedingung eines »konstruktiven Dissens« betonen, der als Lebensform nicht innersprachlich, sondern außersprachlich noch mitkonstitutiv ist für die deskriptiven Sprachspiele, in denen sich Wissenschaftsdiskurse, welcher Art auch immer, Geltung verschaffen. Vielleicht wäre in diesem Bereich ein für die 90er Jahre zentraler Diskussionspunkt zwischen einem systemtheoretisch orientierten »Diskurs des Radikalen Konstruktivismus« und zuvor genannten Positionen auszumachen.

104 Jürgen Habermas: »Die Moderne – ein unvollendetes Projekt«, in: *Die Zeit* Nr. 39, 1980.

105 Wolfgang Welsch: »Heterogenität, Widerstreit und Vernunft. Zu Jean-François Lyotards philosophischer Konzeption von Postmoderne«, in: *Philosophische Rundschau* 3, 1987, S. 185.

106 Ebd.

107 Ebd.

108 Lyotard: *Das postmoderne Wissen,* a. a. O., besonders S. 42, 52.

109 Welsch: »Heterogenität, Widerstreit und Vernunft«, a. a. O., S. 166.

110 Gianni Vattimo: »Das Ende der Geschichte«, in: Kunnemann und de Vries (Hrsg.), a. a. O., S. 168–182, hier S. 17.

111 Jean Pierre Faye: *Theorie der Erzählung.* Frankfurt am Main 1977, S. 35 ff. und 53 ff. Die Rezeption des dort artikulierten Ansatzes wird von Lyotard so gut wie überhaupt nicht erwähnt, hat aber einen zentralen argumentativen Stellenwert für Lyotards Philosophieposition.

112 Lyotard: *Das postmoderne Wissen,* a. a. O., S. 89.

113 Lyotard verkennt allerdings bei aller berechtigten Kritik in der Diagnostik des Endes großer Erzählungen, »daß die Expressivität sich selbst als von Grund auf strategisch erweist – also zur Performativität gehört« (Raulet), die eine Mediatisierung der Sinne betreibt, in der Sinne ihrem eigenen Ereignis simulativ unterliegen. Die Idee des »Ereignisses« wird so unvermeidlich selbst simuliert.

114 Ludwig Wittgenstein: *Philosophische Untersuchungen.* Frankfurt am Main 1967, besonders § 23 f.

115 Welsch: *Unsere postmoderne Moderne,* a. a. O., S. 231.

116 Vgl. zur Dimension von Alternativlogik qua Geschichtslogik Dieter Fuder: *Analogiedenken und anthropologische Differenz. Zu Form und Funktion der poetischen Logik in Robert Musils Roman ›Der Mann ohne Eigenschaften‹.* München 1979.

117 Welsch: *Unsere postmoderne Moderne,* a. a. O., S. 232.

118 Ders.: »Heterogenität«, a. a. O., S. 186.

119 Ders.: *Unsere postmoderne Moderne,* a. a. O, S. 296.

120 Lyotard: *Der Widerstreit,* a. a. O., S. 225.

[121] Vgl. auch zu einer erweiterten Lyotard-Deutung: Martina Dobbe und Dieter Fuder: *Postmoderne Ästhetik. Kunst – Architektur – Design – Literatur.* (Erscheint demnächst.)

[122] Lyotard: *Der Widerstreit,* a. a. O., S. 219.

[123] Ders.: *Die Grundlagenkrise,* a. a. O., S. 31.

[124] Wolfgang Welsch: »Die Postmoderne in Kunst und Philosophie und ihr Verhältnis zum technologischen Zeitalter«, in: *Technologisches Zeitalter oder Postmoderne.* München 1988, S. 36–72, hier S. 51.

[125] Christa Bürger: »Moderne oder Postmoderne: Jean-François Lyotard«, in: Christa und Peter Bürger (Hrsg.): *Postmoderne: Alltag, Allegorie und Avantgarde.* Frankfurt am Main 1987, S. 130.

[126] Eine zentral philosophische Dekonstruktion schlußfolgert Lacan subjektphilosophisch: Indem das Subjekt »durch seine Unterwerfung unter die Symbolordnung« (Jochen Hörisch: *Gott, Geld und Glück.* Frankfurt am Main 1983, S. 53) im wahrsten Sinne des Wortes sich ins »unterliegende subjectum« (ebd., S. 53) verwandelt, kann es nicht länger »Herr der Rede und des Begehrens« (ebd.) sein, sondern an-erkennt mit der Unterwerfung »unter Sprache, die als Schrift zudem ihre transsubjektive Gültigkeit betont« (ebd., S. 54), zugleich die Scheidung vom Bewußtem und Unbewußtem. Wunsch und logifiziertes Begehren erfahren Sprache als Mangel, in dem Vorschrift und Vor-gegebenheit bevorstehen – eine Leih-gabe, die jeden Lebensgang als zerteilte »Mimikry an die Symbolordnung« (ebd., S. 55) deutet. Diesseits und jenseits der Sprache ist die referentielle Reichweite nicht nur in einem definierten Paradigma definiert, sondern überdeterminierte Signifikanten, die Freud bekanntlich Bedeutungsknoten nennt, verweisen auf verdichtenden und verschiebenden Sinn. Darin sind Signifikanz und Rationalität ins Zwielicht von Cogito und Unbewußtem zu jeweils defizienten Modi der Repräsentation geraten. Das Undenkbare selbst bildet demnach die Spur des Denkbaren. Vor-schrift, Ver-zug und Vor-gegebenheit stehen in einem je neu zu artikulierenden rhizomatischen Verhältnis. Der beständige Signifikat-Mangel produziert zugleich den Vorrang des Signifikanten. Denn wo seine Absenz die Option auf eine andere als die gewußte Wahrheit wahrt, bleibt die Signifikantenlücke als Lücke im Rahmen von Vorschriften signifikant virulent (Träume, Psychosen etc.). »Sichtbar, gegenständlich, signifikant, also auch reduplizierbar und verallgemeinerbar sind im Rahmen einer Struktur eben nur die Zeichen und die Beziehungen, die sie zueinander unterhalten (die Menge des Kodifizierbaren). Die Lücke als solche entgleitet den Augen des Wissens, obwohl doch gerade sie es ist, die die positiven Terme in ihre Funktion als Zeichen, d. h. als Sinn-Ausdrucks-Einheiten, einsetzte.« (Manfred Frank: *Das Sagbare und das Unsagbare.* Frankfurt am Main 1980, S. 16.)

Der Sinneffekt dieser Alterität ist offenkundig: Die metonymische Leistung und Funktion von Signifikanten erlaubt auch hier nicht länger die Rede von transzendentalen Signifikaten. Verkettet, kombiniert und eventuell ausgesperrt bedarf sie der diskursanalytischen Einlösung durch metonymische Operation von Aussageweisen.

[127] Jean-François Lyotard: *Intensitäten.* Berlin o. J., S. 29.

[128] Klossowski, a. a. O., S. 23.

[129] Ders.: *Die Ähnlichkeit/La Ressemblance.* Bern/Berlin 1986, S. 119.

[130] Jean Baudrillard: *Der symbolische Tausch und der Tod.* München 1982, S. 18.

[131] Ders.: »Fetischismus und Ideologie: die semiologische Reduktion«, in: J. B. Pontalis (Hrsg.): *Objekte des Fetischismus.* Frankfurt am Main 1972, S. 321.

[132] Vgl. hierzu Alfred Sohn-Rethel: *Warenform und Denkform.* Frankfurt am Main 1978.

[133] Baudrillard: »Fetischismus«, a. a. O., S. 319.

[134] Vgl. dazu Baudrillards Analyse der Warenwerbung mit Lyotards Dissimulationsmodell.

[135] Jean Baudrillard: »Der schönste Konsumgegenstand: Der Körper«, in: Claudia Gehrke (Hrsg.): *Ich habe einen Körper.* München 1981, S. 122.

[136] Jochen Schulte-Sasse: »Von der schriftlichen zur elektronischen Kultur: Über neuere Wechselbeziehungen zwischen Mediengeschichte und Kulturgeschichte«, in: Hans Ulrich Gumbrecht und K. Ludwig Pfeifer (Hrsg.): *Materialität der Kommunikation.* Frankfurt am Main 1988, S. 442.

[137] Ebd., S. 451.

[138] Jean Baudrillard: *Das Andere selbst.* Habilitation. Wien 1987, S. 29.

[139] Gert Mattenklott: »Das gefräßige Auge«, in: Dietmar Kamper und Christoph Wulf (Hrsg.): *Die Wiederkehr des Körpers.* Frankfurt am Main 1982, S. 225.

[140] Baudrillard: *Das Andere selbst,* a. a. O., S. 29.

[141] Paul Virilio: *Fahren, fahren, fahren ...* Berlin 1978, S. 25.

[142] Ders.: *Der negative Horizont. Bewegung – Geschwindigkeit – Beschleunigung.* München/Wien 1989, S. 142.

[143] Ebd., S. 122.

[144] Baudrillard: *Das Andere selbst,* a. a. O., S. 29.

[145] Thomas Kleinspehn: *Der flüchtige Blick. Sehen und Identität in der Kultur der Neuzeit.* Reinbek bei Hamburg 1989, S. 306.

[146] Vgl. hierzu die ausgezeichnete Studie von Vivian Sobchack: »The Scene of the Screen. Beitrag zu einer Phänomenologie der ›Gegenwärtigkeit‹ im Film und in den elektronischen Medien«, in: *Materialität der Kommunikation,* a. a. O., S. 416 ff.

[147] Vgl. die Titelformulierung bei Walther Ch. Zimmerli (Hrsg.): *Technologisches Zeitalter oder Postmoderne?* München 1988.

[148] Jean-François Lyotard: *Philosophie und Malerei im Zeitalter ihres Experimentierens.* Berlin 1986, S. 62.

[149] Gérard Raulet: »Leben wir im Jahrzehnt der Simulation? Neue Informationstechnologien und sozialer Wandel«, in: Peter Kemper (Hrsg.): *›Postmoderne‹ oder Der Kampf um die Zukunft.* Frankfurt am Main 1988, S. 168, 169.

[150] Sobchack, a. a. O., S. 416.

[151] Ebd., S. 419.

[152] Ebd., S. 421.

153 Ebd., S. 425.
154 Ebd., S. 426.
155 Fr. Jameson, zit. nach Sobchack, a. a. O., S. 427.
156 Theodor W. Adorno: *Ästhetische Theorie.* Frankfurt am Main 1973, S. 140.
157 Ebd., S. 493.
158 Christoph Menke-Eggers: *Die Souveränität der Kunst. Ästhetische Erfahrung nach Adorno und Derrida.* Frankfurt am Main 1988, S. 12.
159 Hans Ulrich Reck: »Vom Schweigen der Sirenen - Einführungen in ein Thema und Plädoyer für eine Kultur der Differenz«, in: *Kanalarbeit. Medienstrategien im Kulturwandel.* Basel/Frankfurt am Main 1988, S. 343.
160 Ebd., S. 344.
161 Friedrich Kittler: »Fiktion und Simulation«, in: *Philosophien der neuen Technologie,* hrsg. im Rahmen der *Ars Electronica.* Berlin 1989, S. 63–64.
162 Hans Blumenberg: »Vorbemerkungen zum Wirklichkeitsbegriff«, in: *Vorträge der Akademie der Wissenschaften und der Literatur.* Mainz 1974, S. 8.
163 Florian Rötzer: »Technoimaginäres - Ende des Imaginären?«, in: *Kunstforum international* Bd. 98, Januar/Februar 1989, S. 55.
164 Reck, a. a. O., S. 350.
165 Mit dieser Bemerkung kommentiert Walter Benjamin Sohn-Rethels Feststellung, daß »im Tausch [...] die Dinge identisch [sind]«. (Sohn-Rethel, a. a. O., S. 45.) Inkommensurabel bleibt hingegen alles, was sich der Tauschlogik prinzipiell entzieht. Das gilt auch und insbesondere für den Dank. Deshalb möchte ich an dieser Stelle Herrn Dr. Jürgen Krömer und Martina Dobbe danken.

Kurzbiographien der Autoren

Inge Baxmann, Studium der Romanistik und Allgemeinen Literaturwissenschaft in Bochum und Paris. Von 1981 bis 1986 wissenschaftliche Mitarbeiterin am Institut für Französische Literaturwissenschaft der Technischen Universität Berlin. Promotion 1987; seit 1988 Postdoktorandin am Siegener Graduiertenkolleg mit einem Forschungsprojekt über die Anthropologie und die Diskursgeschichte des Tanzes in der Kulturkrise der 20er Jahre. Wichtigste Veröffentlichungen: »Stilisierung als Kompensation. Repräsentation von Weiblichkeit auf den Festen der Französischen Revolution«, in: Gumbrecht/Pfeiffer (Hrsg.): *Stil* (1986); *Die Feste der Französischen Revolution. Inszenierung von Gesellschaft als Natur* (1989); »Revolutionsfeste. Die natürliche Ordnung der sozialen Welt«, in: Neyer (Hrsg.): *Vive la Révolution. Freiheit, Gleichheit, Brüderlichkeit* (1989); »Traumtanzen oder die Entdeckungsreise unter die Kultur«, in: Gumbrecht/Pfeiffer (Hrsg.): *Paradoxien, Zusammenbrüche, kognitive Dissonanzen* (erscheint 1991).

Ulrich Beck, geboren 1944; Professor für Soziologie an der Universität Bamberg, Herausgeber der *Sozialen Welt.* Wichtigste Veröffentlichungen: *Risikogesellschaft – Auf dem Weg in eine andere Moderne* (1986); *Gegengifte – Die organisierte Unverantwortlichkeit* (1988); *Das ganz normale Chaos der Liebe* (zusammen mit Elisabeth Beck-Gernsheim; 1990); *Politik in der Risikogesellschaft* (1991).

Elisabeth Beck-Gernsheim, Studium der Soziologie, Psychologie, Philosophie in München, Habilitation in Soziologie. Zur Zeit Heisenberg-Stipendiatin und Vertreterin einer Professur für Sozialpsychologie an der Universität München. Forschungsschwerpunkte: Arbeit und Beruf; Familie und Geschlechtsrollen; Biographie und Lebenslauf; Frauenforschung; Geburtenentwicklung; Fortpflanzungstechnologie. Letzte Buchveröffentlichungen: *Die Kinderfrage* (1988); *Mutterwerden – der Sprung in ein anderes Leben* (1989); *Das ganz normale Chaos der Liebe* (zusammen mit Ulrich Beck; 1990).

Sabine Fabo, geboren 1962; Studium der Anglistik, Kunst und Pädagogik in Duisburg und Essen. Seit 1989 Studium in Siegen; Arbeit an einer Promotion zur Gestaltentgrenzung in Literatur und Kunst des 20. Jahrhunderts.

Werner Faulstich, geboren 1946; Professor für Medienwissenschaft an der Universität Lüneburg. Studium der Germanistik, Anglistik, Philosophie, Theologie in Frankfurt am Main; Promotion 1972 über Bestseller; Assistent in Tübingen; Habilitation 1981 über Medienästhetik; außerplanmäßiger Professor am Sonderforschungsbereich Bildschirmmedien an der Universität/Gesamthochschule Siegen. Bisherige Schwerpunkte: Bestsellerforschung, Empirische Rezeptions- und Buchmarktforschung, Rockgeschichte, Radiotheorie, Filmanalyse und Filmästhetik, Computerfiction, Geschichte und Theorie des Fernsehens. Weitere Aktivitäten: Kleinverlag, Lokalradio, Public Relations.

Dieter Fuder, geboren 1947; Studium der Philosophie und Germanistik in Marburg, Heidelberg und Düsseldorf, 1976 Promotion, seit 1979 Professor an der Fachhochschule Düsseldorf. Veröffentlichungen: *Analogiedenken und anthropologische Differenz* (1979); *Postmoderne Ästhetik. Kunst – Architektur – Design – Literatur* (zusammen mit Martina Dobbe; in Vorbereitung).

Rüdiger Ganslandt, geboren 1955; Studium der Kunstgeschichte, Germanistik und Kunst in Aachen. 1984 bis 1985 Mitarbeit an einem Projekt zur phantastischen Architektur an der Universität/Gesamthochschule Siegen. Gelegenheitsarbeit als Lehrer und EDV-Dozent. Seit 1987 freier Autor, Arbeit an Texten zum Thema Lichtplanung. Wichtigste Veröffentlichungen: *Der Augenblick der Erkenntnis in Zen-Buddhismus und Zen-Kunst* (1984); *Raumkonzepte der Jahrhundertwende im Kubismus* (1987).

Thomas A. Herz, geboren 1938; Studium der Soziologie und Wirtschaftswissenschaften an der Universität zu Köln. Seit 1977 Professor für Soziologie – Empirische Sozialforschung an der Universität/Gesamthochschule Siegen. Gastprofessor am Europäischen Hochschulinstitut, Florenz, an der University of Houston, Texas, und am Connecticut College, Connecticut, USA. Forschungsschwerpunkte: politische Soziologie, Wertwandel, soziale Schichtung und soziale Mobilität. Führt gegenwärtig ein Projekt über öffentliche Konflikte über den Nationalsozialismus seit 1945 durch. Veröffentlichungen zu den Themen »Aufarbeitung« des Nationalsozialismus, soziale Mobilität, Wertwandel und interkultureller Vergleich.

Ulf Jonak, geboren 1940; Studium der Architektur an der TH Darmstadt, seit 1981 Professor für Architekturtheorie und Grundlagen der Gestaltung an der Universität/Gesamthochschule Siegen. Aufsätze zu architekturtheoretischen Themen. Wichtigste Buchveröffentlichungen: *Sturz und Riß. Über den Anlaß zu architektonischer Subversion* (1989); *Die Frankfurter Skyline* (1991).

Angela Krewani, geboren 1960; Studium der Anglistik, Anglo-Amerikanischen Geschichte und Politikwissenschaft in Köln. Wissenschaftliche Mitarbeiterin an der Universität/Gesamthochschule Siegen. Arbeitet an einer Dissertation über *Weiblichkeit und Moderne. Amerikanische Schriftstellerinnen im Paris der 20er Jahre.*

Peter Ludes, geboren 1950; Studium der Soziologie, Politikwissenschaft, Philosophie; 1978 Dr. phil., 1983 Ph. D., Brandeis, USA, 1987 Habilitation. 1981/82 Gastprofesssur in Kanada, 1987 Gastdozentur an der Universität von Amsterdam, 1989 Visiting Scholar am Center for European Studies der Harvard University, Cambridge, Massachusetts. Seit Oktober 1987 wissenschaftlicher Mitarbeiter im DFG-Sonderforschungsbereich »Ästhetik, Pragmatik und Geschichte der Bildschirmmedien« der Universität/Gesamthochschule Siegen. Wichtigste Buchveröffentlichungen: *Drei moderne soziologische Theorien* (1989); *Kulturtheorien als Intermediaspiele* (1989); *Der Begriff der klassenlosen Gesellschaft bei Marx* (1979).

Karl Riha, geboren 1935; Literaturwissenschaftler, Literaturkritiker, Schriftsteller, Professor für Germanistik/Allgemeine Literaturwissenschaft an der Universität/Gesamthochschule Siegen. Hauptarbeits- und -publikationsgebiete: Literatur und Kunst des 18., 19. und 20. Jahrhunderts, Großstadtliteratur, Bilderliteratur, Mediengeschichte, Literatur der Moderne. Zeitschriften- und Reihenherausgeber, zahlreiche Editionen. Literarische Veröffentlichungen. Direktor des Literarischen Colloquiums Berlin.

Siegfried J. Schmidt, geboren 1940; Studium der Philosophie, Germanistik, Geschichte, Linguistik und Kunstgeschichte in Freiburg, Göttingen und Münster. Seit 1971 Professor für Texttheorie an der Universität Bielefeld, seit 1973 Professor für Theorie der Literatur an der Universität Bielefeld. Seit 1979 Professor für Germanistik/Allgemeine Literaturwissenschaft an der Universität/Geamthochschule Siegen, wo er seit 1984 das Institut für Empirische Literatur- und Medienforschung leitet. Seit 1987 Präsident der International Society for the Empirical Study of Literature. Arbeit als Schriftsteller und bildender Künstler mit Ausstellungen seit 1957 im In- und Ausland; Herausgeber der Zeitschrift *POETICS,* Mitherausgeber der Zeitschrift *SPIEL* und der Zeitschrift *DELFIN* sowie Herausgeber der Buchreihen *Wissenschaftstheorie, Wissenschaft und Philosophie* und *Konzeption Empirische Literaturwissenschaft.*

Christoph Schreier, geboren 1954; Studium der Kunstgeschichte, Geschichte und Literaturwissenschaft an der Ruhr-Universität Bochum. Forschungsschwerpunkt: Die Moderne. 1982 Promotion mit einem Thema aus dem Kontext des belgischen Surrealismus. Danach Volontariat an der Staatlichen Kunsthalle Baden-Baden. Seit 1985 wissenschaftlicher Mitarbeiter an der Universität/Gesamthochschule Siegen; dort auch in der Fernsehforschung tätig. Zahlreiche Publikationen zur Kunst des 19. und 20. Jahrhunderts.

Detlef Sinofzik, geboren 1957; Studium der Germanistik und Geschichte an der Westfälischen-Wilhelm-Universität Münster. Zur Zeit wissenschaftlicher Mitarbeiter im Projekt »Fernsehwerbung als Indikator sozialen Wandels« am Sonderforschungsbereich »Bildschirmmedien« der Universität/Gesamthochschule Siegen.

Brigitte Spieß, Dr. phil., geboren 1957; Studium der Wirtschaftswissenschaften und Germanistik an der Universität/Gesamthochschule Siegen; zur Zeit wissenschaftliche Mitarbeiterin im Projekt »Fernsehwerbung als Indikator sozialen Wandels« am Sonderforschungsbereich »Bildschirmmedien« an der Universität/Gesamthochschule Siegen.

Christian W. Thomsen, geboren 1940; Studium der Germanistik, Theaterwissenschaften, Anglistik, Amerikanistik in Tübingen, London und Marburg; Promotion 1967; Habilitation 1973. 1973 Gründungssenator und Professor für Anglistik an der Universität/Gesamthochschule Siegen, hier Mitaufbau eines audiovisuellen Medienzentrums, 1981 bis 1987 Mitglied und Direktor des Forschungsinstituts für Geistes- und Sozialwissenschaften, seit 1986 Sprecher des DFG-Sonderforschungsbereichs »Bildschirmmedien« und einer der Direktoren des ersten deutschen geisteswissenschaftlichen Graduiertenkollegs, Mitherausgeber von REIHE SIEGEN, Beiträge zur Literatur-, Sprach- und Medienwissenschaft. Seit 1982 Lehre und Forschung in der Architektur. Gastprofessor an den Universitäten Jerusalem, Kopenhagen, Vancouver. Regie in Theaterstücken und Hörspielen. Internationale Veröffentlichungen zu Kunst-, Literatur- und Theaterwissenschaft sowie Architekturkritik.

Bild- und Copyrightnachweis

Thomas Amman Fine Art AG, Zürich S. 284
Gert Amos, Heidelberg S. 243, 244
Architectural Review, London S. 339, 348 oben rechts, 349
Ata Tak GbR Dahlke, Düsseldorf S. 263
Badische Tabakmanufaktur Roth-Händle GmbH, Lahr S. 162
Bauwelt, Berlin S. 344, 348 unten, 352
© 1987 Jello Biafra, John Yates & John Greenway/Courtesy Alternative Tentacles, San Francisco S. 258
BMW AG, München S. 161 oben
Ralf Brinkhoff, Hamburg S. 215
© Brigitte Busch, Hamburg S. 110 unten links
Francesco Clemente, Pastelle 1973–1983, München 1984 S. 287
Concorde Filmverleih GmbH, München S. 121
Coop Himmelblau, Wien Frontispiz
documenta 8, Kassel 1987 S. 296
domus, Mailand S. 209
dpa, Düsseldorf S. 305
Eeffem GmbH, Verden S. 152
Johan Elbers, New York S. 202 unten
Sabine Fabo, Duisburg S. 310
Richard M. Feldman, Cambridge, Mass. S. 202 oben
Frankfurter Allgemeine Zeitung/Wolfgang Haut S. 17
Galerie nächst St. Stephan, Wien S. 295
Christian Ganet, Paris S. 236
Gaukler 85, Katalog, Köln 1985 S. 249
Mitsutoshi Hanaga S. 248
Elisabeth Henrichs, Hamburg S. 203 unten
Hotel- und Gaststättenverband Baden-Württemberg e.V., Tübingen S. 316
Ulf Jonak, Oberursel S. 340, 341 unten, 351
Karussell Musik & Video GmbH, Hamburg S. 129
Gerhard Kassner, Berlin S. 216
Walter Kraul, Frankfurt am Main S. 355
Leon Krier, London S. 348 oben links
Kunstforum International, Bd. 88/1987 S. 325
Marie Jo Lafontaine, Brüssel S. 293
Wolfgang Laib, Hochdorf S. 299
Christian Leiber, Paris S. 210

Anna und Hermann Markard (Hrsg.): Jooss, Köln 1985 S. 239, 240
© Vincent Mentzel/*N. R. C. Handelsblad* 1985/North Sea Jazz Festival, Miles Davis/Art Unlimited S. 270
Mario Merz, Katalog, Essen 1979 S. 283
Margret Nissen, Berlin S. 329
Gerhard Richter, Köln S. 289, 290
Rowohlt Verlag GmbH, Reinbek S. 110 unten rechts
RSCG, Butter, Rang, GmbH, Düsseldorf S. 167
Scherz Verlag AG, Bern S. 110 oben links
Massimo Scolari, Asolo Umschlagabbildung
Sipa Press, Bonn S. 353
Volker Strüh, Köln S. 203 oben
TDK Electronics Europe GmbH, Ratingen S. 161 unten
Christian W. Thomsen, Siegen S. 347
Rodolphe Torette, Paris S. 208
Ullstein Buchverlag, Berlin S. 110 oben rechts
© 1991 VG Bild-Kunst, Bonn S. 310
Von hier aus, Katalog, Köln 1984 S. 327
Gert Weigelt, Köln S. 230, 231
Robert Wilson, New York S. 192, 197
Wirtschaftswoche, Nr. 49/1987 S. 304
© 1987 John Yates, Jello Biafra/Courtesy Alternative Tentacles, San Francisco S. 259

Personenregister

Von Christian W. Thomsen sind in unserem Verlag erschienen:

Experimentelle Architekten der Gegenwart

236 Seiten mit 67 farbigen und 131 einfarbigen Abbildungen, Literaturverzeichnis, Register, Leinen mit Schutzumschlag

Experimentelle Architektur hat Konjunktur. Gerade eine Zeit, die solche Dynamik und so viele Innovationsschübe entfaltet, sich aber auch mit neuartigen Herausforderungen konfrontiert sieht wie die 90er Jahre, bedarf der alternativen Architekten, die ihre Visionen in die Realität umsetzen können.
Das angezeigte Buch stellt nach einer eingehenden Breitenanalyse der gegenwärtigen Situation in der Architektur das Œuvre einer internationalen Avantgarde von elf experimentellen Architekten in Wort und Bild vor: Hans Hollein als Wegbereiter der Postmoderne; Raimund Abraham, dessen archetypische Entwürfe sich jeder Vermarktung entziehen; die dekonstruktivistischen Werke von Coop Himmelblau; Zaha Hadid; Morphosis und Bernard Tschumi; die funktionale Architektur der Gruppe HAUS-RUCKER-CO; die philosophisch-kritischen Entwürfe Melvin Charneys; die phantastischen Visionen von Lebbeus Woods und Peter Cook oder die ironisch-persiflierenden Architektur-Collagen von Nils-Ole Lund.
Experimentelle Architektur führt exemplarisch vor Augen, daß der gegebene Lebensraum mit all seinen Problemen und Anforderungen mit Phantasie, Einfühlungsvermögen, Intelligenz und Kreativität gestaltet werden muß – und daß eine solche Gestaltung möglich ist.

LiterArchitektur

Wechselwirkungen zwischen Architektur, Literatur und Kunst im 20. Jahrhundert

211 Seiten mit 34 farbigen und 209 einfarbigen Abbildungen, Bibliographie und Personenregister, kartoniert (DuMont Dokumente)

»Die vielfältigen Wechselwirkungen zwischen Literatur, Architektur und bildender Kunst sind bisher kaum analysiert worden. Ein neuer, interdisziplinär aufgebauter Beitrag zur Kulturgeschichte beleuchtet gerade diese Zusammenhänge. Die Zeitspanne reicht vom Expressionismus bis in die achtziger Jahre, im Mittelpunkt der reich illustrierten Studie stehen Berlin und New York, doch werden auch viele andere Schauplätze berücksichtigt. Dadurch, daß das Buch auch die Wirkungen von Film, TV und der neuen Technologien untersucht, vermag es einen neuartigen Überblick zu bieten.« *Die Furche*

Besichtigung der Moderne: Bildende Kunst · Architektur · Musik · Literatur · Religion

Aspekte und Perspektiven

Herausgegeben von Hans Holländer und Christian W. Thomsen. 402 Seiten mit 107 einfarbigen Abbildungen, Kurzbiographien der Autoren, Register, kartoniert (DuMont Dokumente)

DuMont Taschenbücher

Stand Frühjahr 1991

Band 2 Horst W. und Dora Jane Janson
Malerei unserer Welt

Band 3
August Macke – Die Tunisreise

Band 4 Uwe M. Schneede
René Magritte

Band 6 Karin Thomas
DuMont's kleines Sachwörterbuch zur Kunst des 20. Jahrhunderts

Band 8 Christian Geelhaar
Paul Klee

Band 13 Joseph-Émile Muller
DuMont's kleines Lexikon des Expressionismus

Band 14 Jens Christian Jensen
Caspar David Friedrich

Band 15 Heijo Klein
DuMont's kleines Sachwörterbuch der Drucktechnik und grafischen Kunst

Band 18 Horst Richter
Geschichte der Malerei im 20. Jahrhundert

Band 23 Horst Keller
Marc Chagall

Band 25 Gabriele Sterner
Jugendstil

Band 26 Jens Christian Jensen
Carl Spitzweg

Band 28 Hans Holländer
Hieronymus Bosch

Band 29 Herbert Alexander Stützer
Die Etrusker und ihre Welt

Band 30 Johannes Pawlik (Hrsg.)
Malen lernen

Band 31 Jean Selz
DuMont's kleines Lexikon des Impressionismus

Band 32 Uwe M. Schneede
George Grosz

Band 33 Erwin Panofsky
Sinn und Deutung in der bildenden Kunst

Band 35 Evert van Uitert
Vincent van Gogh

Band 38 Ingeborg Tetzlaff
Romanische Kapitelle in Frankreich

Band 39 Joost Elffers (Hrsg.)
DuMont's Kopfzerbrecher
TANGRAM

Band 40 Walter Pach
Auguste Renoir

Band 44 Fritz Baumgart
DuMont's kleines Sachlexikon der Architektur

Band 47 Paul Vogt
Der Blaue Reiter

Band 56 Ingeborg Tetzlaff
Romanische Portale in Frankreich

Band 59 Hugo Munsterberg
Zen-Kunst

Band 65 Harald Küppers
Das Grundgesetz der Farbenlehre

Band 66 Sam Loyd/Martin Gardner (Hrsg.)
Mathematische Rätsel und Spiele

Band 69 Erich Burger
Norwegische Stabkirchen

Band 70 Ernst H. Gombrich
Kunst und Fortschritt

Band 73 Gabriele Sterner
Barcelona: Antoni Gaudi

Band 74 Eckart Kleßmann
Die deutsche Romantik

Band 76 Werner Spies
Max Ernst 1950–1970

Band 77 Wolfgang Hainke
Siebdruck

Band 78 Wilhelm Rüdiger
Die gotische Kathedrale

Band 81 Klaus Fischer
Erotik und Askese in Kult und Kunst der Inder

Band 83
Ekkehard Kaemmerling (Hrsg.)
Ikonographie und Ikonologie

Band 84 Hermann Leber
Plastisches Gestalten

Band 85 Sam Loyd/Martin Gardner (Hrsg.)
Noch mehr Mathematische Rätsel und Spiele

Band 88 Thomas Walters (Hrsg.)/
Gabriele Sterner
Jugendstil-Graphik

Band 90 Ernesto Grassi
Die Theorie des Schönen in der Antike

Band 91 Hermann Leber
Aquarellieren lernen

Band 93 Joost Elffers/Michael Schuyt
Das Hexenspiel

Band 94 Kurt Schreiner
Puppen & Theater

Band 95 Karl Hennig
Japanische Gartenkunst

Band 99 Bernd Fischer
Wasserburgen im Münsterland

Band 100 Peter-T. Schulz
Der olle Hansen

Band 101 Felix Freier
Fotografieren lernen – Sehen lernen

Band 103 Kurt Badt
Die Farbenlehre van Goghs

Band 104 Wilfried Hansmann
Die Apokalypse von Angers

Band 112 Alexander Adrion
Die Kunst zu zaubern

Band 114 Peter-T. Schulz
Der Kuckuck und der Esel

Band 115 Angelika Hofmann
Ton – Finden, Formen, Brennen

Band 116 Sara Champion
DuMont's Lexikon archäologischer Fachbegriffe und Techniken

Band 117 Rosario Assunto
Die Theorie des Schönen im Mittelalter

Band 121 Renate Berger
Malerinnen auf dem Weg ins 20. Jahrhundert

Band 123 Fritz Winzer
DuMont's Lexikon der Möbelkunde

Band 124 Walter Dohmen
Die Lithographie

Band 127 Peter-T. Schulz
Rapunzel

Band 128 Lu Bro
Wie lerne ich Zeichnen

Band 130 Bettina Gruber / Maria Vedder
DuMont's Handbuch der Video-Praxis

Band 131 Anneliese und Peter Keilhauer
Die Bildsprache des Hinduismus

Band 132 Reinhard Merker
Die bildenden Künste im Nationalsozialismus

Band 133 Barbara Salberg-Steinhardt
Die Schrift:
Geschichte – Gestaltung – Anwendung

Band 134 Götz Pochat
Der Symbolbegriff in der Ästhetik und Kunstwissenschaft

Band 135 Karlheinz Schüssler
Die ägyptischen Pyramiden

Band 137 Nikolaus Pevsner
Wegbereiter moderner Formgebung

Band 139 Peter-T. Schulz
Guten Tag! Eine Gulliver-Geschichte

Band 142 Rudolf Wittkower
Allegorie und der Wandel der Symbole in Antike und Renaissance

Band 143 Martin Warnke (Hrsg.)
Politische Architektur

Band 144 Miriam Magall
Kleine Geschichte der jüdischen Kunst

Band 145 James F. Fixx
Rätsel und Denkspiele mit Seitensprung

Band 146 Rose-Marie und Rainer Hagen
Meisterwerke europäischer Kunst
als Dokumente ihrer Zeit erklärt

Band 148 Renée Violet
Kleine Geschichte der japanischen Kunst

Band 149 Lawrence Treat
Detektive auf dem Glatteis

Band 150 Alexandra Lavizzari-Raeuber
Thangkas Rollbilder aus dem Himalaya

Band 153 Ingeborg Ebeling
Masken und Maskierung

Band 156 Herbert Alexander Stützer
Kleine Geschichte der römischen Kunst

Band 157 Paul Maenz
Die 50er Jahre

Band 159 Anita Rolf
Kleine Geschichte der chinesischen Kunst

Band 160 Felix Freier / Norbert Sarrazin
Fotos: Selbst entwickeln – Selbst vergrößern

Band 163 Harald Küppers
Die Farbenlehre der Fernseh-, Foto- und Drucktechnik

Band 164 Nora Gallagher
Wohnzimmerspiele – alt und neu

Band 167 Eckhard Neumann (Hrsg.)
Bauhaus und Bauhäusler

Band 169 Wolfgang Kemp (Hrsg.)
Der Betrachter ist im Bild

Band 170 Hans Sedlmayr
Die Revolution der modernen Kunst

Band 171 Ernst H. Gombrich
Eine kurze Weltgeschichte für junge Leser

Band 173 Eve-Marie Helm
555 Teekessel

Band 174 Abbie Salny / Marvin Grosswirth
m. d. Mitgliedern von Mensa
Phantastische Mensa-Rätsel

Band 177 Vittorio Lampugnani
Architektur als Kultur

Band 178 Michael Koulen **Go**

Band 180 Walter Dohmen
Der Tiefdruck

Band 181 Stephan Schmidt-Wulffen
Spielregeln

Band 182 Martin Schuster
Kunsttherapie

Band 184 Wilfried Hansmann
Balthasar Neumann

Band 185 Manfred Görgens
Kleine Geschichte der indischen Kunst

Band 186 Veruschka und Gábor Bódy (Hrsg.)
Video in Kunst und Alltag

Band 188 Ralph Tegtmeier
Tarot

Band 189 Marie Luise Syring
Kunst in Frankreich

Band 190 Peter Bolz / Bernd Peyer
Indianische Kunst Nordamerikas

Band 191 Abbie Salny / Marvin Grosswirth
m. d. Mitgliedern von Mensa
Das endgültige Mensa-Quiz-Buch

Band 193 Gerald Kahan
$E = mc^2$

Band 194 Bernhard Streck
Wörterbuch der Ethnologie

Band 195 Wolfgang Hautumm
Die griechische Skulptur

Band 197 Andreas Mäckler (Hrsg.)
Was ist Kunst . . .?

Band 198
Veruschka Bódy / Peter Weibel (Hrsg.)
Clip, Klapp, Bum

Band 199 Ingeborg Tetzlaff
Romanische Engelsgestalten in Frankreich

Band 200 Peter-T. Schulz
Ein Glück!

Band 201 Ernst Kitzinger
Kleine Geschichte der frühmittelalterlichen Kunst

Band 203 Wolfgang Müller
Kleine Geschichte der altamerikanischen Kunst

Band 205 Joachim Knuf
Unsere Welt der Farben

Band 206 Peter Sager
Unterwegs zu Künstlern und Bildern

Band 207 Klaus Lankheit
Revolution und Restauration

Band 208 Robert Wolf
Konfliktsimulations- und Rollenspiele: Die neuen Spiele

Band 210 Alfred Stolz
Schamanen – Ekstase und Jenseitssymbolik

Band 211 Marion Milner
Zeichnen und Malen ohne Scheu: Ein Weg zur kreativen Befreiung

Band 212 Toshihiko und Toyo Izutsu
Die Theorie des Schönen in Japan

Band 213 Scot Morris
Rätsel für Denker und Tüftler

Band 214 Karlheinz Schüssler
Kleine Geschichte der ägyptischen Kunst

Band 215 Andreas Mäckler
Was ist Liebe . . .?

Band 216 Internationales Design Zentrum Berlin e.V. (Hrsg.)
Simulation und Wirklichkeit

Band 218 Joachim Petsch
Eigenheim und gute Stube

Band 219 Till Förster
Kunst in Afrika

Band 220 H. A. Ripley
»Wer ist der beste Detektiv?«

Band 221 Johannes Stahl
An der Wand

Band 222 H. A. Stützer
Ravenna und seine Mosaiken

Band 223 Rolf Harris
Cartoon-Zeichnen leicht gemacht

Band 224 Jochen Maes
Fahrradsucht

Band 225 Erwin Panofsky
Gotische Architektur und Scholastik

Band 226 Richard Kostelanetz
John Cage im Gespräch

Band 227 Oskar Bätschmann
Entfernung der Natur

Band 228 Otto J. Brendel
Was ist römische Kunst?

Band 229 Uwe Springfeld
Schreibspiele

Band 230 Kasimir Malewitsch
Suprematismus – Die gegenstandslose Welt

Band 231 Andreas Mäckler/ Christiane Schäfers (Hrsg.)
Was ist der Mensch . . .?

Band 232 Martin Kuckenburg
Die Entstehung von Sprache und Schrift

Band 233 Peter-T. Schulz
Erleben ist alles

Band 234 Gerhard Kebbel
DuMont's verblüffendes Fremdwörterbuch

Band 235 Hans-Thomas Gosciniak (Hrsg.)
Kleine Geschichte der islamischen Kunst

Band 236 Klaus Eid/Hakon Ruprecht
Collage und Collagieren

Band 237 Andreas Verstappen
Waechters Erzählungen

Band 238 Michael Jäger
Die Theorie des Schönen in der Italienischen Renaissance

Band 239 William C. Seitz
Claude Monet

Band 240 Cristina Perincioli/Cillie Rentmeister
Computer und Kreativität

Band 241 Internationales Design Zentrum Berlin (Hrsg.)
Energien gestalten

Band 242 Dan Ritchard/Kathleen Moloney
Die Kunst des Bauchredens

Band 243 Michael Holt
3 × 3 = 9?

Band 244 Felix Thürlemann
Vom Bild zum Raum

Band 245 Ralph Tegtmeier
Sternenglaube – Sternenzauber

Band 246 Günter Spitzing
Athos

Band 247 Esther und Klaus Gallwitz (Hrsg.)
Rußlandbilder

Band 248 Kai-Uwe Hemken
El Lissitzky

Band 249 Andreas Franzke
Dubuffet

Band 250 Evi Melas
Delphi

Band 251 Ulrich Vielmuth
Lexikon für Videofilmer

Band 252 Andreas Mäckler
Anthroposophie und Malerei

Band 253 Marco Meirovitz/Paul I. Jacobs
Visuelles Denken

Band 254 Christian W Thomsen (Hrsg.)
Aufbruch in die Neunziger

Band 255 Franziska Ehmcke
Der japanische Tee-Weg

Band 256 Johann N. Schmidt
Wolken-Kratzer

Band 257 Edith Decker/Peter Weibel (Hrsg.)
Vom Verschwinden der Ferne

Band 258 Friedhelm W. Fischer
Max Beckmann

Band 259 Winfried Hönes
Was ist Glück . . .? (April '91)

Band 260 Walter Kugler
Rudolf Steiner und die Anthroposophie (April '91)

Band 261 Herbert Alexander Stützer
Frühchristliche Kunst in Rom (April '91)